1945〜2015

総理の演説

所信表明・施政方針演説の中の戦後史

歴代総理の国会演説は衆議院本会議議事録から全文を収録した

目次

第一部　復興

（鈴木貫太郎）昭和天皇「終戦の詔書」……008
東久邇宮稔彦　国民総懺悔し将来の戒めとし平和的文化的日本に……011
幣原喜重郎　屈せず迷わず正義公平の基準に則り新日本建設を……024
吉田茂　憲法改正を議するは無上の光栄……032
片山哲　新憲法の「民主主義」「平和主義」を政府の目標に……037
芦田均　平和と自由と正義を原則に行動し日本の独立を回復……049
吉田茂　少数党内閣が国民の信を問うは政治の常識……058
吉田茂　軍備なきことこそ安全幸福の保障、平和国家の誇り……061
吉田茂　朝鮮戦争が勃発した今、永世中立論は非現実的……069
吉田茂　講和条約調印。今日の日本は昨日の日本にあらず……075
吉田茂　今は再軍備よりも物心両面における国力充実の時……085
鳩山一郎　自主防衛態勢を確立し駐留米軍の早期撤退を期す……090
鳩山一郎　戦後十年。日本独立へ憲法改正を考える必要がある……097
鳩山一郎　日ソ国交回復。いまや広く東西の窓は開かれんとす……103
石橋湛山内閣　自立の思想は模倣、雷同ではなく自らの探求から……107
岸信介　国民大衆と相携え、民族発展、世界平和貢献を期す……114
岸信介　日米安保。口に平和を唱えるのみでなく実践する……117

第二部　成長

池田勇人　所得倍増計画。国民のエネルギーを経済成長に……128
池田勇人　問題なくして進歩なく、困難なくして飛躍なし……139
池田勇人　一国の運命は国民の決意と努力で決まる……149
池田勇人　東京五輪。「国家」「民族」から「世界」「国際」へ……159
佐藤栄作　調和のとれた豊かで愛するに足る祖国を……169
佐藤栄作　戦後二十年。日韓国交正常化。良き隣人への一歩……178
佐藤栄作　画期的高度成長の六〇年代。悲願の沖縄返還も実現……184
佐藤栄作　われわれは沖縄同胞の苦悩を忘れてはならない……190

第三部　成熟

田中角栄　日中国交、日本列島改造。新しい時代の政治を……202
田中角栄　石油危機、狂乱物価。改めるべきは謙虚に改める……209
三木武夫　希望と自信を持って狂瀾怒涛の世界に立ち向かう……221
三木武夫　戦後三十年。量的拡大から質的充実へ……228
三木武夫　ロッキード事件解明を通じて腐敗の根源を断つ……239
福田赳夫　協調と連帯。高度成長を期待してはいけない……248
大平正芳　高度成長の夢を捨て、消費税など税負担の議論を……260
鈴木善幸　安定成長の成果を分かち合う時代へ……272
中曽根康弘　問題から逃げず一つ一つ解決し前進していく……281
中曽根康弘　戦後四十年。戦後政治の総決算へ行財政改革……291
中曽根康弘　より良き二十一世紀のために苦難に満ちた改革を……304

竹下登　「ふるさと創生」で、より幸せで楽しい日本列島に……319
竹下登　消費税導入。辻立ちしてでも、われ志を述べん……328
竹下登　「平成」。平和が内外に達成されることを願って……339
宇野宗佑　「改革前進内閣」。清新、清冽な政治の実現に努める……354

第四部　混沌

海部俊樹　新しい時代は青年の燃えるような使命感と情熱から……366
海部俊樹　湾岸危機。世界平和への貢献は必要不可欠のコスト……376
宮沢喜一　冷戦後の新しい秩序を構築する時代が始まった……387
細川護熙　ひとつの時代が終わり、新しい時代が幕を開く……395
羽田孜　改革実現へ痛みと困難を乗り越える勇気と情熱を……405
村山富市　イデオロギー論争から政策論争の政治へ……416
村山富市　戦後五十年。過去の五十年を未来の五十年につなぐ……427
橋本龍太郎　今こそ政治、行政、経済の変革と創造を……444
橋本龍太郎　日本発の金融恐慌は決して起こさない……462
橋本龍太郎　沖縄の負担を思い、沖縄の問題解決に全力を傾ける……467
小渕恵三　金融健全化、経済再生こそ日本が世界に貢献する道……480
森喜朗　「日本新生内閣」。心の豊かな美しい国家に……491
小泉純一郎　構造改革なくして日本の再生と発展はない……499
小泉純一郎　9・11。テロとの闘いはわが国自身の問題である……509
小泉純一郎　戦後六十年。郵政民営化。改革断行は私の本懐……519

小泉純一郎　自信と誇りを持てる日本へ。改革なくして成長なし……535
安倍晋三　活力とチャンスと優しさ。「美しい国、日本」に……548
福田康夫　「自立と共生」を基本に改革し「安心と希望の国」へ……560
麻生太郎　日本は強く、明るくなければならない……570
鳩山由紀夫　官僚依存を排し、政治主導、国民主導の政治に……580
菅直人　二十年の閉塞を打ち破り、元気な日本を復活させる……597
野田佳彦　福島の再生なくして日本の信頼回復はない……613
野田佳彦　あしたの安心を生み、あすへの責任を果たしたい……628
安倍晋三　金融・財政・成長戦略。三本の矢で日本経済を再生する……641
安倍晋三　戦後七十年。積極的平和主義の旗を一層高く掲げて……649

解説　田勢康弘……666

第一部 復興

戦争は無残な敗北に終わった。国土は焼尽に帰し、経済は壊滅し、版図は大きく縮小した。国内各地で被災し、家、財産、家族を失った人々、海外の戦地から帰還する兵士、そして失われた海外の領土から帰国してくる同胞にどのように衣食住を確保するのか。そして一日も早く占領体制から脱し、日本の独立を回復していく道はどこにあるのか。

そのためには国土を復興し、経済の再建を進めるとともに、ポツダム宣言に従って民主化を進め、国際社会から信頼される新しい日本を建設していくしかなかった。敗戦直後の首相たちは厳しい現実を前にしながら、あるときは国民に語りかけ、あるときは鼓舞した。

戦後のあるべき「国のかたち」をめぐる議論は激しく対立する。戦時体制の重圧から解き放たれ、新たな憲法で花開いた理想主義は、ほどなく米ソ冷戦という現実に直面する。とりわけ朝鮮戦争の勃発、中国の共産化など不安定なアジア情勢は、日本を大きく揺さぶる。

日本はどのような国として生きていくのか。サンフランシスコ講和条約、自衛隊の発足、日米安全保障条約、日ソ国交正常化、国連復帰、そして一九六〇年の日米安保改定。復興の時代は、経済的な自立を目指して苦闘した日々であるとともに、戦後の「国のかたち」をめぐり、安全保障体制、日米関係などを模索していた政治の時代だった。

終戦の詔書

昭和天皇

朕《ちん》深ク世界ノ大勢ト帝国ノ現状トニ鑑《かんが》ミ非常ノ措置ヲ以《もっ》テ時局ヲ収拾セムト欲シ茲《ここ》ニ忠良《ちゅうりょう》ナル爾臣民《なんじしんみん》ニ告《つ》ク

朕ハ帝国政府ヲシテ米英支蘇《べいえいしそ》四国ニ対シ其《そ》ノ共同宣言ヲ受諾スル旨通告セシメタリ

抑々《そもそも》帝国臣民ノ康寧《こうねい》ヲ図リ万邦《ばんぽう》共栄ノ楽《たのしみ》ヲ偕《とも》ニスルハ皇祖皇宗《こうそこうそう》ノ遺範《いはん》ニシテ朕ノ拳々《けんけん》措《お》カサ《ざ》ル所曩《さき》ニ米英二国ニ宣戦セル所以《ゆえん》モ亦《また》実ニ帝国ノ自存ト東亜ノ安定トヲ庶幾《しょき》スルニ出テ他国ノ主権ヲ排《はい》シ領土ヲ侵スカ《が》如《ごと》キハ固《もと》ヨリ朕カ《が》志ニアラス《ず》然《しか》ルニ交戦已《すで》ニ四歳《しさい》ヲ閲《けみ》シ朕カ《が》陸海将兵ノ勇戦朕カ《が》百僚《ひゃくりょう》有司《ゆうし》ノ励精《れいせい》朕カ《が》一億衆《しゅう》庶《しょ》ノ奉公《ほうこう》各々《おのおの》最善ヲ尽セルニ拘《かかわ》ラス《ず》戦局必スシ《ず》モ好転セス《ず》世界ノ大勢亦《また》我ニ利アラス《ず》加之《しかのみならず》敵ハ新《あらた》ニ残虐ナル爆弾ヲ使用シテ頻《しきり》ニ無辜《むこ》ヲ殺傷シ惨害ノ及フ《ぶ》所真ニ測ルヘ《べ》カラサ《ざ》ルニ至ル而《しか》モ尚交戦ヲ継続セムカ終《つい》ニ我カ《が》民族ノ滅亡ヲ招来スルノミナラス《ず》延《ひい》テ人類ノ文明ヲモ破却スヘ《べ》シ斯《かく》ノ如クムハ朕何ヲ以テカ億兆ノ赤子《せきし》ヲ保シ皇祖皇宗ノ心霊ニ謝セムヤ是《こ》レ朕カ《が》帝国政府ヲシテ共同宣言ニ応セ《ぜ》シムルニ至レル所以《ゆえん》ナリ

朕ハ帝国ト共ニ終始東亜ノ解放ニ協力セル諸盟邦ニ対シ遺憾ノ意ヲ表セサ《ざ》ルヲ得ス《ず》帝国臣民ニシテ戦陣ニ死シ職域ニ殉シ非命ニ斃《たお》レタル者及《および》其《そ》ノ遺族ニ想《おもい》ヲ致セハ《ば》五内《ごだい》為《ため》ニ裂《さ》ク且戦傷ヲ負イ災禍ヲ蒙リ家業ヲ失ヒタル者ノ厚生ニ至リテハ朕ノ深ク軫念《しんねん》スル所ナリ惟《おも》フニ今後帝国ノ受クヘ《べ》キ苦難ハ固《もと》ヨリ尋常ニアラス《ず》爾臣民ノ衷情《ちゅうじょう》モ朕善《よ》ク之ヲ知ル然《しか》レト《ど》モ朕ハ時運ノ趨《おもむ》ク所堪《た》ヘ難《がた》キヲ堪《た》ヘ忍《しの》ヒ《び》難《がた》キヲ忍《しの》ヒ《び》以《もっ》テ万世ノ為ニ太平ヲ

開カムト欲《ほっ》ス
朕ハ茲《ここ》ニ国体ヲ護持《ごじ》シ得テ忠良ナル爾臣民ノ赤誠《せきせい》ニ信倚《しんい》シ常ニ爾臣民ト共ニ在《あ》リ若《も》シ夫《そ》レ情ノ激スル所濫《みだり》ニ事端《じたん》ヲ滋《しげ》クシ或《あるい》ハ同胞排擠《どうほうはいせい》互ニ時局ヲ乱リ為ニ大道ヲ誤リ信義ヲ世界ニ失フカ《が》如キハ朕最モ之ヲ戒《いまし》ム宜《よろ》シク挙国一家子孫相伝《あいつた》ヘ確《かた》ク神州《しんしゅう》ノ不滅ヲ信シ《じ》任重《にんおも》クシテ道遠キヲ念《おも》ヒ総力ヲ将来ノ建設ニ傾《かたむ》ケ道義ヲ篤《あつ》クシ志操《しそう》ヲ鞏《かた》クシ誓《ちかっ》テ国体ノ精華ヲ発揚シ世界ノ進運《しんうん》ニ後《おく》レサラムコトヲ期スヘ《べ》シ爾臣民其《そ》レ克《よ》ク朕カ《が》意ヲ体《たい》セヨ

御名御璽

昭和二十年八月十四日

内閣総理大臣　男爵　鈴木貫太郎
海軍大臣　米内光政
司法大臣　松阪広政
陸軍大臣　阿南惟幾
軍需大臣　豊田貞次郎
厚生大臣　岡田忠彦
国務大臣　桜井兵五郎
国務大臣　左近司政三
国務大臣　下村宏
大蔵大臣　広瀬豊作
文部大臣　太田耕造

農商大臣　石黒忠篤
内務大臣　安倍源基
外務大臣兼大東亜大臣　東郷茂徳
国務大臣　安井藤治
運輸大臣　小日山直登

国民総懺悔し、将来の戒めとし、帝国の新運を開くべし

一九四五年八月十五日、終戦の詔書を読み上げる昭和天皇の玉音放送が流れ、戦争は終わった。鈴木貫太郎内閣は敗戦の責任をとって総辞職。後任は明治以来最初で最後の皇族首相、東久邇宮稔彦王だった。軍の武装解除、連合国軍の進駐など終戦処理を混乱なく進める役割を担った内閣を率いることができるのは皇族以外に望めなかった。九月二日に日本は降伏文書に調印。その三日後、帝国議会に東久邇宮首相が立った。

東久邇宮稔彦・戦争終結に至る経緯並びに施政方針演説

第八十八回帝国議会　一九四五年（昭和二十年）九月五日

稔彦、先に組閣の大命を拝し、国家非常の秋に方《あた》り重責を負うことになりました。真に恐懼《きょうく》感激に堪えませぬ。茲《ここ》に第八十八回帝国議会に臨み、諸君に相見え、今次終戦に至る経緯の概要を述べまして、現下困難なる時局に処する政府の所信を披瀝《ひれき》しますことは、私の最も厳粛なる責務であると考えます。畏《かしこ》くも天皇陛下に於かせられましては、昨日開院式に親臨あらせられ、特に優渥《ゆうあく》なる勅語を賜わりました。誠に恐懼感激に堪えませぬ。私は諸君と共に有難き御聖旨《せいし》を奉体し、帝国の直面する現下の難局を克服し、総力を将来の建設に傾け、以て聖慮を安んじ奉らんと存ずるのであります。（拍手）

諸君、先に畏くも大詔《たいしょう》を拝し、帝国は米英ソ支四国の共同宣言を受諾し、大東亜戦争は茲に非常の措置を以て其の局を結ぶこととなりました。征戦四年、顧みて万感交々至るを禁じ得ませぬ。併しながら既に大詔は下ったのであります。我々臣子と致しましては、飽くまでも承詔必謹《しょうしょうひっきん》、大詔の御精神と御諭《さと》しを体し、大

東久邇宮稔彦（ひがしくにのみや・なるひこ）
1887年～1990年。京都市生まれ。首相在任期間：1945年8月17日～1945年10月9日（54日間）。旧皇族（後に皇籍離脱）。陸軍士官学校、陸軍大学を卒業後、フランスへ留学。帰国後は陸軍に入り、師団長、航空本部長を経て陸軍大将。軍人にも関わらず自由主義者として知られ、日中和平に奔走するが東条英機首相の反対により挫折。戦後、鈴木貫太郎首相を後継して内閣総理大臣に就任。GHQの意向に沿って、帝国陸海軍の武装解除等、一連の戦後処理を行う。

写真提供：毎日新聞社

御心に副い奉り、聊《いささ》かも之に外れることなく、挙国一家、整斉たる秩序の下に新たなる事態に処し、大道を誤ることなき努力に生きなければならないと思います。（拍手）

此の度の終戦は一に有難き御仁慈《じんじ》の大御心に出でたるものであります。至尊御自ら祖宗の神霊の前に謝し給い、万民を困苦より救い、万世の為に太平を開かせ給うたのであります。（拍手）臣子として、宏大無辺の大御心の有難さに、是程の感激を覚えたことはないのであります。（拍手）我々は唯々感涙に咽《むせ》びますると共に、斯《か》くも深く宸襟《しんきん》を悩まし奉りましたことに対し、深く御詫びを申上ぐる次第であります。

恭《うやうや》しく惟《おも》いまするに、世界の平和と東亜の安定を念い、万邦共栄を冀《こいねが》うは、肇国《ちょうこく》以来帝国が以て不変の国《こく》是《ぜ》とする所、又固《もと》より常に大御心の存する所であります。世界の国家民族が、相互いに尊敬と理解を念として、相和し、相携えて其の文化を交流し、経済の交通を敦くし、万邦共栄、相互いに相親しみ、人類の康福を増進し、益々文化を高め、以て世界の平和と進運に貢献することこそ、歴代の天皇が深く念とせられた所であります。（拍手）誠に畏き極みでありますが、天皇陛下に於かせられましては、大東亜戦争勃発前、我が国が和戦を決すべき重大なる御前会議が開かれました時に、世界の大国たる我が国と米英とが、戦端を開くが如きこととなりましたならば、世界人類の蒙るべき破壊と混乱は測るべからざるものがあり、世界人類の不幸之に過ぐることなきことを痛く御軫念《しんねん》あらせられまして、御自ら明治天皇の「よもの海みなはらからと思ふ世になと波風のたちさわくらむ」との御製《ぎょせい》を高らかに御詠み遊ばされ、如何にしても我が国と米英両国との間に蟠《わだか》まる誤解を一掃し、戦争の危機を克服して、世界人類の平和を維持せられることを冀はれ、政府に対し、百方手段を尽して交渉を円満に纏めるようにとの御鞭撻を賜り、参列の諸員一同、宏大無辺の大御心に、粛然として襟を正したと云うことを漏れ承って居ります。此の大御心は、開戦後と雖《いえど》も終始変らせらるることなく、世界平和の確立に対し、常に海の如く広く深き聖慮を傾けさせられたのであります。此の度新たなる事態の出現に依り、不幸我が国は非常の措置を以て、大東亜戦争の局を結ぶこととなったのでありますが、是れ亦《また》全く世界の平和の上に深く大御心を留めさせ給う御仁慈の思召に出でたるものに外なりませぬ。

至尊の聖明を以てさえも尚今日の悲局を招来し、斯くも深く宸襟を悩まし奉りましたことは、臣子として誠に申訳のないことでありまして、民草の上を是程までに御軫念あらせらるる大御心に対し、我々国民は御仁慈の程を深く肝に銘じて自粛自省しなければならないと思います。

敗戦の因って来る所は固より一にして止まりませぬ。前線も銃後も、軍も官も民も総て、国民悉《ことごと》く静かに反省する所がなければなりませぬ。我々は今こそ総懺悔し、神の御前に一切の邪心を洗い浄め、過去を以て将来の誡めとなし、心を新たにして、戦いの日にも増したる挙国一家、相援け相携えて各々其の本分に最善を竭《つく》し、来るべき苦難の途を踏み越えて、帝国将来の進運を開くべきであります。（拍手）

征戦四年、忠勇なる陸海の精強は、冱寒《ごかん》を凌ぎ、炎熱を冒し、具《つぶさ》さに辛苦を嘗めて勇戦敢闘し、官吏は寝食を忘れて其の職務に尽瘁《じんすい》し、銃後国民は協心戮力《りくりょく》、一意戦力増強の職域に挺身し、挙国一体、皇国は其の総力を挙げて戦争目的の完遂に傾けて参りました。固より其の方法に於て過ちを犯し、適切を欠いたものも少くありませぬ。其の努力に於て悉く適当であったとは言い得ざる憾《うら》みもあります。併しながら凡ゆる困苦欠乏に耐えて参りました一億国民の此の敢闘の意力、此の尽忠の精神こそは、仮令《たとい》戦いに敗れたりとは言え永く記憶せらるべき民族の底力であります。（拍手）

然るにガダルカナル島よりの後退以来、戦勢は必ずしも好転せず、殊にマリアナ諸島の喪失以降、連合国軍の進攻は頓《とみ》に其の速度を加うると共に、我が本土に対する空襲は次第に激化し、其の惨害は日を逐うて増大して来ました。既に海上輸送力の低下に依って相当の影響を受けて居りました軍需生産は、斯くの如き戦局の、一段の急迫と共に、本年の春頃よりは愈々至難を加え、一方戦争の長期化に伴う民力の疲弊亦漸く顕著ならんとし、終戦前の状況に於きましては、近代戦の長期維持は逐次困難を加え、憂慮すべき状況になったのであります。茲に其の概要を述べますれば、即ち本年五月頃の状況に於きまして、汽船輸送力は、船舶喪失量の増大と、数次に亙《わた》る船腹の南方抽出等に依りまして、開戦当初の使用船腹の概ね四分の一程度を保持するに過ぎませんでした。而も液体燃料の不足と、連合国軍の妨害激化等に依りまして、運航能率は著しく阻碍《そがい》せられ、殊に沖縄戦の終末以来、連合国軍航空機の威力の増大に伴い大陸との交通すらも至難の状態となり、一方機帆船の輸送力も燃料不足と連合国軍の妨害に因って急激に減少し、新船の建造及び損傷船舶の補修亦意の如く進捗せず、海上輸送力の斯くの如き機能の低下は、戦力の維持に甚大なる影響を与うるに至りました。

鉄道輸送力の方面に於きましても、車輛、施設等の疲弊に加えて、相次ぐ空襲に依り逐次に其の機能を低下し、動もすれば一貫性を失う傾向すらありまして、全体としての輸送力は本年中期以降に於きましては昨年度に比し、各般の努力に拘らず尚二分の一以下に低減するを免れないものと予想せらるるに至りました。

斯くの如き輸送力の激減に伴いまして、石炭其の他工業基礎原料資材の供給は著しく円滑を欠くのみならず、南方還送物資の取得も殆ど不可能となり、之に加えて空襲に依る生産施設の被害の増大と作業能率の低下は、各産業に深刻なる影響を与え、工業生産は全面的に下向の一途を辿り、軍官民の努力にも拘らず是が速かなる改善は望み難き状況となったのであります。

鉄鋼の生産は開戦当初に比し約四分の一以下に低下し、鉄鋼に依存する鋼船の新造補給も爾後《じご》多くを期待し得ざる状況となりました。又所在資材の活用戦力化も、小運送力の低下、配炭の不円滑等の事情に依り、減退の一路を辿るようになりました。

石炭に付きましても、出炭実績は益々悪化するに加えて、陸海輸送力の大幅低下に依り、供給は逐次減少し、是が為め中枢地帯の工業生産は全面的に下向き、本年中期以降是等の地帯に於きましては相当部分運転休止を見るが如き由々しき事態の発生をすら予想せらるるに至ったのであります。

又大陸工業塩の還送減少に伴い、ソーダ工業を基礎とする化学工業生産は加速度的に低下するの已むなきに至り、是が為め本年中期以降に於きましては、金属生産は固より、爆薬等の供給にも支障を生ずる虞《おそれ》なしとせざる危機に瀕したのであります。

液体燃料に於きましても、既に日満支の自給力に依存するの外なき状況にありましたが、而も貯油の払底と拡充の困難に伴い、アルコール、松根油等の生産増強に異常なる努力を傾けましたにも拘らず、航空機燃料等の減少は、遠からざる将来に於て戦争の遂行に重大なる影響を及ぼさざるを得ない状況に立至ったのであります。一方航空機を中心とする近代戦備の生産も亦空襲の激化に因る交通及び生産施設の破壊と、各種材料、燃料等の不足に因り、在来方式に依る大量生産の遂行は遠からず至難を予想せらるるに至ったのであります。

斯くの如く我が国力は急速に消耗し、本年五、六月の交に於きましては、近代戦を続行すべき物的戦力の基盤は極度に弱められ、軍官民相協力して凡《あら》ゆる対策を講じ、国力の恢復《かいふく》に異常なる努力を捧げましたが、

争の終戦を見るに至ったのであります。帝国と連合各国との間の降伏文書の調印は、本月二日横浜沖の米国軍艦上に於て行われ、同日御詔書を以て連合国に対する一切の戦闘行為を停止し、武器を措くべきことを命ぜられたのであります。顧みて無限の感慨を禁じ得ませぬと同時に、戦争四年の間、共同目的の為に凡ゆる協力を傾けられた大東亜の諸盟邦に対し、此の機会に於て深甚なる感謝の意を表するのであります。連合国軍は既に我が本土に進駐して居ります。事態は有史以来のことであります。三千年の歴史に於て、最も重大局面と申さねばなりませぬ。此の重大なる国家の運命を担って、其の向うべき所を誤らしめず、国体をして弥が上にも光輝あらしむることは、現代に生を享《う》けて居りまする我々国民の一大責務であります。（拍手）一に懸って今後に処する我々の覚悟、我々の努力に存するのであります。

今日に於て尚現実の前に眼を覆い、当面を糊塗《こと》して自ら慰めんとするが如き、又激情に駆られて事端を滋くするが如きことは、到底国運の恢弘《かいこう》を期する所以ではありませぬ。（拍手）一言一行悉く天皇に絶対帰一し奉り、苟《いやし》くも過たざることこそ、臣子の本分であります。我々臣民は　大詔の御誡めを畏み、堪え難きを堪え、忍び難きを忍んで、今日の敗戦の事実を甘受し、断乎たる大国民の矜持を以て、潔く自ら誓約せるポツダム宣言を誠実に履行し、誓って信義を世界に示さんとするものであります。（拍手）

今日我々は不幸敗戦の苦杯を嘗めて居りますが、我々にして誓約せる所を正しく堂々と実行するの信義と誠実を示し、正しきと信ずる所は必ず之を貫くと共に、正しからざる所は速かに之を改め、理性に悖《もと》ることなき行動に終始致しまするならば、我が国家及び国民の真価は必ずや世界の信義と理性に愬《うった》え、列国との友好関係を恢復し、茲に万邦共栄の永遠の平和を世界に現わし得べきことを確信するのであります（拍手）今後に於ける我が外交の基本も、正しく之に存するのであります畏くも大詔に於きましては「世界の進運に後れさらむことを期すへし」と御示しになって居ります。私共は維新の大業成るに当り、明治天皇御自ら天地神明に誓わせられました所の五箇條の御誓文（※２）の御精神に復《かえ》り、此の度の悲運に毫《ごう》も屈することなく、自粛自重徒《いたず》らに過去に泥《なず》まず、将来に思い迷うことなく、一切の蟠りを去って虚心坦懐《きょしんたんかい》、列国との友誼《ゆうぎ》を回復し、高き志操を堅持しつつ、長を採り短を補い、平和と文化の偉大なる新日本を建設し、進んで世界の進運に寄与するの覚悟を新たにせんことを、誓い奉らなければならぬと存じます（拍手）。

組閣の大命を拝するに当りまして、畏くも天皇陛下に於かせられましては私に対し、「特に憲法を尊重し、詔書を基とし、軍の統制、秩序の維持に努め時局の収拾に努力せよ」との有難き御言葉を賜わりました。私は此の有難き大御心に副い奉ることを唯一の念願として、之を施政の根本基調として、粉骨砕身の努力を致し、国民の先頭に立ち平和的新日本の建設の礎たらんことを期して居ります（拍手）国民諸君も亦畏き聖慮の存する所を再思三省《さいしさんせい》され、心機一転、溌剌《はつらつ》清新の意気を以て、新たなる御代の隆昌《りゅうしょう》に向って勇往邁進して戴きたいのであります。（拍手）

是が為には特に溌剌たる言論と公正なる輿論《よろん》とに依って、同胞の間に溌剌たる建設の機運の湧上ることが、先づ以て最も重要なりと信ずるのであります（拍手）私は組閣の初めに当りまして建設的なる言論の洞開を促し、健全なる結社の自由を認めたき旨意見を表明する所があったのでありますが、政府と致しましては、言論の尊重、結社の自由に付きましては、最近の機会に於きまして言論、出版、集会、結社等臨時取締法を撤廃致したき意向であり、既にそれ等の取締を緩和致しましたことは先に発表致しました通りであります（拍手）苟くも国民の能動的なる意欲を冷却せしむるが如きことなきよう、今後とも十分留意して参る所存であります。特に帝国議会は、国民代表の機関として名実共に真に民意を公正に反映せしめ得る如く、憲法の精神に則り正しき機能を発揮せられんことを衷心《ちゅうしん》より希望するものであります。（拍手）

戦争の終結に伴いまして、軍事上、産業上の復員が行われ、今後多数の同胞は各々其の家郷に、或は又旧の職場に復帰して参ります。又大東亜各地に配備せられて居ります多数軍隊の内地帰還は真に容易のことではありませぬ。相当の年月を要する虞《おそれ》があるのでありますが、是等の任務を解かれた軍人及び産業要員の就職、授産等の援護厚生に付きましては、政府と致しましても固より万全の準備を尽して遺憾なきを期する所存でありますが、同胞諸君に於かれましても、傷《いたまし》き破れた是等の人々に深き思いやりを致され、温き同胞愛を以て抱擁して戴きたいのであります。（拍手）特に特別攻撃隊の勇士を初め、壮烈護国の華と散られました幾多の将士の尽忠に対しましては、私は諸君と共に謹んで敬弔の誠を捧げます。又戦陣に傷き病んだ将兵各位に対し深甚なる同情の意を表し、其の速かなる再起を衷心より希望して居るのであります。（拍手）政府と致しましては軍人遺族並に傷痍軍人の上に寄せさせ給う有難き大御心を体し、其の援護厚生に今後特段の努力を傾け施策の万全を期したき考えであります

又第一線の将兵と変ることなき危険を冒し、幾多の尊き殉職者を出しつつも、敢然として長期に亙り海上輸送の完遂に撓《たわ》まざる努力を示して参りました船員諸君に対し、更に空爆下一身の安危を顧みず増産増送の職場を守り抜き、遂に職域に殉じた同胞諸君並に皇国の大義に生くる行学一致の学徒動員に、真に目覚ましき働きを示しました学徒諸君に対しましては、私は諸君と共に心から敬意を表しまするると共に、空爆に因り非命に斃れ、家を失い、職を離れた同胞諸君に対し深甚なる同情の意を表するものであります。（拍手）是等殉職者、戦災者の援護に付きましては、今次の御詔書に於きましても誠に有難き御聖慮を拝して居るのでありまして、政府は今後とも全力を傾注致したき考えであります。戦災者諸君に於かれましても、悲運に屈することなく、速かに溌剌たる意気を以て建設に奮起して戴きたいのであります。

今や歴史の転機に当り、国歩艱難《かんなん》、各方面に亙る戦後の再建は極めて多難なるものがあります。戦いは終りました。併しながら我々の前途は益々多難であります。詔書にも拝しまする如く、今後帝国の受くべき苦難は蓋《けだ》し尋常一様のものではありませぬ。固より政府と致しましては衣食住の各方面に亙り、戦後に於ける国民生活の安定に特に意を注ぎ、凡ゆる部面に於て急速に万全の施策を講じて参る考えであります。併し戦争の終結に依って直ちに過去の安易なる生活への復帰を夢見るが如き者ありと致しますならば、思わざるも

甚だしきもので、将来の建設の如きは到底期し得ないのであります（拍手）特に外地、満洲等よりの輸入に差当り多くを期待し得ませぬ今日に於て、食糧対策は極めて多難重大であります。随《したが》って今後政府、国民一致して全力を尽して是が解決を図らねばならぬことは勿論でありますが、政府と致しましては、特に復員に依る多数の軍人や産業要員の食糧生産部面への転進に依って、既耕地の集約強化は固より戦災地、未墾地の積極的開発を行い、又水産の画期的振興に努めたき考えであります。国民諸君も凡ゆる地力を利用して食糧の自家生産に努め、農民諸君は食糧の供出に従来以上の熱意と努力を示し、又一般消費者に於ても食生活に付き一般の工夫を凝らされんことを期待する次第であります。（拍手）斯くして今後仮令外地、海外より食糧の輸移入が困難なるが如き事態となりましても、国内に於てなし得る限り自給し得べき方途を講じて行きたいと思って居ります。

次に住宅の問題に付きましては、相次ぐ戦災に因って家屋の焼失致しましたものは極めて莫大な数に上って居るのでありまして、是が復旧は一刻も忽《ゆるが》せにすることが出来ない重大なる問題であります。畏くも天皇陛下に於かせられましては、戦災復興のことを痛く御軫念あらせられ、過日特別の思召や以て木材百万石を下賜あらせられます旨の有難き御沙汰を拝しました。政府と致しましては聖慮の存しまする所を奉体し、大量の簡易住宅を急速に建設する等万般《ばんぱん》の対策を講じて、速かに住宅問題の安定解決を期したき考えであります。

衣料の問題に付きましても、特に今後冬に向って戦災者の衣料寝具等の対策は極めて深刻なるものがあります。而も繊維製品の在庫の払底、原料の取得困難なるに加えて、其の生産設備は戦争中概ね軍需生産方面へ転換せしめられました為め、国民に対する繊維製品の供給は当面相当困難なるものがあります。勿論政府と致しましては、今後速かに生産設備の復旧を図る等諸般の方策を講じ、為し得る限り衣料品の供給を図りますと共に、戦災を受けなかった人々の衣料を、同胞愛に依りまして戦災者に分配することに依って、多少とも当面の困難を緩和致したいと思って居ります。

戦災其の他の影響に依り我が国が蒙りました打撃は極めて甚大でありまして、経済各般の状況を詳かに検討致しまするならば、インフレーションの潜在的原因が内面的には逐次醸成せられつつありますことは否み難き所であります。而も戦後処理等今後の事態に想到致しまするならば、我が国経済の負担は終戦に依り却て益々加重せられるのであります。若し戦後に於ける国民の覚悟に弛みを生じ、政府の施策にして適切を欠くものありと致しまするならば、インフレーションの恐るべき惨害は、遂に収拾すべからざる破壊と混乱に導かれなければならぬのであります。政府と致しましては全力を挙げてインフレーションの防遏《ぼうあつ》に努め、是が施策に万全を期する考えであります。固より国民全幅の協力に依って、初めて能くなし得るものでありますことは申すまでもありませぬ。

軍隊の復員、軍需生産の停止転換等に伴う軍人及び産業要員の就職、授産等のことが戦後の処理に於て極めて重要な問題でありますことは只今も申述べた通りであります。今後に於きましては相当の失業者を出すことも予期せねばなりませぬ。随て政府と致しましては、戦後対策としての失業問題の処理に付きましては、国民生活の安定と共に、特に施政の重点として是が施策の万全を期して居る次第であります。差当り農業増産の部面に是等の人々の労力を極力活用するの方途を講じたき考えで居ります。

新しき教育文化の建設、産業の転換復旧固より大事業であります。其の他終戦に伴う当面の難問は今や山積して居るのであります。是等の問題を誤りなく速かに処理し得てこそ、新建設への基は開かれるのでありまして、我々の今後の努力は又容易ならざるものがあります。政府と致しましては、固より全力を挙げて是が迅速なる処理解決に邁進する覚悟でありますが、是等戦後対策が円滑的確を期し得まするや否とは、全国民が乏しきに耐ゆる生活の裡に、能く建設の覚悟を示し得るか否かに懸ること甚大なるものがあります。

我々の前途は遠く且つ苦難に満ちて居ります。併しながら御詔書にも御諭しを拝する如く、我々国民は固く神州不滅を信じ、如何なる事態に於きましても、飽くまでも帝国の前途に希望を失うことなく、何処までも努力を尽さねばならぬのであります。

畏くも詔書には「朕は常に爾臣民《なんじしんみん》と共に在り」と御示しになって居ります。此の有難き大御心に感奮《かんぷん》し、我々は愈々決意を新たにして、将来の平和的文化的日本の建設に向って邁進せねばならぬと信じます。（拍手）全国民が一つ心に融和し、挙国一家、力を戮《あわ》せて、不断の精神努力に徹しますならば、私は帝国の前途は軈《やが》て洋々として開け輝くことを固く信じて疑わぬものであります。（拍手）斯くしてこそ初めて宸襟を安んじ奉り、戦線銃後に散華殉職せられましたる幾十万の忠魂に応へ、英霊を慰め得るものと固く信じます。（拍手）

※1：ポツダム宣言　一九四五年七月二十六日ドイツのポツダムにおいて、アメリカ合衆国大統領トルーマン、イギリス首相チャーチル、中華民国主席蒋介石の連名により日本に対して無条件降伏を求めた宣言（後にソビエト連邦が追認）。その内容は、完全武装解除、日本の主権は本州、九州、四国、北海道および連合国が定めた周辺の諸小島に限定されること、戦争犯罪人の処罰等（天皇の処遇に関しては言及されていない）で、アメリカの主導により作成された。宣言の受託は陸軍等の抵抗により八月十四日まで遅れたため、その間に広島（八月六日）および長崎（八月九日）への原爆投下、ソ連の参戦（八月九日）を招いた。

※2：五箇条の御誓文　明治政府によって一八六八年四月六日に布告された五箇条の基本方針（国是）。明治天皇が天神地祇に誓約するという形式をとっている。正式な表題は「御誓文」。現代表記は、以下の通り。

一　広く会議を興し、万機公論に決すべし。
一　上下心を一にして、さかんに経綸を行うべし。
一　官武一途庶民に至るまで、各々その志を遂げ、人心をして倦まざらしめんことを要す。
一　旧来の陋習を破り、天地の公道に基づくべし。
一　智識を世界に求め、大いに皇基を振起すべし。

なお、この御誓文は一九四六年の念頭に発せられた昭和天皇の人間宣言において、その全文が引用された。

屈せず迷わず、正義公平の基準に則り、新日本建設に努力することが我々の道

一九四五年十月四日、ＧＨＱ（連合軍総司令部）は政治犯の釈放、特高警察の廃止、内務大臣の罷免などを命じた「人権指令」を発令する。東久邇宮内閣はこれを実行できないとして総辞職。外務省出身の元外相、幣原喜重郎が後を継ぐ。親英米派として知られ、ＧＨＱも首相就任を内諾していたといわれる。十月九日の内閣成立後、人権指令に基づき、政治犯釈放、共産党の合法化、治安維持法廃止などを実行する。そして、十月二十五日には帝国憲法に替わる新たな憲法制定へ向けて政府は憲法調査委員会を設置する。

幣原喜重郎・施政方針演説

第八十九回帝国議会　一九四五年（昭和二十年）十一月二十八日

不肖揣らずも未曾有の難局に際しまして組閣の大命を拝し、誠に恐懼《きょうく》に堪えませぬ。唯偏《ただひとえ》に粉骨砕身《ふんこつさいしん》、以て聖明に応え奉らんことを期して居る次第であります。

畏くも天皇陛下に於かせられましては、去る十一月十三、十四の両日伊勢神宮、畝傍《うねび》、桃山両山陵に、同十七日には多摩山陵に御親拝あらせられ、親しく終戦を御奉告あらせられたと承ります。行幸に当って、御警衛は努めて簡素にすべき旨仰せ出されましたが、沿道の地方民が真心を籠めて奉迎《ほうげい》申上げ、至る処其の真情の隘れ出ましたる幾多の麗わしき実例は、何人にも深き感銘を与えたのであります。（拍手）

現下の変局に当りまして、内治外交の凡ゆる政策を決定する者も、又之を批判する者も、常に考量の中に加えへなければならぬ一つの基礎的事実があります。今や我が国と連合国との間に於て戦闘行為は全く終止

幣原喜重郎（しではら・きじゅうろう）
1872年～1951年。大阪府生まれ。首相在任期間：1945年10月9日～1946年5月22日（226日間）。帝国大学法科大学を卒業、農商務省入省した後、外務省に転じる。戦前、外務次官、外務大臣を歴任。自由主義・国際協調路線を指向した。首相として、日本国憲法の草案作成に取り組む。その後、吉田内閣（第一次）では国務大臣に就任。1947年衆議院議員総選挙で初当選、進歩党総裁就任、衆議院議長就任。

写真提供：毎日新聞社

することとなりましたけれども、平和の正常関係が恢《かい》復《ふく》せらるるに至るまでには尚程遠い感じがあります。我々は対外問題の処理上、自ら正義なり、公平なりと信ずる政策は、飽くまで之を主張すべきが当然の事理でありますが、唯之を徹底する為に必要なる実質的国力を失って居るのが現状であり、又敗戦国として避け得られない事実であります。固《もと》より人類社会には普遍的正義感が厳存し、侵し難い輿論《よろん》の審判権も実在致して居りましょうが、是《こ》れさえも終戦に伴う世界各国の異常なる世相の下に、未だ活溌には働いて居ないことは諸君の容易に諒察し得らるる所でありましょう。併《しか》しながら結局に於て世界の人心を制し、国内及び国際関係の羅針盤たるべきものは、銃剣の力ではなく、徳義の力であり、合理的精神の支配でなければなりませぬ。世界の輿論も亦必ず之を承認する所でありましょう。此の際国民は屈せず、迷わず、終始正義公平の規準に則り、新日本の建設に努力することが我々の進むべき唯一の目標であり、是れこそ我が国運の前途に一條の光明を与える燈台でありましょう（拍手）此の信念を以て私は国政の燮理《しょうり》に当らんとするものであります。

我が国はポツダム宣言の受諾に依り、我が国民の間に於ける民主主義的傾向の復活強化に対する一切の障碍を除去するの義務を負うものであります。我が国民の間に於きまして、発育を阻止せられて、近代的民主主義傾向は明治時代から漸次芽生えつつあったものが、近年反動的勢力に圧せられて居たのであります。幸にして其の思想の根は枯れ失せたのではなく、今回反動勢力の圧迫から解放せらるると共に、比較的容易に生活力を恢復して再び芽を吹くものと期待せられます。我々は今後とも斯かる傾向の発達強化に何等の障碍を来すものがないように、特に意を用いんとするものであります。是が為には、先ず議会をして国民の総意を正しく反映するの機能を発揮し得せしめなければなりませぬ。議会が民意反映の機能を確保せんが為には、先ず全然自由公正なる選挙に俟《ま》つの外ないのであります。現行の衆議院議員選挙法は此の見地より検討して、時局の要求に適しない所があると認められますから、同法改正案の準備を急ぎ、之を本議会に提出して御審議を煩わさんとするものであります。今回本臨時議会の召集を奏請《そうせい》致しましたる主なる理由も亦《また》実に茲《ここ》に存するのであります。

次に近代的民主主義傾向を復活強化する根本要件は教育の刷新であります。政府は軍国主義及び極端なる国家主義的教育を拭い去り、教育の目標を以て個性の完成に依る国家社会への奉仕に置くこととし、特に公民教育の画期的振興を期するものであります。又申すまでもなく民主主義の基盤となるべきものは国民の毅然たる自由独立の精神であります。今日我が国民の中には物心両面に於ける最悪條件に圧倒されて、自暴自棄に陥る傾向もないではありませぬ。近来公私の道徳共に著しく頽廃《たいはい》の状があるのを見て、我が国の将来の為に誠に寒心に堪えませぬ。是は何としても社会教育の刷新強化に依りまして道義の昂揚を図り、自由独立の精神と再起復興の意気込みとを失わないように致さなければならぬと考えて努力致して居る次第であります。

政府は組閣以来言論、思想、結社の自由を確保せんが為に政治的、公民的、宗教的の自由を拘束する各種の法規を撤廃すると共に、特高警察（※1）を廃止して、民衆の信頼と協力とを博するに足るべき明朗な警察の運営に付て格段の注意を加えて居る次第であります。自由主義の完成は常に個人の責任感に依って裏付けられなければならぬものでありまして、決して放縦無節制の事態を意味するものではありませぬ。公の秩序や、善良なる風俗を紊《みだ》すが如き言論、行動は、当然法令の仮借《かしゃく》する所なき制裁を受くべきものであります。

我が国当面の急務は国民生活の安定であります。満洲事変以来引続いて十数年に亙る戦争に因りまして生産力の大部分を消尽し、民力も極端に疲弊致して居りまする現状に於きまして、民生の安定には凡ゆる手段を考究し且つ急速度を以て之を実行しなければなりませぬ。殊に最も緊切なる処理を要するものは食糧の問題であります。本年の産米は大正、昭和を通じて比類の稀なる大減収を予想せられ、現状の推移に委しまするに於きましては誠に容易ならざる事態に立至るものと認めまして、同問題の解決を以て施策の中心とし、凡ゆる努力を集中致して居るのであります。即ち一方に於きましては本年の産米を確保せんが為め供出制度の改善、米価の引上等の措置を講じ、又未利用資源の食用化に付ても急速に是が実現を図ることと致して居るのでありまするが、斯かる百般の国内対策を講じましても、食糧の需要供給間の大いなる不均衡は到底蔽《おお》ふべくもありませぬ。其の不足数量の補填の為には何としても国外よりの輸入に仰がなければならぬのでありまするから、之に関しては連合国側の同情ある考慮を求めて居りましたる所、今回原則的には其の承認を得ましたので、今後更に其の具体化に付きまして適当なる結果を得るよう努力する所存であります。他の一方に於きまして我が国は敗戦の結果食糧生産地たる諸方面の領土を失い、且つ国内人口の著しき集約を見るに至りましたから、今後の食糧問題は別に根本的解決を図る必要があるのでありまして、政府に於きましては是が為め農地制度の改革と、開拓計画の実現とを強力に推進致したい考えへであります。即ち従来久しきに亙って農業停滞の因を為したる現在の農地制度に根本的の改革を加え、健全なる農家を育成して農業生産力の培養を図ると共に、大規模の開墾及び干拓を急速に遂行する考えであります。尚水産物其の他蛋白資源の格段なる開発を期して居る次第であります。

更に民生の安定上重要なる問題は、戦争に因る儀牲者の救護、在外同胞及び復員者の援護並に冬期を眼前に控えて生活必需品の補給の問題であります。是等の問題に付きましては、凡ゆる機関を動員して全力を挙げ之に対処致して居るのであります。殊に住宅の問題は最も深刻でありますので、簡易住宅の建設、罹災せる堅牢建設物の補修及び工場、寄宿舎、兵営等の改修を促進し、又非常措置として住宅緊急措置令の制定に依りまして、住宅対策に遺憾なきを期することと致したのであります。朝鮮、台湾、樺太《からふと》、満洲等に於ける在住同胞の生命、財産の保障、生活の確保並に之に伴う情報の入手等に付きましては百方力を尽して居りまするが、終戦後に於ける交通連絡の不如意、其の他現地の混乱状態等の為め、我が目的の達成は事実上容易ではありませぬ。多数の在外同胞は誠に同情痛心すべき状態にあるものと想像されますので、何とか速かに改善の実を挙げたく努力を続けて居るのであります。復員者、海外同胞の本国引揚に付きましては、既に南朝鮮、北支那、太平洋諸島等より漸次同胞の帰還を見て居る状況でありますが、是が輸送、受入及び援護に関しましては万全の措置を講じつつあるのであります。是等軍復員者、海外引揚者並に産業離職者、其の他終戦に伴う失業者は、数百万に及ぶ厖大なる人員を予想せらるるのでありまして、是が職業を保障することは極めて緊急且つ切要なる国務に属するのであります。此の失業問題に付きましては、政府に於て復興に要する土木建築及び農林水産の開発等諸事業の急速実施、民需産業の振興、各種文化施設の整備充実の措置と関連せしめつつ所要の対策を講じて居る次第であります。

斯かる民生安定の問題と相並んで重要なるものに戦後復興の問題があります。政府は先に戦災復興の諸施策を強力一元的に遂行する為め戦災復興院を設けまして、産業の立地及び人口の配分に関する国土計画を、統一ある構想の下に立案すると共に、之を基礎として各都市の再建を計画し、以て全国に亙って一億五千万坪に及ぶ戦災地復興を図ることと致したのであります。

戦災地の復興は産業の復興に依って可能となるのでありますが、是が為には必需品輸入の支払資金確保に要する輸出産業の発展並に国内に於ける民生必需品の増産は極めて緊要なことであります。斯かる産業政策は民間経済人の自由なる創意と、活溌なる活動に俟たなければなりませぬ。随て是が障碍となるが如き従来の諸統制は事情の許す限り之を廃棄しつつあるのであります。併しながら物資の不足甚しく、又戦争に因る損壊の著しい現状に於きましては、民生の安定を確保し、経済の再興を促進する為に、鉄、石炭、繊維品等、産業上又は民生上基本的物資に付きましては、尚相当の統制を必要とするのでありまして、統制は此の種のものに局限し、而も其の統制の実施に付きましても、努めて民間の創意工夫を土台とし、其の自治的なる運営に委ねたい方針でありまするが、今後に於ける我が国の産業は、主として中小商工業に依存するものと考えられまするので、国家としても積極的なる指導援助は極めて重要であると考えます。之に対応して、民主主義的に勤労問題を解決する為には、労働組合の健全なる結成、活動は極めて望ましい所でありまして、之に必要なる法令の立案に努めて居る次第であります。

民生の安定と戦後の復興に付きまして、海陸輸送力の急速なる増強と通信連絡の復興は一切の根柢をなすものでありますから、現在許される凡ゆる手段を尽して、輸送通信の力を成るべく高めるよう鋭意努力致して居るのであります。殊に軍の保有に係る自動車は、連合国軍の好意に依りまして民間に開放せらるることになりましたから、小運送を通じて国土の復興、民生の安定に多大の貢献を期待し得られましたことは同慶の至りであります。

多年に亙る戦争に因る国力の消耗、甚大なる国庫負担の累積、敗戦に因る国土の喪失、賠償の実行等に伴って、戦後の我が国財政の状態は真に憂慮すべきものがあります。此の際経済秩序の破綻を防止し、悪性通貨膨脹の発生を防遏し、以て経済活動の促進と通貨価値の安定を図ることは極めて緊急であります。政府に於ては大幅な行政整理の断行、恩給制度の再検討、価格差補給金制度の原則的廃止等の絶対的緊縮方針を断行しまするると共に、他面物価の安定と財政の建直しを図る為め、一回限りの財産増加税及び財産税を創設し、以て国債の大幅銷却《しょうきゃく》に充てると共に、戦時利得に因る国民所得の不均衡を正する方途を講ずる考えでありま す。尚是と照応して軍需企業等に対する補償に付ては凡ゆる角度から慎重に検討したる上、之を厳正に処理する方針であります。又臨時軍事費特別会計に付きましては、海外に於ける経理の内容を短期日内に明確ならしむることが出来ない事情等の為に、是が打切りを実現し得られなかったのでありますが、終戦事務の進捗に伴い、愈々十二月一日を以て臨時軍事費特別会計の所管を大蔵省に移管し、且つ明年三月三十一日を以て其の支出を打切り、同会計を終結せしむることと致した次第であります。

最後に大東亜戦争敗績の原因及び実相を明かに致しまするることは、之に際して犯したる大いなる過ちを、将来に於て繰返すことのない為に必要であると考えまするが故に、内閣部内に大東亜戦争調査会（※2）を設置致しまして、右の原因及び実相の調査に著手《ちゃくしゅ》することと致しました。

以上施政の大体に関する政府の所信を述べたのでありまするが、万世の為め平和の基礎を固むるよう軫念あらせらるる聖慮に応え、官民は一体となって旺盛なる建設精神を発揮せんことを切望するものであります。

（拍手）

※1：**特高警察**　正式名称は特別高等警察。幸徳秋水らの大逆事件（一九一〇年）を契機に一九一一年内務省の管掌する警視庁内に設置（その後全国の警察内に設置）された特別高等課を出自とする政治警察。主として共産主義者、宗教団体等、反国家的運動を取り締まり、弾圧を加えた。小林多喜二拷問死事件、大本弾圧事件、ホーリネス弾圧事件、ゾルゲ事件等、昭和史の中で特筆される事件に関わっている。治安維持法とともに戦前の国民監視体制を象徴する存在であり、被疑者の拷問等、強引な捜査で知られる。

※2：**大東亜戦争調査会**　大東亜戦争に至った経緯と敗戦の原因を本格的に調査分析することを目的に、一九四五年に幣原内閣の下で設置

された調査会（翌年、戦争調査会と改称）。十九人の委員の中には各省次官がすべて入り、陸軍参謀本部および海軍軍令部の将軍も入っていた。その他、片山哲、小浜利得、大内兵衛、和辻哲郎、阿部慎之介等、民間有識者も揃えたメンバーであった。しかし、活動を始めて間もなく、日本の占領政策を決める連合国の「対日理事会」において、ソ連から「日本政府は次の戦争では負けないように戦争計画を準備している」と即刻廃止の要求が出されイギリスも同調したことから、活動停止に追い込まれた。

国家の最高法典たる憲法改正を議するは無上の光栄

昭和天皇は一九四六年一月に人間宣言。マッカーサー連合軍最高司令官が戦争放棄などを盛り込んだ憲法草案の作成をGHQ民政局に命令するなど戦後の体制づくりが進む中、改正衆議院選挙法の下で戦後初めての総選挙が四月に実施され、日本初の女性議員三十九人が誕生、共産党も初めて議席を得る。幣原首相は憲法改正が協議中でもあり、続投を考えるが、新たに選ばれた政党から居座りに対する批判が高まり、退陣に追い込まれる。五月三日には極東国際軍事裁判（東京裁判）が開廷。総選挙で第一党となった日本自由党の鳩山一郎総裁が公職追放となるなど、混乱のなかで五月二十二日、親英米派の吉田茂を首班とした内閣が発足、新憲法を審議する帝国議会に臨むことになる。

吉田茂・施政方針演説

第九十回帝国議会　一九四六年（昭和二十一年）六月二十一日

不肖今般図らずも大命を拝して内閣を組織致しました。誠に恐懼に堪えませぬ。唯渾身の力を捧げて奉公を致す覚悟でございます。

御承知の如く我が国は目下誠に容易ならざる事態に際会致して居ります。ポツダム宣言の趣意に副うて、民主主義的平和国家の建設と云う大事業を控え、目前の問題として出来るだけ速かに食糧問題を解決致さなければならないのでございます、此のことたるや諸君の一致御協力に俟つの外ないのは勿論でありまするが、

吉田茂（よしだ・しげる）
1878年～1967年。東京都生まれ。首相在任期間：第一次吉田内閣1946年5月22日～1947年5月24日。第二次・三次吉田内閣1948年10月15日～1954年12月10日（通算2616日）。東京帝国大学法科大学卒業後、外務省に入省。奉天総領事、外務次官、駐英大使を歴任。終戦を画策したことから逮捕され入獄。戦後、貴族院議員を経て鳩山一郎の公職追放にともない自由党総裁、内閣総理大臣就任。吉田内閣では日本国憲法発布、サンフランシスコ条約調印。強い個性と指導力、筋金入りの反共主義者として知られ、軽武装・経済成長優先を象徴とする戦後日本のグランドデザインを描いたとされる。

写真提供：毎日新聞社

新たなる意味に於ける国民総力の結集を必要と致すのであります。（拍手）

諸君、今議会の劈頭《へきとう》に於て、新生日本の建設の基盤たるべき憲法改正案が勅命に依って付議せられましたのであります。幸いにして今議会は新選挙法に依る総選挙の結果成立したる歴史的民主議会であります。政府は此の機会に諸君と共に国家最高の法典たる憲法改正を議することを無上の光栄と致します。而して政府は速かに民主主義と平和主義とに依る政治の運営、並に行政と経済の全般に亙って再検討を行い、是が改革を実行し、真に平和的国際社会の一員たるの資格と実質を羸《か》ち得んことを期して居るのであります（拍手）随て憲法の改正を俟つまでもなく、軍国主義と極端なる国家主義との色彩を完全に払拭し、其の将来に於ける再生を防止する為め、教育の内容と、制度の全面にも亙って根本的刷新を行わんとして居るのであります、又言論、思想、結社の自由に付ては格段の注意を以て必要なる措置を執って居ります。又自由と放縦とを混同し、之を以てデモクラシーとなし、善良なる風俗を紊《みだ》し、社会秩序を破壊せんとするような行動に対しては厳に之を戒めなければなりませぬ（拍手）今日社会秩序の混乱の徴候が見えまするのは、畢竟するに国民道義の頽廃の結果であります。それは永年に亙る教育の積弊、殊に教育を其の時々の国策の手段とするような傾向に胚胎して居るのであろうと思います。現内閣と致しましては、教育の尊重、道徳の滲透《しんとう》、被教育者の人格の完成並に其の個性の健全なる育成等に重きを置き、殊に学校教育に併行して、家庭教育、社会教育を尊重して、此の目的の実現に鋭意努力したいと思って居る次第であります。

次に敗戦に因る経済の混乱を克服し、平産和業を活溌に復興せしめて、国民生活の安定を図ることが急務であります。就中《なかんずく》今日の食糧事情は未曾有の困難なる状態に陥って居ります。（「政府のせいだ」「黙れ」と呼ぶ者あり）京浜地方初め、北海道其の他の消費地方に於て殊に甚だしきものがあります。此の危機を突破する為には、何としても連合国に援助を俟つの外はありませぬが、幸いに連合国は好意を以て此の問題を考慮して居ることは誠に感謝に堪えませぬ。併しながら先づ以て我が国民自ら今日の食糧の窮迫を克服するの覚悟を要するのであります。（拍手）随て政府は凡ゆる政策に先だって食糧問題の解決に重点を置き、全国民に対して忍苦、友愛の精神に依る挙国一致の団結を強く期待致して居るのであります。農業生産力の発展は日本再建の基礎であります。此の際更に農村の民主化を徹底させ、肥料其の他必需資材の増産に付ては、石炭その他の基礎産業の振興と併せて適切なる施設を講じ、農業技術の刷新、大規模なる開墾干拓及び土地改良事業等をも実施せんとして居るのであります。尚将来の食糧問題の解決の為には、蛋白、脂肪、澱粉等各種の食糧を綜合的計画的に増産することが根本でありまするから、此の際所要の諸対策に遺憾なきを期したいと思うのであります。特に水産物の画期的増産は今日極めて重要であります。緊急に実効を挙げるよう努力する積りであります。

金融財政に付ては悪性インフレーションを絶対に生ぜしめないよう必要なる対策を行うべきは当然であります。併しながら目下の我が国に於て最も肝要なることは、産業の復興、生産の増強であります。其の基本

厚木飛行場に着いたマッカーサー元帥（写真提供：毎日新聞社）

をなすものは生産意欲の昂揚であります。斯くて初めてインフレーションの防止も出来るのであります。仍《よっ》て現内閣は此の目的の為に、産業界及び金融界を終戦後の事情に即応して速かに整頓し、今後の国民の鞏固《きょうこ》なる経済活動の基礎を確定することとし、民主主義的にして新たなる希望に燃ゆる産業の勃興を促し、民需生産の増加を図ることに凡ゆる努力を致さんとする積りであります。其の具体的施策に付ては今議会に別途若干の法律案を提出して御協賛を経る積りであります。

生産の復興と関連致しまして、現下の労働不安の問題に付ては、労働組合の健全なる発達を促すと共に、事業者側の生産への努力奮起を要望し、労資の間に合理的基礎に立脚した問題の解決を促進する所存であります。又我が国経済界に於て中小工業の占めて居る地位、役割の重要なるは今後益々大なるものがあることを信じられます。其の安定向上に付ては経営、技術、設備、労務等の全面に亙って必要なる対策を講ずる決心であります。

又失業問題の解決も極めて重要であります。政府は六十億の国費を投じて公共事業を起し、生産の振興と相俟って其の目的を達したいと考えて居ります。右の外国民最低生活の保障の為め適切なる施策を講じたいと考えて居ります。

最後に戦災の復興に付きましては、政府の特に重点を置いて居る所であります。戦災者、在外同胞及び其の帰還者並に復員者等の援護等に能うる限りの手を尽し、特に是等の人々が安定して業務に就いて経済的基礎を固め得るようにしたいと思って居るのであります。（拍手）

以上施政の大綱と所信とを述べ、諸君の御協力を切望する次第であります。（拍手）

新憲法の持つ「民主主義の大精神」「平和主義の大理想」を政府の大目標に

一九四七年五月三日。日本国憲法施行。新憲法下最初の国会で首相に選出されたのは四月二十五日に行われた総選挙で第一党となった社会党の片山哲だった。もっとも、その勢力は吉田茂の自由党、芦田均の民主党と拮抗しており、民主党、国民協同党（三木武夫）との連立政権だった。新憲法が打ち出した民主主義の精神と平和主義の理想に対して国内が高揚する一方、二・一ゼネストがGHQの命令で中止になるなど、急速に日本の民主化を進めてきた米国の占領政策にも変化が見え始めていた。

片山哲・施政方針演説

第一回国会　一九四七年（昭和二十二年）七月一日

新憲法実施の最初の国会におきまして、政府を代表いたしまして、施政方針の演説をいたしまする機会を得ましたることは、私の最も光栄とするところであります。殊に私は、さきに本国会におきまして、諸君の大多数によって政府の首班に指名せられましたることは、私の生涯にとりまして、忘るることのできない感激の至りであります。（拍手）

爾来《じらい》ただちに組閣に従事いたしまして挙国体制によりまする四党連立の政府を樹立したいと考えて、それに努力してまいったのでありまするが、目的通り十分の成功を収めることができなかったのでありまするけれども、ここに成立いたしましたる三党連立現内閣に対しましては、自由党の諸君も、閣外にありまして協力せらるることと存じ、深く期待し、挙国危機突破に向いたいものと考えておる次第であります。（拍手）

写真提供：毎日新聞社

片山哲（かたやま・てつ）
1887年～1978年。和歌山県生まれ。首相在任期間：1947年5月24日～1948年3月10日（292日間）。東京帝国大学法学部卒業。戦前は、弁護士活動の後、社会民衆党結成に参加、書記長に就任。1930年、衆議院議員選挙で初当選。社会大衆党結成に参加。戦後、日本社会党結成時に初代書記長就任。翌年委員長就任。1947年の総選挙で日本社会党が第一党となり、片山を首班とする民主党・国民協同党と連立内閣を組閣。片山政権では、民法・刑法の整備、労働省の設立が行われた。

政府は、この歴史的な第一回国会の開会に際しまして、政府の現下時局に対しまする所信と決意を披瀝いたしまして、諸君の御協力を仰ぎたいと存ずる次第であります。

第一に申し上げたい点は、憲法に対する政府の信念であります。政府は新憲法を厳に守りまして、その精神を生かすことに最も忠実であることをここに誓うものであります。（拍手）特に新憲法のもっておりまする民主主義の大精神、平和主義の大理想、これを政府は一切の政治行動の大目標として掲げたいと考えておるのであります。これを大胆明快に現実化いたしたいと考えておるのであります。すなわち国民代表でありまするところの国会によって指名せられたる政府であることを自覚いたしまして、国会を尊重するはもちろんのこと、憲法の各條章に基きまして国会及び政府の関係につきましても、何ら紛淆《ふんこう》を来さざるよう、細心の注意を払うつもりであります。特に司法権の独立につきましては留意を払いまして、最高裁判所の構成につきましても、憲法の精神に基く民主主義的方法によりまする等、新憲法のもつ高遠なる大理想を、一日も早く、できるだけ多く実現いたしたいと考え努力いたしておるのであります。なおこれに基く必要なる一切の諸法規を国会に提出すべく、その準備を急ぎつつある次第であります。

第二に、政府の施政方針に関する根本観念をまず明らかにいたしたいと考えるのであります。政府は、現下諸般の情勢を考慮いたしまして、この際われらの理想でありまする民主主義を拡充発展せしめたる高度民主主義体制を確立いたしまして、新時代に副うべき政治理念をあらゆる方面に浸透せしめ、その徹底をはかることが必要と考えておるのであります。すなわち現内閣の至高指導精神は、高度民主主義を各方面に徹底せしめることであります。

政治上における民主主義徹底の急を要することは、言うまでもないことでありますが、問題は民主主義を政治上のみにとどめることなく、これを産業経済の部面にも広く透徹させたいと考えておるのであります。産業経済の発展は、実にその機構の民主化に負うところ多大であるのであります。さらに社会生活の部面におきましても、健康にして文化的ならしめるために、これを革新する必要がありますから、民主主義を日常実際生活に織りこみ、生活態様を民主化するの急務なることを感じておるのであります。政治上における民主主義は、封建的官僚機構を一擲《いってき》することとなり、産業経済に浸透いたしまする民主主義は、産業の充実発展を来すこととなるのであります。社会方面に浸透いたしまする民主主義は、文化の向上を来すこととなり、国際方面に及びまする民主主義は、平和主義の浸透をなす結果を来すこととなるのであります。

思うに、人間生活を規律いたしまする政治原理としての民主主義は、十八世紀時代より進展いたしまして、歴史的幾多の変転を経て、第一次、第二次世界戦争の後において、ここに初めて世界共通の新生活原理として発見せらるるに至ったと考えるのであります。西洋文明は、ギリシヤ文明、キリスト教文明、近代科学の集積であると考えるのであります。

今私の考えておりまする高度民主主義は、その集積に基くものでありまするとともに、平和主義の根柢となるものであります。この民主主義の裏づけなくしては、決して平和主義の実現を全うすることができない。世界平和の実現は不可能なるものであると考えるのであります。また人類生活を向上発展せしめ、産業を隆盛ならしめる原則も、これまた高度民主主義を基本とするものと考えておるのであります。

すなわち高度民主主義は、この意味におきまして人道主義であります。また合理主義であります。また社会民主主義であります。よって暴力によりまする政治行動、その他一切の直接行動に反対するとともに、民主主義政治体制でありまするところの議会政治を厳にとるものでありまして、政府はこの信念に基き施政方針を樹立するものであることを明らかにせんとするものであります。以上、政府の信ずる政治理念の大要を明らかにいたしました次第であります。（拍手）

第三に、現下の国際情勢に鑑みまして、わが国の性格をきわめて率直かつ明白に世界各国に表示いたしまして、その理解と援助を求めるとともに、国際的信用を回復することが、最も必要なることと信ずるのでありります。新憲法には、主権在国民と、戦争放棄と、人権の尊重とを、明文として表わしているのでありますがゆえに、わが国の性格はここに一変いたしまして、新しき日本として再出発しておりまするることは、言うまでもありません。わが国の性格が、もはや武力国、好戦国ではないこと、封建的官僚機構は、制度上すでに払拭されつつあること、民主主義的議会政治が確立せられんとしておることを明かにいたしたいのであります。事実をもってこれを立証し、世界に向って、日本国民の努力と真実さを示さなければならぬと考えておる次第であります。

政府の考えておりまする、われらの建設せんといたしまする平和国家は、次の要素をもつものであると考えるのであります。第一は、国民に、憲法に基く各種の自由を保障するところの国家であります。第二は、国民に、健康にしてかつ文化的なる生活を保障するの国家でなければならないのであります。第三に、国民が、暴力と不合理、不正義を排し、道義と人類愛に基く平和に徹するとともに、正義をどこまでも護る国家であることを明らかにするものでなければならぬと思うのであります。第四には、勤労と科学と芸術と宗教を尊重するの国家であり、第五には、適正なる教育制度の確立によりまして、次代国民の民主的、平和的育成に努める国家でなければならないと考えるのであります。われら日本国民は、この意味におきまして、かかる要素をもつ平和国家としての日本を建設しつつあることを、世界に向って明白にすることが、最も必要であるということを、私は考える次第であります。(拍手)

次に、第四といたしまして、わが国の経済がまことに恐るべき危機に当面している点を申し述べたいと思うのであります。敗戦によりまする憂慮すべき結果が、まさに現実の問題として、日本国民に襲い来ったのであります。すなわち食糧の欠乏であります。インフレの進行であります。産業の不振であり、失業の増大であり、やみの横行であります。政府は組閣後ただちにこの問題を取上げまして、万難を排して、この危機突破をしなければならないという決意のもとに、経済緊急対策八項目を掲げまして、その実行については、国民諸君の御協力をすでに仰ぎつつある次第であります。今私はこれを繰返して説明するの煩を避けたいと思いますが、問題の重要性に鑑みまして、ここに危機の要因を御説明いたしたいと存ずるのであります。

戦争と敗戦とによりまして、根本から破壊されてしまいましたわが国の経済を、どうして再建するかということは、きわめてむずかしい事柄でありますが、今まで、敗戦後の日本の経済の実相というものが、全国民に十分理解せられておらず、政府の従来の施策もまた徹底を欠いておったために、不幸にして今日まで立直るの端緒《たんしょ》をつかむことができず、経済の情勢は次第に悪化してまいりまして、そのために、国民の精神や文化にも深刻な影響を与えたのであります。われわれは、今日経済の実体から判断いたしまして、今日こそ、わが国が経済の再建をなし遂げ得る最後の機会であると考えているのであります。このことを十分に国民に理解していただきたいために、政府は近くこの国会に、わが国経済の現状を明らかにいたしましたる実相報告書を提出いたしまして、先般の経済緊急対策の基礎となった政府の見解を、国会を通じて国民に報告いたしたいと考えている次第であります。

現在の経済がどんなにむずかしくなっているかという具体的な事実につきましては、この実相報告書によって御承知願いたいのでありますが、わが国の経済が悪化しつつあるという根本的な原因はどこにあるかという点につきましては、これを次のように要約することができると私は考えるのであります。

第一に、わが国は敗戦の結果、経済資源の相当の部分を失い、また生産や輸送などの設備が、戦争を通じて破損し、老朽化し、生産資材のストックもだんだんとなくなり、労働の生産性も、戦前に比べて甚だしく低下しているのであります。そのために、現在生産されている物の量は、戦前の三割程度に止まり、かりにこれを全部国民の消費に充てましても、その一人当りの消費量は、ぎりぎりの生活を続けていくにも足りないほどでありまして、いわゆる過小生産と呼ばれる状態にあるのであります。そのために、生産された物の大部分が消費されてしまい、産業の生産力を維持していくために必要な設備の修理や取替えさえ、ほとんど満足に行うことができず、このわずかな生産の規模そのものが、むしろもっともっと小さくなりつつある状態であります。

第二は、生産のこのような低下とはまさに反対に、人口は、敗戦の結果かえって増加しておりまするし、消費に対する要求は、戦争の間抑えられていた欲望が解き放されたことも絡み合って、非常に強くなっておりますので、国民のすべてが、何んとかしてその消費生活を高めようとして、争ってわずかな生産物に殺到し、それで足りない部分は、残されている過去の蓄積に食いこんでいっておりますので、総体といたしましては、わが国の経済が生み出す生産量よりも、はるかに多くの消費がなされておるのであります。この根本的な事実は、そのまま経済の各部門に現われておるのでありまして、たとえば国民の家計も、企業の経理も、国の財政も、みな赤字でありますし、また外国との貿易を見ましても、大きな輸入超過で、直接消費する食糧すら、外国から借りておるという形になっておるのであります。

第三には、戦争のために生産物の裏づけのない莫大な購買力が放出されたことを原因として起ったインフレーションが、以上のような経済各分野の赤字の現象と結びつきまして、賃金と物価との悪循環という形をとりながら、次第にその速度を早めておることであります。そしてこのインフレーションが、ますますまじめな企業の経営を困難にし、勤労者の生活を脅かし、生産を妨げ、投機とやみ取引を盛んにして、さらに次のインフレーションの進行を刺激いたしておるという状態であります。

以上三つの事柄は、決してそれぞれ独立のものではなく、みんな互いに複雑に絡み合って、因となり果となり、経済を破局の方向に率いておるのであります。しかもその進み方を見まするならば、もはやすでに、きわめて危険なところまできておると判断される状態であります。これが現在の経済の実相なのであります。

われわれはこのような経済の状態を見まして、あらゆる力を揮《ふる》ってこれを建直す決意を固めておるのであります。われわれは事態を楽観するものではありませんが、しかし決していたずらに悲観しておるのではないのであります。方法さえ誤らず、また国民が一致してこれに当るならば、必ずこの悪化しつつある経済を引きもどして、再建の軌道に乗せることができるものであることを確信しておる次第であります。（拍手）

最も緊急を要しますは食糧問題につきまして、政府は食糧緊急対策を決定いたしまして、本日これを発表し、国民諸君の御協力のもとに、その実行に邁進いたしておる次第であります。

私はここで、この七月から十月の端境《はざかい》に至る四箇月の食糧需給の見透しが、きわめて憂慮すべき状態にあることを率直に申し上げたいのであります。すなわち国内的には、昨年度、米並びに甘藷《かんしょ》の供出は、前内閣以来あらゆる手段と方法を講じ、農民諸君もまた絶大なる努力を払われ、これが確保に、当ったのでありまするが、遺憾ながら所期の一一〇％供出は未だ完了するに至りませず、六月三十日、昨日までの成績は、一〇四％弱でありまして約百五十万石の供出未了となっておるのであります。しかもまた期待されました麦類及び馬鈴薯の生産も、天候不良その他の事情のため、必ずしも芳ばしくない模様でありまして、国内供給力の点で、当初の予定とは少なからぬ狂いが生じておるのであります。他方輸入食糧は、連合軍最高司令部の絶大なる援助にもかかわらず、諸般の事情のため、わが国不足量の全部を賄うことは、とうてい不可能と考えられておるのであります。

かくて今後十月に至るまでの四箇月間の食糧の見透しは、まったく文字通りの危機でありますが、政府は、食糧の確保があらゆる施策の根本であることを率直に認め、今回決定いたしました緊急対策を断行するほか、国内供給力の増加と輸入の懇請に全力を尽しまして、最低基準量の確保に努力する方針であります。国民諸君も、何とぞ政府の施策に協力せられて救国の熱意をもって、食糧危機突破に邁進されたいのであります。本月から実施いたしまする全国料理飲食店の休業も、真にやむを得ない措置に出でたものであることを御諒解願いたいのであります。

食糧に次いで重要なる問題は、いわゆるインフレーションの防止であります。政府は、現在インフレ進行の主要原因が、政府支出の増大にあることをこれまた率直に認めまして、でき得る限り歳出を節約いたしまして、健全財政の確立に努力する方針であります。同時に、いわゆる新円《しんえん》（※1）所得者の浮動購買力に対しても、租税あるいは貯蓄を通じてこれを吸収する方針でありまして、特に租税政策におきましては、負担の公平を期する建前のもとに、大口の新円所得者に高率の課税を行わんとするものであります。（拍手）

他方、金融統制は、経済緊急対策に基いて一層強化する必要があるのでありまして金融機関は、生産再開にあくまで協力する建前のもとに、今後とも貯蓄の増強、赤字金融の抑制に努力してもらいたいのであります。政府といたしましては、金融機関はあくまで産業の奉仕者であると考えておるのでありまして、金融機関は、いやしくも産業に優越するかのごとき観念に陥らざるよう自粛自戒して、生産再開に協力されるよう切望いたすものであります。（拍手）

次に、重要なる石炭問題につきましては、諸般の情勢に鑑み、その三千万トン生産計画を遂行するため、国家管理案を立てつつあるのであります。近くその内容を発表し、諸君の御協力を仰ぐ予定であります。さらに、労働省設置に伴い、労働基準法の実施を急ぎ、その内容実現に努めるとともに、健全なる労働組合運動の発達に重点をおくほか、失業問題につきましては、失業手当法、失業保険法等、失業救済施設の拡充強化に関しまする具体策を、本国会に提出する予定であります。

また賃金と物価の問題につきましては、物価の安定に主力を注ぎまして、生活必需品配給の確保等によりまして、実質賃金を維持するに努力する考えであります。

日本経済再建の長期計画につきまして、一言触れたいと思います。この問題につきまして、政府は、緊急対策と並行いたしまして、これを立案しつつあるのでありまして、追って発表し得る段取りとなると思うのであります。この計画の中において、政府は、特に水力電気の開発を重視し、事情の許す限り、速やかに大規模水力電源の開発、ダムの建設に著手《ちゃくしゅ》いたしたいと、今日より考えておる次第であります。

さらに、貿易産業の振興も長期的な経済再建計画の基調となるべきものでありまして、国内において最大限に消費を節約しましても、輸出の振興をはからねばならないと思うのであります。なお、この貿易の振興に関連いたしまして、私は中小商工業者諸君の奮起と御協力を要望いたすものであります。わが国今後の貿易は、特産物ないし雑品の輸出にまつところ多いのでありまして、この点において、中小商工業者諸君の果すべき役割は、けだし大なるものがあると考えておるのであります。

かくして産業の復興に全力を傾倒し、何としても、最も重要なる食糧欠乏を中心といたしますこの危機突破対策は、遂行しなければならぬ決意を高めつつある次第であります。この目的を達し得るや否やは、一に、われら日本国民が、自力をもってよくこの難関を切り抜け得るや否や、耐乏生活を続け得るや否や、全国民一致協力をなし得るや否やにかかっておるのであります。一人の餓死者なきを期するためには、豪奢な生活をなくして、分配の公正化と、不当利得者を排除しなければならないのであります。（拍手）これをなし遂げるために、政府は非常な決意をもって起ち上っておるのであります。

第五に、緊急経済対策のみならず、一般政策をも必ず実践に移しまして、一つ一つを、生ける実行策としなければならぬことと考えておるのであります。しかして、その第一段の実行の局に当る者は、政府であり、役人であります。第二段においては、国民大衆諸君も強く起ち上って、その実行に当られんことを希望するものであります。

まず、政府が実行の衝に当るために、行政機構の改革と官吏制度の刷新に著手いたしたいと考えておるのであります。（拍手）これら改革の心構えは、官僚的観念の打破でありまして、官吏はどこまでも国民のために仕事をする任務を負うものであり、自己の担当する任務につき、強い責任感をもち、かつ正義公平を生命とするものなることを徹底せしめるとともに、また内務省をこの際廃止し、地方自治制度に根本的改革を加え、警察制度、官吏任用制度、服務紀律等にも新らしき考慮を払って、官紀粛正を断行いたしたい考えであります。（拍手）これらのうち、成案を得ましたるものは本国会に、準備の遅れるものは次の国会に提案いたしたいと思っておるのであります。これ一に行政機構の民主化を実現いたしたい精神より出ておるにほかならないのであります。国民諸君も、その実行の衝に当ってもらうために、自主的な新日本建設国民運動の展開さるることを要望してやまないのであります。

この国民運動は、いうまでもなく単なる精神運動では決してありません。もちろん作文に終らしめたくないのであります。精神運動よりも食糧問題の解決が先だという声は、よく聞くところであります。政府はこの食糧危機突破とこの国民運動を平行し、両者不可分の関係において実行せしめたい所存であります。政府の国民に求める耐乏生活は、普遍的でありまして、公平であるを要するとともに、これは光明を約束し、かつ希望に満ちておるものなることをお考え願いたいのであります。

なお、この国民運動とも密接な関係をもち、かつ憲法の精神を生かすべき文教問題については、政府は、さきに第九十二議会におきまして協賛を経ました新教育制度、特に六・三制の完全実施に関しまして、種々の困難はありますが、その実現のために、許す限りの努力を尽す考えをもっておるのであります。(拍手)

第六に、さらに進んで講和会議のことについて申し上げたいと思います。講和会議の開催こそは、日本国民に希望と光明を与える大きな事項であります。その開催の一日も早からんことを、政府は全国民とともに熱望いたしておるものであります。顧みますならば、終戦以来二箇年、ポツダム宣言に規定されたわが国の非軍事化並びに民主化の事業は、国民一致の努力によりまして、著々《ちゃくちゃく》と進捗を見てまいりました。政府は、今後とも一層の努力と誠意とをもって、ポツダム宣言受諾に伴う義務を忠実に履行し、真に民主的平和国家の実をあげ、もって国際社会への復帰の条件を満たさなければならないと考えておるものであります。(拍手)

さいわいにも、連合軍司令部の御好意により、来る八月十五日より民間貿易が再開せられることになりましたことを、心より喜ぶとともに、その順調なる進行を期待しておる次第であります。これにつきましても、われわれ日本国民は、すべて率直なる心持を端的に披瀝《ひれき》いたしまして、立て直りつつある真のわが国の姿を世界に示すことが必要と考えるのであります。すなわちわれわれの希望するものは、国民生活の安定と、産業の再建、世界恒久平和への熱望にあることを表明し、連合国各国の精神的、経済的援助を求めたいと考えておるのであります。

なお、海外同胞引揚促進につきましては、政府は細心の注意を払って対策を講じておるのでありますが、今後とも、これがためあらゆる手段と方法をもって努力いたすつもりであります。

第七、以上、政府の施政方針の大要を述べましたが、その他重要なる政策につきましては、すでに発表いたしました緊急諸対策、並びに本国会に提出すべき予算案及び法律案について御了承願いたいのであります。

最後に一言いたします。まことに時局は重大であります。危機は深刻であります。この危機を突破し、来るべき講和会議を迎えて、祖国を再建いたすためには、全国民のなみなみならぬ努力と忍耐を必要とするのであります。政府は、新憲法のもとに国民の自由なる意思によって選ばれたる最初の民主主義政府として、国民の政府として、否、国民の公僕といたしまして、真に決死難局にあたる覚悟をもって、祖国再建に邁進するの決意を固めておるものであることを、明らかにいたしたいと思うのであります。（拍手）諸君は、何とぞこの政府の決意を諒とせられ、挙国一体、危機突破に協力されんことを切望してやまないのであります。

われわれの道は、耐乏と苦難の道でありますするが、しかしながら、われわれの前途には光明と希望が輝いておるのであります。この危機を突破いたしまするならば、連合国の好意ある援助によりまして、再び国際社会の一頁に列することができるのでありまして、民主的な平和国家、文化国家の建設に進み、生活安定と民族文化の向上を実現し得るのであることを信ずるものであります。救国のために、明日の光明をもたらすために、全国民諸君の心からなる御協力を望んでやまない次第であります。私はこれをもって終ります。（拍手）

※1：新円　一九四六年二月十六日にインフレーション対策のために公布された金融緊急措置令により旧円に替えて新しく発行されたA百円券をはじめとするA号券。この緊急措置例によって、翌十七日には現金保有を制限するために旧円を強制的に銀行に預金させ（預金封鎖）、三月六日付でその市場流通を差し止めた。新円切替により、インフレ抑制には一定の成果を上げたが、市民の戦前の現金資産（旧円）はほぼ無価値となった。

平和と自由と正義を原則に行動すれば、世界は日本の独立と生存を認める

片山内閣は、片山が委員長を務める社会党の内紛から崩壊。自由党の吉田茂と民主党の芦田均が後継を争うことになった。芦田は社会党、国民協同党の支持を得て衆議院で勝利するが、参議院では吉田に敗北する。最終的に衆議院の指名を優先することで、芦田が首相の座を得るという激しい政争だった。国内では一九四七年十二月に警察は国家地方警察と自治体警察に再編され、総務省も廃止された。財閥解体も進むなどGHQ主導の民主化改革が進む一方、「鉄のカーテン」という言葉に象徴されるように米ソ両超大国を中心にした東西対立は次第に激しさを増し、米国では日本を反共の防壁にすべきという意見も出始めていた。

芦田均・施政方針演説

第二回国会　一九四八年（昭和二十三年）三月二十日

今回国会の指名により、不肖私が内閣を組織することになりました。国家に対し、国民大衆に対して、責任の重きことを感じます。この上は、私の肉体と魂のすべてをささげて、この重責を果すことに努める決心であります。

つらつら内外の情勢を察するに、わが国再建の前途には幾多の難関が横たわっております。何とかしてこれを乗り切らなければ、われわれ民族の前途は危うい。それには、われわれ国民が一体となって困難を克服する以外に、みずから救う途はありません。（拍手）わが国の現状、あらしの中にただよう難破船のように、これを救う唯一の途は、船客も乗組員もその力に応じて船の安全のため協力することが急務であると存じま

芦田均（あしだ・ひとし）
1887年～1959年。京都府生まれ。首相在任期間：1948年3月10日～10月15日（220日間）。東京帝国大学法学部卒業後、外務省に入省。ロシア、フランス、トルコ、ベルギーの各大使館に勤務。退官して帰国後、立憲政友会に所属し衆議院議員となる。戦後は、衆議院議員として厚生大臣（幣原内閣）、外務大臣（片山内閣）を歴任。リベラリストとして知られる。芦田内閣では、教育委員会法をはじめ重要法案を成立させるが、昭和電工疑獄によって崩壊する。

写真提供：共同通信社

す。この際いたずらに党派心《とうはしん》にとらわれて、議論に時を空費《くうひ》するがごときことは、われわれの断じて与《くみ》しないところであります。（拍手）それゆえにわれわれは、機会あるごとに各党各派の政治休戦を唱え、同胞相携えて危機突破に邁進すべきことを強く主張してきたのでありまして、片山内閣成立の当時、自由党を含む四党政策協定を結び、互譲《ごじょう》の精神をもって政治の円満なる運用に努めたのも、そのためであります。今回の組閣にあたっても、私は政争の休止と国民総力の結集を目的にして各党に協力を求めたのでありましたが、今日の危機に対する認識において異なる点があったためか、私の念願が完全に達し得られなかったことは、深く遺憾とするところであります。しかしながら、われわれは決してこの望みを捨てるものではありません。あくまでも国内の総力を集めて政局と民生の安定をはかることに努力し、そのためには政府は常に謙虚な態度をもって民論に耳を傾け、あくまで調和と融合の精神をもって進退する覚悟であります。

　新内閣が達成せんとする最高の目標は、平和と自由と正義とが支配する世界を建設することであります。

われわれは、この理想のもとに国内の再建に当り、この精神をもって諸外国に対せんことを期するものであります。

一昨年制定された新憲法は、絶対の平和と自由とを確立することを明らかにしております。われわれが平和と自由と正義の理想を追求し、それを実現することによって、初めて日本民族は永久に価値あるものとなることを信ずるものであります。（拍手）新憲法の制定は、実にこの意味において民族更生の一大宣言でありました。われわれは、これを一片の紙上の宣言に止めることなく、国内においても外国に対しても、これを実践する努力に全力を尽さなければならないと信じます。

新内閣はこれを施政の最高目標とするのでありますから、その歩まんとする道は当然に中道であります。何となれば、左右いずれにせよ、極端な思想は平和を維持するゆえんでないからであります。およそ無血革命と呼ばれるごとき国家の変動期においては、人心はややもすれば右か左かの極端に流れて、中正な進路を失いがちであります。しかしながら、偏った思想と極端な政治活動は、帰するところ暴力革命に導く危険を包蔵《ほうぞう》するのみであって、断じて平和に通ずる道ではありません。この意味において、われわれは責任感の伴わない自由を排斥します。同時に、正義の名に隠れた利己主義をも排斥します。われわれは、あくまでも真の民主主義を守って中道を歩み、勤労を尊重し、社会連帯、国民協同の理念のもとに、生産の増大と分配の公正とを同時に実現せんことを企図《きと》するものであります。

わが国が一日も早く世界の平和国家群に参加することは、国民のひとしく熱望するところであります。今のところ、講和会議がいつ開かれるかは、はっきりとした見透しはつかないけれども今から講和会議に備えて、日本が世界列強の信頼を博するよう最善の努力をいたしたいと思います。世界列強の信頼を博する途は、われわれが平和の愛好者として、精神的にも物質的にも自由を尊び、正義感に燃え、世界文化に貢献する気魄《きはく》を示すことにあると考えます。講和条約の内容はもとより連合国の決定によるものでありますが、われわれの行動が平和と自由と正義の原則に適うものであれば、講和条件は必ずや日本の独立と生存を傷つけない公平なものであることを期待し得るでありましょう。（拍手）

われわれは、今占領軍の治下に住んでおります。占領軍の指導が歴史上まれに見る公正寛大なものであることは、万人の認めるところであります。これに対してわれわれ日本国民もまた占領軍に対してきわめて協力的態度を示した結果、未だ平和条約の調印を見ずして、すでに平和生活に一歩を踏み出し得たことを幸福とするものであります。この際政府が特に注意を傾けようとする点は、現在の環境において、わが内政の処理をなすにも、まずもって世界的関連においてなすべきものであるという点であります。（拍手）

次に、政府のとらんとする経済政策については、他の閣僚より詳細申し述べるはずでありますから、私はその二、三について所見を述べるに止めます。

現在の日本においては、いかなる政府もインフレーションの克服に重点をおくべきことは言うまでもありません。それがために、インフレ克服の根本対策を立てて生産の増強をはかることは、何人も異論のない点であります。生産の増加については、資本と労働と経営の合理的調和をはかることが最も肝要でありますが、特に勤労大衆が崇高なその職責への自覚に立って心から協力するのでなければ、生産の増加が望み得ないことは明らかであります。その点から言って、政府は労働組合の健全な発達を切に念願しておるのでありまして、そのために必要な対策は十分考慮しております。しかしながら、自己の利益のみを主張し、社会協同生活に必要な調和の精神を欠くものは、労資ともに厳に排斥しなければなりません。それは結局において国民大衆の利益と相容れないからであります。

浮動購買力を吸収することは、インフレーションの克服のために緊急必要とする施策でありますが、この点については、別に具体的の対策を準備しておりますから、遠からず国会に提案する意向であります。もっとも、この流通面に対する施策にあたって最も重きをおくべきことは、通貨の信用を保持することでありまして、政府はそのために万全の注意を怠らない考えであります。

次に必要なことは資本の蓄積であります。日本は戦争によって国富の三分の一を失ったのでありますから、生産を興すには、まず資本を蓄積しなければなりません。しかるに、国民の大半が勤労階級となった今日では、資本は広く大衆から集めることが一層必要となるのでありまして、従ってまた大衆の利益を擁護するため、投資の危険を少くする途を講じなければなりません。

次に、産業の健全な発達のために経営を合理化し、その能率を十分発揮しなければ、生産の増大もはかられないことは明らかであります。今後日本が国際市場に進出することを許されたときに、輸出貿易が発達するかどうかはこの点にかかっておる点から言っても、経営の合理化は特に強調されなければならないのであります。

なお、これに関連して必要なことは生産技術の向上であります。わが国の生産技術が世界の水準に比べて最近著しく遅れることはまことに遺憾でありまして、政府は生産技術の向上のために万全の施策を講ずる考えであります。

なお経済政策としてわれわれの考えておる一、二の問題を附言して申し述べます。日本のような特殊の形態をもつ国においては、国土に適する産業を検討して、これを振興しなければなりません。その点から水力電業を開発することは、石炭の不足がちなるわが国にとって焦眉《しょうび》の急務でありまして、殊に大規模の発電工事については、政府がその資金を供給することも考慮しなければならぬと思います。

食糧問題については、最近米の供出が未曽有の好成績を示しまして、すでに一〇〇％を超えております。これまったく農民諸君の救国的精神の結晶でありまして、私はこの機会に、全国の農村に対し深く感謝の意を表するものであります。（拍手）しかしながら食糧増産のためには、なお第二次農地改革の徹底、供出制度の改善等幾多の施策を必要とするのでありますから、政府はこれらの点について具体的研究に着手いたしたいと考えております。

なお、昨年度の水害による災害の復旧は一日も緩《ゆる》くすることを許されない事情にありますから、目下その対策について遺漏《いろう》なきを期しておる次第であります。また平野地帯と山嶽地帯との中間に位する波丘地帯約三百万町歩の開発も、食糧増産、失業救済のために適切な事業でありますから、政府は具体的研究に着手したいと考えております。

今後における経済再建の基調については、各党各派の間にあるいは基本的理念を異にするところがあるかもしれません。しかしながら、わが国が現在おかれておる環境からするならば、当面に行わるべき施策はおのずから発見されるはずでありまして、資本主義政党が経済の終局の目標を企業の自由におくとしても、物資が極端に欠乏しておる現状においては、ある程度の統制が絶対に必要であることは明らかであります。政府が近く発表する生産の長期計画によって生産が増加するに従い、不必要な統制はこれを廃止し、合理的な経済体制を樹立する時期の来ることも予想し得ることであります。

以上は、政府が企図する生産増加対策の概要でありますが、その効果の完全に現われるには、なお時間を要するとも考えられます。その間にインフレが高進して、日本経済を破局に陥れる危険がないとは言えません。よって当面の急務は、生産増加に並行して不足物資を輸入に仰ぎ、一時の急を救うことであります。不足物資の輸入は、一に連合国の好意的援助によるほかないのでありますが、さいわいに周囲の事情は好転して、おいおい多量の物資を輸入し得る曙光《しょこう》が輝き始めたことは、諸君とともに欣幸《きんこう》するところであります。（拍手）聞くところによれば、アメリカにおいては、日本経済を一九五四年までに、一九三〇年ないし三四年水準の一二五％にまで復興させる援助計画を考慮する向きもあると聞いております。わが国の経済は終戦後一時どん底に落ちたのでありますが、その後国民の気力と連合国の物資補給によって、緩慢ながら、徐々に回復の方向に向い、インフレの高進にかかわらず、国民の実質的生活が向上したことは疑いないところであります。この際連合国の物質的援助があれば、インフレの進行は著しく鈍化して、経済の再建は強固なる基礎の上に立つことができるでありましょう。かくして初めてわれわれは、久しい間の耐乏生活を脱却する希望をもつことが可能となるのであります。（拍手）

しかしながら、連合国の好意的援助を得るためには、まずもって輸入の支払のため輸出の増進を必要といたします。これと同時に、われわれの態度がその好意に値するものでなくてはなりません。（拍手）日本国民が諸外国の信頼に背かない明らかな証拠として、ポツダム宣言を厳格に実行することはもちろん、国内の民主化を促進し、文化国家の建設に全力を傾けたいと思います。

なお外国資本の導入を容易にするためには、今日までその隘路《あいろ》となっておった幾多の障害を除いて、外国の資本家をして安んじてわが国の産業に投資するごとき受入態勢を整えなければなりません。政府は漸を逐うてこれを実現する考えであります。

終戦以来、国内の治安は敗戦国としては予想以上によく維持されてきました。しかしながら、戦争の結果として文化道徳を頽廃《たいはい》させ、今なお犯罪の減少を見ないことは遺憾にたえないところであります。日本民族の血液から凶暴性を刈りとることは、一は国民生活安定の問題であり、さらにまた道義の高揚をはかる教育の問題であります。政府は最大の関心をもってこれに善処する決心であります。

地方自治体の運用は、新憲法によって今試練の前にたっております。われわれは地方自治体が民主主義の根幹であることを思い、正しき自治精神が発揚されて、地方分権が名実ともに完成されることを期待するものであります。地方に移管せられた自治警察が、今後真に民衆の友として十分に機能を発揮する日も遠くはないと信じますが、同時に、国民諸君もまた進んで犯罪の防止に協力せられんことを切望してやまないものであります。（拍手）

さらにまた国民道徳の高揚については、民族の名誉にかけて、この際速やかに適当の処置を講じなければなりません。われわれの伝統は、正しきを踏んで恐れない精神と、同胞に対する愛情とでありましてこの伝統をとりもどすことによって、われわれの祖国は真に住みよい国となり得るのであります。政府はこの精神を基調として教学の振興に今後一層努力をいたすとともに、六・三制の実施についても前内閣以来の方針を堅持する意向であります。

この際私は、国内において最も恵まれない境遇にある海外引揚同胞と戦災者に対して一言いたします。これらの人々は、多くはまとうに衣なく、住むに家なき境遇にありますが、政府は事情の許す限り真心傾け、国費を投じて救済に努めることを約束いたしたいと思います。

戦災都市の復興も、まことに急を要する重大問題であります。政府はこの際、その道の権威者を集めて、その計画に基いて戦災都市の復興を促進する意向でありますが、特に住宅の建設については、欧米の実勢に鑑み、学ぶべき点は十分にこれを採用して、早急にその実現をはかりたいと考えております。（拍手）

最後に、国際情勢に関するわれわれの関心について一言いたします。

最近の大戦争によって人類の受けた惨禍は、今なおわれわれの体験に新たなるものでありまして、世界の多くの国民は、飢餓と混乱のちまたに迷っております。それにもかかわらず、世界はさらに第三次大戦のまぼろしにおののいているというのが現在の姿であります。わが国は、まだ国際連合に参加する時期に達していないために、平和に対する発言権さえももち得ない立場にあります。けれども、われわれの生存が密接に世界に関連をもつ今日、われわれは決して平和の維持に無関心であり得ないのであります。（拍手）殊に東洋の隣邦諸国において政情の安定を見ないことは、わが国の経済再建に大いなる障害をなすものであります。われわれは新憲法において、一切の軍備を放棄し、一切の戦争を否認する決意を示しました。世界がこの崇高な理想において日本国民と歩調を同じくせんことは、われらの熱望であると同時に、われわれは今後引続きこの理想の旗のもとに、平和と自由と正義との支配する世界の建設に不断の努力をいたしたいと決意して

おります。（拍手）
以上私は、新内閣が政局の現段階に対する物心両面の用意と、経済危機の突破についての構想の概要とを申し述べたのでありますが、私は右に述べたような基本観念に立って、広く国内の政治力を結集し、国民大衆と力を協《あわ》せて政局の安定をはかり、経済再建に直進する決心であります。今日世界の国々がひとしく窮乏にあえいでおる際、われわれは外からの援助のみによって救われようとする卑屈なる態度をとろうとは考えておりません。食糧の補給も、物の生産も、まずみずから起ち上って、できる限り自給自足をはからなければ、外からの援助は期待し得ないと思います。民族の特質は、かようなときにおいて最も顕著に現われるものでありまして、日本人が世界に伍《ご》して遜色なき国民であることを示すのは、逆境にある今日がその絶好の機会であります。（拍手）
わが国が当面する危機は、今日ただいまも進行を止めてはいないのでありまして、これに打勝つことは容易ならぬ大事業であります。国会は申すに及ばす、広く国民諸君の心からなる支援を得なければ、この大事業を遂行することはできません。
（発言する者多し。議長「静粛に願います」）
われわれは、心を空しくして輿論《よろん》に耳を傾け、広く建設的意見に傾聴し……
（発言する者多し。議長「静粛に願います」）
誠心誠意奉公の誠を尽したいと念願する次第であります。（拍手）

少数党内閣が国民の信を問うは政治の常識

芦田内閣は昭和電工をめぐる贈収賄事件によって総辞職。八カ月余りで崩壊した片山内閣に続き、わずか七カ月足らずの短命政権だった。昭電疑獄では、首相を退任した芦田均自身も後に逮捕される。政界が混迷を深めるなか、首相の座に就いたのは自由党の吉田茂だった。十月十九日の就任以来、施政方針を明らかにしない吉田に対して、社会党、民主党、国民協同党、共産党など野党八党派は「直ちに衆議院本会議において総理大臣より施政方針の演説をなすべし」との決議を突きつける。それを受けて、吉田がようやく施政方針演説に臨んだ。この演説の三日前の十一月十二日、東京裁判は東條英機ら被告たちに有罪判決を下した。

吉田茂・施政方針演説

第三回国会　一九四八年（昭和二十三年）十一月十五日

——日本社会党、民主党、国民協同党、社会革新党、労働者農民党準備会、第一議員倶楽部、新自由党準備会及び日本共産党など八党派からの「政府はその施政方針を明らかにするため直ちに衆議院本会議において総理大臣より施政方針の演説をなすべし」との決議を受けて

この決議案の御趣意は、とくと了承いたしました。吉田内閣の性格及びこの国会に対する、このたびの会期に対する現内閣の方針の一端を申し述べます。

現内閣は、疑獄事件（※1）によって辞職せる芦田内閣の後をうけて出現いたしました内閣であります。（拍手）首班指名の当時、私を支持せられたものは百八十有余であって、二百有余の白票を投ぜられた現衆議院において首班の指名を受けたる少数党内閣であります。この少数内閣は、まず信を国民に問うがために冒頭解散することが政治の常識であり、またわが国朝野《ちょうや》の輿論《よろん》となっておるのであります。

しかしながら、去る七月マッカーサー元帥書簡によって勧告せられたる国家公務員法及びその関係法規の制定は、わが政府の義務でありまして、また国家経済再建復興のため欠くべからざる法制として、公務員法制定のために第三国会は召集せられた臨時国会であります。ゆえに、この通過をまって現衆議院を……（発言する者多し。議長「静粛に願います」）解散し、あらためて信を国民に問うことが当然であるのであります。（拍手）また民主政治の精神に沿うゆえんであると信ずるのであります。従って、前内閣以来公約せられている公務員法及びその関係法規以外には、特に緊急やむを得ざる議案を除き、国会に提案すべきものでないと信ずるのであります。しかして、芦田内閣当時すでに立案せられ、現内閣において、ほとんどそのまま提案せられたる公務員法及びその関係諸法案は、当然当時の政府与党諸君におかれて、すでにご了承のことと信ずるのであります。（拍手）

私は、本件に関する諸君の審議を切り詰めてくれというような意図は毛頭ないのであります。もし、いたずらにその審議を遅延し、これが必然の結果といたしまして、国政の運用を渋滞せしめ、世界列国にも、またわが国祖国再建の熱意について疑いをさしはさましむるがごときことがありましたならば、国家再建を急務とする今日、まことに遺憾であります。（拍手）これらの事情を了察せられて、時局救済のために政府に十分協力せられんことを切望してやまないのであります。（拍手）

※1：**疑獄事件**　一九四六年に起きた贈収賄事件。昭和電工事件（昭電疑獄）。化学工業会社昭和電工が復興金融金庫からの巨額融資を受けた際に、政界、官界、GHQ高官に対して贈賄を行った。当初、警視庁捜査2課長秦野章（後の警視総監）が中心となって捜査が進められたが、後にGHQの影響下にあった検察が主導する。大蔵省主計局長福田赳夫（後の首相）、民主自由党顧問大野伴睦、西尾末広副総理（社会党書記長。後の民主社会党委員長）、経済安定本部総務長官栗栖赳夫をはじめ、多数の逮捕者を出した。GHQでは民政局（GS）のケーディス大佐の名が取り沙汰され、ケーディスは失脚する。その背景には、GHQ内で対立するウィロビー少将の参謀第二部（G2）の画策があったともいわれる。結局、有罪となったのは昭和電工社長日野原節三と栗栖の二人だけで（共に執行猶予）、その他の容疑者はすべて無罪となった。当然のことながら、GHQからは一人の逮捕者も出ていない。なお、この事件が原因となって芦田内閣は瓦解する。

軍備のないことこそ、わが国の安全幸福の保障にして平和国家の誇り

ドッジラインと呼ばれた厳しい財政金融政策、シャウプ勧告に基づく税制改革、さらに一ドル三六〇円の固定為替レート設定と、GHQは戦後経済の安定へ強引に政策を進める。ドッジラインはデフレ不況を深刻化させ、人員削減、倒産は相次ぎ、労使の対立は激化、下山事件、三鷹事件、松川事件など戦後を代表する「謀略」的な事件も相次ぐ。また、キティ台風は大きな被害を関東にもたらした。そうした混乱の中で、十一月に米英両国は日本との講和条約を検討していることを明らかにする。独立を回復し、どのような形で国際社会に復帰するのか。米ソ冷戦が厳しさを増す中、戦後日本の形をめぐる議論も活発化していく。

吉田茂・施政方針演説

第六回国会　一九四九年（昭和二十四年）十一月八日

本日ここに施政方針に関し私は所見を述ぶることを欣快《きんかい》といたします。

今日国民が最も熱望いたしておりますことは、平和条約締結の一日も早からんことであります。（拍手）最近外電はしきりに米英両国が条約準備中の旨を伝えております。これは米英の、わが国民の終戦以来自省耐乏《じせいたいぼう》、条約及び占領政策を誠実に遵守した等の努力に対する好意ある理解の結果と私は考えるのであります。（拍手）

独立を回復して国際団体に復帰の日のようやく近からんことを考えますときに、まことに諸君とともに御

同慶の至りであります。(拍手) ますますその実現を確実ならしむためにも、わが国が国際社会の一員としてはずかしかざる民主文化の国家であることを内外に実証することが、唯一の確実ならしめる方法であると考えるのであります。米国政府の勧請《かんじょう》により、最近学術、労働、通商等各般の国際会議にオブザーバーとして招請《しょうじょう》受くることようやく多く、外国との交通の自由も漸次回復いたしまして、各種の国際協定への参加、通商協定の締結等、事実上国交回復の実りをあげつつありますことは、まことに喜ばしいことであります。

最近、原子力の問題に関連いたしまして、わが国においても、わが国の安全保障について国民関心を一層深くいたしておりまするが、わが国の安全を保障する唯一の道は、新憲法において、厳粛に宣言せられたるがごとく、わが国は非武装国家として、列国に先んじてみずから戦争を放棄し、軍備を撤去し、平和を愛好する世界の輿論《よろん》を背景といたしまして、世界の文明と平和と繁栄とに貢献せんとする国民の決意をますます明らかにいたしまして、文明国世界のわが国に対する理解を促進することが、平和条約を促進する唯一の道と私は考えるのであります。(拍手) つらつら敗戦の過去の事実を回想いたしまするると、過去において、たまたまわが国が国際情勢に十分の知識を欠き、自国の軍備を過大に評価し、世界の平和を破懐してはばからざりしことが、遂にわが歴史を汚し、国運の興隆を妨げ、国民に、その子を失わしめ、その夫を失わしめ、その親を失わしめ、世界を敵として空前の不幸を持ち来したのであります。軍備のないことこそ、わが国の安全幸福の保障でありまして、またもって世界の信頼をつなぐゆえんであります。また平和国家として世界の誇るに足るゆえんであると私は確信いたすのであります。ゆえに私は、国民諸君が国を上げて、あくまでもこの趣旨に徹底せられんことを希望することとともに、国民はかく覚醒することを私は信じて疑わないのであります。(拍手)

政府は、さきにドッジ氏の勧告(※1)に基き、まず本年度におきまして、終戦後初めての均衡予算を編成し、経済安定政策を実行してきたのであります。幸いに米国の好意ある援助と国民諸君の努力によりまして、インフレーションも現段階においてはその進行を停止し、国民経済はここに安定、正常化いたしまして、さらに積極的、本格的復興の段階に進みつつあることは、まことに諸君とともに御同慶に存ずるところであります。（拍手）

また、先般来訪のシャウプ博士の熱心なる調査研究の結果たる報告書（※2）に基き、マッカーサー元帥は、私に対して税制改正の勧告書を寄せられたのであります。政府は、右勧告書に基いて、現下の国情に適する広汎にして合理的なる租税制度を確立せんとして、目下成案を急いでおるのであります。

税制は、政府の出発点であります。租税は、歳出を基礎として課せられるべきものであります。税制及び課税の方法が公正にして民度に適合して初めてここに善政が生ずるのであります。国民の生活が安定するのであります。しかるに、多年軍備及び戦争遂行のために税制及び課税に多くの無理を来し、また不当にして公正ならざる徴税をあえてしてはばからざるの風を生じましたことは、遺憾千万であります。この積弊《せきへい》は一朝にして払拭することは不可能でありますが、この積弊が改められて、ここに初めて国民の生活が安定し、政府が明朗となるのであります。政府も国民も相協力してこれが是正に努力いたさなければならないのであります。

国民負担の軽減と災害復旧とは当面の急務であります。政府は、本年度の予算の執行にあたりまして、行政費、価格差補助金等各般の助成金の節減のほか、極力歳出の節約をはかり、これによって捻出した額をもって諸税の軽減をはかるとともに、応急の災害復旧費に充てんとするものであります。（拍手）明年度においては、さらに不用不急の歳出圧縮し、もって諸税の調整軽減をはかる考えであります。（拍手）

最近における累次の風水害は、再建途上わが国経済に至大な障害を与えておるのでありまするが、まことに罹災地方に対して同情にたえないのであります。しかしながら、災害の原因は異常なる降雨量にもよりますが、一面、多年治山、治水、利水、電力資源開発等を含む根本的総合国土計画が欠如しておったというこ

業政策を樹立実行いたすつもりであります。（拍手）

今日賃金ベースの改定について論議せられておりますが、賃金の改定は、ただちに物価に影響を及ぼし、再び物価と賃金の悪循環を誘発するおそれがありますから、政府はその改定を行わず、また減税と諸手当の充実、厚生施設等に注意いたしまして、極力実質賃金の増加をはかりまして、公務員の生活の安定をはからんといたしておるのであります。（拍手）

数千万に上るわが労働力は、わが国に残されたる最大の資源であります。最近わが国労働運動は、ようやく健全にして建設的なる方向をたどり、労働の生産性が高揚しつつあることは、わたしの深く喜びとするところであります。行政整理、産業合理化の進捗の結果、相当数の失業者の発生をするおそれのあることは、まことに憂慮にたえないところでありまするが、政府は、これが当面の応急策として、公共事業を拡充し、災害復旧事業、国土資源開発事業等に可及的多数の労働者を吸収するとともに、他面において緊急失業対策事業、失業保険制度の適切なる運用と相まって、失業者の生活を安定せしめんといたしております。しかしながら、ひっきよう産業の振興、輸出の増進によって、ただ現下の失業者を救済するのみならず、新たなる労働の需要を誘致して、雇用の増大をはかる以外に失業対策はないのであります。（拍手）政府はこの点に十分の注意をいたしたいと存ずるのであります。

在外邦人の引揚げにつきましては、終戦以来総司令部の非常な尽力により、各関係地方より昨年までに六百余万の送還をせられたのでありますが、さらにまた、本年六月下旬より現在に至るまで約八万五千人が送還されたのであります。しかしながら、いまだシベリヤ、中共地区等に多数の同胞が残っておりまして、寒気に向かわんとする際、まことに心配にたえないのであります。今後とも関係方面の援助を得て、その引揚げ促進のため一層の努力を払いたいと考えております。

なお、過般《かはん》国家公務員法に基き、人事院規則をもって政府職員の政治活動を規制いたしましたが、これはまことに適切かつ必要なる措置であると考えるのであります。（拍手）国家の奉仕者たる政府職員が、その公正な立場を保持するために、その行動に若干の制約を受くることは、当然であると私は信ずるのであります。（拍手）

およそ戦後における生活難に伴う社会不安が外国の矯激《きょうげき》なる思想を誘致し、国家を破壊と混乱に陥れんとするものの生ずることは、世界各国にその例を見るところであります。（拍手）わが国においても、自由と人格とを無視する暴力的、破壊的傾向の一部少数分子が近時治安を乱し経済復興を阻害するがごとき好ましからざる事件を頻発せしめましたることは、はなはだもって心外に存ずるところであります。（拍手）国民諸君は、批判力と自主的勇気とを堅持して、治安及びわが復興を妨害するものに対し敢然これを排除し、国家の再建に国をあげて努力して他を顧みざることを、私は信じて疑わないのであります。（拍手）また矯激なる思想を抱くものといえども、経済生活が安定し、健全なる国民思想が普及し、国際の環境が明朗となるとともに、自然愛国的民族意識に立ち帰る日のあることを、私は確信して疑わないのである。（拍手）政府は国民諸君の協力を得て、国家の平和と秩序維持に万全の措置を講ずる決心であります。

以上のほか、中小企業対策、農林、水産業振興、運輸交通、通信の改革、社会保障制度及び地方財政の確立等は、ことごとく重要な時務でありますが、所管大臣より詳細説明いたすはずであります。（拍手）

※1：ドッジ氏の勧告　アメリカから招かれたGHQ顧問ジョセフ・ドッジ（デトロイト銀行頭取）がインフレ抑制と輸出促進を目的として立案した一連の経済政策（ドッジライン）。緊縮財政による均衡予算、公的債務の償還優先、一ドル＝三六〇円の為替レートとする固定相場制の設定、規制緩和と自由競争促進等を骨子とし、一九四九年三月七日に実施された。これらの政策によりインフレは抑制されたが、一方でデフレが発生し中小企業の倒産や失業を招いた（ドッジ不況）。

※2：シャウプ博士の熱心なる調査研究の結果たる報告書　一九四九年に税制使節団を率いて来日した経済学者カール・シャウプが、約四カ月という短期間に精力的に視察や政府および自治体の財政担当者からの聞き取りを行い、日本の新しい税制構築に関してまとめたGHQ

への報告書（シャウプ勧告）。シャウプ報告書の主要ポイントは、戦中時における多種の間接税からなる複雑な税制を廃し直接税を中心としたシンプルな税制への移行、地方自治体の独立性を担保する財源強化ための税制、脱税を困難にする改革、税制運用の公平性確立等。この報告書を元にした新税制は一九五一年から施行されるが、現在に至るまで戦後日本の税制の基本となっている。

朝鮮戦争が勃発した今、永世中立論は非現実的。治安維持へ警察予備隊創設

一九五〇年六月二十五日、北朝鮮は三八度線を越えて韓国に侵攻。朝鮮戦争が勃発する。米国は国連決議の下、国連軍を編成し、これに対抗する。東西対立が冷戦から熱戦となった。一衣帯水の朝鮮半島での戦争という現実は、講和をめぐる議論にも、戦後の国のかたちをめぐる議論にも大きな影響を与える。連合国軍最高司令官であり、国連軍の指揮を取ることにもなるマッカーサーの指示の下、日本は自衛隊の前身となる警察予備隊を創設する。

吉田茂・施政方針演説

第八回国会　一九五〇年（昭和二十五年）七月十四日

第八回国会開会にあたりまして、ここに施政の方針を述べることは、私の喜びとするところであります。まずここ当面の問題について所見を述べることといたします。

地方税改正法案の意図するところは、さきに成立した国税関係の諸改正法律とともに、国税、地方税を通ずる国民租税負担の均衡及び軽減をはかり、あわせて地方財源の強化拡充を通じて、わが国民主化の根幹たる地方自治及び財政の確立に裨益《ひえき》せんとするものであります。前国会において地方税法案が不成立になりました結果は、地方公共団体の財政運営の上にはなはだしく支障を来し、よって政府は各般の応急措置により当面の問題を救済いたしたのでありますが、すみやかに地方税制を確立することを政府は念願といたすものであります。政府は、これらの事情を十分考慮し、その後における事情の変化に即応し、また各方面の意見を尊重いたしまして所要の修正を加え、再び本国会に提出いたすのであります。もとより国民租税負担の

軽減はきわめて重要なことでありまして、政府は引続きその軽減に努力いたしまするが、負担の軽減は国税、地方税を通じて初めてできるのであります。今回の改正案によりまして、地方自治の強化を期し、かつては租税負担の均衡をはからんとするものであります。地方税総額は増加し、税種によりましては若干負担が増加いたしまするが、国税及び地方税を通ずる国民負担の総額は軽減いたさるるのであります。

地方財政自立の結果といたしまして、今後各地方において歳出を節約し、地方民の負担を軽減すれば、それだけ地方民の負担を減ずることを得る次第でありまして、私は、地方財政は中央財政とともに一層緊縮節約せらるることを期待するものであります。(拍手)

終戦以来、占領下すでに五年を経過いたしまして、やや国民の独立心、愛国心がいささか沮喪《そそう》するに至ったのではないかと感じられる節あることはまことに憂うべき次第であると考うるのであります。独立心、愛国心のなき国民が国際間において尊重せらるるはずはないのであります。(拍手)早期講和は今や国民のあげて熱望するところでありまするが、早期講和を期するにあらずんば、わが国民の愛国心、独立心の維持はむずかしいと考うるのであります。(拍手)また早期講和を実現せんといたしまするならば、国民及び政党があげて一致協力、既往の行きがかりのごときはこれを捨てて大同《だいどう》につき、国家再建復興のため、まず政治経済の安定にともに全力を尽すべきものであると思うのであります。(拍手)政府は、この全国民の要望を体し、講和に臨む国内態勢を一段と整備いたすために最善の努力をいたしておるのであります。幸い、最近米英等の連合国において対日早期講和の機運が強く台頭いたして参っておりますことは、また対日講和の準備が進められておることは、外電等において諸君御承知の通りであります。

六月二十五日、突如として北鮮共産軍が三十八度線を越えて南鮮に侵入し、アジアの一角に紛争状態を現出するに至りました。国際連合においては、時を移さず加盟国大多数の同意を得て侵略者の武力制裁を決定し、平和回復維持に極力努力いたしておるのであります。しかしながら不幸にして、ただいま南鮮には混乱状態が現出しておるのであります。この突発事件は決して対岸の火事ではないのであります。（拍手）共産勢力の脅威がいかにすでにわが国周辺に迫っておるかを実証するものであります。（拍手）赤色侵略者がいかにその魔手《まのて》を振いつつあるかは、朝鮮事件によって如実に示されておるのであります。すなわち、わが国自体がすでに危険にさらされているのであります。この際国際連合の諸国が敢然として立って、多大の犠牲を顧みず被侵略者の救援に出動いたしておりますることは、われわれの大いに意を強うするところであります。（拍手）万一大戦争が勃発した場合、わが国の軍備撤廃の結果、わが安全保障はいかにするか、いかにして保障せられるかということは、国民が常に懸念するところであります。この懸念よりいろいろな議論が紛糾いたしておることは諸君御承知の通りでありますが、国際連合今回の措置は、わが人心の安定に益するところ多大であり、またわが人心に影響するところ多大であると考うるのであります。（拍手）わが国としては、現在積極的にこれに参加する、国際連合の行動に参加するという立場ではありませんが、でき得る範囲においてこれに協力することは、きわめて当然のことであると考うるのであります。（拍手）

かかる事態に直面いたしまして、いまなお全面講和（※1）とか永世中立とかいうような議論がありまするが、これはたとい真の愛国心から出たものであるとしても、まったく現実から遊離した言論であります。（拍手）みずから共産党の謀略に陥らんとする危険千万な思想であります。（拍手）わが国の安定は、わが国民自身が進んで平和を愛し、国際正義にくみする国民の精神、態度を中外に明瞭にいたして、平和と秩序を重んずる自由国家とともに世界の平和に貢献せんとする国民の意気を明瞭に内外に表明することによって来るのであります。すなわち、やがて自由主義国家の一員として迎えられ、わが国の安全が保障せらるるに至るのであります。

国民一致して平和を確保し、民主主義諸制度の樹立に努力すべき今日、一部国民の間には、過激なる思想を鼓吹《こすい》し、あるいは他人を煽動し、あるいは反米運動を使嗾《しそう》し、ただに国内治安を紊乱《びんらん》し、国家再建復興を阻害するのみならず、あたかもわが国において共産主義の激化しつつあるかのごとくよそおい、早期講和の機運を阻止せんとするもののあることは、まことに私の遺憾とするところであります。（拍手）政府は、法の示すところに従い、特に治安の維持のために善処する考えであります。政府が、さきに日本共産党中央委員並びに同党機関紙アカハタの編集責任者に対し公職追放の手続をとりましたのも、またこの趣旨に出るのであります。（拍手）

政府は、かねて治安維持の必要上警察制度につきまして深く留意し、その研究を続け来ったのでありますが、去る八日、わが国の警察及び海上保安制度に関して、マッカーサー元帥より、最近の治安状況にかんがみ、さらにわが国の警察力を民主的諸国家の水準に達せしめるに足るまで、その数を増加すべきことを許容せられたのであります。また許されたのであります。また海上保安庁も、わが国の長い海岸線を不法な入国者や、あるいは密貿易から守るために、さらにより多くの人員が必要であることは明らかであります。政府は、わが国の治安に対し常に甚大なる関心を有せられる連合国最高司令官の好意をすみやかに具体化し、少数不法の破壊分子による民主政治の攪乱を防止し、密出入国の取締りを厳にするため、その与えられた権限に基いて警察予備員七万五千を増加し、また海上保安庁定員を八千名増加し、従来の国家地方警察及び自治体警察と相まって、わが国の治安の維持に万全を期せんとするものであります。

政府は、さきに本年度予算編成にあたり、前年度に引続き均衡財政の大方針を堅持するとともに、その実施にあたっては財政と金融との一体的な総合調整に意を用いておるのであります。今や物価も賃金も一応の安定を見、インフレの危険は去ったのであります。これはまさに国民全体が誇るに足る安定計画の成功であると考うるのであります。政府は、この安定をさらに強固にし、復興再建への基盤を一層充実するため、さきに財政経済の新政策を決定し、これが実現のために着々準備を進めております。

国民生活の向上については政府の常に意を用いて来たところでありますが、なかんずく公務員の給与ベースにつきましては、インフレ抑圧、財政均衡の目標に向って公務員諸君の協力を得たことを満足に考うるものであります。今や財政の均衡を得、経済また安定の度を加えた今日におきまして、政府はさらに行政諸経費の節減をはかると同時に、国家財政の許す限度、時期において給与ベースの増額に資せんとするものであります。(拍手)

今、貿易の推移を見まするのに、昨昭和二十四年度における輸出入ともそれぞれ前年に比し増加を示し、さらに本年四月には戦後最高の実績を見るに至ったのであります。しかしながら、いまだ経済自立への規模に到達するにはほど遠いものがあるのであります。政府としましては、貿易振興のため、協定貿易の促進、海外市場への拡大、ことに先般設置いたしました米国内在外事務所の効果に顧みまして、さらにスターリング地域及び東南アジア地域にも在外事務所を設置し、かつ輸出金融機関の設置に努力するとともに、従来の統制を大幅に撤廃し、世界市場への参加に資せんとするものであります。

失業対策は政府の常に関心を有するところでありますが、失業の情勢は必ずしも楽観を許さないのであります。政府としては、輸出産業を中心とする民間産業の振興をはかるのほか、都市及び農村を通じ昨年度に倍する約一千億円の公共事業の実施等による雇用量の増加を失業対策の根幹といたしまして、失業情勢の変化に即応して、本年度失業対策事業費の残余三十億円を一応繰上げ使用する等によりまして、応急対策の機動的運用並びに失業保険法の改正によりまして、失業者なかんずく日雇い労働者の就職の確保と生活保護にできる限りの努力を傾ける考えであります。

以上、当面する問題の大要につきて政府の所信を述べた次第であります。(拍手)

※1:全面講和 すべての交戦国と平和条約を締結すること。敗戦後、一九四〇年代後半の国内では、独立を早期に実現するにはアメリカとの単独講和を締結するしかないと考える吉田内閣と、南原繁、大内兵衛、丸山真男、清水幾多郎、都留重人等の学者を中心とした全面講

和派が鋭く対立した。背景には、アメリカとソビエト連邦の対立（冷戦）があり、見方によれば反共現実主義派と理想主義派の対立ともいうことができる。結局、一九五一年九月八日に調印されたサンフランシスコ条約で日本は連合国の大半と平和条約を締結する（部分講和）。なお、条約調印時に中華民国と中華人民共和国は招待されず、ソビエト連邦、ポーランド、チェコスロバキアは参加したが署名はしなかった（その後この五カ国とは個別に国交を回復）。また、アメリカとの日米安全保障条約も同日に締結された。翌一九五二年に発行されたサンフランシスコ平和条約により、ほとんどの連合国との国際法上の「戦争状態」は解消し、日本の主権も回復された。

今日の日本は
昨日の日本にあらず。
講和条約で主権回復。
防衛は日米安保で。

一九五一年九月八日、日本はサンフランシスコで米国など四十九カ国との間で講和条約を締結する。ソ連、チェコスロバキア、ポーランドなど東側三カ国とは調印に至らず、国連への加盟は果たせなかったものの、敗戦から六年、ようやく悲願の主権回復を実現する。政府は講和条約とともに日米安全保障条約を締結、米国の傘の下での日本防衛の道を選ぶ。吉田茂は両条約の承認を国会で訴えるが、安保条約も、講和条約も、東西対立の時代のなか、国会内外で激しい論争を呼ぶことになった。

吉田茂・施政方針演説

第十二回国会　一九五一年（昭和二十六年）十月十二日

先般サンフランシスコにおいて、平和条約が三共産主義国以外の参加国との間に調印を終りましたことは、御同慶にたえません。（拍手）

その前文において、日本は国際連合に加入し、国際連合憲章の原則を遵守し、人権を尊重し、公正な国際商慣習を尊重する意思を表明し、連合国はこれを歓迎することを明白にいたしております。日本国民の自発的宣言を記録し、喜んでこれを迎うるの形をとったことは、連合国において日本国民の意思を尊重し、これに信頼を置く証左でありまして、この条約のよって立つ精神を明らかにしたものであります。

条約の第一章は、戦争状態を終了し、日本の領域に対する日本国民の完全なる主権を認める旨を明らかにいたしております。

第二章は、日本の主権が四大島及び連合国の決定すべきその他の諸小島に限らるべきことを定めた降伏文書の第八項の原則に従って領土の処分を規定しております。日本は、朝鮮の独立を承認し、その他特定地域に対する権利、権原《けんげん》を放棄する。これらの地域の帰属が規定されていないのは、現在連合国の間に意見の一致を得られないからであるのであります。第三条に規定する北緯二十九度以南の南西諸島については、合衆国を施政権者とする信託統治制度のもとに置くことを規定し、同条は第二条のごとく、日本の権利、権原の放棄を明記いたしておりません。これらの諸島に対する主権が日本に残ることは、サンフランシスコにおいて米英代表が明言せられたところであります。（拍手）

第三章は、安全保障に関する規定であります。日本は、国際連合憲章第二条の原則に従って行動すべきことを約束し、同時に連合国においても、日本との関係において同様の原則のもとに行動すべきことを明らかにいたしております。日本がただちに国際連合の一員となることができるならばこの規定の必要もないわけでありますが、大国による拒否権の行使のため資格ある諸国の国連加入が妨害されておる事情から考えまして、日本が安全保障の面において連合国とこのような関係に立つことを明記することを必要といたしたのであります。同時に、日本が主権国として国連憲章第五十一条にいう個別的または集団的の自衛権を有することと及び日本が集団的安全保障とりきめを自発的に結ぶことができるということを明らかにいたしております。なお、ポツダム宣言第九項で約束された帰還未了の日本軍隊の引揚げ実施の事務を、さらにこの条約において確認明記いたしております。

第四章、貿易及び通商の規定は、永久的な差別待遇を排除し、日本経済は何らの制限を受けない旨を明らかにいたしております。通商航海条約締結前四年の暫定期間中、連合国国民は、互恵的基礎において、関税に関して最恵国待遇、経済的活動については内国民待遇を受けることになっておるのであります。

第五章、賠償及び財産に関する規定において、日本が連合国に対し損害賠償支払いの原則を承認すると同

講和条約に調印する吉田茂首相＝ 1951 年９月８日、サンフランシスコ（写真提供：共同通信社）

時に、日本の現在の資源をもってその経済を維持し得る限度において負担する、すなわち賠償の限度を規定しておるのであります。日本軍隊の占領によって損害を受けた連合国に対し、日本人の役務を提供することによって賠償とな すべきことを原則といたしているのであります。ダレス代表は、この規定をもって、正しい請求権に対しては精神的満足を与え、太平洋地域における健全なる政治及び経済と両立し得る物質的満足を最大限に与うる解決策であると言い、また日本は現在遊休労働力と遊休工業力とを有しているが、原料の不足のためにこれを活用できないでいる。従って、戦争で荒廃したこれらの国々が豊富に持っている原料を日本に提供し、日本人は原料供給国のために加工することができ、その上日本人の役務が提供されれば、相当の賠償を支払うことになるであろう、とりきめには、消費財のみならず、機械及び資本財も含まれ得るであろうし、これによって未開発国はその工業化の速度を早め、外国への工業上の依存度を軽くし得るであろう、と述べられておるのであります。

第六章は、紛争解決についての規定であります。

第七章は、批准、効力発生等の規定であります。その第二十六条は、この条約に署名しなかった国と日本との間に後日締結せらるべき二箇国間の平和条約の締結についての規定であります。中国については、連合国の間にその代表政府に関し一致が得られない困難な事情があり、さりとて連合国の間の意見が一致するまで対日講和を延期するということはできないことでありますから、後日日本と中国の間にこの条約と同様の平和条約を締結する道を開いておるのであります。

トルーマン大統領は、その歓迎の辞で、この平和条約は、過去を振り返るものでなく、将来を望むものであると言い、また、われわれは新日本がゆたかな文化と平和に対する熱情とを持って国際社会にもたらすべき貢献に期待する、この貢献は年とともに増大するであろうと述べられ、ダレス代表もまた、この条約が、戦争から勝利、勝利から平和、平和から戦争へと歴史上繰返された悪循環を断ち切らんとするものである、復讐の平和ではなく、正義の平和であると言い、またヤンガー英国代表は、英国は伝統的に日本と利害を共通にし、日本国民に友情を持った、この伝統は、不幸過去二十年の間のできことによって破られたが、今や日本との従前の友好関係をとりもどし得べきことを信ずるものである、英連邦は日本軍の残虐暴行を決して忘却するものでないが、この条約によって、連合国は、敵国にいまだかつて与えられたことのない寛大な条約を日本に与え、日本が自由と平和を愛好する諸国家の社会において正当なる地位へ復帰するよう日本を援助するものである、日本の多幸を祈る、と言われておるのであります。これらの論調は、サンフランシスコ会議の対日友好的感情を表明するものと存じますから、特にここに諸君に御報告いたす次第であります。

若干のアジア諸国は、日本の戦時中の残虐行為、戦災により生じた損害に対する賠償の履行を云々いたしております。またアメリカ、カナダ、濠州その他の諸国は、日本の漁船による濫獲等の既往の事跡に顧み、魚族保護のため漁業協定の迅速なる締結を希望し、さらにあるものは、日本の将来について、再侵略、軍国主義の復興ないし通商上の不当競争に対する危惧の念を表明せられたのであります。

私は、各国代表の意見陳述の後、所見を開陳する機会を与えられたのであります。私は、日本が欣然《きんぜん》この平和条約を受諾するものであることを明らかにし、領土、経済、未引揚者等、平和条約について日本国民として陳述すべき所論を率直に述ぶるとともに、今日の日本は昨日の日本にあらず、国際連合憲章の精神の尊重と人権尊重の上に立って、列国とともに世界の平和と繁栄のために相協力して、その恵沢《けいたく》をともにせんとするものなることを明らかにいたしたいのであります。(拍手)けだし、これは国民諸君の意ここにありと信じたから、かく述べたのであります。

戦争による損害賠償の義務の当然のことといたしましても、近代戦における敗戦国に、かような義務を完全に遂行する能力のないことは明白であります。ゆえに、ダレス代表は、全関係者を裨益《ひえき》する経済的仕組みのうちに正義の理念に奉仕する方式を主張せられ、日本はこれを欣然受諾いたしたのであります。しかる以上は、日本は誠意をもってこれが履行に当るべきであります。この趣旨は、私の受諾演説においても明らかにしておきました。これに伴う国民諸君の負担が重かるべきことは否定いたしませんが、わが国民の愛国心と、信義に徹するわが国民的性格は、この条約の義務を負うに決して異存はないと信ずるものであります。(拍手)漁業問題についても同様であります。

一部代表の、平和克復後における日本の通商上の競争に対する危惧の念は、私が最も意外に感ずるところであります。また容易に納得いたし得ないところであります。受諾演説におきましても言及いたしました通り、領土の喪失、資源の不足、戦争による国土の荒廃、船腹の喪失、機械設備の損耗、さらに今後誠意をもって履行いたさんとする賠償の負担など、経済的にあらゆる不利な条件をになっておる敗戦日本に対し、他国が経済的に脅威を感ずるというがごときは、私ははなはだ了解ができぬところであります。(拍手)日本の労働条件についても、トルーマン大統領及びダレス代表がその演説において強調された通り、占領下に断行された改革により、世界の最高水準を行く労働法制を整備しておるのであります。あまりに理想に過ぎてわが国情に適合せずとまで考えられるほど、前例の少きほどの高度の労働基準を設定いたしておるのであります。（拍手）しかも平和条約において、日本は公正な国際商慣行を遵奉《じゅんぽう》すべきことを誓約いたしておるのであります。しかして、なおわが貿易の海外進出をおそれ、わが自由活動を制限せんと欲する色あるは、私のますます了解のできないところであります。（拍手）

グロムイコ・ソ連代表は、日本の軍国主義の復活の防止が平和条約の締結にあたっての主要な仕事でなければならないにもかかわらず、この条約にはいかなる保障も含まれていないと評し、十三項にわたる修正案を提議いたしました。これに対して、ダレス代表は、ソ連代表は日本における民主的傾向を阻害すべからずと言うが、ソ連のいう民主的傾向とは共産党のことであり、従って日本における共産党の破壊的活動を阻止すべからず、すなわち内部から日本を無防備にするねらいである。ソ連代表の日本に許す軍備は、名目にすぎない軍備を認めて、集団安全保障の利益を拒否するものである、日本をめぐる四つの海峡が、日本海に面する国の海軍、現実にはソ連の海軍にだけ通航を許すというがごときは、対内的にも対外的にも日本を無防備のままにしておき、近隣の強い力の犠牲にしようとする意図が明瞭に暴露されておる、と反駁《はんばく》されておるのであります。（拍手）条約において、わが主権に何らの拘束を加えておりません。従って、日本がみずからの軍備を持つ道が平和条約でとざされておらないのであります。現実に日本としては、近代的軍備に必要な基礎資源を欠いており、再軍備のためにこの上増税をいたすことは、国民の耐え得るところではないのであります。さらに、今日の日本は、いまだ戦争の痛手からいえず、軍国主義、国家主義の再現への警戒は、いまなお怠っておるのではありません。かかる事実を前にして、ソビエト全権がわが国における軍国主義復活云々というのは、まことに根拠なき宣伝であります。（拍手）

また日米安全保障条約は、平和条約と同日に署名されまして、これによって独立回復後の日本の安全について一応の保障を得るに至ったのであります。国内の治安は自力をもって当るべきは当然でありますが、外部からの侵略に対して集団的防衛の手段をとることは、今日国際間の通念であります。無責任な侵略主義が跳梁《ちょうりょう》する国際現状において、独立と自由を回復したあかつき、軍備なき日本が他の自由国家とともに集団的保護防衛の方法を講ずるほかなきは当然であります。（拍手）日本が侵略主義の圏外に確保せられることは、とりもなおさず、極東の平和、ひいては世界の平和と繁栄の一前提であるのであります。これが日米安全保障条約を締結するに至った理由であります。

今日なお中立条約をもってわが独立を守らんと唱道《しょうどう》するものがありますが、日本をめぐる国際情勢上、日本の中立について関係列国間に合意ができるものとも考えられません。また、かりに中立尊重の約束をなしても、その約束に信を置き得ない性格の国があることを忘れてはなりません。（拍手）他方、国際連合による一般保障に活路を求めんとする者があります。国際連合は、世界最大の、また最高の安全保障機構でありますが、欧米列国においても、国際連合の保障に加うるに、補足的安全保障体制を整備しつつある現状であります。平和条約後における日本の安全保障の道として、平和愛好国との集団安全保障、すなわちこの際は日米条約による安全保障以外に方法はないと私は存ずるのであります。（拍手）

安全保障条約の実施のために必要な細目は、今後日米両政府間に交渉をして取結ばれることになっております。その内容は将来決定されるところであって、国会に対しては、交渉が成立し、所要の予算または法案の審議を求める等の機会において、その内容は十分説明をいたします。

この条約による安全保障は、条約自身が規定しておるように、暫定的の措置であります。日本の永久的安全保障の道をどうすべきかということは、独立回復後において、政府及び国民が独自の見地に立って慎重考慮の上決定すべきものであります。

南西諸島の処理について、いまなお国民諸君の一部に不満の声を聞くのでありますが、日本は昭和二十年八月十四日に無条件降伏をし、領土の処分を連合国の手にゆだねたのであります。もちろん連合国がその最後の決定をなすにあたっては、わが国民の感情に沿うよう最善の努力をなされた結果到達されたものであります。国民の一部がいまなお釈然たらざる言動をなすことは、その心情は了といたしますが、外、連合国の好意と理解にこたえるゆえんでもなく、内、ポツダム宣言を敢然受諾をいたしたわが国民の当時の態度に比較いたして、わが国の威信に関するものと存じます。また日米両国の親善関係の樹立を妨げんとする悪意の策動に乗ぜらるるゆえとも考えらるるのであります。国民諸君が冷静に事態に対処して、米国政府の善意に信頼を置かれ、これら諸島の地位に関する日米両国間の協定の結果を静かに待たれるよう希望いたします。

平和条約の内容について、日本国民としては種々望むことがなおあるでありましょうが、歴史上前例のない公正な平和条約を得たことは、既往六年間敢然として降伏条項を履行して来た日本国民への信頼と期待がここに至ったのであります。（拍手）この条約に宣明された日本の意思及び条約義務の完全な遵守、履行に今後最善の努力を傾けつつ、日本国民全体が協力一致して祖国再建に邁進せらるることを私は切望するものであります。アチソン議長は、閉会の辞において、日本の友人にとして、世界における平等と名誉と友好への大道に横たわる障害は、政府の手で取除き得るものはすべて取除かれた、残りの障害は、諸君のみがこれを取除き得る、諸君が理解と寛大と懇情《こんじょう》とをもって地の諸国と行動するならば、それは可能である。これらの性質は日本国民の本性の中にある、と述べておるのであります。日本が世界において平等と名誉と友好の大道を邁進するやいなやは、一に国民諸君の自覚と奮起とにかかるのであります。

私は、関係諸国が進んで平和条約、日米安全保障条約の批准を了し、日本の完全なる独立が一日もすみやかに実現するために、わが国会にこの両条約の迅速なる審議と承認を希望いたしてやまないものであります。（拍手）

財政について申し述べますが、平和条約に基く、今後わが国の財政経済上の負担となるべき事項として、賠償、外貨債の支払い、連合国財産の損失補償等のほか、対日援助費の処理、防衛費の負担等、今後経済に重大なる影響を及ぼす問題は少くないのであります。これら条約に基く諸問題については、政府としては誠心誠意その処理に当るはもちろん、一方わが国の経済力の現況から見て、これら負担が国民の生活水準に重大な圧迫を加えることのないよう万全の努力を払う所存であります。（拍手）

補正予算については、今国会に提出する昭和二十六年度補正予算において、従来の健全財政の根本方針を堅持するとともに、最近における主食等の値上げに基く生計費の増加に応じて所得税負担の適正化をはかることとし、さらに公務員の俸給の改善をはかる等の措置を実施いたします。産業の開発促進のため必要の資金の確保についても配慮を加うる考えであります。

行政の簡素化については、すでに一昨年相当規模の行政整理を断行いたしましたが、いまだ行政機構及び人員が、戦前に比較いたしますると、昭和七年の公務員が五十九万人であったのに対し、現在百五十二万人であるというような顕著な増加となっておるのであります。よってこの際、わが国の国力に適応するとともに、近代文化国家の運営に真に必要な簡素強力な行政内容を基礎として、これを能率的に運営するにふさわしき機構と人員にいたしたいと考うるのであります。これがため、まず事務の簡素化をはかり、また人員についても、現定員に対し、とりあえず十二万人程度を、来年一月一日より六箇月間の期間に整理することといたしました。これが実施のため必要な法律案を本国会に提出するとともに、政府関係機関については所要の予算上の措置を提案する所存であります。なお本整理による退職者については、財源の許す範囲で退職金等の増加支給に考慮をいたします。その失業対策としても、できるだけの手段を尽す考えであります。

なお政府として、国会、裁判所、会計検査院等の独立機関についても、国一般の行政官庁に準じて人員の整理を断行するよういたしたいと存ずる次第であります。

地方財政について——政府は、地方行政の改革についても、中央の行政改革に対応し、ただいま具体案を検討中であります。

食糧問題及び農林水産について——食糧事情は今や安定した状態になったのに顧み、政府はすみやかに現行の主食の管理統制制度を撤廃する方針を決定いたしました。よって今後も農林水産業の生産の増強をはかりたいと存ずるのであります。（拍手）

今は再軍備よりも物心両面における国力の充実に努力を傾ける

一九五二年四月、講和条約が発効し、日本は国際社会に復帰した。しかし、朝鮮半島では北朝鮮・中国と韓国・米国など国連軍との間で戦闘が続き、本土は独立を果たしたものの、沖縄、奄美群島など南西諸島はいまだ米国の占領下にあった。国内では五月に皇居前広場でデモ隊と警察が衝突、死傷者も出たメーデー事件が発生。七月には破壊活動防止法が公布され、公安調査庁が設置されるなど社会は騒然としていた。日本は独立を守るために、どの程度の防衛力を持つのか。再軍備は是か非か。日本の進路をめぐる議論は激しさを増していた。

吉田茂・施政方針演説

第十五回国会　一九五二年（昭和二十七年）十一月二十四日

去る四月、国民待望の講和がなって、わが国はようやく自由諸国家の一員として国際社会に復帰することを得、かつ去る十一月十日には、皇太子殿下の立太子の礼及び成年式が、国内はもとより世界各国の祝賀のうちに、めでたくとり行われましたことは、諸君とともに、まことに喜びにたえないところであります。（拍手）

独立後最初の総選挙において、国民の大多数はわが党を支持し、私は四《よ》たび国政を担当することになりましたが、ここに政府の施政方針を申し述べることを欣快《きんかい》といたします。（拍手）

政府は、世界平和維持のため国際連合及び民主主義諸国家と提携をますます緊密にし、ことにアジアにおける平和と安定の増進に寄与するため、アジアの民主主義諸国との相互理解を深め、これとの国交に特別の注意をいたしたいと存ずるのであります。また、朝鮮における国際連合の集団的措置が、平和維持の努力であるのみならず、これがわが国に直接かつ重大なる関係を持つことに顧み、国際連合の要望に対して、今後ともあとう限りの協力をいたす考えであります。

わが国の対外国際経済関係については、わが国内の諸経済施策と呼応し、互恵《ごけい》平等の原則に基く通商航海条約を締結し、ことにアジア諸国とは、貿易の増大並びに可能な範囲の技術協力、資本提携を通じ、緊密な経済関係の樹立に努力を傾注する所存であります。また、賠償問題の処理については慎重に考慮をいたしております。

南西諸島及び南方諸島の祖国復帰に関しましては、現地居住者はもとより、全国民の要望するところであります。政府は、その実現に努力するとともに、さしあたり同地域との関係をますます緊密にし、現地居住者に関する懸案事項をすみやかに解決して参りたいと考えております。(拍手)

民心安定と経済再建の基盤となる治安の確保については、将来にわたる治安情勢の推移に備え、適切な対策を講じて参りたいと存じます。国内における一部破壊分子による暴力主義的の活動は、近時表面的にはややその影をひそめておるかに見えまするが、その基本的な企図には、ごうも変化はないのでありまして、国際情勢との関連を保ちつつ、将来一層周到かつ巧妙な方法によって自由社会を崩壊せんとする行動に出ずる危険性は依然としてすこぶる大なるものがあります。この種類の破壊活動に対しては、政府は一貫した治安対策のもと、治安関係諸機関の活動の連携統一をはかるとともに、警察力の発揮に遺憾なからしめ、いやしくも暴力を手段とする不法過激分子の騒動に対しては、断固法をもってこれを取締り、もって治安の完璧を期したいと存ずるのであります。(拍手)

なお、これに関連し、戦後急激に改革された現行警察制度及び治安関係諸法令についても、現下のわが国情に適合しないと思わるる点について検討を加え、能率的かつ民主的な治安機構の運営を保障し得るよう是正をはかりたいと存ずるのであります。

在日朝鮮人は、日本に居住する限り、わが国の法秩序を尊重すべきは当然でありまして、日本の治安を乱す一部不法分子に対しては厳重な取締りを励行する所存でありますが、他方、平穏に生活する善良な朝鮮人に対しては、善隣友好の精神にのっとり、安んじて正業を営み得るよう努力したいと存ずるのであります。

戦争犯罪により受刑中の者に対しましては、そのすみやかなる釈放措置が広く一般国民より熱烈に要望されておるところでありまするが、幸い仮出所につき、関係国の好意により漸次好転しつつありまして、政府においては、今後もこれが解決のため一層の努力をいたす所存であります。(拍手)

終戦後の教育改革については、その後の経験に顧み、わが国情に照して再検討を加うるとともに、国民自立の基盤である愛国心の涵養《かんよう》と道義の高揚をはかり、義務教育、産業教育の充実とともに、学芸及び科学技術の振興のために格段の努力を払う所存であります。

政府は、従来の均衡財政の方針はこれを維持しつつ、国民負担の軽減、公務員給与の改訂、地方財政平衡交付金の増額、米価引上げに伴う措置並びに財政投資及び公共事業費の増額を中心として本年度補正予算を編成し、国会の審議を求めております。

なお政府は、明年度においては国税及び地方税を通ずる税制の一般的改正を行い、さらに国民負担の軽減合理化をはかる所存であります。

次に、当面の金融方針については、物価の安定をはかりつつ、今後も一層民間資本の蓄積を促進するとともに、貸出し金利の引下げ、財政資金の産業投資等をはかるため各般の施策を推進して参ります。

また、国際通貨基金への加入、外貨債の支払いを機会に、友好諸国との貿易の振興をはかるとともに、今後外資導入についてはますます努力いたしたいと思うのであります。

食糧自給の強化をはかることは、民生の安定、経済自立達成上特に緊要《きんよう》である点にかんがみ、農地の拡張改良を積極的かつ計画的に施行するとともに、治山治水の対策の実施に努めまして農業生産の基盤を整備することとし、これがため必要な財政金融の措置を講じたいと思っております。

生産の規模を拡大し、流通機構を整備して生産の増強をはかることは、わが国経済の重要課題であります。これがため、政府はまず貿易の振興について、通商航海条約、通商協定の締結等、一連の経済外交を推進するとともに、外航船舶の増強をはかり、輸出産業の強化、保有外貨の活用とあわせ、輸入を促進することによって輸出市場の開拓をはかり、もって貿易規模の拡大に努め、特に東南アジア諸国との経済提携を促進せんとするものであります。

産業政策としては、その基盤を育成強化するため、電源開発を一層促進し、基礎産業の合理化に努め、これらに対し外資及び優秀技術の導入を進めたいと考うるのであります。

中小企業については、中小企業金融制度の強化と財政資金の投下によって資金供給の円滑化をはかる等、その育成振興に努力する考えであります。

政府は、戦時戦後を通じて著しく荒廃した鉄道、電話について、すみやかなる更新拡充をはかるとともに、特に資源開発、観光外客誘致のため、幹線道路、産業観光開発道路の整備増設をはかる考えであります。

国民生活の安定は経済復興の基礎をなすものであることにかんがみ、政府は国民一般の厚生施設、勤労者の福祉向上、住宅の不足を緩和する等、各般の施策に留意する所存であります。

また遺家族、留守家族の援護につきましては、去る第十三国会において所要の立法をいたしましたが、なお軍人等の恩給についても、世論と国家財政を勘案して、近く所要の法的、財政的措置をいたしたいと考えております。

この機会に申し述べたいことは、未帰還者同胞のことであります。政府は、帰還促進についてさらにたゆまざる努力を傾け、その留守家族に対する援護にも遺憾なきを期するものであります。（拍手）

最後に特に申し述べたいことは、いわゆる再軍備の問題であります。世上《せじょう》再軍備につき種々の論議がありますが、政府の所信は一貫してかわるところはないのであります。国力の回復に伴うて自衛力の漸増《ぜんぞう》をはかるべきはもちろんでありまするが、現在の段階は、もっぱら物心両面における国力の充実に努力を傾くべきときであると信ずるものであります。（拍手）

自主平和外交、憲法改正を。自主防衛態勢を確立し、駐留米軍の早期撤退を期す

一九五三年七月、板門店で朝鮮戦争の休戦協定が調印される。しかし、東西両陣営の対立は終わったわけではなく、五四年七月には自衛隊が発足する。一方、バカヤロー解散、造船疑獄といった事件もあり、長期政権化した吉田茂に対する批判は強まり、政界では反吉田勢力が結集し、鳩山一郎を総裁に日本民主党が結成される。鳩山は戦時中には東條英機首相を批判するなど政権とは距離を置いていたものの、戦後、四六年にGHQによって公職追放となり、五一年になって追放を解除された。五四年十二月、内閣不信任案の成立を受けて吉田内閣は総辞職。社会党の支持を受け鳩山内閣が誕生する。早期解散が支持の条件だった。

鳩山一郎・施政方針演説

第二十一回国会　一九五五年（昭和三十年）一月二十二日

さきに私は本国会の指名によりまして内閣総理大臣の重責につき、ここに政府の所信を申し述べる機会を得ましたことは、私のまことに光栄とするところであります。（拍手）明朗な政治を実現して民主主義の徹底をはかり、国民大衆の声をよく国政の上に反映することの必要であることは、まさに時代の強い要請であると信じております。（拍手）過ぐる第十九回国会以来の国会の実情及び吉田内閣退陣から現内閣の成立に至る政治情勢から見まして、国民の意思が正しく国会の勢力分野に反映されておらないことは明白であります。（拍手）よって、政府は、この見地に立って、民主主義のルールを尊重し、信を国民に問うべく、近く衆議院を

鳩山一郎（はとやま・いちろう）

1883年～1959年。東京市生まれ。首相在任期間：1954年12月10日～1956年12月23日（745日間）。東京帝国大学法科大学卒業。戦前は、1915年立憲政友会から衆議院議員選挙で初当選し犬養・斎藤内閣で文部大臣を歴任。戦後、日本自由党を結成し総裁に就任、1946年の総選挙で第一党となるが、公職追放を受ける。1951年追放解除、1954年日本民主党結成、総裁に就任し鳩山内閣発足。首相在任中、1955年保守合同を敢行し自由民主党結成、初代総裁となる（55年体制）。鳩山内閣の主要な実績としては、日ソ漁業条約締結、日ソ国交回復があげられる。

写真提供：共同通信社

解散して公明な選挙を行い、もって国民の神聖な審判を仰ぎたいと考えております。（拍手）かくして、公明な選挙によって国民の信任を確保し、難局の打開に邁進いたしたい所存でございます。（拍手）

今日わが国の最大の課題は、すみやかにわが国の自主独立を完成いたし、独立国家の国民としての自覚を高め、わが国の自立再建を達成することにあると信じております。（拍手）

このため、政府は、まず、外交においては、世界平和の確保と各国との共存共栄を目標とし、広く国民の理解と支持とによる積極的な自主平和外交を展開しようとするものであります。（拍手）このため、アメリカその他自由諸国との緊密な提携協力の基本方針を堅持し、国際緊張の緩和に努めるとともに、なおこれまで国交の開かれざる諸国との関係をもでき得る限り調整していく方針でございます。（拍手）韓国及び東南アジア各国に対しては、誠意をもつて諸懸案の解決をはかりまして、善隣友好と経済提携を促進いたし、進んでアジアの復興と繁栄に寄与したいと存じます。（拍手）

なお、多数の未帰還同胞がいまだ異国に残留しており、さらに現在なお六百余名の同胞が戦争犯罪人として拘禁せられておることはまことに遺憾でありまして、政府といたしましては、関係諸国に訴えて、すみやかに引き揚げ並びに釈放が実現するように一そうの努力をする考えであります。(拍手)

変転する国際情勢のもとにあって、わが国の自主独立の実をあげるためにも、国力の許す範囲において、みずからの手によってみずからの国を守るべき態勢を一日も早く樹立することは、国家として当然の責務であろうと存ずるのであります。(拍手)従って、防衛問題に関する政府の基本方針は、国力相応の自衛力を充実整備して、すみやかに自主防衛態勢を確立することによって駐留軍の早期撤退を期するにあります。(拍手)

わが国の自主独立の達成のためには、占領下において制定された諸法令、諸制度につきましても、それぞれ所要の再検討を加えて、わが国の国情に即した改善をいたしたいと考えるのであります。(拍手)特に国家の基本法たる憲法については、制定当時の事情と、これが実施の結果にかんがみまして、国情に即した修正を施す必要があることは、これを認めざるを得ないところであります。(拍手)しかし、憲法は、その重要性にかんがみ、これが改革につきましては最も慎重を期すべきものであると存じます。従って、政府といたしましては、国民各層の意見を十分に徴《ちょう》して、しさいにその内容を検討し、平和主義、民主主義の原則を堅持しつつ、最もわが国情に適するごとく改善の方途《ほうと》を講じなければならないと存ずる次第であります。(拍手)すなわち、これがため、国会に、学識経験者その他国民各層代表者の参加を求めまして、超党派的な憲法調査審議機関を設置いたしまして、慎重審議の上でその成案を策定するようにいたすべきであると考えております。(拍手)

経済の自立再建は国家の独立のため最も必要なことであることは、言うをまたないところであります。もとより、狭小な領土に膨大な人口を擁するわが国経済の自立再建をはかることは容易ならざるところでありますす。これを実現するためには国民全体の協力を必要とすることは申すまでもありませんが、そのためには、国民経済に対し長期の見通しを持つ総合的な計画を示し、国民に希望を持たせることが必要であります。（拍手）政府が自由企業の原則に立って総合経済六カ年計画を樹立し、広く国民の理解を求めようとするのは全くこの趣旨にほかならぬものであります。すなわち、政府は、長期かつ総合的な計画のもとに、まず税制を改正して中小企業者、勤労者、農民等の負担軽減を行いつつ、中央、地方を通じて財政の健全化をはかり、もって経済拡大への基礎を固めんとするものであります。（拍手）また、金融面においてもその健全化に努めることといたし、これがためには豊富な資金が必要でありますので、資本の蓄積と国民貯蓄の増強に特段の措置を講じたいと考えております。

経済の自立を達成するため、正常貿易の伸張と、これが要件である基幹産業の近代化、合理化、科学技術振興の緊要なことは申すまでもありません。これらについて、政府は必要有効な措置を講じ、万遺漏《ばんいろう》なきを期する所存でありますが、特に科学技術振興のため官民研究機関の機能を充実し、もって資源の開拓とその有効な利用により優秀な国産品を生産し、その使用奨励に資せんとするものであります。（拍手）

産業を復興し、経済の自立を達成するためには、労働と資本の協力を必要とするものであります。政府は、労使の双方が正義と友愛の精神に基いて、相互にその立場を尊重して、産業の復興再建に最善の努力を傾けられることを切望するものであります。（拍手）そのため、政府は、労働運動の正常化を念願するとともに、各般の方策によって労使の協力体制を確立いたしまして、産業平和の確保に努めようとするものであります。（拍手）

デフレによる経済健全化のための過程として、失業者の増大と中小企業者に対するしわ寄せの集中が見られるのでありますが、政府といたしましては、中小企業者に対しては、わが国における経済的、社会的重要性にかんがみ、その組織化と金融の円滑化につき格段の措置を講じ、特に中小企業製品の優秀化とこれが輸出振興について積極的施策を考慮中であります。（拍手）

失業対策といたしましては、根本的には前述の長期総合計画の実施により雇用の増加を期するはもちろんでありますが、さしあたりの強力な対策としては、公共事業の面において緊急就労対策事業を全国的に実施し、もって失業者の大幅な吸収をはかる所存であります。（拍手、笑声）

なお、国民生活、特に働く者の生活を安定せしめるため、昭和三十年度においては思い切った予算措置を講じて、庶民住宅建設の強力な推進をはかりたいと考えております。（拍手）

農林、漁業及び食糧問題につきましては、まず畜産物、水産物を含めた総合的食糧の計画的増産を確保することによって食糧輸入の節減をはかり、他面、農林水産物の輸出振興方策を講ずる考えであります。内外の農業経済情勢に応じ、農林漁業の経営安定には特に力をいたし、これがため肥料、飼料等重要生産資材の価格の低廉化と需給の安定をはかるとともに、農林畜水産物の価格の安定と流通の改善刷新、農地担保金融制度の創設、農業災害補償制度の改善等を実施する所存であります。（拍手）

さらに、食糧管理制度につきましては、内外の食糧事情及び経済事情にかんがみまして、根本的改革を行うため、すみやかに成案を得るよう努力中でございます。（拍手）

毎年頻発する災害の抜本的防除《ぼうじょ》と国土保全のため、政府は、造林、林道並びに道路事業、都市計画事業、災害復旧事業等につきまして、総合的な治山治水基本計画を確立いたしまして、これが適正かつ能率的な推進をはかる所存であります。（拍手）なお、政府は、北海道及び東北地方の占める地位の重要性に着目いたし、これが開発については特段の力をいたす所存であります。（拍手）

また、災害を未然に防止し、国土、人命の安全をはかるため、気象業務、非常無線通信網等の整備拡充をはかるとともに、船舶、航空機等の整備により海上保安態勢を強化していく考えであります。

社会保障の充実強化は、民生安定のためきわめて肝要な事柄でありますが、政府は、各種疾病保険の普及充実をはかるとともに、これら保険に対する応急的補強措置を講じ、また結核その他の疾病予防に力をいた

すとともに、医療機関の整備普及を期せんとするものでございます。（拍手）

なお、恩給制度の改革、遺家族及び引揚者に対する援護につきましては、財政事情の許す限り適宜の措置を講ぜんとするものであります。（拍手）文教の刷新は、現下のわが国にとって最も緊急の問題であります。戦後急激に行われた学制の改革は国情に適合しない点が多々ありますので、現行教育制度及び教育内容について十分な検討を加えるとともに、教育施設の整備充実、特に最も緊急を要する六三制施設並びに老朽危険施設の整備をはかりたいと思っております。（拍手）

わが国力を回復いたし、自立国家体制を確立するためには、何よりもまず国民各自の個人道徳の高揚をはかり、道義と相互扶助の精神を基調とした社会道徳を確立しなければならないのであります。（拍手）覚醒剤、不良出版物等のはんらんはまことに嘆かわしき事態でありますが、特にわが国の将来をになうべき青少年に対し悪影響を与えていることは、まことに憂慮すべきことであります。政府としては、広く民間諸団体の協力を得まして、早急にこれが絶滅のため適切有効な対策を講じ、もって明朗な社会の建設に邁進いたしたいと存ずるのであります。（拍手）

近時わが国の治安はようやく平静に復しつつあることは御同慶にたえないところでありますが、暴力は絶対に否定いたしたい。すなわち、極左的破壊活動については、わが国の現状にかんがみ、断固これを取り締る方針であり、また、これと並んで最近極右分子のうちにも直接行動に訴えんとする事例も発生しているので、これが取締りについても徹底的に行う方針であります。

この際特に一言したいのは、戦争終結以来すでに十年の歳月を経過したにかかわらず、自主独立の気風上らず、国民道義のいまだ全《まった》からざることでありまして、これは私の衷心《ちゅうしん》遺憾に感ずるところであります。特に、近時政界、官界を通じて著しく綱紀《こうき》の弛緩頽廃《しかんたいはい》を招き、国民の激しい指弾を受けておりますことは、私のまことに慨嘆《がいたん》にたえないところであります。（拍手）政府は、この現状にかんがみまして、公明選挙を基盤として政界の粛正刷新をはかり、議会政治の信用を回復するとともに、官公吏については信賞必罰《しんしょうひつばつ》を徹底して官紀の振粛《しんしゅく》をはかる方針であります。（拍手）さらに、政府は、社会道義、国民道徳の高揚をはかり、順法精神を振起《しんき》し、精神、物質両面にわたる国家再建の一大国民運動を強力に推進いたす所存でございます。（拍手）

近く行われる予定の総選挙は、前国会において成立した新選挙法のもとにおいて初めて行われる選挙であり、その意義は真に重大であります。政府は、前国会における衆議院の決議の趣旨に従って強力な公明選挙運動を展開しようとして、引き続き行われる地方選挙とともに、各界各層の御協力のもとに公正明朗な選挙に有終の美をおさめしめるため全力を傾注したいと念じておるものであります。

以上明らかにいたしました諸施策によりまして、人心を新たにし、国民が前途に希望を持ち得る明朗清新なる社会を建設いたしたいと存じます。（拍手）

ここに所信の一端を披瀝《ひれき》いたしまして、国会を通じて国民各位の御理解と御協力を衷心切望する次第であります。（拍手）

終戦から十年。日本独立へ憲法改正、行政改革を考えるは為政者の責任

一九五五年十月、左派・右派に分裂していた日本社会党が統一され、翌十一月には保守合同で自由民主党が結成される。与党・自民党に野党・社会党が対峙する二大政党による「五五年体制」がここに始まる。日本はGATT（関税及び貿易に関する一般協定）に加盟、経済は成長軌道へと歩み始める。五五年から五七年まで、世の中は「神武景気」に湧く。自主平和外交を目指す鳩山政権はソ連との国交回復へ外交交渉を進めていた。

鳩山一郎・施政方針演説

第二十四回国会　一九五六年（昭和三十一年）一月三十日

第二十四回国会に当りまして本日、昭和三十一年度予算案を提出いたしまして、政府の所信を述べる機会を得ましたことは、私のまことに光栄と存ずるところでございます。

昨年の秋に、自由民主党の結成と社会党の統一とによりまして二大政党の対立が実現を見ましたことは、わが国憲政史上画期的な意義を持つものであります。この機会に、両党は、政党責任政治のあり方を国会運営の上に誤まりなく映し出しまして、相ともに国会の品位を高めることに努力いたさなければならないと考えております。二大政党対立の実現と民主政治確立のために身をもって尽されました緒方竹虎《おがたたけとら》（※1）君を突如として失いましたことは、国家のためまことに痛恨のきわみでございます。（拍手）

さて、平和外交の推進は、第一次鳩山内閣以来、一貫してとってきた不動の方針でありますが、政府は一そう強力にその方針を推し進めて参りたいと決意しております。

申すまでもなく、わが国外交の基調が、自由主義陣営の一員として、米国を初め、その他の民主主義諸国との協調にあることは当然でありまして、政府は、今後、これら諸国との提携を一段と緊密にして参るつもりでありますが、ソ連に対しましては、必要な重要案件を解決して、平和条約を締結いたし、すみやかに国交を正常化するとの既定方針に従って引き続き誠意をもって交渉を進める所存であります。

さらに、アジア諸国との関係につきましては、貿易伸張に必要な経済外交の建前からも、一段と協力親善の度合いを密にする必要があると痛感をしております。従って、まず懸案の賠償問題、なかんずくフィリピンとの賠償問題の早期妥結に最善を尽すとともに、その他の東南アジア諸国との国交樹立や、中共に対する貿易関係の改善にも力を注ぎたいと思うのであります。

日ソの交渉と関連いたしまして、特に一言いたしたいことは、共産主義国家と国交の正常化をはかることと、国際共産主義の宣伝方策に対処することとは、おのずから別個の問題であるということでございます。政府は、国内的には、あくまでも反共主義の立場を堅持いたしまして、国民を共産主義思想の浸透から防いで自由と民主主義を守るために、厳正な方策を講じて参る決意でございます。（拍手）さらに、治安維持に関しましては、関係機関の連絡を密にいたしまして、遺憾なきを期する所存であります。

以上のような外交方針とも関連をして、わが国が国力と国情に相応した自衛力を整備いたしまして、みずからの手でみずからの国を守り得る態勢を整えて、米駐留軍の撤退に備えることが必要なことは申すまでもないことであります。政府は、明年度においても、自衛隊の人員や装備について所要の増強を行うとともに、防衛に関する施策に遺憾なきを期するために、すみやかに国防会議の構成などを定めまして、これを発足させたいと考えております。

次に、わが国が真の自主独立を達成するためには占領中に制定されました各種の法令や制度を、わが国情に即したものに改める必要があることは、しばしば申し述べた通りであります。私はさきの国会で、憲法改正と行政機構の改革を施政の目標として掲げましたが、この二つの目標こそ、心から日本の独立をこいねがう為政者としては、終戦十年の今日、何よりも先に考えなければならない当然の責任であると信じて疑いません。（拍手）特に、国の大本《おおもと》を定める憲法については、その内容とともに、これを制定するときの経緯と形式が非常に大きな意義を持つものであります。日本国民が、みずからの手によってみずからの憲法を作り上げる準備を進めるために、まず内閣に憲法調査会を設ける手続をとって、慎重に検討を開始すべきであると考えております。

また、行政機構についても、実情に適合しない制度や組織は、この際根本的に改革をいたしまして、国民に便宜を与えるものに作りかえる必要があります。政府は、昨年の末行政審議会を強化して、広く各方面の公正な意見をとり入れつつ、根本的な改革案を検討しておりますが、成案を得次第、できるだけ早い機会に所要の法案を提出いたしたい所存でございます。

次に、わが国の経済状況を見ますると、昭和三十年度の国際収支は、輸出貿易の飛躍的な増加によりまして、きわめて好調を示し、さらに農産物の空前の豊作も手助けとなりまして、産業活動は活発となり、国民経済は安定した基礎のもとに拡大発展の方向をたどりつつあることは喜びにたえません。政府は、今回、このような経済事情にかんがみまして、経済自立五ヵ年計画を決定したのでありますが、その五ヵ年計画の初年度に当る昭和三十一年度においては、引き続き、経済正常化の方向を一そう促進しつつ、生産地盤の強化と輸出の振興、雇用の増大等に施策の重点を置きまして、計画目標達成のための基礎を確立することに努めたいと考えております。三十一年度予算案に盛り込んだこれら重要政策の詳細につきましては、関係閣僚から説明することになっておりますので、私は、そのおもなるもの二、三について簡単に申し述べることにいたします。

その第一は、産業基盤の強化と輸出貿易の振興についてであります。

わが国経済発展の基礎がこの二つにかかっていることは申すまでもございません。そのため、政府は、あらゆる産業の近代化と合理化を一そう推進いたしまして、さらに労使の協力体制を確立することなどによって、生産性の向上をはかり、産業基盤を強化することに力を尽す考えであります。また、経済外交の推進と相待ちまして、国際通商の改善や海外市場の開拓、輸出品価格の安定などによって、貿易の振興に特段の力を注がなければならないと考えております。

その第二は、民生の安定と失業対策についてであります。

国民生活の安定は、自主独立の完成のために欠くことのできないものとして、われわれが第一次内閣以来掲げている重要政策の一つでありまして、そのため、政府は、特に今まで、社会保障の拡充強化と住宅の建設、減税の三つに力点を置いて参りました。そのうち、社会保障の中心課題とも申すべきものは、疾病に対する医療保障の確立にあると思われますので、将来、全国民を包含する総合的な医療保障を達成することを目標として、計画を進めていくつもりでございます。また、住宅につきましては、既定方針通り、十ヵ年で住宅難を解決するという目標のもとに、三十一年度は、質の向上にも重点を置いて、四十三万戸を建設する予定であります。さらに、従来不均衡の感を免れなかった国民の税負担につきましては、三十一年度は、さしあたり特に勤労所得税の軽減に重点を置きましたが、さきに三大目標の一つとして表明いたしました中央、地方を通ずる税制の根本的改正は、三十二年度からこれを実施することとし、早急にその検討を開始する所存でございます。

現下の失業問題は、政府の最も重視しているところであります。この根本的解決は、結局、経済の拡大発展による雇用の増大に待たねばならないところでありまして、経済五カ年計画において、その実現に努めることにしておりますが、当面の対策としては、特別失業対策事業と、道路の新設整備や各種の国土開発などによる公共事業の総合的運用によりまして、極力失業者の吸収をはかる計画であります。

重要政策の第三は、新農村の建設と、中小企業の振興でございます。

まず農林漁業対策としては、特に青年の自主的活動を中心として、適地適産を目標とした土地条件の整備、経営の多角化、技術の改良などに力を注ぎまして、村全体として安定した経営と生活を確立し得る新農山漁村の建設を助けることにしております。中小企業につきましては、極力その組織化をはかりまして、設備の近代化や技術の向上などを促進する一方、中小企業金融を円滑にいたしまして、資金を確保することに意を用いる所存でございます。

その第四は、文教の刷新と、科学技術の振興についてであります。

自主独立の達成も、正しい民主政治の確立も、その基はすべて国民の燃え上る祖国愛と良知良能にあることは言うことを待ちません。その意味で、教育こそ、一切に通ずる大本であります。そこで、政府は、教育制度を根本的に検討するために調査機関を設けまして、文教の刷新をはかりたいと考えております。さらに、科学技術の振興を目ざして、各種試験研究体制の整備に努めまして、特に原子力の平和的利用については、強力にその推進をはかる考えであります。

次に、地方財政については、政府は、地方団体の過去の赤字を解消するため、必要な措置を講じて参りましたが、今後は、さらに、機構の簡素化、補助金制度の改革、公債費の合理化、自主財源の充実などによって地方財政の健全化をはかりまして、赤字の発生を見ないための根本的な対策を立てる所存でございます。

最後に、政府は、二大政党対立の新事態に即応いたしまして、政局の安定と政界の刷新をはかるため、選挙制度を根本的に改正したいと考えております。その内容につきましては、近く行われる選挙制度調査会の答申ともにらみ合せまして、政府としての態度を決定したいと思っております。以上、ここに所信の一端を述べましたが、私は、国民の総意をできるだけ施策の上に反映いたさせ、民主政治にふさわしい明朗な政治を行なって参りたいと念願しております。国会を通じて、国民各位の御理解と御協力とを心から切望いたす

次第でございます。（拍手）

※1：緒方竹虎　一八八八年～一九五六年。ジャーナリスト出身の政治家。朝日新聞副社長を経て小磯内閣において国務大臣兼情報局総裁として入閣。東久邇宮内閣では国務大臣兼内閣書記官長兼情報局総裁に就任。戦後A級戦犯容疑者となり公職追放。追放解除後、一九五二年に衆議院議員選挙に出馬し当選。第四次、第五次吉田内閣において国務大臣兼内閣官房長官、副総理を歴任。一九五四年、吉田茂の後を襲って自由党総裁に就任。鳩山一郎の日本民主党との保守合同を進めるも、翌一九五五年急逝する。生きていれば、自由民主党初代総裁となっていた可能性が高いといわれている。

戦後久しく鬱屈したわが民族の前に、今や広く東西の窓は開かれんとす

一九五六年十月、日本とソ連は国交回復に関する共同宣言に調印する。ソ連との国交正常化により、日本は十二月に国連加盟も果たし、完全に国際社会に復帰した。ただ、領土問題をめぐる日ソ間の溝は埋めることができず、平和条約は継続協議となり、条約発効時に歯舞、色丹両島を返還することとなる。これも北方領土の全島返還を求める日本との間で日ソ交渉は紆余曲折し、条約は現在に至るもまとまっていない。この演説のあと、政権最大の公約を実現した鳩山首相は、日ソ国交正常化、国連加盟を花道に退陣する。

鳩山一郎・所信表明演説

第二十五回国会　一九五六年（昭和三十一年）十一月十六日

第二十五回国会の開会に当りまして、ここに所信の一端を表明する機会を得ましたことは、私の欣幸《きんこう》とするところであります。

私は、河野、松本両全権（※1）とともにモスクワにおもむきまして、去る十月十九日、日本国とソビエト社会主義共和国連邦との共同宣言並びに貿易に関する議定書に調印をして参りました。これによりまして、終戦後十一年間も継続した日ソ両国間の戦争状態は終結いたしまして、外交関係は回復され、日本の国連加盟への支持や、抑留者の送還、漁業条約の発効等も確定いたしまして、さらに、両国間の平和条約についても今後引き続き交渉することになりました。歯舞、色丹両島は、平和条約締結の後、わが国へ引き渡されることになったのであります。

これらの交渉に当りまして、わが全権団は、国民の期待に沿うべく渾身の努力を傾けました。日ソ復交こそは、わが内閣成立以来の最大公約でありまして、同時に、世界平和へのわが国民の悲願に直結すると考えたからであります。（拍手）

交渉の成果は、必ずしも十分満足すべきものとは思っておりません。しかしながら、私は、国際関係の現実を冷静に見詰めながら、わが祖国と国民の将来を深くおもんばかりまして、意を決して妥結の道を選んだのであります。

翻って世界の情勢を見まするに、今や、中東及び東欧方面の事件（※2）を中心として、各地に大きな国際的紛争を生じておりますことは、戦争の防止と世界の平和を念願するわが国としては、まことに憂慮にたえないところであります。しかし、幸いにして、最近これら戦火も次第に終息を見ようとしていることは、御同慶に存ずるところでありまして、私は、この際、まず、世界に、正常な、そうして合理的な雰囲気と精神が立ち返ることを祈願してやみません。（拍手）

しかも、一方、米国におきましては、世界の平和確保について確固たる信念を持つアイゼンハワー氏が、国民の輿望《よぼう》をになって大統領に再選され、また、世界の世論が、国連中心の活動を要望いたしまして、戦争回避の方向に動いていることは、心強く感ずるところであります。（拍手）

今後の国際情勢の推移については、安易な楽観と予断を許さないものがありますが、わが国といたしましては、あくまでも世界情勢の変化を見きわめつつ、平和外交政策の方針を貫き、平和愛好諸国と提携をしながら国際緊張の緩和に努め、世界平和の建設の中に、わが国運の隆昌《りゅうしょう》をはかっていくことが大切であると存じます。（拍手）

しかして、これがためには、特に国際貿易の伸長に意を用いまして、広く世界各国とともに相互に経済活動の範囲を広げていく政策を推進しなければなりません。貿易の拡大こそ平和の根底をなすものであり、さらに国際的地歩《ちほ》と発言力増進の基礎であると信ずるからであります。

さて、わが国経済の現状を見まするに、昭和三十年以後、ここ一両年における経済の発展が、まことに目ざましいものであることは、国民とともに喜びにたえません。（拍手）試みに昨年暮れに決定した経済自立五カ年計画と比較してみますると、国民所得の上昇率は、計画の五％に対しまして一〇％と急増し、また輸出は八・七％に対して三一％という飛躍的な増大を見たのであります。しかも、その間、物価はおおむね安定を続けたのでありまして、経済の拡大が、このように国際収支の改善と物価の安定という理想的な形で行われたことは、まことに少い事例であります。

このような経済好転をもたらした原因を考えますると、世界経済の好況とか、引き続いた豊作というようなこともあずかって力あったでありましょうが、より基本的には、二十九年十二月、第一次鳩山内閣成立とともに経済自立六カ年計画を策定し、以来、これを基準とした健全財政方針を堅持し、さらに企業家並びに勤労者の努力と国民各位の理解ある協力のもとに、引き続きこれら長期経済計画を実施してきたことにあると思うのであります。（拍手）

しかしながら、われわれは、決してこの成果におぼれてはなりません。激動する世界情勢の中にあって、わが国のゆるがない地歩を確立するため、この経済事情の好転を契機として、一段の努力を払う必要があると考えます。（拍手）今こそ労使一体となって生産性の強化をはかり、貿易をさらに増進して、国民の生活安定と国家繁栄の基礎を築くときであると信じます。（拍手）

戦後久しくうっくつしたわが民族の前に、今や広く東西の窓は開かれんとしております。世界の趨勢《すうせい》と新しい時代の要求に順応しつつ、わが日本民族が、広い視野に立って、一致団結、雄渾《ゆうこん》な精神をふるい起して、国運の発展と世界の進運《しんうん》のために活躍せんことを期待してやみません。

私の政治的生涯において、最も感慨深きこのときに当り、一言所信を申し述べ、国会を通じて国民諸君の

御賛同を求める次第であります。（拍手）

※1：河野、松本全権　全権（全権委員の略）は、政府を代表して外国と交渉、署名調印する権限を持つ。河野一郎（一八九八年～一九六五年）は、朝日新聞社を経て一九三二年第十八回衆議院議員総選挙に出馬し当選、立憲政友会に所属。戦後は鳩山一郎を総裁とする日本自由党を結党するが、鳩山の公職追放によって吉田茂が後継総裁となる。以後、一貫して反吉田の立場をとり続ける。吉田によって鳩山とともに自由党を除名された後、改進党と連携して日本民主党を結成、鳩山を総裁とする。一九五六年、日ソ平和条約交渉のため鳩山の随員として松本俊一とともに訪ソ、日ソ共同宣言にこぎつける。日本自由党、日本民主党、自由民主党において、幹事長、総務会長、農林大臣、建設大臣等、要職を歴任する。松本俊一（一八九七年～一九八七年）は、外交官を経て一九五五年、第二十七回衆議院議員総選挙に日本民主党から出馬し当選。一九五五年、鳩山首相に日ソ交渉全権代表として起用され、河野一郎とともに日ソ国交回復に尽力する。

※2：中東及び東欧方面の事件　第二次中東戦争（スエズ戦争）とハンガリー動乱を指している。

自立の思想は模倣と雷同ではなく、自らの探求においてのみ得られる

鳩山一郎の後継を争う自民党総裁選で、岸信介を破って、首相の座を勝ち取ったのは石橋湛山だった。石橋は戦前、「東洋経済新報」をベースに政府・軍部批判の論陣を張ったリベラル派のジャーナリスト。戦後は政界に転身、吉田内閣の大蔵大臣などを務めた。占領下でもGHQに対して主張すべきところは主張し、その結果、公職追放となったこともある。満を持しての首相就任だったが、内閣発足後の遊説行脚など過密日程の中で病に倒れた。石橋内閣初の施政方針演説に立ったのは、首相臨時代理の岸信介だった。

石橋湛山・施政方針演説（岸信介・内閣総理大臣臨時代理） 第二十六回国会　一九五七年（昭和三十二年）二月四日

石橋内閣総理大臣には、さきに内閣首班の重責につき、本国会に臨んで、親しく諸君に施政の方針を述べるはずでありましたところ、去る一月二十五日から風邪のため就床し、主治医の診断によれば、今後なお約三週間の静養を要するとのことであります。このような次第により、国政全般に、かりそめにも遅滞を生ずることのないようにするため、石橋総理の病気引きこもり中、不肖私が内閣総理大臣臨時代理の職務を行うこととなったのであります。私は、この間、全力を尽して、私に与えられた重大な職責を全ういたしたい決意であります。（拍手）

ここに、第二十六回国会に臨み、石橋内閣の施政の方針を申し述べることといたします。

二大政党による国会の運営が、真に国民の期待に沿い、国民の信を一そう高めるためにとるべき方途は一、

石橋湛山（いしばし・たんざん）
1884年～1973年。東京都生まれ。首相在任期間：1956年12月23日～1957年2月25日（65日間）。早稲田大学文学部卒業。戦前は、東洋経済新報社主幹、陸軍少尉。リベラルなジャーナリストとして知られた。戦後、日本自由党から衆議院議員選挙で当選するも公職追放を受ける。公職追放解除後、鳩山派の重鎮として打倒吉田を掲げ、ＧＨＱにも直言したことからアメリカには嫌われた。大蔵大臣（第一次吉田内閣）、通商産業大臣（鳩山一郎内閣）を歴任。自由民主党初の総裁選で勝利し首相となるが脳梗塞で倒れ辞任する。

写真提供：共同通信社

二にとどまりませんが、その中でも、特に、自由民主党及び日本社会党の両党が、外交を初め、国政の大本《おおもと》について、常時率直に意見をかわす慣行を作り、おのおのの立場を明らかにしつつ、力を合せるべきことについては相互に協力を惜しまず、世界の進運に伍《ご》していくようにしなければならないと思うのであります。（拍手）

国会に国民が寄せる信頼は、民主主義の基であります。これにいささかなりともゆるぎがあってはなりません。そのためには、個人としてはもとより、公党の立場においても、清廉はつらつの気風をふるい起し、常に国家の永遠の運命に思いをいたし、地方的利害や国民の一部の思惑に偏《へん》することなく、国民全体の福祉をのみ念じて国政の方向を定め、論議を尽していくように努めたいのであります。（拍手）

政府といたしましては、国会運営の正常化に極力協力するとともに、官公庁が国民のための奉仕機関としての実を十分に発揮し得るよう、その業務の運営についてすみやかに検討を加えて行政の能率化をはかるとともに、行政監察を一段と強化したい考えであります。

このようにして政界と官界がよくその使命とすべき職分を全うし、綱紀の刷新を行うことが、今日における政治について心をいたすべき根本であると私は信じております。（拍手）

新内閣は、まず改むべきは政治であり、政府であるとの見地から、政府部内を戒めるとともに、進んで新しい局面に対処する積極的な政策を推進し、国民がはっきりと希望を持ち得る政治を行いたいと考えているのであります。（拍手）

まず、目を国際政局に向けますと、昨年は世界政治の上に重大事件が相次ぎ、特に東欧の新事態とスエズをめぐる中近東の動乱によって、世界の緊張緩和の趨勢《すうせい》は一頓挫し、その結果、国際政局は著しく変転し、その前途は多難と思われるのであります。このときに当り、さきにソヴィエト連邦との間に国交を回復することによって東西に外交のとびらを開き、全世界の注視と祝福のうちに国際連合に加盟したわが国は、きわめて重要な地位を占めるとともに、これに伴う重い責任を負うに至ったのであります。私は、この機会に、国際連合への加盟が国民多年の念願であったことを想起し、戦後多難な歳月をよく耐えてきた全国民のたゆまない努力と友邦諸国の並々ならぬ支援に対し、深い敬意を払うものであります。（拍手）

われわれ日本国民は、この重要な地位と責任にふさわしい力を、物心両面にわたって養わなければなりません。終戦以来ともすればありがちであった他力依存の思想を一掃し、独立自主、自力更生の思想をふるい起し、国力の増進をはからねばなりません。今後、わが国は、国際連合を中心として、世界の平和と繁栄に貢献することを、わが外交の基本方針とすべきものと思います。（拍手）もとより、わが国は民主主義国家として発展することを国是《こくぜ》としており、従って、わが国の外交政策の基盤は、民主主義諸国との強調を積極的に実現することにありますが、たまたま、日米両国において、時を同じゅうして新しい政府が成立したことにもかんがみ、米国との間の相互理解と協力を一そう推進していくよう、特に考慮を払いたいと考えておるのであります。（拍手）また、アジア諸国とは、賠償その他の諸懸案の解決、経済、文化などの面における協力の増進に努めることによってこれらの国々との善隣友好を深め、互助発展を期したいのであります。

さらに、私は、国際経済の面において国民各位の不断の努力により、わが国の地位が向上しつつある現状を喜ぶとともに、政府としても、さらに国際競争上不利な障害を除き、通商その他の面において、わが経済力がますますその実力を伸長できるよう、経済外交を強化し、適切な措置をとる決意であります。(拍手)

次に、わが国の経済は、生産、貿易などの分野において近来著しく発展してきましたが、この際、さらに生活水準の向上と完全雇用を目ざし、あくまでもインフレを防ぎつつ、産業活動と国民生活の全般にわたって均衡のとれた発展を促進することが必要であります。(拍手)

昭和三十二年度予算の編成に当っては、財政の健全性を確保しつつ、財政の役割を積極的に果し得るよう、重要施策を重点的に推進いたしたいと考えております。予算案に盛り込んだ重要施策の詳細につきましては関係閣僚の演説に譲り、私は、そのおもなるものについて、簡単に述べることにいたします。

まず第一は、産業基盤の確立と貿易の拡大についてであります。わが国産業の対外競争力は、欧米諸国に比べ、いまだかなり遜色《そんしょく》がありますので、産業設備の近代化、生産体制の整備、労働生産性の向上などによって産業の近代化をさらに徹底的に行うとともに、道路、港湾、輸送機関など産業関連施設を増強する方針であります。ここ数年来、わが国の輸出は、きわめて好調に推移しておりますが、これは海外経済の好況に負うところが多いので、今後、激動する世界情勢のもとにおいては、輸出の振興について、なお、特段の配慮を要すると考えます。このため、政府は、海外市場の積極的開拓、輸出取引秩序の確立、東南アジアや中南米などに対する海外投資、技術協力の促進などに努力を払う方針であります。また、このことと並んで、産業技術の革新と向上が輸出振興上もきわめて重要であることにかんがみ、新技術の研究、その成果の活用、普及などに関し、総合的な施策を実施したいと考えております。

第二は、農林漁業と中小企業の対策についてであります。

食糧の自給度を高めるとともに、食糧需給の調整を総合的見地から一そう円滑にすることは、わが国農政の基本問題でありますので、政府は、これが対策について諸般の措置を講じておるのでありますが、その一つとして、食糧管理の合理化に努める所存であります。また、農産物生産の基盤である土地条件の整備を計画的に推し進め、青年層を中心とする自主的な活動による新農山漁村建設事業の振興をはかるよう、極力援助いたす考えであります。さらに、寒冷地帯に対しては、有畜経営と農業機械化の促進など、適切な対策を講じていくようにいたしているのであります。

また、わが国の経済好況の波は、ようやく中小企業にも及びつつありますが、中小企業については、なお解決を要する多くの問題があります。このため、金融を円滑にし、その組織をさらに強化して、その経済的地位の向上をはかるとともに、輸出産業を中心とする設備の近代化、技術の向上、経営の改善などを助成する方針であります。

第三は、国民生活の安定についてであります。

国民の生活を安定させ、福祉国家を築き上げることは、政府の最も意を用いているところであります。（拍手）その具体的な方策といたしましては、まず一千億円を上回る減税を断行し、国民の税負担を軽くしたことであります。（拍手）

また、住宅が現在なお相当不足しておりますので、明年度におきましては、民間の自力によって建設されるものも含めて、約五十万戸を建設することを目標といたしております。（拍手）なお、国民生活の環境を改善整備し、この面においても明るい国民生活の実現を期したいと考えているのであります。

次に、社会保障制度の整備拡充については、種々施策を講じていく所存でありますが、まず、社会保障制度の中核である医療保障制度を確立するため、できるだけ早く、すべての国民が社会保険に加入できるよう必要な措置を講ずるとともに、国民生活の上に大きな脅威となっている結核に対して、その予防措置を強化し、

国民大衆と相携えて民族の発展と世界平和の貢献を期す

石橋湛山は病のまま国会に立つことなく、退陣の道を選ぶ。二カ月の短命政権だった。首相臨時代理の岸信介が後継の座につき、臨時代理としての演説から一カ月も経たないうちに、今度は首相として議場に臨むことになった。岸は戦前から商工省、満州国経営など戦時統制経済の確立に辣腕を振るった「革新官僚」として知られ、太平洋戦争開戦時の東条英機内閣では商工大臣を務めた。戦犯容疑で逮捕されるが、不起訴となり公職追放。サンフランシスコ条約発効とともに追放が解除されると、政界に復帰し、石橋が倒れたことで頂点を極めた。その経歴から「昭和の妖怪」とも称された。

岸信介・所信表明演説

第二十六回国会　一九五七年（昭和三十二年）二月二十七日

私は、去る二月四日、内閣総理大臣臨時代理としてこの壇上におきまして、石橋内閣の施政の方針を申し述べたのでありますが、当時病気静養中でありました石橋前首相は、今回、その政治的信念に従われまして辞意を表明されたのであります。その結果、はからずも、不肖私が、国会の指名により、内閣総理大臣の重責をになうことになりました。（拍手）

私は、その責任の重かつ大なることを痛感するものであります。しかし、指名を受けました以上、私としては全力を尽してこの大任に当るかたい覚悟と決意を有するものであります。（拍手）

新内閣におきましては、石橋内閣の施政の方針を継承するものであります。ことに、昭和三十二年度予算

岸信介（きし・のぶすけ）
1896年～1987年。山口県生まれ。首相在任期間：1957年2月25日～1960年7月19日（1241日間）。東京帝国大学法学部卒業。戦前は、農商務省に入省後、商工省に転属。さらに満州国に渡り革新官僚として満州経営に実績をあげる。帰国後は、商工省次官を経て商工大臣、国務大臣（ともに東条英機内閣）を歴任。戦後、A級戦犯容疑で巣鴨プリズンに拘留されるが、1948年不起訴となり釈放。公職追放解除後、日本自由党入党し衆議院議員選挙で当選するが吉田茂と対立し除名。鳩山一郎とともに日本民主党結成に参加、幹事長に就任。保守合同時に自由民主党初代幹事長となる。岸政権では、日米安保条約締結、国民皆保険制度、年金制度の導入等、極めて重要な政策が実行された。首相退任後も政界に隠然たる影響力を保持し「昭和の妖怪」と呼ばれた。

写真提供：毎日新聞社

案につきましては、政府は、これを引き継ぎ、責任をもってその実施に当りたいと考えております。（拍手）この予算案が国民経済と国民生活に重大な影響を持つものであることに思いをいたされ、引き続き審議を継続し、一日もすみやかに成立するよう御協力あらんことをお願いいたします。（拍手）

私は、また、石橋前首相と同じく、何よりもまず国会運営の正常化に寄与したいと存ずるのであります。（拍手）各党間においてできるだけ多く話し合いの場を作り、もって国会の運営を民主主義の原則に従って円滑に行うことは、国会に対する国民の信頼を高めるゆえんでありまして、また、国民がひとしく期待するところであります。（拍手）

今や、わが国は、経済自立の基盤を整え、また、国際連合に加入して、その国際的役割に重きを加え、ここに新日本を建設し、世界の平和に寄与する歴史的段階に立つに至ったのであります。今こそ、国民は、民族的団結を固め、自信と希望をもって立ち上るべきであります。（拍手）とりわけ、私は、わが国の将来をになう青年諸君が、真に国家建設の理想に燃え、純真な情熱を傾けてその使命を達成されるよう、切に奮起を望みたいのであります。（拍手）また、私は、国民の福祉と繁栄をはかるとともに、政治に清新はつらつとした機運を作り上げたいと思うものであります。（拍手）

私は、国民大衆の理解と納得の上に立つ政治こそ民主政治の正しい姿であると信じますがゆえに、常に国民大衆と相携えて民族の発展と世界平和への貢献を期したいと念願してやまないものであります。（拍手）

ここに、所信を申し述べて各位の御支援をお願いする次第であります。

口に平和を唱えるのみでなく、自ら平和の道を実践することこそ重要

一九六〇年の最大の争点は日米安保条約の改定だった。岸は一月に訪米、新たな日米安全保障条約に調印する。日本経済は高度経済成長に入ろうとしていた。この演説の中で岸は「国民所得倍増」計画について触れているが、国民の関心は安保条約にあった。前年末、安保改定阻止のデモ隊が国会構内に突入する事件があったが、この演説後、五月に自民党が安保条約を単独可決すると、安保反対運動は激しさを増し、議会は空転、国会デモの日々が続く。六月十五日にはデモ隊と警官隊が衝突、学生の樺美智子が死亡。社会的混乱の中、十九日午前〇時、安保条約は自然成立する。日米安保条約の発効を見届け、岸は退陣する。

岸信介・施政方針演説

第三十四回国会　一九六〇年（昭和三十五年）二月一日

第三十四回国会の休会明けに臨み、当面する諸問題と、これに対処する施政方針を明らかにしたいと思います。

まず、外交施策の基本に関して、私の所信を率直に披瀝《ひれき》いたしたいと存じます。

私は、このほど、日米両国間の相互協力と安全保障に関する条約等に署名のため訪米いたし、あわせてカナダを訪問の上帰国いたしたのであります。その際、米国におきましてはアイゼンハワー大統領及びハーター国務長官と、カナダにおきましてはディーフェンベーカー首相と親しく会談いたし、現在の国際情勢を検討

するとともに、今後の日米、日加友好関係の強化、世界平和への努力等に関して十分に意見の交換を行なったのであります。

その際、私は、これら両国の首脳、特にアイゼンハワー大統領が世界平和のためになみなみならぬ熱意と決心とを有せられることに深い感銘を受けたのでありまして、同大統領が、来たるべき巨頭会談に際して、国際的緊張緩和のためにあらゆる努力を払うべき旨披瀝せられましたことは、まことに力強く感じたところであります。

近く東西巨頭会談を迎えようとする世界の趨勢《すうせい》は、自由主義社会と共産主義社会とが共存し得るための最小限度の共通の場を見出そうとする方向に向かっているのであります。しかも、この機運は、東西の集団安全保障を背景とする軍事的均衡のもとにかもし出されているのであります。従って、現在の段階におきましては、平和と共存への努力が実を結ぶことを強く希望しつつも、なお自由諸国がみずからのかたい決意と団結と力とを保つ必要を認めざるを得ないのであります。（拍手）

今や、世界は人類の将来を決する上にきわめて重要な段階に入りつつあります。この時期にあって何よりも大事なことは、国際社会を形づくるすべての者が、口に平和を唱えるのみでなく、みずから平和への道を実践することであります。（拍手）すなわち、すべての国家、国民がひとしく国連憲章の精神に徹底し、人間の尊厳と自由とを尊重しつつ、国際紛争はすべてこれを平和的に解決するという原則を実践することによって、初めて本来の意味における世界の雪解けも期待し得るということであります。

今回の訪米の際、アイゼンハワー大統領と私は、日米両国の現在の関係が、このような認識の上に、主権平等と相互協力の原則に基づいて結ばれたものであり、両国は、単に政治面におけるのみならず、経済面におきましても、ひとしくその利益を共通にするものであるということを、あらためて確認したのであります。（拍手）ここに、日米両国の友好関係は、今日まで多少とも残存しておりましたその戦後的色彩を一掃し、全く新たな段階に入ったのであります。

今回署名いたしました両国間の相互協力及び安全保障条約は、世界のすべての国々が平和と自由とのために国連憲章の原則を厳格に実践し、自国の安全を国連の平和と安全を維持する機能にゆだねることができるようになるまでの間、理想と進路とを同じくする日米両国が、厳に国連憲章のワク内において真に対等の協力者として団結を強固にし、それぞれの国家及び国民の平和と安全とを擁護すべきことを約束したものであります。（拍手）本条約は、国連憲章によって否認された侵略行為が発生しない限り、決して発動されることのない平和と自由のための条約なのであります。（拍手）従って、両国が極東の平和と安全の確保に力を合わせますことは、そのまま、また世界平和の維持につながるものでありまして、両国のこのような努力が世界の緊張緩和の方向に逆行するものであるかのような見解は、本条約の本旨とする平和的目的を全く見誤ったものと申すべきであります。（拍手）

私は、わが国外交の基調を、自由主義世界との緊密な提携に置いているのでありますが、もとより、これは決して共産主義の世界を敵視いたすものではありません。わが国は、自由主義世界の一員として、共産主義世界との共存の道を見出すための熱意と努力を欠くものではありません。ただ、平和と共存の道は、相互の立場の尊重と内政不干渉の原則が誠実に実践されることによってのみ可能であると確信いたします。（拍手）わが国といたしましても、東西会談をもたらした世界情勢の推移を見守りつつ、平和外交の本旨に従い、あとう限り善隣外交を推進いたしますことは、私がつとに強く念願しているところであります。

さらに、今回の訪米に際しまして、米国政府との間に意見の一致を見ました点は、日米両国がアジアの発展のために今後とも一そう密接に協力すべきこと、及び、アジア問題の国際的討議にわが国が積極的に参加することが望ましいということであります。特に、低開発地域の経済的発展を促進することが世界平和に資するゆえんであるという認識の上に、わが国民が今後ともアジアの経済的発展のために果たすべき使命の重要性については、日米共同声明にも述べられているところであります。御承知のように、わが国は、本年初頭より国連経済社会理事会の理事国としてその活動を開始いたしたのでありますが、特に、国連を通じて低開発諸国の経済開発に協力いたしますことは、単にこれら諸国の繁栄と福祉に資するゆえんであるのみならず、同時にまた世界の平和とわが国自身の繁栄にも資するところ大なるものがあると信ずるのであります。

政府は、本年が真の意味の雪解けを世界にもたらし始める年であることを衷心念願いたしつつ、米国を初めとする自由民主主義諸国と相携え、平和を愛好する国際社会の一員として、いよいよ平和と自由のために積極的にその力をささげるべく、その決意を新たにするものであります。（拍手）

顧みまするに、終戦後ここに十数年、この間、わが国の経済はたゆまざる国民の努力と英知とによって飛躍的な発展を遂げて参りました。すなわち、最近十年間の経済成長率は戦前の実績を上回り、欧米先進諸国に比しおよそ二倍の速度を示しており、それとともに国民生活も向上し、最近では、国民一人当たりの消費水準は戦前に比し三割強の上昇を示しております。このようにすみやかな経済の成長率は世界の驚異とされており、まことに同慶にたえないところであります。われわれは、この際、過去の輝かしい経済回復の足取りを回顧し、自信と誇りを持って今後の国力発展の施策を進めるべき時期に際会していると思うのであります。

最近の国内経済を見ますと、生産活動の上昇は著しく、国際収支は依然として黒字基調を維持し、これとともに雇用情勢は改善され、国民生活も一段と充実して参っております。しかしながら、最近の企業の根強い投資意欲や旺盛な資金需要にもかんがみ、政府といたしましては、今後、経済が行き過ぎに陥ることなく、引き続き全体として堅実な姿をもって伸張するよう配慮いたす所存であります。

また、世界経済は、本年もおおむね順調に推移するものと考えられますが、商品、資本などの国際流通の活発化による相互利益を増進するための貿易・為替自由化の動きは急速に進展しつつあります。わが国も、自由主義諸国の一員として、世界の大勢におくれをとることなく、貿易・為替の自由化を推進し、わが国経

60 年安保条約の自然承認を前に、国会周辺は抗議のデモ隊で埋まった（写真提供 : 共同通信社）

済の一そうの発展をはかっていく方針であります。これが推進に伴い、わが国産業の一部には多少の摩擦を生ずることもあろうかと思いますが、政府におきましては、自由化に対する所要の準備に遺憾なきを期しつつ施策を進めていきたい考えであります。民間企業におかれても、国際競争力を強化するため、設備の近代化、自己資本の充実、経営の合理化など、体質の改善にあらゆる努力を傾注されるよう希望してやみません。

このような情勢のもとにおける今後の経済運営の基本的態度としては、経済の安定と均衡を堅持し、着実な経済成長を実現して参ることにありますが、なお、さらに長期的な観点から、今後おおむね十年間に国民所得を倍増し、もって雇用を改善し、国民経済と国民生活の均衡ある発展をはかるため、新しい経済計画の策定について現在準備を進めております。政府は、この計画の推進にあたりましては、各種産業間の跛行《はこう》的発展の是正などに十分意を用い、経済全般が均衡のとれた発展を遂げるよう留意することはもちろんであります。

昭和三十五年度の予算と財政投融資計画は、右のような基本方針に基づき、財政の健全性を堅持し、財政面から経済に刺激を与えることを厳に避けたのであります。これとともに、この予算におきましては、当面の緊急課題である国土保全及び災害復旧対策に最重点を置き、その対策に遺憾なきを期したのでありますが、その他の重要経費につきましても、世界経済における貿易・為替自由化の大勢に即応しつつ、わが国経済を一そう安定した成長に導き、もって国民所得倍増の基礎的諸条件を整備するために、社会保障制度の充実、文教及び科学技術の振興、農業基盤の整備、中小企業対策、貿易の振興、東南アジアを中心とする海外経済協力の推進及び道路、港湾、工業用水等を主体とする産業基盤の強化などについて特に配慮を加える等、諸般の対策につき充実を期したのであります。（拍手）

明年度予算の詳細については、これを関係閣僚の演説に譲り、私は、施策のおもなるものについて述べたいと思います。

まず、治山治水等国土の保全については、民生の安定、産業基盤の強化等の見地から、政府は、つとに施策の重点としてその促進をはかって参りましたが、昨年の大水害の経験にもかんがみ、明年度予算においてはこれらの国土保全事業を政府の最重点施策として取り上げ、新たな構想のもとに総所要経費一兆円余に及ぶ治山治水十カ年計画を樹立し、計画的かつ総合的に治山治水及び高潮対策事業の強力な推進をはかることにいたしております。なお、これらの事業を実施するため、治水特別会計の設置等必要な諸体制についても、あわせて整備する所存であります。

社会保障の充実は、かねて私が最も重視してきたところであります。昨年発足した国民年金制度は、本年三月、老齢・障害・母子の三福祉年金が実施される運びとなり、明年四月からは拠出制の国民年金制度が発足することとなりますが、政府は、この制度の運営の円滑な実施のため、所要の準備に遺漏なきを期する所存であります。昭和三十五年度末を目標とする国民皆保険の達成は、関係各方面の深い理解と協力とによりきわめて順調に進展を見ておりますが、医療金融公庫の設立、環境衛生諸施策の拡充と相待って、国民保健の向上への大きな飛躍が期待されるのであります。また、住宅問題についても、明年度は特に低額所得者の住宅供給に力を注ぎたい所存であります。

文教の振興は、わが国が世界の進運に伍して将来の繁栄を確保するための根本であります。いわゆるすし詰め学級解消のため、文教諸施設を整備し、教職員定数を充実するとともに、道徳教育を振興し、基礎学力を高める等、教育内容の刷新充実に遺憾なきを期したいと存じます。(拍手)

世界各国の科学技術の進展は近年特に目ざましく、その影響するところは、政治・経済・外交等広く国政の各分野に及び、今や一国の経済成長と国民福祉の向上のかぎを握る重要因子であります。政府は、従来とも青少年に対する理科教育・産業教育の充実、大学・試験研究所の整備等に特別の留意を払っておりますが、特に明年度は、基礎科学の強化はもちろん、科学技術振興の長期的かつ総合的基本方策を樹立し、科学技術振興の確固たる体制を確立いたしたい決心であります。

農林漁業の振興については、その生産性の向上、農漁民の経済的安定等を目途として、将来にわたる基本政策を樹立する所存でありますが、当面、他産業との関係において均衡的発展をはかることに重点を置き、農業基盤の整備を強力に推進するとともに、農林水産物の価格の安定と流通の合理化には積極的措置を講ずることといたしております。なお、農漁村子弟対策を強化し、特に二、三男の就業機会の拡大をはかる考えであります。

中小企業については、政府は、つとにその振興策に力を注いで参ったのでありますが、明年度におきましては、さらに施策の飛躍的強化をはかるとともに、特に商工会の活用を中心として小規模事業者の事業活動の促進に意を用いる所存であります。

地方財政については、財政健全化のための諸施策の推進と経済状況の好転等と相待ち、ここ数年来著しく改善されて参りました。今後とも、国家財政と地方財政との調整を保ちつつ、地方財政の長期的健全化の確立を期したい所存であります。幸い、明年度においては、地方税等に相当の自然増収が生ずる見込みでありますが、他方、住民税の減税に伴う地方歳入の減収も考えられますので、当分の間、所要の財源措置を講ずることといたしました。

雇用問題については、政府は、経済の安定的成長をはかるとともに、特に公共事業と財政投融資との増大により積極的な雇用の拡大を期したい考えであります。また、最近特に著しい技術革新に即応する近代的技能労働力の養成と確保との必要に対処し、職業訓練制度の積極的推進に努めるとともに、農漁村、石炭産業等の労働力移動を円滑にし、もって就業構造の近代化をはかりたいと思います。

わが国の労働運動が、労働者諸君の良識によって逐年健全化の道をたどりつつあることは、まことに同慶にたえません。わが国が世界の先進諸国に伍して繁栄を得るためには、労働者諸君が社会的責任を自覚し、公共の福祉を無視することなく、秩序正しくその正当な権利を主張し、行使するという健全な労働慣行と労働秩序の確立がはかられなければならないのであります。(拍手)

遺憾ながら、今なお、労働運動あるいは大衆運動の一部には、法秩序を無視して、もっぱら政治闘争や権力闘争を推進することにより、その特殊な政治的意図の実現をはかろうとするものがあります。このようなことは、民主政治の基盤たる法治主義を否定するものでありまして、政府は、これに対し断固たる態度をもって臨む決意であります。(拍手)また、前途有為な学徒諸君の一部に見られる暴力的破壊行動に対しては、特に深い反省を促すものであります。(拍手)

思うに、わが国永遠の繁栄を期する政治の前提として忘れてならないのは、青少年と婦人の生活並びに文化の向上であります。政府は、社会教育の振興、スポーツの普及奨励、母子保健の充実はもちろん、青少年及び婦人、特に母性に対する諸施策を、社会・経済・文化のあらゆる分野において強力に推進する考えであります。わが国の将来をになう青少年諸君と婦人諸君が、明るい希望に燃えて心身の修練に励み、社会におけるめいめいの重要な役割を正しく自覚され、強い自信と誇りを持ってわが国の発展に貢献せられるよう念願してやみません。(拍手)

以上申し述べたところで明らかなように、明年度予算の特色は、健全財政の線に沿って、政府及び与党の重要な公約をことごとく取り入れ、その実現をはかった予算であるということであります。(拍手)私は、この予算の実施により、わが国の経済はいよいよ安定した成長発展を続け、国民所得倍増の基礎的諸条件は整備され、国民生活も向上し、雇用も拡大し、福祉国家の建設に巨歩を進めるものと確信いたす次第であります。(拍手)

最後に、私は、民主政治のあり方について一言したいと存じます。

民主政治が真の成果を上げるためには、各政党が、国会という共通の場において、良識と寛容の精神に立脚して、あくまでも言論によって審議を尽くし、最終的には多数決によって決するという議会主義が根底になければならないと信ずるのであります。（拍手）

しかるに、最近、国会における審議権を放棄して、話し合いの場から離脱することがしばしばであり、他面、院外においては、国会周辺における集団示威運動による言論府に対する不当の圧迫等が繰り返され、ために、国会運営の正常化が阻害されるのみならず、国会の神聖を傷つけ、議会政治の秩序を乱したことは、まことに遺憾のきわみと申さなければなりません。（拍手）

この際、われわれは、議会主義に対する認識を新たにし、国会の権威を高め、憲政の常道を確立することについて、渾身の努力を尽くしたいと心から願うものであります。（拍手）

ここに、所信の一端を述べ、国民諸君の一段の理解と協力を切望してやみません。（拍手）

第二部

成長

一九六〇年の日米安保改定は国内に大きな亀裂を生んだ。岸信介の後、「寛容と忍耐」を掲げた池田勇人は「所得倍増計画」を打ち出し、国民のエネルギーを経済に集中。日本は高度経済成長の軌道に乗る。生活は安定し、着実に向上し始める。「政治の時代」から「経済の時代」へと社会の関心も移る。

六四年の東京オリンピックは日本が名実ともに世界の先進国として国際社会に復帰したシンボルとなった。東海道新幹線は日本の技術力の象徴でもあった。レジャーブームが幕を開け、カラーテレビ、カー（自動車）、クーラー（エアコン）の3Cは家庭の「三種の神器」といわれた。先進工業国家として大量生産、大量消費は豊かさの源だった。そして、六八年、日本は国民総生産で米国に次ぐ世界第二位の経済大国へと成長を遂げる。

成長の裏側で、公害、都市の過密化などの問題が意識され、新たな政治的な課題となる。豊かさは一方で物質主義的な価値観への疑問や反発も生んだ。そうした時代風潮に抵抗し、六〇年代後半、世界中で若者たちの反乱が起きる。日本では七〇年安保問題も加わり、各地で大学紛争が燃え上がった。ただ、成長の果実を知った社会では、六〇年安保のような国民的な反対運動に広がることはなかった。

安保は七〇年に延長され、一九七二年、沖縄が日本に復帰。六〇年代、池田、佐藤ふたりの政権の下で日本は黄金期を迎える。

十年以内に所得倍増。優秀な資質に恵まれた国民のエネルギーを経済の成長に

岸が推し進めた安保条約改定は日本社会に対立と混乱を生んだ。この演説の九日前には社会党委員長の浅沼稲次郎が日比谷公会堂で演説中に右翼の少年に刺殺される。左右対立の異常ともいえる社会的緊張のなかで、岸の後継の座に就いたのは大蔵官僚出身の池田勇人。岸の対決姿勢から一転し、「相互の寛容と理解による話し合い」という低姿勢路線で、社会の安定を取り戻そうとする。そして日本経済は高度成長の歴史的発展期に入ったとして、所得倍増計画を前面に押し出す。日本は政治の時代から経済の時代へと移り始める。

池田勇人・施政方針演説

第三十六回国会　一九六〇年（昭和三十五年）十月二十一日

さきに、私は、国会の指名によりまして、内閣総理大臣の重責をになうことになりました。私心を去り、ただひたすらに謙恭《けんきょう》と誠実を旨とし、全力を傾けて、私に与えられた職責を全ういたしたい決意であります。よろしく御支援のほどお願い申し上げます。（拍手）

本月十二日、浅沼稲次郎君が、不慮の災厄に遭遇し、逝去されました。まことに哀惜痛恨にたえないところであります。申すまでもなく、暴力は民主政治に対する公然の敵であります。それは、左右を問わず、個人、集団の別なく、断じて排除しなければならないものであります。（拍手）私は、治安の確立こそ、あらゆる政策に先行する大切な要件であり、それがまた政治の指導と運営の根本でなければならないと存じます。そのためには、まず、国会を頂点とする政治と行政の運営が秩序正しく行なわれ、争いを話し合いによって解決

池田勇人（いけだ・はやと）
1889年～1965年。広島県生まれ。首相在任期間：1960年7月19日～1964年11月9日（1575日間）。京都帝国大学法学部卒業後、大蔵省に入省するも難病のため退官、完治後再び大蔵省に入省。戦後は、大蔵省退官後1949年の総選挙で日本自由党から立候補し当選。その後、吉田、石橋、岸各内閣で大蔵大臣、通商産業大臣を歴任。経済政策において頭角を現す。池田内閣では「所得倍増」を掲げ、経済成長を最優先した。また、OECD加盟、東京オリンピック開催等、日本が先進国となったことを世界にアピールした。

写真提供：毎日新聞社

する慣行が国民生活の全分野において確立されるよう忍耐強く努力しなければならないものと信じます。（拍手）同時に、暴力をわが国の社会から一掃しようとする全国民の不退転の決意が高揚せられ、国会と政府と各政党が、新たなる決意のもとに、あらゆる暴力の温床の除去に努める必要を痛感するものであります。（拍手）政府としては、国民と協力しつつ、社会秩序の維持に真剣に対処する決意であります。

就任以来、私は、わが国の一部に見られた異常な社会的緊張を緩和し、人心と社会秩序の平穏を取り戻すことに心を砕いて参りました。そのために、私は、何よりも私自身を初め政府みずからの姿勢を正すべく、政府各省各庁に官紀の維持と振粛を求め、筋道を通した行政運営の確立を期して参ったのであります。（拍手）また、政治の運営にあたり、対立する利害と見解の存する場合には、各政党間はもとより、各当事者の間においても、闘争によることなく、相互の寛容と理解にささえられた話し合いによって事案の調和と解決をはかるよう強調して参りました。（拍手）三井三池の長期にわたる深刻な闘争（※1）が、第三者の賢明なあっせんを中心とする労使のしんぼう強い話し合いにより、ともかくも平和のうちに解決点を見出し得たことは、そういう意味においてわれわれの勇気を鼓舞するに足るものでありました。（拍手）

現在、わが国においては諸制度の改正をめぐって各種の論議があり、憲法については、現行制度を維持すべきか改正すべきかの論争が展開されております。このような論争は、本来、問題の本質が国民各層の間で十分論議せられ、相当の年月を経て国民世論が自然に一つの方向に向かって成熟した際に、初めて結論を下すべきものと考えます。

私は、外交と内政は本来一体不離のものであると信じます。国内の人心が平静を保ち、社会秩序が平穏に維持されることは、わが国の経済の繁栄と文化の向上の前提であり、わが国の国際的信用の向上と外交上の発言力を強めるゆえんであると存じます。

御承知のごとく、本年五月に予定されておりました巨頭会談の決裂（※2）以来、世界は再び東西冷戦の状態に逆戻りしたかの観を呈し、現下の国際情勢は、全世界の期待にもかかわらず、国際緊張の緩和が決して容易でないことを示しております。加うるに、コンゴその他アフリカの新興諸国をめぐって東西両陣営の角逐《かくちく》が熾烈《しれつ》化し、今次国連総会は両陣営の対立の場と化した観があるのであります。このことは残念なことでございまして、国連自体にとりましても重大な試練でありましょう。最近、国連の権威について不信の念が表明されましたことは、私の遺憾とするところであります。私は、国際連合にあくまで信依し、その権威が加わり、その本来の機能がますます発揮されることを念願しつつ、建設的かつ実際的立場からこれを支持し協力を続けて参る所存であります。（拍手）

昨今、アフリカその他において多数の国家が新たに独立を宣し、国連に加盟いたしましたことは、世界の平和と人類の進歩のために、まことに慶賀《けいが》すべきところであります。これら新興国の国連における活動、なおまた、過般東京において開かれました列国議会同盟会議におけるこれら諸国の動向を見るとき、これらの国々が一致して米ソの対立の緩和と世界平和の実現を望みつつあることは十分理解し得るところであります。もとより、今日の国際情勢の不安定は、そのよって来たるところ深く、単なる願望や言葉をもってしては解決し得ざるところではありますが、これらの新興国がその独立の実をあげるために、世界平和を願うその熱意に対しては、共感と支持を惜しまないものであります。わが国といたしましては、これら諸国が今後その政治的、経済的、社会的基盤を固め、国際社会の責任ある一員としての役割を果たし得るよう十分協力いたして参りたいと思います。

現内閣成立以来、政府は引き続き日米関係の改善に意を用い、まず、米国に小坂外務大臣を派遣して今後に処するわが政府の所信と決意を説明せしめ、十分な意思の疎通をはかった次第であります。また、先般発表されましたアイゼンハワー米国大統領と私との間の往復書簡におきましても、日米両国の提携関係が共通の利害と相互信頼の確固たる基礎の上に築かれ、将来ますます強固となるべきことが確認されたのであります。なお、今回の皇太子殿下、同妃殿下の御訪米に際し、米国朝野《ちょうや》から示されましたあたたかい歓迎は、今日日米両国国民の間に存する親近感を端的に象徴するものであります。（拍手）私は、ここに、国民を代表してこの機会に衷心《ちゅうしん》から謝意を表明いたしますとともに、この日米両国の友好関係がますます深められますことを、かたく信じて疑わないものであります。（拍手）

現在の国際情勢下においてわが国が平和外交を推進いたしますためには、たとえ政治理念や社会体制を異にする諸国とも平和裏に共存していかなければなりません。政府といたしましては、自由民主主義国としてのわが国の基本的立場を堅持することは言うまでもありませんが、平和外交の本旨にのっとり、共産主義諸国に対しても、あとう限り友好関係の増進に努める所存であります。（拍手）

中国大陸との関係につきましては、相互の立場を尊重し、内政不干渉の原則に基づいて、漸次これを改善していくことが望ましいと考えます。特に、従来中絶状態にありました日中貿易に再開の機運が生まれることは、もとより私の歓迎いたすところであります。

韓国との関係につきましては、本年八月、韓国に新政府が成立し、日韓関係の調整について韓国側の積極的な意向が表明されました。政府は、この機会をとらえて、日韓関係の改善に積極的に対処することとし、九月六日、小坂外務大臣を韓国に派遣して、新政府樹立に対する日本政府並びに国民の慶祝の意を伝えしめたのであります。その結果、日韓全面会談の予備会談を十月下旬から東京において開くことにつきましても意見の一致を見た次第であります。

いわゆる低開発地域の経済的安定が、これらの地域の健全な政治的、社会的成長のため、ひいては世界平和のために不可欠であることが痛感され、この地域に対する経済的、技術的援助がきわめて重要な問題となってきております。わが国といたしましては、すでに各種の国際機関を通ずる経済技術援助にできるだけ参加協力しておりますが、今後一そうその努力を続けて参るつもりでございます。なお、先般東京で開催されました列国議会同盟会議の外交的成果にかんがみ、この種の国際会議等における外交的機会の活用については、特に国民外交の一翼をになうものとして、十分留意いたしたいと存じます。

わが国経済が所期の高度成長を達成するためには、ますます貿易を伸張しなければならないことは申すまでもありません。私は、この貿易の伸張は世界のあらゆる国に対して行なわれ、均衡のとれた多辺的なものとなることを期待いたしております。さらに、わが国の貿易・為替の自由化は、わが国産業の健全なる発展のためにも、また消費者たる国民の利益のためにも、同時にまた、わが国貿易の伸張のためにも必要であると考えます。相手国にのみ自由化を求め、みずからはこれを回避するような態度は、もはや許されないのでありまして、国民各位の御理解を希望してやみません。

自衛力の自主的整備充実は、独立国としての当然の責務でありますが、これは、もとより、わが国の国力と国情に応じたものでなければなりません。わが国が自国の安全保障の基礎を国連と日米安保条約に託しつつ自衛力の漸増方針をとって参りましたゆえんもここにあるのであります。わが国は、今日、世界において相対的に最も少ない国防費をもってよくその平和と安全を維持し、経済の目ざましい発展を遂げ得たのでありまして、このことは、歴代の保守党政権の外交的成功を裏づけるものであると確信いたします。（拍手）しかるに、わが国の一部には、中立主義がわが国の安全を保障するに足る有効な手段であると主張する風潮が見られるのであります。この種の主張は、第一に、まず、わが国をめぐる国際的環境に対する具体的検討を怠り、第二に、わが国の国力が東西間の力の均衡に多大の影響力を持つ事実を看過し、第三に、経済の高度化とその繁栄が自由国家群との協調を第一義的な基盤とするわが国の立場に対する洞察力を欠く等、一種の幻想であるとしか思われません。（拍手）これ、われわれが断じて中立主義をとらざるゆえんでございます。（拍手）私は、わが国の安全と繁栄を現実に即して保障すると同時に、世界の平和の維持に貢献するため、現行安保体制を堅持しつつ、変転する国際情勢に対して参る所存であります。

文教の刷新充実と科学技術の振興は、民主政治の確立、新しい時代の繁栄、国民福祉の向上充実に不可欠の前提であります。文教政策の基本は、わが民族と国土と文化を愛し、高い人格と良識を持ち、国際的にも信頼と尊敬を受け得る国民を育成することにあります。（拍手）わけても、青少年がその持てる能力を十分に発揮し、国家社会の建設に自主的にその情熱を傾けるようにすることにあります。そのため、歴代の政府は、戦後の困難な状況のもとにおきましても、文教施策の充実に特に意を注いで参りました。政府は、その趣旨に沿って青少年の能力の一そうの開発を助長するため、低所得層の子弟の育英奨学、勤労青少年の教育体制の整備等につき積極的に施策して参る所存であります。（拍手）あわせて、スポーツ、芸術、文化の振興を通して明朗はつらつたる国民生活を招来するために、体育施設、社会教育施設の整備充実に一段と留意したいと存じます。（拍手）なお、中学校及び高等学校生徒の急増に対する措置は一日もゆるがせにできないものがありますので、中学校については本年度から思い切った措置をとり、三十六年度中にその完了をはかるべく、

所要の準備を進めております。（拍手）

科学技術教育はこれを特に重視し、公立私立の区別を問わず、その充実には特段の努力を傾ける決意であります。とりわけ、経済の成長政策に不可欠の前提である技術者、技能者の養成につき、大学理工系の拡充整備、工業高等学校の増設を年次計画的に実施いたしたいと存じます。（拍手）

科学技術研究の領域においては、これまでの諸先進国の研究に依存する安易な行き方を是正して参ることが眼目でなければなりません。そのため、わが国独自の技術の創造開発に努めるとともに、貿易の自由化と所得倍増政策に伴う産業構造の高度化に備えるためにも、科学技術会議の答申を基礎として科学技術振興の施策を実現して参りたいと存じます。（拍手）

わが国経済は、ここ数年来、著しい成長を遂げて参りました。特に、昨年度は一七%という目ざましい拡大を示し、本年度に入ってからも、おおむね順調に推移し、予想以上の拡大が期待されております。このような過去の実績から見ましても、わが国経済は強い成長力を持ち、今や歴史的な発展期にあると認められます。（拍手）そこで、政府は、今後十年以内に国民所得を二倍以上にすることを目標とし、この長期経済展望のもとに、さしあたり来年度以降三カ年間につき、年平均九%の成長を期待しつつ、これを根幹として政府の財政経済政策の総合的な展開を考えているのであります。（拍手）経済が国際的にも国内的にも均衡を維持しつつこのような高度の成長を遂げることは、もとより国民の自由な創意に基づくたくましい活動力によるものであります。私がかかる経済成長を無理に国民に押しつけようとしているのでは決してないのであります。わが国民は、過去十年間において、変動する国際経済にさおさしつつ、年平均九%以上のインフレなき経済成長を遂げて参りました。（拍手）私は、政府の施策よろしきを得れば、今後もそれに劣らない成長を生み出すに違いないし、その成長をささえる条件にも恵まれていることを確信するものであります。この経済の成長は、旺盛な設備投資による企業の合理化、近代化を通じて、生産の順調な増加をもたらしますので、物価の騰貴、通貨不安定等のインフレ的現象が生起する心配はないのであります。（拍手）世界においてわが国の物価が一番高い安定度を示し、輸出の増進と国民の実質所得の着実な向上を示していることは、このことを物語るものであります。（拍手）近ごろ一部の小売物価の値上がりを見ましたが、その原因は必ずしも一律ではありません。政府としては、それぞれの原因に応じて、独禁法の運用、供給、流通、輸送等の円滑をはかるなど適切な措置によって、不当な小売物価の上昇を押えるため格段の努力を傾ける決意であります。（拍手）

経済の成長と国際収支の関係は、わが国にとっては特に重要な関心事であります。わが国経済の輸出競争力から見ましても、輸入依存度から見ましても、さしむき九％程度の成長率では、国際収支に赤字をもたらすおそれはないと信じております。

経済の成長と関連して業種間または地域間における所得格差の問題につきましては、私は、むしろ、経済の成長こそ、その縮小を可能にするものであると確信しております。（拍手）中小企業に対する設備の近代化、金融措置の拡充や減税措置は、後に述べる農業基本政策とともに、所得格差の解消を大きく前進させるものであります。工場の地方分散等による地方における産業開発の促進、これに即応する工業立地計画、その他雇用促進策の実施によって地域的所得格差の解消を期待いたしまするが、これらはいずれも経済の十分な成長によってのみ可能となるものであります。（拍手）しこうして、経済の成長は国民自身の努力によって実現するものであり、政府の任務は、かかる成長実現への努力を円滑に働かすことのできる環境と条件を整備することにあると信じます。（拍手）このために、政府は、技術者、技能者の養成、道路、港湾の画期的整備、鉄道その他の輸送力の増強、通信施設の整備、土地、住宅、用水の確保に努める決意であります。また、教育や社会保障の拡充、農業や中小企業の近代化、公共投資、減税その他一連の政策は、それぞれ内需の喚起を通して高水準の成長確保の大きい柱となることを期待しておるのであります。（拍手）

わが国には優秀な質に恵まれた豊かな労働人口があります。ここに現在のわが国経済成長の原動力があるのであります。国民の所得の増加、生活の向上充実は、働く意思と能力を持ったこの多数の国民のすべてがそれぞれりっぱな職場につき、その能力を存分に発揮するところから生まれるのであります。単に消極的な失業対策にとどまらず、労働の流動性を高め、経済の成長によって、新しい、よりよい職場を作り出し、もって雇用の高度化をはかることが今日の経済政策の眼目でなければならないと信じます。（拍手）

農林漁業は、本来、わが国の物心両面における安定に大きい貢献をもたらし、政治、経済、文化等、各分野にわたる人材の大きい供給源としての歴史的役割を果たして参りました。一面、工業等の第二次産業、商業等の第三次産業の現状から、農林漁業人口の吸収が思うにまかせなかったため、その経営の近代化がはばまれ、その経済は非常に不満足な状態にとどまらざるを得なかったのであります。かかる経営の立ちおくれは、農林漁業と他産業との所得の格差を拡大し、第二次及び第三次産業部門の発展に対するブレーキともなり、日本経済全体の均衡のとれた成長発展をはばむ要素であったのであります。いつの日か、何人かが、この問題の解決にメスを入れなければならなくなっていたのであります。（拍手）すでに、前内閣においては、農林漁業の振興途上に横たわる基本問題に関する大規模な検討調査に乗り出したのでありますが、さらに、われわれは、所得倍増計画の推進に関連して、農林漁業の停滞を打開するに足る明るいフロンティアが開かれてきたことに着目するに至ったのであります。（拍手）近時の農村の変貌がすでに事実をもってその動向を示しておりますことは、御承知の通りであります。政府は、この動向に即応して、一方においては十分にその力を発揮する機会を持たない農林水産業の就業人口が自発的に喜んで移行する職場を第二次ないし第三次産業の面に作り出すと同時に、農林漁業自体が経済的規模と近代的施設に恵まれ、その所得を他の産業に劣らない水準にまで引き上げるよう積極的施策を推進する段階に来たことを率直に認めております。（拍手）すなわち、わが国の農林漁業を他の産業と均衡のとれるよう成長発展せしめ、さらに国際的水準に位する近代的産業として育成助長し、その地位の安定と向上をはかることを経済成長政策の一大眼目と心得、画期的施策を

行なう決意であります。（拍手）

わが国の社会保障制度は、国民の理解と協力によって、逐年たくましい前進を示しました。待望の国民皆保険もいよいよその完成を目前に控えており、国民年金制度の発足をも見るに至りましたことは、まことに同慶にたえないところであります。（拍手）しかし、現行の制度を精細に吟味すると、なお相当の改善充実をはからなければならぬところも決して少なくないと思うのであります。経済の成長途上において、国民の一部が依然日の当たらない谷間に取り残されることのないよう、政府としては周到な努力を惜しまないつもりであります。（拍手）そこで、当面、低所得層の生活水準の引き上げ、住宅の確保、子弟に対する教育機会の賦与等に特段の配慮を加えるとともに、結核、精神病等、長期にわたる療養を必要とする向きに対する国庫負担の増額をはかり、あわせて、社会保障制度の根幹である国民年金につき、改善すべき点は早急に改善していくつもりであります。（拍手）その他、社会保険制度の充実、環境衛生施設の整備と相待って、社会保障はなお一段と進めていきたい所存でございます。

社会保障の充実には、もとより巨大な公的財源を必要としますが、その財源は経済の成長を通じて確保されます。他面、経済の成長は、社会保障の充実、公共投資や減税政策の推進に依存するところが大きいのであります。この三者については、私は、いずれを重しとし、いずれを軽しとする議論にはくみせず、全体の施策の調和ある展開を期しておる次第であります。（拍手）

政府は、さきに示された一般職公務員の給与に関する人事院の勧告を尊重して、これを本年十月一日より実施することにいたしました。この勧告の対象となっていない特別職、地方公務員等に対しましても同様の趣旨に沿って措置する所存で、当面緊急を要する災害対策並びに学校急増対策とあわせ、所要の予算補正の準備を進めさせております。（拍手）私は、この際、公務員諸君が、よく綱紀の維持に努め、公費の節約、事務の簡素化、能率の向上に意を用い、広く国民の声に耳を傾け、真に国民の奉仕者としての職責を全うされ

るよう希望してやみません。（拍手）

以上、新政策の基本方針を申し述べました。私は、民主政治のルールに従い、選挙の公明が保障され、政治が秩序正しく運営されて社会秩序が平穏に維持され、政治に対する内外の信用を高めて参りますことを施策の根本と考えております。（拍手）さらに進んで、優秀な資質に恵まれた国民のエネルギーをたくましい経済の成長に動員し、完全雇用と福祉国家の建設に向かって国民諸君とともに力強い前進をはかることを念願としておるものであります。（拍手）

ここに所信の一端を述べ、国民諸君の一段の理解と協力を切望してやみません。（拍手）

※1：三井三池の長期にわたる深刻な闘争　三井鉱山が経営する三池炭鉱で一九五九年～一九六〇年にかけて起きた労働争議。戦後史において特筆される大規模な争議であり、会社側と労働側をそれぞれ財界と総評が全面支援したことから「総資本対総労働」の戦いとも称された。石炭から石油へというエネルギーのパラダイムシフトを背景に三井鉱山の経営は悪化していたことから、会社側は一九五九年初頭に人員削減案を発表、一二七八人の指名解雇を通告する。これに組合側は強く反発し無期限ストに突入するが、ストライキが長期にわたったことから次第に組合員の生活は苦しくなり、一九六〇年には労使協調路線をとる第二組合（三池新労）が結成され、組合員は分断される。また、その間に警察、暴力団による圧迫もあった（暴力団員により組合員一人が刺殺される）。結局、中央労働委員会による斡旋案（会社側に有利な案であった）を両者が受け入れ、組合側の敗北に終わった。

※2：本年五月に予定されておりました巨頭会談の決裂　一九六〇年五月一日、ソ連領内を飛行中だったアメリカの偵察機U・2がソ連の地対空ミサイルによって撃墜された。その二週間後、パリで開催された東西サミットにおいてソ連のフルシチョフ書記長はアメリカを激しく非難し、アイゼンハワー米大統領は侵略目的をもった偵察ではなく、アメリカと自由世界の安全を奇襲攻撃から守るものであり、真珠湾攻撃を再現しないための行動である、と苦しい言い訳を強いられた。これにより、アイゼンハワーの訪ソは取り止めとなり、アメリカとソ連の対立は従来に増して深いものとなる。

問題なきところに進歩はなく、困難の克服なくして飛躍、発展は望めず

高度成長は経済、社会さまざまな面で新たな課題を生み出しながらも、レジャーブームに象徴される豊かさを日本にもたらした。一方、国際情勢は「険悪な様相」を呈していた。この演説の前年、一九六一年には米国が支援した反カストロ派がキューバ侵攻を試みたピッグス湾事件が発生。韓国では軍事クーデターにより朴正煕政権が誕生し、南ベトナムの共産化を防ぐために米国は軍事顧問団の派遣、ベトナム戦争に介入していくことになる。ソ連に続き米国も核実験の再開に踏み切るなど東西両陣営の対立は激しさを増していた。

池田勇人・施政方針演説

第四十回国会　一九六二年（昭和三十七年）一月十九日

諸君とともに新しい年を迎え、ここに第四十回通常国会の再開に臨み、明年度予算その他重要案件の御審議を求めるにあたり、わが国をめぐる内外の諸問題に対する政府の所信を披瀝《ひれき》する機会を与えられましたことは、私の最も欣快《きんかい》とするところであります。具体的施策については関係閣僚の所信表明に譲り、施政の大綱について率直に申し上げたいと存じます。

戦後十七年、国民諸君の努力により、わが国の経済は驚異的復興を遂げ、生産技術も著しく進歩し、国民生活は着実な向上を記録することができました。また、わが国に対する世界の信用は年とともに高くなり、国際的地位もまた向上して参りました。このことは、わが国が、内外に新たな課題と責任をになうに至ったことを意味するものであって、小成《しょうせい》に安んじ、安逸《あんいつ》をむさぼり、放縦《ほうじゅう》に流れ、闘争を事としては、この課題

と責任にこたえることができないものと思います。（拍手）

真の繁栄は、豊かな経済を基礎としつつ、これを貫くに高い精神、美しい感情、すぐれた能力をもってして初めて実現されるものであります。真の福祉は、漫然《まんぜん》として享楽《きょうらく》すべき贈りものではなく、われわれが営々として追求し、額に汗して建設すべきものであると思うのであります。（拍手）

この意味において、私は文教の刷新と充実、特に次の時代をになう青少年諸君の育成が、現下最も重視すべき要務であると信じます。（拍手）政府は、地方公共団体その他教育界の各位と協力して、学校教育と社会教育を通じて、教育機会の均霑《きんてん》、教育内容の向上、教育施設の拡充等に努め、教職員と学生が遺憾なくその本務に邁進できるような環境の整備と、働きつつ学ぶ方々に知識と技能を体得される機会の提供に一段と努力を傾ける所存であります。（拍手）このことは、政府が、明年度の予算の編成にあたり、新時代に即応する科学技術の開発並びに科学技術者の養成とともに、最も力点を置いたところであります。

青少年こそは祖国の生命力の聖なる源泉であり、民族の純潔と勇気を代表するものでありますから、遠大《えんだい》な使命感とゆかしい学問教養を身につけていただきたいと思います。また、教職員諸君は、その職分にふさわしい品格と学識の研摩に努め、父兄と国家の期待にこたえていただきたいと希望いたします。このことが、教師と学生の間を一そう緊密にし、学校教育を真に充実したものにするものであると信ずるのであります。（拍手）

文教とともに、政府が日夜意を用いなければならない問題は、貧困、病気、失業等のため、不幸にして、経済成長の陰に取り残された同胞に対するあたたかい配慮でなければなりません。（拍手）わが国の社会保障は、国民の深い理解と協力を得て、逐年着実な前進を遂げて参りましたが、なお、今後の改善に待たなければならない事項が少なからず残されております。政府は、予算の編成にあたり、引き続き重点をこの分野に置き、低所得層対策と医療保障の充実を中心として、一そうの伸展《しんてん》をはかることにいたしました。

国家社会の秩序の安定は、国民一人一人が、国民生活の支柱をなす民主的な法秩序を尊重し、これを順奉《じゅんぽう》することにより確保されるものであります。国民各位の良識により、わが国の民主的秩序の大本が、堅実な土壌の中に育成されつつあることを喜ぶものであります。（拍手）しかるに一部には、少数者の恣意《しい》により、あるいは集団を頼み、さらには誤れる海外の思潮《しちょう》におぼれ、民主的秩序を無視した脅迫的政治活動が今なお跡を絶たないことは、われわれに深甚な考慮と警戒を要請するものであります。（拍手）政府としては、みずからの姿勢と体制に絶えざる戒慎《かいしん》を加えつつ、国家社会のあらゆる分野によき民主的慣行の浸透を促すとともに、一方国法を犯すものに対しては厳正な処断を加えて、国家と社会に対する内外からの破壊活動の根源を除去して参る決意であります。（拍手）

現代の社会における対立は、ひとり思想や政治の領域にとどまらず、労働関係等に見られるように、国民の間における利害の対立が、ときに先鋭な姿をとることがあります。かかる場合、私は、当事者が相互に民主主義に欠くことのできない敬意と寛容の精神を重んじ、事案に対する合理的検討と忍耐強い話し合いを通じて、その対立を解消し、進んで国民福祉の増進のために相ともに協力されることを期待いたすものであります。（拍手）世界の平和を願うものはまず国内の平和を追求しなければならず、国内の平和を願うならば、何をおいても同胞間の不信と憎悪を取り除かなければなりません。（拍手）同胞間の不信と憎悪をかり立てながらいたずらに平和を呼号《こごう》することは、自他を欺く矛盾であるからであります。（拍手）

国家社会の秩序を確保し、国民福祉の増進をはかるためには、政府においてもみずからその姿勢を正し、戒慎の実をあげる必要があることはもちろんであります。政府は、綱紀の維持と行政の効率的運営に不断の努力を払っておりますが、今回新たに臨時行政調査会を設けるゆえんは、行政の機構と運営の根本的刷新を期し、国民の願望にこたえんとする配慮に出たものであります。また、選挙制度審議会の答申に基づき、近く公職選挙法の改正法案を提出し、御審議を求めんとするゆえんも、選挙の公明化をはかるため、公明選挙運動の一そうの推進と相呼応して、政治に対する信用を高めたいと念願しておるからであります。（拍手）私は、さらに国会がすみやかに懸案の国会正常化をなし遂げ、国民の負託にこたえられるよう、各党各派の真剣かつ建設的な試し合いを心から希望するものであります。（拍手）

次に、外交方針について申し上げます。

国際情勢は依然険悪な様相を呈し、緊張緩和は、にわかに望みがたい状況にあることは御承知の通りであります。特に、ソ連の核実験再開とこれに続く米国の対応は、平和の空気に対する心理的重圧となっておることもいなめません。しかし、東西の勢力は重苦しい均衡の状況にありますので、愚かな偶発事件の突発しない限り、全面戦争に立ち至るがごとき事態は考えられないことであります。また、ベルリン問題、核実験の禁止問題、軍縮問題等当面の懸案は早急な解決を見ることが困難であり、さらに忍耐強い試し合いとそれへの瀬踏《せぶ》みが繰り返されるものと考えられます。一方、東西間の問題のみならず植民地問題等をめぐっても、世界各地に局地的衝突が起こる可能性もなしとしない情勢であり、現に新たな緊張がアジアの一部に発生しつつあることにつきましても十分注視する必要があると思います。

このような国際情勢に処して、日本は、自国のみならず、アジアひいては世界の平和と繁栄の増進に寄与するため、一そうの明知と勇気をもって、あらゆる機会をとらえ、緊張の緩和と経済外交の推進に努力しなければなりません。そのためには国連を中心としてさらに強力な平和外交を展開しつつ、各種懸案の積極的打開と新しい外交的課題に立ち向かって参る決意であります。

わが国外交の基調が、政治的にも経済的にも自由国家群との協調にあることは申すまでもありません。自由世界の内部において、特に注目すべきことは、旧来の国家主権の考えを修正しつつ、欧州文明の伝統と自由を守るという強い自覚のもとに、西欧六カ国が企図した欧州経済共同体が、急速にその統合の成果を上げつつあることであります。さらに英国その他の志を同《おな》じゅうする欧州諸国がこれに参加をはかり、優に米ソ両国に匹敵する新しいヨーロッパを形成しつつあり、米国がこの共同体と経済的な結びつきを一そう強化しようとしておる事実であります。このような自由世界内部における新しい動きに対処することが、わが国にとり、経済上のみならず、国際政治の上においても、今後の新しいかつ長期的な課題となって参りました。（拍手）

また、わが国はアジアの一員として、アメリカその他の自由諸国のアジア諸国に対する援助計画との関連を吟味しつつ、これら各国との貿易の伸長に努めるとともに、その経済の平和的建設に積極的に協力すべき任務を持っております。わが国は賠償の誠実を実行と並行して、可能な限りアジアの友邦との間に経済協力の実をあげて参りましたが、タイ国との間に特別円問題の最終的解決を遂げ、ビルマとの間にも賠償の再検討を通じ、新しい協力関係を樹立すべくせっかく交渉中であります。

韓国の安定と日本の安全とは深い関連を持っております。私は、韓国が、善隣としていち早く今日の困難を克服し、民主国家として繁栄することを心から希求するものであり、日韓の間に横たわる各種の懸案を合理的かつすみやかに処理して、国交の正常化をはかるべく、目下鋭意交渉を重ねておるのであります。（拍手）

中国代表権問題は、国連今次の総会が、従来のたな上げ方式を捨てて、実質的討議に入りましたことは一つの前進であると思います。（拍手）この問題は、現実に即し、しかもあくまで公正妥当な国際世論に基づいて対処せねばならぬものと信じております。国連加盟国の圧倒的多数が、わが国の提案に同調されたことは、わが国の良識が広く支持されたことを意味するものであり、私は、国連が慎重にかつ公正に本件の実質的審議を続け、賢明と勇気を持ってその解決を見出すことを、アジア及び世界の平和と進歩のために望んでやみません。（拍手）

わが国は明治維新以来、みずからの後進性をいち早く脱却して偉大な進歩を遂げて参りましたが、世界の新しい波に進路を誤り、軽率にも無謀な戦争を強行し、悲惨な敗戦を経験したのであります。私は、アジアの友好諸国が、この轍《てつ》を踏むことなく、それぞれの国民性を重んじつつも、国連を中心としてあらゆる問題の平和的解決をはかる態度を堅持し、すぐれた政治的経済的自立への建設的努力を続けられることを衷心《ちゅうしん》より希望するものでありましてわれわれとしても、あとう限りの協力を惜しまないものであります。（拍手）

北方領土の問題につきましては、政府として、公正な内外の世論の喚起を通じて、わが国の正当な主張を貫徹するよう、今後とも一そうの努力を継続して参りたいと存じます。（拍手）沖縄、小笠原の問題については、日米相互の信頼と理解の上に立って、これら地域同胞の安寧と福祉の増進のため、米国と協力して積極的な施策を講じつつ、その施政権返還の実現を促進して参りたい所存であります。（拍手）

変転する国際情勢に対処して、わが国の安全を保障することは、政府に課せられた至大な責任であります。政府としては、日米安保体制を堅持しつつ、引き続き国力と国情に応じ、自衛力の自主的整備をはかるため、国民の防衛意識の高揚を期待しつつ、さきに国防会議において決定した第二次防衛力整備計画にのっとり、防衛力の内容充実に努めたいと思います。（拍手）

私は、つとに外交と内政は一体不可分のものであるとの確信を披瀝して参りました。内における民主的秩序の確立、自由な経済体制による豊かな経済力の充実によって、初めて、自由国家群の一員であると同時に、アジアの一員であるという立場にあって、世界の平和と繁栄のためにわが国独自の貢献をなし得るものであると思うのであります。（拍手）またかくしてのみわが国の国際的信用の向上を期待することができると思うのであります。（拍手）国際政局多難のおりから、国民諸君が、公明かつ寛厚な精神をもって、政府の外交政策に建設的な批判と協力をお願いするものであります。（拍手）

次に、経済について申し上げます。

昨年の日本経済は、設備投資の著しい増大と消費の堅調にささえられて、きわめて旺盛な拡大を続け、三十六年度の国民総生産は十六兆七千億円余に達し、三十五年度の実績に比し、一四％にも上る成長を示しておるのであります。この結果、国民生活水準の向上、雇用の改善と並行して、貿易の自由化に対応する産業の近代化に顕著な成果をおさめました。しかし他面、この成長のテンポはわれわれの予想をはるかに上回り、内需の旺盛と輸出の停滞による国際収支の悪化を招き、また、消費者物価の上昇、労働力の不足、道路、港湾等の社会資本の立ちおくれが顕著となるなど、経済の各分野に不均衡を生じ、この状態を憂うる世論もまた異常な高まりを見るに至りました。

経済の成長発展は、本来、程度の差こそあれ、生産、流通、消費はもとより、貿易、雇用、物価等の経済要因に革新をもたらすものであります。かつて見ない近代化革命を経験しつつあるわが国経済にとっては、その成長過程においてこれらの経済要因に相当の変動を見ることは、これまた当然のことと申さねばなりません。今日の緊張した事態は、日本経済がその進路を誤ったことから生じたものではないのでありまして、予期以上の経済成長が、われわれの予想を越えた不均衡を引き起こしたものと見るべきであると思います。（拍手）それにしても、あらかじめ起こるべき事態の的確な予見と、これを回避すべき事前の対応策に十分でなかったことは、これを認めるにやぶさかではありませんが、われわれの堅持している経済政策がその進路を誤ったと見る見解には承服することはできません。（拍手）私は、この反省と認識の上に立って、全力を傾けて事態の発展的な収拾に当たり、わが国経済の堅実な成長を推進して参る決意であります。（拍手）

今日、大企業はもとより、中小企業においてもその近代化は非常な速度で進み、その生産性も著しく向上して参りました。また、その労働条件は日とともに改善され、その水準は生産性向上の線に迫りつつあり、賃金の構造的格差も着実に縮小を見つつあるのであります。農業生産の選択的拡大と農業経営の近代化は急速な進展を見せ、農業所得も堅実に増加して参っております。雇用構造は顕著な改善を見、失業者は減少し、雇用は増大し、一部にはその不足をさえ訴える状況になりました。

一方、中央地方を通ずる財政力は、明年度の一千二百億円余の減税を加えて戦後一兆円以上の減税を断行しつつも、逐年充実し、行政水準も漸次向上を見つつあります。特に住宅事情は年とともに好転し、一世帯一住宅の実現に着実な歩を進め、環境衛生の状況も目ざましい改善を見つつあります。また、教育の機会と教育の施設は顕著に拡大整備され、生活困窮者や低所得層に対する社会保障は、医療保障の一般的拡充とともに、その改善の跡は見るべきものがあるのであります。

総じてこれらのことは、われわれの経済政策が、国民諸君の協力を得てなし遂げた偉大なる成果であって、九千四百万国民の就業と所得の機会が急速に増加し、その内容が改善されつつあることを物語るものであります。（拍手）われわれは、もとよりこれに満足することなく、さらにわが国経済の近代化とその構造改善のために、ますます精力的に施策し、経済の地域的構造的格差を解消して、われわれが希求する近代福祉国家としての骨格を作り上げて参る所存であります。

私は、これら一連の大きい成果につき国民諸君が冷静に正しい評価を加えられることを希望いたします。（拍手）同時に、かかる成果がもたらした各種の不均衡の存在とその是正の方途についても、十分な理解を持っていただきたいと存ずるのであります。（拍手）われわれはすみやかにこの不均衡を解消しなければなりませんが、このことが成長途上にある農林漁業や中小零細企業に対し不当な圧迫にならぬよう心がけるとともに、受難期にあります海運事業や石炭産業等に対しても周到な配慮を加え、さらにはその後において経済の沈滞を招くことのないよう十分留意して参る所存であります。（拍手）従って、これら不均衡是正の措置は、いたずらに成長を抑制することによってではなく、建設的かつ発展的に進めて参ることがわれわれの課題であると信ずるのであります。（拍手）そしてこのことは、われわれの創意と工夫、決意と行動によって可能なものであり、ただにその実行が可能であるばかりではなく、その過程を通じて日本経済の新たなる躍進を約束することになると考えるものであります。われわれが明年度の予算編成にあたり、従来より推進してきた基本政策の地道な拡充をはかることをその方針として堅持したゆえんもここにあるわけであります。

物価は、わが国経済の近代化による生産性の向上と流通秩序の改善によって、私は遠からずその上昇傾向を食いとめ得ると確信しております。ただ、生産性の向上に均霑《きんてん》し得ない物資ないしはサービスの価格については、その合理的値上げを容認しつつ、消費者ないし利用者の所得増加の一部をもってこれを吸収し、全国民が公正に経済成長の恵沢《けいたく》に浴するよう配慮して参りたいと存じます。（拍手）

道路、港湾その他の社会資本の充実は、もっぱら政府及び地方公共団体の任務でありますが、治山治水の事業、環境衛生の事業とともに、政府がその予算の編成上最も重点を置いたところであります。特に交通対策としては、国民諸君に交通秩序の尊重を求めつつ、道路、鉄道、駐車場の整備等国民の期待にこたえる諸施策を強力かつ周到に進めて参る考えであります。

私は、わが国の国際収支の均衡を本年秋ごろまでに達成するという目標を打ち立て、経済の伸びをやや控え目に見積もるとともに、国際収支改善の対策を打ち出しました。この対策が、国民諸君の協力を得て、漸次予期した効果を上げつつあることを報告できることを喜ぶものであります。（拍手）また、ＩＭＦ当局よりの借り入れも成立の運びとなり、当面外貨繰りの懸念は一応一掃されました。もとより、国際収支については、引き続き慎重な態度を堅持し、輸出の増進につき一そうの工夫と努力を必要といたしますが、これまでの経過から見て、私は、日本経済の実力に十分の自信と期待を持ち、政府の慎重な施策とこれに対する国民の協力を得れば、われわれの目標が確実に達成できるものと確信いたしておるのであります。（拍手）

諸君、新しい年も、たんたんたる泰平を楽しみ得る年ではありません。国際情勢は平穏ではなく、国内的にも多くの問題が解決を待っております。しかし、これらは、日本国民が、新たな歴史的時代を創造するために与えられたとうとい機会であり、課題であると思うのであります。（拍手）問題のないところに進歩はなく、困難を克服することなくして飛躍と発展を望むことはできません。（拍手）新しい年に臨み、新たな課題の挑戦を前にして、私は、国民諸君とともに、このような覚悟を新たにするものであります。

進歩と繁栄が謳歌されておる欧米諸国にあって、その反面に遊惰《ゆうだ》と頽廃《たいはい》の風潮に対する反省と警戒が叫ばれておりますが、わが国においては、決してかかる憂いのないよう、政府としてもその施政上十分戒めて参る所存でありまするが、国民諸君に対しましても一そうの御奮発を期待いたすものであります。（拍手）

一国の運命は領土の大小でも金の保有量でもなく国民の決意と努力で決まる

日本経済は拡大を続け、国民総生産は欧米先進国に迫り、奇跡の復興を果たす。池田の演説にも自信がみなぎる。そして「この程度の成果」に安住することなく、成長が生み出した新たな課題を解消し、名実ともに経済を充実し、福祉国家を建設していくために「国づくり」「人づくり」を次のテーマとして掲げる。一方、一九六二年には米ソが核戦争の瀬戸際まで進んだキューバ危機、中国とインドの国境紛争が発生したほか、南ベトナムに派遣される米国軍事顧問団も拡大を続けていた。国際情勢はまさに「多事多難」だった。そうしたなかで復興した日本が、どのように国際社会に貢献するかも問われ始めていた。

池田勇人・施政方針演説

第四十三回国会　一九六三年（昭和三十八年）一月二十三日

第四十三回通常国会の再開に際し、明年度予算とその他の重要案件の御審議を求むるにあたり、内外の諸問題についての政府の所信を明らかにし、国民諸君の理解と協力を得たいと存じます。（拍手）

終戦以来、わが国民は、貧困と窮乏から抜け出して生活の安定と向上をはかることに必死の努力を傾注して参りました。そして、今や、われわれは、かつては国家の発展を制約する宿命的な原因と考えられていた国土の狭小《きょうしょう》、資源の貧弱、人口の過剰等の困難な諸条件を克服しつつあるのであります。国民総生産の規模は、すでに十八兆円をこえ、西欧先進国の水準に迫っております。最近、欧米諸国がわが国を有力な市場として注目するとともに、低賃金国としての悪評も、また根強い対日差別観も、ようやくにして緩和のきざしを見せて参りました。（拍手）

経済のこのような繁栄に伴い、わが国は、自由主義陣営の重要な一員として、世界平和推進の政治的な役割についても世界各国から高い評価を受くるに至り、さらにはまた、発展途上にある新興諸国に明るい希望を与えておるのであります。（拍手）

このような成果は、わが国民の創意と工夫の結果であります。今日の時代において、一国の運命を決定するものは、領土の大小や保有する金の分量ではなく、われわれ自身の決意と努力であることを立証したものであると信じます。（拍手）これは、一つには、民主主義を国是とした自由な体制が進んだこと、また一つには、サンフランシスコ条約、安保体制の確立によってわが国自身の安全を保障し、極東の安全、ひいては世界の平和が確保されるなど、環境と条件に恵まれたこともあずかって力があったのであります。（拍手）

しかし、われわれは、この程度の成果に安住し、これに満足することはできません。経済が目ざましく発展したといっても、過去の蓄積が乏しく、国民一人当たりの所得は、欧米諸国に比べてなお相当の開きがあります。また、道路、住宅、環境衛生施設など社会資本の分野においては、歴然とその立ちおくれが看取されるのであります。国家、民族、伝統等に対する敬愛の念、社会生活における公聴心、公共心についても、なお欠くるところがあることをいなめません。

私は、今後、世界の平和とわが国の安全、国民創造力の発揮などを基盤として、順調な成長を続けつつある経済をさらに伸長するとともに、その内容を充実して均衡のとれたものとし、一方、真の自由を体得した近代的市民生活の秩序を確立し、もって福祉国家の建設に努めなければならないと思います。（拍手）私が、あらためて、人つくり、国づくりを強調しているゆえんもここにあるのであります。（拍手）

人つくりについて申し上げます。

人つくりは、国づくりの根幹であります。輝かしい歴史を生み出すものは、世界的な視野に立ち、活発な創造力と旺盛な責任感を持った国民であります。国民の持てる資質を最高度に開発し、それを十二分に発揮することは民族発展の基礎であり、その発展を通じて世界人類に寄与するゆえんでもあります。

このような人つくりは、国民一人一人がみずからの問題として精進すべきことであり、われわれ政府の任務は、家庭、学校、社会のそれぞれの場において、このような機運を醸成し、そのための環境と条件を整えることにあるのであります。（拍手）

人つくりの主たる対象は、何といっても将来をになう青少年でありましょう。青少年が心身ともに健康で能力に富み、真の自由を体得するとともに、みずからの責任を果たし得る自主性を養い、祖国の伝統につちかわれた豊かな創造力を十分に発揮して、わが国の繁栄と世界の平和に貢献し得るよう、私は心から願うものであります。（拍手）

わが国における教育の普及は、世界の最高水準にあるのでありますが、その内容については、反省を要する点が少なくないと思われます。政府は、まず、青少年の教育に携わる指導者、教育者の自覚を促し、その資質の向上をはかるとともに、道徳教育の充実、科学技術教育の振興、育英事業の拡充、私学の助成強化、義務教育における教科書の無償供与、学校給食の拡充等を実行することといたしました。また、社会教育及び体育についても一そうの充実強化をはかっております。

指導的人材の育成と学術振興のにない手である大学においては、認証官学長制度を設ける等の措置を講じ、その運営が自主的に適正化されることを強く期待するものであります。（拍手）このほか、心身に障害ある人々、家庭環境に恵まれない子供たちや、取り残された青少年の処遇とその能力開発についても一そうの配慮を加えることといたしました。

新聞、ラジオ、テレビ等は、家庭、学校、社会の三つを通じ、人つくりの環境を整える最も強力な手段となりつつあります。最近におけるテレビの普及は、このことを決定的にしたものといっても過言ではありません。私は、これら言論機関の責任者が社会教育の先達者であるとの誇りと責任を持って、人つくりに一そうの力を尽くされるよう期待するものであります。（拍手）

人つくりは、それにふさわしい社会的、政治的環境が不可欠の要件であります。しかも、その環境は、われわれ社会人が近代市民としての自覚を持ち、そのルールを守ることによって確立されるものであります。

この意味において、私は、深い反省と自戒のもとに、政治に携わる諸君とともに、国民のよりよき代表となり、わが国民主化の確立に懸命の努力をいたす覚悟であります。（拍手）

当面の経済情勢と経済運営の基本方針について申し上げます。

国づくりの骨格は、産業間、地域間の格差の是正と産業の近代化、社会資本の充実、雇用の拡大、消費者物価の安定、社会保障の拡充等に深く留意しつつ、調和のとれた経済成長を推進し、もってすみやかに高度の生活水準を実現することであります。

最近の経済情勢を見ますと、一昨年来の金融引き締め措置等一連の景気調整策が着実に功を奏したのであります。今年度末の外貨準備高も十八億ドルをこえる見通しとなりました。政府としては、今後、国際収支の均衡に十分留意しつつ、財政金融政策その他各般の施策を適切に運用して、正常にして力強い経済の発展をはかって参る考えであります。私は、政府民間相協力して努力をするならば、わが国の経済は、秋を待たずして好況に転じ得るものと確信いたしておるのであります。（拍手）

経済成長について当面克服すべき試練は、自由化の問題であります。貿易・為替の自由化はわれわれ自身の利益であり、自由化は経済成長を促進するものであっても、それを抑制するものではありません。大事なことは、自由な国際競争にたえ得るだけの経済力を強化することであります。このためには、国民経済全体として、国際的な視野に立って、生産性の向上と国際経済環境の変化に即応する産業体制の確立を進めていくことが要請されるのであります。政府としては、道路、港湾、輸送等の社会資本を充実して産業基盤を強化し、科学技術の振興に特段の配慮を加え、資本の蓄積とその効率的運用並びに金利の国際水準へのさや寄せをはかり、民間における企業合同等生産規模の拡大合理化を進め得るような施策を講ずる必要があります。さらに、輸出の拡大をはかるためには、秩序ある輸出体制の確立が喫緊《きっきん》の要務であるのであります。

今や、経済は全面的な近代化革命の時代であります。農業や中小企業における人手不足の出現がそれを示しております。すなわち、近代的な諸産業の導入と拡大によって生産性の高い職場が拡充され、多数の従業者の労働条件が向上し、近代化するとともに、農林漁業や中小企業における近代化の必要性と可能性が急速に表面化したのであります。政府は、この現状に対応して、わが国農林漁業の近代化と経営の安定をはかるため、長期かつ低利の資金を円滑に融通する制度を創設するとともに、農業基本法の趣旨に基づき、農業構造改善事業等諸般の施策を引き続き強力に実施することはもちろん、林業、漁業についても、これと並行して所要の処置をとって参りたいと思います。

中小企業につきましても、中小企業の近代化を進める根本方針を確立するため、今国会に、中小企業基本法案を一連の関連法案とともに提出することとし、また、財政上、税制上の助成策を強化したのであります。

地域格差の是正が経済の均衡ある発展上必要なことは言うまでもなく、政府は、後進地域の開発と産業の適正配置等に一そうの努力を傾ける考えであります。

なお、需要構造の変化等の観点から問題のある石炭、非鉄金属、海運等についても、政府は、関係各界の自主的努力と協力を期待するとともに、あたたかい配意をめぐらし、でき得る限りの援助をする所存であります。（拍手）

国民経済の発展のためには、その動脈ともいうべき道路、港湾、鉄道等について早急に抜本的な整備を推進する必要があります。また、わが国特有の災害については、これを未然に防止できるよう治山治水計画を促進しなければなりません。さらに、生活環境の改善、特に、住宅建設の推進や上下水道の整備は、国民生活の向上と相待って近年とみに緊急な課題となっております。しかるに、従来は、わが国の生産性の低さと生産能力の不足のために、社会資本に対する要求を満たすことができず、これら施設は著しい立ちおくれを見たのであります。

最近数年間における合理化近代化を目標とした民間設備投資の急増は、このような要求を飛躍的に充足する力を生み出したのであります。この力を生かさなければなりません。それによって、この国土の全体を健康で住みよいものになし得るのであります。三十八年度予算は、この方向における大きな前進であることを私は確信するものであります。（拍手）

およそ経済成長が生産性の向上を不可欠の条件とすることは申すまでもありませんが、それは国民の多数を生産性の低い職場に拘束したままで実現できるものではありません。低い生産性を温存することによってではなく、前向きに、高い生産性に脱皮することが肝要であるのであります。（拍手）これがためには、従来の年功序列賃金にとらわれることなく、勤労者の職務、能力に応ずる賃金制度の活用をはかるとともに、技能訓練施設を整備し、労働の流動性を高めることが雇用問題の最大の課題であります。（拍手）

今後の雇用情勢は、全体として、相当数の増加が見込まれますが、石炭や非鉄金属等一部においては、引き続き離職者が発生するものと考えられます。政府としましては、職業指導、職業訓練、失業保険制度など、従来の失業対策を大幅に改善強化するとともに、産業災害の防止にも格段の努力を傾注する所存であります。

ＩＬＯ八十七号条約については、でき得る限り早期にその批准をいたしたい政府の基本方針に変わりはなく、関係法案とともにこれを本国会に提出いたすことにいたしております。

卸売物価が軟調であったにもかかわらず、消費者物価が上昇したことは、この際特に留意しなければなりません。この上昇は、所得水準の向上によって、消費需要が旺盛となったこと、サービスの価格が上昇したこと並びに産業構造の高度化に伴い資本費が増加したことなどが基本的原因であります。このことは、わが国経済が急速に西欧先進諸国の水準に近づき、所得格差が是正され、物価体系が近代化されつつある過程においては、ある程度やむを得ない面もあると思われます。今後の対策としては、合理的理由のない値上げについて極力抑制することはもちろん、農林漁業、中小企業の生産性向上について指導、助成措置を講ずるとともに、宅地造成と住宅建設の促進による地価及び家賃の抑制、消費物資、特に生鮮食料品の供給力の増大、流通過程の整備等の方策を進め、国民生活が脅かされないよう万全の努力を払う考えでございます。（拍手）

言うまでもなく、日本の経済成長は、われわれの幸福と繁栄の条件を増進するためのものであり、経済の繁栄を推進する機会とその成果をすべての国民にひとしく分かち与えるためのものであります。

社会保障制度の意義は、病人とか生活能力の乏しい人々に援助の手を差し伸べ、働き得る人々を病苦と貧困から解放し、再び建設的、創造的な活動に復帰せしめることにあるのであります。（拍手）社会保障の拡充につきましては、政府はつとに最大の努力をいたして参りましたが、来年度も引き続き生活保護基準の大幅な引き上げ、福祉年金の増額等低所得者対策に最も意を用いました。医療面においても、国民健康保険の内容改善、結核、精神衛生対策の強化等、一段とその前進を期することとしたのであります。

次に、外交について申し上げます。

一国が世界の動きと無関係にその安全と繁栄をはかることは不可能であります。以上申し述べてきました人つくり、国づくりが真に実を結び、わが国が一そうの繁栄をかちとるためには、わが国が国際社会の一員としての役割と責務を忠実に果たし、世界平和に寄与することが必要であります。このことがまた、わが国の国際的信用を高め、その安全を全うし、わが国を繁栄に導くゆえんであります。私がかねがね内政と外交の一体を唱えているのもまさにこの点に存するのであります。

昨年は、インドシナ半島における情勢の緊迫化、中印間の国境紛争、キューバをめぐる危機（※1）の発生、さらには中ソ対立の顕在化等、国際政局はまことに多事多難をきわめた年でありました。なかんずく、キューバ問題は、幸いにして戦争の破局に発展することなく、未然に防止されましたが、これは、米ソ両国首脳が、戦争が人類を破滅に陥れることを十分に認識して、良識ある忍耐強い努力を払ったためであります。しかし、その背後に、米国のかたい決意と中南米諸国を初めとする自由陣営全体の確固たる団結があったことを見のがしてはなりません。（拍手）さらに、キューバ問題は、西欧陣営に政治的、軍事的、経済的並びにこれらの総合的な力に対する確固たる自信を与えたものと考えられます。

しかしながら、東西陣営間の基本的対立関係や、各種の国家的利害関係の対立は、依然として根強いものが存することには変わりはありません。私は、世界各国が波乱に満ちた昨年の国際情勢の推移を反省し、国際紛争は、すべて平和的手段によって解決するという国際連合憲章の根本精神を厳守するよう強く訴えるものであります。この意味におきまして、私は、軍縮問題なかんずく核兵器実験停止協定締結のための交渉がさらに進展を見ることを強く期待するものであります。（拍手）政府は、かねてより有効な核実験禁止協定の早期締結について強く働きかけてきましたが、最近、地下実験の査察方式について、米ソ両国間の話し合いに打開の糸口が出てきたことを喜ぶものであります。私は、関係国がさらに一段の熱意を持って協定成立に到達することを強く要請し、本年こそ話し合いによる緊張緩和に新たな第一歩を踏み出す年となることを期待してやみません。（拍手）

昨年は、わが国の対外経済発展の上からも、まことに意義深い年でありました。去る十一月、多年の懸案でありました日英通商航海条約の署名を見るに至り、また、その他西欧諸国との間にも、対日輸入制限の緩和ないし撤廃について原則的了解に到達し、さらに経済協力開発機構への加入についても明るい見通しを得るに至りました。これらの事実は、西欧諸国の、わが国に対する信頼の向上、北米に加えてわが国との協力提携を緊密にしようとする意図の現われにほかならないのであります。しかし、今後日本と西欧諸国との間の経済関係がさらに発展の道を進むかいなかは、わが国がこれら諸国の信頼を維持し、さらにこれを強化し得るかいなかにかかるところがきわめて大きいのであります。従って、私は、特に秩序ある輸出体制の整備強化について、政府民間相協力して、一そうの努力を必要とすることを重ねて強調いたしたいのであります。（拍手）

今後西欧諸国は、経済統合のもとにさらに繁栄を続けるものと見られ、米国は、通商拡大法の成立により貿易の拡大をはかる態勢にあり、これにカナダを加えた先進工業国は、関税の一括引き下げを含み、相互の貿易の一そうの自由化拡大の方向に向かうものと予想されるのであります。わが国といたしましては、このような趨勢《すうせい》に対応して、関税一括引き下げ交渉にみずから参加するとともに、貿易の自由化についても一そうの努力をいたす所存であります。

ソ連との貿易が次第に増大の方向に向かい、対中共貿易も再開の緒につき、東欧諸国が　わが国との貿易の促進に目を向けつつあるなど、共産圏諸国との貿易は増大の機運に向かっているのであります。しかし、これら諸国の経済状況を見るとき、貿易の伸長に多くの期待をかけることは困難であります。政府としては、これら諸国との貿易を行なうにあたり、自由陣営の一員としての立場を考慮しつつ、自主的判断のもとにこれを進めていく従来の方針に変わりはありません。（拍手）

先進工業国の経済発展が明るい前途を約束されている際に、われわれは、発展途上にある新興諸国家の前途にも目を向けることを怠ってはなりません。もし先進工業国と新興諸国との経済上の格差がますます拡大するごとき結果となるならば、調和のとれた世界の発展を阻害し、世界平和の維持をも危うくするものであるといっても過言ではありません。先進工業国の経済的繁栄は、新興諸国家の政治的安定と経済発展に依存するところがきわめて多いのであります。私は、この意味において、アジアにおける最も進んだ工業国としてのわが国の責務の重大さを痛感し、本年はアジアを中心とする発展途上にある諸国家に対し、経済協力を

一そう積極的に推進する所存であります。（拍手）

日韓交渉とビルマ賠償再検討問題は、いずれもわが国のいわゆる戦後処理として残された懸案であります。この意味におきましても、私は、できる限りすみやかに交渉が妥結に到達することを希望し、これがため格段の努力をなさんとするものであります。（拍手）私は、これらの問題に取り組むにあたりまして、単なる過去の懸案を解決するとの立場にこだわらず、新興諸国に対するわが国の寄与を通じて、相互の発展と繁栄をはかるという大局的見地に立ち、相手国の理解を得て交渉を促進し、諸問題を解決するよう最善の努力を傾ける所存であります。（拍手）

われわれは今、大きな歴史的課題の前に立っております。われわれは、世界の平和と繁栄のため独特の貢献をなし得るはずであります。われわれの力はまだ十分でないかもしれません。しかし、私は、世界の平和と繁栄は、大西洋の両岸の国々だけでささえるということよりも、アジア大陸の東岸、太平洋の西岸に位するわが国を加えた三本の柱でささえる方が、はるかに強固になると考えるのであります。（拍手）

私は、この世界史の課題に対し、日本国民が堂々と立ち向かう意欲と情熱と能力を持っていることを信じて疑わないものであります。（拍手）

※1：キューバをめぐる危機　一九六二年十月十四日〜二十八日にかけて展開されたキューバに配備された核ミサイルをめぐる米ソの神経戦（いわゆるキューバ危機）。一九五九年バティスタ政権を打倒しキューバ革命に成功したフィデル・カストロに対してアメリカは敵視政策をとったため、キューバはソ連に急接近することになる。それに反発したアメリカのケネディ政権は、ピッグス湾事件、マングース計画等、キューバ侵攻とカストロ暗殺を画策するがいずれも失敗する。こうした状況下で、キューバはソ連に軍事支援を要請。それに応えて、ソ連はキューバ国内への核ミサイル配備を開始するが一九六二年十月十四日偵察機によりアメリカはそれを察知する。ケネディ政権は激しく反応し、核ミサイル発射を含む臨戦態勢をとるが、一方でケネディは国防省やＣＩＡの強硬論を抑えてソ連との交渉を開始する。結局、戦争開始の瀬戸際でソ連はキューバから核施設の撤去を表明、アメリカもキューバに対して武力侵攻をしないことを確約し、危機は回避された。第三次世界大戦を引き起こす可能性が高かったこの事件を契機に、以後冷戦下の米ソは核を抑止力とした平和共存政策をとるようになった。

東京五輪。国家的、民族的なものを通じて世界的、国際的なものに達する

一九六四年十月、東京オリンピックが開催され、東海道新幹線が開業する。この年、日本はＩＭＦ八条国に移行し、ＯＥＣＤへの加盟も果たす。敗戦から十九年、東京が焼け跡から一千万人都市へと復興を遂げ、日本は経済的に先進国の仲間入りをしたことを世界に示した。日本にとって希望の年の幕開けを告げる演説だった。前年の六三年には、核保有国の米英ソが部分的核実験停止条約を締結、緊張緩和の動きもあったが、米国ではケネディ大統領が十一月に暗殺され、ベトナム戦争は泥沼化の兆しを見せていた

池田勇人・施政方針演説

第四十六国会　一九六四年（昭和三十九年）一月二十一日

国民の一人一人が働く意思とすぐれた創造力を自由に遺憾なく発揮し、豊かで平和な生活を営み得る社会をつくることは、政治の究極の目標であります。（拍手）

このためには、疾病、失業、老齢を原因とする貧困と不幸に対し、社会保障が確立され、この基礎の上に、民族的創造力が躍動し、不断に進歩と成長が約束される国の実現が必要であります。

ここでは、個人の尊厳と自由が守られつつも、社会連帯の意識、公共奉仕の精神が横溢《おういつ》していなければなりません。個人個人の心に関する問題、すなわち、道徳や宗教がその支柱であります。また、議会民主政治は、国民大衆の希望の達成と苦悩の除去に敏速果敢であり、ことに、暴力の排除と平和の実現に対して最も積極的でなければなりません。（拍手）これが高度福祉国家の真の姿であります。

ここに至る道は決して平たんではなく、多くの困難が予想されます。しかし、国民の団結と信頼を背景に、外交も、文教も、治安も、経済も、政治のすべてがここに集中するならば、必ずや輝かしい将来が約束されるものと確信いたします。（拍手）このことは、一内閣の目標たるにとどまりません。私は、この信念のもと、みずからを省み、今後の精進を誓うものでございます。（拍手）

昨年は、部分的核実験禁止条約の成立に見られるとおり、世界の緊張緩和に一歩を踏み出した年でありました。その背後には、キューバの危機が、東西両陣営を通じて核戦争回避の契機となったこと、安保体制下にあるわが国を含め、自由諸国の確固たる防衛努力のあったことを忘れてはなりません。一方、冷戦の意識から解放された各国が、それぞれ自国の利益を主張し、多元化の方向にあることも事実であります。この新しい動向に対処して、われわれは、共存の精神を基礎としつつ、世界の平和と人類の繁栄のため、冷静な判断のもと、英知と勇気をもって、わが国の置かれた環境と地位にふさわしい役割りを積極的に果たすよう心がけねばなりません。

今後変転を予想される国際情勢に応じて、私は、自由諸国との接触をますます幅広く、かつ多角的に進めていく考えであります。特に、自由諸国との協力のもと、世界経済発展のために積極的な寄与をいたす所存であります。そのためにも、わが国としては、開放経済体制を整備拡充するよう一段の努力を必要とするのであります。本年はＯＥＣＤ（※1）への正式加盟、ガットにおける関税一括引き下げ交渉の本格化、さらに国連貿易開発会議への参加等を控え、わが国の対外的経済活動の真価を問われる年であります。私は、わが国がよくこの使命を果たすことによって、輝かしい国際的地位を確保し得ると信じておるのであります。（拍手）

東西関係が緊張緩和に向かいつつあるとき、アジアの情勢は依然として不安と動揺を続けております。地域全体に対する共産勢力膨脹の潜在的危険性、諸国民の強い民族主義的対立、さらには各国に内在する政治的、経済的、社会的困難等、そのよってくるところは根深く、かつ複雑であります。このような錯綜《さくそう》する不安定の根源を一朝《いっちょう》にして除去することは、もとより不可能であります。私は、アジアの安定と繁栄を期するため最も肝要なことは、アジアとこれに隣接する西太平洋の諸国が一体となって進み得るよう、連帯関係の素地を育成強化することにあると信じます。それには、アジア諸国相互間の信頼関係が何よりも大切でありましょう。わが国としては、アジア、西太平洋諸国の間に国際正義と寛容の精神に基づく融和と協調が促進されるよう努力を惜しんではならないと考えます。この間にあって、わが国が、強固で品位ある民主主義国家として発展を続けることこそ、アジアの安定と繁栄に有形無形の貢献をなすものと確信いたします。(拍手)

発展途上にある世界の諸国、なかんずくアジア諸国に対し、政府は、今後とも他の自由諸国と協調しつつ、各種の経済技術協力を行なうつもりであります。また、技術を身につけた青少年が、東南アジア等の新興国へおもむき、相手国の青少年と、生活と労働をともにしつつ、互いに理解を深めることを重要と考え、その準備を進めておるのであります。(拍手)

日韓国交正常化の交渉は、両国当事者の忍耐強い努力にもかかわらず、いまだ妥結を見るに至っておりません。しかし、漁業をはじめ、残された諸問題の解決は、大局的な見地に立って、相互に熱意と良識をもってすれば決して困難ではないと思います。隣合った両国が一日も早く正常な国交を持つことが、両国国民大多数の共通の願望であることは、もはや疑いをいれる余地のないところであります。政府は、この輿望《よぼう》にこたえて、諸懸案の合理的な解決のため、さらに積極的な努力を傾ける考えであります。(拍手)

伝統的に親善関係にある中華民国政府との間に、最近紛議を生じたことはまことに遺憾であります。中華民国政府とは友好的な外交関係を維持しつつ、中国大陸との間には、政経分離のもとに、民間ベースによる通常の貿易を行なうことがわれわれの方針であることもすでに明らかであります。私は、中華民国政府が、一日も早くわが国の真意を了解することを希望してやまないものであります。

中国大陸が、わが国と一衣帯水の地にあり、広大な国土に六億余の民を擁しておることは厳然たる事実であり、一方、中共政権に関する問題は、国連等の場における世界的な問題であります。私は、これらの認識のもとに、国民諸君とともに、現実的な政策を慎重に展開していきたいと思います。(拍手)

ＩＬＯ八十七号条約につきましては、でき得る限り早期にその批准を行なう基本方針に変わりはありません。すでに開会冒頭に関係法案とともに提出しておりますが、政府は、今国会において関係案件が成立し、同条約の批准が実現されることを切望するものであります。

さて、国家民族の繁栄をはかり、世界諸国民との協力提携を深めようとするわれわれの努力は、次代をになう青少年に受け継がれることによって一そうその成果が高められます。高い知性、豊かな情操《じょうそう》、たくましい意思を身につけ、それぞれその能力と個性を生かし、進んで国家の繁栄と人類の福祉に奉仕せんとする気概は、青少年みずからがこれを養わなければなりません。青少年がかかる努力をなし得るよう環境を整備し、適切な指導を行なうことこそ、人つくり政策の根本であり、かねて政府が努力を傾けているところであります。

最近、経済の繁栄に対して心の再建の必要を指摘する声は高まっております。善悪を判断できない社会は、いわば、人間の存在しない荒れ地であります。(拍手) われわれにとって、民族の伝統に根ざす正しい価値観を確立することがきわめて大切であります。かくて初めて、われわれの創造的活力は、単に経済のみにとどまらず、政治、社会、文化、科学など、あらゆる分野に偉大な働きをなし得るものと考えます。私は、この観点に立って、道徳教育、家庭教育の充実強化、文化、科学の振興を一段と進め、家庭、学校、社会のあらゆる場において人間性の涵養《かんよう》をはかり得るよう配慮いたしたいと存じます。(拍手)

国家的、民族的なものを通じて、世界的、国際的なものに達するという考え方を新しい意味で再発見すべきでありましょう。人種、宗教、政治の別なく、世界の人が一堂に集まり、平和と親善の実をあげるというオリンピックの精神もまたここにあるものと信じます。東京大会を迎えるにあたり、私は、青少年はもちろん、

東京オリンピックの開会式で入場行進する日本選手たち＝1964年10月10日、国立競技場（写真提供：共同通信社）

国民諸君のすべてがかかる精神を高揚し、大会を意義あらしめるよう衷心より願うものであります。（拍手）

また、暴力の否定と法律等社会的秩序の確立の上にこそ、真の自由と平和が保障されるのであり、小暴力といえどもこれを看過してはなりません。政府は、法を無視し暴力を行使するものには、警察力の強化と法の厳正な適用により対処する方針であります。国民諸君が暴力排除の気風を確立し、身近なところから人間尊重の機運が醸成されるよう期待してやまないものであります。（拍手）

本年は、憲法調査会の八年にわたる審議の結果が報告される予定であります。私は、この機会に国家と民族の基本について国民諸君の理解が一そう深まることを期待すると同時に、世論の動向を十分に尊重し慎重に対処いたしたいと考えます。（拍手）

行政制度についても、現在臨時行政調査会において検討を進められており、遠からず答申があるはずであります。行政制度とその運営が社会の進展に応じた効率的で前向きのものであることは、私の願うところであり、その改善に大きな希望を抱くものであります。

わが国経済は、昭和三十七年十月に引き締め政策が解除されてより、回復基調に転じました。三十八年に入ってからも予想以上の拡大を続け、三十八年度の経済成長率は、実質八％をこえ、鉱工業生産は対前年度比で一三％の増加となる見込みであります。

このような経済の上昇は、個人消費、財政支出等が引き続き堅調に伸びたのに加え、在庫投資の増大、設備投資の回復が見られ、総需要が全体として増大したことによるところが大きいのであります。輸出もまた、拡大された経済の基盤の上に予想を上回る傾向を示しております。また、過去の設備投資の結果、生産能力が大幅に増大し、企業が金融によって操業度を高く維持しようとしていることも、生産が高水準を続けている原因であります。

これら需要、供給両面の事情を反映して、輸入の伸びは輸出の増加を上回りつつあります。このような経済の拡大は、設備投資または在庫投資の行き過ぎにより国際収支の危機を招いた過去二回の場合とその様相を異にしており、個々の需給面の要素で特に行き過ぎた増大が見られるわけではありません。しかし、国際収支は、輸入の増加が輸出の伸びを上回っている上、米国の利子平衡税法案等の影響もあって問題を生じており、また、農水産物、対個人サービス、中小企業製品等の値上がりによる消費者物価の騰勢《とうせい》が弱まっていないことも見のがしてはなりません。

したがって、今後とるべき施策としては、絶えず国際収支及び消費者物価の動向に注意しつつ、総需要が適正な水準を越えないよう経済を引き締め基調で運用する必要がありますが、一方、近代化の立ちおくれている農業、中小企業の生産性の向上をはかることも重要な課題であるのであります。私は、政府、民間相協力して努力するならば、三十九年度のわが国経済は実質七％程度の安定した成長を達成し、この間に農業、中小企業の格差は縮小し、国際収支は逐次均衡化の方向へ向かい、消費者物価の動きも必ず安定基調を取り戻すものと信じておるのであります。（拍手）

ＩＭＦ八条国（※２）への移行やＯＥＣＤへの正式加盟を目前に控え、わが国は、いよいよ本格的な開放体制へ移行するきびしい局面を迎えております。わが国経済がこの新しい国際環境に適応しつつ安定成長を確保していくためには、長期にわたる国際収支の均衡をはかることが最も肝要であります。特に最近における国際収支の悪化は、運賃支払いの増加等、貿易外収支によるところが大きく、しかもこの傾向は、貿易規模の増大につれて拡大するおそれがあります。

政府は、国際競争力強化のため、経済の質的強化を通じ、輸出の振興をはかるとともに、外航船腹の増強、観光事業の振興等、長期的視野に立った構造改善を積極的に推進して、国際収支の安定をはかる決意であります。なお、当面の国際収支の赤字に対しては、長期健全な外資の導入を促進するつもりであります。国民各位におかれましても、国産品の愛用、不用不急物資の輸入の自制等を通じて政府の施策に協力されることを期待いたすのであります。（拍手）

消費者物価については、政府は、三十九年度中に安定基調を回復することを目途に、強い決意をもってあらゆる施策を結集してまいる考えであります。公共料金その他政府の規制し得る範囲のものについては、本年中は値上げを行なわない方針を堅持いたします。また、財政金融政策の適切な運用、農業、中小企業、サービス業の近代化、流通機構の改善等をはかるほか、労働力の流動化、公正な価格決定を阻害する要因の排除、供給不足物資の増産、輸入政策の弾力的な運用等の施策を一段と強化し、これらの総合的な推進により消費者物価の安定を期する決意であります。

なお、物価水準を長期にわたって安定させていくためには、生産性向上の成果が、労使の力関係で企業利潤、賃金のみに分配せられることなく、国民経済的な見地から、価格の引き下げ等により消費者にも適正に均《きん》て

んせられるよう、合理的な解決を期待するものであります。（拍手）

農業の生産性と農業従事者の所得は、順調に向上しておりますが、農業は自然的、経済的、社会的制約が強いため、他産業の成長におくれがちであります。このおくれを取り戻すには、生産基盤の整備と技術の進歩が最も大切であります。

政府は、農業基本法に示された方向に従い、農地の流動化促進等による経営規模の拡大、土地改良など生産基盤の整備を推進するとともに、機械化をはじめ技術の革新を着実に推し進めて農業構造の改善をはかり、生産性の向上と総生産の増大を実現したいと存じます。また、需要の強い生鮮食料品の生産増加のため必要な措置を拡充することはもとより、中央卸売市場の整備、食料品総合小売市場の設置等流通機構の合理化をはかることといたしました。さらに、農林漁業金融公庫資金、農業近代化資金については、融資ワクを大幅に広げ、公庫資金の利率など貸し付け条件の改善、簡素化等の措置をとるほか、無利子の改良資金の貸し付けワクを飛躍的に増額することといたしております。

中小企業の近代化の目標は、人、技術、設備を三位一体とした総合的な経営力を養い、欧米先進諸国の中小企業に劣らず、少ない人手で高い生産性を上げ得る企業に発展させることであります。

政府は、中小企業基本法に示された方向に従い、設備の近代化、事業の共同化、技術水準の向上、流通経路の簡素化、小規模企業の経営改善等につき、画期的な施策を講ずることといたしました。なかんずく、設備の近代化については、低利かつ充実した財政資金の確保、信用補完制度の拡充等の措置をとるほか、中小企業金融全般について、質、量両面から必要資金の確保に配慮いたしたのであります。（拍手）近代化のおくれておる商業部門を中心に、商店街ぐるみの近代化をはじめとして、店舗等の集団化、事業の共同化等の施策を積極的に行ない、人手不足に対処する経営の合理化と規模の拡大をはかってまいりたいと考えております。

社会保障は、西欧諸国の水準を目標に逐年努力を重ねております。政府は、この際、厚生年金保険、国民健康保険等の給付の改善に着手するとともに、生活保護や、老人、児童、母子、心身障害者等各種の福祉対策の一そうの充実をはかることといたします。また、租税負担については、所得税、住民税を中心に、国税、地方税を通じ、平年度総額二千百八十億円に及ぶ、従来にない画期的な減税を行なうことといたしました。（拍手）さらに、立ちおくれの目立つ道路、鉄道、港湾、通信等の産業関連施設、住宅、下水道、し尿処理施設等の生活環境施設を中心とする社会資本の充実に格段の努力を傾注することといたしております。

最後に一言いたしたいと思います。

新しい年は、国際的にも国内的にも解決を待つ多くの問題をかかえております。これらの課題の克服の上にわが国の飛躍と発展が築き上げられることは言うをまちません。

日韓会談、ＯＥＣＤへの加盟、ＩＬＯ条約批准等対外的諸懸案を解決して自主的な国民外交を展開し、わが国の進路を確定することが第一であります。（拍手）また、経済の運営を誤らず倍増計画を国民生活に定着させることがその第二であります。（拍手）内閣の基礎をなすわが自由民主党の近代化を推進し、公党の倫理性を高めるとともに、政治の基盤をなす選挙制度についても合理的な改正を行ない、議会政治に対する国民諸君の信頼にこたえることが第三の問題であります。（拍手）オリンピック、ＩＭＦ総会の開催など世界の関心が日本に集まるただ中で、これらの問題を解決するわれわれの責務はきわめて重大といわなければなりません。（拍手）

以上の三つは、私が真剣に取り組まなければならぬ当面の課題であります。私は、世論を背景に、勇断をもってこの事に当たる覚悟であります。国民諸君とともに歩む道が、前進する歴史の法則にかなうものであることを心から願いまして、私の演説を終わります。（拍手）

※1：OECD　経済協力開発機構（ＯＥＣＤ）。経済成長の促進、発展途上国の開発支援、世界貿易の拡大促進を目的とする先進国を中

心とした国際機関。一九四八年、第二次世界大戦後の荒廃したヨーロッパの復興支援を目的とするアメリカのマーシャル・プランの受け入れ機関として設立された欧州経済協力機構（ＯＥＥＣ）がその前身。一九五〇年、アメリカとカナダが参加し、一九六一年にＯＥＣＤとして改組される。一九六四年からは共産圏を除く欧米という枠を外し加盟対象国が拡大された。日本は一九六四年に加盟。ＯＥＣＤへの加盟は先進国入りしたことを意味していた。現在の加盟国は三四カ国。

※２：ＩＭＦ八条国　国際通貨基金（ＩＭＦ）の規定第八条に定められた、経常為替取引における制限の撤廃、通貨に関する差別的措置の禁止、通貨の自由交換性の保障、を受諾したＩＭＦ加盟国。

人間尊重の基本精神のもと、調和のとれた豊かで愛するに足る祖国の建設に邁進

池田勇人は喉頭がんのため、東京オリンピック閉幕後の十月二十五日に辞意を表明。後継に指名されたのは運輸官僚出身の佐藤栄作だった。佐藤は岸信介の実弟だが、池田とともに吉田茂の薫陶を受けた「吉田学校」の出身。自民党幹事長時代、造船疑獄に連座し逮捕されそうになるが、吉田内閣の犬飼健法相が指揮権を発動、逮捕を免れた。「貧乏人は麦を食え」といった舌禍事件を起こしながらも、首相就任後は「寛容と忍耐」「低姿勢」で国民の支持を得た池田とは対照的なタイプともいえた。国内ではベトナム反戦運動が活発化、米原潜の佐世保寄港反対闘争など、再び日本に政治の季節が訪れようとしていた。

佐藤栄作・所信表明演説

第四十七回国会　一九六四年（昭和三十九年）十一月二十一日

このたび、私は、内閣総理大臣として、国政をになうことになりました。国民各位の信頼と期待にこたえるべく、決意を新たにし、精根を傾けて、その職責を果たしてまいりたいと存じます。（拍手）

この秋には、東京でＩＭＦ総会、オリンピックなど、世界的行事が開催され、大きな成功をおさめました。これは、国民の英知と努力の成果を象徴したものであり、国民の一人として、わが国の復興と発展に深い感慨を覚えるものであります。わが国の高度の発展は、諸外国の驚異の的でありますが、特に、私は、池田内閣が寛容の精神によって議会政治を正常化し、高度経済成長政策の推進によって国力の発展につとめた功績

佐藤栄作（さとう・えいさく）
1901年～1975年。山口県生まれ。岸信介は実兄。首相在任期間：1964年11月9日～1972年7月7日(2798日間)。東京帝国大学法学部卒業後、鉄道省に入省。戦後、大蔵省を退官し民主自由党に入党。その後、吉田、岸、池田内閣で、内閣官房長官、大蔵大臣、郵政大臣、建設大臣、通商産業大臣等を歴任。首相在任時には、非核三原則(後にアメリカとの核持ち込み密約が発覚)を表明。最大の実績は小笠原諸島と沖縄の返還を実現したことである。佐藤政権は、歴代最長の政権となった。首相退任後、ノーベル平和賞受賞。

写真提供：毎日新聞社

を忘れることはできません。（拍手）池田前総理が病のため、志半ばにして辞任されたことを心から惜しみ、一日も早く健康を回復されんことを祈るものであります。（拍手）

新しい内閣に課せられた使命は、まことにきびしいものがあります。私は、当面、流動する内外の諸情勢に対応して、前内閣の諸施策を正しく発展させるとともに、長期的な展望のもと、急ぎつつも、あせらず、勇断をもって、国政を進めてまいりたいと存じます。（拍手）ことさらに新しきを求め、国政の安定をそこなうがごときことは、私のとらざるところであります。

私は、政治の基本的な姿勢を寛容と調和に置き、あらゆる分野において、民主主義が正しく実現されるよう努力し、国民とともに進む政治を行なうことを信条といたします。（拍手）国民の一人一人が新しい内閣に何を求めているか、時代が要求するものは何かを正しく把握し、それを愛情と理解をもって、実践に移していくことこそ、政府の課題であり、政治の根幹であると思います。

中国問題をはじめとする外交政策の樹立、日韓問題、

ＩＬＯ条約の批准、経済成長に立ちおくれた社会開発の推進、物価問題など、当面、政府の解決すべき内外の重大な諸懸案が山積しており、政府は、国民の協力のもとに、全力をあげてこれらの解決に取り組んでまいる決意であります。（拍手）

外交について申し上げます。

私は、平和に徹し自由を守り、自主外交を展開し、世界の福祉の向上に貢献することを、わが国外交の基本姿勢にしたいと思います。（拍手）

最近数週間の間に、国際関係に重要な影響を及ぼす幾多の事件が発生しました。この中で、われわれ国民にとっての最大の関心事は、中共による核爆発実験であったことは申すまでもありません。わが国は、世界唯一の原子爆弾被災国として、終始一貫、あらゆる国の核実験に反対し続けてきました。昨年成立し、すでに大多数の国の参加を見るに至った部分的核実験禁止条約は、全面核実験禁止に至る歴史的な第一歩であります。われわれは、この条約の成立を心から祝福しました。わが国に隣接する中共が、このようなわが国民の念願と、世界の趨勢を無視して、あえて核実験を行なったことに対し、私は、日本国民の名において、心から遺憾の意を表明せざるを得ないのであります。（拍手）私は、中共がこれ以上の核実験を中止し、すみやかに進んで部分的核実験禁止条約に参加することを強く要望するものであります。（拍手）

政府は、従来、中華民国政府との間に正規の外交関係を維持しつつ、中国大陸との間には、政経分離の原則に立って、民間において、貿易その他事実上の接触を続けてまいりました。私は、中共が核実験を行なった現在においても、この基本方針を変える考えはありませんが、中国問題の持つ重要性は、ますます強まっていると申さねばなりません。私は、今後国際情勢の推移をも勘案しつつ、慎重、かつ、真剣にこの問題に対処していく考えであります。（拍手）

ソ連における政変（※１）後も、後継首脳は、引き続いて平和共存の政策を続けることを明らかにしました。

他方、米国においてはジョンソン大統領が再選され、これまた、従来の外交政策を踏襲し、東西緊張緩和への努力を続けることが期待されます。これらのことは、世界情勢の基本には大きな変更のないことを示すものであります。したがって、私は、従来の外交政策の基調を堅持し、わが国の国際的地位の向上に即応しつつ、世界の平和維持のため、積極的に貢献する考えであります。

わが国は、従来より米国との協力関係の維持増進を外交政策の中心としてまいりました。今後も、日米安全保障条約を確固たる基盤の上に維持することによって、わが国の安全を確保するとともに、条約に明示された経済的協力を一そう推進するなど、相互の理解と信頼のもと、両国の関係をより緊密ならしめねばなりません。（拍手）同時に、わが国は、自由陣営との協力関係を広い基盤に立って発展させていかねばならないと考えます。

永続的で安定した世界平和は、東西間の平和共存のみで達成されるものではなく、まして、世界の平和を米ソ両国関係の動向にのみ依存せしめるべきではありません。（拍手）軍縮、南北問題、植民地及び人種差別問題等の解決が恒久的世界平和の実現に不可欠の要件であります。（拍手）国際連合こそ、これらの問題の総合的、かつ、秩序ある解決を促進するための主たる役割りを果たすべきであります。私は、このような見地に立って、今後国際連合において、わが国が世界平和維持のため、一そう積極的な貢献をなし得るよう努力する所存であります。（拍手）

次に、アジア安定への道は、長期的観点に立った場合、アジア諸国民の健全な民族的願望の達成を助長し、これら諸国の政治的不安を除去し、社会的、経済的発展の基盤を育成強化する以外にないのであります。アジアにおいて、自由民主主義体制のもとに、高度の経済発展をなし遂げたわが国が、アジア諸国の政治的安定と経済的繁栄に寄与すべき責任は、まことに重大であると申さねばなりません。（拍手）私は、このような責任の自覚のもとに、今後アジア諸国との善隣友好関係をいよいよ密接にするとともに、これら諸国に対する経済技術協力を重点的に推進する考えであります。このため、これら諸国首脳との友誼《ゆうぎ》をさらに深めてまいりたいと存じます。

日韓問題については、すみやかな国交正常化を望む両国国民大多数の願望を背景とし、将来にしこりを残さないよう、公正、妥当な内容をもって諸懸案の早期妥結に努力する方針に変わりありません。(拍手) 私は、日韓両国が相互に理解と信頼を深め、国交正常化が一日も早く実現できることを心から望んでおります。

最近、自由先進諸国は、その経済政策を相互に調和させ、世界経済の繁栄に寄与しようとする動きが顕著であります。わが国もガット関税一括引き下げ交渉をはじめ、国際的協議の場を活用して、貿易の拡大等につとめるつもりであります。これら先進諸国との協調は、あくまで自由無差別な貿易の増大を基調とし、差別的対日輸入制限を撤廃させるなど、わが国の主張を十分に反映させていかねばなりません。

他方、アジア、アフリカ、中近東、中南米等には、幾多の開発途上にある国があることを忘れてはなりません。南北問題の解決なくして、世界経済の真の繁栄、ひいては、世界平和の実現は期し得ないのであります。(拍手) いまや、一国の福祉を一国のみが考える時代ではなく、世界人類の福祉を世界が考える時代になろうとしております。(拍手) わが国は、経済協力をはじめとする諸対策を推進し、これら地域の経済力の強化に資し、もって国際的貧富の差の縮小に寄与したいと存じます。

次に、内政について申します。

戦後二十年を迎えようとしている現在、国際社会と同様、国内社会も変動と転換の時期に差しかかっております。このような時期に国政を担当するにあたって、私は、人間尊重の政治を実現するため、社会開発を推し進めることを政策の基調といたします。(拍手)

わが国は、本年四月にIMF八条国に移行し、さらにOECDに正式に加盟することによって、歴史的な開放経済体制へ移行しました。政府も国民も心を新たにして、この新しい国際環境に対処していかねばなりません。政府は、この際、一そう慎重な態度で経済を運営し、とりわけ、国際収支の均衡と、当面の課題として消費者物価の安定に政策の重点を置く必要があると考えます。

政府は、経済が行き過ぎとならないよう、昨年末、経済を引き締め基調に転じました。以来、政府、民間ともに、この苦しみに耐えてまいりましたが、最近の経済動向を見ますと、景気調整策の効果がようやく経済の各分野に浸透し、国内経済が落ちつきを取り戻し、国際収支も次第に改善の方向に向かっております。

私は、政府が国民各位の協力を得つつ、今後も適切な調整措置を忍耐強く続けていくことによって、近い将来には明るい安定した経済成長が期待され、今日の苦労と努力は、必ず明日の繁栄となって報いられることを信じて疑いません。(拍手)

物価問題は、わが国経済の急速な先進国型への移行に伴い発生しました。根本的解決策は、すみやかに経済の成長を安定基調にのせることでありますが、その過程において、農業、中小企業など、生産性の低い部門の近代化、流通機構の改善合理化をはかることが急務であります。公正な価格形成の条件整備、輸入及び関税政策の弾力的運用、労働力の流動化の促進等物価安定のための施策も一そう強力に実施いたします。国民各位においても、健全な消費態度を持し、むだを排し、貯蓄への関心を高めるなど、物価安定のため、格別の御協力を望むものであります。

政府は、農林漁業の近代化をはかるため、農林漁業構造改善事業、農水産物価格の安定対策等の強化をはかるとともに、自立経営の育成のため、農地の流動化に特に配慮して、経営規模の拡大を積極的に進めたいと存じます。また、中小企業については、設備の近代化、事業の共同化、小規模経営の改善等につき、財政、金融、税制の面から格段の措置を講ずる所存であります。なお、当面企業の倒産、不渡り手形の増加など、摩擦現象がさらに激化することのないよう、きめのこまかい配慮を払い、健全な中小企業に金融引き締めのしわ寄せが生じないよう弾力的な措置を適時、適切に講じてまいります。(拍手)

国民生活の安定向上をはかり、あわせて開放経済体制下における企業の国際競争力の強化に資するため、財政事情の許す限り、税負担の軽減合理化をはかりたいと思います。

経済開発と均衡のとれた社会開発は、福祉国家の建設を目ざす各国の共通の課題であります。経済と技術が巨大な歩みを見せ、ともすれば人間の存在が見失われがちな現代社会にあって、人間としての生活の向上発展をはかることが社会開発であります。経済の成長発展は、社会開発を伴うことによって国民の福祉と結びつき、真に安定し、調和のとれた社会をつくり出すことが可能であります。私は、長期的な展望のもとに、特に住宅、生活環境施設等社会資本の整備、地域開発の促進、社会保障の拡充、教育の振興等の諸施策を講じ、もって、高度の福祉国家の実現を期する考えであります。(拍手)

衣食に比し著しく立ちおくれている国民の住生活の向上をはかることは、政治の急務であります。政府は、勤労者の住宅対策に重点を置き、住宅の建設、宅地の供給等諸般の措置を強力に進めてまいります。上下水道、清掃施設など生活環境施設についても、すみやかに整備をはかり、あわせて産業の発達等に伴う公害の発生を防止して、住みよい町づくりにつとめたいと思います。

過密都市の弊害を除去するとともに、後進地域の開発を促進して地域格差を是正するため、政府は、産業、文化及び人口の大都市への集中の抑制及び地方への分散をはかりつつ、新産業都市、工業整備特別地域の開発の推進などの諸施策を積極的に講じたいと存じます。(拍手)

社会保障については、長期的な観点から、所得保障、医療保障の内容の充実と体系の整備につとめるとともに、社会福祉の諸施策を積極的に推進する所存であります。

心身ともに健康な青少年は、明日への原動力であります。オリンピック東京大会が、国民、特に青少年に与えた自信と夢は、きわめて大きいものがあったと信じます。(拍手)私は、これを機とし、青少年の体位向上につとめ、たくましい精神力を育ててまいりたいと思います。私は、青少年諸君が国を愛する心情に満ち、伝統と歴史を正しく理解するとともに、未来からの呼びかけにこたえ、世界の平和と福祉に役立つ日本人として、また、よりよき世界市民として成長するよう願っております。（拍手）また、現代は、原子力の時代、宇宙開発の時代であります。私は、長期的な視野に立って、科学技術の振興と科学技術者の養成をはかる所存であります。

ＩＬＯ八十七号条約については、できる限り早期に批准したいという政府の基本方針には変わりなく、目下関係案件の調整に努力しております。

さきに、憲法調査会から報告書（※2）が提出されました。事は国政の基本を定める憲法の問題であり、政府は、報告書にあらわれた意見について、慎重な態度で、国民各位とともに、十分考えてみたいと存じます。また、行政制度の改善につき検討を加え、行政の組織及び運営の能率化を実現したい考えであります。

私は、人間尊重の基本精神のもと、長期的な展望と総合的判断に立って、調和のとれた、豊かで愛するに足る祖国の建設に全力をあげて邁進する決意であります。（拍手）さらに、政府の基盤たる自由民主党の近代化を推進し、公党としての倫理を高めるとともに、野党各派の協力を得て、議会政治の正常な運営につとめ、もって国民の信頼にこたえたいと存じます。（拍手）

政府は、当面急を要する災害対策、公務員給与引き上げ、医療費の改定等に必要な補正予算と、これに関連する諸法案を今国会に提出し、御審議を願いたいと思います。

以上、所信の一端を申し述べましたが、施政の全般については、明年度予算を中心として具体化し、通常国会においてその審議をお願いする所存であります。

国民各位の一そうの御協力を切望いたします。（拍手）

※1：ソ連における政変　一九六四年、フルシチョフ共産党第一書記兼首相は急激な食料増産を計画した農業政策の失敗により失脚し、ブレジネフ第二書記が昇格して新たな指導者（第一書記。後に書記長）となる。

※2：憲法調査会から報告書　一九六四年に内閣に提出された憲法調査会の最終報告書。憲法調査会は、鳩山内閣での憲法調査会法成立を経て一九五六年岸内閣で内閣に設置された日本国憲法に関する調査・研究・審議を目的とする機関（会長高柳賢三）。憲法改正を党是とする与党自民党が発足させた機関であることから、当初より改憲のための調査会という色彩が強く、反発した社会党および民社党は委員を送らなかった。そのため、五〇人以内とされる委員（国会議員三〇名以内、学識経験者二〇名以内）の多数は、改憲派であった。ほぼ七年にわたる調査審議を経て提出された

戦後二十年、日韓国交正常化。条約調印は良き隣人になるための第一歩

戦後二十年目にして、日本と韓国の国交はようやく正常化する。その背景にはベトナム戦争に深入りしつつあった米国の圧力もあったといわれる。米国は六四年にトンキン湾事件を口実に北ベトナムに空爆を開始、六五年三月には南ベトナムに海兵隊を派遣するなど軍事介入を本格化、日本国内でも反戦運動が広がる。一方、好調だった経済も東京五輪後の昭和四十年不況で大型倒産が相次ぎ、五月には山一証券救済のために日銀特融が実施される。消費者物価の上昇も生活に重くのしかかり、大きな政治的なテーマとなっていた。

佐藤栄作・所信表明演説

第四十九回国会　一九六五年（昭和四十年）七月三十日

このたびの参議院議員通常選挙によりまして、新たに選ばれた議員諸君を迎え、臨時国会が召集された機会に、所信の一端を表明いたします。

今回の選挙において、政府並びに自由民主党の政策は、国民大多数の深い理解と根強い支持を得ることができました。（拍手）このことは、平和に徹し、自由を守り、人間尊重を政策の基本とする政治が国民諸君の共鳴と信頼を得たことにほかなりません。（拍手）今回の選挙にあたって、私は、広く全国各地を訪問し、国民諸君の強い願望を直接はだに感ずることができました。それは清潔な責任政治の確立であり、経済不況の克服であり、アジアの平和の回復であります。私は、政府の行動をもってこの国民の願望にこたえてまいりたいと存じます。（拍手）

政治の要諦《ようてい》は、国民の信頼を得ることにあります。政治に携わる者が政治の使命と責任を自覚し、みずからの姿勢を正すことなくして、国政に対する国民の理解と協力を得ることはできません。国民の信をつなぐに足る清く正しい議会政治を行なうことこそ、国の発展の基盤であると信じます。(拍手)近時、ややもすれば、物の偏重に傾いて心のほうが軽視され、安易で無責任な傾向があって、これがどれほど世を悪くしてきたかは、識者のひとしく痛感するところであります。(拍手)これを正すためには、私をはじめ政治家の一人一人が、きびしい道義観をもって、国民の前にその使命と責任を果たしていかねばなりません。私は、国民諸君の付託にこたえ、清潔な責任ある政治を実行してまいる決意であります。(拍手)

過去十四年の長きにわたって行なわれてきた日韓両国国交正常化のための交渉は、先般、最終的な妥結に達し、関係諸条約の調印を行ない、ここに両国の関係は、新たな段階を迎えることになりました。一衣帯水《いちいたいすい》の近きにあるのみならず、歴史的、文化的に深いつながりにある両国の関係が、長期にわたり不自然な状態のまま推移したことは、まことに不幸なことでありました。歴代の内閣は、この姿を一日も早く解消すべく鋭意努力しましたが、このたびようやくその努力が結実いたしました。いずれ関係諸条約を提出し、御審議を願う所存でありますが、世界の平和とすべての国々との友好を念願するわが国にとって、日韓国交正常化はいかに重要であるかを十分に理解せられ、正しい判断を下されることを希望いたします。(拍手)今後、両国民がよき隣人となるためには、さらに一段の努力が必要であります。条約の調印は、その第一歩にすぎません。政府は、国民各位とともに、深くこの点に思いをいたし、互恵平等の立場に立って両国の善隣、友好関係の確立をはかるため、努力したいと存じます。(拍手)

わが国の平和と繁栄は、国情のいかんを問わず、アジア諸国のそれと密接に結びついております。アジアの繁栄なくして、わが国の繁栄はありません。アジアの情勢は、いまなお、きわめて流動的であり、この地域に政治的安定をもたらすことの必要性が、今日ほど痛感されるときはありません。(拍手)そのためには、まず、アジア諸国がみずから平和に徹するという強い決意が必要であり、相互間の信頼関係の醸成が大切であります。ベトナムにおいては、いまなお、戦火が交えられております。私は、長年にわたって戦禍に苦しんでいるベトナム国民の窮状に対し、深甚なる同情を禁じ得ません。私は、ベトナム紛争が一日も早く解決されることを強く念願するものであります。この際、紛争当事者が無条件で話し合いに入ることによって問題の解決をはかることを強く要請いたします。（拍手）私は、何よりもまず、当事者が話し合いによって紛争を解決する態度に踏み切ることが緊要であり、関係者がこの要請に対し真剣に耳を傾けることを期待するものであります。（拍手）どのような困難があろうとも必ず平和的に解決すべきであり、政府は、このため全面的な努力と協力を惜しまない決意であります。（拍手）

私は、この機会に平和について一言申し述べたいと存じます。私は、平和に徹するということを機会あるごとに国民諸君に訴えてまいりました。わが国の国是は、真の平和を基礎としております。外交はもちろん、内政、経済、すべてがこの平和を前提としているのであります。わが国の憲法は、この精神に基づいて制定されました。国際紛争に対しては、絶対に戦争に訴えないというこの崇高な考え方こそ、わが国づくりの大方針であります。真の平和こそ世界人類の理想であり、わが国こそその輝かしい旗手であると確信いたします。（拍手）

アジア経済の停滞を克服し、開発を促進することは、アジアの安定と平和の達成のため、不可欠の要件であります。アジアの先進工業国たるわが国は、この地域の経済開発を支援する道義的責務をになっております。最近、アジア開発銀行設立の構想がアジア諸国の自発的意思に基づき漸次具体化されつつあり、また、メコン川流域の開発に対する国際的協力の必要性も強く要請されております。わが国としては、アジア諸国の開発意欲と地域協力の精神を尊重しつつ、わが国独自の立場から資金面、技術面での協力を一そう拡大強化していきたいと考えます。なお、アジアにおける経済開発の問題は、先般開催された日米貿易経済委員会においても、主要な討議事項の一つとして取り上げられ、両国がそれぞれの立場において積極的な協力を惜しまないことに意見の一致を見ました。

私は、来たる八月十九日から三日間沖縄を訪問する予定であります。私は、現地の実情をつぶさに視察し、去る一月行なったジョンソン大統領との会談の成果に基づく沖縄住民の民生の安定及び向上に資したい所存であります。（拍手）

今日の経済情勢は、輸出が著しい拡大を示している反面、景気回復の足取りは予想外に緩慢で、経済の各分野に深刻な様相が続いております。このような情勢に対処し、景気の早期回復をはかるため、政府は、先般来、公共事業費等町政支出の繰り上げ、財政投融資の早期実施、輸出振興策の充実等、各般の施策を総合的に講じてまいりました。また、このたび、新しい需要を喚起するため、住宅、運輸、通信、輸出、上下水道等、財政投融資の対象事業を大幅に拡充する措置を講ずるとともに、特に、中小企業に対しては、政府関係金融三機関の金利の引き下げを行なうことといたしました。これらの施策は、公定歩合の引き下げをはじめとする金融緩和の諸措置、及びすでに見られつつある生産調整や経営合理化等の産業界の自主的な立ち上がりの努力と相まって、景気の順調な回復に大きく寄与するものと信ずるのであります。もとより、今後とも、情勢の推移に応じ、財政、金融、産業、貿易の各方面にわたり、適切な措置を講じてまいる決意であります。私は、政府民間相協力してこの局面に当たるならば、わが国経済はやがて現在の不況を乗り越え、堅実な発展をたどるものと確信いたします。（拍手）

経済政策の目標は、限られた資源を最も効率的に活用し、経済各部門の均衡を保ちながら、経済社会の調和ある発展をはかることにあります。経済の成長を適度に保ちつつ、現在見られる不均衡を是正することによって、経済の質的改善を行ない、社会資本の充実、企業経営基盤の強化等を通じて、すぐれた体質を有する日本経済をつくり上げることこそ、わが国経済の長期にわたる発展への道であると信ずるものであります。

財政経済政策を推進する所存であります。（拍手）政府は、この観点に立って、長期減税構想を策定するとともに、公債の発行を準備する等、長期的な財政経済政策を推進する所存であります。

消費者物価の安定は、国民生活における重要な問題であり、このため、政府は、消費者物価の安定を最も重要な政策の柱としてあらゆる努力を払ってきております。政府は、今後も引き続き、農業、中小企業の近代化に努力を重ね、その生産性を引き上げる一方、物資が生産者から消費者へ円滑に流通するよう努力いたします。さらに、労働力が必要な産業や地域に容易に移り得るような態勢や、価格が不当につり上げられることのないような条件を整え、あわせて生鮮食料品などの日常生活に必要な物資の供給の確保につとめてまいります。公共料金については、経営の合理化を強力に進め、これを極力低位にとどめるよう措置いたします。

人間尊重は、私の政治の信念であります。人間尊重の社会をつくり上げることは、私の一貫した政治の目標であり、就任以来、これを具体的な政策として裏づけすることにつとめてまいりました。近年、国民所得は増加し、生活水準は著しく向上いたしました。しかし、その反面、たとえば、僻地には、日々の弁当にも事欠く学童があり、都市には、劣悪な居住条件のもと、公害に悩む住民が少なくありません。私は総理として、国民の福祉に責任を負うものであり、このような事実は断じて放置できません。（拍手）人間尊重の精神に基づく社会開発の強力な推進こそ、これらの課題の解決への道を開くものであると確信いたします。

社会開発の目標は、健康で文化的な生活を国民のすべてに及ぼし、人間性豊かな社会をつくり上げることであります。それは、日本民族のすぐれた潜在的エネルギーを引き出し、これを高度に発揚させ、国民みずからの生活の場、生産の場を安定した快適なものにつくり直すことであります。社会開発のための施策は、経済開発と調和と均衡をとりつつ、総合的に樹立する必要がありますが、実行し得るものはすみやかにこれを実施に移すことといたします。特に、当面問題となるのは、住宅をふやし、生活環境施設を改善することをはじめとして、社会保障の拡充、人間資質の向上、特に青少年の健全な育成、教育文化の振興、消費者保護の推進などの施策であります。政府は、これらの施策を総合的な考え方のもとに強力に実施してまいりますが、国民各位においても、みずからの幸福と繁栄のため積極的に協力されんことを望むものであります。（拍手）

戦後二十年の夏を迎え、私は、わが国の国力の充実と国際的地位の向上に深い感慨を覚えるとともに、祖国を今日の繁栄に導いた日本民族のすぐれた資質と能力にあらためて強い自信と誇りを持つものであります。（拍手）わが国の未来への飛躍と発展は、平和に徹し自由を守る気慨に満ち、よき伝統の上に創造を、正しい秩序の上に進歩を達成することによって果たされると信じます。（拍手）内外の難局に処して、国民諸君とともに、わが国の安定と繁栄を確保し、世界の平和と進歩のため貢献することを誓うものであります。（拍手）

経済力の画期的充実を果たした六〇年代は悲願の沖縄返還実現とともに過ぎ去る

佐藤は沖縄の一九七二年返還を国会に報告する。首相就任以来の悲願達成だった。同時に、日米安保条約を七〇年以降も堅持することを日米は確認した。六八年から六九年にかけて大学では全共闘運動が吹き荒れていた。六九年一月には東大安田講堂事件が起き、東大の入学試験が中止される異常事態となる。演説では若者の反乱に対する佐藤のいらだちも見える。七月には米アポロ十一号が初の有人月面着陸に成功するという快挙もあったが、日本も世界も既存の価値観は揺らぎ、混迷のうちに六〇年代を終えようとした。

佐藤栄作・所信表明演説

第六十二回国会　一九六九年（昭和四十四年）十二月一日

第六十二回国会が開かれるにあたり、所信の一端を申し述べたいと思います。

私は、このたび米国を訪問し、ニクソン米大統領と親しく会談いたしました。その結果、沖縄は、一九七二年中に返還されることとなり、（拍手）長きにわたる日本国民の一致した願望が達成されました。（拍手）ここに訪米の成果を報告することができることは、まことに喜びにたえません。（拍手）

およそ戦争によって失った領土を平和裏に回復するということは、世界の歴史上たぐいまれな事柄であります。（拍手）奄美、小笠原に引き続き、今回話し合いによって沖縄返還の実現を見ることとなったのは、日米両国間の信頼と友好関係に基づくものであることは申すまでもありません。（拍手）また、戦後の荒廃の中から立ち上がり、平和と民主主義を基調とする新しい国家体制を築き上げ、かつ、ここまで国力を充実することに努力した日本民族の英知と勤勉のたまものであります。（拍手）特に、二十余年の長きにわたって祖国復帰を熱願し続けてきた沖縄同胞の心情を思うとき、私の感慨はまたひとしおなものがあります。（拍手）今日まで沖縄返還のため、あらゆる分野において全力を傾倒された関係者各位に心から感謝の意を表する次第であります。（拍手）

今回、私とニクソン大統領の間で合意した沖縄の施政権返還の大綱は、今次の共同声明に明らかなごとく、核抜き、本土並み、一九七二年返還ということであります。（拍手）

核兵器の問題については、ニクソン大統領は、核兵器に対する日本国民の特殊な感情及びそれを背景とした政府の政策に深い理解を示し、この政策に背馳《はいち》しないよう実施することを確約いたしました。（拍手）すなわち、沖縄は、核兵器なしに返還されることとなったのであります。（拍手）

また、日米安全保障条約及びその関連取りきめは何ら変更されることなく、本土と全く同様に沖縄に適用されます。（拍手）

さらに、一九七二年返還ということは、施政権の円滑な移転のために必要な期間を考慮すれば、即時返還と全く同様であります。（拍手）

すなわち、わが国の基本的立場を十分貫いて沖縄返還を実現し得ることになったのであります。（拍手）

政府は、これから米国政府と具体的な返還協定締結のための交渉に入りますが、それと並行して、沖縄の復帰が、沖縄同胞にとって最も円滑に実現するよう準備を進めてまいります。これらの復帰準備は、沖縄県つくりの第一歩であります。この見地から、政府は、真に豊かな沖縄県をつくることを目標に、政治、経済、社会、教育、文化等あらゆる面にわたり、積極的な一体化施策を講じていく考えであります。（拍手）これがため、沖縄県民の意思が十分反映するよう、国政参加を早急に実現することが必要であります。各位の御協力を心からお願いいたします。（拍手）

今会談のもう一つの重要な成果は、一九七〇年以降も日米安全保障条約を堅持することを相互に確認し合ったことであります。(拍手)共同声明に明らかなとおり、会談の基調は、国際間の緊張緩和への努力の必要性に対する強い共通の認識であります。しかしながら、戦争を抑止する強い決意と不断の努力があってこそ、初めて緊張緩和が可能となるのであります。(拍手)

これまでも繰り返し申し述べてまいりましたように、わが国の安全は極東の平和と安全なくしては、十全《じゅうぜん》を期し得ないのであります。特に、韓国や中華民国のような近隣諸国の安全はわが国の安全にとって重大な関心事であり、(拍手)万一これが侵されるような事態が発生すれば、まさしくわが国の安全にとってゆゆしきことであります。(拍手)このような場合には、事前協議を適正に運用し、前向きの態度をもって事態に対処することは当然であります。(拍手)私は、わが国の自由と平和を確保するため、日米安全保障条約が、今後ともその機能を十分発揮し得るよう努力してまいる決意であります。(拍手)

他方、このような日米友好関係の力強さ、緊密さを象徴する成果に比し、北方領土がいまだに復帰の見通しを得られないことは、まことに残念であります。(拍手)私は、北方領土について国民の正当な要求を平和裏に実現すべく、今後とも引き続き努力を重ねてまいります。(拍手)

わが国経済は、四年有余にわたるかつて例を見ない長期の景気上昇を続けており、国際収支も引き続き好調に推移しております。しかしながら、最近の経済動向を見ますと、このような高度成長の過程において、通貨の増勢《ぞうせい》、物価の根強い上昇基調等、警戒を要する徴候があらわれてまいりました。また、米国をはじめ世界経済の動向は、微妙かつ流動的であり、先行き景気が鈍化する可能性があります。政府は、このような内外経済の情勢を注視し、節度ある政策運営により持続的成長を確保するとともに、国民福祉の真の向上のため努力してまいります。(拍手)

消費者物価の安定こそ、国民生活を守るための重要な課題であり、政府が最も力を注いできたところであ

東大紛争。反日共系学生で占拠された安田講堂に放水、実力行使で学生排除にかかった機動隊（写真提供：毎日新聞社）

ります。今後とも、公共料金を極力抑制するとともに、生産性の向上、労働力の流動化、輸入の自由化などの施策を強力に推し進め、消費者物価の安定をはかってまいる決意であります。（拍手）

近時、農業をめぐる内外の諸情勢の変化は著しく、米の過剰をはじめ多くの困難な問題に直面しております。政府は、需要に即応した生産体制と農業基盤を整備し、生産性の高い近代的農漁業を育成するなど総合農政を強力に展開して農家の生活の安定と向上をはかる所存であります。（拍手）

現代における一国の消長《しょうちょう》を決定するものは、その国民の総合力、とりわけ、文化や技術を創造していく能力であります。わが国が今日あるを得たのも、国民教育水準の高さに負うところが少なくありません。ことに一九七〇年代は、国際的教育競争の時代であります。これに賢明に対応し、時代の進運に先んずるために最も大切なことは、国民の心の問題であります。よき子弟、よき後継者を育成するため、学校教育、家庭生活、社会生活の全般にわたって、ときにはきびしいしつけを、また、その反面ではあたたかい指導を行ない、青少年の心に豊かな情操を育て、国家人類の福祉の向上のため、建設的に努力する意欲を持った人間を形成していかねばなりません。（拍手）このためには、国民の一人一人がこのことを自分自身のものとして考え、教師も父兄も一体となって、国民総ぐるみで青少年問題に真剣に取り組んでいただきたいのであります。（拍手）また、戦後の学制改革以来二十余年を経た今日、社会の目ざましい変化と時代の発展に即応して、大学制度はもとより、教育制度全般にわたって根本的な検討を加え、来たるべき二十一世紀の日本をになう青少年の育成をはかることが肝要であります。（拍手）

私は、このような見地に立って新しい大学のあり方をはじめ、教育全体の課題について、各界各層の意見を結集し、安んじて子弟を託することができる教育環境をつくり上げるべく渾身の努力を傾ける決意であります。（拍手）

いかなる時代においても、青年の旺盛なエネルギーは国家社会の生成発展の源泉であります。しかしながら、一部学生の常軌を逸した破壊活動には、良識とか、自主性とか、情緒といった青年にとって大切な素質を見出すことはできないのであります。私は、重ねて強く、学生諸君の良識と自主性に訴えるとともに、いやしくも反社会的破壊行為に対しては断固たる措置をとり、市民生活の安寧を確保する所存であります。（拍手）

経済力の画期的な充実と国際的地位の目ざましい向上を達成することができた一九六〇年代は、国民の悲願であった沖縄返還の実現とともに過ぎ去ろうとしております。名実ともに一本立ちできたわが国の国際的責任は、国力の増大に伴っていよいよ重くなってまいりました。世界の国々は、アジアにおける唯一の先進工業国である日本がアジアの開発途上国の自立を援助することを期待しており、また、わが国は相応の役割りを積極的に果たす責任があることは明らかであります。さらに、宇宙開発、海洋開発など飛躍的な技術の進歩、情報化社会の進展、過密過疎の激化に見られる経済的社会的変化など従来にない事態に直面しております。英知と創意に富む日本民族の資質と活力は、一九七〇年代においても、多くの障害を乗り越えて、わが国の繁栄と世界平和の確保のため、限りない貢献をすることを信じて疑いません。（拍手）私は、国民各位と手を携えて、輝かしい未来を築くために全力を傾倒する決意であります。（拍手）

国民各位の御協力を心より切望いたします。（拍手）

われわれは沖縄同胞の苦悩を忘れてはならない

敗戦から二十七年。一九七二年五月十五日に沖縄の施政権は返還され、沖縄県が発足する。一月の日米首脳会談を終えての国会演説だが、七〇年代に入り、日本は米国に振り回されていた。七一年七月には米中関係改善へキッシンジャー大統領補佐官が極秘訪中、ニクソン大統領の訪中計画が電撃的に発表され、十月には中華人民共和国の国連加盟も決まる。さらに米国は七一年八月に突如、金・ドルの交換を停止するドル防衛策を発表、為替市場は大混乱に陥る。年末の十カ国蔵相会議で円は一ドル三六〇円から三〇八円へと切り上げられた。国内では成田空港建設反対運動、「東京ゴミ戦争」など社会紛争が相次ぎ、学生運動は過激化、爆弾テロ事件も頻発、この演説の翌月には連合赤軍浅間山荘事件が起きる。

佐藤栄作・施政方針演説

第六十八回国会　一九七二年（昭和四十七年）一月二十九日

新しい年を迎え、第六十八回国会が開かれるにあたり、所信を申し述べたいと存じます。

まず、戦後二十有余年の長きにわたって、米国の施政権下に置かれてきた琉球諸島及び大東諸島は、本年五月十五日、わが国に復帰することになりました。（拍手）ここにつつしんで御報告申し上げ、国民各位とともにこれを喜びたいと思います。（拍手）

沖縄の本土復帰は、長期にわたる民族的宿願の達成を意味するものであり、わが国の歴史上きわめて大きな意義を有するばかりでなく、戦後の国際関係の推移にとっても、一つの時期を画する重大なできごとであると考えます。これをなし得たのは、沖縄県民をはじめ一億国民の英知と努力によるものであり、さらには、戦後一貫してつちかわれてきた日米間の友好信頼関係のたまものにほかなりません。（拍手）

顧みれば、昭和三十九年、私は政権担当の重責をになうにあたって、沖縄返還の実現をみずからの大きな政治目標の一つとして掲げました。翌四十年沖縄現地を視察して、沖縄同胞の祖国復帰への切なる訴えを聞き、いよいよその決意をかたくいたしたのであります。自来七年余にわたりこの問題に真正面から取り組んでまいりましたが、ここに復帰の実現を見るに至りましたことは、まことに感慨無量なるものがあります。（拍手）

沖縄の祖国復帰は、一九六九年の日米共同声明並びに沖縄返還協定にあるとおり、核抜き本土並みの原則のもとにその実現を見るのであります。この点について米国政府は、返還に際し、沖縄には核兵器が存在しないことを確認するとの意向を明らかにしております。また、沖縄における人口密集地及び産業開発と密接な関係にある地域に存在する米軍の施設、区域については、復帰後できる限り整理縮小することについても米側の理解を得ております。このような形で、沖縄が自由を守り平和に徹するわが国の不可分の領土としてその施政権が返還されることは、アジアにおける緊張の緩和を促進し、新たな安定と秩序を築くことを可能にするゆえんであると信ずるものであります。（拍手）

沖縄百万の同胞は、戦中、戦後を通じて大きな犠牲を払ってこられました。われわれは沖縄同胞の苦悩を忘れてはならないのであります。国民各位とともに、沖縄県民の御労苦を深くねぎらいたいと思います。そのためには、平和で豊かな県づくりに全力をあげなければなりません。私は、今後とも沖縄の緑の島としての環境を保持しつつ、その開発と発展をはかり、県民の福祉の向上に最大の努力を傾けるとともに、沖縄国際海洋博覧会が成功裏に開催されるよう、各界の力を結集し、国をあげて取り組んでまいる所存であります。（拍手）

次に、サンクレメンテにおけるニクソン米国大統領と私の会談について申し述べます。

わが国にとって、米国との関係は、他のいかなる国との関係にも増して重要であります。今日、国際関係がいかに多極化したとはいえ、この事実にはいささかの変化もないものと考えます。私は、この基本的な認識のもと、これまですでに四回訪米し、米国首脳と日米間の友好と協力関係の維持増進について話し合いを行なってきたのでありますが、今回は、沖縄返還協定が両国国会で承認されたこと、多国間の通貨調整が成功したことなどの新しい事態を踏まえ、新たな日米関係並びに国際関係全般について、率直な意見の交換を行ないました。その結果、日米両国の信頼と協力の関係が、日米両国のそれぞれにとってのみならず、アジア、ひいては世界全体の平和と繁栄にとってもきわめて重要なものであることについて、重ねて意見の一致を見ました。

また、米国はわが国との緊密な協力なくしてはアジアにおける緊張緩和の達成をはかることは困難である一方、同様に、米国との協力によってこそ、わが国はみずからの平和と繁栄を確保し、アジアの安定と発展のために寄与することができるという点について、共通の認識を深めた次第であります。昨年九月の日米貿易経済合同委員会以来、日米間の貿易及び経済関係の改善について大きな進展が見られつつありますが、かかる緊密な経済関係を一そう円滑にすることは、両国の友好親善関係の強化のみならず、世界全体の経済発展にとってもきわめて重要であります。また、日米両国は他の諸国とともに、通貨制度の改善、世界貿易の拡大及び発展途上国に対する援助について、さらに努力を重ねる必要があります。この点は今回の会談においてもあらためて強調されたところであります。

今後日米両国は、高度先進工業国家としての共通の基盤の上に、新たな角度から、深いつながりを持ち続けることになります。文明の進歩に伴う諸種《しょしゅ》の課題、すなわち都市問題、公害問題、情報処理の問題などの分野で、両国間にはすでに緊密な協力関係が存在しているのでありますが、今後とも相互に、技術、知識、情報などを交換し合って、問題解決のため物心両面にわたって助け合うことがますます重要となってまいります。また、日米間の学術、文化の交流に力を注ぎ、長期的に安定した日米関係を樹立するため、両国関係の調整に今後一そう細心周到な努力を払う決意であります。

昨年は、世界情勢が激動し、特にわが国をめぐる国際環境がきびしさを加えた年でありました。このような状況のもとで、国民の中に不安感や焦燥感の高まりがうかがわれたことも、決してゆえなしとしません。国際政治がいわゆる多極化の様相を呈し、国家関係が従来にも増して複雑なからみ合いを示すに応じて、わが国の外交も客観情勢の変化に十分対応し得る姿勢を整えていかなければならないことは申すまでもありません。同時に、このような多事多難な時期においてこそ、国際関係の実態を適確に把握し、事に処するにあたって、国家百年の計を誤らないように期することが肝要であります。

アジアの情勢は、中華人民共和国の国連参加、ニクソン大統領の同国訪問計画、米国のベトナム和平提案など、緊張緩和に向かっての動きがうかがわれます。また、東南アジアには地域協力の推進など自主自立への道を探る動きも見られます。他方昨年末のインド、パキスタン間の武力による衝突など、不安定な様相をも残していることも見のがせません。これらの動きは、多極化の方向に向かって激しく流動している国際情勢のもとで、諸民族、諸国家が、新たな安定と秩序を求めて模索を続けていることのあらわれとも申せましょう。私は、アジアの諸民族が自国の置かれた立場を見きわめ、冷静に事態の解決と正常化につとめることを望むものであります。同時に、わが国といたしましても、アジアにおいて真の恒久的平和が一日も早く達成され、諸国民が相携えて、発展と繁栄への道を進むことができるよう、あらゆる努力を惜しまないものであります。

中国は、わが国にとって最大の隣国であるのみならず、日中間には二千年にわたる交流の歴史があります。日中両国の関係が長期的に安定したものになることは、アジアの平和はもとより、世界の平和維持にとっても重要な意義を持つものと考えます。戦後、わが国は、中華民国政府との間に日華平和条約を結び、自来二十余年にわたって、貿易、経済、文化などの各面において密接な関係を維持してまいりました。一方、中国大陸との関係は、民間貿易を中心に交流を重ね、日中間の貿易総額は年間すでに九億ドルに達しようとしております。

政府は、昨年、中華人民共和国政府が国連総会の議席並びに安全保障理事会の議席を占めることになったことにかんがみ、かつ、中国は一つであるという認識のもとに、今後、中華人民共和国政府との関係の正常化のため、政府間の話し合いを始めることが急務であると考えております。（拍手）国際関係の現実に立脚し、相互の立場を尊重するというたてまえのもと、双方が関心を持つあらゆる問題について率直な話し合いを行なうべきものと信じます。（拍手）わが国の真意について、中国側に誤解や不信感があるなら、政府としてはあらゆる努力を払ってこれを解消したいと考えております。日中間の諸問題は、正常化交渉の過程で、おのずから解決の道が見出されるものと確信いたします。政府は、一日も早く日中間に善隣友好関係を樹立し、相携えてアジアの平和と繁栄に寄与する日の来ることを衷心《ちゅうしん》より希望するものであります。（拍手）

日ソ関係は、去る昭和三十一年日ソ共同宣言に署名して以来、年々友好親善の度を厚くしております。しかしながら、両国関係の長期的な安定をはかるためには、日ソ平和条約の締結が必要であることは申すまでもありません。政府は、今般、グロムイコ・ソ連外相が定期協議のため来日したのを機会に、平和条約問題をはじめ、両国間の友好親善関係の増進並びに国際間の諸問題について話し合いを行ないました。平和条約の締結についてはソ連側もその意義を認めており、本年中に交渉を開始することに合意いたしました。また、国際間の平和維持及び両国間における貿易、経済、文化などの相互関係を一そう活発化することについてもきわめて意欲的で、わが国との緊密な協力を期待していることがうかがわれました。今回の会談を通じ、相

互に理解を深め合ったことは、まことに有益であったと考えます。（拍手）

私は、国際社会における戦後体制の推移を見きわめつつ、北方領土問題を解決して、日ソ平和条約を締結するために全力をあげる決意であります。（拍手）さらに、通商関係の増進等、両国関係の発展につとめるとともに、安全操業をはじめ両国間の漁業に関する諸問題について引き続きソ連の理解と協力を求めてまいる所存であります。

わが国の防衛については、国民の国を守る気概のもと、国力国情に応じて自衛力を整備し、日米安全保障体制と相まって、国の安全を確保するという基本方針を堅持してまいります。

昨年の末、通貨の多国間調整が実現し、国際通貨危機が一応の収束を見るに至ったことは、国際協調のたまものであり、これを歓迎するものであります。しかし、世界経済の円滑な発展には、今回の通貨調整を第一歩として、新しい国際通貨秩序の建設と自由な通商の拡大とに引き続き努力しなければなりません。米国、西欧及び日本は、ともに世界経済の拡大と安定のために、大きな責任と役割りを有しているのであります。しかし、国内になお種々の経済的問題をかかえている米国や、なお統合の過程にあるヨーロッパ共同体は、ともすれば内部の問題にのみ傾くおそれなしとしません。このようなときであればこそ、わが国は、自由貿易の拡大を念願する立場から、率先して保護主義の台頭と戦っていかなければならないと信じます。政府は、ガットその他の場を通じて、自由化の促進、関税率の引き下げ、非関税障壁の撤廃を強く呼びかけるとともに、国際主義のもと、ますます共存的かつ開放的な対外経済政策を推進してまいりたいと考えます。（拍手）同時にまた、今日の世界が直面している大きな課題の一つである南北問題の解決に寄与するため、経済援助を従来よりも一そう積極的に拡充していきたいと考えております。

政府は、今回の多角的通貨調整の一環として、円を一ドル三百八円に切り上げました。この切り上げ幅は先進国通貨中最大であります。わが国としては、大幅切り上げを行なうことによって、当面の国際通貨危機打開に重要な貢献をしたわけであります。新レートへの適応を進める過程では種々の困難はあるものと思いますが、日本経済は早期にこれを乗り越えて発展する力を持っていることを信じて疑わないのであります。もちろん、この過渡期における調整上の困難を極力小さくしていくため、政府はできる限りの措置をとってまいります。特に、景気停滞の長期化によって、輸出圧力が高まり、輸入の伸び悩みが続き、せっかくの通貨調整にもかかわらず、国際収支の均衡回復がおくれたり、国内の産業調整が円滑に進まず社会的緊張が高まる事態を招くことは避けなければなりません。このため、積極的な財政規模の拡大など、政府の総力をあげて景気の回復に取り組んでまいります。このような政策を通じて、おそくとも四十七年度後半には経済を順調な安定成長の軌道に乗せたいと思います。また、沖縄に対しては、生活安定のための諸施策を引き続きて実施し、県民福祉の向上に資するようつとめてまいります。（拍手）

この際特に重要なことは、景気回復のための財政政策の展開が、同時に、豊かな社会建設への資源配分に通ずることであります。国民福祉充実への重点的な資源配分は、景気回復のための単なる手段ではなく、今後の財政金融政策の指向すべき目標であります。言いかえるならば、現在の景気浮揚政策は、設備投資主導型の超高度成長への復帰を意図するものではなく、この機会に高度福祉国家建設への軌道を設定するものであることをここに強調したいのであります。（拍手）すなわち、道路、鉄道、港湾、空港、通信網の整備、工業の再配置の促進など国土の総合開発をはかるとともに、公害対策を充実し、住宅、下水道、都市公園、ごみ処理など、生活環境の改善を強力に進めるべき時期が到来しているのであります。また、民間企業の経営力や資金の活用をはかるなど、公共事業に新風を吹き込みたいと考えております。しかしながら、福祉社会の建設は、施設をつくれば足りるというものではありません。国民の一人一人が心豊かに暮らせるよう、社会保障を充実し、自然環境の保護につとめなければなりません。（拍手）来年度予算において、老齢福祉年金の大幅引き上げ、老人医療費の無料化をはかることといたしましたのもそのあらわれ

であります。（拍手）

物価の安定は、福祉社会を目ざす政策においても最重点課題の一つであります。当面の景気浮揚策の実施にあたっても、物価の高騰を招かぬよう十分配慮するとともに、消費者物価安定のための構造的諸問題の解決について、一そうの努力を注いでまいる所存であります。このため、低生産性部門の近代化、競争条件の整備等の施策を積極的に推進するほか、特に生鮮食料品については、食品流通局の新設、野菜価格の安定対策の推進など、その安定的供給の確保につとめてまいる所存であります。また、今回の通貨調整を物価の安定に役立たせるため、食料品等を中心とする輸入の増大をはかり、これら輸入品の価格低下とも相まって、高まった円の対外価値と輸入力を国民生活の上に活用してまいる所存であります。公共料金については、従来どおり極力抑制する方針でありますが、国民経済全体の均衡と公的サービスの円滑化をはかるという見地から、その一部を改定することといたしました。国鉄運賃については、経営の健全化をはかるため、必要な財政的援助を行ないつつ、利用者にも応分の負担を求める方針のもとに、これを引き上げることとしております。

わが国農業は、依然として内外ともにきびしい情勢に置かれておりますが、国際競争に耐え得る近代的な産業として確立されるよう一段とその体質改善をはかってまいります。すなわち、米の生産調整と転作の推進を通じて地域の特性と需要の動向に即応した農業の再編成を行なうとともに、生産、流通等の体制を総合的に整備する農業団地育成事業を強力に推進し、その健全な発展をはかってまいります。中小企業については、内外にわたる困難な経済環境の中にあって、その健全な発展をはかるために、業種業態に応じた近代化施策を基本として、需要構造の変動に適応するための事業の円滑な転換を促進するほか、小規模企業者についても十分配慮するなど、国際経済体制の進展に対応し得るよう財政、金融等各般の施策に万全を期してまいります。

わが国は、これまでの高度成長の結果、ほぼ完全雇用を実現いたしました。また、教育の普及、余暇の増大、都市化、情報化の進展によって、職場や地域社会での権利の自覚が高まり、ことに若い世代を中心に大きな意識変革が生じつつあります。これらの動きはわが国における民主主義の定着を示すものとして高く評価できるのでありますが、反面、個人なり集団なりの権利のみが主張される場合において、これを国民全体の利便といかに調和させるかについて困難な問題を引き起こしがちであります。空港やごみ処理施設など社会資本の建設をめぐっての紛争はその例であります。個々の権益と全体の福祉との緊張した関係を合理的に処理することなしには、真の豊かな社会の建設はむずかしくなっているのであります。私は、福祉社会建設への政治指導の機能を高めて、行政の効率化、土地利用の改善、医療保険問題の解決、労使関係の近代化につとめ、国民生活に安定した環境をつくりたいと考えます。

まず、行政のあり方については、新しい社会の要請にこたえ、その効率化を進めることが必要であります。流動する内外情勢の展開に機敏に適応することができるよう行政の進め方に改善を加えたいと考えております。政党政治に発する英知が行政に十分生かされるよう、官庁間のセクショナリズムを打破し、行政の第一線をはじめ各部門を刷新強化する必要があります。土地対策については、都市開発等のため公共用地の先行的確保を容易にする措置を講ずる必要があります。このため、憲法の許す範囲で土地の私権に制限を加える場合も生じますが、納得のいく計画を前提とするなど手続面で十分な配慮を払ってまいります。医療保険問題については、真に安定した国民医療制度を確立するという見地から、その抜本的改正をはからなければなりません。そのためには、関係者の理解と協力が何よりも必要であります。政府は、それぞれが互譲の精神に立ってこの問題に取り組むことを強く要請するとともに、近代的福祉国家にふさわしい医療保険制度を実現するようつとめてまいる所存であります。また、経済社会の広範な構造的変化が予想される中にあって、近代的な労使関係の確立が望まれております。さらに、生産性の向上と賃金、利潤などの上昇が均衡の取れた形でなければならないことは申すまでもありません。政府は、このような機運の醸成につとめ、安定した労使関係の形成に寄与してまいりたいと考えております。

次に、今日世界の先進国は教育と学術文化の持つ重要性を再認識し、国力をあげて教育の普及充実と科学技術の振興に取り組んでおります。わが国も今日までの成果に安住することなく、教育の質的向上をはからなければなりません。教育改革の推進は今後の最も重要な課題であります。政府は目下、中央教育審議会の答申に基づき教育の制度、内容の両面にわたって積極的な改革案を打ち出すため、鋭意準備を進めております。時代の要請に照らし、国民の期待にこたえ得る教育改革を実現するとともに、文化の国際交流に一段と努力する決意であります。

最後に、治安問題について一言申し述べます。

法秩序の尊重は民主国家の基盤であります。戦後わが国が達成した繁栄も、現在の国際社会における高い評価も、わが国が民主主義的法秩序の上に民族の力を結集させたことによるものであります。われわれが享受している自由は、その背景に規律と責任という無言の道徳律が厳然として存在することを忘れてはならないのであります。(拍手)しかるに、一部過激派集団は、最近、その凶悪性及び、反社会性をむき出しにし、相次ぐ交番の爆破、爆発物の郵送などによって、警察官のみならず、一般市民をも殺傷するに至っております。このような集団の存在をこのまま放置することは、やがて平和な市民社会の崩壊を招くことにもつながるおそれがあります。政府は今後とも、このような暴力に対し断固たる態度で臨むとともに、教育者、マスコミ関係者をはじめ各界各層の理解ある御協力のもとに、暴力の芽ばえるような風潮を排し、社会の健全化をはかってまいる決意であります。(拍手)

以上、私は、内外の情勢が激変する中で、わが国の向かうべき進路について所信を申し述べました。いまこそ、発想の転換を行動に移すべきときであります。社会開発への前進をはかり、人間性豊かな社会をつくることは、

私のみならず全国民の願いであると確信し、国民各位の御理解と御協力を切望してやみません。ありがとうございました。（拍手）

第三部

成熟

高度成長は石油危機によって曲がり角を迎える。資源価格の高騰により、大量生産・大量消費型の経済には限界が見え、首相たちの言葉は「高度成長から安定成長へ」「量から質へ」「モノの豊かさから心の豊かさへ」と変わる。

高度成長の終焉は、成長がすべてを癒してくれた時代の終焉でもあった。迫り来る高齢化社会を前に財政の再構築が最重要課題として浮上し、歳入面では消費税の導入が激論を呼び、歳出の効率化の面からは国鉄、電電、専売の各公社の民営化が打ち出され、ＪＲ、ＮＴＴ、日本たばこへと姿を変える。

二度の石油危機で世界経済が低迷を続ける中、省エネルギー、構造転換など、日本経済はいち早く対応。「ジャパン・アズ・ナンバーワン」と賞賛され、貿易赤字・財政赤字の「双子の赤子」に苦しむ米国を尻目に、日本は一人勝ちの様相を呈するようになる。

しかし、それは米国との国際摩擦を一段と激化させることになり、経済大国としての責任と役割を日本に問う声が高まる。そしてプラザ合意による急激な円高が日本を襲う。利益を求めるマネーは、投資よりもカネがカネを生む投機の世界へと津波のように流れ込む。

この時代、政治はロッキード事件に始まり、リクルート事件、東京佐川急便事件と「政治とカネ」のスキャンダルが相次いだ。自民党では首相の座をめぐり党内抗争が続いた。

成熟の果てに政治も経済も社会もバブルの狂宴に飲み込まれていった。

日中国交正常化、日本列島改造。新しい時代には新しい政治が必要である

七年八カ月に及ぶ長期政権となった佐藤栄作の後に登場したのは田中角栄。五十四歳で初の大正生まれの首相となった。高等小学校卒業の党人政治家で、太閤記のような立身出世物語と庶民的な人柄で人気は高く、国民の期待も大きかった。一九七二年五月、佐藤派から独立して田中派をつくると、六月には『日本列島改造論』を発表。政権ビジョンを明らかにする手法も斬新だった。七月の総裁選では佐藤が支持した大蔵官僚出身の福田赳夫を破り、首相の座を勝ち取る。首相に就任すると間髪を入れず、九月には訪中し、日中国交正常化を実現、「決断と実行の政治」を展開した。田中は絶頂の中で国会に臨んだ。

田中角栄・所信表明演説

第七十回国会　一九七二年（昭和四十七年）十月二十八日

第七十回国会が開かれるにあたり、当面する内外の諸問題について、所信を述べます。

本年七月国政を担当することになりましてから今日に至るまで、国民の皆さまから寄せられた激励に対し心からお礼を申し上げます。（拍手）特に、日中国交正常化のために中国を訪問した際に寄せられた各界各層をあげての御理解に対し、深く感謝申し上げます。（拍手）

戦後四半世紀を過ぎた今日、わが国には内外ともに多くの困難な課題が山積しております。しかし、これらの課題は、これまで多くの苦難を乗り越えてきたわれわれ日本人に解決できないはずはありません。私は、

田中角栄（たなか・かくえい）

1918年～1993年。新潟県生まれ。首相在任期間：1972年7月7日～1974年12月9日（886日間）。二田尋常高等小学校卒業。中央工学校土木科卒業。戦前は、極貧の幼少時代を送り尋常高等小学校を卒業後、土木建築業の現場で働き独立する。戦後、進歩党を経て1947年の総選挙で民主党から出馬、当選する。その後、吉田茂の知遇を得て民主自由党、自由民主党において順調にキャリアを積み、岸、池田、佐藤内閣で郵政大臣、大蔵大臣、通商産業大臣を歴任。列島改造論を掲げ、公共投資による開発を積極的に進める。田中内閣では日中国交回復を実現させたが、1974年金脈問題で総辞職、その後1976年ロッキード事件発覚により逮捕される。逮捕後も影響力を行使し、最大の派閥を形成する。その経歴から「今太閤」と呼ばれた。

写真提供：毎日新聞社

国民各位とともに、国民のすべてがあしたに希望をつなぐことができる社会を築くため、熟慮し、断行してまいる覚悟であります。（拍手）

七〇年代の政治には、強力なリーダーシップが求められております。新しい時代には新しい政治が必要であります。政治家は、国民にテーマを示して具体的な目標を明らかにし、期限を示して政策の実現に全力を傾けるべきであります。（拍手）

私が日中国交正常化に取り組み、また、日本列島改造を提唱したのも、時の流れ、時代の要請を痛切に感じたからにほかなりません。（拍手）

政治は、国民すべてのものであります。民主政治は、一つ一つの政策がどんなにすぐれていても、国民各位の理解と支持がなければ、その政策効果をあげることはできません。

私は、私の提案を国民の皆さんに問いかけるとともに、広く皆さんの意見に耳を傾け、その中から政治の課題をくみ取り、内外の政策を果断《かだん》に実行してまいります。（拍手）

今日の国際社会には、随所に不安定な要因のあることは事実でありますが、世界には対決ではなく、話し合いによる緊張緩和を求める動きが始まっております。

このような世界情勢の中で、わが国は、中華人民共和国との国交の正常化を実現いたしました。私は、去る九月、中華人民共和国を訪問し、毛澤東主席と会見するとともに、周恩来首相をはじめ中国政府首脳と会談し、国交正常化問題をはじめ日中両国が関心を持つ諸問題について、率直な意見の交換を行ない、九月二十九日共同声明に署名いたしました。これにより、長い間の両国間の不正常な状態に終止符が打たれ、両国間に外交関係が樹立されました。ここにあらためて国会に御報告いたします。(拍手)

多年の懸案であった日中両国間の国交が正常化され、善隣友好関係の基礎ができたのでありますが、日中問題が解決できたのは、時代の流れの中にあって、国民世論の強力な支持があったからであります。私は、このような国際情勢の変化と過去半世紀に及んだ日中両国の不幸な関係を熟慮した上で、国交正常化を決断したのであります。この機会に、日中関係の改善と交流の拡大に尽力してこられた各方面の方々に衷心《ちゅうしん》より敬意を表するものであります。(拍手)

日中両国は、今回の共同声明において主権及び領土保全の相互尊重、内政に対する相互不干渉をはじめとする諸原則の基礎の上に、平和と友好の関係を確立することを内外に明らかにいたしました。日中国交の正常化によって、わが国の外交は世界的な広がりを持つに至ったのでありますが、このことは、同時にわが国の国際社会における責任が一段と加わり、人類の平和と繁栄にさらに貢献すべき義務を負うに至ったことを意味するものであります。

インドシナ半島においては平和が到来しようとしており、朝鮮半島においても南北の話し合いが進められております。このような好ましい事態を一そう発展させるためには、これらの国を取り巻く環境がより安定し、恵まれたものにならなければなりません。今日の国際社会は、これまでの東西の対立を清算して南北の問題に取り組むべき時期に直面をいたしております。すなわち、南北問題の解決なくして、世界の調和ある発展と恒久の平和は約束されません。先進工業国としてゆるぎない地歩《ちほ》を固めたわが国は、開発途上国、とりわけアジア諸国の経済の発展と民生の安定のために一そう寄与しなければなりません。

私は、さきにハワイにおいてニクソン米国大統領と会談し、日米両国の当面する諸問題について、率直に意見の交換を行ない、相互に理解を深めてまいりました。日本と米国は、政治、経済、社会、文化の各分野において深い関係を持ってきたのでありますが、新しい段階に入った日米両国の今後における友好協力関係の維持増進は、日米両国にとどまらずアジア太平洋全域の安全と繁栄に欠くことのできないものであります。

わが国とソ連は、貿易、経済、文化の各分野で交流を深めておりますが、さらに平和条約を締結して日ソ両国間に安定した友好親善の関係を樹立する必要があります。（拍手）このため、私は、日ソ国交樹立以来の懸案である北方領土問題を国民の支持のもとに解決したいと考えております。（拍手）

最近世界的に緊張緩和の動きが見られるとはいえ、わが国が今後とも平和と安全を維持していくためには、米国との安全保障体制を堅持しつつ、自衛上最小限度の防衛力を整備していくことが必要であります。（拍手）このたび、政府が第四次防衛力整備計画を決定しましたのもこのためであります。（拍手）

われわれは、戦後の荒廃の中からみずからの力によって今日の国力の発展と繁栄を築き上げてまいりました。しかし、こうした繁栄の陰には、公害、過密と過疎、物価高、住宅難など解決を要する数多くの問題が生じております。一方、所得水準の上昇により国民が求めるものも高度かつ多様化し、特に人間性充実の欲求が高まってきております。

これらの要請にこたえ、経済成長の成果を国民の福祉に役立てていく成長活用の経済政策を確立していくことが肝要であります。（拍手）

この観点から見て、日本列島の改造は、内政の重要な課題であります。（拍手）明治以来百年間のわが国経済の発展をささえてきた都市集中の奔流を大胆に転換し、民族の活力と日本経済のたくましい力を日本列島

の全域に展開して国土の均衡ある利用をはかっていかなければなりません。(拍手)
政府は、工業の全国的再配置と高速交通・情報ネットワークの整備を意欲的に推進するとともに、既存都市の機能の充実と生活環境の整備を進め、あわせて魅力的な地方都市を育成してまいります。(拍手)経済と人の流れを変えることにより土地の供給量は大幅に増加されます。また、全国的な土地利用計画の策定、税制等の活用によって土地問題の解決は一そう促進されるのであります。(拍手)
公害については、規制の強化、公害防止技術の開発、工業の適正配置、いわゆる工場法の制定など各般の施策を強力に実施することによって、経済成長を続けながら公害を除去していくことが可能であります。(拍手)また、公害被害者に対する救済の実効を期するため、損害賠償保障制度の創設を進めてまいります。
物価、特に消費者物価の安定は、国民生活の向上にとって必要不可欠の条件であります。従来から中小企業、サービス業等の低生産性部門の構造改善、生鮮食料品を中心とした流通機構の近代化、輸入の促進、競争条件の整備などの施策が進められてきました。しかし、なお努力を要する点のあることも事実であります。今後とも、総合的な物価対策を推進するとともに、消費者の手にする商品の安全性の確保など消費生活上の質的問題についても万全を期してまいります。(拍手)
豊かな国民生活を実現するために欠くことのできないものは、社会保障の充実であります。このため、今日までの経済成長の成果を思い切って国民福祉の面に振り向けなければなりません。(拍手)特に、わが国は急速に高齢化社会を迎えようとしており、総合的な老人対策が国民的課題となっております。(拍手)また、今日の繁栄のために苦難の汗を流してこられた方々に対する手厚い配慮が必要であります。中でも年金制度については、これを充実して老後生活のささえとなる年金を実現する決意であります。(拍手)さらに、寝たきり老人の援護、老人医療制度の充実などをはじめ、高齢者の雇用、定年の延長などを推進してまいります。
以上のほか、心身障害者をはじめ社会的に困難な立場にある人々のため施設等の整備、充実をはかり、難

病に悩む人々に対しては原因の究明、治療方法の研究、医療施設の整備など総合的な施策を推進いたします。（拍手）

なお、国民が十分な余暇を利用することのできる社会を実現するため、週休二日制をはじめ余暇利用の条件の整備につとめてまいります。（拍手）

農業については、総合農政の推進のもとに農村の環境整備を強力に実施して高生産農業の実現と高福祉農村の建設をはかり、農工一体の実をあげてまいります。（拍手）

中小企業につきましては、国際化の進展等による環境の変化に適応し得るようにするため、構造改善の推進をはじめとする各般の施策を強化いたします。

本年は、学制が発布されてから百年になります。先人のたゆみない努力によって世界に比類のない義務教育制度をはじめ、わが国の教育は目ざましい発展を遂げてまいりました。明治百年という時代の転換期にあたって、教育の占める役割は、重要となってきております。私は、学校施設の整備充実等をはかるとともに、さきの中央教育審議会の答申を踏まえ、科学技術の振興を含む教育の制度、内容の充実を積極的に推進し、あわせて次代をになう青少年の健全な育成につとめます。（拍手）

当面する最も緊急な課題は、国際収支対策であります。昨年末、多国間通貨調整が実現し、さらに、去る五月以降対外経済緊急対策を実施してまいりました。しかし、わが国の貿易収支は引き続き大幅な黒字を続けております。国際的地位が急速に向上しつつあるわが国は、世界の経済交流の安定した拡大を維持していく上で大きな責任を持っております。経済の順調な発展をはかりつつ、両三年の間に経常収支の黒字額を国民総生産の一％以内にとどめるためには、有効な国際収支対策を実施しなければなりません。政府が去る十月二十日あらためて対外経済政策の推進について当面とるべき施策を決定したのはこのためであります。すなわち、貿易・資本の自由化をはじめ、関税率の引き下げによる輸入の拡大、開発途上国への経済協力の拡充等を促進していくことであります。
いかなる国も他の国々との調和を欠いた経済政策を追求することは許されません。わが国のみが対外収支の黒字を累増させていくことは、国際的な理解を得られるものではありません。国際収支の均衡を回復し、世界各国と協調しながらわが国の繁栄を維持していくためには、日本経済の国際化を推進し、経済構造の改革をはかる必要があります。（拍手）また、充実した経済力を積極的に国民福祉の向上に活用していかなければなりません。
当面している国際収支の問題は、わが国が経験したことのないきわめて困難な課題であります。私は、国民的英知を結集し、国民各位の理解と協力を得ながらこの問題に取り組んでまいります。（拍手）
政府は、今国会に、公務員給与の改善、公共投資の追加などに必要な補正予算と、緊急に立法措置を要する諸法案を提出いたしました。公共投資については、道路、下水道、環境衛生施設の整備等のほか、災害復旧事業、社会福祉施設をはじめとする各種施設の整備をあわせ、事業費の規模は一兆円にのぼります。これらの公共投資は、相対的に立ちおくれている社会資本の整備を一そう促進するものであり、同時に、当面の緊急課題である国際収支の均衡回復に資するものでもあります。よろしく御審議をお願いいたします。（拍手）
戦後四半世紀にわたりわが国は、平和憲法のもとに一貫して平和国家としてのあり方を堅持し、国際社会との協調融和の中で発展の道を求めてまいりました。私は、外においてはあらゆる国との平和維持に努力し、内にあっては国民福祉の向上に最善を尽くすことを政治の目標としてまいります。世界の国々からは一そう信頼され、国民の一人一人がこの国に生をうけたことを喜びとする国をつくり上げていくため、全力を傾けてまいります。（拍手）あくまでも現実に立脚し、勇気をもって事に当たれば、理想の実現は可能であります。（拍手）私は、政治責任を明らかにして決断と実行の政治を遂行する決意であります。（拍手）
以上、所信の一端を申し述べましたが、一そうの御協力を切望してやみません。（拍手）

石油危機、狂乱物価、公害。過去にこだわらず改めるべきは謙虚に改める

一九七三年十月、第四次中東戦争が勃発。中東産油国はアラブ敵対国への石油輸出を削減する「石油戦略」を発動する。石油ショックである。物不足は深刻化、インフレは加速、「狂乱物価」が流行語になる。さらに消費者の買いだめ、企業の売り惜しみが混乱に拍車をかけた。安価で無尽蔵と思われていたエネルギーの調達問題は先進国の成長の前提を突き崩した。世界が不況に陥る。七四年一月に東南アジアを歴訪した田中はタイ、インドネシアで反日暴動に迎えられ、日本の経済進出に対する不満の激しさを実感する。為替も七三年二月には変動相場制に移行し円は急騰。時代は大きな転換期を迎えていた。

田中角栄・施政方針演説

第七十二回国会　一九七四年（昭和四十九年）一月二十一日

戦後三十年、世界は、いま新しい転換の時代を迎えております。

わが国は、戦後の廃墟から立ち上がって、復興経済、自立経済、国際経済へと三段飛びの発展をなし遂げ、いまや主要工業国の一員として、国際的にも確固たる地歩《ちほ》を占めるに至りました。資源と資本に乏しいこの狭い国土に驚異的な高度工業社会を築き上げたのは、わが日本国民の英知と努力のたまものでございます。

しかしながら、わが国もまた世界の例外ではなく、先進工業国が直面しておるのと同じように、数多くの矛盾と不均衡が先鋭的にあらわれてきておるのであります。物価、公害、エネルギーの諸問題こそがまさに

当面する最大の課題であります。国民の不安と焦燥の原因がここにあることも、私はすなおに受けとめております。

国民のためにこそある政治は、いまこそ、これらの課題を最優先に解決するため、外に国際的な連帯と協力を、内に国民の理解と支持を得て懸命の努力をしていかなければなりません。そのために、私は、過去の行きがかりにこだわることなく、反省すべきは率直に反省し、改めるべきは謙虚に改めるなど、思い切った発想の転換と強力な政策を推進してまいります。（拍手）

物価問題の解決は、当面の政治の最重要課題であります。このため、政府は、昨年来財政金融政策を通じて総需要の抑制に全力をあげてまいりました。すなわち、財政面では公共事業の執行の繰り延べ、金融面では累次にわたる公定歩合の引き上げ等、引き締め措置を強化してきたところであります。また、民間設備投資における新規着工の停止などの措置をとるとともに、個別物資の需給調整のための対策を講じてまいりました。さらに、昭和四十九年度予算及び財政投融資計画の作成にあたりましても、特に需要誘発効果の高い一般会計の公共事業関係費を今年度以下に押えるなど、極力財政規模を圧縮することといたしたのであります。すでに決定せられた国有鉄道運賃及び米の政府売り渡し価格の引き上げの実施時期を半年間延期することとしたのも、物価抑制を最優先の課題と考えたからであります。（拍手）その他の公共料金につきましても、極力抑制する方針であります。

石油の供給制限と輸入価格の大幅引き上げを契機として、物価情勢はきわめて憂慮すべき事態を迎えております。

政府は、正直者がばかをみることのないよう、社会的公正を確保し、経済社会の混乱を未然に防止するため、国民生活安定緊急措置法、石油需給適正化法、生活関連物資等の買占め及び売惜しみに対する緊急措置に関する法律の機動的な運用等により、物資の需給調整、価格の適正化、投機的な行為の抑制をはかってまいります。

今日の事態は、自由と民主主義にとって大きな試練であります。政府は、この際、企業が目先の利益にとらわれて便乗値上げや投機的行為に出ないよう強く自制を要請するとともに、かりに、これらの不当な行為等によって過大な利益を得た者に対しては、法の厳正な運用をもって対処いたします。（拍手）

石油自給度の高い米国においてもきびしいエネルギーの消費抑制措置がとられ、また、ヨーロッパ諸国においても産業用よりも民生用需要の抑制に重点を置いた消費規制が行なわれております。わが国においては、国民生活への直接的影響をできるだけ避けるため、民生用需要の充足を最重点に考えつつ、石油、電力等の節減に取り組んでいるのであります。生活必需物資につきましては、石油、電力の配分につき特段の配慮を行なってその必要量を確保し、また、正確な情報の迅速な提供につとめてまいります。当面している事態は、物資の絶対的不足に悩んだ戦中戦後の時代とは本質的に異なり、生産力は飛躍的に拡大しており、流通段階にも相当量の在庫が存在し、生活必需物資の需要には十分にこたえられる態勢にあります。国民各位も、このような現実を正しく理解し、良識ある行動をもって物価の安定に協力されるよう切に望むものであります。（拍手）

これから春の賃金改定期を迎えます。賃金交渉は、労使の自主的な話し合いによって決定されるべきものでありますが、労使がその影響の重大さを十分自覚し、国民経済的視野に立って節度ある態度をとられるよう強く望むものであります。（拍手）

今後における資源・エネルギーをめぐる国際環境は、量の面でも価格の面でもきびしいものがあります。政府は、資源供給の安定化に引き続き努力を重ねる一方、石油偏重のエネルギー体系から脱却し、原子力の開発利用の促進をはじめ、水力、石炭など国内資源について新たな視点から開発の可能性を見直し、また、長期的視野に立って、太陽エネルギーなど豊富で無公害の新エネルギーの利用技術の研究開発を強力に推進してまいります、なお、原子力発電の推進にあたっては、安全性の確保について国民の理解が得られるよう努力を重ねますとともに、発電所の立地が地域住民の福祉向上につながるよう周到かつ強力な施策を講じてまいります。さらに、資源・エネルギーの回収、再生利用など資源利用の効率化と省資源型産業構造への転換もあわせて進めてまいります。

物価騰貴の最大の弊害は、国民生活の将来への不安を拡大し、所得及び資産の不公平な分配をもたらすことであります。政府は、緊縮財政を貫く中で福祉優先の政策を徹底することとし、社会保障を中心として福祉向上のための諸施策の推進に思い切った財源の投入をいたしました。老齢福祉年金を五〇%増額するとともに、厚生年金及び拠出制国民年金についても物価上昇にスライドして給付額を引き上げるほか、恩給等についても給付額の改善をはかることとしております。また、生活保護世帯に対する生活扶助基準を大幅に引き上げるほか、寝たきり老人、身体障害者等に対する福祉対策の強化や、社会福祉施設入所者の処遇改善等の措置を講じてまいります。さらに、医師、看護婦等の医療従事者の養成確保など医療供給体制を整備するとともに、適切かつ公正な医療が行なわれるよう一そう力を注ぐ考えであります。

税制面においては、給与所得者を中心とする税負担の軽減、適正化をはかるため、所得税について給与所得控除の抜本的拡充等により初年度一兆四千五百億円にのぼる大幅減税を実施することといたしました。この結果、いわゆる標準世帯給与所得者の課税最低限は、平年分で現行の百十五万円から百七十万円に引き上げられることになり、年収二百万円で七五%、三百万円で五五%、それぞれ所得税負担が軽減されるのであります。（拍手）反面、法人税をはじめ、印紙税や自動車関係諸税について増税措置を行ない、国民負担の適正化と税体系の整備合理化を一そう推進することとしております。

将来にわたって国民生活の安定と充実をはかるためには、財産づくりを進めることが大切であります。政府は、健全な貯蓄を奨励するため、預貯金金利の引き上げ、利子非課税限度の引き上げを行なうとともに、勤労者財産形成貯蓄に対する優遇措置を強化し、また、事業主の協力が得られるよう勤労者財産形成基金制度を創設することといたしました。（拍手）

なお、今後、高齢者社会への移行や石油危機に伴う雇用問題に適切に対応するため、現行の失業保険制度を雇用保険制度に改め、総合的な雇用対策を推進することといたしました。

今日の異常事態において、中小企業をめぐる環境はきびしさを増しております。政府は、特に小規模零細企業の経営圧迫を防ぐため、無担保無保証の小企業経営改善資金貸し付けの資金量の増加、貸し付け限度額の二倍引き上げ、税負担の軽減など、金融、税制面での施策を画期的に拡充するとともに、経営指導事業の抜本的強化をはかってまいります。

食糧の確保も重要な課題であります。今後の世界の食糧需給の動向は、気象条件の不安定性、人口増加等の諸条件から見てきびしいものになることが予想せられます。このため、国民の主要食糧のうち国内生産が適当なものは極力国内でまかない、自給度の維持向上をはかることが必要であります。このような観点から、農林水産業の生産基盤の整備を進めるとともに、麦、大豆等の生産の奨励、畜産等の大規模生産基地の建設などを積極的に推進してまいります。また、海外に依存せざるを得ない農産物についても、備蓄政策や国際協力の一環としての開発輸入政策などを進め、その安定的な供給を確保してまいります。

住宅の建設を助長するためには、土地問題を早急に解決し、宅地の円滑な供給を確保しなければなりません。政府は、宅地開発公団を創設するとともに、宅地の大量供給促進のための制度を整備し、大都市地域を中心として大規模宅地開発事業を推進してまいります。

土地問題を根本的に解決するためには、全国的に土地利用計画を確立し、これに即して公共優先の立場から、土地の取引、利用にわたる規制、誘導を強化することが急務であります。土地は、いかなる資源にも増して有限であり、計画的かつ効果的な利用の推進が強く要請されるのであります。一億をこえる国民が長きにわたって豊かな生活を享受していくためには、たとえ現下のきびしい情勢のもとにあっても、長期展望に立って国土利用の再編成をはかり、国土の均衡ある発展を進めることをないがしろにすることはできません。土地問題を解決し、総合的かつ計画的な国土の利用、開発及び保全をはかるため、国土総合開発法案及び関連法案のすみやかな成立を期待いたします。（拍手）

環境保全対策の推進はいささかもなおざりにすることはできません。政府は、公害の防除、自然環境の保護について引き続き施策の拡充強化をはかっていくこととしておりますが、特に大気汚染については、いわゆる総量規制の導入をはかる等規制基準を強化してまいります。

沖縄については、県民福祉の向上のため、本土との間に格差の見られる医療体制、社会資本等の整備、充実を積極的に進めてまいります。また、開催期日を延期することとした沖縄国際海洋博覧会については、その沖縄振興開発上の重要性や国際的意義にかんがみ、これを成功させるよう努力を重ねてまいります。

教育は、民族悠久の生命をはぐくみ、日本文化の伝統をつちかう最も重要な国家的課題であります。激動と試練の二十世紀を越えて日本民族の歴史を創造するものは、青少年であります。心身ともにすこやかで、豊かな心情と創造力に富み、広い視野と強い責任感を持った青少年の育成は、国民共通の願いであります。私は、青少年諸君が、強靱な精神とたくましい身体を養うとともに、公共に奉仕する使命感に燃え、国際人としても信頼されるたくましい日本人として成長することを心から期待いたします。（拍手）

政府は、新たな決意をもって、教育の刷新、充実のための施策を積極的に進めてまいります。（拍手）なかんずく、初等中等教育については、知・徳・体の調和のとれた人間形成の基本の確立をめざして、教育内容を精選し、児童、生徒が責任を重んじ、みずから考え、みずから能力を切り開いていく態度を修得させるように配慮いたします。学校教育の成否は結局個々の教師の力にまつところが大きく、その責務は重大であります。教師に対する社会的信頼の確保こそ、重要な課題であります。教職によき人材を得て、その情熱を教育に傾け得るようにするため、引き続き教員給与の改善を推進してまいります。(拍手) また、高等教育については、大学改革の推進をはかるほか、教育の機会拡大の要請にこたえ、無医大県の解消、新しい構想による高等教育機関の計画的な拡大など多彩な施策を進めてまいります。さらに、理想的な教育の条件と秩序ある学園環境の確立のために、たゆみない努力を傾ける考えであります。

なお、先般の国連総会において、国連大学本部の日本設置が決定を見たことは、国際社会における日本の役割りを果たす上でまことに意義深いものがあります。その受け入れに遺憾のないよう万全を期してまいります。

福祉国家の建設にとって、婦人の参加と活躍は、ますます不可欠の要請となりつつあります。わが国の婦人は、その高い能力をもって、女性固有のものとされている職域はもとより、従来男性の職能分野と見られていた専門的、技術的分野にも活発に進出し、多くの実績をあげておることは、心強い限りであります。今日、看護をはじめ、社会福祉、教育など各種専門分野においても、婦人の進出にさらに大きな期待がかけられております。他方、女性には、家庭においても、母として、次代をになう児童を直接養育する重大な使命があります。いまや、婦人の就業やその家庭生活との関係等につき、新たな観点から、さらに根本的に検討すべきときであります。政府は、専門技術者の養成、家庭婦人の就業促進とそのための社会的環境条件の整備等につき、真剣に努力を重ねてまいります。

私は、一昨年来の米国、欧亜大陸、東南アジアへの訪問外交を通じ、緊張緩和は、欧州におけると同様、アジアにおいても、現存の国際秩序を踏まえて、そのワク内で達成されつつあるとの確信を深めたのであります。わが国は自衛のための必要とされる最小限度内の防衛力を維持するとともに、引き続き日米安全保障体制を堅持してまいります。政府は、防衛問題に関し、国民の広い理解と支持を得るため一そうの努力を重ねてまいります。

自衛隊の施設及び在日米軍に提供中の施設、区域の周辺地域における民生安定諸施策を抜本的に強化するため、新たに法律案を今国会に提出するほか、米軍が使用する施設、区域の整理統合についても引き続き真剣に取り組んでまいります。

なお、昭和四十九年度における防衛費については、当面する内外の情勢を十分勘案し、総需要抑制の見地からも、必要最小限の経費計上にとどめました

現下の国際情勢は一そう多様化の度を加え、世界は、政治的にも経済的にも新しい秩序を模索しつつあり、わが国を取り巻く内外の情勢は、戦後かつてないほどに複雑かつきびしいものとなっております。このようなときにあって、各国との相互理解と協力の増進はことのほか重要であります。私がさきの米、中、西欧及びソ連の訪問に引き続き、このたび、アジア五カ国を歴訪しましたのも、世界的視野に立つわが国外交のあり方、国際社会に向けてわが国が果たすべき責任を見きわめるためでありました。

私は、かねてより、できるだけ早くアジア諸国をたずね、心の通った隣人としての友好を深めることにより、これら諸国とわが国との関係に新しい一ページを開きたいと念願をしてまいりました。私は、今回のアジア訪問を通じ、これら諸国との平和と繁栄を分かち合うよき隣人同士の関係をいかにして育成、強化することができるか探究することに可能な限りつとめました。わが国のアジア諸国との関係や、わが国企業の経済活動に対する不満や批判についてもつぶさに見聞いたしました。私は、その中で、各国、各国民にとって相互理解と協力がきわめて大切であるにもかかわらず、それが言うはやすく実行はまことに困難な課題であることを痛感いたしました。

国際協調の意味するところを正確に把握し、これを国の施策と国民一人一人の行動に反映させることは、われわれが考えるほどには容易ではありません。一億の日本民族は、単一民族として島国の中で人種的対立もなく、宗教や言語の争いもなく、そのエネルギーをひたすら復興と建設に結集することができました。そ

のことは、一面で世界各国の中でもきわめて恵まれた点であると考えられますと同時に、他面、国際協調ないし外国との交際においては、いまだ大いに反省し、みずから学ぶ点の多々あるという結果をもたらしております。敗戦直後の荒廃の中で復興に努力する過程では見過ごされ、ある程度正当化されたかもしれない閉鎖的な国益追求の姿勢は、もはや国際的に通用しないばかりか、災いの種ともなりかねないのであります。（拍手）この際、わが国に対する正当な批判にはすなおに耳を傾け、改めるべきところは改め、長期的展望に立つ互恵的な交流関係の維持増進をはからなければなりません。こうして、日本が自分のものさしだけで判断することなく、アジア諸国のよき友人となり、苦楽をともにしてこそ、初めてアジアの永続的な平和の確立に貢献できるのであります。（拍手）

私は、かように人の面について見直しが必要であることを訴えるものでありますが、物の面では、歴訪諸国との首脳会談を通じ、アジア諸国とは相互補完の関係にあることを一そう感得いたしました。わが国は、アジア諸国の協力を必要とし、アジア諸国もまた、その国づくりのため、わが国の協力に多大の期待を寄せておるのであります。わが国は、アジア諸国の期待にこたえるため、政府開発援助の質的改善を含む援助対策の一そうの転換をはからなければなりません。具体的には、関係国の一般大衆の福祉向上のため、農業、医療、教育、通信等の分野に対する援助を拡充し、政府借款の条件を緩和し、贈与の対象範囲を拡大してまいります。その一環として、政府は国際協力推進のために国務大臣を新たに設けるほか、国際協力事業団を設立し、政府及び民間の協力体制を整えることにいたしました。

東南アジアを訪問して、今次石油危機がわが国や欧州諸国等に深刻な影響を与えている以上に、アジアの開発途上国が直接的な打撃をこうむっており、特にわが国の経済活動の停滞により、甚大な影響を受けている事実を痛感してまいりました。資源問題の根本的解決は、産出国と消費国との間に互恵互譲《ごけいごじょう》の精神に基づく調和ある関係がつくられて、初めて可能であります。政府は、産油国と消費国との会合に言及した石油輸出国機構の声明を歓迎するとともに、国際的な解決をはかろうとする試みに参加し、世界経済の拡大と発展のために積極的に貢献をしてまいりたいと考えております。（拍手）

政府は、資源確保にあたっては、内にはわが国経済の体質を資源供給の制約という新事態に対応すべく転換しつつ、外に向かっては、その安定供給の確保と供給先の多角化のための努力を鋭意積み重ねてまいりましたが、これらの努力も中東紛争を契機とする新事態に対応し得るほど十分のものではなかったのでありま す。わが国は、中東における公正かつ永続的な平和が早期に達成されることを期待するものであり、そのためできる限りの寄与を行なってまいります。また、これら諸国との間に、長期的観点から、その工業化の努力に対する具体的な経済技術協力のほか、人的、文化的交流等幅広い友好協力関係を増進するため、最大限の努力を傾ける必要があります。以上の政策を踏まえ、政府はさきに中東問題に関する態度（※1）を明確にするとともに、三木副総理をはじめ、政府、党首脳を中東諸国はじめ関係諸国に派遣をしたのであります。

資源の共同開発、新エネルギーの研究等に関する国際協力の推進の重要性はますます高まっております。これらの問題については、昨年の各国首脳との会談においても、すでに積極的、具体的な話し合いを行なった次第であります。

米国とのゆるぎない相互信頼関係は、わが国の多角的外交展開の基盤となるものであります。そのため、政府は、米国との貿易収支の著しい不均衡を大幅に改善せしめたのみならず、広く世界経済全体の発展確保のため、拡大均衡を指向する両国間の互恵的な貿易経済関係の増進に格段の努力を傾けております。

欧州との間には伝統的な友好関係が存在しながらも、具体的な協力関係は必ずしも密接であったとは申せません。昨年の訪欧の結果、広範な分野にわたり、各国との対話は大いに促進強化されましたが、この成果を踏まえ、今後ともわが国外交基盤の一そうの拡大に資してまいります。ソ連との関係においても、北方領土問題が平和条約の締結によって処理されるべき戦後の未解決の問題であると確認されたことは、きわめて意義あることであり、あわせて、これまでの両国関係の着実な発展を一そう増進する素地ができ上がったことは、わが国益に資するゆえんであると考えます。

日中間の国交正常化以来その成果は着実に定着しつつあり、わが国外交の幅広い展開は一そう容易になりました。政府としては当面する実務諸協定等の締結を促進し、日中関係の一そうの進展とアジアの平和と安定に寄与してまいる考えであります。

私は、わが国を取り巻く国際情勢のきびしさと、わが国が果たすべき責任の重さについては十分な理解をいたしております。一昨年来の首脳外交により、世界的視野に立つわが国外交を強力に展開する基盤は固まりつつあると確信をいたしております。私は、今後とも、すでにもたらされている各国首脳の招請《しょうせい》にもこたえつつ、多方面との幅広く奥行きの深い外交努力を積み重ね、平和と繁栄を享受できる住みよい人類社会形成のため、着実な国際的貢献を行なってまいる考えであります。

われわれの前に横たわる幾多の難問は、先人が経験したことのない種類のものであります。これらの難問を解く処方せんを過去の教科書に見出すことは不可能なのであります。

しかし、戦後の窮乏の中にあって、われわれは、乏しきを分かち合いながら苦しい試練に耐え、復興への道を切り開いてまいりました。(拍手) その同じ国民が、当時に比べはるかに物の豊かな今日、たとえそれがいかにきびしくとも、当面する困難を乗り切れないはずはありません。(拍手) 自分さえよければという気持ちで目先の利益を相争い、相互不信におちいるようなことがあれば、それは国民にとって大きな不幸であります。このような事態を回避して国民の不安を解消し、難局に対処していくのが政治の責任であります。(拍手)

いまこそ、政治が本来の意義と機能を取り戻し、その力を余すことなく発揮すべきときであります。政治は、一政府、一政党のみにかかわるものではありません。国民一人一人の多様な願望と英知が相寄り、国の命運を決定づける力となるのであります。(拍手) 政府は、政策目標と個々の政策手段を選択して、それを広く明らかにし、国民の支持と理解を得ながら冷静な判断と敏速果断な行動をもって対処し、その結果については、責任をとってまいります。

転換期を乗り切るためには、大きな困難と苦痛が伴います。しかし、議会制民主主義の確固たる基盤に立って、政府と国民が相携えて力を尽くすならば、今日の試練を克服して、協調と連帯の新時代を切り開いていくことは必ずできるものと確信をいたします。（拍手）

国民各位の御理解と御協力を心からお願いをいたします。（拍手）

※１：中東問題に対する態度　前年に勃発した第四次中東戦争に端を発した第一次オイルショックを契機に、日本は中東外交において親アラブ路線を鮮明にする。ＯＰＥＣ（石油輸出国機構）加盟国のうち、ペルシャ湾岸六か国は紛争勃発後、原油価格引き上げ、生産量削減、アメリカやオランダ等イスラエル支持国に対する禁輸を立て続けに発表する。田中内閣は、この事態を受けて二階堂官房長官が武力による領土獲得絶対反対、イスラエル軍の撤退、パレスチナ人の自決権を認める国連決議の支持を主張する談話を発表、続けて三木武夫副総理を政府特使としてエジプトに派遣、エジプト首脳との会談においてアラブ諸国との友好促進を確認し共同声明を出した。日米同盟を基軸とする日本にしては親イスラエル政策をとるアメリカに逆らうような異例の即断であったが、いうまでもなくその裏にはエネルギー確保という日本固有の命題があった。以後、日本の親アラブ政策は長く続くが、イラン革命、イラク戦争、二〇〇一年のアメリカにおける同時多発テロを経て、エネルギー確保政策から安全保障政策へ重心が移りつつある。

深い憂いとともに希望と自信をもって狂瀾怒涛の世界で日本丸の舵を取る

石油ショックは世界の経済システムに激震をもたらし、各国は不況とインフレに沈んだ。一九七四年には政治に対する信頼を揺るがす事件も相次いだ。米国では八月にウォーターゲート事件でニクソンが大統領を辞任。首相就任時には絶大な人気を誇った田中も、金権的な政治手法に対する批判が強まり、「田中金脈問題」で退陣に追い込まれた。後継候補は福田赳夫、大平正芳、三木武夫の三人。裁定を託された党副総裁の椎名悦三郎が選んだのは弱小派閥の三木だった。三木は戦前からの党人政治家で、田中内閣の副総理も務めたが、政治姿勢を批判して辞任。自民党の改革を主張し、「クリーン三木」ともいわれた。

三木武夫・所信表明演説

第七十四回国会　一九七四年（昭和四十九年）十二月十四日

このたび、私は、内閣総理大臣に任命され、内外情勢のきわめて重大な時局に、まことに重い使命を帯びることになりました。

私の力の限りを尽くし、全身全霊を打ち込んで、難局打開に当たる覚悟であることは申すまでもありませんが、議員の皆さんの、そして、国民の皆さんの御理解と御協力なくしては、とうていこの難局は乗り切れるものではありません。まず第一に、その御理解と御協力を切にお願い申し上げる次第であります。（拍手）

国際通貨秩序の動揺、食糧不足、石油危機などに端を発し、世界的インフレの進行、ひいては政治的不安

三木武夫（みき・たけお）
1907年～1988年。徳島県生まれ。首相在任期間：1974年12月9日～1976年12月24日（747日間）。明治大学法学部卒業。戦前、大学卒業後1937年の衆議院議員選挙で初当選。戦後は、協同民主党、国民協同党、国民民主党、改進党、民主党と転々とし、保守合同後は自由民主党に所属。逓信大臣（片山内閣）、運輸大臣（鳩山内閣）、通商産業大臣、外務大臣（ともに佐藤内閣）等を歴任。三木内閣では、政治資金規正法、公職選挙法の改正が行われた。

写真提供：毎日新聞社

定化など、まことに深刻な問題が生じております。

今日の世界各国の相互依存度の深さは、全世界にわたってその影響を拡大する結果になっております。インフレ、不況、通貨、エネルギー、資源、食糧どの一つをとってみても、問題は相互にからみ合って、各国の個別的努力だけではとうてい解決できるものではありません。国際的協力なくして解決できるものは、何一つありません。

特に、資源の乏しいわが国にとりましては、個別的努力も国際的協力も他国に倍して行なわなければならないのがわが国の状態でございます。しかも、それらは、全世界的協力に基づく新しい世界秩序の形成なくしては解決されない性質のものであります。

私は、今日の事態を、いたずらに悲観的に見ようとするものではありませんが、ただ冷厳《れいげん》なる現実を直視した共通の危機感の中からこそ、解決策が生まれてくると信じておるからであります。政治も経済も、従来の惰性に流されていたのでは、日本はたいへんなことになります。世界もまたたいへんなことになるというのが、私の深い憂いであります。

しかし、今日、難局に直面して思うことは、われわれの先人が、明治維新、第二次大戦における敗戦という、大きな困難をみごとに乗り越えてきた事実であります。それは、われわれの先人が勇気、知恵、忍耐をもって、献身的に努力したからであります。われわれには、先人の偉大なる業績を継承する責任があり、また、日本の歴史を顧みれば、われわれの文化に深い潜在力があるということに対して自信を持つものであります。

また、アジアにおける近代的国家として、百年の歴史を重ねてきた日本と日本人が、難局を乗り越えて、次の百年の歴史を築き上げることは、アジアに生きるものの責任であり、それこそが、世界全体の新しい秩序形成のいしずえとなるに違いありません。

私は、こうした深い憂いとともに、希望と自信をもって国民の声、世界の声に耳を傾け、狂瀾怒濤《きょうらんどとう》の世界に、誤りなく日本丸のかじをとる使命を果たしたいと存じておるものでございます。(拍手)こうした時局認識と決意をもとにして、国民の声と、世界の声とが、最も強く求めているものとして、私の耳に強く響いてくる二点にしぼって、今回は私の所信を申し上げることにいたします。まず、国民の声は、インフレ克服と不況防止による経済の安定と、広く社会的不公正の是正を求めております。そこに私の実行力が求められていると受けとめております。私はそれにこたえる決意であります。また、世界の声は、日本の内閣の交代によって日本外交の基本政策が変わるのかどうかということを問うております。第一点の国民の声、インフレと不況の問題についてであります。それは、世界共通の問題でありますが、日本にとっては、他の先進工業諸国に比較して、特に深刻であるという要素が幾つかあります。石油の例に明らかなごとく、日本は、燃料、原料、食糧、飼料の重要部分を輸入に依存せざるを得ない、資源の乏しい国であります。たよるものは、日本国民の勤勉、技術、頭脳のみであります。また、石油の例に見るごとく、その輸入品がことごとく値上がりしてまいりました。日本の高度経済成長をささえた、ドルさえ出せば、いつでも、どこからでも、何でも安く買えたという支柱は、消えうせてしまいました。日本は高い資源を輸入しなければなりません。それだけでも物価を押し上げる要因になります。

その上に、インフレ心理、流通機構上のネック、賃金と物価の悪循環、価格決定のメカニズムなど、いろいろな要因が重なり合ってさらに物価を押し上げております。

それゆえに、日本の場合は、他国以上に資源の節約をはからなければなりません。政府の経済政策も、安定成長の路線に切りかえ、資源輸入を節約し、財政支出も切り詰めなくてはなりません。しかし、それが程度を越せば、不況を深刻にし、大きな社会問題を引き起こします。現に倒産も少なくありません。

私は、総需要抑制政策のワク組みはくずしてはならぬという考えでありますが、そのワク組みの中では、実情に応じ、きめこまかい現実政策もとらなくてはならないという考え方であります。それは、ただただ現状を維持するための単なるてこ入れではなく、その間に日本経済の体質を改善し、従来立ちおくれている部門を強化するという、積極的、建設的精神が働かなければならぬと考えております。

経済の体質改善の努力と並んで、私の重要視するのは、社会の公正を期するということであります。三十年もこつこつとめあげてきた人々が退職後の生活設計が立たないというような事態は、決して公正とはいえません。

また、物価騰貴により最も深刻な影響を受けるものは、生活保護世帯、老人、心身障害者、母子世帯などであります。これら社会的、経済的に弱い立場の人々の生活の安定をはかるための一そうきめこまかい福祉施策の推進、老人が安心して老後を送ることのできる社会を実現しなければ、公正がはかられたとは申せません。

賃金の問題にしましても、労使双方に対し、節度を求める反面、消費者物価の上昇を極力抑制することが公正の精神であると思います。

以上の基本的考え方に基づいて、財政金融政策はもとより、流通、輸送、独禁法、公共料金など、関連要因を総ざらいして、総合的計画のもとにあらゆる対策を推進するため、十二月十日の初の定例閣議で、政府部内に経済対策閣僚会議を設置することをきめ、一大物価作戦を福田副総理統括のもとに展開する決意であります。（拍手）

さらに長期的将来を考えれば、経済の量的拡大より質的向上を、生活の物質的充足より精神的豊かさを追求し、社会的公正を確保し、活力と自信にあふれた社会の建設に全力を傾けたいと存じております。（拍手）

次に、第二点の世界の声に対する私の所信を申し上げたいと存じます。

三木内閣にかわっても、わが国の外交の基本路線は、不変、不動であるということであります。

日米友好関係の維持、強化が日本外交の基軸であることにいささかの変化もありません。先般は、百年余の日米修好史上初めて現職の大統領としてフォード大統領が訪日され、両国関係を一そう発展させるための共同声明が発表されました。私はその精神を忠実に履行する決意であります。

しかし、日米友好関係の維持発展を重視するからといって、それは決して他の国々との関係をおろそかにすることを意味するものではありません。

日中関係につきましては、昭和四十七年九月二十九日の日中共同声明の諸原則を誠実に履行し、日中平和友好条約の締結を促進いたします。

日ソ関係につきましては、平和条約を締結するという懸案に、積極的に取り組む所存であります。

また、わが国の平和と安全を確保するためには、アジア地域の平和と安定が必要であることは言うまでもありません。

わが国としては、特に主権尊重、内政不干渉と互恵平等の精神に基づき、日韓関係をはじめ、全アジア諸国との間も友好関係を一そう強めてまいる強い決意であります。それがアジア・太平洋地域の安定に貢献するものであることを深く確信するからであります。

また、欧州諸国との協調をさらに深めることはもとより、中近東、アフリカ、中南米などの発展途上諸国との協力関係を一そう増進すべく努力する所存であります。

最後に、エネルギー問題の国際努力について一言申し述べたいと存じます。

わが国は、世界最大の石油輸入国の一つであります。エネルギー源としての石油依存度もきわめて高いものがあります。また、石油消費も産業用が大部分を占めるというところにわが国の特徴があります。

それがゆえに、石油輸入の国際協力につきましては、物価問題と同様に、日本には特別の困難な問題があり、他国並みに輸入量を減らすのには、他国以上に経済的犠牲を払わなければならぬという事情があるわけであります。

この問題に関しては、私は、特に二点を指摘して国民並びに世界の注意を喚起しておきたいと存じます。

第一は、日本は、今後、国民の理解と協力のもとに石油の節約をはからなければなりませんが、それは他国の圧力によってやるのではなく、日本経済の必要上節約せざるを得ないということであります。その結果として国際協調にも役立つわけであります。

第二は、石油の消費節約は、産油国に圧力をかける消費国の共同戦略としてやるのではなく、人類の共有する貴重なる石油資源を、消費国も産油国も共同して合理的に活用しようという、全人類的発想の産物でなければならぬということであります。

以上、私は、国民の声と世界の声の一番大きな問題にしぼって所信を申し述べました。

今日、わが国は、内外を問わず、未曽有の試練に直面しており、政治の使命はいよいよ重大であります。このときにあたり、国民の政治に対する信頼がそこなわれようとしていることは、私の最も憂慮しているところであります。

私は、戦前戦後を通じて、三十七年余にわたり、議会政治家として、微力を国政にささげてまいりました。

政治が国民の信頼にささえられていない限り、いかなる政策も実を結び得ないことは、私が身をもって痛感してきたところであります。

国民の心を施政の根幹に据え、国民とともに歩む政治、世界とともに歩む外交、これは、政治の原点であり、政治の心であります。政治は、力の対決ではなく、対話と協調によってこそ進められなければならぬというのが私の強い信念であります。(拍手)

私は、新しい政治の出発にあたり、この原点に立ち返り、謙虚に国民の声を聞きつつ、清潔で偽りのない誠実な政治を実践し、国民の政治に対する信頼を回復することに精魂を傾けることを誓います。(拍手)

なお、政府は、本臨時国会に、人事院勧告に基づく公務員給与の改善、生産者米価の引き上げに伴う食糧管理特別会計繰り入れなど、当面財政措置を必要とする諸案件につき、所要の補正予算及びこれに関連する諸法案等を提出し、御審議を願いたいと存じます。

以上、所信の一端を申し述べましたが、施政の全般については、明年度予算を中心として具体化し、通常国会において、その審議をお願いする所存でございます。

最後に、重ねて議員の皆さんの、そして国民の皆さんの御理解と御協力をお願い申し上げまして、私の所信の表明を終わる次第であります。(拍手)

量的拡大から質的充実へ。戦後三十年、高度成長を支えた内外の条件は崩れ去った

一九七四年は戦後初のマイナス成長を記録し、消費者物価は二ケタの急上昇となった。夏には東京・丸の内の三菱重工業ビル前で爆弾テロがあり、多数の死傷者が出た。原子力船「むつ」は放射能漏れ事故を起こし、寄港反対運動で漂流。安全に対する信頼は揺らぎ、石油危機、食糧危機、世界同時不況、狂乱物価と、先行きの見えない不安の時代だった。明けて七五年は戦後三十年の節目。復興から高度成長へと駆け上がってきた日本は再出発を迫られていた。日本だけでなく先進国全体転換期を迎えていた。この年の十一月、フランスのランブイエで初めてのサミット（先進国首脳会議）が開かれることになる。

三木武夫・施政方針演説

第七十五回国会　一九七五年（昭和五十年）一月二十四日

昭和五十年、一九七五年はわが国にとっては、戦後三十年にわたる政治、経済、社会、文化の歩みに、一つの区切りをつける時期であります。世界的に見ましても、いろいろ問題をはらんだ二十世紀最後の四半世紀に移る年であります。

この内外とも重要な意義を持つ再出発の年に当たり、ここに第七十五回通常国会が再開されました。政府の外交、内政に関する基本方針を申し述べ、議員の皆さん、国民の皆さんの御理解と御協力を得たいと存じます。

私は、今日の時代を国際協調の時代であると考えております。世界各国の相互依存性はますます深まり、

地球はますます小さくなりつつあります。全人類は、地球船という同じボートに乗った運命共有者であります。すべての日本人は、日本丸という同じボートに乗った、もっと緊密な運命の共有者であります。

しかし、遺憾ながら、現実の姿はいまだそこまでは行っておりません。エネルギーの問題や食糧の問題を見れば、歴然たるものがあります。

しかし、遠からずそれではやっていけなくなることは明らかであります。もはや、一国や一個人が、「自分だけ」でうまくやっていこうとしても、やっていける時代ではありません。

「国益」を守ることが、外交の基本目標であることは申すまでもありません。しかし、それを目先の狭い意味に解してはなりません。また個人の権利や自由が重要であることは申すまでもありません。しかし、それは社会的連帯の中で実現さるべきだと考えておるものでございます。

まず外交面では、中東問題とアジア、太平洋の問題を主として申し述べたいと存じます。

中東和戦の動向は、石油の問題とともに、今年最大の国際問題であります。

石油問題は、中東紛争と分離しては論ぜられません。したがって、中東戦乱の再発を防ぎ、公正にして永続的な中東和平の達成のために、世界各国がそれぞれの立場で、これに協力することが必要であると思います。日本としては、国連安保理事会決議二百四十二号の実行を関係諸国に対して強く求めるものであります。その決議は戦争による領土取得が認められないことを強調して、一九六七年の紛争において占領された領土からのイスラエル軍の撤退を求めています。同時にまた、イスラエルを含む全関係諸国の生存権の尊重を求める公正な決議であると考えます。

ただ、その決議は、パレスチナ人に関しては、難民にしか触れておりません。パレスチナ人の正当な権利は、国連憲章に基づき承認さるべきものであります。また、エルサレム問題は、平和的話し合いによって解決されるべきものであります。

わが国としては、これらの諸問題が話し合いによって円満に解決され、中東に公正にして永続的な平和と安定がもたらされるよう、できる限りの努力をいたす考えであります。(拍手)

原油の価格が一挙に四倍になったことから、世界経済秩序の混乱が起こり、特に石油に対する依存度の高いわが国は、コストインフレと国際収支の悪化に悩まされております。

工業製品や他の原料、資源も値上がりしたにかかわらず、原油の価格が長期にわたり、きわめて低廉に抑えられていたという産油国の不満は、われわれも十分理解することができます。

しかしながら、原油価格が一挙に四倍になり、世界経済秩序が適応の余裕を持ち得ないために、混乱が生じたことも事実であります。この点を産油国にもよく理解してもらい、産油国と消費国とが、力ずくではなく、あくまで対話と協調により、相互利益の調整を図るべきだと考えます。石油について中東に大きく依存するわが国としては、中東政策には格段の配慮が必要であります。

わが国の海外経済協力のあり方は、今日の南北時代に処して、協力援助の量もさることながら、方法と質の改善が急務であります。

要は、わが国の経済協力援助が、日本の貿易振興のためよりも、真に受益国の経済社会基盤の強化に役立つものでなくてはならぬということであります。

善隣友好がわが国外交の重要な柱であることは申すまでもありません。特にわが国が米、中、ソという世界政治に重大な影響力を持つそれら三カ国と近接していることが、わが国の立場を特徴づけております。

しかも、この日、米、中、ソの四カ国関係の中で、日本としては、他の三カ国のすべてと正式な外交関係に加えて、親善、友好の関係を持っているということは、きわめて重要なことであります。

この四カ国関係の動向が、アジア、太平洋地域の安定と密接に関連しているだけに、こうした日本の立場は非常に重要であります。わが国は、善隣友好を一層推進していくことが、アジア、太平洋地域の安定に貢献するゆえんであると信じます。

日米関係の安定は、日本外交の基軸でありますから、今後とも友好協力体制の強化に一層努めてまいりたいと存じております。

日本とアメリカとの間の相互協力と安全保障の条約は、その名の示すとおり、日米協力の基本憲章であります。従来、ややもすると防衛力の面のみが表面に出るきらいがありましたが、エネルギーや食糧の問題が重視されるに至りました今日では、経済協力などの面と、防衛力の面とが並んで条約の本来あるべき均衡のとれた形で、両国間で認識されるようになりましたことは歓迎さるべきことであると存じます。（拍手）

日中関係が、一昨々年九月の日中共同声明に基づき、順調に発展してまいりましたことは、両国また両国民にとってはもとより、アジア、太平洋地域の安定のためにも喜ばしいことであります。

本年は、それをさらに進め、日中間に平和友好の条約を締結して、子々孫々にわたる日中永遠の友好関係の基礎を固める年にしたいと考えております。（拍手）

なお、日台間の実務関係を維持していく方針に変わりはありません。

日ソ間には懸案としての領土問題を解決して、平和条約を締結するという問題があります。戦後三十年になり、先般も宮澤外務大臣をソ連に派遣して交渉いたしましたが、懸案の北方領土問題は遺憾ながら依然として未解決であります。

しかしわれわれが、いまから三十年後の日ソ関係を展望した場合は、その協力は世界史的意義を持つものと信じます。

このような日ソ協力関係を可能にする大前提は、相互信頼感の増進であります。相互信頼感増進の第一歩は、領土問題を解決して、平和条約を締結することであります。私は、こうした前向きの発想で、領土問題に取り組むことができないかと考えております。この考え方のもとに、今後とも懸案の解決に努力する所存であ

ります。（拍手）

また、日、米、欧の三者の協力関係をも重視したいと考えます。その意味からもわが国の対欧関係は、今後一段と相互理解と緊密化の努力が必要であります。

大洋州《たいようしゅう》及びカナダは、先進工業国として共通の問題を抱えており、これら諸国との伝統的友好関係を一層緊密にいたしてまいります。

隣国韓国を初め、アジア諸国との間には経済協力、人的、文化的交流を通じ、アジア地域の安定と繁栄の基礎づくりに引き続いて貢献してまいりたいと存じます。

アジアのみならずアフリカ、中南米諸国との相互理解と友好協力関係の増進にも一層努めてまいります。

このように外交活動の幅を広げる場合、国連の場を重視していかなければならぬと考えております。

最近、東京において、国連大学の理事会が開催されました。日本に本部を置く人類の大学が誕生したことは、日本人の喜びであり、今後も政府は、この大学の発展に寄与したいと考えております。

また、今年は国連決議による「国際婦人年」に当たります。この有意義な年に当たり、婦人の地位の向上にも一層努力してまいる所存でございます。（拍手）

次に、内政問題について基本方針を申し述べたいと存じます。

当面の急務は、物価の鎮静でありますが、本年三月には前年同期に比し、消費者物価の上昇を一五％程度に抑え、来年三月には一けた台にすべく、さらに物価対策を強力に推進していくつもりであります。公共料金を極力抑制いたしましたのも、物価に及ぼす影響を考えたからであります。

ちょうどこの大事な時期に、春の賃金交渉期を迎えるわけでありますが、労使とも物価鎮静傾向に留意し、節度のある妥結に導かれるよう切望いたすものでございます。（拍手）

一方、景気は停滞の色を濃くしつつあることも否定できません。西独や米国でもインフレ対策から不況対策に重点を移行し始めましたが、なお消費者物価上昇率が特別に高いわが国の場合では、簡単には、総需要抑制策を外すわけにはいきません。

したがって、引き続き抑制策は続けますが、その枠内で、健全な経営を行う中小企業などに対して、不当なしわ寄せが生ずることのないようきめ細かい対策を講じてまいる所存でございます。(拍手)

こうした抑制基調の予算の中でも、特に重点的に配分を図りましたのは、社会保障、教育、住宅や下水などの生活基盤の充実であります。インフレの影響をまともに受ける弱い立場の人々を救済して、社会的公正を期することに特に配慮いたしました。

その他の点では、次の諸点を重視いたしました。

食糧の自給力を高めるための農林漁業の増産対策、中小企業の経営改善対策の強化などであります。

そして、特に重要なエネルギー対策としては、石油九十日備蓄の計画的推進、原子力平和利用の促進、原子力安全局の新設、新エネルギーの技術開発に重点を置きました。

なお、経済の見通しや予算内容の詳細は関係大臣の演説に譲り、以下、経済、社会、文教、国防に関する私の基本的な考え方と、私の目指す新しい政治のあり方について申し述べたいと存じます。

これからの日本経済は、量的拡大から質的充実への転換が必要であります。いままでの高度経済成長路線を転換して、安定成長と福祉向上の路線へ円滑に切りかえていかなくてはなりません。

高度経済成長を支えた内外の条件は崩れ去り、ドルさえ出せば、幾らでも、しかも安い原料や燃料や食糧や飼料が買えた時代は終わりました。石油が一番いい例です。発展途上国もどんどん追い上げてきます。それは歴史の当然の進展であり、これをもとに戻すことは不可能でもあり、不当でもあります。

国内でも労働事情に変化が起こり、賃金は上がり、労働時間は短縮されました。産業立地条件も環境問題などにより厳しく制約されてまいりました。これもまた、もとに戻すことは不可能でもあり、不当でもあると考えます。

こうした内外情勢の変化は、好むと好まざるとにかかわらず、新しい情勢の変化に対応できるように産業構造の変革を促しております。

わが国経済は、特に資源輸入に依存する体質ですから、その依存度を減らし得るような工夫が必要であります。

個人の生活設計もそうですか、企業においても頭脳や情報の活用によって資源と労働力をできるだけ節約できるように、工夫、努力しなければなりません。

ことに、貴重な資源である石油を少しでも節約するための国民運動を根気強く展開いたしたいと考えております。

高度成長から安定成長へ、量から質へと経済体質を変革するためには、高度成長時代の制度、慣行の見直しが必要であります。

制度、慣行は、一たん打ち立てられますと、なかなかそれを変革することは困難ではありますが、困難だといってほうっておくわけにはいきません。

財政硬直化の問題を含め、行財政のあり方全般にわたり見直しをする考えであります。

それは決してなまやさしいことではありません。既成の考え方を変え、既存の権利を手放すことには大きな抵抗が伴います。しかし、それを打破して、日本の政治を新しい時代にふさわしいものにしなければなりません。それが時代の要求であり、これにこたえることがわれわれ政治家に課された責務であると考えております。

なお、自由経済の公正なルールを確保するため、いわゆる独占禁止法の改正案を今国会に提出いたします。

また、社会的公正を確保するために福祉政策を重視しなければなりません。そのためには、地方行政のあり方も重要であります。

いまや価値観も変わり、国民は華やかな消費生活よりも、美しい自然環境の保全、文化の発展、快適な生活環境、医療と教育の充実、公共施設の増強を求めています。そうした住民の要求に直接こたえなければならぬのが地方行政であります。

私の主張するように、量的拡大の時代から、生活中心、福祉重視の質的充実の時代へ転換するためには、地方行政の果たす役割りは一層大きなものになってまいります。このときに当たり、自主的で責任のある地方行政が実現されるよう、国と地方との関係を初め、地方行財政のあり方について全面的に見直す必要があると考えております。（拍手）

また、福祉政策を可能ならしめるものは、国民の連帯観念と相互扶助の精神であります。結局、高福祉は高負担を意味することになりますから、国民連帯の精神が根底になければ成り立つものではありません。隣人愛の精神が必要であります。

教育は福祉と並んで、私が最も重視してまいる政策面であります。

明治の先覚者が、教育を重視してくれたおかげが今日に及んでいることに思いをいたせば、今日のわれわれには、二十一世紀の子孫のためにも、教育に力を注がなければならぬ責任があります。私は、教育にはもっともっと力を入れなくてはならぬと考えております。今回の抑制予算の中においても、特に教育を重点項目とし、私学助成の強化、教員の待遇改善、育英奨学資金の増額を図ったのもその趣旨によるものであります。

しかし、そのためには、まず教育を本来あるべき場に引き戻すことが必要と考えます。教育を政争圏外の静かなる場に移さなければならぬと考えます。（拍手）まず、そうした環境づくりが必要であると考え、あえて政党人でない永井君（※1）を文部大臣に起用した次第であります。（拍手）

すべての人に、いかなる環境に生まれようとも、その潜在能力を十分に引き伸ばすための教育の機会の均等は、ぜひとも保障しなければなりません。

教師には、安んじて教育に専念できる待遇を保障しなければならぬと考えております。

地球社会時代と言われる今世紀から二十一世紀にかけて、活躍できる国際的日本人の教育も緊急事であります。

資源のない日本としては、頼るものは日本人の創意であり、英知であり、技能であり、勤勉であります。教育はまた、そうした能力と個性の開発を目指さなければならぬものだと考えております。

国防と治安の維持は、言うまでもなく政治の基本であると考えます。

自衛隊については、自衛力の技術的な面もさることながら、自衛隊と国民との間に相互理解の和がなくては、真の自衛力とはなり得ません。

私は、無防備論にはくみしません。現実的な国際常識からして、大きな国際影響力を持つ日本を、防衛力の面から真空地帯にしておくことは、アジア、太平洋地域の安定をかえって阻害すると考えるものであります。

（拍手）

しかし、わが国の防衛力はあくまで自衛のためであって、アジア近隣諸国に脅威を与えるようなものであってはなりません。

核武装は論外です。いわゆる核拡散防止条約については、原子力の平和利用につきその査察が西欧などと平等に行われることなどの条件が満たされた上で、批准のための手続を進める考えであります。

核時代の国防の第一理念は、有事に至らしめない、すなわち核戦争や核戦争につながるような紛争を抑止することであります。

私は、戦争抑止という観点から、日米間の安保協力と自衛隊の存在を評価するものでありますが、それを余りにも狭い純軍事的意義に局限しては、かえって真の効果が失われるおそれがあると考えます。

自衛隊が国民から遊離、孤立した存在であっては、その真価を発揮することはできません。私は、国民の皆さんが自衛隊の役割りを正当に理解し、自衛隊が国民の皆さんから歓迎、祝福される存在になってもらうことを心から願っておるものであります。（拍手）

民主主義が、いかなる暴力とも相入れないことは申すまでもありません。法と秩序を無視し、国民生活に脅威を与える暴力行為は強く排除していく考えであります。

私は、しばしば新規まき直しの必要を唱えました。

私は、まず議員の皆さんに訴えたいのでありますが、この出直しの機会に、議会政治の本当にあるべき姿を打ち立てようではありませんか。

また、政治全体の信頼回復のために、今日の選挙のあり方、政治資金のあり方にもメスを入れようではありませんか。（拍手）われわれとしても、これに必要な法案をこの国会に提出すべく準備を進めております。

次に、企業と組合の皆さんに訴えたいのであります。どうしても従来のような労使対決関係しか、労使関係はあり得ないのでしょうか。スケジュール闘争方式しかあり得ないのでしょうか。

企業の構成員も、組合の構成員も、同じ国民の一員であります。国民ベースで新しい労使関係のあり方が、生まれ得ないものでありましょうか。

最後に、国民の皆さんに訴えたいのであります。高度経済成長のなれっこになって、むだもぜいたくも余り感じなくなってきたきらいがあります。これからはそうはまいりません。それは日本国民が貧乏になるということではありません。世界の資源をわがままに使うことを慎んで、節度ある安定成長の社会に生きるということであります。（拍手）世界とともに歩もうということであります。正常な落ちついた日本になろうということであります。

お互いに物的生活は簡素に、精神的生活は豊かであることを目指して、新しい時代の生きがいを求めてい

こうではありませんか。（拍手）

日本の先人は幾たびか今日以上の試練に耐え抜いて、今日の日本を築き上げました。われわれには潜在能力があります。われわれが互いに協力し合えば、この難局を切り抜け、世界の新しいモデルになるような新しい日本の建設が可能であるとの強い自信と希望を持とうではありませんか。

偉そうなことを言える私ではない。また、言おうとするつもりもない。しかし、三十八年間、ただただ民主政治と国際平和とを念願して、この道一筋に生きてきた議会人として、この内外情勢のきわめて困難なるときに、私が担いました光栄ある重い責任は、日本国民のために、自由、民主政治のために、はたまた世界平和のために全力を挙げることであります。（拍手）私は、この重責を果たすために力いっぱい献身する強い決意であります。

これをもって私の施政方針演説を終わります。（拍手）

※1：**永井君**　教育社会学者、永井道雄（一九二三年～二〇〇〇年）。京都大学教育学部助教授、東京工業大学教授、朝日新聞社論説委員等を経て、一九七四年三木内閣の文部大臣に就任。民間からの閣僚登用は、岸内閣の外務大臣藤山愛一郎以来。ドナルド・キーンとの親交でも知られる。

ロッキード事件解明で、日本の民主政治の自己改革能力を発揮し、腐敗の根源を断つ

一九七六年二月、米国上院多国籍企業小委員会は、ロッキード社が日本の政府高官に賄賂を渡したことを明らかにする。ロッキード事件の幕開けだった。国会は事件関係者を証人喚問。東京地検特捜部は丸紅、全日空の関係者に始まり、七月には首相辞任後も政界に大きな影響力を持っていた田中角栄を逮捕する。事件発覚以来、政界には激震が走り、六月には河野洋平らが自民党から離党し、新自由クラブをつくる。田中逮捕後の八月には、福田派、大平派、田中派などが挙党体制確立協議会（挙党協）を結成、真相解明を進める三木に退陣を迫る。党内抗争が激化する中、三木がロッキード事件について演説した。

三木武夫・所信表明演説

第七十八回国会　一九七六年（昭和五十一年）九月二十四日

第七十八回国会が開かれるに当たり、当面する諸問題について所信を述べ、皆様方の御理解と御協力を得たいと存じます。

まず最初に、最近の災害について申し述べたいと思います。

台風第十七号は、全国各地において被害をもたらし、死者、行方不明者百六十七名、被災者約四十万人を出し、建物、公共建造物、農作物に甚大な損害をもたらしました。これはまことに痛ましいことであり、それらの方々や関係者に対し、深く哀悼《あいとう》と同情の意を表します。

政府は、直ちに非常災害対策本部を設置し、被害の著しかった中部、近畿中国、四国の三地域に、政務次官を長とする政府調査団を派遣し、被害状況を調査するとともに、百四十四市区町村に災害救助法を適用して被災者の救護救助に努め、また災害の復旧に全力を挙げております。

また、激甚《げきじん》災害の指定、被災者に対する各種融資措置を速やかに実施すべく手続を進めておりますが、今後、このような災害再発を防止するため、新しく治山治水五カ年計画を来年度から発足さすべく検討を進めておる次第であります。

また本年は、北日本においては、低温寡照《かしょう》の不順な天候に見舞われ、冷害が深刻な問題となっております。これに対して、政府は農業技術指導の徹底を図り、今後とも被害を最小限度に食いとめるべく努力してまいります。また被害の早期把握に努め、被災農家に対しましては、農業共済金の年内支払いに努めるほか、各種融資措置を初め、被災農家の経営の安定、被災地帯の雇用の確保等により、その救済に万全を期する考えであります。

次に、今国会の最も重要な案件として御審議をいただきたいのは、ロッキード事件の究明と財政関連三法案であります。両者はいずれ劣らぬ重要性を持っていると考えますが、まずロッキード事件の解明の方から申し述べたいと存じます。

いわゆるロッキード事件は、わが国の政治に大きな衝撃を与え、ついに自民党のかつての最高幹部の中から容疑者を出すに至りました。私はこの事態を大きな悲しみをもって深刻に受けとめるとともに、政府及び自民党の最高責任者としての責任を痛切に感ずるものであります。ここに国会議員各位を初め国民の皆様に深くおわびを申し上げたいと思います。

ロッキード事件が起こったとき、私はその真相を明らかにしなければ、日本の民主主義は、大きく傷つけられることと考えました。そこで私は、国会の決議を受けてフォード大統領に対して、真相の解明の協力を

ロッキード事件で田中角栄前首相が東京地検に外為法違反容疑で逮捕された（写真提供：共同通信社）

要請いたしました。その書簡の中で、「私は、日本の民主政治は、本件の解明の試練に耐え得る力を有していることを確信している。われわれは、真実を究明する勇気と、その結果に直面していく自信を持っている。」と、こう述べました。それ以来、私は日本の民主政治のため、この災いを転じて福となすことができる、という確信のもとに対処してまいりました。

ロッキード事件の解明に当たって、私が厳重に守ってきた方針は、捜査当局に対し、私も法務大臣も政治介入は一切行わないということであります。今後ともこの方針は貫いてまいります。

検察当局によるロッキード事件の真相解明は、丸紅と全日空の二つのルートについては、ほぼ終結に達しつつありますが、なおいわゆる児玉ルートが残されており、現在検察当局はその解明に全力を挙げております。この三ルートの法律的解明がすべて終わった時点において、私は検察当局から事件の全容について報告を受け、それに基づいて、国会に対して政府の報告を行う所存であります。

ただし、児玉ルートの解明に相当の時間を要する場合には、適当な時期に中間報告をいたしたいと存じます。

さらに、ロッキード事件にかかわる政治的、道義的責任の問題につきましては、四月二十一日の国会正常化に対する衆参両院議長裁定、この第四項に従い、国会の国政調査権に基づく御調査に対し、刑事訴訟法の立法の趣旨にのっとり、資料の提供等最善の協力を惜しまない方針であります。ロッキード事件のような不祥事件がもし再び繰り返されるようなことがあれば、日本の民主政治が重大な危機に瀕《ひん》することは明らかであります。この不幸な事件を転じて、今後の日本の政治と社会が健全に発展していくための出発点とするため、最善の努力をいたす決意であります。

ロッキード事件の解明と並んで、今臨時国会の重要課題が財政関連法案にあることは申し上げるまでもありません。前国会で継続審査となりました特例公債法案及び国鉄、電電公社関係の二法案が速やかに成立するよう国会の格段の御協力を切にお願いする次第であります。現に執行中の本年度予算及び政府関係機関予算は、これら三法案の成立を前提として組まれたものであります。

予算と一体不可分の関係にある重要な財政関連法案が、いまなお成立していないことは、まことに残念な次第であります。

高度成長から安定成長への転換期に当たり、国の財政も歳入不足を補うために、三兆七千五百億円に及ぶ特例公債の発行を余儀なくされました。特例公債法案の成立はこの財源確保のために不可欠であります。もし、これを欠けば、予算の完全な執行は不可能であります。本年度予算は、景気の順調な回復と雇用の安定を図ることを最重点の目標としております。特例公債法案の成立がさらにおくれるような事態となれば、国の財政運営に支障が生じます。また、地方財政や事業経営に携わる者の心理にも悪影響を与え、せっかく立ち直りつつあるわが国経済に不安を与えることは必至《ひっし》であります。

また、国鉄及び電電公社の経営は、現在きわめて憂慮すべき状態にあります。

国鉄と電電公社に関連する法案は、国鉄の再建と両公社の事業経営に必要な財源を確保するため、運賃、料金の改定を図るものであります。もとよりこの種の公共料金の引き上げは、だれしも好むものではありません。しかしながら、国鉄運賃、電信電話料金は、これまで一般物価に比べて低く据え置かれてまいりましたことは事実であります。これらの改定を行わずに、国鉄等の赤字に一般財政資金を注ぎ込んでいけば、財政の赤字はますますふくれ上がり、ひいては財政のみならず国民経済に大きな悪い影響を与えることは明らかであります。したがって、これらの事業の経営の健全化のためには、利用者の方々にもある程度の負担をお願いいたさなければならないのであります。

法案成立がさらにおくれる場合には、職員のベースアップやボーナスの支払いが困難となり、労使関係に深刻な悪影響を及ぼすおそれがあります。

また、工事費等の経費削減のために、中小企業の多い関連業界は現に大きな打撃を受けておりますが、さらにそれが深刻化することは必至であります。

以上、今臨時国会の中心課題であるロッキード事件解明と財政関連三法案について申し述べましたが、この機会に、他の当面の内外問題についても触れておきたいと思います。

まず、最近の経済情勢と経済運営について述べたいと思います。

景気は、国内需要の堅実な伸びと、世界経済の回復に伴う輸出の増加によって、着実に上昇してまいりました。生産、出荷、企業の操業度も総じて回復を示しており、雇用情勢も改善傾向にあります。しかしながら、個々の業種については、いまなお回復のおくれているものもあり、景気の先行きについて手放しで楽観することはできないのが現状であります。

このような情勢のもとで、今後とも景気の着実な上昇基調を維持していくことが重要であります。輸出中心ではなく、個人消費や企業投資など幅広い需要の拡大を図り、バランスのとれた本格的な成長を実現しなければなりません。

個人消費は、生産と雇用の順調な回復に伴い、堅実に伸びていくものと期待されます。企業投資は、慎重さの中にも、次第に盛り上がる兆しが見られてまいりました。個人消費についても企業投資についても、先行きに対する心理が大きな影響を及ぼしますので、財政関連三法案を一日も早く成立させていただくことが、この点からもきわめて重要であります。

政府としては、今後の財政金融政策の運営に万全を期するとともに、中小企業の倒産や失業の増加を防ぐため、金融面その他あらゆる適切な支援措置を講じてまいります。

世論調査でも明らかなように、国民は依然として物価安定にきわめて大きな関心を寄せています。最近、卸売物価がやや早いテンポで上昇を続けておりますことは警戒を要しますが、やがては鎮静するものと見られ、いまのところそれが消費者物価の安定基調を乱すおそれはないと考えます。消費者物価については、政府は、最優先で安定政策を講じてまいりましたが、幸い、その上昇率を、五十年度末で一けた台にするという公約を達成することができました。その後本年度に入っても比較的落ちついた動きを示しております。しかし、輸入原料の値上がり、公共料金のやむを得ざる改定、景気上昇に伴う商品の値上がり傾向など、警戒しなければならぬ要因も少なくありません。

政府は、物価動向に絶えず注意し、総需要の適切な管理を図るとともに、企業の安易な価格転嫁や便乗値上げの自粛要請、生鮮食料品など生活必需物資の生産・輸送対策など、あらゆる手段を尽くして、物価対策に遺漏なきを期するつもりであります。

次に、わが国の外交について申し述べたいと思います。

去る六月二十七、八の両日、プエルトリコにおいて開催された第二回先進国首脳会議には、大平《おおひら》大蔵大臣及び宮澤前外務大臣を伴ってこれに参加しましたが、米、英、西独、仏、伊、加の首脳とともに、世界経済の抱えている諸問題について忌憚《きたん》のない意見を交換することができましたことは、きわめて有益でありました。特に、関係諸国間の緊密な協議と協調により、事態の悪化を事前に防止することの必要性について意見の一致を見たことや、インフレの再燃を回避しつつ、経済の持続的拡大を図る必要性について共通の認識を得たことは大きな成果でありました。

その後、友邦米国の首都ワシントンに立ち寄り、建国二百年を迎えた米国国民に対し、日本政府と国民を代表して、フォード大統領に対し祝意を述べる機会を得ました。その際、二百海里の漁業保存水域の設定により生じた漁業問題や、日米航空協定の問題などについても大統領と話し合いました。これらの問題の解決は必ずしも容易ではありませんが、日米両国は深いきずなで結ばれている間柄でもあり、話し合いを重ねていくことによって、合理的な解決を得るよう全力を尽くしたいと考えております。

中華人民共和国では、新中国の生みの親ともいうべき偉大なる指導者であり、また、日中国交正常化に大きな指導力を発揮された毛沢東主席が死去されました。ここに重ねて深く哀悼の意を表するとともに、主席の遺志を継ぐ中国政府との間に、一日も早く日中平和友好条約が締結されることを強く期待するものであります。

本年は日ソ国交回復二十周年に当たりますが、わが国としては、北方四島の一括返還を実現して、平和条約を早期に締結するため、今後とも一層の努力を続けてまいる所存であります。

なお、最近、ソ連軍用機ミグ25がわが国の領空に侵入し、函館空港に強行着陸するという事件が起こりました。政府はこれに対し、今後とも冷静、慎重に対処する方針であり、本件が日ソ間の基本的友好関係に影響を及ぼすことがあってはならないと考えております。

朝鮮半島では、最近、板門店《はんもんてん》において国連軍側に死者を出す衝突事件が発生したのを契機に、南北間に一時的緊張が高まりました。朝鮮問題に対する政府の基本的態度は、朝鮮問題が武力ではなく、平和的な話し合いによって解決され、統一を目指して南北間の関係改善が進むよう諸外国と協力するということであります。そのため、南北双方が直接話し合いの機会を持つことを希望し、また、双方が平和的統一を達成するまでの間、ともに国連に加盟することを期待するものであります。

先般の海洋法会議においては、深海の海底資源開発問題や経済水域設定の問題が論議されましたが、こうした問題は、海洋に依存するところの大きいわが国としては、重大な関心を寄せる問題であります。この問題に対しては、国際協調の精神のもとに、国益を踏まえ、最善の解決の方途を見出すべくでき得る限り努力を払う決意であります。

海洋法会議に限らず、現在の各種の大きな国際会議では、必ず南の発展途上国と北の先進工業国との間の、いわゆる南北問題が浮き彫りにされます。

南北問題は、これからの世界の経済、政治の秩序づくりに最も重要な問題であります。政府は、南北問題が対決でなく、対話と協調の精神で解決されるよう、できる限りの努力をいたし、日本としても南の国々に対し、貿易の拡大を図る一方、経済技術協力、とりわけ政府援助の面を一層強化したいと考えております。

最近、日本を訪問されたブラジルのガイゼル大統領とも、日本とブラジル両国の理解と友好を一層深めるとともに、両国が今後南北問題の解決に緊密に提携をするという約束をいたしたゆえんもそこにあるわけであります。

ロッキード事件は、わが国の民主主義にとって大きな試練であります。世界にはいろいろな政治制度がありますが、わが国にとっては議会制民主政治が最もすぐれた政治制度であると、私は信じております。

どのような政治制度も人間の不正や失敗を根絶することはできません。いずれの国でも時として、政治の腐敗が起こります。経済運営の失敗も起こります。民主主義のもとでは、その腐敗を摘発して政治を正すことができます。政策の失敗を批判して改革を図ることができます。

民主政治がそのような自己改革の機能を発揮できるゆえんは、それが、開かれた社会における開かれた政治制度であり、真相を明らかにすることによって、国民の英知が発揮されるからであります。

議会制民主主義のもとでは、政治は国民のものであります。自由な言論と報道を通じて国民が真相を知ることによって、国民が正しい判断を下し得ると私は信じます。（拍手）国民の英知を信頼することなくして民主政治は成立いたしません。

私がロッキード事件の真相解明に不退転の決意をもって当たっているのも、この議会制民主主義に対する私の信念によるものであります。（拍手）単に事件を暴露することだけが目的ではありません。真相の解明を通じて、日本の民主政治の自己改革能力が発揮され、政治腐敗の根源を断つ対策が立てられるところにこそ、真相解明の最大の意義があることを信じます。（拍手）

議員の皆さん、国民の皆さん、御理解と御協力を願ってやまない次第であります。（拍手）

高度成長を期待するな。資源有限時代に「協調と連帯」で日本丸を運営する

ロッキード事件後初の国政選挙となった一九七六年十二月の総選挙で自民党は敗北、三木は引責辞任する。福田派、大平派など挙党協がポスト三木として推していた福田が後継首相の座に就く。福田は大蔵官僚出身で、蔵相、外相、経済企画庁長官などを歴任、満を持しての首相就任だった。経済通として知られ、六五年の蔵相時、不況対策として戦後初の赤字国債を発行。田中角栄とは角福戦争を演じたが、七三年の石油危機では蔵相となり、インフレ抑制策を指導した。安定成長論者であり、「狂乱物価」「昭和元禄」の名付け親でもある。無罪になったものの、四八年、大蔵省主計局長時代に昭電疑獄で逮捕された過去があった

福田赳夫・施政方針演説

第八十回国会　一九七七年（昭和五十二年）一月三十一日

内外情勢の大いなる変化のうちに第八十回国会が再開されるに当たりまして、新政府の施策に関する基本方針を申し述べ、国民の皆様の御理解を求め、特に、議員諸君の御協力を得たいと存じます。

私は、このたび内閣総理大臣の大命を拝受いたしました。国政の重責を思い、決意を新たにして、国家と国民に対する使命を果たしてまいりたいと存じます。そのため、日本国の進路に誤りなきよう全力を傾注してまいりたい所存でございます。

三年前、私は大蔵大臣として、この壇上から、わが国経済社会のかじ取りを大きく、かつ、明確に転換す

福田赳夫（ふくだ・たけお）
1905年～1995年。群馬県生まれ。首相在任期間：1976年12月24日～1978年12月7日（714日間）。東京帝国大学法学部卒業。戦前、大蔵省入省後、在英大使館に派遣される。戦後、昭和電工事件で逮捕（後に無罪）されたのを機に退官。1952年の総選挙で初当選。日本自由党を経て自由民主党に所属。以後、農林水産大臣（岸内閣）、大蔵大臣、外務大臣（ともに佐藤内閣）、副総理（三木内閣）等を歴任。高度成長を掲げる田中角栄に対して安定成長を主張し対立する（角福戦争）。福田内閣では、日中平和友好条約を締結する。

写真提供：毎日新聞社

べきときに来ていると申し上げました。

そして次の年、昭和五十年一月には、経済企画庁長官として、国も、企業も、家庭も、「高度成長の夢よ再び」という考え方から脱却し、経済社会についての考え方を根本的に転換すべきときに来ていると申し上げたのであります。

そのときは、いわゆる石油危機を契機として、わが国経済が異常なインフレの火の手に包まれ、日本社会の大混乱という緊急事態であったのであります。

しかし、私がそう申し上げましたのは、その緊急事態に対応するという、ただ単にそれだけの理由からではなかったのであります。資源有限時代を迎え、一体わが国の将来はこのままでいいのだろうかと、心から憂えたからであります。

戦後三十年余り、世界は平和と科学技術に支えられまして、目覚ましい経済の成長と繁栄をなし遂げました。その結果、つくりましょう、使いましょう、捨てましょうのいわゆる大量消費社会が出現したのであります。

この間に、人類は貴重な資源を使い荒らし、遠くない将来に、一部の資源がこの地球上からなくなろうとしておるのであります。しかも、二十一世紀の初頭には、世界人口は現在の二倍に達すると予想され、さらにさらに膨大な資源が求められることは明らかであります。これは大変なことだと思います。人類始まって以来の変化の時代の到来だと思います。人類は、まさに資源有限時代の到来を意識せざるを得なくなったのであります。

このような大いなる変化の時代には、国々の姿勢にも変化が出てまいります。石油危機はその象徴的な出来事と理解すべきであります。二百海里経済水域問題など海洋をめぐる複雑な動きも出てまいりました。

資源小国のわが日本国は、資源を世界じゅうから順調に入手できなければ、一刻も生きていくことができないのであります。もうこれからの日本社会には、従来のような高度成長は期待できないし、また、期待すべきでもないと思うのであります。しかし、成長はその高きをもってとうとしとはいたしません。成長の質こそが大事であります。

要は、われわれが時代の認識に徹してその対応ができるか否かであり、その対応を誤ることがなければ、より静かで、より落ちついた社会を実現することができると信じます。今日この時点でのわれわれの選択は、日本民族の将来にかかわる重大な意味を持っておるのであります。

翻って人類の歴史をながめるときに、われわれは、物質文明の発達が無限の欲望をつくり出してきたという事実を見るのであります。しかし、すでに申し上げているように資源は有限であります。無限の欲望と有限の資源というこの相反する命題の解決こそ、現代のわれわれに問われている根源的な課題であると言わねばなりません。

このことは、物の部面だけのことにはとどまりません。人間の生き方、さらには現代文明のあり方が問われるようになるということでもあります。

高度成長になれ親しみ、繁栄に酔って、「物さえあれば、金さえあれば、自分さえよければ」という風潮に

支配される社会は、過去のものとしなければならないと思うのであります。（拍手）

人間はひとりで生きていくわけにはまいりません。一人一人の人間が、その生まれながらの才能を伸ばしに伸ばす、その伸ばした才能を互いに分かち合う、補い合う、その仕組みとしての社会と国家、その社会と国家がよくなるその中で、一人一人の人間は完成していくのだと思います。

助け合い、補い合い、責任の分かち合い、すなわち「協調と連帯」こそは、これからの社会に求められるところの行動原理でなければならないと思うのであります。（拍手）

国際社会でも同じです。今日世界はますます相互依存の度を強めております。一国の力だけで生存することは不可能になっております。互いに譲り合い、補い合い、それを通じておのおのの国がその国益を実現することを基本としなければならないと思います。

私は資源有限時代の認識に立ち、「協調と連帯」の基本理念に立って、世界の中での「日本丸」の運営に当たり、その枠組みの中で、当面する問題の処理に当たってまいりたいと存じます。（拍手）

まず、経済問題について申し上げます。

ことしは内外ともに経済の年であると考えます。

昨年の経済は全体として見るときは、ほぼ順調な歩みだったと思います。しかしながら、上半期の景気急上昇の後、夏以降そのテンポは緩み、業種、地域による格差や企業倒産多発等の現象が見られます。

このような状態が続きますと、雇用に不安を生じ、企業意欲を失わせ、社会の活力を弱めることにもなりかねないことを考えるとき、この際、景気回復への早期てこ入れを必要とするものと考えるのであります。

こうした考え方のもとで、政府は景気対策の一環として昭和五十一年度補正予算を提出することにいたしました。

また、五十二年度予算におきましても、需要喚起の効果もあり、国民生活の充実向上と経済社会の基盤整備に役立つ公共事業等に重点を置くと同時に、雇用安定のための施策を充実することといたしております。

これにより五十二年度のわが国経済には六・七％前後の成長が期待されますが、この目標は先進工業国の中でも最も高い水準であり、国際社会におけるわが国経済への期待にもこたえるものであると信じます。

予算の編成に先立ちまして、私は各党を初め各界の人々の御意見を承りました。独占禁止法改正案や大企業と中小企業との事業活動調整のための法案につきましては、それらの経緯を踏まえ、各方面と協議を進め、速やかに結論を得たいと存じております。

さらにまた、大幅減税を行うよう強く求められたのであります。私も真剣に検討しました。しかし、資源の有限性とこれをめぐる国際環境を考えれば、これまでのような大幅な消費拡大よりもむしろ国民生活の質的向上へと考え方を切りかえるべきであり、この際は、中小所得者の負担軽減を中心とした減税を行うにとどめたのであります。（拍手）

景気問題と並んで私が重視しておりますのは、物価問題であります。物価は安定化の基調にありますが、その傾向を一層確実なものにするため、各般の施策を講ずることにより、消費者物価の年度中上昇率が七％台になるよう最善を尽くす所存であります。

何よりも恐ろしいのはインフレであります。インフレは断じて起こしてはならないと信じます。

国民経済、国民生活から考えて最も大事なことは、資源エネルギーの確保と科学技術の振興の問題であります。これらの問題は、資源小国であるわが国にとって、国の存立と発展にかかわるものであり、まさしく、安全保障的な重要性を持つものであります。政府は、原子力を含むエネルギーの安定供給確保、省エネルギー対策等総合的な資源エネルギー対策のほか、宇宙、海洋開発を初めとする各分野の科学技術の振興対策を強力に推進してまいります。

特にこれらの点につきましては国民の皆様の御理解と御協力を得たいのであります。

次は、外交であります。

世界は、いま二つの大きな変動の波に洗われておるのであります。一つは、先進工業国が軒並み苦しんでいる深刻な景気停滞であり、もう一つは、開発途上諸国の経済自立への苦悩であります。

この二つは、分かちがたく結びついておるのです。言うまでもなく、今日の相互依存の世界では、南北間の調和的発展なくしては世界の政治的安定もなく、先進工業国の繁栄もあり得ません。他方、先進工業国の成長と安定なくしては、開発途上諸国が期待しているような民生の向上も発展も不可能であります。

このような状況のもとにおきまして、日本外交が当面取り組むべき緊急の課題として、私は、わが国、米国、西欧などの主要な先進工業国間の協力強化を挙げたいと思うのであります。

今日の世界におきまして、先進国自身の景気回復も、南北関係の改善も、一国の努力の範囲を超えた問題となっていることは明らかであり、事態解決の責任と能力を分かち合う主要な先進工業国間の協力なしには、前進を図りがたいからであります。私が主要先進国の首脳会議の開催を主張しているのは、まさにそういう時代の要請にこたえんがためであります。

開発途上諸国との経済協力の強化も、新しい国際環境の中で、日本外交が真剣に取り組まなければならない主要な課題であります。

このため、政府開発援助の水準を主要先進国並みへ引き上げるよう努力するとともに、一次産品《いちじさんぴん》問題の解決等にも積極的に取り組みたいと存ずるのであります。

わが国の外交にとりまして、基本的な重要性を持つものは、戦後日本の繁栄と安全を支えてきた日米両国の友好協力関係であります。政治、経済、安全保障、いずれの面をとってみましても、日米関係は、わが国にとって際立った重要性を持っております。

幸い日米両国は、過去のような不協和音の試練を乗り越え、かつてないほど安定した、いわば成熟したパートナーの関係にあるのであります。このような関係のもとで、日米両国が不断の協議によって意思疎通を図ることは、きわめて重要であると考えます。

主要先進国の首脳会議に先立って、カーター米大統領と会談を行うことを私が重視しているのはそのためでございます。今般カーター大統領にかわり、モンデール副大統領がわが国を訪問されております。私自身、できるだけ早い時期に訪米し、変化する国際情勢に対処するお互いの新しい責任と相互信頼を確かめ合うつもりでございます。

日米安全保障条約を引き続き堅持するとの政府の基本方針には、いささかの変更もありません。同時にわが国自身も、防衛力の基盤整備に努めなければならないということはこれは当然のことでございます。（拍手）

東南アジア諸国の平和と繁栄は、同じアジアの友邦であるわが国にとって最も大きい関心事であります。このような見地から、ＡＳＥＡＮに見られるような自主的発展を目指すさまざまな努力に対しまして、人的交流、国づくりへの積極的寄与等を通じ、協力してまいる所存であります。

日中共同声明を基礎として着実に発展している中国との善隣関係を揺るぎないものにすることは、アジアにおける平和な国際環境をつくる上からも、特に大きな意味を持っておるものと考えます。日中平和友好条約に関しましては、できるだけ早期に締結を図ろうとする熱意において両国は一致しており、政府は双方にとって満足のいく形でその実現を目指し、一層の努力を払ってまいる所存でございます。

日ソ両国の友好関係も、わが国の外交にとってきわめて重要であります。日ソ両国の関係は、経済、貿易、文化、人的交流の面で順調な歩みをたどってまいりました。政府は、経済協力や文化交流などの分野でさらに着実な前進を積み重ね、日ソ関係の強化発展に努めるとともに、北方領土の祖国復帰を実現して、平和条約を締結するとのわが国の基本的立場を貫くために、一層の努力を傾ける所存であります。

朝鮮半島の情勢は、わが国を含む東アジアの平和と安定に深いかかわり合いを持っております。さしあたり、同地域の均衡状態を支えている国際的な枠組みを崩すことなしに南北間の緊張が緩和され、ひいては平和的な統一への道につながることを期待するものであります。

四面海に囲まれたわが国にとって、漁業資源や海底鉱物資源の開発利用の問題をめぐる最近の国際的動向は、きわめて切実な関心事であります。

国連海洋法会議では、なお最終的な結論を出しておりませんが、経済水域を二百海里に広げる方向は、次第に動かないものとなりつつあります。政府はこの大勢を注視しながら、冷静に長期的国益を踏まえ、国際協調の精神に沿って最善の解決を図る所存であります。

懸案の領海十二海里問題につきましては、新しい海洋秩序への国際社会全体の急速な歩みを考慮し、沿岸漁業者のかねてからの切実な要望にこたえるため、所要の立法措置を講ずるつもりでございます。

今日の国際社会の際立った特徴の一つは、紛争解決の手段として軍事力を使うことが、超大国を含め、すべての国々にとって許されないこととなってきたことであります。紛争を未然に防止すること、万一、不幸にして紛争が生じたときにも、できるだけその拡大を阻止することが、今日の外交の重要な任務となってまいりました。このような見地から不断に発生する「小さな誤解」や「小さな摩擦」を賢明に処理すること、すなわちコミュニケーション・ギャップの解消が、外交活動の中で果たす役割りはきわめて大きいと考えるのであります。

今後とも一層多角的な国際交流を通じて相互理解を増進し、進んで人類の連帯感を強化するための共通の努力を生み出すように努めてまいる所存でございます。

資源有限時代を迎えて、不安定な世界の食糧需給、漁業専管水域二百海里時代の到来等の問題に直面し、食糧問題を見直す必要性を痛感しております。

このような基本的認識のもとに、農林漁業者が誇りと働きがいをもって農林漁業にいそしめるよう、その体質の強化を進め、食糧自給力の向上を図ることを長期にわたる国政の基本方針として、生産基盤及び生活環境の整備、需要に即応した生産の増大、生産の担い手と後継者の確保等、農林水産施策の拡充に努める所存でございます。（拍手）

中小企業は、農林漁業と並んでわが国経済の安定を支える柱であり、発展を図る活力の源であります。中小企業は、現在、安定成長経済への移行の中で厳しい対応を迫られており、政府としては、各般の施策を通じてこの苦難を克服する中小企業の努力を助成することが必要であり、特に小規模企業に対し十分配慮してまいらなければならないと考えるのであります。

労使の理解と協調は、経済社会安定のかなめであります。

幸い、わが国の労使は、これまで一度ならず、経済危機に直面して、すぐれた適応力を発揮してまいりました。私はこのことを高く評価するものであります。今後とも労使が日本経済の現状を踏まえ、「協調と連帯」の精神をもって徹底した話し合いを行い、良識ある対処をされるよう強く期待いたします。（拍手）

福祉政策や公共事業等を進めていくに際して、国と地方公共団体とは車の両輪の関係にあります。政府は地方公共団体の行財政が適切に運営されるように、明年度予算でその財源確保などの措置をとりました。

地方公共団体におかれましては、新しい転換の時代に対応して、自主的な責任でその行財政を合理化し、効率的な運営をされるよう期待をいたす次第でございます。

なお、祖国復帰以来五年を迎える沖縄につきましては、経済、社会の推移や民生安定の実態を見守りつつ、必要な諸施策を推進してまいります。

真の福祉社会は、福祉の心に裏打ちされてこそ初めて成り立つものと信じます。従来のように経済成長に多くを望むことが困難となった今日、真に社会の援助を必要とする恵まれない人々への心温かい配慮は、格段の重要性を持ってまいります。私は、社会連帯の考え方のもとに、福祉対策を着実に前進させていきたいと思うのであります。（拍手）

急速に進行する人口老齢化の趨勢《すうせい》に応じて老齢者に対する年金や医療を充実させ、心身障害者など社会的に恵まれない人々に対してもきめの細かい対策を講ずるとともに、家庭、地域社会、企業なども力を合わせまして、これらの人々の社会参加、社会復帰を促進し、その生きがいを高めるように配慮したいと存ずるのであります。（拍手）

高度成長の過程で相対的に立ちおくれておるのは住宅環境でありますが、その改善は、国民生活の基盤として、強く推し進めなければならないと存じます。

住宅の量的拡大もさることながら、今後はその質的向上に目標を置き、住宅金融の充実、公的住宅の供給の確保などに努力し、また地価の安定、宅地供給の促進など対策に困難を伴うものにつきましても、一層真剣に取り組んでみたいと存じます。

公害や自然破壊等の環境問題は、高度成長に伴って急速に深刻化してまいりました。健全な産業活動なくして社会の安定はあり得ませんが、錯綜《さくそう》したさまざまな利害を冷静に調整し合うことで、多様な欲求の合理的接点は必ず得られると思うのであります。この見地に立って、公害防止の充実強化を図り、開発等に当たっては環境汚染の未然防止に努めるとともに、豊かな国土を保全するため、水資源の涵養《かんよう》、治水、防災などの対策を進め、快適な人間環境を確保してまいりたいと存じます。（拍手）

わが国社会の進歩と発展のためには、あらゆる分野において、婦人が積極的に参加し、貢献することが必要であると考えます。このため、私は、国連の国際婦人年世界会議の決定にも留意して、国内行動計画を策定いたしました。

私は、国民各層の方々とともに、婦人の地位と福祉の向上に一層努力してまいる所存でございます。（拍手）

およそ国を興《おこ》し、国を担うものは人であります。民族の繁栄も衰退も、かかって人にあると思うのであります。資源小国のわが国が幾多の試練を乗り越えて、短期間のうちに今日の日本を築き得たのは、国民の教育水準と普及度の高さによるものと存じます。

人間こそはわが国の財産であり、教育は国政の基本であります。私は、教育を重視し、その基調を、個人の創意、自主性及び社会連帯感を大切にし、世界の平和と繁栄に貢献し得る、知、徳、体の均衡のとれた豊かな日本人の育成に置きたいと思うのであります。（拍手）

このためには知識偏重の教育を改め、家庭、学校、社会のすべてを結ぶ総合的な教育の仕組みを創造していかなければならないと存じます。

特に戦後の学校教育は、入試中心、就職中心の功利《こうり》主義的な行き過ぎた傾向が目立っておるのであります。教育にとって一番大切な、自由な個性、高い知性、豊かな情操、思いやりの心などを育てることを忘れがちであると思うのであります。

新しい時代の要請にこたえて、学校教育をはつらつとした創造的な人間の育成の場とするよう、教育界に人材を集め、教育課程をゆとりあるものに変え、入試の改善を図るなど、教育改革のための着実な一歩を進めたいと考えております。（拍手）

また、芸術、文化、スポーツなどを振興し、次代を担う青少年を初め国民の一人一人が、自主的な選択によって、生きがいのある充実した生活を創造し得るような環境づくりに努めてまいる所存であります。

最後に、国の内外に迫る厳しい難局打開に当たりまして、私は皆様にお願いしたいことがあります。いやしくも、国政に参加するすべての政治家、中央・地方の公務員、公共の仕事に従事する人々は、この際、公私を峻別《しゅんべつ》し、身辺を清潔にし、公に奉仕する喜びと責任を再確認していただきたいということであります。（拍手、発言する者あり）私自身、これを自粛自戒の言葉といたす所存であります。

政治の退廃は、社会、民族の没落につながるのであります。

ロッキード事件の徹底的究明は必ず実行いたします。その結果につきましては、国会にこれを報告いたします。また、このような不祥事が再発しないよう、腐敗防止のために必要な措置を講じます。

国民の皆様も、この激動期を乗り切るために、いたずらな物欲と、自己本位の欲望に流されがちの世相から訣別し、世代を超え、立場を超え、助け合う人間的連帯の中から、この日本の国土の上に、世界じゅうの国々から信頼と敬意をかち得るように、真に安定した文明社会をつくり上げようではありませんか。(拍手)

資源有限時代の激しい嵐の中で、「日本丸」を安全に航海させ得るか否かは、一にかかって国民一人一人の自覚と努力にあると思うのであります。

日本民族が力を合わせ、手を取り合って進む限り、変動期の激流がいかに激しく、障害がいかに大きくとも、克服し得ないはずはないと思うのであります。(拍手)

お互いに勇気を持って「日本丸」の航路を切り開き、二十一世紀に連なる希望に満ちた社会の実現に向かって前進しようではございませんか。(拍手)

重ねて国民の皆様の深甚な御理解と真剣な御協力をお願いして、終わります。(拍手)

高度成長期の夢は捨てなければならない。消費税など税負担の議論を

一九七八年十一月の自民党総裁選挙は当初、現職の福田が優勢とみられていたが、予備選挙で勝利したのは大平正芳。福田は本選挙を辞退し、退陣する。大平を支持した田中派は党内での圧倒的な強さを見せつけた。この年も大型倒産が相次ぎ、繊維、鉄鋼、造船などが構造不況に沈むなど経済は低迷。急激な円高・ドル安も続いた。この演説の前、イラン革命によってパーレビ政権は崩壊、七九年一月十七日、国際石油資本は対日原油供給の削減を通告した。「第二次石油ショック」である。田中の「日本列島改造」に対し、大平は「田園都市構想」を提唱するが、社会の関心を集めたのは消費税の導入だった。

大平正芳・施政方針演説

第八十七回国会　一九七九年（昭和五十四年）一月二十五日

私は、さきに、国会において内閣の首班に選ばれ、組閣早々、来年度予算の編成を了し、ここに第八十七回国会を迎えました。この機会に、施政全般にわたっての私の所信を申し上げ、国民各位の御批判と御理解を得たいと思います。

まず、私の時代認識と政治姿勢について申し上げます。

戦後三十余年、わが国は、経済的豊かさを求めて、わき目も振らず邁進し、顕著な成果をおさめてまいりました。それは、欧米諸国を手本とする明治以降百余年にわたる近代化の精華《せいか》でもありました。今日、われ

大平正芳（おおひら・まさよし）
1910年～1980年。香川県生まれ。首相在任期間：1978年12月7日～1980年6月12日（554日間）。東京商科大学（現一橋大学）卒業。戦前、大蔵省入省。戦後は、津島壽一大蔵大臣、池田勇人大蔵大臣の秘書官を経て1952年退官、総選挙で自由党から出馬、初当選する。内閣官房長官（池田内閣）、外務大臣（池田内閣・田中内閣）、通商産業大臣（佐藤内閣）、大蔵大臣（田中内閣・三木内閣）を歴任。在任中に東京サミットを開催。田園都市構想、環太平洋連帯構想を提唱。1980年、衆議院解散、総選挙の公示されたに過労により倒れ入院、6月12日心筋梗塞により急死する。

写真提供：毎日新聞社

われが享受している自由や平等、進歩や繁栄は、その間における国民のたゆまざる努力の結晶にほかなりません。

しかしながら、われわれは、この過程で、自然と人間との調和、自由と責任の均衡、深く精神の内面に根差した生きがい等に必ずしも十分な配慮を加えてきたとは申せません。いまや、国民の間にこれらに対する反省がとみに高まってまいりました。

この事実は、もとより急速な経済の成長のもたらした都市化や近代合理主義に基づく物質文明自体が限界に来たことを示すものであると思います。いわば、近代化の時代から近代を超える時代に、経済中心の時代から文化重視の時代に至ったものと見るべきであります。

われわれが、いま目指しておる新しい社会は、不信と対立を克服し、理解と信頼を培《つちか》いつつ、家庭や地域、国家や地球社会のすべてのレベルにわたって、真の生きがいが追求される社会であります。各人の創造力が生かされ、勤労が正当に報われる一方、法秩序が尊重され、みずから守るべき責任と節度、他者に対する理解と思いやりが行き届いた社会であります。

私は、このように文化の重視、人間性の回復をあらゆる施策の基本に据え、家庭基盤の充実、田園都市構想の推進等を通じて、公正で品格のある日本型福祉社会の建設に力をいたす決意であります。（拍手）

今日、われわれが住む地球は、共同体として、いよいよその相互依存の度を高め、ますます敏感に反応し合うようになってまいりました。この地球上に生起するどのような事件や問題も、またたく間に地球全体に鋭敏に影響し、地球全体を前提に考えなければ、その有効な対応が期待できなくなっております。対立と抗争を戒め、相互の理解と協力にまたなければ、人類の生存は困難となってまいりました。

しかしながら、世界の現状を見ますと、国際政治は多元化の傾向を強め、その中で不安定要因も増大しつつあります。

他方、戦後四半世紀にわたって国際経済秩序を支えてきたガット、ＩＭＦ体制は、いまや、大きい地殻変動に見舞われており、世界は、そのための新しい対応策を模索いたしております。資源問題やナショナリズムによる緊張も異常な高まりを見せ、南北間の格差も一層拡大しつつあります。

地球をめぐる現実は、そのようにきわめて厳しいものがあります。世界に対する甘い認識や安易な対応は、もはや許されません。世界を一つの共同体としてとらえ、世界に対するわが国の役割りと責任を踏まえて、内外にわたる施策を真剣に展開しなければなりません。

日本の平和と安全を確保することは、政治の最大の責務であります。そのためには、節度ある自衛力と、これを補完する日米安保条約とから成る安全保障体制を堅持することが必要であります。しかし、真の安全保障は、防衛力だけで足れりとするものではありません。世界の現実に対する冷厳なる認識に立って、内政全般の秩序正しい活力ある展開を図る一方、平和な国際環境をつくり上げるための積極的な外交努力が不可欠であることは申すまでもありません。

今日、国民の間には、民主政治の基本に関する合意がすでに形成されるに至っております。その一つは、議会制民主主義に基づく政治の運営であり、一つは、秩序と活力のある自由市場経済の維持であり、一つは、内政外交を通ずる総合的な安全保障の確保であります。すべての施策を行うに当たりましては、これらの基本的な枠組みを踏み外すことがあってはなりません。既成概念にとらわれた不毛な対立や、個人や集団の利害に固執する硬直した姿勢は民主社会においては、もはや許されるところではありません。私は、民主的ルールに従い、謙虚に真実を語り、率直に当面する困難を訴えてまいるつもりであります。そして国民に対する信頼の上に立って、厳しい現実に対する有効な対応策につき、柔軟な姿勢をもって、より広い国民的合意を形成していくことを政治の基本姿勢としてまいる決意であります。（拍手）

行政はもとより国民のものであり、国民の活力の活発な展開を促すことが行政の任務であることに思いをいたせば、行政は簡素で効率的なものでなければなりません。しかるに、経済の成長に支えられ、中央、地方を通じて、政府に対する期待や行政の民間への介入は、年とともに増大し、行政事務の煩瑣《はんさ》化と財政の肥大化とがとみに進んでまいりました。政治の国民生活への過剰な介入や国民の政治への過度の期待は、この際改められなければなりません。

確かに、社会的公正の確保、構造改革の推進等、行政が新たな役割りを担うべき領域は拡大しております。しかし一方、時代の要請に適さなくなった制度や慣行は、不断に見直しを行い、行政機構や定員の抑制と合理化は、一層進めなければならないと思います。今日、家庭や企業は、厳しい現実に対する適応の努力を重ねております。政府も国民と苦しみを分かち合うところがなければなりません。

なお、公務に従事するすべての者は、自らの行動に常に反省を加え、いささかも綱紀の弛緩を招くことのないよう自戒するところがなければなりません。政府は、公務に従事するすべての者に対して、強くその自覚を促してまいる所存であります。

最近、外国航空機の購入をめぐる疑惑（※1）が国民の間に大きな論議を呼び起こしております。このことは、政治の信頼にかかわる問題でもあり、政府は事態を解明するため最善の努力をいたす所存であります。

私は、以上の基本的考え方に立ちまして、わが国が当面する内外の諸問題につき、所見を申し述べることといたします。

わが国の外交の基軸は、日米友好関係の維持、強化にあることは申すまでもありません。日米間の友好関係は、各種の試練に耐え、ますます揺るぎないものとなっております。日米両国は、相互理解を一層深めつつ、当面する経済上の問題についても、世界経済の安定的拡大に資するため、その解決に協力しなければなりません。私は、そのため、精力的に努力する所存であります。

また、私は、わが国の隣国として、国際社会の中で重要な役割りを果たしている中国及びソ連との友好関係を一層推進してまいることも、わが国外交の最も重要な課題であると考えております。ソ連との間には、未解決の北方領土の問題がありますが、しんぼう強くその解決を図り、平和条約の締結を目指してまいりたいと考えております。

昨年秋、日中平和友好条約が締結され、本年元旦、米中外交関係が樹立されました。これら一連の外交的展開は、アジア・太平洋地域のみならず、世界の平和と安定に大きく寄与するものと期待いたしております。わが国としても、その方向に沿って、日中間の平和友好関係を着実に発展させたいと考えております。

日韓関係は、年とともに緊密の度を加えております。私は、両国の信頼と友好の関係をより強固なものにするよう努力する一方、南北両当事者間の対話が再開され、朝鮮半島における緊張が一層緩和の方向に向かうことを期待するものであります。

また、わが国は、今後とも、ＡＳＥＡＮ諸国を初めとするアジア諸国の安定と発展のために、これら諸国の自主的努力に精力的に寄与してまいる方針であります。特に、私は、インドシナにおける最近の事態（※2）

を深く憂慮し、平和の回復を強く希望するものであります。わが国としては、これまでも国連その他の場を通じ、外交努力を行ってきておりますが、今後とも東南アジアの平和と安定のための努力を一層強めてまいる考えであります。

さらにまた、西欧諸国との調和のとれた協力関係は、世界の平和と繁栄にとりましてきわめて重要であります。私は、この認識に立ちまして、日欧関係をより幅広く、より強固なものに発展させていくための一層の努力を続けてまいります。

中近東及びアフリカの諸国との友好と協力の関係、さらには東欧諸国との交流と友好関係は、近年ますます拡大しております。わが国は、これらの国々との関係増進に今後とも努力してまいる考えであります。米国、カナダ、豪州、ニュージーランドなどの太平洋圏諸国との相互依存関係、中南米諸国との友好協力の関係は、ますます濃密なものになっております。私は、これら諸国との友好協力関係を一層揺るぎないものにするよう努力を重ねてまいる所存であります。

わが国は、世界経済の運営に重要な役割りを果たしておりますが、今後とも率先して国際社会に受け入れられる経済運営に努め、世界の期待にこたえてまいる必要があると考えます。わが国としては、引き続き内需の拡大を図り、諸外国に向けてより参入しやすい開かれた市場を提供できるよう努めなければなりません。他方、相手国にも喜ばれる輸出に心がけて、対外的な経済均衡を図るよう努めなければなりません。

本年、アジアにおいては初めての主要国首脳会議がわが国で開催される予定となりました（※3）ことは、きわめて意義深いものがあります。この会議は、世界経済の安定的拡大の諸方策につき、関係国の首脳が率直に話し合い、国際協力の実現を目指す場としてきわめて重要な意味を持っております。わが国は、主催国として万全の準備を整えますとともに、参加国全体の協力を得て、その成功を期してまいりたいと考えております。

また、完結に近づきました東京ラウンド交渉が実りある終結を見るよう努め、新しい貿易秩序の基礎固めに貢献するところがなければなりません。

五月には、マニラにおきまして第五回国連貿易開発会議の開催が予定されております。政府としては、一層積極的な姿勢で南北問題に取り組んでまいる所存であります。最近の南北問題の推移やアジア・太平洋地域との関係を考えますとき、わが国の経済協力はきわめて重要であります。私は、政府援助を三年間で倍増し、援助額の国民総生産に占める比率の改善に努めるという既定の方針は、苦しい財政事情の中にありましても、これを貫いてまいる所存であります。

また、わが国の国際社会における立場を考えますと、先進国と開発途上国とを問わず、また、政府、民間を通じ、必要とされる資金、物資、知識、技術を可能な限り提供し、幅広く経済交流を進めてまいらなければなりません。特に、私は、留学生や研修生の受け入れ、学者、技術者等の派遣を通じて、相手国のマンパワーの開発に対する協力を重視してまいる考えであります。

昨年いっぱい変動の大きかった国際通貨情勢は、関係主要国の話し合いと協力によりまして、このところ小康を見ております。しかし、今後とも、より望ましい通貨秩序の形成を目指して、各国が、基礎的諸条件の改善と整備のため、それぞれの立場で協力することが必要であると考えております。

なお、ここで一言付言いたしたいことは、新時代にふさわしい国際性豊かな人材の養成であります。このところ、日本人の国際性がとみに向上を見せておりますことは喜ばしいところであります。また、これまで、わが国は、資金、物資の両面にわたりまして、自由化を進めてまいりました。さらに、文化の領域においても国際化を進めなければならない時代を迎えております。私は、この傾向を推し進め、国際性豊かな人材が各分野で幅広く活躍できるよう期待いたしますとともに、政府としても、そのための協力を惜しまない所存であります。

当面の経済運営に当たっての課題は、物価の安定を保ちながら、雇用の維持、拡大に努め、あわせて世界経済に対するわが国の責任を果たすとともに、財政再建の契機をつかむことであると思います。

このため、雇用対策の面では、中高年齢者、離職者等の雇用拡大に細心周到な配慮を加えますとともに、中小企業、構造不況業種等に対する対策をきめ細かく実施することといたしております。

また、これらの対策とともに、適切な内需の拡大を図るため、厳しい財政的制約にもかかわらず、可能な限りの財政支出を確保し、民間経済活動の展開と相まちまして、景気の回復を定着させるため、精いっぱいの努力をいたしました。このことは、同時に、国際的要請の強い国際収支の均衡化にも資するものと考えております。

物価の安定は、不断に堅持すべき目標であります。最近までの物価動向は、円高の影響等から卸売物価、消費者物価とも安定裏に推移してきましたが、今後はこれら諸条件の変化や諸物価の動向を十分注意しつつ、その安定基調の維持に万全を期してまいるつもりであります。

財政再建の問題は、いよいよ緊切な課題となってまいりました。今般の予算編成に当たりましても、歳出内容の厳しい洗い直しに取り組むとともに、社会保険診療報酬課税の特例を初めとする租税特別措置の主な懸案事項について、その是正に努めました。しかし、財政の現状は、なお前年度を大幅に上回る公債に依存せざるを得ない状況であり、さらに、将来の展望を考えますと、その再建は、いまこそ本格的に取り組まねばならない国民的課題であると思います。政府は、歳入、歳出を通じ、中央、地方にわたって、積極的に検討を進めてまいる決意であります。財政があらゆる要求にそれなりに適応することができた高度成長期の夢は、もはやこれを捨て去らねばなりません。私は、そういう観点に立ち、一般消費税の導入など税負担の問題についても、国会の内外において論議が深まることを強く望んでおります。

当面の経済的課題の克服と並んで、わが国経済の中長期的発展の展望を示すことも、政府の重要な任務であると存じます。

政府は、このたび、昭和六十年度までを展望する新しい経済計画の基本構想を取りまとめました。国民の先行きに対する不透明感を払拭し、均衡のとれた経済社会の発展に展望を開こうとするものであります。政府は、この構想に基づく計画を速やかに作成し、それを指針として、今後の経済政策の具体的展開を図ってまいる考えであります。

今日、資源・エネルギーの確保は、わが国の命運を左右する重大な意味を持っております。私は、省エネルギーの一層の推進、石油の安定供給の確保、石油代替エネルギーの開発、日米科学技術協力などによる核融合を初めとする新エネルギーの研究開発等、一連のエネルギー政策を精力的に進めてまいりたいと思います。

また、国民食糧の総合的、安定的確保は、政治の基本であります。私は、そのため、国内で生産可能なものは極力国内で生産することとし、生産性の高い近代的な農家を中核的な担い手として、需給の動向や地域の実態に即して、農業の再編成を図ってまいる所存であります。また、国内で不足する食糧につきましては、多角的、安定的な秩序ある輸入によって、これを補うことといたします。

あわせて、世界的な二百海里時代の本格的な到来に対処して、漁業外交の積極的な展開と沖合い・沿岸漁業の振興に努めたいと思います。さらに、森林資源の維持、培養を図って、国土の保全と林業の発展に努めてまいる方針であります。

経済的、物質的豊かさとともに、われわれは、暮らしの中に豊かな人間性、参加と連帯に生きるふるさとを取り戻したいと思います。その実行に当たって、私は、日本的な問題解決の手法を大切にしたいと思います。すなわち、日本人の持つ自立自助の精神、思いやりのある人間関係、相互扶助の仕組みを守りながら、これに適正な公的福祉を組み合わせた公正で活力ある日本型福祉社会の建設に努めたいと思います。（拍手）

そのため、私は、都市の持つ高い生産性、良質な情報と、民族の苗代《なわしろ》ともいうべき田園の持つ豊かな自然、潤いのある人間関係とを結合させ、健康でゆとりのある田園都市づくりの構想を進めてまいりたいと考えております。緑と自然に包まれ、安らぎに満ち、郷土愛とみずみずしい人間関係が脈打つ地域生活圏が全国的に展開され、大都市、地方都市、農山漁村のそれぞれの地域の自主性と個性を生かしつつ、均衡のとれた多彩な国土を形成しなければなりません。（拍手）私は、そうした究極的理念に照らして、公共事業計画、住宅政策、福祉対策、文教政策、交通政策、農山漁村対策、大都市対策、防災対策等、もろもろの政策を吟味し、その配列を考え、その推進に努めてまいります。また、沖縄の振興開発につきましても、その実情に応じて、施策の充実を図ってまいる考えであります。

さらに、家庭は、社会の最も大切な中核であり、充実した家庭は、日本型福祉社会の基礎であります。ゆとりと風格のある家庭を実現するためには、各家庭の自主的努力と相まって、政府として、住宅を初め家庭基盤の充実に資する諸施設の整備を初め、老人対策、母子対策等の施策の前進に努めたいと思います。また、本年は国際児童年に当たっておりますが、児童・青少年のための諸施策を一層充実するよう努めてまいります。

私は、教育の自発性と活力を尊重してまいりたいと存じます。多様化し、充実した教育の中から、個性も持つ、豊かな創造力とすぐれた国際感覚を身につけた若者が育ってくるものと信じます。そのため、教育に対する政治の側からの関与はできるだけ控えつつも、入試制度の改善、すぐれた教育者の確保、教育施設の整備等につきましては、国公私立を問わず、政府の果たすべき役割りは、責任を持って遂行してまいりたいと思います。

また、すべての国民が自主的な選択により、生涯にわたって常にみずからを啓発し、それぞれその個性と能力を伸ばし、創造的な生活を享受できるよう、文化、教育、スポーツなどの諸条件の整備と充実を図ってまいります。

われわれは、西欧型の近代化には目覚ましい成果をおさめましたが、その代償として、わが国に特有の精神文化のあり方を十分尊重してきたとは言えないように思います。私は、日本的なものを大切にし、それらをわれわれの生活の中に生き生きと位置づけていきたいと願うものであります。（拍手）

元号問題につきましても、私は、これが日常生活の中に定着しておるという事実を尊重して、今国会で、その法制化を果たしたいと願っております。（拍手）

現在、世界も日本も、新しい時代を迎えようとしております。旧来の発想や使い古された手法にとらわれていてはなりません。いま、重要なことは、政治が、何とかして確かな未来への展望を国民の前に示し、国民とともに一歩一歩前進することであると思います。

壮大な文化の創造、個性ある地域社会の形成、科学技術の革新と産業構造の刷新、海洋や宇宙の開発、厳しい世界の現実に対応しての総合的な安全保障の確保等は、いま、われわれが挑戦すべき重要な課題であります。

私は、そうした課題にいどむ次の世代の持つ可能性を最大限に引き出すことが政治の責務であると確信します。（拍手）

以上、私は、所信の一端を申し述べましたが、国民各位の良識と英知に支えられた御理解と御協力とを切にお願いするものであります。（拍手）

※1：外国航空機の購入をめぐる疑惑　防衛庁第二次防衛力整備計画における戦闘機調達に絡む汚職事件。前年に米証券取引委員会（SEC）によって、一九七五年マクダネル・ダグラス社が自社戦闘機を採用させるために日本政府高官に賄賂を渡したことを告発。続いて一九七九年SECはグラマン社が早期警戒機（E2-C）を採用させるため、代理店である日商岩井を通して岸信介・福田赳夫・中曽根康弘・松野頼三ら政府高官に不正資金を渡したことを告発する。これらの告発を受けて、東京地検特捜部が捜査を開始するが時効の壁に阻まれ、起訴されたのは海部八郎副社長ら日商岩井関係者三人だけで捜査は終了した。

※2：インドシナにおける最近の事態　一九七五年カンボジアのクメール・ルージュ政権（ポルポト派）によるベトナム侵攻に端を発した

ベトナム・カンボジア戦争とそれに続く中国・ベトナム戦争。当初、クメール・ルージュとベトナムの関係は対アメリカという点で一致し関係は良好であったが、ベトナム戦争終了後ベトナムによるインドシナ支配を疑うクメール・ルージュは反ベトナム色を鮮明にし、ベトナム侵攻を試みるが即座に反撃を受け撤退する。一九七八年ベトナム軍は大規模な攻勢をかけ一九七九年ほぼ全土を占領し、クメール・ルージュは失脚した。一貫してクメール・ルージュを支援していた中国は、ベトナムに報復侵攻するが対米戦争で鍛えられていたベトナム軍の反撃により撤退を余儀なくされる。以後一〇年にわたってベトナムはカンボジアに軍隊を駐屯させるが、国際社会の強い批判を浴び、一九八九年にカンボジアから完全撤退する。クメール・ルージュとベトナムは、それぞれ中国、ソ連の支援を受けていたため、中ソの代理戦争という側面もあった。なお、クメール・ルージュが行った大量殺戮はこの間に明らかにされた。

※3：アジアにおいては初めての主要国首脳会議　一九七九年東京で開催された第五回先進国首脳会議（東京サミット）。サミット（頂上の意）は、一九七三年のオイルショックによる世界不況を背景に、フランスのジスカール・デスタン大統領の提案で始まったマクロ世界経済の調整を目的とした西側主要先進国の首脳会議。当初の参加国は、アメリカ、ドイツ、日本、イギリス、フランスの五カ国であったがイタリアの強い申し入れにより六カ国となった（G6）。翌年アメリカの推薦によりカナダが参加する（G7）。第一回サミットは、フランスのランブイエで開催された。当初の議題は経済問題であったが、徐々に政治問題、地球環境問題が主要な議題となっていく。なお、一九九八年からロシアが参加し、主要国首脳会議と呼ばれるようになる（G8）が、二〇一四年ウクライナ問題が発生し、ロシアの参加は見送られる。

ひたすら豊かさを求める高度成長の時代から安定成長の成果を分かち合う時代へ

消費税導入問題のために大平は一九七九年の総選挙で敗北。責任をめぐり自民党内では派閥抗争が激化する。八〇年六月、大平は史上初の衆参同日選挙に打って出るが、選挙中に急死。弔い合戦となった選挙は衆参ともに自民党が圧勝。「和の政治」を掲げる大平派の鈴木善幸が後を継ぐ。国内は安定を取り戻したが、世界は激動していた。ソ連がアフガニスタンに侵攻（日米中などはモスクワ五輪をボイコット）。中東ではイスラエルとエジプトが国交を樹立する一方、イラン・イラク戦争が始まる。カンボジアの内戦は続き、韓国では朴正煕大統領が暗殺され、民主化の期待が高まったものの、軍の弾圧の前に潰えた。

鈴木善幸・所信表明演説

第九十三回国会　一九八〇年（昭和五十五年）十月三日

第九十三回国会の開会に当たり、所信の一端を述べ、国民各位の御理解と御協力を得たいと思います。

さきの衆議院及び参議院の同時選挙において、自由民主党は、国民の信頼と期待のもとに、国会で安定多数を得ることができました。（拍手）これは、自由と民主主義を守り、福祉の向上と経済の発展に力を尽くしている自由民主党の政策と実行力が信任を得た結果であると思います。（拍手）私は、選挙後の国会において、はからずも内閣の首班に指名され、国政を担うことになりましたが、国民各位から寄せられた信頼と期待に

鈴木善幸（すずき・ぜんこう）
1911年～2004年。岩手県生まれ。首相在任期間：1980年7月17日～1982年11月27日（864日間）。農林省水産講習所（現東京海洋大学）卒業。1947年、総選挙で日本社会党から立候補し初当選するが、後に民主自由党に入党、保守政治家としての道を歩む。保守合同後は池田派（宏池会）に所属、郵政大臣、内閣官房長官（ともに池田内閣）、厚生大臣（佐藤内閣）、農林水産大臣（福田内閣）を歴任。鈴木内閣では、第二次臨時行政調査会（土光敏夫会長）を発足させ、行政改革の道筋をつけた。

写真提供：毎日新聞社

こたえるため、全力を尽くしていく決意であります。（拍手）

　政局の安定による国力の充実と発展は、故大平総理大臣がその生涯をかけて実現に努められた悲願でありました。きょう、この壇上においてこのことに思いをいたしますとき、まことに感慨無量であります。私は、志半ばにして亡くなられた故大平総理大臣の遺志を受け継ぎ、さらにこれを発展させてまいる所存であります。（拍手）

　八〇年代は、これまでのように、ひたすら豊かさを求めて経済の高度成長を目指した時代から、安定成長の成果をともに分かち合っていく時代に移ってきていると思います。当面する内外の厳しい制約の中で、すべての国民にひとしく能力を発揮する機会が与えられ、その努力が正しく報われると同時に、恵まれない立場にある人々に対してきめ細かい配慮の行き届いた、思いやりのある社会を築いていかなければなりません。また、国際社会においても、友好と協調を旨とし、進んで国力にふさわしい貢献をしていく必要があります。

　私は、このような立場に立って、未来を展望し、政

策運営に誤りなきを期して次の世代に引き継ぐという責務を、誠実に果たしてまいりたいと思います。（拍手）

次に、緊急の課題として、特に、政治倫理の確立と綱紀の粛正、行政改革、財政再建の三点について述べたいと存じます。

まず、政治倫理の確立と綱紀の粛正についてであります。

安定した政治の運営は、国民の信頼を得て初めて実現できるものであります。清潔な政治、規律ある行政は、国民の信頼を得る原点であります。私は、引き続き、政治の浄化と厳正な官庁綱紀の確保に努力いたします。

私は、政治倫理の確立を図るためには、公正で金のかからない選挙制度の実現が急務であると考えます。このため、政治資金の明朗化を図る法案をこの国会に提出いたしますが、一方、参議院全国区制の問題や、選挙運動の規制、選挙公営化の拡大などの問題についても、国会の場で各党、各会派が大局的な立場から検討され、速やかに成案が得られるよう切望いたします。

行政改革は、あらゆる時代において政府に求められる課題であります。すでに明治三十年、原敬《はらたかし》は、当時の行政府を評して「恰も枝葉繁茂し根幹蟠錯せる一大木」、つまり、枝葉が茂り過ぎ、根や幹が絡まり合っているということでありますが、そう言って、行政整理の必要を説いております。今日、多くの面にわたる行政サービスが求められていますが、そのための負担は年とともに増大しております。このようなときに当たってこそ、あらゆる角度から行政を見直して徹底した減量化を図り、国民の期待にこたえ得る簡素で効率的な行政を実現すべきであると考えます。

私は、まず、前内閣が策定した昭和五十五年行政改革を着実に実現するため、この国会で関係法案の成立を図りたいと思います。さらに、新たな角度から行政の合理化と効率化を進めるため、これまで実施してきた定員の縮減などに加えて、主として行政の仕事減らしという観点からこの問題に取り組んでまいりたいと思います。つまり、すでに行政需要が少なくなったと思われる仕事を縮小、廃止し、また、政府が直接関与する必要がなくなったと思われる仕事はできるだけ民間部門の手に任せるという考え方であります。このため、法令の整理廃止などによる事務の縮減や事業の移譲を初め、できるものから着実に行政の簡素化を進めてまいります。

他方、これからの国民の需要に的確にこたえる行政を実現するため、長期かつ総合的な視野を持った行政改革案を策定する必要があります。このため、臨時に総合的な調査審議機関を設立（※1）すべく、ただいま準備を進めております。

実効のある行政改革の断行は、言うにやすく、行うにかたい課題であり、関係者の協力があって初めて可能となるものであります。私は、この際、行政改革の推進に当たって、広く各党、各会派の御協力を要望するものであります。（拍手）

次に、財政の再建について申し上げます。

わが国の財政は、第一次石油危機後に生じた経済の混乱と停滞の中で、国民生活の安定と景気の回復のため、あえて主導的な役割りを担い、社会保障、公共事業を中心に支出を大幅に拡大いたしました。その結果、経済は急速に立ち直ったのでありますが、反面、財政収支のバランスは大きく崩れ、昭和五十年度から大量の公債に依存した財政運営が続いております。

私は、このような異常な状態は、単に財政の破綻を招くばかりでなく、わが国経済と国民生活を根底から揺るがすものになりかねないと深く憂慮しております。

昭和五十五年度予算では、一兆円の公債減額が行われましたが、なお十四兆円余という多額の公債発行が見込まれ、依然として歳入の約三分の一を借り入れに依存しており、年度末にはその累積が七十一兆円に達する見込みであります。現在編成中の昭和五十六年度予算では、公債発行額を二兆円程度縮減することを目途に作業を進めており、今年度緒についた財政再建の道をさらに一歩進めるよう最善の努力をいたしてまいります。

財政赤字の縮減のためには、思い切った歳出の抑制と徹底した歳入の見直しが必要であります。来年度の予算編成は、行政需要の増大する中で、歳出を抑えるためのあらゆる面での自制を求めるとともに、現行税制の基本的な枠組みの中で歳入の見直しを行うというきわめて厳しい情勢に置かれております。しかしながら、私は、わが国の将来の基盤を確かなものにするため、断固として財政再建に当たる決意でありますので、国民各位の理解ある御協力を切にお願いいいたします。（拍手）

次に、経済運営を初めとする当面の問題について述べたいと思います。

わが国の今日の繁栄をもたらした原動力は、内外のさまざまな情勢の変化に賢明に対応してきた民間の経済活動であります。進取《しんしゅ》の気象に富んだ経営者、勤勉な勤労者、健全な家計消費が相まってわが国の発展に寄与してまいりました。私は、政府が経済政策を推進する上で果たすべき役割りは、民間経済の活力が最大限に発揮されるように、その基盤と環境条件を整備することであると考えております。これからも、労使の協調を重んじ、科学技術の振興開発に力を注ぎ、自由貿易体制を維持強化し、中小企業の振興と産業構造の高度化を実現することによって、わが国経済と国民生活の充実発展を図りたいと思います。

わけても物価の安定こそは国民生活を安定させる基礎条件であります。第二次石油危機以降の物価情勢は、他の主要先進諸国に比べて落ちついた動きをしておりますが、なおその動向には警戒を要します。さきに政府は、経済対策閣僚会議を開き、景気の維持に配慮して、機動的な政策運営を行うことといたしましたが、その際にも、物価の安定には、引き続き最善の努力を払うこととしております。

今年の夏は、低温と日照不足などの異常気象に見舞われ、農作物は多大の被害を受けております。政府は、かねてから農家経済の安定と食糧の自給力向上に努めておりますが、このたびの被災農家に対しても、実情に応じた万全の対策を講じてまいります。

このたびのイラン・イラク紛争により、この地域からの石油供給に支障が生じつつありますが、幸い、官民一体の努力により省エネルギーが進み、また、現在の石油備蓄水準もこれまでになく高く、さしあたり石油の需給は安定しております。私は、この際、国民各位がこのような情勢を御理解の上、冷静に対応されるようお願いするものであります。

しかしながら、中長期的に見た場合、中東情勢の動きのいかんにかかわらず、国際エネルギー事情は緊迫の度を加えるものと考えなければなりません。政府は、今後とも、消費国との連携と産油国との協力を通じ、原油の確保に努めるとともに、引き続き、国民と企業の協力を得て、省エネルギー対策を推進してまいります。また、わが国の石油依存度を今後十年の間に五〇％にまで引き下げることを目標に、安全性の確保と環境保全に十分留意しながら、原子力を初め、石炭などの石油代替エネルギーの開発導入を積極的に進めてまいります。なお、電源立地については、地元住民の福祉の向上にも配慮し、地域の理解を得ながら推進いたします。

わが国は、諸外国に例を見ない速さで社会の高齢化が進んでおります。充実した高齢化社会を築き上げるためには、現行の社会保障制度を再点検し、長期的な視野に立って福祉の立て直しを図り、恵まれない人々に重点的に温かい手を差し伸べる必要があります。同時に、定年の延長、再就職の機会の増大に努め、生涯教育に配慮し、自助の精神を失わない活力ある高齢化社会の実現に努力してまいりたいと存じます。

次に、わが国外交が当面する幾つかの問題について申し上げます。

わが国の外交を進めるに当たり、私は、まず、わが国と政治、経済上の理念をともにする米国、ＥＣ諸国などの自由主義諸国との連帯をあらゆる分野で強化していくことが最も重要であると考えます。特に日米関係は、わが外交の中心に位置するものであり、わが国としては、日米間に築き上げられてきた揺るぎない信頼関係を基礎として、今後とも、わが国の国際社会に対する責任と役割りを十分に果たしてまいりたいと思

います。（拍手）

同様に重要なことは、近隣諸国との関係であります。

近年、わが国とASEAN諸国との関係は、一段と緊密なものとなっております。わが国は、今後とも、ASEAN諸国の発展のための自主的な努力に対する支援を強化してまいります。また、現在東南アジアでの大きな緊張の要因となっているカンボジア問題についても、その平和的解決のため、国連の場などを通じて、ASEAN諸国とともに、引き続き努力を重ねてまいる考えであります。

近い将来、私は、ASEAN諸国との友好のきずなをさらに強固なものにするため、これら諸国を歴訪したいと考えております。

中国との間では、平和友好関係の増進に引き続き努力するとともに、日中関係の緊密化を、ひとり日中両国間にとどめることなく、広く世界の平和と安定に積極的に役立ててまいります。

他方、韓国では、最近新たな情勢の展開（※２）が見られますが、わが国としては、韓国の安定と発展への努力に着実な進展が見られることを心から期待しております。また、日韓双方の努力を通じ、今後とも両国間の円滑な関係が堅持されることを希望するものであります。

最近のソ連との関係については、世界の平和と安定に大きな脅威となっているアフガニスタンへの軍事介入、北方領土における軍備強化など、きわめて遺憾な事態が続いております。政府は、ソ連に対し、こうした事態の速やかな是正を引き続き強く求めるとともに、わが国固有の領土である北方領土の問題を解決し、平和条約の締結を図るという一貫した基本方針のもとに、ソ連との関係を真の相互理解に基づいて発展させるため、誠意をもって対処する考えであります。このような日ソ関係発展への道を開く環境をつくるためにも、ソ連側においてその誠意を具体的行動をもって示すことを強く期待するものであります。（拍手）

現在、世界の平和にとって緊急な対応が迫られているのは中東の情勢であります。特にイランとイラクとの間の紛争については、わが国は戦火の拡大を深く憂慮するものであります。両国が一日も早く戦闘を終結し、両国間の紛争を平和的に解決するよう強く希望いたします。また、両国在留邦人の安全については、特に万全を期しております。

さらにわが国としては、イランにおける米国大使館人質事件の早期解決に向けて引き続き最善を尽くしてまいります。

また、インドシナ、アフガニスタンなどにおける難民問題についても、人道上及び世界の平和と安定の見地から協力してまいる考えであります。

国際社会の直面するもう一つの重大な問題は南北問題であります。世界経済の停滞を背景として、特に開発途上国は、経済的にも社会的にも困窮の度を深めております。

開発途上国との相互依存関係がとりわけ深いわが国としては、今後とも国連の場などを通じ、積極的に南北対話に参加し、建設的な南北関係を築くことに貢献していく必要があります。

開発援助分野での協力は特に重要であります。わが国は、自由世界第二の経済大国として、また平和国家として、経済協力を通じて世界の平和と安定に寄与することを求められておりますが、今後とも積極的に経済協力を進めてまいります。

昨年来、わが国を取り巻く一連の国際政治上の動きの中で、安全保障問題について国民の関心が高まってまいりました。

わが国は、戦後これまで、日米安全保障体制を基軸として国の安全を維持し、今日の発展を遂げてまいりました。わが国が、平和の中で国の繁栄を図っていくためには、今後とも、日米安全保障体制の維持を基本とし、みずからも節度のある質の高い自衛力の整備に努力する必要があります。（拍手）しかしながら、今日の複雑な国際情勢とわが国の置かれた立場を考えれば、国の安全を確保するためには、単に防衛的な側面のみならず、経済、外交を含めた広い立場からの努力が必要であると考えます。私は、国民の理解を得て、このいわゆる総合的安全保障の政策を推進するよう検討いたしております。

以上、私の所信を述べてまいりましたが、今日、政府が当面している課題は、広範かつ複雑であります。また、その多くは、長期的視野に立った対応が求められるものであります。われわれの行動と選択は、現代にとどまらず、次の世代へと引き継がれ、その時代に生きる人々の生活に深くかかわってまいります。特に、高齢化社会の到来、資源・エネルギーの制約、環境問題の世界的な広がりなどを考えるとき、われわれの現在の対応のいかんが後世に与える影響はきわめて大きいものと言わなければなりません。

戦後のわが国の繁栄は、すべての国民が、それぞれの立場で、きわめて賢明な適応力を発揮した結果であると考えます。私は、今後とも、憲法の定める平和と民主主義、基本的人権尊重の理念を堅持し、（発言する者あり）国民のすぐれた力を結集して、わが国の将来を確かなものにしてまいりたいと思います。（拍手）

古来、天の時は地の利にしかず、地の利は人の和にしかずと申します。私は、「和」の精神のもとに、日本国民の英知と賢明な対応力によって、わが国の未来を切り開いてまいりたいと思います。

国民各位の一層の御理解と御協力を切にお願いをいたします。（拍手）

※1：臨時に総合的な調査審議機関を設立　「増税なき財政再建」を掲げた鈴木内閣の下で一九八一年に発足し、一九八三年の中曽根内閣まで設置された行政改革を目的とする第二次行政調査会。会長は土光敏夫であったことから「土光臨調」とも呼ばれ、赤字国債の完全解消、三公社（国鉄、日本電信電話公社、日本専売公社）の民営化等、大胆な提言を行う。

※2：韓国では、最近新たな情勢の展開　一九七九年に韓国で起きた朴正熙大統領暗殺事件、保安司令官全斗煥による軍事クーデターに端を発し、戒厳令下の一九八〇年に民主化指導者である金大中（後に大統領）の逮捕および死刑判決、それを契機とした全羅南道の光州市を拠点として起きた大規模な民主化運動とその武力鎮圧という一連の事件。鈴木首相は、全斗煥大統領に「金大中氏の身柄に重大な関心と憂慮の意」を伝えた。

必要なのは問題から逃げず、協力しながら一つ一つ解決し前進していくこと

一九八二年、鈴木は自民党総裁選を前に再選に臨まず、退陣することを表明。総裁選では、田中派、鈴木派の支持を得た中曽根康弘が河本敏夫、安倍晋太郎、中川一郎を破り圧勝する。中曽根は内務省に入り戦中は海軍。戦後まもなく政界に転じ、二十代で衆議院に当選した。運輸相、通産相、防衛庁長官などを歴任。自民党内のタカ派として知られていた。鈴木内閣では行政管理庁長官として国鉄（現ＪＲ）、電電（ＮＴＴ）、専売（日本たばこ）の改革に取り組んでいた。既に英国ではサッチャー政権（七九年）、米国ではレーガン政権（八一年）が誕生し、新保守主義が時代の潮流となろうとしていた。

中曽根康弘・所信表明演説

第九十七回国会　一九八二年（昭和五十七年）十二月三日

このたび、私は、内閣総理大臣に任命されました。決意を新たにし、国民の皆様の御信頼と御期待にこたえてまいります。

いまや世界情勢は、問題山積の中に、いよいよ厳しい様相を呈し、さらに、内政もまた重大な転換期を迎えております。私は、この風雪を突破して、日本に新たな黎明《れいめい》をもたらすよう全力を尽くします。（拍手）

それは、各党、各会派の御協力はもとより、全国民の皆様の御支援なしにはできません。私は、「わかりやすい政治」、国民の皆様に「話しかける政治」の実現を心がけ、政治が国民に密着し、国民の気持ちをくみ上げる場として、常に、そしてさらに健全に機能するよう懸命の努力を続けます。

中曽根康弘（なかそね・やすひろ）
1918年〜。群馬県生まれ。首相在任期間：1982年11月17日〜1987年11月6日（1806日間）。東京帝国大学法学部卒業。戦前は、内務省入省後、海軍主計将校となり前線にも動員された。戦後は内務省に復帰、1947年の総選挙で当選。民主党、国民民主党、改進党、日本民主党と所属政党を変え、保守合同後自由民主党所属となる。党内では反吉田勢力に属した。以後、運輸大臣、防衛庁長官（ともに佐藤内閣）、通商産業大臣（田中内閣）等を歴任。自主憲法制定、首相公選制が持論。政界での合理的、現実的身の処し方から「風見鶏」とも呼ばれた。首相在任中は、レーガン米大統領との「ロン・ヤス」関係といわれた親密さを誇った。中曽根政権で特筆されるのは、三公社の民営化とプラザ合意。

写真提供：毎日新聞社

政治を支えるもの、それは国民の信頼であります。私は、各党、各会派、そして議員各位の御協力のもと、政治の倫理を確立し、（発言する者あり）清潔で効率的な政治を目指します。

私の政治目標の第一は、内外における平和の維持とわが国の民主主義の健全な発展を図ることにあります。このことは、国民生活の安定のための基盤をなすものであります。

平和の維持にとって大切なのは、これを可能ならしめる国際環境をつくり出すことであります。この現代の至高かつ緊急な課題を実現すべく努力することにより、恒久的な世界の平和の確保のために貢献したいと念じております。地上の平和、人類の共栄こそ、われわれが共同責任で追求すべき現代の大きな課題であります。われわれは、誠実に、かつ真剣に、あらゆる機会を通じて、この人類悲願の大目標の達成に邁進すべきであることをしっかりと心に刻んでおきたいと思います。（拍手）

また、私は、先人の営々とした努力と、貴重な犠牲の上に実現し、いまや国民共通の財産となっている民主主義の確固たる基礎の上に、自由と基本的人権の保障をさらに確かなものにしていきたいと思います。

政治目標の第二は、「たくましい文化と福祉の国日本」をつくることにあります。

終戦直後、人々は空腹を抱え、トタン屋根の仮住まいの中で、文化国家、福祉国家の理想を掲げました。昭和二十二年、私は、初めて国会議員に当選して、瓦れきとやみ市の間を縫って登院しました。そのときの光景が目に浮かびます。焼け跡に立っての、文化国家、福祉国家の叫びは、戦前の日本の軍事優先の考え方や自由の拘束された時代から解放された国民が熱望した新しい価値であります。

しかし、当時、国民が直面していた困難の前には、それは一片の理論や理想にすぎませんでした。その後三十余年、いまや日本は、高度経済成長を経て、自由世界第二位の経済大国に発展しました。国民は、手にし得た物の豊かさの上に、心の豊かさ、真の文化を心から求めるに至っております。また、いわゆる西欧型の福祉国家とは異なった、日本的な充実した、家庭を中心とする福祉を求める切実な声が上がっております。われわれの経済力は、すでに、そのような国民の理想を、手の届くところに望み得る基盤をつくり上げております。

私は、いまこそ、戦前の日本に対して、戦後の日本の国の理想として、「たくましい文化と福祉の国」をつくるという新しい目標を高く掲げるときが来ていると思うのであります。（拍手）それこそ、二十世紀に生きるわれわれの、次代に引き継ぐピラミッドでなければなりません。

「たくましい」とは、人間の自由と創造力、生きがいという心の内なるものを尊重する考え方を指すものであります。それは、国民がわが国のよき伝統である連帯と相互扶助の精神をとうとび、生涯を通じて互いに学び合い、切磋琢磨《せっさたくま》する姿勢の中から生まれてくると思います。

政治は、この文化と福祉に奉仕するものであります。

「たくましい文化と福祉の国」をつくるに際して、私は、「思いやりの心」と「責任ある実行」を政治の基本に据えます。

私は、何よりも心の触れ合う社会、礼節と愛情に富んだ社会の建設を目指したいと思います。（拍手）特に、政治の光を家庭に当て、家庭という場を最も重視していきたいと思います。国民の皆様の具体的な幸せは、一体どこにあるのでありましょうか。家族が家路を急ぎ、夕べの食卓を囲んだときに、ほのぼのとした親愛の情が漂います。このひとときの何とも言えない親愛の情こそ、幸せそのものではないでしょうか。夕べの食卓で孫をひざに抱き、親子三代の家族がともに住むことが、お年寄りにとってもかけがえのない喜びであると思うのであります。勤勉な向上する心、敬虔《けいけん》な祈る心もそうした家庭に芽生えます。明るい健康な青少年も、節度ある家庭の団らんから巣立ちます。

この幸せが、一億一千万集まって、日本の幸せができるのであります。この幸せの基盤である家庭を大切にし、日本の社会の原単位として充実させていくことこそ、文化と福祉の根源であるとかたく信ずるのであります。（拍手）

また、目指すべき社会は、政府と国民の皆様が手を携えて建設してまいらねばなりません。国民の皆様が自立自助の精神に立って、互いの協力の中からそれぞれに求められた責任を果たすことが政治を円滑に進める原動力であります。政府もまた、必要な施策を責任を持って果敢に実行いたします。

以上申し述べました基本的考えを踏まえ、当面する諸問題について所信を申し上げます。

行政改革は、行政の姿をこれからの時代にふさわしいものにつくり変えていこうとするものであります。それは単に過去のひずみやアンバランスの是正のみを目的とするものではなく、わが国の将来への明るい展望を開くための国民的課題であります。また、私の唱道《しょうどう》する「たくましい文化と福祉の国」をつくるための突破口でもあります。私は、前内閣において行政管理庁長官の任にありましたが、今後とも行政改革の推進に一層の努力を傾ける決意であります。（拍手）

ロナルド・レーガン米大統領日本訪問。左は紅葉の説明をする中曽根康弘首相（写真提供：毎日新聞社）

去る七月に臨時行政調査会から第三次答申が提出されました。私は、これを最大限に尊重し、当面、具体化を急ぐべき措置については、速やかに施策を実施に移し、地方公共団体の協力も得て計画的に諸改革の実現を図ってまいります。

特に、緊急を要する国鉄の事業の再建につきましては、今国会に国鉄再建監理委員会を設置すること等を内容とする法律案を提出した次第であります。（発言する者あり）

私は、また、臨時行政調査会から今後提出される答申も含めて、各界各層の御意見に十分留意しつつ、行政の改革を総合的に、かつ、強力に推進してまいりたいと存じます。

次に、財政の問題について申し述べます。わが国財政は、いまや九十兆円を超える多額の国債の累積を抱えるに至りました。現状のままでは、高齢化社会の到来等の社会経済情勢の変化に対応することができません。それればかりか財政金融政策の円滑な運営に支障を来し、わが国経済の発展と国民生活の安定を図る上で重大な障害となるおそれがあります。したがって、できるだけ早期に特例公債依存の体質から脱却することがどうしても必要であります。政府は、これまでその方向を目指して、歳入歳出両面にわたり、できる限りの努力をしてまいりました。

しかしながら、第二次石油危機の後、世界経済が大きく低迷する中で、わが国経済もその影響を受けて成長率が低下することとなり、税収の伸びも急激に鈍化するに至りました。昭和五十七年度においても、六兆円を超える大幅な減収が見込まれております。今回提出いたしました補正予算は、これに伴う歳入不足に対処するとともに、過去最大の規模に達した今年度の災害に対する復旧事業費の追加等を主たる内容とするものであります。

また、この補正予算におきましては、歳出について、人事院勧告に基づく国家公務員給与の改定を見送るといったきわめて異例の措置をも講じて、（発言する者あり）その切り詰めを図りました。しかし、なお、やむを得ざる措置として特例公債の追加発行に踏み切らざるを得なかったのであります。事情を御理解の上、速やかな御審議をお願いする次第であります。

このように、わが国財政を取り巻く環境は大きく変化し、昭和五十九年度に特例公債依存体質から脱却することはきわめてむずかしくなったと考えざるを得ません。

しかし、私は、このような困難に臆することなく、最も緊要な政策課題の一つとして財政再建に全力で取り組む決意であります。（拍手）

そのためには、まず、社会経済情勢の変化に応じて、歳出の見直し、合理化を徹底的に行う必要があります。当面早急に取り組むことになる昭和五十八年度予算編成においても、この方針を貫き、具体的には、国債費と地方交付税交付金を除く一般歳出を前年度同額にまで圧縮する意気込みで努力してまいりたいと存じます。また、これに合わせて、歳入についても、増税なき財政再建の基本理念に沿いつつ、その見直しを行い、新しい時代の要請にこたえ得るよう財政の対応力の回復を図っていきたいと考えております。

わが国経済の現状は、厳しい情勢にある諸外国に比べれば良好でありますが、世界経済の停滞もあり、依然として景気の足取りは力強さを欠いております。

このような状態に対処するため、去る十月に決定されました総合経済対策に基づき、今後、内外の経済動向を注視しつつ、内需の拡大を図り、不況産業対策、雇用対策を機動的に実施してまいります。また、特に中小企業につきましては、きめ細かい政策的配慮を行う所存であります。

今後のわが国経済社会の課題は、ゆとりと活力のある安定社会の実現であります。そのためには、内外の厳しい環境のもとではありますが、労使関係の円滑化に十分配慮しつつ、創意と活力に富んだ経済の持続的な安定成長を図り、量的拡大よりも質的向上を目指した国民生活の一層の充実をもたらすことが必要であると考えます。

このためには、新しい時代に適合した産業構造への転換、資源エネルギー及び食糧問題への適切な対応、先端技術の研究開発、高齢化社会に適合した雇用や社会保障制度の体系的整備など、多くの分野での経済社会の変化に対応した創意工夫が求められます。

このような観点から、新しい長期経済社会計画の策定に当たっては、今後のわが国経済社会が向かうべき姿を明らかにすべく、十分に検討してまいる所存であります。

わが国外交の基本は、欧米を初めとする自由主義諸国の一員として、これらの国々との協調のもとに、自主的な外交努力を行うことであります。

特に、米国は、わが国にとって、政治、経済等の広範な分野において固いきずなで結ばれた最も重要なパートナーであります。私は、日米間の信頼関係を、今後、一層強化してまいりたいと考えます。

また、アジア諸国との一層の相互理解と友好関係の強化が重要であります。地理的にも密接な関係にあるこの地域の平和と繁栄のために、積極的な役割りを果たしてまいります。

最近、ソ連においては新指導部が誕生しましたが（※1）、ソ連との関係においては、北方領土問題を解決して平和条約を締結し、真の相互理解に基づく安定的な日ソ関係を確立すべく、全力を尽くしていく決意であります。

国際経済の分野においては、高まりつつある保護主義の圧力をいかにして食いとめるかが最大の課題であります。わが国みずからの貢献を通じ、自由貿易体制の維持強化と世界経済の再活性化のために、外交、内政両面で努力を重ねてまいる所存であります。また、新中期目標のもとで開発途上国に対する経済、技術面での協力に一層力を注ぎます。

わが国の安全保障に関する基本姿勢は、日米安全保障体制を維持し、自衛のための必要な限度において、質の高い防衛力の整備を図っていくことにあります。

同時に、軍事大国にならず、近隣諸国に軍事的脅威を与えることのないよう配意いたします。また、平和外交の基本方針を堅持し、国際的な軍縮の努力に貢献してまいります。

さらに、わが国の平和と安全を確保するためには、総合的な安全保障の視点から、自由貿易の一層の発展、資源エネルギー及び食糧の安定的確保、経済協力の拡充など、各種の施策を総合的に推進していくことが必要だと存じます。

二十一世紀への道のりを考えるとき、そこには幾多の困難が待ち受けております。世界的な政治、経済の不安定性など現在われわれが直面している問題の多くは、大きな時代変化の潮流がもたらしたものでもあります。また、あるものは、いわば文明の相克《そうこく》とも言うべき問題の根深さを持っております。もろもろの国際秩序や国内における社会条件は、いま、新しい時代の胎動を始めているとも感じ得るのであります。

したがって、問題の解決は、容易ではありません。私は、心がけて国民の皆様に事態をよくお知らせし、皆様の御意見を承り、また時によっては忍耐をお願いしなければならないこともあると思います。また、わが国だけでなく国際的協調のもとに解決すべきことも多いと考えます。必要なことは、問題から逃げないで皆様の御協力を得て、一つ一つ着実に解決し前進することであります。（拍手）

わが国は、明治以来、幾たびとなくこのような国家的困難にかかわる重大な場面に遭遇し、その都度これをみごとに乗り切りました。それは民族の伝統的底力によってであります。

わが国に対してさらに積極的役割りを求める世界の期待は、年を追って強くなっております。日本は、いまや世界経済の一割を担う国力を持つに至り、日本の寄与なくして地上の平和と人類の共栄の前進はありません。

われわれは、勇気と英知をもってこの難局を乗り切り、清新の気と、思いやりと連帯感にあふれる「たく

ましい文化と福祉の国」の建設に、希望を持って立ち上がろうではありませんか。（拍手）

私は、わが国が人類の平和と繁栄に積極的に貢献し、よき隣人として信頼され尊敬され、国際社会において名誉ある地位を占めることをひたすら念願するものであります。

以上申し述べました基本姿勢をもって、私は、負託された重大責務に、厳粛な決意でこたえていく所存であります。

ここに重ねて国民の皆様の一層の御理解と御協力をお願い申し上げる次第であります。（拍手）

※1：ソ連においては新指導部が誕生　ブレジネフ書記長の死去後、一九八二年国家保安委員会（ＫＧＢ）議長ユーリ・アンドロポフがＫＧＢと軍の支援を背景に共産党中央委員会書記長に就任する。後に大統領としてペレストロイカを主導したゴルバチョフを重用したことでも知られる。綱紀粛正と労働規律確立を目指したアンドロポフであったが、持病の糖尿病を悪化させ一九八四年に死去する。

戦後四十年。
戦後政治の総決算
行財政・教育改革を推進

戦後四十年の一九八五年、この演説の後、四月に日本電信電話会社、日本たばこ産業が発足。十月には国鉄の分割・民営化を打ち出した「国鉄改革のための基本方針」を政府は決定する。就任から二年余り、中曽根の「戦後政治の総決算」は着々と進んでいた。行革、民間活力の時代だった。この演説時には予見もできなかったが、八五年は日本の大きな転換点となった。九月、貿易、財政ふたつの赤字に苦しむ米国を支援するため、日米欧主要五カ国はドル高是正のために為替市場に協調介入することで合意する。「プラザ合意」である。急激な円高が日本を襲い、マネーの奔流はやがてバブル経済を生み出すことになる。

中曽根康弘・施政方針演説

第百二回国会　一九八五年（昭和六十年）一月二十五日

第百二回通常国会の再開に当たり、内外の情勢を展望して施政の方針を明らかにし、国民の皆様の御理解と御協力を得たいと思います。

私は、内閣総理大臣の重責を担って以来、戦後政治の総決算を標榜し、対外的には世界の平和と繁栄に積極的に貢献する国際国家日本の実現を、また、国内的には二十一世紀に向けた「たくましい文化と福祉の国」づくりを目指して、全力を傾けてまいりました。（拍手）このような外交、内政の基本方針を堅持し、国民の皆様の幅広い支持のもとに、これをさらに定着させ、前進させることが、私の果たすべき責務であると考え

ます。(拍手)

昭和六十年、一九八五年は、昭和二十年の終戦から四十年、明治十八年の内閣制度の創設から百年に当たります。歴史の流れにおける大きな節目とも言うべきこの年に当たり、これまで我々日本国民がなし遂げてきた実績の上に立って、各分野にわたりさらに大胆な改革を進め、我々の次の世代へよりよい日本を引き継ぐために、一段と力を尽くさなければならないことを痛感いたします。(拍手)

我々は、戦後、自由と平和、基本的人権と法秩序の尊厳等民主主義の意義と価値を深く学び、戦前の反省の上に立って、それを守り、さらに強く確立するかたい決意のもとに、その実践に努めてまいりました。このことが、戦後の日本の発展の基盤となっていると考えております。今、四十年の節目のときに当たり、我々は、ややもすれば民主主義の恩恵になれて、それに対する鮮烈な感激を失い、その何物にもかえがたい価値を忘れたりすることのないよう、常に、反復して、民主政治の正しいあり方を考え、その大道を実践し、これを子孫に伝えていきたいと考えております。(拍手)

その際、基本的に重要なことは、政治の運営が、常に、国民に公開された場において、政策を中心として行われることであります。そのため、国会における各党、各会派との関係におきましても、対話と相互理解を深めることが肝要と考えるものであります。私は、近来、法案の取り扱い等をめぐって、与野党間の話し合い路線が定着してきたことを歓迎し、今後、一層政策中心の対話と協力が推進されるよう努力してまいりたいと存じます。

また、議会制民主政治の基礎にかかわる国会議員の定数配分問題につきましては、各党、各会派間で十分論議を尽くしていただき、今国会において定数是正が実現するよう、政府としても最大限の努力をしてまいります。

さらに、政治倫理の確立の問題につきましては、衆参両議院の政治倫理に関する協議会における議論等を踏まえ、具体的に実効性ある方策が講ぜられることを期待するとともに、私自身も心を新たにして、この問題に取り組んでまいります。

以下、国政の各分野について、私の基本的考え方を申し述べます。

国際情勢は、東西間における七〇年代の緊張緩和が後退して以来、厳しい状態が続き、国際的気圧配置は、厳冬の時期が続いておりましたが、近来、米ソ間を初め、朝鮮半島などの動きにも、やや薄日が差し始める気配がしてまいりました。

もちろん国際情勢の実態は、依然として厳しい状況にありますが、今年こそ、東西間を初め、各地域の緊張緩和のために真剣な対話が行われ、さらに、世界経済の運営につきましても、国際協調の努力が一段と強められることにより、人類の未来に向かって、明るい希望の持てる年とすることが必要であると考えております。

我が国もまた、戦後の経済発展が、世界の平和と各国国民の理解と共感の上に初めて可能であったことを銘記し、国際社会において重要な地位を占めるに至った今日、世界の平和と繁栄のため、積極的な貢献をしていかなければなりません。

私は、こうした考えから、年初早々、米国及び大洋州《たいようしゅう》諸国を訪問し、各国首脳と会談をしてまいりました。米国では、レーガン大統領との間で、世界の平和と繁栄に向けて、今後とも、日米両国が緊密に協力していくことを再確認しました。大洋州諸国では、世界の平和を確立していくことの重要性と、この地域の発展のために幅広い友好協力関係を増進させることについて、意見の一致を見ました。

今日、世界の平和と安定にとって最も緊要なことは、相互に信頼し得る安定的な東西関係を構築することであります。そのためには、日米欧の自由民主主義諸国が結束を維持しながら、軍備管理、軍縮を中心とする東西間の対話を促進するよう努力することが重要であります。

我が国は、これまであらゆる機会をとらえて、軍縮、なかんずく、核軍縮の重要性を積極的に訴えてまいりましたが、今般、米ソ両国間で、戦略核、中距離核及び宇宙兵器に関して、新たな交渉を行うことが合意されたことを歓迎するものであります。宇宙の軍備競争の防止と、地球上での軍備競争の停止、核兵器の削減、究極的にはその廃絶を目的としたこの交渉が、緊張緩和の重要な礎《いしずえ》となることを信じてやみません。（拍手）東西間の話し合いが続けられていること自体、緊張の激化を防ぐ効果を持っておりますが、さらにその交渉が、相互に信頼し得る、実効ある検証措置の合意の上に、できるだけ早く実質的な成果を上げるよう、我が国としても最大限の努力をしていきたいと考えております。（拍手）

他方、中東、インドシナ、中米等の地域における紛争につきましては、関係諸国との話し合いを通じて、その平和的解決を図るための環境づくりに努めてまいります。

我が国の平和と安全を確かなものとするためには、総合的な安全保障の観点に立ち、外交、経済協力、資源エネルギー及び食糧の確保等の各種施策の推進に努めるとともに、厳しい国際情勢に対応して、他の諸施策との調和に配慮しながら、防衛力の適切な整備を図ることが必要であります。

このため、日米安全保障体制の円滑、かつ、効果的な運用を図りながら、必要な限度において、質の高い、効率的な自衛力の整備を進めてまいります。もとより、平和憲法のもとで専守防衛《せんしゅぼうえい》に徹し、非核三原則とシビリアンコントロールを堅持し、近隣諸国に軍事的脅威を与えないという従来からの方針には、いささかの揺るぎもありません。

世界経済は、全体として回復基調にありますが、西欧諸国の高水準の失業、米国の高金利、開発途上国の累積債務等の困難な諸問題が依然として存在し、これを背景に保護主義的な動きも根強いものがあります。

国際的な相互依存関係がますます深まっている今日、自由貿易体制の維持強化及び世界経済の活性化への積極的貢献を行うことが、今や世界経済の一割を占める我が国の責務と考えます。

このため、我が国は、景気の持続的拡大を図る中で、引き続き国内市場の一層の開放に努め、金融・資本市場の自由化、円の国際化等々を促進するとともに、新しい多角的貿易交渉の早期開始に向けて、積極的役割を果たしてまいります。

また、開発途上国の経済発展に貢献するため、貿易の拡大や経済技術協力の一層の拡充に、最大限の努力をしてまいります。特に、食糧危機に苦悩するアフリカ諸国に対して、国民の皆様の御協力を得て、幅広い支援活動を強化していく考えであります。

国際社会が幾多の困難を克服し、協調と連帯を原則とする、希望に満ちた二十一世紀の扉を開くためには、各国国民相互の理解と信頼関係の確立が不可欠であり、私は、今後とも、スポーツ、芸術、文化などあらゆる分野における国際交流の輪を広げていきたいと考えております。

特に本年は、国際連合において国際青年年と定められておりますが、私は、これを契機に、みずからの社会的責任と世界における日本の立場を自覚する、国際性豊かな青年を育成するとともに、海外の青年に日本が正しく理解されるよう、青年交流を強力に推進してまいります。また、各国との留学生交流の充実に意を用いてまいります。

さらに、地球環境の保全は、人類生存の基礎となるものであり、我が国は、これに積極的に貢献していきたいと考えます。本年は、国際森林年の年でもあり、地球森林資源の保全、涵養《かんよう》に積極的に取り組んでまいりたいと考えます。

次に、各国との関係について申し述べます。

我が国は、自由世界の一員であるとともに、アジアの一員であり、これまでの歴史的経緯や、今日の国際社会における我が国の立場から、開発途上国や非同盟諸国との友好協力をも重視すべきであると考えます。

まず、米国との友好協力関係の維持強化は、我が国外交の基軸であります。米国との同盟関係は、戦後の最も重要な、そして賢明な選択であり、日米関係の一層の発展は、アジア・太平洋地域、さらには世界の平和と繁栄にとって、極めて重要な礎石《そせき》であります。（拍手）私は、先般のレーガン大統領との会談を踏まえ、経済関係の円滑な運営を含め、両国関係の一層の発展に努めてまいります。

アジア地域におきましては、昨年中国を訪問しましたが、二十一世紀に向かって両国関係を安定的に発展させるとの決意を、中国指導者との間で確認することができました。今後、平和友好、平等互恵《ごけい》、相互信頼、長期安定の四原則に従って、揺るぎない両国関係を築いてまいります。（拍手）

韓国の全斗煥《ぜんとかん》大統領が、昨年九月、同国の元首として、初めて我が国を公式訪問されましたが、これは、長い歴史を持つ両国の関係において画期的なことであり、善隣友好関係を一層強固にする契機となったと確信いたします。（拍手）

ＡＳＥＡＮ諸国との間におきましては、友好協力関係を一層推進するため、経済関係のみならず、人物、科学技術及び文化の交流の拡大に意を用い、この地域の平和と安定のために、積極的役割を果たしたいと考えております。

私は、昨年パキスタン及びインドを訪問し、両国指導者と忌憚《きたん》のない意見交換を行い、今後の友好協力関係の強化について合意いたしました。

太平洋地域は、今や世界で最も活力とダイナミズムに富み、二十一世紀に向けて大きな発展の可能性を秘めております。この地域が相互の交流を一層拡大し、連帯を深めていくことは、歴史的潮流であると確信いたしております。しかし、そうした域内協力の拡大は、当面は民間活動を主軸に積み重ねられ、経済、技術及び文化の交流や協力を中心とし、また、他の地域に対して排他的であってはならず、さらに、ＡＳＥＡＮ諸国等を中心とする自発的意欲の盛り上がりに主導されたものでなければならないと考えます。我が国は、米国などとともに、こうした動きがあれば積極的に協力し、人づくり協力や情報の交流を初めとする、共同のプロジェクトの実現に努力したいと考えております。
西欧諸国は、我が国及び米国とともに、自由と民主主義という基本的価値観を共有しており、私は、これら諸国との間で、引き続き緊密な連帯と協調を図ってまいります。
ソ連との間におきましては、北方領土問題を解決して平和条約を締結し、真の相互理解に基づく安定的関係を確立するため、今後とも粘り強く努力してまいります。日ソ間には、近時、種々の交流が再開されてきておりますが、私はこの流れを歓迎し、それを次第に広げ、実りある両国関係を開き進めるよう努力してまいりたいと考えます。ソ連側におきましても、平和国家として発展している我が国の実情を正しく認識し、両国間の友好を深めるよう期待するものであります。
今日、我が国の政治、経済、社会など各分野において山積している諸問題を解決し、来るべき二十一世紀に向けて、真に豊かな社会の基礎を固めるため、行政改革を初め、財政改革及び教育改革の三つの基本的な改革を、引き続き着実に推進してまいります。（拍手）
政府は、行政改革を国政上の最重要課題の一つとして、臨時行政調査会及び臨時行政改革推進審議会の提言を踏まえながら、その推進を図ってきております。特に、さきの第百一回特別国会から今国会の冒頭にかけまして、医療保険制度の改革、専売公社及び電電公社の改革を初め、諸般の行政改革のための関連法律の成立を見ました。昨年来御審議いただいている国民年金等の改正法案につきましては、一日も早い成立をお願いいいたしたいと思います。（拍手）
さらに、今国会におきましては、共済年金の改革、地方公共団体に対する国の関与等の整理合理化などのための法律案を提出することとしております。また、国家公務員の定員につきましても、六千四百八十二人にも上る、これまでにない大幅な縮減を図ることとしたところであります。
私は、今後とも、国民の皆様の御理解と御支援のもとに、行政機構、特殊法人等の整理合理化、国家公務員の定員の合理化など、行政改革の一層の推進に努めてまいります。また、地方公共団体の行政改革につきましては、その指針となる地方行革大綱を策定したところであり、政府としても、国民の皆様の強い期待にこたえて、その積極的な促進を図ってまいります。

財政を改革し、その対応力の回復を図ることは、我が国の将来の安定と発展のため避けることのできない緊要な課題であります。このため、政府は、昭和六十五年度までの間に、特例公債依存体質からの脱却と公債依存度の引き下げに努めることとし、財政改革を推進してきているところであります。

昭和六十年度予算につきましても、手綱を緩めることなく、すべての分野にわたって施策の見直しに努め、思い切った補助金等の整理合理化など、さらに歳出の徹底した節減合理化に取り組むとともに、歳入面におきましても、税負担の公平化、適正化を推進する観点から、税制の見直しにできる限りの努力を払うほか、税外収入につきましても、可能な限りその確保を図ったところであります。

なお、地方財政につきましても、所要の措置を講じ、その円滑な運営を期することといたしております。

このような歳出歳入両面にわたる努力の結果、昭和六十年度予算におきましては、公債を前年度の当初発行予定額に比し、一兆円減額することとし、また、新たに発足する日本電信電話株式会社等の株式のうち、売却可能な分を国債整理基金特別会計に帰属させ、公債償還財源の充実に資することとするなど、極めて厳しい環境の中で、財政改革の重要な一歩を進めたものと考えております。（拍手）

昭和六十年度予算を含め、この三年間にわたって、一般歳出の伸びがマイナスになるという、過去にはほとんど例を見ない厳しい措置が続けられております。この間、国民の皆様には、時としていろいろな面で御辛抱をお願いいし、厳しい施策に協力していただいていることに、私は、深い感謝の念を覚えるものであります。

行財政改革を進めていく上での重要な課題として、米、健保、国鉄のいわゆる三Kが挙げられて久しくなりますが、米につきましては逆ざや解消への努力がかなり進み、健保財政もこれまでの健全化への努力がようやく実ってきております。今年は、日本国有鉄道再建監理委員会の意見を得て、いよいよ国鉄の抜本的改革に取り組むときであります。（拍手）

こうした行財政改革の継続した努力により、国民の負担の増加を極力抑制し、政府規模の肥大化を防止するという、臨時行政調査会答申の基本方向に沿い得る展望が得られるものと考えております。また、その一方におきましては、公的規制の見直しや公社制度の改革等により、国民経済の基盤となる民間部門の活力の積極的展開が実現してきており、我が国経済社会が、二十一世紀に向けて構造的変革を遂げる基礎が固まりつつあると確信いたしております。

また、我が国の税制につきましては、社会経済情勢の変化により、種々の問題が指摘されるようになってきており、国民各層における広範な論議を踏まえながら、幅広い視野に立った税制全般にわたる改革を、これからの課題として検討する必要があると考えております。（拍手）

教育の現状につきましては、青少年の非行、学歴の過度の重視、教育に関する多様化、弾力化、自由化の必要性などの問題が指摘されており、これらに対応した適切な改革を行うことが求められております。また、産業構造の変化、情報化社会、高齢化社会の急速な進展などに伴って、生涯を通ずる学習への要請が増大してきており、さらに、教育の国際化も重要な課題となっております。

このような教育に関する広範な課題に対して、臨時教育審議会を設置し、教育全般にわたる総合的な検討をお願いいたしているところであります。

教育改革は、我が国固有の伝統的文化を維持発展させるとともに、日本人としての自覚に立って国際社会に貢献する国民の育成を期し、正しい生活規範を身につけながら、高い理想と強健な体力、豊かな個性と創造力をはぐくむことを目標として行わるべきものと考えます。（拍手）

教育改革の実現は、歴史の節目である今日における、大切な政治の使命であると信じます。私は、臨時教育審議会の答申を得てそれを最大限に尊重し、二十一世紀を担う、たくましく、心豊かな青少年の教育が実現するよう、果断な教育改革に全力で取り組んでまいります。（拍手）

最近の我が国の経済情勢を見ますと、なおばらつきが残されているものの、全体として景気は拡大を続けております。私は、今後、物価の安定基調を維持しつつ、この景気回復を国内民間需要中心の持続的安定成長として定着させ、また、雇用の安定を確保することに、最善の努力を払ってまいります。

我が国経済社会の体質を常に活性化させ、適度の経済成長を達成していくためには、民間活力を最大限に活用することが必要であります。このため、公的規制について、公共性にも配慮しながら、民間部門の自由な活動領域を一層広げるようその抜本的な見直しを行い、また、関西国際空港株式会社の設立に見られるような新しい仕組みの導入を図り、さらに、社会資本整備の分野における国有地等の有効活用を引き続き推進するなど、民間活力誘導のための環境整備を促進してまいります。また、社会的サービス、緑の国土づくりなどの新たな分野におきましても、民間活力の積極的な活用が図られるよう努めてまいります。

我が国が、二十一世紀の新たな発展を目指して前進していくためには、創造的な科学技術を創出していくことが重要な課題であり、また、国際的な科学技術協力の一層の展開により、世界経済の活性化、さらには人類の発展に寄与することが求められております。今後、民間活力が最大限に発揮されるよう基盤を整備し、また、産学官の連携を図りながら、科学技術の振興に一段と力を尽くしてまいります。

本年三月十七日から、人間・居住・環境と科学技術をテーマとする国際科学技術博覧会が、筑波研究学園都市において開催されます。私は、この国家的事業をぜひとも成功させ、本年が、科学技術立国を目指す我が国の新たな飛躍の年となるよう、念願する次第であります。

我が国は、情報通信関連技術の著しい革新と普及により、高度情報社会の先駆けともいうべき段階に入ろうとしております。高度情報化は、産業の活性化と経済発展をもたらすだけでなく、知的、文化的でより豊かな国民生活及び個性的で魅力ある地域社会の実現と、相互理解に支えられた国際社会の進展に大きく寄与するものであります。このため、関連基礎技術の研究開発や安全性、信頼性対策の確立など、高度情報社会の円滑な実現のための基盤整備に積極的に取り組んでまいります。また、さきの電電公社の改革を基本として、電気通信事業分野における競争原理の導入が本格化するよう努力してまいります。

さらに、政府は、このような技術革新の急速な進展などの情勢変化の中で、雇用の確保に必要な条件整備を進めるとともに、引き続き、生産性の向上を中心とした農林水産業対策の推進、厳しい環境変化に積極的に対応し得る創意と活力ある中小企業の育成などにも、一層力を入れてまいります。(拍手)

今日我が国は、いわゆる人生八十年時代を迎え、世界最高の長寿国の一つとなっております。長寿は古来人々の願いとするところであり、長寿国日本の実現は、大いに祝福さるべきことであります。こうした長い人生を充実した豊かなものとするためには、国民が生涯を通じて、生きがいのある生活を送ることができる社会システムを構築する必要があり、特に、生活を支える社会保障制度につきましては、先見性のある周到な配慮のもとに、先導的改革を行うことが強く求められております。(拍手)

さきの国会で実現を見ました医療保険制度の改革は、その第一歩になるものであり、また、年金制度につきましては、現在御審議いただいている国民年金、厚生年金保険等の改革に加え、共済年金の改革を実施することにより、昭和七十年を目途として、公的年金制度全体の一元化を実現し、社会保障制度を、世代間の公平が確保され、また、将来にわたり安定した揺るぎない制度として、整備してまいる考えであります。(拍手)このような社会保障制度の改革により、今次行政改革の大きな柱が実現するものと考えます。これらの制度改革を根幹として、定年の延長など、高齢者の能力や経験ができる限り社会に生かされる仕組みを工夫し、その積極的な社会参加を促進することが重要と考えます。また、寝たきり老人や障害者など、社会的、経済的に弱い立場にある人々に対して、温かい手を差し伸べてまいります。

すべての国民が、生涯を通じて健康な生活を送ることができるよう、心身の健康づくり等総合的な保健医療対策を推進してまいります。特に、我が国における死因の第一位を占め、国民の関心が極めて深いがんにつきましては、その制圧を図るため、引き続き対がん十カ年総合戦略に基づき、総合的、かつ、重点的な施策の推進を図ってまいります。また、難病対策にも特段の意を用いてまいります。

今、国民が求めているのは、心の豊かさであります。このため、私は、心の触れ合う、礼節と愛情に富んだ地域社会の建設を目指し、着実な努力を重ねてまいります。生活の基盤であり、家庭の団らんの場である、住みよい、ゆとりのある住宅の供給に努めるなど、社会資本の整備を推進するとともに、地方公共団体と協力して、花と緑に囲まれた、安全で快適な生活環境づくりを進め、さらに、各地域が独自の創意工夫により、特色ある文化の花を咲かせた、魅力ある町づくり、村づくりを進められるよう努力してまいります。（拍手）

本年は、国連婦人の十年の最終年に当たりますが、これまでの成果を踏まえて、婦人の地位向上のための施策を積極的に推進し、特に、いわゆる女子差別撤廃条約の批准《ひじゅん》に向けて最大限の努力をしてまいります。

また、国民生活の安全を確保するため、治安の確保、災害対策や交通安全対策の充実に努めてまいります。広く社会不安をもたらすような、悪質な犯罪に対しては、国民の皆様の御協力を得て、その防圧、検挙に全力を尽くします。（拍手）

我が国は、戦後四十年間にわたる国民のたゆみない努力により、風雪に耐え、幾多の困難を克服して、今日の繁栄と国民生活の安定を築き上げました。これを顧みるとき、国民の皆様それぞれが、はるばるとたどってきた苦闘の歴史に、深い感慨を禁じ得ないものがあろうかと思います。

今日、高度成長のさなかに開かれた東京オリンピックの年に生まれた子供が、成人式を迎える時代に至っており、日本の国も、日本人の生活や意識も、あるいは国際的に見た日本の位置づけも、今や大きく変わってきております。

我々は、この大きな時代の流れを正確に把握し、国際社会の中に根をおろして、その尊敬と信頼を受け、活力に満ちた豊かな日本をつくり上げ、次の世代に引き継いでいかなければなりません。（拍手）そのことは、我々の世代の使命であり、今や日本の各界各層が、二十一世紀に向けて軌道を敷設《ふせつ》し、次の時代を担う世代に、明るく、力強い時代のたいまつを引き渡すことができるよう、全力を傾けるときであると信じます。（拍手）

状況は厳しいものがありますが、我々は着実に前進してきております。行政改革の道もようやくその半ばに達し、財政改革もその緒につき得たと考えます。我が国経済はこの二年、第二次石油ショックの影響を脱して着実に活力を取り戻し、新しい発展の基盤を固めつつあります。国民が物の時代を越えて、心の時代へ前進しようとする熱意は、教育改革への強い期待となってあらわれております。国際社会に対する友好と連帯のきずなも、米国、近隣諸国を初め世界各国との間で、政治、経済及び文化の各面にわたって拡大強化され、日本の地位は、確実にそのすそ野を広げ、安定度を増してきております。

もちろんこうした変革の動きは、過去と断絶し、幻想を未来に追うものであってはなりません。今日の日本は、我々の祖先や先輩たちが営々と築き上げてきた成果の日本であり、また、これから生まれてくる我々の子孫たちにとっても大切な祖国日本であります。（拍手）長い日本の歴史と伝統を踏まえ、その貴重な経験を生かし、未来に向かって独自の日本の文化をつくり上げていくことこそ、真の変革、真の国際化に通ずるものであると信じます。（拍手）

二十一世紀は、もはや目前に迫ってきております。我々がとるべき道は、今たどりつつある道しかないと確信いたします。それがいかに苦難に満ちたものであっても、休むことなく、さらに、たくましく前進を続けようではありませんか。（拍手）

重ねて国民の皆様の御理解と御協力をお願いする次第であります。（拍手）

子どもたちに、
より良き二一世紀の日本を
渡すために今、
苦難に満ちた改革を

プラザ合意後の円高、低金利によって生じた金余りを背景に土地・株式の投機ブームが始まる。八六年には東京の地価が暴騰、株式市場も活況を呈し、十月にNTT株の入札が始まると、個人投資家が殺到した。この演説がなされた八七年一月、日経平均は初めて二万円台に乗せ、さらに上昇を続けていく。バブル経済の高揚感が日本を包もうとしていた。八六年七月の衆参同日選挙では自民が圧勝。田中派は八五年に竹下登が創世会を結成し分裂状態。中曽根の政権基盤は盤石だった。中曽根は大平が導入に失敗した消費税に代わる間接税として売上税の導入を構想する。しかし、世論の反発は強かった。

中曽根康弘・施政方針演説

第百八回国会　一九八七年（昭和六十二年）一月二十六日

第百八回通常国会の再開に当たり、内外の情勢を展望して施政の方針を明らかにし、国民の皆様の御理解と御協力を得たいと思います。（拍手）

まず、昨年十一月末の三原山の噴火により、一時離島を余儀なくされた伊豆大島の方々に対し、心からお見舞いを申し上げます。幸い、噴火活動も小康を得、島民の皆様はお正月を大島で迎えることができました。私たちにとって、我が家で家族と団らんすることくらい大きな喜びはありません。いわんやお正月においておやであります。今後とも大島島民の皆様の幸せの日々を全国民とともにお祈りをし、そのために全力を尽くす決意であります。（拍手）

本年は、日本国憲法が施行されてから四十年目に当たっており、憲法の基本理念である民主主義は、今や、国民の最もとうとい共有の財産となっております。私は、民主主義のすぐれた点は、人道主義の理想のもとに、独善を排し、衆議を求め、常にみずからを反省し改革を行って時代の要請にこたえていく、柔軟性と力強い対応力にあると考えます。

このような考えに基づき、私は、内閣総理大臣就任以来、政治の見直しと新しい政治の建設のために「戦後政治の総決算」を唱え、また、世界の潮流に沿った国際国家日本の建設を訴えてまいりました。

幸い、国民の皆様の御協力により、行財政改革、国鉄、社会保障、教育等の各分野における諸改革や、国際協調型経済構造への転換、国際国家への前進等は、速度は遅くとも一歩一歩実現を見てきていると信じます。（拍手）

しかしながら、昭和六十二年の年頭に当たって痛感いたしますことは、我が国の立憲政治、すなわち民主政治、政党政治確立のこれまでの歩みの中で、戦後の約四十年間が、行政の簡素化や民主化、地方自治の充実、立法府と行政府相互間の適正な牽制と協力、政党の民意吸収と機能の充実などの民主政治の大本、議会政治の大道に実態的にいかほどの進歩をもたらしたかという反省であります。

特に近年、我が国民主政治充実への努力という面において、戦争直後の燃えるような情熱が減衰し、形式主義やマンネリズム、漫然たる前例の踏襲が繰り返され、日に日に新たに熱情を込めて民主政治の改革と議会政治の新たな前進に挑戦する意欲が欠けてはいないかという憂慮を持つものであります。

ローマは一日にして成らずと言いますが、我が国の民主政治の発展のため、さらに忍耐と寛容、識見と勇気を旨として、その大本と大道を国民の皆様とともに切り開く努力を続けることを決意するものであります。（拍手）

今国会においては、税制の抜本的改革案等諸法案について御審議を願うことになっておりますが、日本国憲法施行四十年の記念すべき年に当たり、戦後民主政治の全般について検討と建設的討議を行い、行政の責任を負うべき政府の分野についても貴重な御示唆を賜れば幸いとするものであります。

これと密接に関連する衆議院の議員定数の抜本的是正の問題については、国会決議によって示された方針に基づく各党間の御論議を踏まえながら、政府としても最大限の努力をしてまいります。

さらに、政治倫理の向上につきましては、国民からいやしくも疑念を持たれることのないよう、清潔な政治と規律ある行政の確立に引き続き努力してまいります。

以上の考え方を踏まえ、国政の各分野について、私の基本的考え方を申し述べます。

今日の国際情勢は、東西関係、特に米ソを中心とする軍備管理・軍縮交渉の見通し等に必ずしも楽観を許さないものがあること、地域的な紛争や対立状態が依然として存在していることなど、基本的には厳しいものがあります。他方、このような状況のもとで、我が国の国際社会における地位の向上と影響力の増大に伴い、我が国が果たすべき責任も著しく高まっており、また、我が国に対する期待も急速に強まっております。

このような観点に立って、私は、内閣総理大臣に就任以来、世界各国の首脳と世界の平和と繁栄を確保するため積極的に話し合いを進め、東西関係の打開や南北問題の解決などに微力を尽くしてまいりました。

先般も、東西関係の接点にあるフィンランド、ドイツ民主共和国、ユーゴースラビア及びポーランドを訪問し、これら諸国との相互理解及び友好関係の増進を図るとともに、緊張の緩和と東西の政治対話の進展に向け、お互いに努力することにつき各国首脳と意見の一致を見てまいりました。

もとより、我が国外交の基本は、世界の平和と繁栄のため、国連憲章を守り、価値観を共有する自由世界の連帯と団結を進め、アジア・太平洋の一員として地域の発展に貢献し、自由貿易を推進しつつ、開発途上国の経済と福祉の増進に積極的に協力することにあります。

開発途上国に対しては、政府は、引き続き第三次中期目標のもとで、政府開発援助の着実な拡充と公正で効果的な推進を図るとともに、貿易、投資等を通ずる協力を促進し、累積債務国の努力に対応して、これらの国への資金の還流を進めてまいります。また、特に、国際機関を通じた資金協力にも最大限の努力を払っているところであります。

一方、厳しい国際情勢の中で我が国の平和と安全を確保するため、日米安全保障体制を堅持するとともに、自衛のため必要な限度において、節度ある質の高い防衛力の整備を図っていかなければなりません。（拍手）このため、政府としては、そのときどきの経済財政事情等を勘案し、他の諸施策との調和を図りつつ中期防衛力整備計画の着実な実施に努めているところであります。もとより、平和憲法のもと、他国に脅威を与えるような軍事大国とはならず、文民統制を堅持しつつ、専守防衛と非核三原則とを遵守するとの方針にいささかの揺るぎもありません。

防衛費については、昭和五十一年の閣議決定「当面の防衛力整備について」にかえて新たな閣議決定を行い、中期防衛力整備計画の期間中は、その所要経費を固定し、その枠内で各年度の防衛費を定め、その後におけるあり方については、改めて国際情勢及び経済財政事情等を勘案し、前述の方針のもとで定めることとし、同時に昭和五十一年の閣議決定の節度ある防衛力の整備（※1）を行うという精神は、これを引き続き尊重することといたしました。（拍手）

政府は、この閣議決定に基づき、防衛費の取り扱いに関しては、従来どおり慎重を期する所存でおります。

米国との関係は我が国外交の基軸であり、両国関係の一層の発展は世界の平和と安定の重要な礎石となるものであります。政府は、日米間の諸懸案の解決に最大限の努力を傾注し、友好信頼関係の一層の発展に努力してまいります。

自由民主主義諸国の結束が求められている今日、米国と並ぶ重要な柱である西欧諸国とは、経済関係のみならず、政治、文化等広範な分野における協力関係を一層強化していきたいと考えます。

ソ連との間では、北方領土問題を解決して平和条約を締結することにより、真の相互理解に基づく安定的な関係を確立することが従来からの一貫した基本方針であり、政府は、引き続き、この方針にのっとり、日ソ関係を打開し、善隣友好関係を確立するために努力する所存であります。

アジア諸国との関係につきましては、今後とも過去の歴史に謙虚に学び、一層の友好協力関係の強化に努め、その安定と発展のために積極的に協力してまいります。

韓国とは、現在の良好かつ安定した関係をさらに発展させるとともに、朝鮮半島における緊張が緩和するよう、南北対話を支持し、さらには、来年のオリンピックの成功などに向けてできる限りの協力を行ってまいります。

中国との間で、良好かつ安定した関係を維持発展させることは、我が国外交の主要な柱の一つであり、政府は、引き続き、日中共同声明、日中平和友好条約及び平和友好、平等互恵、相互信頼、長期安定の四原則を踏まえ、友好関係の一層の強化を図ります。

ASEAN諸国に対しては、その有する豊かな可能性をそれぞれの国の発展に結びつけていくことができるよう、可能な限り協力していきます。

近年重要性が増してきている大洋州諸国及びカナダとの友好関係もさらに発展させてまいります。

また、国際連合を通ずる国際協力を一層推進していくとともに、本年から二年間、国連安全保障理事会の非常任理事国として、世界の平和と安全の維持のため重要な責務を果たしてまいります。

私は、行財政改革を初めとする諸般の改革を、国政上の最重要課題の一つとして位置づけ、全力を挙げてこれに取り組み、着実にその実現を図ってまいりました。

戦後四十年を経て、税制を取り巻く我が国の経済社会情勢は、大きく変化してきております。このような変化に伴い、三十七年前にシャウプ勧告に基づきつくられた直接税を中心とする我が国の現行税制には、ゆがみ、ひずみ、税に対する重圧感等さまざまな問題が生じており、国民の皆様の不満や改善に対する強い要望は、もはや放置することを許されない状況にあると痛感いたします。

このため、政府は、重税感が指摘されていた中堅サラリーマンの負担の軽減を中心とする個人所得課税及び法人課税の軽減合理化と見直し、間接税制度の改革及び非課税貯蓄制度の再検討を大きな柱とする抜本的な税制改正案を今国会に提出することとしております。

今回の税制改革は、国際的潮流とも調和したものであり、この改革によって、我が国の経済活動や国民生活が従来の制約を破り、新たな活力を獲得し、二十一世紀に向け、広大な新天地において自由に発展の道を歩むことを念願するものであります。（拍手）

政府は、全力を挙げて関連法案の速やかな成立を期するものであります。

また、我が国の経済の発展と国民生活の安定、向上を図っていくためには、引き続き財政を改革し、その対応力を回復しなければなりません。

このため、昭和六十二年度予算においても、経費の徹底した節減合理化に努めたほか、可能な限り税外収入の確保を図ったところであります。公債依存度は、実績において昭和五十七年度の二九・七％から、昭和六十年度には二三・二％に低下し、また、昭和六十二年度予算においては、特例公債発行下初めて二〇％を下回ることができ、財政改革は一歩一歩その歩を進めてきております。

また、地方財政については、所要の措置を講じ、その円滑な運営を期することといたしております。

教育改革は、二十一世紀に向けて我が国が創造的で活力ある社会を築いていくために、ぜひとも推進していかなければならない重要な課題であります。

政府は、臨時教育審議会の二度にわたる答申を受けて、大学入試の改革、教育の内容の改善、教員の資質の向上、高等教育の個性化、多様化、国際化、学術研究の振興などに向けて、鋭意努力しているところであります。

また、昨年、東京サミットで私が提唱したハイレベル教育専門家会議が今月十九日から京都で開催され、各国が当面する教育の諸問題とその改革、教育分野における国際協力等について熱心な討議が行われ、その結果は、ベネチア・サミットに報告されることになりました。

いじめの問題については、まず学校において適切に対応していくことが何より重要であり、家庭、地域社会がこれと一体となって取り組むよう施策を推進しているところであります。また、青少年の健全な育成のため、野外活動やボランティア活動等社会参加活動を促進してまいります。

行政改革における最大の懸案であった国鉄改革は、さきの国会で関連法案が成立し、これによって国鉄事業を二十一世紀に向けて未来ある鉄道事業として再生させるための軌道を敷くことができました。政府としては、現在、本年四月一日からの新経営形態への移行を円滑に実施するため、諸準備を進めてきているところであり、また、国鉄職員の雇用対策を国鉄改革実施に当たっての最重要課題の一つと認識し、全力で対応しているところであります。（拍手）

行政組織の簡素化、国家公務員の定員縮減、特殊法人等の整理合理化、地方行革の推進などについては、昨年末に、昭和六十二年度に実施する予定の行政改革方針を取りまとめたところであり、この方針の着実な具体化を推進してまいります。

また、政府は、さきの国会において設置が決定された新たな臨時行政改革推進審議会が十分成果を上げ得るよう、その発足に向けて諸般の準備を進めてまいります。

さらに、地方公共団体の自主性、自律性の強化を図るとともに、地方行革大綱に沿って地方公共団体の行政改革が自主的、総合的に推進されるよう、その積極的な促進を図ってまいります。

世界経済は、緩やかながらも息の長い景気拡大を続けておりますが、米国の財政赤字、主要国における対外不均衡、これらを背景とする保護主義的な動き、さらには、開発途上国における累積債務問題など多くの問題を抱えております。一方、我が国経済は、全体として景気に底堅さはあるものの、産業により格差が生じており、雇用問題を重視しなければならない状況に立ち至りつつあります。

他方、我々は、臨時行政調査会の答申を最大限に尊重して、むだのない効率的政府を目指す厳しい財政改革の途上にあります。昭和六十二年度末の国債残高が百五十二兆円に達しようとしている状況において最も心しなければならないことは、子孫たちに過大な負担を残さないよう現在の我々が汗を流すことであります。(拍手)しかしながら、このような中にあっても、我が国としては、円高の進展に対し、各般の施策の連携のもと、引き続き適切に対応していくとともに、雇用の安定や地域経済の活性化を図り、調和ある対外関係の実現、さらには、世界経済活性化へ積極的貢献を行っていくため、内需を拡大し景気を活気づけるべく、予算の肥大化を避けつつ最大限の努力を傾注しなければなりません。

このため、昭和六十二年度予算においては、財政投融資等の活用により、一般公共事業につき昨年よりさらに事業規模の拡大に努めたところであり、また、都市開発、リゾートゾーンの整備等の施策を強化するなど、引き続き民間活力が最大限に発揮されるよう環境の整備を行います。

また、為替レートについては、今後とも、経済の基礎的条件を適正に反映した為替相場の安定を実現するため各国と幅広い話し合いを続けるなど努力いたします。

円高差益の還元については、電力、ガスに関し、総額約二兆円の家庭及び企業に対する還元措置が一月から新たに実施されました。また、今後とも、輸入品等について円高差益の還元の促進と監視に努めてまいります。

特に、最近の厳しい雇用情勢に対応するため格別の対策を講ずることとし、昨年十二月には政府・与党雇用対策推進本部を設置し、雇用機会の増大と雇用の安定に政府与党一体となって取り組んでいるところであり、産業構造の転換等に対応した緊急対策として、約一千億円の予算により三十万人雇用開発プログラムを実施いたします。

また、地域雇用対策の充実、不況地域の経済の活性化等による雇用機会の創出、産業構造の転換の円滑化等を図るための特別立法の準備等を進めるとともに、円高等の厳しい環境に直面している中小企業については、下請企業の構造調整への支援を初めとする構造転換対策等を強力に実施いたします。

さらに、国際社会へ積極的に貢献するとの観点からも創造的技術開発を総合的に推進するとともに、高度情報化社会に向けて基盤整備を進めます。

政府は、昨年五月に策定した経済構造調整推進要綱に基づき、市場アクセスの改善と製品輸入の促進等を図るとともに、国際的に調和のとれた産業構造への転換のための諸施策を着実に推進いたします。

特に、農業政策については、内外価格差の是正、生産性の一層の向上等に国民各層から強い関心が寄せられているところであり、政府としては、二十一世紀へ向けての農政の基本方向に関する先般の農政審議会の報告を尊重し、農業者、農業団体と協力し、国内の供給力の確保を図りつつ、構造改善を進め、国民が納得し得る価格で農産物が供給されるよう逐次政策の適切な運営、改革に努めてまいります。

また、長期的な雇用機会の確保と国際社会における先進国の労働時間との水準調整のため、法定労働時間の改正等を進めてまいります。

また、ガットのウルグアイ・ラウンド（※2）の提唱国として、自由貿易体制の維持強化を図ります。

我が国の戦後の目覚ましい発展は、今や、長寿社会の実現という大きな成果として実を結んでまいりました。国民すべてが長い一生を安心して生きがいを持って暮らすことができるよう、豊かで、活力ある経済社会システムへの転換を進め、急速に迫りくる本格的な長寿社会に的確に軟着陸していかなければなりません。政府は、この観点から、昨年六月策定した長寿社会対策大綱に基づき、総合的な政策の実施を進め、国民の皆様の協力を得て、世界の模範となる質の高い長寿社会の実現を期してまいります。（拍手）

人生の幸せの基は健康と生きがいにあります。すべての国民が、生涯を通じて健康な生活を送ることができるよう、きめ細かな保健医療対策を推進いたします。特に死因の第一位であるがんの制圧については、対がん十カ年総合戦略に沿って政府は懸命の努力を払い、その成果も上がってきておりますが、引き続き、その推進に取り組んでまいります。エイズ対策、難病の克服に努め、また、覚せい剤等の乱用防止にも努力いたします。

生きがいを確保する重要な基礎である社会保障については、長期的に公平で安定した制度を目指し、医療、年金制度等の諸制度について累次の改革を行い、またさきの国会で老人保健制度の改革を見たところであります。今後とも、医療保険、年金について一元化の検討を進めるなど、長寿社会にふさわしい制度の確立に努めてまいります。

また、高齢者の社会参加の促進、痴呆性老人対策、寝たきり老人対策の充実を図るとともに、本年は、国連障害者の十年中間年に当たっており、障害者対策の一層の強化に努めます。

婦人の地位向上のため、さきに制定した法律に基づき雇用の分野における男女の機会均等の確保を図るほか、社会の各分野にわたるきめの細かい施策をさらに積極的に推進してまいります。

本年は、国際居住年に当たっており、この分野での国際協力を進めるとともに、住宅建設の促進、良質な宅地の計画的供給等我が国の住宅問題の改善にも積極的に取り組んでまいります。

東京等一部地域における地価高騰の問題に対しては、投機的土地取引の抑制、土地の需給バランスの改善のための施策を講ずるほか、昨年十二月に設置した地価対策関係閣僚会議を機動的に運営する等地価対策を総合的かつ強力に実施いたします。

さらに、国民生活の安全を確保するため、災害対策のほか、治安の確保、交通安全対策の充実にも努めてまいります。特に、広く国民に不安を与えるテロ・ゲリラ事件等については、国民の皆様の御協力を得て、その防圧に努めてまいります。

豊かな社会を建設していくためには、国民一人一人が愛着を持って暮らすことのできる国土づくり、水と緑に恵まれた豊かな自然や歴史と文化の香りあふれる生活環境づくりを進める必要があります。このため、大都市圏、地方圏を通じ、各地域がそれぞれの特性を生かし、国土の均衡ある発展を図るとの観点から、多極分散型の国土の形成を目指す第四次全国総合開発計画を策定し、二十一世紀に向けた国土づくりの指針を明らかにする所存であります。

さらに、日本の伝統的芸術の振興、新しい芸術文化の創造、スポーツの奨励等、青少年を初め広く国民が健康で心豊かな生活を享受することができるよう施策を充実してまいります。

第二次世界大戦後、平和と自由な経済体制を背景に、国際間の相互交流は飛躍的に拡大し、また、各国の内部にもさまざまな変化が起きつつあります。

私は、二十一世紀に向けて、真の国際国家日本を建設して、世界の平和と繁栄に積極的に貢献していくために、我々が基本的に銘記しておかなければならない重要な二つのことがあると思います。

第一は、世界において多様な生活信条や異なる文化が存在することを認識し、それらを理解し受け入れる寛容さと、さらに積極的に相互協力を進める熱意がなければならないということであります。（拍手）

その基本的立場に立って、我々日本人が新しい世界文明の創造に意欲的に参加し、貢献していかなければなりません。そのためには、まず、我々が我が国の長い歴史の中ではぐくんできた文化的特質や伝統をもう一度掘り下げて分析し、学問的批判に十分たえ得る科学的研究成果を体系化し、積極的にそれを世界に向けて正しく説明していくことが必要であります。このような観点から、国際日本文化研究センターを設立することとしております。

世界の人々が現代の日本について特に注目をしている点は、その古い文化的伝統と近代科学の両立であります。例えば、関西地方を訪れる外国人は、奈良や京都にある法隆寺や桂離宮のような古い文化的遺産の近くに、世界の最先端を行くエレクトロニクスの研究所やファインセラミックの製造工場を発見し、目をみはるのであります。

我が国においては、近代科学が伝統を押しつぶしてしまうことなく、我が国固有のきめの細かい繊細な感性がＩＣ製造技術や通信ソフトウェア開発技術の有力な基礎となり、その特性を発揮しているのであります。また、生産組織や社会の運用についても、思いやりと合意を中心にする日本人の生き方は、そこに近代科学を取り入れて、均衡と調和力と発展性に満ちた平和な社会や生産効率の高い産業をつくり出しているのであります。

私が、かねて主張しておりますように、科学技術は文化のすべてを覆い尽くすものではなく、文化の一部としてこれを人間が適正に位置づけることが重要であります。

我々は、このように固有の民族的特徴及び古い文化的伝統と近代科学を巧みに、そして、相互に補完結合させ、それぞれの特色を発揮させ合う日本人の生き方の独自性を誇るべき特色として子々孫々にわたって維持し、発展させるべきであります。

もちろん、独善偏狭な民族主義、国家主義は避けなければなりません。高度情報化時代になって地球はさらに狭くなり、一つの世界が着実に実現しつつあるのであります。

今や、世界の発展なくして日本の発展はないこと、我々は日本人であると同時に地球村の住民であること、そして、我々の終局的目標は、世界の新しい文明の創造に参画することであることを常に肝に銘じなければならない時代なのであります。（拍手）

第二は、国際国家日本として、世界の平和と軍縮、東西・南北間の融和と協力に努力しなければならないということであります。特に、核兵器の存在のもとに苦悩している現代世界において、人類共通の最高にし

て最重要の現実的課題の一つは、世界平和の確保と核兵器の終局的廃絶であります。(拍手)

我が国は、貿易によって初めて生存していける国家であり、また、貿易にとって必要不可欠の条件は平和であります。平和の確保は、人道的にも経済的にも我が国にとって決定的に重要なことであります。

私は、今や、戦争の最大抑止力は、長い目で見て人権尊重と国の内外における自由な情報交流であると信じます。もし、今日のように、衛星通信によってテレビの即時中継があったなら、第二次世界大戦は起きなかったでありましょう。

私は、先般、ヨーロッパ四カ国を歴訪してまいりましたが、人と人との心の間には、いわゆる鉄のカーテンを感ずることはほとんどありませんでした。国境を越えて交流しているテレビやラジオ放送は、人間の意識の中においてカーテンや壁を消滅させているのであります。

このような見地から、我々は、平和確保のために、人権尊重の保障と情報の自由交流を国際的に強化し拡充することを強く推進してまいりたいと思います。(拍手)

また、当面の国際問題打開のため最も重要なことは、国際間における対話と協調の継続であり、東西・南北問題もこの考え方により可及的速やかに解決を促進すべきであります。

米ソ両国の首脳は、レイキャビク会談(※3)のいわゆる潜在的合意を、今度こそ真に成果あるものとすべく早期に再び取り上げ、米ソ首脳会談を再開されんことを強く要望するものであり、我が国もこのために側面的に協力する決意であります。(拍手)

また、南北問題解決のための努力の一環として、国連貿易開発会議、ガットのウルグアイ・ラウンド等においても開発途上国の主張に耳を傾け、相互協調によって問題解決に努力していく所存でおります。

今、我が国は、コンピューター、マイクロエレクトロニクス等の新しい技術を基礎とするいまだ全貌のわからない高度情報化社会の入り口に立っております。我が国は、これまで欧米諸国の後を追う形で発展を遂げ、この面で世界の最先端に位置する国の一つにまでなりました。今や、みずから風を正面に受け、波濤《はとう》を越えて、新しい地平線を開拓していかなければならないのであります。（拍手）

また、日本の歴史上、いや、世界の歴史でも初めての本格的長寿社会が目前に迫っており、我々は、旧来の人生五十年から人生八十年へ社会の仕組みの設計変更を行いつつ、対応しているところであります。

我々は二十一世紀を目前にし、国際社会において日本が名誉ある地位を占めるため、そして、子供たちに国の負債をできるだけ残さず、世代間の公平を確保し、長期的に、安定し充実した生活や社会の仕組みを確立して引き渡していくために、今、苦難に満ちた改革を行っております。国鉄の大改革も、緊縮と節約の財政も、医療や年金制度の改革も、税制の大改革も、結局はすべてこのための改革なのであります。（拍手）

かつて駐日大使として在任した著名な米国の日本学者エドウィン・ライシャワー博士は、昨年の八月、その著「ライシャワーの日本史」の序文で次のように述べております。「日本人はいまや自らの将来の方向を決めるべき重大な局面にある。あと数十年間にわたる彼ら自身の運命を決するような大決断に直面している。賢明な決断を下すにあたっては、過去のすぎゆきと現在の可能性とをできるだけ明確に把握することが欠かせない」と言っておるのであります。

二十一世紀まで残す期間はわずかでありますが、なお克服すべき問題は山積しております。それは、あたかも乗り越えていくべき連山を望むがごときであります。

しかし、この議場で私はかつて申し述べたことがございますが、このような重大な困難と危機のときこそ、日本人は常に大局を失わず、団結を強固にして苦難を乗り切ってきたのであります。（拍手）

過般の第二次大戦及び戦後の日本が経験した苦悩を全く知らず、パソコンを巧みに使いこなし、素直に、純真に、すくすく育っている子供たちや孫たちに、充実したよりよき二十一世紀の日本を引き渡すために、我々は、休むことなく、手に手をとってこの山々を踏破し、前進しようではありませんか。

重ねて国民の皆様の一層の御理解と御協力をお願いする次第であります。（拍手）

※1：節度ある防衛力の整備　一九七六年、三木内閣において防衛費を対GNP比1％の枠に収めることが決定されたが、一九八六年の中曽根内閣（第三次）で撤廃され一九八七年より総額明示方式となった。このGNP比1％枠は撤廃されたものの、三木内閣以降の歴代内閣ではわずかに超えることはあっても概ね1％が続いている。

※2：ガットのウルグアイ・ラウンド　ウルグアイで開始され一九八六年から一九九五年にかけて行われたGATT（関税および貿易に関する一般協定）の交渉。このラウンドでは、サービス貿易や知的所有権に関する取決め、農産物の自由化等がテーマとなったが、先進国と途上国の間で対立が鮮明になった。なお、ウルグアイ・ラウンドでGATTを改組して世界貿易機関（WTO）とすることが決定された。

※3：レイキャビク会談　一九八六年十月、アイスランドのレイキャビクで行われたレーガン米大統領とゴルバチョフソ連書記長による首脳会談。主な議題は軍縮と東欧問題であったが、アメリカの戦略防衛構想で対立し軍縮交渉は決裂した。

「ふるさと創生」で国民がより幸せで、楽しい、充実した人生を歩める日本列島を

自民党総裁選は中曽根の裁定により、竹下登が指名される。竹下は田中派に属していたが、八五年に派内に「創世会」を立ち上げ、勢力を拡大、八七年七月に竹下派は党内最大派閥となる経世会を結成した。竹下は官房長官、建設大臣、大蔵大臣などを務め、調整型の政治家といわれていた。総裁に指名された十月二十日、東京株式市場は暴落した。前日、ニューヨーク市場が「ブラックマンデー」といわれる大暴落を演じ、世界中の市場が連鎖した。大恐慌を思い起こさせる一幕だったが、翌年になると再び株価は上昇を始める。世界はソ連書記長ゴルバチョフと米大統領レーガンの間で緊張緩和へ動き出していた。

竹下登・所信表明演説

第百十一回国会　一九八七年（昭和六十二年）十一月二十七日

私は、さきの国会において、内閣総理大臣に指名され、国政を担うことになりました。内外の情勢が厳しい中、国民の皆様の期待と信頼にこたえるべく、全力を尽くして国政の遂行に当たってまいります。よろしく御支援のほどをお願い申し上げます。（拍手）

戦後、我が国は、多くの分野で目覚ましい発展を遂げてまいりました。しかし、これまでの発展は、どちらかといえば、物の豊かさを追い求めてきたものではなかったかと思います。

私は、かねてから「ふるさと創生」を唱えてまいりましたが、これは、「こころ」の豊かさを重視しながら、

竹下登（たけした・のぼる）
1924年～2000年。島根県生まれ。首相在任期間：1987年11月6日～1989年6月3日（576日間）。早稲田大学商学部卒業。戦前は、陸軍の飛行戦隊に所属。戦後、地元中学校の代用教員、県会議会議員を経て、1958年の総選挙で当選。自由民主党内では左藤派、後に田中派に所属するが、1987年に田中角栄に反旗を翻し独自の派閥経世会を結成して独立。田中派に所属する議員の大部分を取り込み党内最大派閥を形成する。内閣官房長官（佐藤内閣・田中内閣）、建設大臣（三木内閣）、大蔵大臣（大平内閣・中曽根内閣）を歴任。竹下内閣での実績としては、消費税の導入、ふるさと創生資金の交付があげられるが、リクルート事件への関与により失脚する。なお、竹下の在任中に昭和天皇が崩御。

写真提供：毎日新聞社

日本人が日本人としてしっかりとした生活と活動の本拠を持つ世の中を築こうとの考えに基づくものであります。私は、すべての人々がそれぞれの地域において豊かで、誇りを持ってみずからの活動を展開することができる幸せ多い社会、文化的にも経済的にも真の豊かさを持つ社会を創造することを目指してまいります。（拍手）

このような日本を実現するため、政治には、「大胆な発想と実行」が求められております。もとより政策の継続性が大事であるということは言うまでもありません。同時に、新しい時代に即応していくためには、大胆で斬新な発想を取り入れていくべきであると考えます。

政策の実行に当たっては、人々の求めるものがどこにあるのか、その本音を感じ取って、世の中の変化に応じた速度と方法で対応するというきめ細かな配慮を怠ってはなりません。私は、国会における各党、各会派の御理解と御協力を得、かつ、国民的合意を求めながら、政治を進めてまいります。しかし、複雑な経済社会の中で、政府の最高責任者として、みずから判断

することが必要な場合には、国民のため、責任を持って決断し、これを誠実に実行してまいるつもりであります。（拍手）

また、清潔な政治と効率的な行政の確立を図り、国民の皆様の信頼を得ることができるよう努めてまいります。

以上の考え方のもとで、内政外交の重要課題について、私の基本方針を申し述べ、皆様の御理解と御協力をお願いする次第であります。

私は、これからの我が国は、「世界に貢献する日本」との姿勢を確立し、日本の豊かさと活力を世界に生かしていかなければならないと考えます。この意味から、私は、外交のこれまでの基本路線を承継し、さらにこれを発展させてまいります。

世界の平和と繁栄が日本の生存と発展の基礎であり、今や国際秩序の主要な担い手の一人となった我が国としては、平和への寄与と繁栄への国際協力をより積極的に推進していかなければなりません。また、諸外国に対して我が国の考え方をはっきりと伝えるとともに、その責務は誠実に実行してまいります。

このような主体性を持った外交を行っていくことこそが、私は、外交の基本であり、日本が国際社会において信頼を得る道であると信じます。平和も繁栄も我が国自身が懸命に汗を流して追求すべき課題であり、そのためのコストは進んで負担していかなければならないということを国民の皆様に御理解いただきたいと考えるものであります。（拍手）

世界の平和にとり最も大きな影響力を有しているのは、米ソ関係の動向であります。私は、近々開催される予定の米ソ首脳会談において、軍備管理・軍縮交渉等に一層の進展が見られ、安定的な東西関係が構築されるよう、米国の外交努力を支援していくとともに、日本としても世界の軍縮に積極的に貢献していきたいと考えるものであります。

日米関係は、我が国外交の基軸であります。私は、日米友好協力関係の基盤を一層強固なものとしていくため、できるだけ早く米国を訪問し、レーガン大統領との間で、胸襟《きょうきん》を開いた意見交換を行う考えでありま す。また、西欧諸国及びカナダとの間で、建設的な協力関係を一層強化するとともに、アジア・太平洋の一員として地域の安定と発展に貢献してまいります。特に、韓国、中国、ASEAN諸国を初めとする近隣諸国との関係の増進は重要な課題であります。私は、来月マニラに赴き、ASEAN諸国首脳との会議に出席し、ASEAN諸国への積極的協力と支援を表明する所存であります。ソ連との間では、最大の懸案である北方領土問題を解決し、平和条約を締結することにより、真の相互理解に基づく安定した関係を確立するため努力をする考えであります。(拍手)

安全保障に関しては、日米安全保障体制を堅持するとともに、日本の防衛のため何が必要かという観点から防衛力整備計画を中心に考え、平和憲法のもと、専守防衛に徹し、非核三原則と文民統制を堅持し、軍事大国への道を歩まない節度ある防衛力の整備を進めていきたいと考えております。(拍手)

また、開発途上国に対し、我が国として、国力に見合った貢献を行っていくとともに、国連の活動への支援を初め国際紛争の解決と世界の平和への貢献に積極的に努力をしてまいります。飢えや紛争に苦しむ人々への思いやり、その悩みをともに感じる心の優しさを持つことによって、私たちは、地球が人類共通のふるさとであるということを身近に実感できるのではないかと考えます。

このような観点から、今後とも、経済協力に重点的に配慮するとともに、累積債務問題にも真剣に取り組んでまいります。

また、ペルシャ湾における自由安全航行確保については、さきに決定した方針に基づき、非軍事的手段による我が国としての積極的貢献を図ってまいります。

対外経済問題の処理は、現下の日本が抱える最大の課題の一つであります。私は、自由貿易体制を維持しつつ、多様で世界に開かれた日本市場を形成していくとともに、我が国経済を輸出依存型から内需主導型に転換していくことを基本にこの問題に対処してまいります。世界経済の一割を超える日本経済を世界経済と調和のとれたものとしていくため、我が国として、市場アクセスの改善や金融・資本市場の自由化、経済構造の調整等を積極的に進めていかなければならないと考えます。その意味で、内政と外交はまさに一体であります。この過程において、時には国民の皆様に我慢をお願いせざるを得ないことがあるかもしれません。しかし、日本は、自由貿易から多大の恩恵を受けている国であり、このような改革は、日本経済を世界経済に調和させるためだけでなく、日本が今後とも発展していくために避けて通れない道であることを国民の皆様方に御理解いただきたいと思うのであります。（拍手）

日本の真の国際化のためには、国と国との外交関係だけでなく、さまざまなレベルでの国際的交流を進めていくことが重要であります。各地方において多様な分野の人々が直接外国と交流する等の草の根外交といったようなものを活発化することが必要と考えます。また、各国との交流は、政治や経済の分野だけでなく、社会、文化などあらゆる面で深めていくことが重要であります。これらの面での外交を強力に推進してまいる考えであります。

現下の内政上の最大の課題の一つは、土地対策であります。私は、先般の組閣において、新たに土地対策担当大臣を設け、また、内閣総理大臣が主宰する土地対策関係閣僚会議を設置し、政府としての土地問題への取り組みを強化したところであります。昨今の異常な地価上昇に対処するため、さきに政府は、臨時行政改革推進審議会の答申等を踏まえ、国土利用計画法の機動的な運用、金融機関等への指導、住宅宅地開発の促進等を内容とする緊急土地対策要綱を定めたところであり、これを着実に実施してまいります。さらに、良好な都市環境に恵まれた住宅宅地の供給を目指し、中長期的な土地対策について、今後、衆知を集め検討し、実施してまいります。

また、国会において、土地問題等に関する特別委員会が設置され、充実した審議が進められているということを心から歓迎するものであります。政府としてもこの委員会での審議が円滑に行われるよう、協力してまいります。

地価上昇の原因の一つは、東京への人口や諸機能の一極集中であります。東京への過剰な依存から脱却し、多極分散型の国土を形成していくために、全国的な交通通信網の整備を進めるなど第四次全国総合開発計画の着実な推進を図ってまいります。

同時に、私は、第四次全国総合開発計画等による国土開発に、いわば「こころ」を吹き込み、地域の知恵と情熱を生かし、潤いのある町づくりや活力のある村づくり、そして、災害に強く安全な地域づくりを進め、それぞれの地域を人々の生活と活動のしっかりとした本拠としていきたいと考えるものであります。（拍手）

経済運営については、インフレなき持続的経済成長を図るとともに、日本の経済力にふさわしい生活を実現するため、社会資本の整備を着実に進めることを基本に置き、民間の活力を生かし、調和のとれた経済社会を築いてまいります。

為替相場の安定については、基本的に、各国間の政策協調と為替市場における協力が重要であります。我が国は、引き続きルーブル合意の枠組みの中で、各国と協調し、為替相場の安定を図ってまいる考えであります。

財政運営については、次の世代に過剰な負担を残さぬよう一日も早く、財政の対応力を回復していく必要があると考えます。また、行政改革についても引き続きこれを推進していく考えであります。

昭和六十三年度予算編成に当たっては、これまでの努力と成果を踏まえ、引き続き、財政改革を強力に推進し、歳出面においては、特に経常経費について一層の節減合理化を行ってまいります。同時に、内需の拡大等内外の経済情勢に適切に対処してまいる考えであります。

税制改革については、国会における税制改革法案審議の際の議論等を通じ、国民の間にも税制改革についての意識が高まってきていると考えます。急速な経済社会の変化に対応していくため、視点を新たにして国際国家にふさわしい、日本経済の活性を高める税制、国民が納得して負担できるような簡素で公平な税制、本格的高齢化社会の到来を控えて、安定した歳入基盤を提供し得る税制、これを追求しなければならないと考えております。(拍手)

その際重要なことは、開かれた議論を通じ、税制改革についての国民的合意を形成していくことであります。(拍手) さきの国会で税制改正法案が成立し、税制改革の第一歩が踏み出されたところでありますが、さらに、広範な議論を通じ、所得、消費、資産等の間で均衡がとれた安定的な税体系の構築に努めてまいるつもりであります。(拍手)

このような認識のもとに、私は、政権発足後直ちに税制調査会に対し、所得、法人、資産及び消費課税等についてその望ましい税制のあり方につき諮問を行い、精力的な御審議をお願いいたしました。これらの場を通じ、国民各界各層の御意見を十分に伺いながら、望ましい税制の全体についてできる限り早期に成案を取りまとめてまいる考えであります。(拍手)

日本は、戦後大きく発展してまいりましたが、経済的な発展に比較し、国民一人一人が豊かな生活を送っているとの実感に乏しいのも事実であります。私は、経済発展の成果を国民生活に生かし、真の豊かさを実感できる社会の創造を目指してまいります。

このために、産業構造の変化に対応し、また、地域の実情に応じた雇用対策を進めるとともに、高度な技術・知識集約型産業の発展の中で働く場が確保されていくよう努めてまいります。

また、特に労使との対話を深め、理解と協力を得て、豊かな勤労者の生活が実現されるよう努めてまいるとともに、労働時間の短縮も推進してまいります。

さらに、経済構造の変化を初め厳しい環境に直面している中小企業が、これに積極的に対応し、健全な発展を遂げられるよう支援してまいります。

農林水産業は、食糧の安定供給、国土・自然環境の保全等基本的かつ多面的な役割を担っております。私は、内外の厳しい環境のもとにある農業について、さきの農政審議会報告を踏まえ、生産性の向上を図りつつ、国民の皆様の納得を得られる価格水準で食糧の安定供給が図られるよう、経営規模の拡大や生産基盤の整備など各般の施策を積極的に進めてまいります。

また、二十一世紀初頭には本格的に到来すると予想される高齢化社会に備えるため、医療や年金などの制度の改革をさらに進めるとともに、高齢者に適した仕事の場や生活の場を拡大するための技術の開発、地域社会の形成に努めてまいります。

婦人の能力を生かす社会環境を整備する一方、母子家庭、障害者など社会的、経済的に弱い立場にある人々に対しては、きめ細かな配慮をしてまいります。

教育の問題については、私は、国際社会の中でたくましく活動できる個性的で心豊かな青少年を育成していくことが何よりも大切であると考えます。このため、創造的で多様な教育の実現を目指し、臨時教育審議会の答申を受けて、引き続き教育改革を進めてまいります。

教育については、学校教育が基礎であることは言うまでもありませんが、教育は、学校の場においてのみ行われるべきものではありません。私は、国民一人一人が生涯にわたって学習できるよう、生涯学習の環境づくりを進めてまいります。また、各地で、地域の特性を生かしたスポーツ、文化活動を盛んにし、さらに、すぐれた伝統文化を尊重しつつ、世界に誇り得る文化、芸術活動の振興に努めてまいります。

未来を開くかぎの一つは、科学技術の発展であります。科学技術の発展は、人類の進歩向上や産業の新しい展開にとって大きな力となります。また、ロマンと活力に満ちた二十一世紀の日本を築き上げるためにも科学技術の発展は欠かすことができません。私は、創造的な科学技術の基礎研究を充実するとともに、がん、難病などの克服のための研究も積極的に進めてまいります。
以上、内政外交の重要政策について所信を申し述べました。私の目指す「ふるさと創生」は、単なる国土の開発や地域の振興の問題ではなく、日本国民すべてがより幸せで、楽しい、充実した人生を歩めるような日本列島を創造し、さらに、世界の人々の期待にこたえていくことであります。その意味で、これは国政全般にかかわる事柄であります。かけがえのない自由とふるさとを大事にすることがみずからの国を守る気持ちにつながっていくものと信じます。（拍手）均衡ある国土づくりを進め、日本の活力をより大きく発揮させていくことが、日本の世界への貢献をさらに高めることになっていくものと考えます。
二十一世紀を目前にして、荒海を未知の世界に向かってこぎ出すような気持ちでありますが、人間の真価は、非常時にこそ最もよく発揮されることを歴史は私たちに示しております。重大な転換期を迎えた世界と日本のために、私は、常に国民の皆様の声に耳を傾け、衆知を集め、合意を求めながら、「誠実な実行の政治」を目指し、全身全霊を傾けてこの難局に当たる決意であります。（拍手）
重ねて、国民の皆様方の御理解と御協力をお願いする次第であります。（拍手）

最重要課題は消費税導入。「若聞人《もしきくひと》なくば、たとひ辻立《つじたち》して成《なり》とも吾《われ》志を述《のべ》ん」

竹下にとって政権の最大のテーマは大平も中曽根も果たせなかった消費税の導入を実現することだった。消費税関連法案を提出した国会の冒頭、竹下は税制改革の必要性に熱弁を振るった。最終的に衆参両院で単独過半数を占める自民党によって法案は成立、八九年四月からの消費税三％導入が決まることになる。日本経済はなおバブル景気の中にあった。八八年には日経平均は三万円台へと上昇を続ける。一方、六月には未公開株を政官界にばらまいたリクルート事件が発覚、やがて大スキャンダルへと発展していく。この演説の後、九月になると、昭和天皇が吐血、昭和の終わりが近づいていた。

竹下登・所信表明演説

第百十三回国会　一九八八（昭和六十三年）七月二十九日

第百十三回国会の開会に臨み、所信を申し述べ、国民の皆様の御理解と御協力をいただきたいと思います。

まず初めに、去る七月二十三日に発生した海上自衛隊の艦船と民間の船舶との衝突事故（※1）によって亡くなられた方々並びにその御遺族に対し、心から哀悼の意を表しますとともに、負傷された方々に謹んでお見舞いを申し上げる次第であります。現在行方不明の方につきましては、引き続き全力を挙げて捜索に取り組んでまいります。このような事故が起きましたことは、まことに遺憾なことであり、政府は、事故原因の徹底的な究明を図り、二度と不幸な出来事が起こることのないよう、万全の努力を重ねてまいる決意であります。

また、西日本を中心とした局地的な大雨によって被災された方々に対し、心からお見舞いを申し上げるとともに、災害対策の充実に一層努めてまいります。

私は、昨年十一月、内閣総理大臣に就任して以来、我が国を訪れる各国の要人と会談を重ねる一方、七回にわたり十二カ国を訪問し、積極的な首脳外交を進めてまいりました。この間、一貫して訴えましたことは、「世界に貢献する日本」としての姿勢であり、平和のための協力、国際文化交流の強化、政府開発援助の拡充の三つの柱から成る国際協力構想の推進についてであります。

私の提案は、各国首脳から理解と賛同を得た次第でありますが、今後とも、この方針に基づいて外交を展開し、構想の具体化に全力を尽くしてまいりたいと存じます。

これらの施策を実現するためには、まず我が国のよって立つ基盤を確固たるものにしていく必要があります。その意味で、内政と外交は、まさに一体のものであることを改めて痛感した次第であります。

私は、かねてより「ふるさと創生」の政治を唱えてまいりましたが、それぞれの地域において「ふるさと」と呼ばれるような社会的、文化的、経済的な基盤をしっかりと築き上げることが必要であります。

これからの時代は、政治に大胆で斬新な発想を取り入れ、産業経済構造の転換はもとより、制度や仕組みに至るまで多くの点で改革していくことが求められております。このような努力を通じて、私は、世界の期待にこたえることができる日本、しかも次の時代に生きる日本人が誇りとするに足る真に豊かな国づくりも可能になると思うのであります。

私は、これからの日本のあるべき姿として、公平でしかも活力のある社会、勤勉な人々が報《むく》われる社会、そしてゆとりと希望に満ちた人間尊重の社会の建設を目指すことが大切であると信じます。(拍手)

政治倫理の確立と行政における綱紀《こうき》の粛正《しゅくせい》は、国民の信頼と期待にこたえるために心すべきことであり、常に襟を正して与えられた責務を果たしていかなければならないと考えているところであります。

現下の最も重要な内政の課題は、税制の抜本的改革の実現であります。(拍手)

私は、常に税制改革の必要性を国民の皆様に訴えてまいりました。このたび臨時国会の開会をお願いいたしましたのも、国民の代表である国会の場を通じて、この課題につき十分な御審議をいただきたいとの考えに基づいたものであります。(拍手)

日本の経済社会の変化には著しいものがあります。産業構造や就業構造が変化し、国民の所得水準が上昇するとともに、平準化してまいりました。経済の取引が国際化し、人口の高齢化が進み、消費が多様化し、消費におけるサービスのウエートが高まっております。このような著しい変化に対応し、将来にわたって、我が国が国際社会の一員としてその責任を果たしつつ、国民一人一人が幸せに暮らしていくためには、今こそ税制改革に取り組むときであると確信をするものであります。(拍手)

現行の税制は、シャウプ勧告によって四十年近くも前にその基本がつくられたものであり、今日の経済社会の現状に十分適応できない状態にあります。例えば、税負担が直接税とりわけ給与所得に対する課税に偏る一方、消費に対する課税のウエートが著しく低下しており、国民の間に重税感、不公平感が高まっております。また、特定の物品やサービスに高い税負担を課している現行の間接税制度は、消費の実態などに合わない面が多くなっております。

税制のあり方を考えるとき、これらのゆがみを直し、国民が納得できる公平で簡素な新しい税制を実現することが現下の急務と存じております。政府としては、このような観点から、税制調査会における精力的な御審議の結果などを踏まえ、今国会に税制改革関連六法案を提出したところであります。(拍手)

このたびの改革では、税制は、国民の皆様が社会共通の費用を広く公平に分かち合うためのものであるという基本的認識のもとに、負担の公平、経済に対する課税の中立性、税制の簡素化を原則として、抜本的な見直しを行っております。

その改革の方針は、税制全体として負担の公平に資するため、所得に対する課税を軽減し、消費に広く薄く負担を求め、資産に対する負担を適正化するなど、所得、消費、資産の間でバランスをとることにより、国民が公平感をもって納税し得る税体系をつくり上げることを目指したものであります。（拍手）

所得税、住民税につきましては、中堅所得者や低所得者の負担を軽減するために、最低税率の適用範囲の拡大、人的控除の引き上げなどにより、思い切った減税を行うこととし、また、国際的視点に立った法人税率の引き下げ、配偶者にも配慮した相続税の軽減合理化を図っております。この結果、減税額は五兆六千億円に上り、過去に例を見ないものとなっております。（拍手）なお、昭和六十三年分の所得税減税につきましては、このたび所要の法律が成立を見たところであり、政府としては、その早期かつ円滑な実施に努める所存であります。

また、今回の改革では、物品税を廃止するなど、現行の個別間接税制度を根本的に見直し、新たに、簡素かつ低率で経済に対する中立性を確保した消費税を設けることといたした次第であります。

このような一連の改革を通じて、全体としては、差し引き二兆円を大幅に上回る規模の減税が実現するわけでございます。（拍手）

有価証券譲渡益課税や社会保険診療報酬課税の見直しなど、いわゆる課税の適正化につきましても、できる限りの努力をいたしておりますが、今後とも、よりよき改善への検討を継続してまいります。なお、引き続き、適正、公平な税務の執行に努めていくことはもとよりのことでございます。

消費税の新設につきましては、さきの国会で私自身が申し上げましたように、これまで国民の間から種々の懸念が表明されてきておることも事実であります。今回提案をいたします消費税は、昨年提案した売上税関連法案が廃案に至った事実を、厳粛に、しかも謙虚に受けとめ、その反省の上に立って、取引慣行や税を納める方々の事務負担に極力配慮した仕組みといたしておるわけでございます。（拍手）その際、特に中小企業の方々の実情を十分考慮いたしてまいりました。

また、新しい消費税の税率は、極力これを抑制して三％といたしております。このほか、財政面でも、真に手を差し伸べる必要のある方々につきましては、今回の税制改革に伴う影響をも考慮し、きめ細かな配慮を行ってまいります。

消費税の実施に当たっては、税負担の円滑かつ適正な転嫁が行われることが大切でありまして、政府としては、そのための環境づくりに努めてまいります。その際、便乗値上げといったことがないように配意すると同時に、物品税などが廃止された場合、これに関連する価格の引き下げが適切に行われるよう、注意深く見守ってまいりたいと思います。

政府としては、今回提案する税制の抜本的改革案により、我が国経済社会の活力を維持し、国際化に即応しつつ、豊かな長寿福祉社会をつくるにふさわしい、より公平な税体系の構築が図られるものと確信をいたしておる次第であります。私は、この課題に懸命に取り組む決意であります。（拍手）

行財政改革と税制改革は、日本が新しい時代に向かって歩むために必要不可欠なものでありまして、まさに車の両輪に例えられるものであります。

政府は、臨時行政改革推進審議会の答申等を踏まえ、行財政改革に全力を傾注し、徹底した歳出の削減と制度、施策の見直しにより行財政を合理化する一方、国鉄の分割・民営化、電電、専売両公社の民営化などを具体化してまいりました。その成果は、鉄道、電気通信、たばこ各事業におけるサービスの向上やＮＴＴ株売り払い収入の活用など、着実に国民生活に還元されてきております。

私は、今後とも、引き続き行財政改革を粘り強く進めていく決意であります。さきの臨時行政改革推進審議会の意見書でも明らかになっておりますように、改革に対する努力はいささかも後退させることがあってはなりません。

昭和六十四年度予算におきましても、このような考え方に沿って概算要求の基準を設定しており、今後の予算編成において、経費の一層の節減合理化に取り組んでまいります。

次に、当面の重要政策課題について申し述べます。

我が国経済は、国内需要が堅調に推移し、企業収益は増加を続けており、雇用情勢も一段と改善が進むなど、拡大局面にあります。政府としては、今後とも主要国との協調的な経済政策を推進し、為替レートの安定化を図りつつ、内需を中心としたインフレなき持続的な成長と対外不均衡の一層の是正を図るため、引き続き適切かつ機動的な経済運営に努めてまいります。

さらに、二十一世紀を展望して、新たな経済社会の実現に向けた発展基盤を構築し、国際経済と調和のとれた政策運営を推進するため、世界とともに生きる日本、この視点に立った新しい経済計画の策定をいたしました。政府としては、この方針に沿って、内需主導型の経済成長の定着を図りつつ、一層の経済構造調整を進めてまいります。

土地問題の解決は、豊かな国民生活を実現し、活力ある経済社会を維持する上で避けて通れない課題であります。さきに臨時行政改革推進審議会から地価等土地対策に関する答申を受け、このたび、中長期的な視点に立って総合土地対策要綱を決定いたしたところであります。

地価については、諸施策の実施により、東京都などにおいて鎮静化の傾向が見られますが、その動向には、引き続き注意を払っていく必要がございます。政府としては、さらに、この要綱に基づき、適正な地価の形成を目指して、土地の需給両面にわたる総合的な対策を一体となって推進してまいる決意でございます。

このような土地対策を実施していくためには、国民の皆様には、土地の公共性、社会性を御認識いただき、格段の御理解と御協力をお願いする次第であります。

地価上昇の原因の一つは、東京への人口や諸機能の一極集中にあります。東京への過度な集中や依存から脱却して、第四次全国総合開発計画が目指すところの多極分散型の国土形成を図るため、多極分散型国土形成促進法の趣旨に沿いまして、都市・産業機能等の地方分散を進め、地方の振興開発と地域間の交流及び大都市地域の秩序ある整備に取り組んでまいります。

このたび政府は、国の機関等の移転に関する基本方針を定めますとともに、これに基づき具体的な移転機関等を決定をいたしたところであります。これは、都市・産業機能等の地方分散の一環として、政府みずから範を示しますとともに、民間部門の地方移転の先駆けをなすものであり、政府としては、その実行に全力を挙げていく所存であります。

日米間の懸案となっておりました牛肉・かんきつ問題につきましては、先般、最終的な決着に至りました。さらに、豪州との間で懸案であった牛肉問題についても、決着を見たところであります。政府としては、牛肉・かんきつ生産が我が国農業の基幹をなすものであることにかんがみ、その存立を守り、体質強化を図っていくため、今後、できる限り早急に必要な国内措置を検討の上、具体化すべく万全を期してまいります。

また、日米間で決着を見た農産物十二品目問題につきましても、必要な国内措置について検討を進めてまいります。

私は、内外の厳しい情勢に対応して足腰の強い、産業として自立し得る農業を確立するとともに、与えられた国土条件等の制約のもとで、最大限の生産性の向上を図り、国民の皆様の納得を得られる価格水準で食糧の安定供給が行われることが最も大切であると考えております。本年の米麦等の価格も、このような認識に立って、農家の方々の生産性向上に向けた努力とこれに対する国民の皆様の御理解、御支援を期待して決定したところであります。

また、活力ある地域社会の維持、国土・自然環境の保全、さらには生きがいの充足など、農業の有する役割や特質を改めて評価することが重要になってきております。

これらの観点から、農政審議会報告を踏まえ、すぐれた担い手の確保、生産基盤の整備、農業技術の向上など、構造政策その他の諸施策の充実強化に努めてまいるほか、農業や農山漁村の活性化のため、一層の努力を傾けてまいります。(拍手)

教育問題につきましては、国際社会の中でたくましく活動できる個性的で心豊かな青少年の育成はもとより、生涯学習の推進など、引き続き教育改革に取り組んでまいります。

次に、外交政策について申し述べます。

今日の世界において、米ソを中心とした東西関係に新しい動きが見られ、また地域紛争の解決に向けて真剣な努力が続けられております。イラン政府がこのたびイラン・イラク紛争の即時停戦を求める国連安全保障理事会決議の受諾を公式に表明したことは、同決議の実現に向けての重要な第一歩であります。

私は、最近の国際的な動きや努力を心から歓迎するものであります。他方、政治、経済を初め、広い分野で多くの問題が残されておることも無視できない事実であります。

このような国際情勢の中で、私は、内需主導型の経済を定着させつつ、経済構造調整の努力を一層進めますとともに、主要国間の政策協調を図ってまいる所存であります。また、我が国の平和と安全を確保するため、日米安全保障体制を堅持するとともに、自衛のために必要な限度において、節度ある防衛力の整備に努めております。これらの努力に加え、国際社会にさらに貢献するため、さきに述べましたとおり国際協力構想を打ち出し、関係各国の賛同を得たところであります。

私は、平和を願う我が国の立場に基づき、国連軍縮特別総会の機会をとらえ、紛争の予防と平和解決などに要員の派遣をも含めて尽力するための具体的方針を示してまいりました。また、国際文化交流の面でも、文化国家にふさわしい貢献を行ってまいりたいと考えております。さらに、開発途上国に対する政府開発援助につき、新たに定めました第四次中期目標に従い、量質両面での拡充を図ってまいります。

世界の平和と繁栄のため、我が国が重要な役割を果たすためには、米欧との緊密な協調が不可欠であります。中でも、日米関係は我が国外交の基軸であります。従来両国間に存在した幾つかの懸案について、レーガン大統領との間で確認したとおり、お互いの共同作業によって、公共事業への参入問題に引き続き、牛肉・かんきつ問題、日米科学技術協力協定の締結と順次解決を見たことは、既に御承知のとおりでございます。

一方、EC諸国は一九九二年の市場統合を目指しまして着実な前進を続けており、日米欧三極関係をバランスのとれたものとする上で、日欧協力関係に幅と厚みを加える必要性を、さきの二度にわたる訪欧を通じ、改めて痛感いたしております。

トロント・サミットにおいても、私は、参加首脳との間で、現下の国際政治経済上の問題につき、各国が協調して取り組んでいくことを確認し合ってまいりました。我が国としては、特に新興工業国・地域、いわゆるNIESとの対話の重要性を主張し、フィリピン情勢、カンボジア問題についての見解を述べますとともに、朝鮮半島情勢の安定化にとっても重要なソウル・オリンピックの成功に向けて、協力を呼びかけてまいりました。(拍手)

また、私は、アジア・太平洋地域諸国首脳との信頼関係の確立を重視し、この地域の国々を訪問する計画を立て、まずフィリピン、韓国、豪州などを訪問をいたしました。さらに、本年は日中平和友好条約締結十周年に当たりますので、国会会期中でございますが、議員各位の御理解を得て、八月末、中国を訪問し、引き続き両国関係の維持発展に努める考えであります。(拍手)

日ソ関係については、北方領土問題を解決して、平和条約を締結することにより、真の相互理解に基づく安定的な関係を確立するとの立場は不変であります。最近のソ連の新しい政策展開が対日関係に反映されることを期待しつつ、今後とも粘り強い外交努力を続けていく方針であります。

以上、当面する重要課題につき申し述べました。

戦後四十三年を数える今、これまで日本が歩んできた道を静かに振り返りますと、改めて深い感慨を禁じ得ないところであります。

今日、豊かですばらしい日本があるのは、先人のたゆみない努力のおかげであり、また、国民の皆様の賢明な選択や勤勉な働きがあったほか、米国を初めとする諸国との友好、協力関係など、多くの幸運に恵まれた結果でもあります。しかし、この驚異的な経済発展の一方では、ややもすると精神的な充実を軽んじてきた傾向があったことも事実であります。この反省に立てば、物の豊かさに加えて心の豊かさを大切にする生き方がこれからの私たちに求められていると思うのであります。(拍手)

今まさに、日本は、一つの大きな節目を迎えようとしております。物心両面で調和のとれた真に豊かな国づくりを目指し、時代の流れに合わなくなった制度や仕組みなどのひずみを大胆に是正しながら、その活力と豊かさを世界の平和と繁栄に生かすことこそ、我が国が進むべき道であると考える次第であります。

私たちは、一人でも多くの方々が幸せを実感できるように、今日より明日へと向かって互いに助け合い、ともに痛みを分かち合いながら、着実に前進を続けていくべきではないでしょうか。

特に、将来にわたって国民生活を安定させ豊かにするためには、税制改革の実現を図らなければなりません。(拍手)

いかにして個性豊かな充実した生涯を送るかは、一人一人の問題ではありますが、これを可能にする幅広い選択と環境の整備は、社会全体にとって必要なことであり、それこそ政治にとって大事な課題であると確信をいたすものであります。

たとえいかなる困難があろうとも、「若聞人《もしきくひと》なくば、たとひ辻立《つじたち》して成《なり》とも吾《われ》志を述《のべ》ん」との先哲の言葉をみずからに言い聞かせつつ、この身命のすべてをささげ、国民の皆様の心を心として、これら重要課題の解決に取り組み、一日も早く公平で活力ある社会を確かなものにするため、全力を尽くす決意であります。

国民の皆様の一層の御理解と協力をお願いする次第であります。（拍手）

※1：海上自衛隊の艦船と民間の船舶との衝突事故　一九八八年七月二十三日、横須賀港沖で海上自衛隊の新鋭潜水艦「なだしお」と民間遊漁船「第一富士丸」が衝突した海難事故。巨大潜水艦（総排水量二二五〇トン）との衝突ではひとたまりもなく、第一富士丸は一分ほどで沈没した。この事故により、家族が中心だった第一富士山丸の乗客四八名のうち三〇名が死亡した。救助をしなかったこと、海上保安庁への連絡が遅れたこと、翌日の記者会見で東山収一郎海上幕僚長が「なだしお側には責任なし」といった意味の発言をしたこと、航海日誌は改竄されていたことなどから、強い批判を浴びた。結局、海難審判庁、横浜地裁ともに、事故の主因は「なだしお」側にあるとし、なだしお、第一富士山丸の両船長に執行猶予付きの有罪判決を出した。

#「平成」、平和がわが国の内外に達成されることを願う意味を込めて

一九八九年一月七日、昭和天皇崩御。昭和六十四年は七日で終り、新たな年号は平成となった。竹下は前年の十二月に消費税関連法案を成立させ、四月から消費税を導入することが決まった。ふるさと創生一億円事業、牛肉・オレンジの日米農産物摩擦などの懸案も処理した。一方、前年に発覚したリクルート事件は拡大を続け、野党の追及の前に辞任に追い込まれる閣僚が相次ぎ、内閣支持率は低迷した。国会演説の直前、二月七日には民社党の塚本三郎委員長が退陣を表明した。バブル期、カネの魔力が日本全体を飲み込んでいた。

竹下登・施政方針演説

第百十四回国会　一九八九年（平成元年）二月十日

第百十四回通常国会の再開に当たり、内外の情勢を展望して施政の方針を明らかにし、国民の皆様の御理解と御協力を願いたいと存じます。

まず最初に、昭和天皇の崩御《ほうぎょ》に対し、衷心《ちゅうしん》より哀悼の意を表する次第であります。

私たちは、この悲しみを乗り越え、心と力を合わせて、国運の一層の進展と世界の平和、人類福祉の増進に努め、新しい平成時代を築いていかなければなりません。

「平成」には、その名の示すごとく、平和が我が国の内外に達成されることを願う意味が込められております。私は、人類が希求する平和を恒久的に確保して、かけがえのない美しい地球を守り、育て、後世に残していくことこそ、新しい時代に生きる私たちに与えられた最大の使命であると確信いたすものであります。（拍手）

顧みれば、昭和の時代は、世界的な大恐慌に始まり、悲しむべき大戦の惨禍、混乱と窮乏きわまりない廃墟からの復興と真の独立、比類なき経済成長と国際国家への発展に至るまさに激動の時代でありました。これらの時代を通じ、我が国は多くの困難と試練に遭遇したわけでありますが、これを克服し、今や経済的な繁栄を達成するとともに、平和を目指す国家として国際社会の中で名誉ある地位を占めるに至りました。私は、今日の豊かな日本を建設された国民の努力と英知に改めて深い敬意と感謝の意を表し、さらに新しい時代への力強い前進を決意する次第であります。

また、戦後の我が国の繁栄は、米国を中心とする自由主義諸国の努力と協調に支えられた国際秩序に大きく負っていたことを忘れてはなりません。今日、国境という枠を超えて活動と交流が深まり、国と国の相互依存や多極化の傾向が強まる中で、国際秩序の担い手として、我が国が果たすべき責務はかつてないほど大きなものとなっております。人類と地球の未来のために、米国や欧州、アジア諸国を初め多くの国の方々と力を合わせ世界の平和と繁栄を支えていくとともに、一層主体的に世界の期待と要請にこたえていかなければならない時代を迎えていることも確かであります。

私は、このたび米国を訪問し、就任直後のブッシュ米大統領と会談し、忌憚《きたん》のない意見の交換を行ってまいりました。私たちは、かたい友情と相互の信頼を確認するとともに、今後とも、日米両国が協力し合うことにより、地球的な視野に立っておのおの責任を果たし、世界に貢献していくことを誓い合った次第であります。

平成時代を迎えて、私たちは、これまで以上に斬新な発想とたくましい気力をもって、活力に満ち、しかも文化豊かな国づくり、世界に開かれた国づくりを着実に進めていくべきだと存じます。日本には、長い歴史と伝統があります。これを誤りなく継承しつつ、しかも必要に応じて時代に先駆けた挑戦を繰り返すことにより、時には痛みを分かち合いながら、人類共通の願いにこたえることこそ、私たちにとって大事な課題

「平成」の新元号を発表する小渕官房長官（写真提供：毎日新聞社）

ではなかろうかと思います。

時代の転換点ともいうべき今、もう一度初心に立ち返り、来るべき時代への洞察と未来を切り開く勇気ある実践が強く私たちに求められていることをひしひしと感じてなりません。

来る二月二十四日に昭和天皇の御大喪《たいそう》の礼を挙行することとしておりますが、国民の代表や世界の国々から弔問のため来日される多くの首脳や要人を迎えて、厳粛にしかも滞りなくとり行うよう万全の準備を進めてまいります。

今日、リクルート問題（※1）等を契機として国民の間に政治に対する不信が広がっております。このことは、我が国の議会制民主主義にとって極めて憂慮される事態であると認識いたしております。

政治改革は、竹下内閣にとって最優先の課題であります。私は、各方面からの厳しい御批判を真剣に受けとめ、皆様と力を合わせて、必ずや政治への信頼の回復をなし遂げなければならないとかたく心に誓っている次第であります。（拍手）

政治は、それを動かす精神や文化を抜きにしては考えられず、また、政治倫理については、第一義的には政治にかかわる者一人一人のモラルに帰着する問題であることも確かだと思います。私を初め政治に責任を負う立場にある者は、率先して自粛自戒し、みずからの姿勢を正すことが求められております。私は、政治家みずからが自己改革し、衆参両院で決められた政治倫理綱領《りんりこうりょう》を守り、国会の自浄能力を高めるための環境づくりを急ぐことによって国民の負託にこたえていくしか道はないと思うのであります。

このため、政治資金における公私の区別の明確化と透明性の確保を図り、金のかからない政治活動を確立するとともに、さらにその基盤をなす選挙そのもののあり方についても検討を進め、思い切った改革をしなければなりません。

このような考え方のもとに、当面の問題だけでなく中長期的な課題を含め、多方面の方々から御意見や御提言をいただくこととし、先般、有識者による政治改革に関する会議の場を設けました。これらの改革は、政府のみにて達成ができるものではなく、国会、各党各会派の皆様の御理解と御努力によって初めてなし遂げられるものであります。私は、みずからのすべてをかけて、皆様方とともにその実現に取り組む決意であります。（拍手）

また、全体の奉仕者である公務員についても、その職務を行うに当たっては、いやしくも疑惑を招くことのないよう一段と綱紀の粛正を図ってまいる所存であります。

私は、もう一つの大きな目標としてふるさと創生を国づくりのテーマに、いよいよその具体化に向かって前進してまいる所存であります。これからの我が国に必要なことは、その経済的豊かさにふさわしい日本を築いていくことにあると考えております。

私はかねてよりふるさと創生を唱えてまいりましたが、それは、日本人一人一人がみずからの住む地域をふるさとと感じることができるような、充実した生活と活動の基盤をつくり、真の豊かさを目指すものであります。同時に、一層開かれた社会を築き上げ、世界の人々に敬愛される日本を創造していくことにほかなりません。

豊かな自然や住みよい都市環境、地域における人と人との心の通い合い、住民の創意工夫を生かした町づくり、村づくり、地域づくりを進め、そして何よりも家庭の団らん、温かい家庭を大切にしながら、国内はもとより、世界と交流し貢献していくという新しい社会をダイナミックに創造したいと存じます。

このように、ふるさと創生には輝かしい未来をつくる夢とロマンがあります。しかし、自主的で地道な努力の積み重ねと忍耐強い継続なしにはこれを実現することはできません。多くの人々がふるさと創生という一つの大きな目標に向かって知恵や努力を結集していけば、やがて壮大な運動となり、心豊かな人々によってさらにすばらしい日本、美しい地球がつくられていくことを、私は大いに期待しているところであります。

以上の考え方に立って、国政の各分野にわたり、基本的な方針を申し述べたいと存じます。

最近の国際情勢には、新たな潮流が見られます。特にソ連の対外姿勢の変化を背景に、米ソ間の対話を初め中ソ関係正常化の進展、世界各地の地域紛争における解決への具体的努力などが見られ、今後の展開が注目されております。このような変化はいまだ緒についたばかりであり、楽観は許されませんが、歓迎すべき変化については、これを定着、発展させるため、我が国としても、新たな創意を持ち、体制を整備しつつ、積極的な外交を展開していくことが必要であります。

国際社会において相互依存関係が深まる中で、我が国は経済のみならず国際関係全般にわたって、これまでにない大きな責任と役割を有しております。私は、政権を担当して以来、「世界に貢献する日本」の推進を最重要課題としてまいりました。今後とも平和憲法のもと、他国に脅威を与えるような軍事大国にはならないという不変の方針を堅持し、世界の平和と繁栄のため最善を尽くす決意であります。(拍手)

我が国が国際的貢献を果たすに当たっては、まず自国の平和と安全を守る努力がその前提となります。私は、日米安全保障体制を堅持し、その円滑かつ効果的な運用を図り、また非核三原則と文民統制を確保しつつ、中期防衛力整備計画に従い、節度ある防衛力の整備に努めてまいります。なお、平成三年度以降の防衛力整備につきましては、現行のような中期的な計画を策定する必要があると考えており、今後検討を進めてまいります。

また、世界有数の経済規模を有する我が国には、世界経済の持続的成長のため、さらに多くの努力が求められていることも確かであります。主要先進国との政策協調を促進し、為替レートの安定を図りつつ、内需主導型の経済構造を定着させ、規制緩和を含む構造調整を一段と推進するとともに、輸入の拡大、市場アクセスの一層の改善に努めていかなければなりません。さらに、多角的自由貿易体制の維持強化を目的としたウルグアイ・ラウンドの交渉についても、最大限の努力を行ってまいります。特に、農産物貿易については、食糧の安全保障等に十分に配慮しつつ、交渉の進展に向けて積極的に対応していきたいと存じます。

世界の平和と繁栄に一層貢献していくため、私は、昨年、平和のための協力、政府開発援助の拡充、国際文化交流の強化を三つの柱とします国際協力構想を打ち出しましたが、ことしは、この三本柱の一層の具体化を図りたいと存じます。

まず、平和のための協力では、国連の平和維持活動に対する各国の期待の高まりにこたえて、資金面での協力はもちろんのこと、要員派遣についても我が国にふさわしい分野において強化し、そのための体制の整備に努めてまいります。さきの訪米の機会にデクエヤル国連事務総長と会談した際、私はこの平和のための協力について説明し、賛同を得ましたほか、昨年私が提唱しました核実験検証を含む核軍縮問題に関する国連会議を、本年四月京都で開くことについても合意を見たところであります。

また、本年は、アフガン難民の支援を強化しますほか、四月開始予定の国連のナミビア独立支援活動に対し、資金面並びに選挙監視等の要員派遣面での協力を行ってまいります。カンボジア問題においても、国際的な枠組みの中での紛争解決とその後の復興に向け、積極的に協力していく考えであります。

次に、ＯＤＡの拡充では、昨年策定した第四次中期目標の着実な達成に向け努力をするとともに、一層効果的、効率的な援助の実施に努めてまいります。このような努力に加え、開発途上国の累積債務問題が世界経済の発展のためにも克服しなければならない問題であることにかんがみ、資金還流などを図り、その解決に向け積極的に取り組まなければならないと思います。

そして、国際文化交流の強化では、海外での対日関心の急激な増大に対応していくとともに、留学生、研究者などを含む人的、知的交流等を進め、また、人類共通の財産としての世界の諸文化の維持発展に寄与していくことといたしております。さらに、地方においてもさまざまなレベルでの海外との交流を推進するなど、草の根外交や地方の国際化のための施策を強化してまいりたいと存じます。

青く美しい地球は、人類共通のふるさとであります。これを末永く後の世に残すことは私たちの責務であり、人類の英知を結集していかなければならない課題であります。そのため、地球温暖化を初めとする地球規模での環境問題の解決に積極的に取り組む考えであり、国連及び各国との協力のもと、本年秋には、地球環境保全に関する国際会議を東京で開催する予定であります。また、地震などの自然災害や麻薬問題など国境を越える課題に対しても、引き続き国際協力を進めていきたいと存じます。

我が国が積極的な外交を推進するに当たっての基本的な立場は、先進民主主義諸国の主要な一員として西側諸国との協調を図りつつ、アジア・太平洋地域の一国としてその地域の安定と発展に貢献していくことであります。

特に、東西関係を初めとする国際情勢が一層好ましい展開を示すように日米欧を中心とする西側諸国相互間の連帯と協調が重要であります。私は、本年七月フランスで開催される主要国首脳会議などの国際的な場において、世界が直面する諸問題の解決に向け日米欧の協力関係をさらに強化してまいる所存であります。

中でも、日米関係は我が国外交の基軸であります。私とブッシュ大統領は、今後とも二国間の課題を静かな対話と地道な努力を通じて解決していくとともに、両国が相携えて世界の平和と繁栄のために貢献すべく、政策協調と共同作業を一層進めることを確認したところであります。

また、西欧諸国との関係強化も重要であります。昨年の二度にわたる訪問を踏まえ、西欧諸国の首脳との信頼関係を一層強固なものにすることにより、世界的視野に立った協力を強化してまいります。

ソ連との関係では、最近の二度にわたる外相会談で、日ソ間に横たわる諸問題や緊要な国際問題について率直な意見交換が行われました。我が国としては、北方領土問題を解決して平和条約を締結することにより、真の相互理解に基づく安定的な関係を確立することが一貫してきた方針であります。ゴルバチョフ書記長の新しい思考に基づく政策転換が対日関係に反映されることを期待しつつ、昨年十二月の外相会談で合意された最高首脳レベルをも含む対話の拡大強化を通じ、さらに粘り強い外交努力を続ける所存であります。

アジア・太平洋近隣諸国との関係を強化し、発展させることは極めて枢要《すうよう》であります。中でも、民主化の進む韓国との友好協力関係を一層発展させるとともに、朝鮮半島の緊張緩和のための環境づくりに努力し、また、近代化を目指して力を尽くしておる中国との間に良好で安定した関係を維持発展させることは、我が国外交の重要な柱であります。さらに、私は、朝鮮半島をめぐる動きを注視しつつ、日朝関係の改善に努力をいたします。また、ＡＳＥＡＮ諸国や大洋州諸国等との関係強化に意欲を持って取り組んでまいります。

このほか、外交の幅を地域的にも広げることを目指して、中南米、インド亜大陸、中近東、アフリカなどの地域との間で、首脳レベルの交流を精力的に展開し、関係強化を図ってまいりたいと考えております。

さきの国会において、税制改革関連六法が成立し、長年の課題であった税制改革が実現をいたしました。私は、この改革が、我が国経済社会の活力を維持し、豊かな長寿・福祉社会をつくる礎となるものと確信をいたしております。国会における審議やつじ立ちなどを通じて、国民の間に消費税の導入について種々の懸念や不安があることは、十分承知いたしております。それを解消し、新しい税制に対する国民の信頼を得るためには、この制度を円滑に実施に移していくことが不可欠であり、最大限の努力をしてまいりたいと決意いたしておるのであります。（拍手）

政府としては、先般、新税制実施円滑化推進本部を設けたところでありますが、今後とも私みずから陣頭に立って、新税制について理解を得るための広報や相談等を積極的に実施し、また、消費税が円滑、適正に転嫁されるようきめ細かな対策をとりますとともに、便乗値上げの防止にも配慮してまいります。消費税が実施に移されて身近なものとなれば、必ず大幅減税とあわせて、税制を改革してよかったと感じていただけるようになるものと確信をいたしております。（拍手）いわゆる税率の歯どめにつきましては、竹下内閣として税率の引き上げを提案いたす考えのないことを明言いたしておきます。

行財政改革と税制改革は、日本が新しい時代に向かって歩むために、ともに必要なものであり、私は、車の両輪に例えられると思っております。税制改革が実現し、その円滑な実施が求められている今日、行財政が効率的に運営されることは一層重要であります。平成元年度予算においては、歳出の徹底した合理化に取り組み、平成二年度に特例公債依存体質から脱却するという目標に向け前進するとともに、平成元年度に実施する事項を中心に行政改革の方針を取りまとめたところであります。多額の公債残高を抱えるなど行財政をめぐる厳しい状況を踏まえ、これからも、行政の各面にわたり制度や歳出を見直し、手綱を緩めることなく行財政改革を進めてまいる決意であります。

また、地方財政については、今回の補助率などの見直しに際し所要の措置を講ずるなど、その円滑な運営を期することといたしております。

国土の均衡ある発展と地方の活性化のため、国、地方にわたる行政改革を行い、真の意味での自主的、自立的な地方自治の体制を築き上げることが今強く求められております。昨年十二月、臨時行政改革推進審議会に対して、国と地方の行政の役割や機能分担、費用負担など幅広い問題について掘り下げた検討をお願いしたところでありますが、その答申を待って改革に一層積極的に取り組む所存であります。

全国各地には、それぞれの個性があります。新しいふるさとづくりは、みずからの地域に根づいた歴史、伝統、文化や産業を見直し、その中から地域の特性を引き出し、大きく伸ばし育てることに尽きるのであります。

そのためには、これまでの発想を転換し、地域が自主性と責任を持って、おのおの知恵と情熱を生かし、小さな村も大きな町もこぞって、地域づくりをみずから考え、みずから実践していくことが極めて重要であります。この自立の精神により、私は、誇りと活力に満ち、しかも文化の薫り豊かなふるさとを築くことができると信じております。各地域で青写真をつくり、人間味あふれたふるさと像を描いて、その実現に向けて努力していただきたいと思います。政府におきましては、全国各地で動きの見られる自主的、主体的な村づくり、町づくりにおこたえすることができるよう、地域の活性化の具体化に向け積極的な支援を図ってまいります。

一方、東京への過度な集中や依存から脱却し、多極分散型の均衡ある国土づくりを強力に推進をいたします。このため、第四次全国総合開発計画に基づき、ふるさとづくりの基盤となる都市・産業機能などの地方分散、地域の振興拠点の開発整備及び大都市地域の秩序ある整備を図るとともに、高規格幹線道路、空港、整備新幹線などの交通網及び情報・通信体系の整備やイベント開催など、ソフト面での施策の充実による交流ネットワーク構想を進めてまいります。さらに、今後とも国の行政機関等の移転の推進に全力を挙げて取り組んでまいります。

また、北海道の総合開発と沖縄の振興開発のための諸施策を引き続き積極的に推進していくことはもとよりのことであります。平成二年に開催される国際花と緑の博覧会については、その成功に向けて諸般の準備を進めているところであります。

今や土地問題は、早急にその解決を図らなければなりません。東京圏では地価の鎮静化傾向が見られますものの、依然として高水準で推移する一方、大阪圏などにおいても地価上昇が見られ、引き続き地価の抑制に努めていく必要があります。政府一体となって、需給両面にわたる土地対策を強力に推進するとともに、土地の公共性についての共通の国民意識を確立していくことが必要であり、本国会に土地基本法案を提出いたしたいと存じております。（拍手）

我が国は、今や世界最長寿国となり、まさに人生八十年時代を迎えております。四人に一人が六十五歳以上という本格的な長寿社会の到来を間近に控え、高齢者が社会を支える重要な一員として、その豊かな経験や知恵を生かせるよう、雇用、社会保障を初め、経済、社会のシステム全体をこれからの時代にふさわしいものとしていく必要があります。

このため、各人が生涯を通じてその能力や創造性を発揮できますよう、六十五歳程度までの継続雇用を初め、多様な就業機会の確保、社会への参加を促進し、その条件整備を図りつつ、公的年金を中心とした老後所得の確保に意を用いたいと存じます。

国民のだれもが、長い人生の中で、家族とつながりを持ち、長生きをしてよかったと感じられることが長寿・福祉社会の目指すところであります。この目標のもとに、生涯を通じた健康づくりを一層推進し、地域における保健・医療・福祉サービスの総合的展開を図り、在宅サービスの拡充を中心とする一方で、老人保健施設等の施設サービスの拡充に努めてまいります。また、高齢者を含む三世代が生き生きと生活できる、住みよい町づくりを進めていきたいと考えております。

国民の生活を支える公的年金については、給付の改善を行うとともに、厚生年金について、世代間の給付と負担の均衡を確保するため、平成十年度から支給開始年齢を段階的に引き上げ、さらに、制度の一元化に向けて被用者年金制度間の負担調整を実施することをお願いしたいと存じます。医療保険についても、制度間の給付と負担の公平化等の改革に取り組みたいと思います。

寝たきり老人や障害者、母子家庭など経済的、社会的に弱い立場にある方々へのきめ細かな配慮を行うことはもとよりのことであります。このほか、長寿社会を支える科学技術研究の推進や、がん対策、エイズ対策を初め難病の克服に全力を尽くしてまいります。

教育は、我が国が創造的で活力ある文化国家として発展し、世界に貢献していく基礎を築くものであり、このため教育改革に全力で取り組んでまいらなければなりません。私は、日本人としての自覚に立って、国際社会の中でたくましく活動できる個性豊かな青少年を育成するため、道徳教育の充実など教育内容の改善、教員の資質の向上、高等教育の個性化、活性化等を積極的に推進するとともに、国民の皆様のさまざまな学習意欲にこたえる生涯学習社会を築くことが必要であると確信いたしております。さらに、国民の文化、スポーツに対する関心の高まりにこたえるため、文化施設の整備、生涯スポーツ、競技スポーツの振興を図ってまいります。

豊かで多様な国民生活の実現、国際社会への貢献、地域社会の均衡ある発展などの課題に取り組み、未来を開くためには、我が国経済社会の発展基盤を確かなものとしておくことが必要であります。我が国は、経済面では堅調な拡大局面にありますが、インフレなき持続的経済成長と対外不均衡の一層の是正を図るため、引き続き適切かつ機動的な経済運営に努めますとともに、新しい経済計画「世界とともに生きる日本」、これにそって経済構造調整を進め、内需主導型経済構造への転換と定着を実現してまいります。

他方、我が国経済社会が成熟しつつある今日、高い経済力を国民一人一人の生活に生かすことによって、真に豊かさが実感できる社会を築き上げることが急務であると存じます。

国民の多様化したニーズに対応して供給構造を変革し、国際的に均衡のとれた物価水準を確保して消費生活の充実を実現してまいらなければなりません。しかも、民間の活力や創意を生かすことを基本に、生産・流通・サービス機能や価格形成にかかわる規制の緩和、制度等の改善を積極的に進めていくことが肝要であると考えます。このため、昨年十二月には規制緩和推進要綱を決定したところでありまして、その着実な実行を図ってまいります。

農業については、内外の厳しい状況に対応して、足腰の強い、産業として自立し得る農業を確立するとともに、生産性の向上を図り、国民の皆様の納得を得られる価格水準で食糧の安定供給が行われることが重要であります。活力ある地域社会の維持、国土・自然環境の保全、さらには生きがいの充実など農業の持つ多面的な役割も重視していかなければなりません。これらの観点から、農業の長期展望の確立、構造の改善、農山漁村の活性化などの施策を一層強力に推進してまいります。また、牛肉・かんきつ等については、必要な国内措置の実施に万全を期する考えであります。

厳しい環境変化に直面しております中小企業については、健全な発展が可能となり、地域経済の活性化に資するよう、構造転換対策等を強力に実施してまいります。また、資源・エネルギーの安定供給の確保に努めてまいります。

完全週休二日制の普及など労働時間の短縮は、我が国全体として取り組むべき課題であります。広く労使との対話を深め、地域雇用開発の推進、健康で豊かな勤労者生活の実現などに努めてまいります。

今日、国民生活にゆとりと潤いが求められており、このため住みよい住宅供給の促進、安全で良好な居住環境、都市環境の形成など相対的におくれておる社会資本の整備、生活面での情報化、大規模地震対策、十勝岳などにおける防災対策、水資源対策など多面的な対策を講じますとともに、地方の芸術、伝統産業、スポーツの振興など特色ある地方文化の創造を図ってまいります。また、社会資本整備を円滑に進めるため、大深度地下の利用について検討を行いますとともに、リニアモーターカーなど新しい交通システムの実用化に向けて研究を進めてまいります。

さらに、国民の安全を脅かすテロ・ゲリラ事件等の犯罪や事故の防止に力を尽くしてまいります。

時代を切り開くかぎの一つは、学術研究及び科学技術の振興であります。創造的、基礎的な研究開発を総合的に進めるとともに、ヒューマン・フロンティア・サイエンス・プログラムの推進などの国際交流を促進してまいります。

私たちは、過去と未来をつなぐ今を生きながら大きな使命を担っております。世代から世代へ先人の意志を引き継ぎ、力を合わせて新しい文明を創造していくこと、それこそが時代の大きな節目を越えようとしている私たちに課せられた命題にほかなりません。（拍手）もとより、争いや対立に進歩はなく、この地上から過度の競争や相互不信を取り除く賢明で地道な努力が必要であります。私は、調和と信頼、そしてとうとい命やかけがえのない自然を大切にする心優しい政治を勇敢に実行することによって、いかなる困難も克服することができると確信し、ひたむきに歩き続けてまいります。（拍手）

何事かをなさんとするとき、あらゆることが忍耐によってなし遂げられるということは、洋の東西を問わず人々を導く指針であります。いつの時代にあっても、謙虚に、しかも誠実に、学びつつ実践し、反省しつつ前進する心構えを忘れてはならないと思うのであります。

私たちが進む道の遠く険しきを思い、私はみずからに与えられた責任の重さを改めて痛感いたしております。これから後も、一日一日の歩みを怠ることなく、不動の信念を貫き、平和で豊かな世界と日本を築くため、全力を尽くす決意であることをここに申し上げます。

国民の皆様の一層の御理解と御協力を切望する次第であります。ありがとうございました。（拍手）

※1：リクルート問題　一九八八年に発覚した贈収賄事件（リクルート事件）。リクルート社（江副浩正会長）が、一九八四年から一九八五年にかけて関連会社リクルートコスモス社の未公開株（一九八六年に株式公開）を政界、官界、財界の有力者に譲渡した事件であり、収賄側の人数と社会的地位の高さから空前の疑獄事件となった。特に自民党では竹下登首相、中曽根康弘前首相、宮澤喜一副総理・蔵相、安倍晋太郎自民党幹事長、渡辺美智雄自民党政調会長、藤波孝生元官房長官、森喜朗など、派閥領袖をはじめとする有力議員はほとんどすべて株の譲渡を受けていた。譲渡を受けた政治家は実に九〇人にのぼる。その他、高石邦男元文部事務次官、加藤孝元労働事務次官、森田康日本経済新聞社社長、真藤恒ＮＴＴ会長、政府税制調査会特別委員を務めていた公文俊平など、各界トップの名があがった。捜査は東京地検特捜部が行ったが、結局有罪（いずれも執行猶予付き）となったのは、藤波議員、高石次官、加藤次官、真藤会長ら、少数にとどまった。この事件により、竹下内閣は一九八九年に総辞職する。

「改革前進内閣」裂帛《れっぱく》の気合をもって清新、清冽な政治の実現に努める

平成最初の施政方針演説から間もない一九八九年二月十三日、東京地検特捜部はリクルート前会長の江副浩正を贈賄容疑で逮捕、政財官界でリクルート事件の逮捕者が相次ぐ。政治不信は極まり、国会は空転。さらに四月一日には消費税が導入され、竹下内閣の支持率は低迷を極める。竹下は政治不信の責任をとり退陣を表明。後継選びは難航した。事件の余波もあり、それまで総裁候補とされてきた有力政治家たちは出馬に動けず、清廉で知られた総務会長の伊東正義は固辞。紆余曲折の末、竹下は外務大臣を務めていた宇野宗佑を指名する。宇野は中曽根派。国民は政治改革を求めていた。

宇野宗佑・所信表明演説

第百十四回国会　一九八九年（平成元年）六月五日

このたび、私は、内閣総理大臣に任命され、国政を担うこととなりました。政治の大きな岐路に立ち、身の引き締まる思いがいたします。私は、決意を新たにし、力の限りを尽くし、みずからに課せられた重責を誠実に、しかも勇断を持って果たしてまいる所存であります。

第二次世界大戦は、我が国民に忘れられない惨禍をもたらしました。私が約四年ぶりに帰還し、目の当たりにした祖国は、廃墟の中にありました。ところが今や、本州、北海道、四国、九州は、トンネルや鉄橋によって結ばれ、国土全体が新幹線と高速道路網で一体化されております。さらに、自然災害についても、ほぼ克服されるに至りました。戦後の食糧危機はなくなり、また、国づくりの基本となる教育についても、国

宇野宗佑（うの・そうすけ）
1922年～1998年。滋賀県生まれ。首相在任期間：1989年6月3日～1989年8月10日（69日間）。神戸商業大学（現神戸大学）中退。学徒出陣、シベリア抑留を経て復員。地元の商工会会長、県議会議員、河野一郎の秘書を経て、無所属ながら1960年の総選挙で当選、自由民主党に入党。防衛庁長官（田中内閣）、通商産業大臣（中曽根内閣）、外務大臣（竹下内閣）等を歴任。首相就任後、参議院議員選挙での惨敗、加えて芸妓買春スキャンダルによって失脚。短命内閣に終わった。在任中、閣僚（妻子を含む）の資産公開制度を導入。

写真提供：毎日新聞社

際的に見て誇り得る水準以上に達しております。人々は、このように物質面では生活に満足しており、今や、心の豊かさ、文化の充実を求めております。

今日、我が国が享受しているこの平和と繁栄は、内にあっては、戦後日本全体が選択した民主主義体制のもとで、自由市場経済の理念に基づく個人の自由な意思と活力が尊重されたからであり、外との関係にあっては、米国との同盟関係によって確保された国の安全保障及び国際協調がもたらした安定的な対外環境により、可能となったものであります。

もとより、民主主義の基本は、国民の厳粛な信託にこたえて、誠実で明快な国政が行われることにあります。しかし、昨今、国民の政治に対する信頼が大きく損なわれております。私が政治改革を断行する決意に燃えているのも、この民主主義の原点に立ち戻り、国民の納得できるわかりやすい政治を行っていくべきであると考えるからにほかなりません。国民の政治に対する信頼を回復することこそが、我が国の平和と繁栄の基盤を揺るぎなきものとして、同時に、我が国の対外的なイメージを回復、強化するために不可欠であります。

そのため、議会史上例を見ない政治不信を引き起こしたリクルート問題に関し、政治的あるいは道義的なけじめをつけるだけでなく、このような不祥事が二度と起こることのないよう、根本にさかのぼった措置をとることが肝要であります。高い政治倫理の徹底を図るとともに、政治資金における公私の区分の明確化と透明性の確保、さらには、金のかからない政治活動と政策を中心とする選挙の実施など、政治のあり方そのものを抜本的に改革しなければなりません。

政治は、古来から、その国の風土や文化、国民意識を抜きにしては語れないと言われており、このため国民意識をも変革し、これを高めることが必要であると考えております。

政治改革の理念と方向については、竹下前内閣における政治改革に関する有識者会議による御提言（※1）や自由民主党の政治改革大綱において、基本に立ち返った改革案が示されております。

私は、いかなる厳しい試練に遭遇しようとも、これらの理念と方向に沿って、政治改革を大胆に実行することこそ、国民の負託にこたえる道であると考えており、政治改革を内閣の最重要課題として、不退転の決意を持って取り組む覚悟であります。（拍手）

申すまでもなく、これらの改革は政府のみにて達成できるものではありません。国会、各党各会派の皆様の御理解と御協力によってこそ初めてなし遂げられるものであります。自由民主党を初めとして、各党各会派間において、大局的見地に立って十分論議を尽くしていただき、順次成果が得られることを切望します。私といたしましても、皆様とともに、全力を挙げてその実現に取り組んでまいります。

新内閣の発足に際し、各閣僚等の賛同のもとに、就任、辞任時における資産の公開や、在任中の株や不動産などの取引の自粛と保有株式などの信託を申し合わせ、内閣としてなすべき政治改革の第一歩を踏み出したのも、かかる考えによるものであります。

また、全体の奉仕者である公務員についても、昨今の国民の批判を厳しく受けとめ、その職務を行うに当たっては、国民からいささかの疑いを受けることのないよう、今後とも綱紀粛正の徹底に努めてまいる所存であります。

今日の国際情勢は、戦後最大の転機に至っていると考えます。戦後四十有余年間、国際関係を規定してきた米ソを中心とした東西関係は、大きく変化しつつあります。また、中ソ関係は、ほぼ三十年ぶりに正常化されました。さらに、第三世界における地域紛争は、解決に向けて急速な動きを示しております。加うるに、幾多の国においては、民主化への動きが起こっております

このように、世界は新しい時代を模索しつつあります。その背景には、我が国を含めた先進民主主義国の信奉する自由と民主主義という価値が、より広範な国々において基本理念として受け入れられる一方、東側諸国や開発途上国においても、政治的自由を希求し、経済的停滞を打破しようとする各国民の抑えることのできない民主化に向けての強い願望が見られます。

このような動きは、日本が選択した民主主義体制の正当性を証明するものと言えましょう。我が国といたしましては、今日の日本の平和と繁栄の源となり、かつ、諸国民が希求する自由と民主主義という基本的価値を、単に与えられたものとしてとらえるのではなく、これを積極的に担い、支え、このもとでの繁栄を図っていくべきであると信じます。（拍手）日本は、このような基本的価値のもとで、国際的に貢献し得る経済力を有するに至ったのであり、「世界に貢献する日本」の原点は、ここにこそあると考えます。

これは、日本国憲法に述べる「われらは、いづれの国家も、自国のことのみに専念して他国を無視してはならない」との心から出るものであります。世界的に諸国民の間の相互依存関係がますます強まっている今日、国際協調にその生存を依存している我が国としては、国際的な責任を果たしていくことが、我が国自身の国益に不可欠であることを認識しなければなりません。自由世界第二位の経済規模を有するに至った我が国は、

自己の改革をなし遂げつつ、より大きな国際的責任と役割を果たさなければならないという意味で、歴史的転換期を迎えていると考えます。

このような転換期にあって、内外政の一層の一体化は必然であります。来るべき二十一世紀を展望し、我が国の国際社会への貢献をさらに推進するとともに、国民の福祉を一層向上していくためには、良好な国際環境の確保と着実な内政の確立が不可欠であります。

個人の自由と民主主義に立脚した国の繁栄と国民の安寧の確保という視点に立って見れば、従来の我が国の外交政策の基本、すなわち、米国との関係を基軸とした先進民主主義国の重要な一員としての立場と、アジア・太平洋地域の一国としての立場という二つの座標軸にしっかりと立って、国際責任を果たすとの外交路線が正しかったことは疑いを入れません。私といたしましては、このような外交路線を継続し、発展させてまいります。(拍手)

安全保障に関しましては、日米安全保障体制を堅持するとともに、憲法のもと、専守防衛に徹し、非核三原則と文民統制を堅持し、節度ある防衛力の整備を進めてまいりたいと考えております。

日米間を初めとして、我が国を取り巻く貿易経済問題は、深刻の度を日ごとに深めております。私は、戦後の世界的な自由貿易体制の恩恵を最大限受けた我が国が、強い経済力を持つに至った現在、自己中心的な論理のみを主張することは妥当ではなく、世界的な視点に立って行動していくことが我々の国益にも資するものと考えております。我が国として正すべき国内の制度や慣行については、これを是正することにちゅうちょしてはなりません。

もちろん、このような国内の改革は痛みを伴うものであることは疑いを入れません。しかし、あらゆる文明は、自己満足に陥り、現状維持にのみ関心を持つに至った段階から活力を失い始めることは、歴史の示すとおりであります。そして、戦後日本の活力を生み出したのが、自由貿易体制のもとで、まさに個人の創意に基づく自由な経済活動にあったことを想起すれば、対外不均衡の一層の是正を図り、引き続き内需を中心としたインフレなき持続的経済成長を堅持するとともに、規制緩和を含む構造調整や市場アクセスの改善を一段と進める必要があります。また、輸入大国となることによって、国民の消費生活を豊かにするとともに世界経済の調和ある発展に寄与することが、我が国のとるべき道であると考えます。

私は、竹下前総理が提唱されました国際協力構想を外務大臣として積極的に推進してまいりましたが、この構想は、世界各地における紛争を収拾し、さらには、その再発を防ぐ平和のための協力、諸国民を貧困から脱却させるためのODAの拡充、多様な価値観を持つ諸国民の間の相互理解を推進するための国際文化交流の強化の三本柱を中心としております。

私は、この構想を、日本の繁栄のために、また、人間性が最大限に尊重される国際社会を築くためにも、引き続き力強く推進していく考えであります。そして、この構想を一段と発展させ、累積債務問題や地球温暖化を初めとする地球的規模の環境問題の解決に向けて積極的なイニシアチブをとることが、世界最大の純債権国、黒字国であり、かつ自由な民主主義国家としての我が国の責務であると確信いたしております。(拍手)特に、地球環境問題の解決は、人類の英知を結集していかなければならない課題であり、本年九月には、国連及び各国の協力のもと、地球環境保全に関する東京会議を開催してまいる所存であります。

確かに、我が国の国際的地位の向上に伴い、我が国に対する期待と同時に批判が生じております。私は、誤った批判については、その是正を求めるとともに、謙虚に受けとめるべき批判に対しては、我が国の行動と実践によって、これに対応していくべきであると考えます。私は、我が国の姿を真に理解し、我が国に対するいわれのない批判に潜む誤解を解く上で、文化の相互交流が担う大きな役割に着目いたしております。異質な文化に対する寛容な心を培い、多様な文化の活発な交流を通じて、より豊かな開かれた国際社会を実現することは、我が国が果たすべき重大な責務であります。(拍手)

以上のような哲学のもとに、自信を持って我が国が努力を続けていけば、必ずや、我が国は正当な評価を受け、憲法の理想とする国際社会における名誉ある地位を確保することができるであリましょう。私としては、このような基本的な考え方に立って、外交全般に臨みたいと考えます。来る七月のアルシュ・サミットにおきましては、全世界的な観点に立って、政治、経済両面における先進民主主義諸国の連帯の確保に努めます。

先般の税制改革は、急速な高齢化、国際化を迎えている我が国の将来展望を踏まえ、これまでの税制の持つひずみを是正するとともに、国民福祉の充実などに必要な歳入構造の安定化を図るものであります。私は、シャウプ勧告以来四十年ぶりのこの税制改革の趣旨を生かし、健全な財政基盤を確立する努力を続けてまいります。

多くの議論を呼んだ消費税は、実施されて二カ月を経ました。この間、消費者や事業者の皆様には、適切かつ冷静に対応していただき、全体として見れば、おおむね円滑に実施されていると受けとめられております。しかし、消費全体に広く薄く課税する間接税は、我が国の場合、なじみが薄いものであるため、戸惑いや不安を感じている方も少なくないと思います。

私は、国民の皆様の声に謙虚に耳を傾けながら、便乗値上げの防止や円滑かつ適正な転嫁の実現への取り組みを初めとして、消費税が国民の生活の中に定着するよう幅広い視野に立ち、各般の努力を行ってまいる所存であります。なお、免税制度等各方面から御指摘を受けている諸問題については、税制調査会においてその実情を十分勉強していただいた上で、適切に対処してまいりたいと存じます。(拍手)

消費税の税率については、前内閣と同様、私の在任中において、その引き上げを提案する考えのないことを表明いたします。

我が国は、世界に例を見ないほど急速な勢いで高齢化社会を迎えつつあります。長い生涯を健康で生きがいを感じながら過ごすことのできる社会、高齢者が社会を支える重要な一員である社会こそ、築き上げるべき真に豊かな社会であると考えております。雇用制度や年金・医療・福祉などの社会保障制度を初め、高齢者のための施策の一層の充実を図ることは言うまでもありませんが、国民の自助努力と相まって、働く年齢層の人たちにとって過重な負担を招くことのないようにしなければなりません。老いも若きもともに手を携えて生きる豊かな社会に向けて、国民全体として知恵を出し合っていかねばならないと考えております。

農業は、内外の厳しい情勢の中で、足腰の強い産業として新たな発展を期すべき転機を迎えております。より一層の生産性の向上を図り、農業経営の安定を確保しつつ、国民の納得し得る価格での食糧の安定供給を行うとともに、我が国農業の未来を切り開いていくため、魅力ある農業の展開に向けた将来展望の確立と農業構造の改善や生産基盤の整備、さらには技術の向上などの施策を強力に推進いたします。農林漁業の持つ多面的な役割を重視し、農山漁村の活性化などに意を用いてまいります。

教育改革は、我が国が創造的で活力ある文化国家として発展し、世界に貢献していく基盤を築くものであります。国際社会の中でたくましく活動できる個性的で心豊かな青少年の育成はもとより、生涯学習社会の実現に向けて、引き続きその改革に取り組んでまいります。

狭隘《きょうあい》な国土の上でわずかな資源を有するにすぎない我が国が、国際社会の中で未来に向かいさらなる発展を遂げるためには、人知の結晶ともいうべき科学技術及び学術研究の一層の振興、発展に力を尽くしていくことも忘れてはなりません。原子力については、我が国の基軸エネルギーであり、安全の確保を旨として着実に推進することが重要であります。

土地問題の解決は、内政の中核的課題の一つであります。今国会に提出しております土地基本法案は、土地対策を強力に推進し、土地の公共性について共通の国民意識を形成する上で重大な役割を担うものであり、本法案の早期成立を念願いたします。

国土の均衡ある発展をもたらすかぎは、東京への一極集中の是正と地域の活性化に求めることにあります。

そのためには、第四次全国総合開発計画に基づき、多極分散型の国土の形成を図るとともに、地域が主体性と責任を持って地域づくりに取り組むことが基本であります。これは、前内閣がふるさと創生という形で推進してきたものであり、真に豊かな地域社会の形成を目指して諸施策を展開してまいります。さらに、政府が率先して地方分散を推進するという観点から、国の行政機関等の移転については、これまでの方針どおり着実に推進してまいります。

行財政改革は、効率のよい活力にあふれた社会を形成し、簡素にして効率的な行財政を確立するため、引き続き強力に推進すべき課題であります。新しい税制が国民の理解と協力を得て十分定着するためにも、行財政の効率化は一層重要であります。これまでも特殊法人の整理合理化や行政機構の簡素合理化など各般にわたる改革を行ってまいりましたが、行財政をめぐる厳しい状況を踏まえ、行政の各面にわたり、視点を新たにして制度や歳出を見直し、スリムな行政組織によるサービスの向上を図ってまいります。

当面、財政改革の第一段階として、平成二年度に特例公債依存体質から脱却するという目標の達成に努めてまいります。国土の均衡ある発展と地方の活性化のため、真の意味での自主的、自立的な地方自治の体制を築き上げるよう、臨時行政改革推進審議会の答申を待って、国・地方にわたる行政改革に積極的に取り組んでまいります。

本国会に提出されました各種の法案や条約につきましては、これが国民生活に大きな影響を持つものであることにかんがみ、速やかに審議の促進を図り、一日も早く成立するよう、皆様の御理解と御協力をお願いする次第であります。（拍手）

まさに改革の時は今。民心が求める倫理の確立を図り、清潔な政治、信頼される政治を目指し、さらに、日本の未来、世界の未来に思いをはせ、私は、裂帛《れっぱく》の気合いを持って、清新、清例な政治の実現に努めます。そして「世界に貢献する日本」の実現に挑戦していく所存であります。

私は、この内閣を「改革前進内閣」と命名したいと思います。（拍手）「政府はスリムに、国民は豊かに」との基本的考え方のもと、政治、行政、財政のすべてにわたり改革を進めていくことに全身全霊を傾けている決意であります。

国民の皆様及び同僚議員諸兄の一層の御理解と御協力を心よりお願いする次第であります。（拍手）

※1：**政治改革に関する有識者会議**　一九八九年年頭、竹下首相は記者会見で「政治改革元年」とする決意を表明、続いて私的諮問機関「政治改革に関する有識者会議」発足させる。同年四月、有識者会議は首相に政治改革に関する提言を提出する。提言では、緊急に構ずべき措置として政治倫理綱領の実効性を確保するための法制化の検討、中長期的に改革すべき事項として国会運営のあり方（いわゆる「国対政治」の是正、効率的な議事運営等）参議院制度の改革、政治浄化運動を挙げている。

第四部

混沌

冷戦の終結とバブル経済の崩壊によって戦後、日本の繁栄を支えきた基盤は崩れ去った。

冷戦の後、世界は「平和の配当」を夢見たが、現実には湾岸戦争、9・11同時多発テロ、アフガニスタン戦争、イラク戦争と、新たな秩序の安定を求め、落ち着くところがない。経済だけでなく安全保障面でも日本の国際的な責任と役割が問われ始める。

バブルの崩壊は日本経済に深い傷跡を残し、一九九〇年代末には金融危機が起きる。企業はインターネットに象徴されるデジタル革命の波に乗り切れない。その一方、中国は新たな「世界の工場」となり、GDPでは日本を追い越し、世界第二位の経済大国の座を奪った。

そして、この時期に阪神・淡路大震災、東日本大震災、東京電力福島第一原発事故といった未曾有の大災害が日本を襲う。復興が何よりも重要な新たな課題として加わった。

この四半世紀、首相はまず国民の政治不信と向き合わなければならなかった。自民党単独政権は終焉を告げる。自民党に代わった政権は国民の期待に応えることができなかった。新党は現れては消えた。どの政党も連立でなければ、政権を取ることはできなくなった。

二十一世紀に入り、人口は減少に転じ、少子高齢化社会は現実のものになった。山積する問題に、どの首相も「改革」を叫び、日本再建の道を探ってきた。その間、「失われた一〇年」はやがて「失われた二〇年」となり、いまも新しい日本への模索が続く。

新しい時代の夜明けをもたらすのは、青年の燃えるような使命感と情熱

リクルート事件、消費税導入、農産物自由化に加え、宇野の女性問題が表面化、七月二十三日の参議院選挙で自民党は与野党逆転という惨敗を喫する。責任をとって宇野は七月二十四日に退陣を表明。わずか二カ月の内閣だった。後継は初の昭和生まれで、竹下登と同じ早稲田大学出身の海部俊樹。海部は河本派（旧三木派）に属し、三木内閣の官房長官を務めるなど若手政治家のホープのひとりだった。総裁選では竹下派の支持を得て、林義郎、石原慎太郎に勝つ。この年、日本はバブルの絶頂を迎える。ソ連ではペレストロイカが進み、東欧に民主化の動きが広がり、中国では天安門事件が発生。激動の時代が迫っていた。

海部俊樹・所信表明演説

第百十六回国会　一九八九年（平成元年）十月二日

私は、さきの国会において内閣総理大臣に指名され、ここに第百十六回国会を迎えました。今二十一世紀への跳躍台に立って、新しい時代の扉を開く重大な使命を深く自覚し、情熱を込めて国政に取り組んでまいります。（拍手）

まず、次の三つを申し上げます。

一つは、政治と国民の皆さんとの関係についてであります。私は、去る七月の参議院議員通常選挙において示された有権者の意思を厳粛に受けとめています。政治への信頼の回復こそ内閣の最も緊要な課題であり

海部俊樹（かいふ・としき）

1931年〜。愛知県生まれ。首相在任期間：1989年8月10日 〜 1991年11月5日（818日間）。早稲田大学法学部卒業。1960年の総選挙で、最年少で当選。自由民主党内では三木派（後に河本派）に所属。福田内閣、中曽根内閣で文部大臣。クリーンな政治を標榜し、首相在任中の内閣支持率も高かったが、解散をめぐって党内の反対勢力と対立、失脚する。湾岸戦争では、アメリカを中心とした多国籍軍に多額の資金を供与した。1994年、自由民主党を離党。以後、新進党（初代党主）、自由党、保守党、保守新党を経て、2003年自由民主党に復党。2009年引退。

写真提供：毎日新聞社

ます。そのため、政治改革の前進に誠意を込めて努力を続ける決意であります。

二つ目は、日本と世界についてであります。国際情勢は、極めて流動的であり、日本が果たすべき役割への期待と日本への批判が同時に大きくなっています。日本は、世界のために何ができるかを考え、何をなすべきかを改めて点検してその方策を決定し、世界の平和と繁栄のために汗を流す志ある外交を展開してまいります。

そして三つ目は、日本人のあり方という奥深いテーマであります。今や我が国は、世界から最も豊かな国と見られるまでになりました。しかし、私たち日本人は、心の底から充実感を味わい、自負心を持って子孫に今の世の中をそのままで渡せるでしょうか。しばらく立ちどまって熟慮し、「公正で、心豊かな社会」を謙虚に追求しなければなりません。私は、「対話と改革の政治」を旗印に、これらの緊急にして幅の広い課題と取り組み、力の限りを尽くしてまいりたいと考えております。（拍手）

なお、注目を集めていた昨日の参議院茨城県選出議員補欠選挙の結果は、我々の政治改革、消費税見直しを真剣に行う姿勢が認められた結果であると受けとめております。（拍手）これにより消費税について冷静な論議が期待できるのではないかと思っております。

私としましては、今後とも国民の皆さんの声をよく聞き、一層心を引き締めて対処してまいります。

まず、政治への信頼の回復について申し上げます。

今日、政治の過程がわかりにくく、政治と国民の心とのつながりが希薄になっていることを謙虚に反省し、民主主義の原点に立ち返って、政治を国民に開かれた明快なものにしてまいります。私は、国民の皆さんそれぞれが毎日の生活の中で何を感じられているのか、その声にできるだけ耳を傾け、私もまた、信ずるところを率直に語り、対話を重ねてまいります。清新の気に貫かれた信頼の政治こそ、私の理想とする政治の姿であります。

さらに、政治家一人一人が高い政治倫理を確立することはもとより、ガラス張りで金のかからない政治活動や政策中心の選挙を実現するという、根本にさかのぼった改革を大胆に実行していかなければなりません。政府としては、選挙制度審議会に、定数是正を含む選挙制度や政治資金制度の抜本的改革のための具体策を諮問したところであり、明年三月を目途に可能な限りお考えを取りまとめていただくようお願いをしております。答申をいただいた上は、その趣旨を十二分に尊重し、各党各会派の御理解と御協力をいただいて、明年十一月の国会開設百年を目標として、その実現に邁進してまいります。

さきの通常国会において、自由民主党から公職選挙法及び政治資金規正法の改正法案、日本社会党など三党から公職選挙法の改正法案が提案され、また、資産の公開を含む政治倫理の確立について、各党において法制化に向けた努力が続けられております。立法府の御努力に深く敬意を表し、政治改革の第一歩として、大局的見地から論議を尽くしていただくことを切望いたします。政府としても、できる限りの努力をいたします。

なお、公務員の綱紀粛正の徹底に努め、国民の皆さんからいやしくも疑惑を招くことのないよう規律ある行政を確立してまいります。

先般の抜本的な税制改革は、来るべき高齢化社会を展望し、すべての人々が社会共通の費用を公平に分かち合うとともに、税負担が給与所得に偏ることなどによる国民の重税感、不公平感をなくすことを目指したものであります。私は、この改革によってもたらされる安定的な税体系こそが、安心して暮らせる福祉社会をつくる基礎となるものと確信をいたしております。消費税は、税負担の公平や我が国の将来展望から見て必要不可欠であり、これを廃止することは全く考えておりません。（拍手）

税制改革の意義や消費税の必要性について、国民の皆さんに御理解をいただく努力が十分でなかったことを率直に反省いたします。消費税については、その実施状況も把握した上で、国民の皆さんの声をよく聞き、消費者の立場をも十分配慮して、見直すべき点は思い切って見直してまいります。それとともに、社会的に弱い立場にある人々に対しては、さらにきめ細かな配慮も講じてまいります。

私の内閣としては、消費税の税率を引き上げる考えはございません。

来るべき世紀に向けての足固めを図るためには、行財政の改革は不可欠であります。来年度予算において、赤字公債に頼らない財政の実現に全力を尽くします。しかし、これが達成できてもなお百六十兆円もの公債残高が残り、その利払いだけでも一日三百億円に上っているのであります。臨時行政改革推進審議会の審議を踏まえつつ、決意も新たに制度や歳出を見直し、国・地方を通じた行財政改革を手綱を緩めることなく推進してまいります。（拍手）

我が国の今日の発展を思うとき、戦後の食糧不足の時代から国民の生活を支えた農業の貢献を忘れることはできません。

今、農政に求められているものは、農業が自立できるよう確固たる長期展望を示して、農家の方々が誇りと希望を持って農業を営める環境をつくり上げ、より一層の生産性の向上を進め、国民の納得できる価格での安定的な食糧供給を図っていくことであると考えております。

我が国農業の基幹である米については、米及び稲作の持つ格別の重要性にかんがみ、また衆参両院における御決議などの趣旨を体し、国内産で自給するとの基本的な方針で対処してまいります。また、農林漁業の持つ多面的な役割を重視し、農山漁村の活性化をも図ってまいります。

世界は今、大きな変化のさなかにあります。特に、ペレストロイカ、民主化、改革・開放の動きなど注目すべき基本的な変化が社会主義諸国に起こっております。このような動きを定着させ、より安定した東西関係に導くためにも、東西間の対話が一層必要になっています。世界経済は、基調としては順調に推移していますが、他方で対外不均衡、インフレ懸念、保護主義圧力などの問題も抱えております。こうした状況は、一方で自由と民主主義、市場経済といった我々の選択した価値がすぐれていることを示すとともに、数々の新たな課題への取り組みを国際社会に求めております。国際社会の中で大きな存在となった我が国は、責任ある国家として、これから進む道筋を明確に示さなければなりません。

その道筋は、平和国家に徹するとともに、世界の平和と繁栄のために汗を流していくことにあると思います。我が国は、憲法のもと、他国に脅威を与えるような軍事大国への道を歩まず、節度ある防衛力の整備に努めるとともに、国際平和と軍縮そして繁栄という崇高な目標に向けて、主体的に貢献していく方針であります。

私は、世界に向けてより大きな責任と役割を果たす国際協力構想に一層積極的に取り組み、この構想の三つの柱である、平和のための協力、ＯＤＡの拡充及び国際文化交流の強化をさらに具体化し、発展させてまいります。これに加え、累積債務問題の解決と、多角的自由貿易体制の維持強化を図るウルグアイ・ラウンドの成功に向けて、積極的に努力してまいります。

今日、人類の前には、その生存を脅かす大きな問題が横たわっております。第一に、地球温暖化を初めとする地球環境問題であり、第二に、人類をむしばむ麻薬・覚せい剤の問題であります。私は、これらの課題と取り組む国々との協力のもとに、強い決意を持ってこのような脅威と闘ってまいります。（拍手）

環境問題は、地球という一つの丸い立体像でとらえてこそ実感が伴います。空気や水には国境はありません。その意味でも、環境問題の解決には、国際的な英知の結集が極めて重要であります。地球温暖化の原因となる炭酸ガスや、森林を枯らす酸性雨の問題にしても、物質文明の発展とともに発生してきたものでありますが、今や地球環境の保全なくして人類の未来はありません。我が国は、地球環境の観測監視、排ガス規制や公害防止の技術等において高い水準にあり、持てる知識経験や技術力、研究開発力を駆使して、世界的問題の解明に貢献するとともに、発展途上国への協力を進めてまいります。去る九月の地球環境保全に関する東京会議の成果をも踏まえ、政府を挙げて積極的に行動していく考えであります。

私は、八月の末から米国、メキシコ、カナダを訪問し、ブッシュ大統領、サリーナス大統領、マルルーニー首相と実りある首脳会談を重ね、また、来日されたサッチャー英国首相などの各国要人との交流を深め、相互の信頼関係を構築してまいりました。これらを通じ、日本が国際社会で求められている責任の重さと果たすべき役割の大きさを思い、決意を新たにしたところであります。

日米関係は、我が国外交の基軸であります。自由と民主主義、市場経済という共通の理念を保持しており、このことが今日の我が国の平和と繁栄をもたらしたのであります。このたびの訪米では、日米安全保障条約体制を堅持し、引き続き両国間の問題を協力して解決していくとともに、世界的課題に共同して取り組んでいくことについて意見の一致を見ました。日米双方の抱える経済構造問題については、率直に話し合い、主張すべきことは主張し、米国の意見も聞くべきはよく聞き、協議に積極的に取り組んでまいります。

西欧は、統合を間近に控え、より強力な統一体として力強い復権を遂げつつあります。日、米、欧の三極の間の関係を一層緊密化していくことは我が国にとって重要な課題であります。

アジア・太平洋地域は、二十一世紀の地域であります。先般の中国での出来事は痛恨のきわみでありました。中国が改革と開放の政策を名実ともに進め、孤立化の道を歩むことなく、アジア・太平洋地域の平和と繁栄に積極的に貢献することを強く希望するものであります。韓国、ＡＳＥＡＮ諸国との関係も一層強化してまいります。

ソ連との関係改善については、北方領土問題を解決し平和条約を締結した上で、安定的な関係を確立するとの一貫した方針に基づき、さらに対話を積み重ねてまいります。

私たちは、今日、単に経済的な豊かさだけでなく、生活の充実感、文化的な豊かさ、生きがいを求めております。そのためには、経済発展の成果が社会の一部にもたらしているひずみを克服していくとともに、豊かさを心から実感できる社会に、仕組み、制度を切りかえていかなければなりません。私は、「公正で、心豊かな社会」を目標に、我が国を着実に前進させていきたいと考えております。（拍手）

近年、社会の公正さに対する国民の信頼が揺らいでいる原因の一つは、地価の異常な高騰にあります。持てる者と持たざる者との格差の拡大は、見逃し得ない問題であります。地価の高騰は国民から住宅確保の夢を奪っております。投機的な取引はもとより、土地の取引に際しての法外な利益を許容しないという断固たる姿勢のもとに、需給両面にわたる本格的な土地対策を実行すべきときであり、その第一歩として、政府としては、土地は限られた貴重な資源であり、公共性を持つとの基本理念を明らかにし、土地対策を総合的に推進するため、土地基本法案を既に国会に提出しており、その早期成立を強く希望しております。また、快適な住宅を供給する総合的な住宅宅地対策に全力を挙げて取り組んでまいります。

国土の均衡《きんこう》ある発展のかぎは、東京への一極集中の是正と地域の活性化にあります。多極分散型国土の形成を図るとともに、ふるさと創生を推し進め、青年に魅力ある地域づくり、潤いのある美しい町づくりに努めてまいります。

インフレは、お年寄りや障害者など社会的に弱い立場の人々に打撃を与えます。幸いにして物価は安定しておりますが、今後とも物価の安定に最大限の努力を重ねていきたいと思います。

国民はだれもが消費者であります。あらゆる政策の立案、実施に当たって常に消費者の視点に十分配慮することが重要であります。我が国の経済力に見合った豊かな消費生活の実現を阻害するものがあれば、それを取り除いてまいります。規制緩和などを通じて競争を促進し、合理的な流通構造を実現し、内外価格差の縮小を図ってまいります。

また、内需主導型の経済構造を定着させ、輸入大国となることにより、対外不均衡を是正してまいります。

真に豊かな社会は、心の豊かな中にこそ花開くものであります。先般の世間を震撼《しんかん》させた幼女誘拐殺人事件（※1）を初めとして、特に青少年にかかわる痛ましい事件が発生していることは、憂慮にたえません。日本人の心から何か大切なものが欠落しつつあるのではないかとの感を深くしております。私は、教育の原点に立ち戻り、教育改革を通じ、人間を大切にする心をしっかりと育てたいと思います。

「人生において最初に出会う教師は親である」と言います。「おはよう」、「ありがとう」、「ごめんなさい」という言葉が素直に口をついて出るしつけこそは人間関係の基礎を形づくり、心の豊かさを生み出す上で極めて大切であります。家庭は最初の教育の場であると言わなければなりません。

学校教育においては、知育偏重《ちいくへんちょう》にならないよう戒《いまし》め、個性と創造性を伸ばすとともに、その個性をお互いが尊重して気風を育てていく教育が実現されなければなりません。この教育の成果は、社会においても生かされ、次の世代へと受け継がれていくのであります。

また、すべての国民が文化、芸術、スポーツに親しみ、みずからの手で新しい文化をたくましく創造していける環境の醸成、基盤の確立に意を用いてまいります。

私は、かねてから、真の男女平等を目指し、女性の持つ能力と経験を活用し、均衡ある社会の発展を図るべきだと考えていました。今後とも、女性の生活感覚を大切にして、地位の向上を図り、その能力を発揮し、男性とともに力を合わせて社会に貢献できるよう努めてまいります。

長くなる第二の人生を支える公的年金については、その制度を確かなものにしていかなければなりません。年金額の改善を図るとともに、将来にわたる厚生年金支給開始年齢の明示、被用者《ひようしゃ》年金各制度間の負担の調整などを内容とする法律改正を提案しており、その早期成立を強く希望いたします。

介護が必要となるお年寄りについては、寝たきりになることを極力防止し、より人間味ある生活を送ることができ、可能な限り家庭や社会で暮らすことができるような社会づくりを目指してまいります。

将来の高齢化社会を担う児童が健やかに生まれ、育つための環境づくりにも努めます。

各人が生涯を通じて、生きがいを持ち、その能力や創造性を発揮していくことは、今後の社会にとって極めて大切であります。労使との対話を深めつつ、六十五歳程度までの継続雇用や多様な学習機会の確保、労働時間の短縮などにも取り組んでまいります。

また、未来を切り開く科学技術の重要性にかんがみ、その振興に努めてまいります。

戦後、我が国は、廃墟の中から立ち上がり、今や最も豊かな国と見られるまでになりました。これは、我が国が基調としてきた自由と平和、民主主義と基本的人権の尊重の上に、国民の皆さんのたゆまぬ努力が実を結んだものにほかなりません。これからの我が国は、この基本路線をしっかりと踏まえた上で、公正さと心の豊かさを真剣に追求する時代を迎えていると思うのであります。

一人一人が持てる能力を十分発揮できる、そんな機会を持ち、すべての人が担い手として参加し、自己中心主義を排し、お互いを認め合う社会、経済効率一辺倒に陥らず、ゆとりがあり、文化の薫りあふれる社会、このような社会づくりを通じて、心が通い合い、生きがいのある社会をつくり上げたいのであります。（拍手）

私は、「二十一世紀へ向けて目指すべき社会を考える懇談会」を早急に発足させ、私たちの社会のあり方について各方面のお知恵をかりつつ、そこから幅広く息の長い国民運動の展開を努めてまいりたいと考えております。

新しい時代の夜明けをもたらすのは、青年の燃えるような使命感と情熱であります。時代は再び青年の理想精神を求めております。発展途上国で土地の人々と生活や労働をともにし、その国のために奉仕している青年海外協力隊の皆さんや国内でボランティア活動に尽くす人々に共通して見られる、ひたむきな心と行動が求められております。青年が、激動する社会の中から、新しい時代を切り開くために何をなすべきかを考え、語り、目標を高く掲げて行動に移るときこそ、我が国の未来に限りない希望がわいてくるのであります。

私は、全力を挙げて、このような国づくりに邁進することをお誓いいたします。

議員の各位と国民の皆さんの御理解と御協力を切にお願いする次第でございます。ありがとうございました。（拍手）

※1：世間を震撼させた幼女殺人事件　一九八八年から一九八九年にかけて東京都、埼玉県で連続して起きた幼女誘拐殺人事件。被害者は、四歳から七歳の幼女四人。一九八九年七月、幼女に対して猥褻行為をしているところを現行犯として宮崎勤が逮捕され、一連の誘拐殺人事件を自供。宮崎は、犯行後被害者宅や新聞社に「今田勇子」名で被害者の骨片や犯行声明を送りつけている。裁判は、一審死刑判決、二審控訴棄却、最高裁上告棄却死刑確定、二〇〇八年死刑が執行される。戦後犯罪史上、特筆される凶悪かつ猟奇的事件。

湾岸危機。世界平和を守るための貢献は日本にとって当然かつ必要不可欠のコスト

一九八九年十一月、ベルリンの壁は崩壊し、東西冷戦は終結した。日経平均は同年末に三万八九一五円の史上最高値をつける。だが、九〇年に入ると、株式相場は反転し、徐々に下げ足を速める。中東では八月にイラクがクウェートに侵攻する湾岸危機が発生、国連はクウェートの原状復帰へ限定的武力行使を決議する。米国を中心とした国際的な軍事行動に協力するのかどうか、戦後初めて直面した事態に政府は迷走し、三十億円の資金協力で対応する。景気は拡大を続け、社会はなおバブルに浮かれていた。しかし、この演説の前、十月一日に日経平均は二万円台を割り込む。宴は終わり、バブルは既に崩壊していた。

海部俊樹・所信表明演説

第百十九回国会　一九九〇年（平成二年）十月十二日

第百十九回国会の開会に臨み、当面する諸問題につき所信を申し述べ、皆さんの御理解と御協力をいただきたいと存じます。

世界は今、歴史的な変革期にあり、新しい国際秩序を真剣に模索しています。自由と民主主義、そして市場経済を基礎として、協調と対話による世界平和構築の流れが現実のものとなりつつあるとの希望が持てるようになりました。今月三日、東西両ドイツの統一が実現しましたが、これは、この歴史の流れを象徴する偉大な成果であり、心から祝意と敬意を表します。

しかし、新たな国際秩序に向けての我々の希望を打ち砕くかのように、去る八月、イラクのクウェート侵攻とその一方的な併合という事態が発生いたしました。武力による侵略、併合は決して容認されないという国際法規は、全世界の国民がひとしく平和のうちに生存する権利にかかわる最も基本的な規範であります。今回のイラクの行為は、東西対立の構図が大きく変化し、冷戦時代の発想を超えて、世界の歴史が平和共存の新しい秩序を求めて動き始めたこのときに、世界の人々の希望を真っ正面から否定するものであって、これを既成事実化することは絶対に許されません。国連は、今回の事態に対し、累次《るいじ》の安全保障理事会決議に示されるように迅速かつ適切に対応しており、国際社会は、イラクの不法な行為に一致団結して対抗していくとの共通の認識を有しております。私は、国連を中心とするこのような国際的努力を全面的に支持するものであり、国連安全保障理事会の決議に従って、湾岸地域に、単に戦争がないというにとどまらない真の意味での平和、いわば公正な平和が一刻も早く達成されることを願っております。（拍手）

今回の事態は、我が国の平和国家としての生き方を厳しく問われる戦後最大の試練でもあります。政府は、国際社会の主要な一員として国際社会の正義を守る観点から、国連決議に先立ち、速やかにイラクに対する包括的な経済制裁措置を決定しました。さらに、非産油発展途上国を含め国際社会全体にとって死活的重要性を持ち、我が国にとっても主要な原油供給地域である湾岸地域の平和と安定を回復するために払われている国際的努力に対して、輸送、物資、医療、資金面で総額三十億ドルまでの協力を行うこととし、また、今回の事態によって深刻な経済的困難に直面しているエジプト、トルコ、ジョルダンといった周辺諸国に対し、二十億ドル程度の経済協力を実施することといたしました。政府は、ジョルダンなどの避難民に対して、物資援助、帰国の輸送協力、医療調査班の派遣などの救済策も実施をしております。

私は、先般の中東五カ国歴訪を通じ、我が国の考え方及び貢献策をこれら諸国の首脳に示し、評価を受けてきたところであります。五カ国首脳は、それぞれ湾岸危機に際して危機の長期化がもたらす危険を懸念しており、平和的解決のために国際社会が連帯して国連決議の実効性を一層確保していく重要性を強調しておりました。（拍手）また、中東歴訪中、私は、イラクのラマダン第一副首相とも話し合う機会を持ち、その際、私は、湾岸危機を極めて憂慮していることを表明し、イラクは国連決議に従ってクウェートから撤退しクウェート正統政府を復帰させること、また、すべての在留外国人を速やかに解放し、自由な出国を認めることを強く求めるとともに、事態は平和的に解決されなければならず、そのためには膠着《こうちゃく》状態の局面の打開が必要であり、そのきっかけをつくるために、クウェートからの撤退というイラク側の決断が必要であることを強調しました。我が国としては、事態の解決のため、政治対話の道は閉ざすことなく粘り強く外交努力を続けてまいります。

イラクが在留外国人の自由を拘束し、人質状態に置いているのは、国際法上も人道上も許されないことであります。今後とも、国連などの国際機関や諸外国と協調しながら、すべての在留外国人の早急な解放を強く要求するとともに、とりわけ、出国の自由を奪われている邦人については、一刻も早い解放に全力を尽くしてまいります。

なお、イラクが速やかに国連決議を完全に履行し、再び湾岸地域に真の平和が戻ってきたときには、我が国は、イラクとの関係を再構築していく用意のあることも明らかにしておきたいと思います。

国連が目指す平和は公正な平和であり、平和国家とは、国際社会の一員として平和を守る責任を果たす用意がある国のことであります。平和を希求する我が国は、今回のように世界の平和に重大な影響を及ぼす事態に際して、平和回復のための国際的努力を傍観することなく、我が国ができる役割を積極的に見出し、それを果たしていかなければなりません。もとより、我が国は、戦後四十五年、二度と他国に脅威を与えるような軍事大国にならない、国権の発動たる戦争は絶対にしないと誓い、武力による威嚇または武力の行使を国際紛争解決手段としては放棄する決意を掲げてきました。この理念には国民的合意があり、同時に、我が

1989年11月、東ドイツ政府の国境開放後、東側からベルリンの壁をよじ登る市民たち（写真提供：ロイター＝共同）

国のこの立場は、アジア・太平洋地域の平和と安定に大きく貢献してきたものと確信いたしております。したがって、我が国は、このような理念と立場に合致する方法で平和を守る責任を果たしていかなければなりません。

今回の湾岸危機にとどまらず、これからの時代においては、国連を中心とする国際的努力の重要性が高まるものと考えられます。その際、我が国が、効果的に人的、物的両面での協力を行っていくことが必要であります。

自分の国土への現実の脅威がないからといって座視することなく、冷戦後の新しい世界で、強国が小国を侵略し併合するという正義と平和への挑戦に、国際社会の主要な一員としてどう対処していくのか、この暴挙をやむを得ないとして容認してしまうのか、そうだとすれば、新しい世界の秩序に希望は持てません。（拍手）政府が国際連合平和協力法案を準備し、その審議をお願いするのは、我が国がこうした事態に対応できる法体制を一日も早く整備すべきであると考えるからであります。この法案に基づく国際連合平和協力隊は、自衛隊などの公務員を初め広く各界各層の協力と参加を得て創設されるものであり、憲法の枠組みのもと、武力による威嚇または武力の行使は伴わないものであります。この平和協力隊の創設は、日本国民が全力を挙げて達成することを誓った人間相互の関係を支配する恒久平和の確立という憲法の崇高な理念を、一層推し進めるものと確信をいたします。（拍手）その実現のために皆さんの御理解と御支持をお願いするものであります。（拍手）

また、今回のイラクのクウェート侵攻の背景の一つには、イラクに対する大量の武器輸出があったことは否めないと考えられます。これまで、厳格な武器輸出規制を行ってきた我が国としては、核、化学、生物兵器などの大量破壊兵器やミサイルなどの国際的不拡散体制を一層全地球的なものとし、その維持強化を図るとともに、通常兵器の輸出についても適切な抑制が行われ、あわせて、一層の透明性、公開性が確保される必要があるということを国際社会に訴えたいと考えます。（拍手）

欧州を中心とする劇的な変化の後を受けて、アジア・太平洋地域にも、韓国、ソ連間の国交樹立など好ましい動きが及び始めました。このような中で、この地域の緊張を一層緩和し、その平和と安定を確保していくことは、我が国にとってこれまで以上に重要な課題となっております。

日ソ関係については、北方領土問題を解決し、平和条約を締結して、真に安定的な関係を確立することにより、両国間の互恵的協力を飛躍的に発展させ得る明るい展望を開くことが重要であります。先月のシェワルナゼ外相との会談においては、明年四月に予定されているゴルバチョフ大統領の訪日を日ソ関係の抜本的改善の契機としたいとの共通の認識が確認されました。私は、大統領に対し、一日も早い両国関係の正常化を実現するために、今こそ勇気ある決断が何よりも重要であると呼びかけてまいりたいと考えております。（拍手）

中国につきましては、安定的な関係の強化に引き続き努めてまいります。中国が国際的に孤立化の道を歩むことなく、改革と開放の政策を名実ともに推進していくよう、さらなる努力を強く期待しますとともに、我が国としても、第三次円借款《えんしゃっかん》を徐々に実施に移すなどの支援を行っていきます。

朝鮮半島においては、初の南北首相会談が開催されるなど情勢は大きく変化しつつあります。我が国のこの地域における政策の基本は、韓国との友好協力関係の維持発展であり、過日の盧泰愚《のてう》大統領の訪日は、日韓新時代を構築していく上で大きな成果を上げたものと考えます。北朝鮮との関係については、先般の自民党・社会党代表団の訪朝の結果、昨日、懸案のお二人の帰国が実現し、第十八富士山丸問題（※1）が解決され、また、日朝間の正常化に向けた当局間対話の道筋がつけられたことを歓迎し、政府としては、朝鮮半島の平和と安定のため、韓国、米国などの関係諸国と連携をとりつつ、日朝間の話し合いを進めたいと考えます。なお、朝鮮半島をめぐる情勢が新たな局面を迎えているこの機会に、私は改めて同地域のすべての人々に対し、過去の一時期、我が国の行為により耐えがたい苦しみと悲しみを体験されたことについて、深い反省と遺憾の意を表したいと思います。

東南アジア最大の不安定要因であるカンボジア問題については、我が国は東京会議を開催するなどの努力を行ってきましたが、この問題をめぐる最近の和平努力の成果を歓迎し、今後とも包括的解決に向けて積極的な貢献を行ってまいります。

新しい国際秩序の構築に向けて外交を展開していく上でも、日米間の確固とした協力関係は必要不可欠であります。今回のブッシュ大統領との会談でも、イラク・クウェート問題への対応を初め広く世界の平和と繁栄に対して両国が有する共通の責任と、協調してこれを果たしていく必要性を相互に確認したところであります。今後とも、このような日米のグローバルパートナーシップをさらに強化してまいります。

日米間には、一時厳しい局面も生じましたが、両国は構造協議に真剣に取り組み、成功裏に最終報告を取りまとめることができました。この協議は、内政上の問題としてこれまで正面から議論されたことのなかった諸問題を含め、日米が友人の立場から率直に主張すべきことを主張し、両国の相互理解やきずなを一層深めたという意味からも極めて有意義なものでありました。今後も、両国間には、相互依存関係の一層の深まりを背景に、親密なるがゆえの摩擦、懸案が生じてくるかもしれません。しかし、政府レベルはもちろん、国民各層にわたり相互理解を深めるための意識的努力を強化し、相互に誤解が生じないようにすれば、両国は真の友好関係をより一層発展させていくことが可能であります。私は、このような努力の展開を「日米コミュニケーション改善構想」と名づけ、提唱いたしました。これからの日米関係にとって極めて重要な課題として、その具体化に取り組んでまいります。

なお、このような日米関係の基礎は、締結三十周年を迎えた日米安全保障条約であります。我が国としては、この体制を今後とも堅持し、その円滑かつ効果的な運用を図るとともに、他国に脅威を与えるような軍事大国への道を歩まず、引き続き節度ある防衛力の整備に努めてまいります。

本年末には、ガット・ウルグアイ・ラウンド交渉が最終期限を迎えます。世界経済の健全な発展のためには、多角的自由貿易体制の維持強化が必要不可欠であり、政府としては、本交渉の成功に向け全力を傾注してまいります。なお、米の問題については、我が国における米及び稲作の格別の重要性にかんがみ、国会における決議などの趣旨を体し、国内産で自給するとの基本的方針で対処してまいります。

地価の高騰は、国民の住生活の安定と向上を妨げ、持てる者と持たざる者との資産格差を拡大しております。公正な社会を建設していくという観点からも、私は、土地対策は内政の最重要課題と考えており、その解決に正面から取り組んでいく決意であります。土地を持っていればもうかるという、いわゆる土地神話を打ち破ることが何よりも必要であり、土地を投機の対象としてはならないという観点から、具体的な対策を実行していかなければなりません。

政府としては、土地基本法の理念を踏まえ、昨年末策定した今後の土地対策の重点実施方針に沿って対策を推進しておりますが、さらに、土地政策審議会においては今後の土地政策のあり方について、また、税制調査会においては土地税制の総合的な見直しについて、鋭意御審議をいただいており、いずれも近々答申をいただける予定となっております。政府としては、これらの審議会の御意見を受けて、土地税制改革のための所要の法案を次期通常国会に提出するなど総合的な土地対策を早急、強力に推進してまいります。

物価対策は、国民が日々の生活において真に豊かさを実感できるかどうかを左右する重要な課題であります。幸い、我が国では、景気拡大が続く中で物価は安定的に推移してきておりますが、中東情勢に起因する原油価格の上昇、労働力需給の引き締まりなどの懸念される材料もあります。今後の動向に細心の注意を払うとともに、便乗値上げを厳しく監視し、引き続き物価の安定に十分配慮してまいります。内外価格差問題につきましても、今後とも引き続きその是正、縮小に努めてまいります。

また、中東情勢の不安定化は、この地域に原油輸入の七割以上を依存している我が国にも影響を及ぼしつつあり、政府としては、エネルギーの安定供給を確保すべく、石油の供給確保、原子力など石油に代替するエネルギーの開発、導入に積極的に取り組むとともに、省資源、省エネルギーを一層推進してまいります。国民の皆さんや企業におかれましても、これからの冬の需要期を迎え、例えば、暖房の温度を一度下げていただけば、二・五日分の原油消費量に相当するエネルギーが節約できるといったことも念頭に置いて、省エネルギーに積極的な御協力をお願いいたします。

消費税を含む税制問題については、御承知のとおりの経緯を経て、現在、国会の税制問題等に関する両院合同協議会において審議が重ねられておりますが、消費税の必要性を踏まえつつ、各党各会派で高い次元から協議が行われ、早期に結論が得られることを期待しております。

我が国の財政は、なお、百六十四兆円にも達する公債残高を抱えるなど依然として極めて厳しい状況にあります。今後の情勢変化に財政が弾力的に対応していくためには、再び特例公債を発行しないことを基本として、公債依存度の引き下げなどにより、公債の残高が累増しない財政体質をつくり上げていかなければなりません。

また、第二次行革審の最終答申を最大限に尊重し、国・地方を通じた行財政の改革を進めるとともに、新たな行革審を発足させ、引き続きこの問題に取り組んでまいります。

国会は、来る十一月二十九日をもって開設百年を迎えます。皆さんとともに心からお祝いいたしたいと思います。

折しも国際的に民主主義の価値が再認識され、異なる体制をとってきた国々の民主主義への相次ぐ移行は、二十世紀を締めくくる歴史のうねりを感じさせます。さきのヒューストン・サミットにおいても、今世紀最後の十年は民主主義の十年とうたわれたところであります。この時期に改めて民主主義の原点を見詰め、政治に対する国民の信頼を確固としたものにするためには、政治倫理の確立が重要であります。同時に、金のかからない、政党本位、政策中心の選挙を実現していくことがぜひとも必要であります。政府としては、国会開設百年という大きな節目の年に当たり、先般、選挙制度審議会からいただいた答申をもとに、民主主義の根底を支える選挙制度及び政治資金制度の抜本的改革を図っていくことこそが、時代から課せられた厳粛な使命と受けとめ、答申の趣旨を十分尊重し、できるだけ早く成案を得て、不退転《ふたいてん》の決意でこれに取り組んでまいります。各党各会派の皆さんには、政治家として痛みを伴う改革であるかもしれませんが、我が国の将来を思い、民主政治がますます根の強いものとなるよう、この改革に御理解と御協力をお願いいたします。

皇位継承に伴う儀式である即位の礼及び大嘗祭《だいじょうさい》の挙行は、来月に迫りました。即位の礼を粛然と実施するため万全の準備を進めるとともに、大嘗祭が厳かにとり行われるよう必要な手だてを講じ、これらの滞りない挙行を期してまいります。

私は、今、地球は小さくなったという言葉を実感を持ってかみしめております。経済、文化、情報などあらゆる面で国境を越えた交流が活発に行われ、また、世界を分断し、二十世紀の大半を特徴づけたイデオロギー上の敵対関係は薄れ、世界の人々は、平和と豊かさを求め、同じ方向に向かって歩み始めています。ついに「地球はひとつ」と言える時代を迎えつつあるのであります。

このような中で、我が国は、自分が考えている以上に地球上で大きな存在となっております。本年一月の東欧、五月の南西アジア、そして今回の中東訪問での各国首脳との会談においても、我が国に対する世界からの大きな期待をひしひしと感じたところであります。今や我が国は、国際社会の主要国の一つとして、これにふさわしい真の国際国家への道を歩まなければなりません。

我が国は、憲法で、平和を愛する諸国民の公正と信義に信頼して、安全と生存を保持しようとの決意を宣言しています。諸国民との信頼のきずなは、我が国が手をこまねいていて得られるものではありません。世界の平和と繁栄に向けた新しい秩序づくりのため、平和憲法の理念のもとでなし得る役割を積極的に打ち出し、それに基づいて具体的行動を世界に示していくことこそ、我が国が地球社会において名誉ある地位を占めていく道ではないのでしょうか。（拍手）我が国は、戦争のない平和な世界から、これまで最も恩恵を受けてきた国の一つであることを忘れてはなりません。世界が平和であり続けることで初めて、資源小国、貿易立国の我が国が、その繁栄を享受していくことができるのであります。このような世界平和を守るための貢献は、国際社会の中で日本が置かれた立場に伴う当然の、必要不可欠なコストであると言わなければなりません。

私は、先月、子供のための世界サミットに出席をし、世界で毎日四万人もの子供たちが死亡しているという悲しい現実を前に、子供たちに対する我々世代の責務につき、各国首脳間で幅広い討議を行ってまいりました。特に、私からは、本年が国際識字年とされたことからも、一億人以上の初等教育を受けられず文字を知らない子供たちのために、識字率の改善を含む基礎教育の充実などを強く訴えてきました。子供たちは、次の世代を担う存在であるばかりではなく、我々大人に忘れていたものを呼び起こさせてくれる人類の宝であります。この子供たちのためにも、彼らが未来への大きな希望を胸に抱くことができる、平和で豊かな、真に「地球はひとつ」と言える世界の構築に、力を合わせて努力していこうではありませんか。（拍手）
ここに重ねて、皆さんの御理解と御協力をお願いいたします。

※１：**第十八富士山丸問題**　一九八三年十一月、日朝間の貿易冷凍貨物船『第十八富士山丸』の乗組員五人が北朝鮮に抑留され、船長と機関長がスパイ容疑で拘束された。すぐに救援運動が起こり、一九八七年当時の社会党委員長土井たか子が金日成との会談で二人の釈放・帰還を強く求め、その後交渉の末一九九〇年に帰国を果たす。

冷戦が終わり、新しい世界平和の秩序を構築する時代が始まった

一九九一年一月、湾岸戦争勃発。日本は九十億ドルを追加支援する。カネは出してもヒトは出さない。冷戦後の国際社会で日本がどのような役割を果たすのかが問われ、自衛隊のPKO参加が議論になる。一方、国内ではバブル崩壊の影響が出始める。九月に「いざなき景気」超えが発表されたが、経済はすでに失速。証券会社の損失補填問題など金融・証券不祥事も相次ぐ。海部は政治改革法案が廃案となり、総選挙で打開を目論むが、竹下派の支持を得られず退陣。後を継いだのは池田、大平らを首相に出した宏池会の宮沢喜一。外務・通産・大蔵大臣などを務め、国際派として知られるエースの登場だった。

宮沢喜一・所信表明演説

第百二十二回国会　一九九一年（平成三年）十一月八日

このたび、私は、内閣総理大臣に任命され、国政を担うこととなりました。重責に身の引き締まる思いでございます。我が国の進路に誤りなきを期し、国民の皆様の御信頼と御期待にこたえてまいる決意であります。

国際社会は、今、激動のさなかにあります。何百年に一度という大きな変化が起こりつつあると思われます。世の中ではこれを「冷戦後の時代」と呼んでおりますが、この言葉は、何が終わったかを言ってはおりますが、何が始まるかを示唆してはおりません。事態は流動的ではありますが、私はこれを、新しい世界平和の秩序を構築する時代の始まりと認識したいと思います。

今後とも、世界においては、さまざまな対立や武力紛争が容易に姿を消すとは思われませんので、私の考

宮沢喜一（みやざわ・きいち）

1919年～2007年。東京都生まれ。首相在任期間：1991年11月5日～1993年8月9日（644日間）。東京帝国大学法学部卒業後、大蔵省入省。戦後は、津島壽一大蔵大臣、池田勇人大蔵大臣の秘書官となる。1951年のサンフランシスコ講和会議では全権随員として参加。1952年大蔵省を退官。翌1953年、参議院議員選挙に出馬し当選。自由民主党党内では宏池会に所属。1967年、衆議院議員総選挙で鞍替え出馬し当選。通商産業大臣（佐藤内閣）、外務大臣（三木内閣）、内閣官房長官（鈴木内閣）、大蔵大臣（中曽根内閣）、副総理兼大蔵大臣（竹下内閣）等を歴任。政界一の英語力を誇り、党内では一貫したリベラル派と目された。首相在任中、PKO法案を成立させ、河野談話を発表。1993年党内の造反勢力により不信任案が可決され多くの離党者を出し、政権交代を余儀なくされる。1998年、小渕内閣で初代財務大臣に就任。総理経験者の閣僚就任は異例。

写真提供：毎日新聞社

えに対して、余りに楽観的だという御批判があるかもしれません。しかし、米ソがともに自発的に核兵器の大幅削減に取り組み始めるなど、現実の流れはにわかに早まっているように思われます。世界平和が、依然として軍事力の均衡と抑止によって総持されていることは事実ですが、核兵器について我が国が何十年も唱え続けてきたことが、世界的に理解され始めているものと思います。

　国連の働きは湾岸危機でも例証《れいしょう》されましたが、カンボジアでは、包括和平の成立を受け、国連の平和維持活動として、国連カンボジア暫定機構が近々つくられようとしており、新政府が生まれるまでの間、平和の維持に当たることが期待されております。このような新たな国際環境の中で、我が国憲法の基本理念である国際協調主義のもと、世界の平和の確保に向け大きな役割を有する国連に対して、我々は最大限の貢献をしなければならないと思います。もちろん、このような国連を中心とした秩序づくりには、日米の緊密な協力やアジア諸国との友好関係などが不可欠の前提となることは言うまでもありません。

我が国は、湾岸危機に際しては、異例ともいうべき思い切った財政的貢献をいたしました。今後とも、世界平和秩序の構築に当たって、我々の国際的役割は増大すると考えておかなければなりません。そのために我が国がなし得る人的貢献については、前国会で御審議いただいた、いわゆるPKO法案（※1）を、国際緊急援助隊への自衛隊の参加を可能とする法案とともに、できるだけ速やかに成立させていただきたいと思います。（拍手）

一九八九年十一月のベルリンの壁の崩壊に象徴される世界の激変は、それから二年足らずの間に、ソ連の共産党の解体にまで及ぶことになりました。これは、我々が信奉してきた自由主義と市場経済の勝利を意味しております。（拍手）我々は、ソ連や東欧諸国が経済、政治、外交の各面にわたって抜本的改革を推進すること、とりわけ、ソ連及びロシアの新思考外交が、我が国との関係を含め、アジア・太平洋地域においても十分発揮されることを強く期待しており、これらの諸国が市場経済と民主主義に立脚して新しい世界秩序の建設的な担い手となる努力に対して、適切な支援を進めていく考えであります。

このような歴史的転換の流れの中で、日ソ間にいまだに平和条約の締結を見ていないことは、まことに不自然であります。しかし、ようやく今、北方領土問題を解決し、平和条約を締結すべきときが熟しつつあります。このときに当たり、我が国とソ連、ロシアがそれぞれこの問題の解決に向け一層真剣に取り組んでいかなければなりません。

自由主義と市場経済は勝利をおさめましたが、その反面、市場経済自身の中にも、自由と繁栄を追求する過程で、ひずみやゆがみが起きていることを忘れてはなりません。近年、我が国において、異常な地価や株価の高騰などでバブルと言われる現象が生じましたが、額に汗している人々が、自分が取り残されたという感じを持つようなことになれば、九割が中流意識を持ってきた国民の間の連帯感や社会の安定感にも、ほころびが出るおそれがあります。

また、ここまで経済発展を遂げてきた我が国においては、行政は、消費者や国民生活、一般投資家重視へと姿勢を変えていかなければなりません。

私は、そういう意味から、政治は、公正な社会をつくる努力を怠ってはならないと考えております。(拍手)政治改革はこうした時代の要請であります。海部前総理は、その実現のため心血を注いでこられました。私は、前総理のこの御努力に深い敬意を表するとともに、その志を継いで、真摯に政治改革に取り組んでいく決意であります。(拍手)

どのように選挙や政治に金がかからないようにするか、どのように金の流れを透明にするか、そして選挙区制をどのようにするかなど、政府がさきの国会に提案したところを出発点に、それをたたき台として、各党間の協議会で御論議を深めていただきたいと思います。今日強く求められている投票価値の格差是正の要請にこたえるためにも、おおむね一年をめどに具体的な結論が得られるよう念願いたしております。

いわゆるリクルート事件に関連して、私の不行き届きから皆様に御迷惑をおかけいたしました。政治家として深く反省すべきことであり、今後の政治生活においても片時も戒心《かいしん》を怠らない決意であります。

米国との関係は、我が国の外交の基軸であります。我が国と米国は、基本的価値観を共有しており、また、日米安保体制と緊密な相互依存の上に立って、強い友好関係を維持しております。

両国は、経済関係や相互理解の促進を含め、友好・協力関係を一層深めるとともに、世界の平和と繁栄に向けての共通の責任を自覚し、地球的規模で協力していかなければなりません。私は、このような認識に立って、二十一世紀に向け、日米の協力関係を一層強化してまいりたいと考えております。

私は、今後とも、日米安保体制の効果的運用と信頼性の向上を図ってまいります。我が国の防衛政策については、平和憲法のもと、専守防衛に徹し、他国に脅威を与えるような軍事大国にはならないという基本理念に従い、節度ある防衛力の整備に努めてまいることは申すまでもありません。

アジア・太平洋地域においては、この地域の多様性を念頭に置きつつ、経済面だけではなく、政治対話の機会を広げ、政治面における役割も積極的に果たしてまいります。このような考え方に立って、アジア・太平洋経済協力閣僚会議などを通じ、開かれた協力を推進するとともに、朝鮮半島の平和と安定への協力、中国の政治・経済両面にわたる改革・開放政策に対する支援、ＡＳＥＡＮ諸国との一層の関係強化、カンボジア和平達成後のインドシナ全体の平和と繁栄への協力など多角的かつ積極的な外交を展開してまいります。

日欧関係については、先般出された歴史的な日・ＥＣ共同宣言を踏まえ、経済面のみならず、政治面、文化面を含む広い分野で、包括的、全面的な関係の強化を図ります。

中東和平達成のための努力が、現在、関係諸国の間で続けられております。我が国としても、この国際的努力に参画し、これを支援してまいります。

軍備管理・軍縮面では、最近の米ソ両国による大幅な核兵器削減への動きを歓迎するとともに、我が国は、引き続き、国連の場などを通じて主導的な役割を果たし、通常兵器の移転に関する透明性の増大や自主規制の強化、大量破壊兵器やミサイルの拡散防止のための国際的な枠組みの整備と強化に一層の努力を傾注してまいります。

国際経済の分野では、我が国は、持てる経済力、技術力などを積極的に活用し、世界経済の発展に貢献するとともに、幅広い産業、経済の国際交流などを通じ、我が国経済と世界経済との一層の調和を図ってまいります。

ウルグアイ・ラウンド交渉は、保護貿易主義や閉鎖的地域主義などの傾向を排して、二十一世紀に向け多角的自由貿易体制を維持し、さらに発展させることを目指す極めて重要な交渉であります。現在、交渉は最終段階を迎えておりますが、我が国としては、他の主要国とともに、この交渉が年内に成功裏に終結するよう努力する決意であります。なお、農業については、各国ともそれぞれ困難な問題を抱えておりますが、我が国の米についてはこれまでの基本的方針のもと、相互の協力による解決に向けて、最大限の努力を傾注してまいります。

国際社会においては、これらの課題と並んで、早急な対応を迫られる地球環境の保全、開発途上国への支援、麻薬、テロ、難民問題など人類共通の課題が山積しております。我が国は、これらの問題に、これまでの知識経験などを生かし、正面から取り組みます。

私は、国民の一人一人が、生活の豊かさを真に実感しながら、多様な人生設計ができるような社会の実現を目指したいと思います。このため、私は、二十一世紀を展望しつつ、中央、地方にわたって、住宅や生活関連を中心とする社会資本の充実を図り、質の高い生活環境を創造して、所得のみではなく社会的蓄積や美観などの質の面でも、真に先進国家と誇れるような、活力と潤いに満ちた、ずしりと手ごたえのある「生活大国」づくりを進めていきたいと思います。(拍手)

生活大国の根底を支えるのは、やはり経済であります。我が国経済は、現在、住宅建設の減少などに見られるように、拡大のテンポが緩やかに減速しつつあります。政府は、物価の安定を基礎として、内需を中心とした経済の持続的拡大を図るため、内外の経済動向を勘案しつつ、適切かつ機動的な経済運営に努めます。また、これらの経済運営などを通じ、公正かつ自由な競争を含む経済活動の自律的発展や雇用の安定に努めるとともに、対外不均衡の動向を注視しつつ、調和ある対外経済関係の形成を図ってまいります。

本年は、雲仙岳《うんぜんだけ》の噴火を初め相次ぐ台風の襲来などで、各地は多くの災害をこうむりました。犠牲者の方々とその御遺族に対し、深く哀悼の意を表するとともに、被災者の方々に心からお見舞いを申し上げます。雲仙岳噴火災害については、政府は、地元と一体となって、住民の生活や事業の再建を支援するとともに、災害終息後の地域の防災、振興、活性化に向け、今後とも万全を期してまいります。台風災害についても、被害の大きい農林漁家の救済や被災施設の早期復旧などの対策を推進いたします。このような災害に負けない国土づくりや国土の均衡ある発展を図ることも、生活大国の重要な課題であります。

我が国の財政は、平成三年度末の公債残高が百六十八兆円程度に達する見込みであり、加えて、これまで税収増をもたらしてきた経済的諸要因が流れを変えてきており、現時点での税収状況も低調であることなどから、極めて厳しい状況にあります。政府としては、後世代に多大の負担を残さず、再び特例公債を発行しないことを基本として、公債残高が累増しないような財政体質をつくり上げていかなければなりません。このため、今後の予算編成に当たっては、決意を新たに制度や歳出の徹底した見直しに取り組んでまいります。

また、行革審の答申などを最大限に尊重し、地方分権、一極集中の是正や規制緩和などに引き続き努力するとともに、国・地方を通じた行財政改革の推進を図ってまいります。

証券・金融をめぐる一連の問題（※2）は、我が国の証券市場や金融機関に対する内外の信頼を大きく損なうものであり、まことに遺憾であります。

既に、損失補てんの禁止などを内容とする証券取引法の改正を行うとともに、金融機関の内部管理体制の総点検を行うことなどの対応策を講ずることといたしましたが、私は、行革審答申や国会の諸決議を最大限に尊重し、法制面をも含む総合的な対策に取り組んでいく決意であります。

以上、所信の一端を申し上げました。二十一世紀まであと十年、私は、我が国が、国際社会において名誉ある地位を占め、国民が誇りを感ずることができる品格ある国となるよう、全力を傾けて国政に取り組んでまいります。

議員各位、国民の皆様の御理解と御協力をお願い申し上げます。（拍手）

※1：PKO法案　国際連合平和維持活動等に対する協力に関する法律（略称PKO協力法）。PKOとは国連の統括の下、交戦する部隊の引き離しや治安回復、停戦や選挙監視など国際的な平和や安全を維持するために行われる活動。法案成立は一九九二年。この法案を根拠

として自衛隊の海外派遣が可能となるが、憲法第九条との関係から多くの反対運動が起こった。法案にはＰＫＯ参加五原則、すなわち①紛争当事者間で停戦合意が成立、②受け入れ国を含む紛争当事者の同意、③中立的立場の厳守、④以上の条件が満たされない場合に撤収が可能、⑤武器使用は要員防護のための必要最小限に限る、といった原則が盛り込まれた。武器使用に関して実態と矛盾があるため、当初は防衛省も自衛隊派遣に慎重であったが、以後、カンボジア、モザンビーク、ゴラン高原、東ティモール、スーダン、ハイチ等に派遣されている。

※２：証券・金融をめぐる一連の問題　バブル崩壊後発明るみになった銀行等金融機関による暴力団や総会屋に対する不正融資や大手証券会社による巨額の損失補填問題などの一連の金融・証券不祥事。

ひとつの時代が終わり、新しい時代が今、幕を開きつつある

一九五五年以来続いた自民党単独政権はついに終焉を迎える。この演説の前年、九二年に前熊本県知事の細川護熙は日本新党を結成、政界は再編へ動き始めた。国会は政治改革をめぐり紛糾、九三年六月には野党が提出した宮沢内閣の不信任案が自民党に造反が出たことで成立。総選挙を前に自民党からは離党が相次ぎ、武村正義が新党さきがけ、小沢一郎、羽田孜が新生党を立ち上げる。政治腐敗、不況の長期化などの問題に対応できない自民党への不満は総選挙で新党ブームを巻き起こす。八月、日本新党の細川を首相に、社会、新生、公明、日本新党、民社、さきがけ、社民連など非自民七党による連立政権が発足する。

細川護熙・所信表明演説

第百二十七回国会　一九九三年（平成五年）八月二十三日

このたび、私は、内閣総理大臣に任命され、国政を預からせていただくこととなりました。我が身に課せられた責任の重さはまことにはかり知れないものがございます。と申しますのも、この内閣は、歴史の一つの通過点ではなく、新しい歴史の出発点を画するものと私は受けとめているからでございます。このような認識から私は、このたびの内閣を新しい時代のための変革に着手する内閣と位置づけ、「責任ある変革」を旗印に、心魂を傾けてその職責を遂行してまいる決意でございます。（拍手）

長らく続いた米ソ両大国を二つの極とする東西対立の時代が終わり、国際社会では今、旧来のシステムに

細川護熙（ほそかわ・もりひろ）

1938年～。東京都生まれ。首相在任期間：1993年8月9日 ～ 1994年4月28日（463日間）。上智大学法学部卒業。熊本の大名細川家の第18代当主。朝日新聞社記者を経て、1971年の参議院議員選挙に自由民主党から出馬、初当選。その後、熊本県知事を経て1993年の衆議院議員選挙で当選。日本新党を結成、代表となる。1993年の総選挙で、自由民主党を離党した小沢一郎らの新生党、武村正義、鳩山由紀夫らの新党さきがけと連携、日本新党・新生党・新党さきがけ・社会党・公明党・民社党・社会民主連合、民主改革連の8党派による非自民非共産の連立政権を誕生させる。細川政権の公約は政治改革であり、在任中に政治改革関連４法案を成立させる。1994年、東京佐川急便からの１億円借入問題を追求され、総辞職。その後、新進党や民主党の結成に関わるが、1998年議員辞職する。

写真提供：毎日新聞社

かわる新たな国際秩序を模索して、さまざまな試みが検討され、また、必死の努力が行われております。ひとり我が国だけが時代の大きな流れに逆らえるはずもなく、冷戦の終えんとともに、冷戦構造に根差す日本の政治の二極化の時代も終わりを告げました。今回の総選挙の結果は、多くの国民が保革対立の政治に決別し、現実的な政策選択が可能な政治体制の実現を期待されたものと受けとめております。（拍手）ここに一つの時代が終わりを告げたことを国民の皆様方とともに確認し、二十一世紀へ向けた新しい時代が今、幕開きつつあることを明確に宣言したいと思います。（拍手）

このところ、鹿児島を中心とする豪雨災害や北海道南西沖地震、雲仙岳《うんぜんだけ》噴火など自然災害による被害が相次ぎました。国政についての所信を申し述べるに先立ちまして、これらの災害で亡くなられた方々とその御遺族に対し謹んで哀悼の意を表しますとともに、負傷された方々や避難生活を続けておられる方々に心からのお見舞いを申し上げます。

先般、私も鹿児島の被災地を訪れ、自然の猛威の恐ろしさを目の当たりにしてまいりました。災害の復旧と今後の安全の確保に全力で取り組むことは言うまでもありませんが、避難生活を強いられている方々が不安な毎日を送られていることを思い、一日も早く平常時の生活に戻られるよう、政府、地方公共団体が一体となって住居の確保や被災施設の早期復旧など生活環境の整備を急いでまいりたいと思います。また、災害復旧後のこれらの地域の活性化に必要な措置についても積極的に展開してまいりたいと思っております。

私はまず、この政権がいわゆる「政治改革政権」であることを肝に銘じ、政治改革の実現に全力で取り組んでまいります。

我が国が終戦以来の大きな曲がり角に来ている今日ほど、政治のリーダーシップが必要とされているときはなく、一刻も早く国民に信頼される政治を取り戻さなければなりません。歴代の内閣が抜本的な政治改革の実現をその内閣の最優先の課題として取り組んでこられましたが、いまだ実現を見るに至っておりません。政治改革のおくれが政治不信と政治の空白を招き、そのことが景気の回復など多くの重要課題への取り組みの妨げとなり、これからの日本の進路に重大な影響を及ぼしつつあることを私は深く憂慮してまいりました。今回の選挙で国民の皆様方から与えられました政治改革実現のための千載一遇のチャンスを逃すことなく、「本年中に政治改革を断行する」ことを私の内閣の最初の、そして最優先の課題とさせていただきます。(拍手)

そのため、選挙制度については、衆議院において、制度疲労に伴うさまざまな弊害が指摘されている現行中選挙区制にかえて小選挙区比例代表並立制を導入いたします。また、連座制の拡大や罰則の強化などにより政治腐敗の再発を防止するとともに、政治腐敗事件が起きるたびに問題となる企業・団体献金については、腐敗のおそれのない中立的な公費による助成を導入することなどにより廃止の方向に踏み切ることといたします。これらの改革案の詳細については、現在、連立与党各党の間で精力的に検討作業が進められておりますので、私といたしましては、その結論を待って、できるだけ早い機会に国会に御審議をお願いし、これらを一括して何としても本年中に成立させる決意でございます。(拍手)

政治改革は、単に政党や政治家だけの問題ではございません。法律や制度を変えるとともに、国民、有権者の皆様方にも、いわゆる金権選挙や利権政治を根絶する決意をお持ちいただかなければ、政治改革を真に成功に導くことは困難であろうと思っております。ぜひとも国民の皆様方の御理解と御協力をお願い申し上げる次第でございます。

また、私は、政治腐敗の温床《おんしょう》となってきた、いわゆる政・官・業の癒着《ゆちゃく》体制や族議員政治を打破するために全力を尽くしてまいります。直接、間接を問わず、行政が政治家の票や資金の応援をすることがあるとすれば、その弊害は政治や行政の根幹にまで及ぶことになるだけに、政治と行政との関係改善や綱紀《こうき》の粛正《しゅくせい》に毅然たる態度で臨んでまいりたいと思います。

冷戦終結後の国際社会や国民の多様な要請にこたえていくためには、行政の面でも、より一層柔軟性や機動性を高めていくことが不可欠であります。まずは緊急の課題である政治改革の実現に全力を投入することといたしますが、行政改革にも本格的に着手しなければならないと思っております。率直に申し上げまして、規制緩和や地方分権の推進、縦割り行政の弊害是正などの課題は、利害が錯綜し、また、さまざまな障害もあって、これまで大きな前進を見ないままに今日に至っております。しかしながら、これらの課題は、国民の目から見て透明で公正な行政を実現するためにも、そして東京一極集中を是正し、地域の特色や自主性が反映される活力に満ちた地域行政を展開していくためにも、何としてでもなし遂げなければならない課題であり、私としても具体的な成果を上げるべく強い決意でこれに取り組んでまいりたいと思います。（拍手）

我が国は今、政治ばかりでなく経済の分野においても依然として厳しい局面にあり、一日も早く長期化した不況を克服してまいらなければなりません。国内景気は、一連の経済対策の効果もあってバブル経済の崩壊による最悪の状態からは脱しつつあるとも見られますが、最近の急激な円高や異常な天候不順は内需拡大の動きに悪影響を与えかねず、今後の景気回復には予断を許さないものがあります。私は、景気の先行きに対する不透明感を払拭するためには、円高の国内経済への影響や景気の状況を注視し、厳しい財政状況を十分踏まえつつ、時期を失することなく必要かつ効果的な対策を講じることが肝要であると考えます。そこで、今年度予算の執行や四月に決定した総合的経済対策の実施に万全を期していくことはもとより、規制緩和や円高差益の問題を初め、幅広い観点から現下の緊急状態に対応するための諸施策を早急に取りまとめ、実行に移してまいりたいと思います。

また、日本経済の潜在的な活力を高めていくためには、長期的視野に立って経済構造の変革を図り、民間の活力がより自由に発揮されるための環境を整備していくことが重要であると考えております。

現在、国家財政は、依然続く構造的な厳しさに加えて、バブル経済の崩壊に伴いまことに深刻な状況に立ち至っておりますが、来年度予算編成に際しましては、特例公債を発行しないことを基本に財政改革を強力に推進しつつ、従来にも増して財源の重点的効率的配分に努めてまいります。特に、公共事業のシェアの抜本的な変更に取り組み、国民生活の質の向上に資する分野に思い切って重点投資するなど、本格的な高齢化社会の到来する二十一世紀を見据えて、社会資本整備の着実な推進を図ってまいりたいと思います。

また、税制については、平成元年度に抜本的な税制改正を行って以来、約五年が経過しておりますが、その間、バブルの発生とその崩壊、高齢化の一層の加速などの事態が生じております。私は、このような経済社会情勢の変化に現行の税制が即応したものになっているのかどうかを点検し、公正で活力ある高齢化社会を実現するため、年金など国民負担全体を視野に入れ、所得、資産、消費のバランスのとれた税体系の構築について、国民の皆様方の御意見にも十分耳を傾けながら総合的な検討を行ってまいりたいと存じます。現在、税制調査会では、このような方向で御審議をいただいているところであり、その検討の成果を尊重してまいりたいと考えております。

我が国は、これまで経済的発展に最大の重点を置き、その本来の目的であるはずの国民一人一人の生活の向上や心の豊かさ、社会的公正といった点への配慮が十分ではなかったことを率直に反省すべきであります。最近になって政府は、生活者のためのさまざまな対策を講じてきてはおりますが、必ずしも政策の重点が変わったというふうに国民の皆様方が肌で実感されるまでには至っておりません。私は、豊かな生活環境を求め新たなライフスタイルを指向する動きが見られることを念頭に置いて、ここでいま一度、生活者・消費者の視点や環境の保全、男女共同参画型社会の実現といった視点に立って、従来の制度や政策について徹底的に見直しを行っていくことが必要であると考えております。直近の問題で申し上げるならば、輸入品を中心として円高の効果がより速やかかつ円滑に還元され、円高のメリットを国民が確実に享受できるよう対応してまいりたいと存じます。

今、我が国は急速に高齢・少子社会へと移行しておりますが、二十一世紀までに残りわずかな期間しか残されていないことを考えるならば、今のうちに福祉の充実を初めとする対策を積極的に打ち出し、美しい快適な環境の中で、都市勤労者も農山漁村で暮らす方々も生き生きと多様な価値観を実現できる社会を目指してまいらなければならないと考えます。

思えば内閣が発足したこの八月は、我が国にとって永遠に忘れられない月であります。十二支をちょうど四回さかのぼった昭和二十年八月、我々は終戦によって大きな間違いに気づき、過ちを再び繰り返さないかたい決意で新しい出発を誓いました。

それから四十八年を経て我が国は今や世界で有数の繁栄と平和を享受する国となることができました。それはさきの大戦でのたっとい犠牲の上に築かれたものであり、先輩世代の皆様方の御功績のたまものであったことを決して忘れてはならないと思います。我々はこの機会に世界に向かって過去の歴史への反省と新たな決意を明確にすることが肝要であると考えます。まずはこの場をかりて、過去の我が国の侵略行為や植民地支配などが多くの人々に耐えがたい苦しみと悲しみをもたらしたことに改めて深い反省とおわびの気持ち

を申し述べるとともに、今後一層世界平和のために寄与することによって我々の決意を示していきたいと存じます。(拍手)

世界は今、地球的規模のさまざまな課題に直面しておりますが、私は、平和と国際協調という憲法の精神を尊重しつつ、国際国家としての我が国の立場と責任を十分に自覚し、これらの世界的な課題の解決に従来にも増して積極的な役割を果たしていく決意であります。

現在、国連を中心として冷戦後の新たな世界平和秩序を構築するための懸命の努力が行われておりますが、私は、より平和で、そして人権が尊重される世界を目指して、国民の十分な理解を得つつ、国連による国際的な努力に対する人的貢献を着実に展開していくとともに、冷戦後の世界に対応できるような国連改革、国連強化のためにも積極的に寄与してまいりたいと思います。

大量破壊兵器の不拡散は、我が国を含む国際的な安全保障を確保する上で緊急の課題であり、私としては核不拡散条約の無期限延長を支持してまいりたいと考えております。さらに進めて究極的に地球上から核兵器を廃絶し、国際的軍縮を達成することこそが世界の平和をもたらすゆえんであり、そのため、より積極的な外交努力を展開してまいる決意であります。(拍手)

世界全体の平和と繁栄のためには日米安保条約を中核とする日米両国の緊密な協力が不可欠であります。私は、米国がアジア・太平洋地域における米国の存在と関与を継続する決意を示していることを歓迎するとともに、良好かつ建設的な日米関係を維持、構築していくことを日本外交の基軸として最善を尽くしてまいりたいと思います。(拍手)

また、私は、アジア・太平洋地域の一員としての我が国の役割を重視し、常に謙虚な姿勢を忘れずに相互の信頼を醸成しながら、この地域の平和と繁栄のために可能な限りの貢献を行ってまいりたいと考えております。そこで、これらの国々との間の経済・政治両面にわたる対話と協力をこれまで以上に緊密に進めるとともに、中国、韓国、ＡＳＥＡＮ諸国等近隣諸国との一層の関係改善に努めてまいります。

ロシアとの関係については、北方領土問題を解決し、国交の完全正常化が実現するよう努力するとともに、ロシア国内の改革に対し応分の支援を行ってまいりたいと考えております。

さらに、統合を進め国際社会における役割をますます高めつつあるヨーロッパ諸国などとも引き続き一層緊密な協力関係を築いてまいりたいと思います。

戦後から今日に至るまでの我が国の経済的繁栄は、国際的に市場経済が機能し、多角的自由貿易体制が維持されて初めて可能であったと申し上げても過言ではありません。現在、世界経済の低迷を背景に保護主義的な動きの高まりや国際経済摩擦が激化する様相を見せていることはまことに懸念すべき状況であり、このようなときにこそ我が国が自由貿易体制を維持、強化するための国際協調に率先して取り組んでいくことが重要であります。

ウルグアイ・ラウンド交渉が不調に終わるようなことがあれば、世界経済に深刻な影響を与えることは確実であり、先般の東京サミットにおいて確認されたように、交渉の年内終結に向けて、我が国としても引き続き全力を尽くしてまいる決意でございます。なお、農業については、各国ともそれぞれ困難な問題を抱えておりますが、我が国としても、これまでの基本方針のもと、相互の協力による解決に向けて最大限努力してまいります。

米国やＥＣ諸国を初め、幾つかの国々から我が国の大幅な経常黒字が国際経済に与える影響を懸念する指摘がなされていることを真摯に受けとめ、私は、良好な対外経済関係を維持するのみならず国民生活の向上を図るためにも、内需拡大努力や市場アクセスの改善、内外価格差の是正、規制緩和等消費者重視の政策を積極的に推進し、経常黒字の縮小に向けて努力してまいりたいと考えております。このため、各方面からの意見も拝聴して、我が国の経済社会構造の変革も視野に入れた今後我が国がとるべき対応策について、早急に取りまとめを行いたいと考えております。九月にも日米包括経済協議が開始されますが、自由貿易主義や市場経済原則に従って日米双方が努力することにより対外不均衡の改善を図り、安定的な日米経済関係を築いていくことが重要であると認識いたしております。

また、ＯＤＡの積極的な活用などによる資金面、技術面等での協力を通じた地球的規模の問題の解決、開発途上国や旧社会主義国の改革努力への支援など、国際社会の期待にこたえ我が国の国力にふさわしい国際社会への寄与を行ってまいりたいと思います。特に、近年、世界各地で異常気象が常態化しつつあることもあって、地球環境問題への関心はますます高まってきております。地球環境問題は遠い将来の問題ではなく、いっときの猶予も許されない緊急の課題であり、私は、我が国が有する経験と能力を十分に生かしながら、地球環境問題の解決に向けた国際的な努力に対し率先した役割を果たしてまいりたいと思っております。

私は、今後の政治運営に当たって、質の高い実のある国づくり、言ってみれば「質実国家」を目指してまいりたいと思います。

かつて小泉八雲は第五高等学校の生徒に向かって、「日本にはすばらしい精神がある。日本精神とは、簡潔、善良、素朴を愛し、日常生活において無用の贅沢と浪費を憎む精神である。その精神を維持、涵養《かんよう》する限り、日本の将来は期して待つべきものがある」と申しました。

私は、若いころこの言葉を知ったのですが、今や我が国は、国も国民も背伸びをせずに、自然体で内容本位の生き方をとるべき時代を迎えていると感じております。外に向かっては大国主義に陥ることなく、内にあっては、文化の薫り豊かな質の高い実のある生活様式を編み出し、美しい自然と環境を将来のために残していくことが何よりも大切だと思っております。

政治や行政はもちろん、経済や国民生活においても、できる限り虚飾を排して質と実を追求していくことを私の政治理念の根本に据えてまいりたいと思っております。（拍手）

このたびの内閣は、八党派によって樹立されたいわゆる連立政権でありますが、私どもは政権の樹立に際し、外交、防衛、経済、エネルギー政策などの基本重要政策について、原則として今までの国の政策を継承することを確認いたしました。新しい時代のために、政治の刷新のために、あえて立場の違いを乗り越えて国民の負託にこたえようと努力したそのこと自体が大きな歴史的意義を有していると考えている次第であります。（拍手）

今何よりも重要なことは、国民の政治に対する信頼を回復することであります。

（発言する者あり。議長「静粛に願います」）

そのためには、政治改革を早急に実現することが必要なことは言うまでもありませんが、私は、冷戦時代が国内政治にもたらした傷跡をいやすための「国民的和解」の観点に立って、与野党間の関係も「対立から対話へ」、「相互不信から相互信頼へ」そして「反対のための反対から建設的提案競争の時代へ」と転換していくことが何よりも肝要だと思っております。わだかまりやこだわりを捨て、ともに力を合わせて、常に国民に目を向けた政治が我々の原点だということを忘れずに、国民生活の向上と安定につながる施策を大胆に打ち出していくことこそが重要であります。（拍手）

我々は、国民の皆様方が示された歴史的審判が正しい選択であったことを証明するため、一致協力して国政の運営に取り組んでまいる決意でございます。（拍手）

何とぞ、国民の皆様方、議員各位の深い御理解と御支援を賜りますよう心よりお願いを申し上げます。（拍手）

改革をなし遂げるためには大きな痛みと困難を乗り越える勇気と情熱が必要

国民から大きな期待を集めてスタートした細川だったが、わずか八カ月で退陣する。三％の消費税を廃止し、七％の「国民福祉税」を導入する計画を打ち出すが、反発が強く、すぐに撤回。さらには東京佐川急便からの献金疑惑が浮上して国会は空転。あっさりと辞任を選んだ。国内経済は不況を抜け出せず、朝鮮半島情勢は北朝鮮の核開発で緊迫するなど内外ともに未体験の問題に直面した多難な時代だったが、連立政権内では各党の対立が目立ち、亀裂が生じた。新生党の羽田孜が細川の後を継ぐことになったが、小沢一郎との軋轢からまず新党さきがけ、続いて社会党が連立を離脱。羽田政権は少数与党内閣になる。

羽田孜・所信表明演説

第百二十九回国会　一九九四年（平成六年）五月十日

このたび、私は、内閣総理大臣に任命されました。内外に困難な課題を抱える今日、心を引き締め、全力で取り組んでまいります。（拍手）

所信を申し述べるに先立ちまして、四月二十六日の痛ましい中華航空の事故（※1）の犠牲になられた方々とその御遺族に対しまして謹んでお悔やみを申し上げるとともに、負傷し入院されている方々に心からお見舞いを申し上げます。政府としては、事故原因の究明を急ぎ、このような惨事が繰り返されることのないよう安全対策に万全を期してまいりたいと思います。

羽田孜（はた・つとむ）

1935年～。東京都生まれ。首相在任期間：1994年4月28日 ～ 1994年6月30日（64日間）。成城大学経済学部卒業。小田急バス勤務を経て1969年の総選挙に自由民主党から出馬、初当選。党内では左藤派（後に田中派、竹下派）に所属。農林水産大臣（中曽根内閣・竹下内閣）、大蔵大臣（宮沢内閣）、副総理兼外務大臣（細川内閣）を歴任。宮沢内閣不信任決議案に賛成し、小沢一郎らとともに自由民主党を集団離党した後に新生党を結成、党主となる。続いて細川護熙を首班とする連立政権に参加、細川の辞任を受けて後継首相となるが、自由民主党から内閣不信任案決議を出され、社会党との決裂もあって総辞職。短命内閣に終わった。その後、太陽党（党主）、民政党（代表）、民主党（初代幹事長）の結成に参加。2009年に発症した脳梗塞の後遺症もあり、2012年引退。

写真提供：毎日新聞社

細川連立内閣は、国民の大きな支持のもとに「改革」の旗を掲げ、懸命に前進を続けてまいりましたが、不幸にして業《みち》半ばで退陣されました。私に与えられた任務は、まず、この「改革」の旗を受け継ぎ、もう一度しっかりと握り直し、高く掲げることだと信じます。（拍手）

私の出身地信州の文豪、島崎藤村が郷里、馬籠《まごめ》で語った中に「血につながるふるさと、心につながるふるさと、言葉につながるふるさと」という味わい深い言葉があります。私はかねてこの言葉を言いかえまして、「血につながる政治、心につながる政治、普通の言葉の通じる政治」を心がけてまいりました。改革を進めるに当たって、私が大切にしたいのは、お互いに普通の言葉で率直に議論し、理解を深め、ともに歩んでいくことであろうと思います。

私は、「改革」に加えて「協調」の姿勢を重視した「改革と協調」の政治を心がけたいと思います。今回、連立与党内で残念な経過（※2）があり、一部の会派が閣外へ去られることになりました。しかし、私自身、今後とも与野党の御意見に一層謙虚に耳を傾けていくつもりであり、できる限り幅の広い合意の上で政治を進めていく決意と誓いにいささかも変わりありません。内閣総理大臣の重みと日本国の誇りをかみしめつつ、この時代を生きる国民の皆様と苦しみも喜びも分かち合い、先頭に立って、明日を目指した課題に取り組んでまいります。（拍手）

昨年夏、三十八年間にわたる自民党の長期単独政権にかわって連立政権が誕生したことは、我が国の政治のあり方に新しい息吹を与えたものでありました。国民の政治に対する新しい関心や期待も生まれ、これまでの行政や経済社会を行き詰まらせたものを見直す大きな流れをつくったという意味で歴史的に重要な意義を有するものであったと言えます。

連立政権は、新しい時代の風を背に、政治改革、経済改革、行政改革の三つの改革に向けて全力を投入してまいりました。こうした努力については多くの国民の共感をいただき、政治改革関連法の成立を初め諸改革の方向性を明らかにするなど、八カ月という短い期間ではありましたが、その成果は評価され得るものと確信をいたします。（拍手）新内閣は、新たな陣容でスタートすることになりましたが、昨年夏の連立政権発足時の志を忘れることなく、これまでの経験をばねに、決意も新たに国政運営に取り組んでまいります。

現在、平成六年度予算の国会審議が全く進んでおらず、また、日米経済協議の再開が難航し、朝鮮半島情勢も不透明な状況（※3）にありますが、これは尋常ならざる事態であり、これらの問題の対処に政治家として責任を痛感せざるを得ません。国民の皆様の不安感や政治に対する不信感をぬぐい去るためにも、今ほど事態の打開に向けて政治の指導力が問われているときはありません。私は、誠心誠意を尽くして、政府の最高責任者としての重責を果たしてまいります。（拍手）

新内閣に課せられた最初の使命は、我が国をこうした困難な状態から脱却させ、一刻も早く将来が見通せる軌道に乗せることであります。このため、内閣としては一丸となって懸案の解決に当たる覚悟であり、国会におかれましても実りある政策論議が行われるよう格別の御協力をお願いしたいと存じます。

将来を左右するような幾多の課題に直面していくとき、我が国の向かうべき進路に誤りなきを期するためには、政策論議が政治の中心課題となるような政治体制でなければなりません。ともし続けてきた政治改革の火をここで絶やすことなく、最重要の課題として引き続き追求してまいる決意であります。国民の政治への信頼回復のために、今こそ政治腐敗の根絶を期して具体的行動を起こしていかなければなりません。改革を進めるに当たって、今後解決しなければならない幾つかの重要な課題が残されておりますが、その第一歩として、新内閣としては、衆議院議員選挙区画定審議会の勧告を尊重して関連法案を早急に提出し、次回総選挙が新制度のもとで実施できるよう、可能な限り早い時期の成立を目指して努力してまいりたいと考えます。（拍手）

今日本は、大きな歴史的な岐路に立っております。二十一世紀に向かってどのような社会をつくっていくのか、そして国際社会の中でどのような立場で平和と繁栄に貢献していくのかが内外から厳しく問われております。我が国の行く末を考えるとき、日本の政治、行政、経済社会の改革は大きな歴史の流れであり、もはや避けては通れない課題であります。しかしながら、改革とは既存の利害との衝突にほかならず、改革をなし遂げるためには大きな痛みと困難を乗り越える勇気と情熱が必要であります。そのためには、これから目指すべき社会とそこに至るまでの道筋について、国民の理解と御支援を仰ぐための努力こそが求められます。私は、今後、開かれた中での政策決定を旨とし、国民の皆様と積極的に意見を交わしながら我が国の進むべき方向を見定めてまいるつもりであります。そうした国民合意のもとで、より豊かで安心のできる社会をつくり、国際社会の中で信頼される国となるために、着実に改革を進めてまいる決意であります。（拍手）

ほんの数年前のことでありますが、いわゆるバブル経済の中にあって、多くの国民が、一見すべてがうまく回転し、それが未来永劫続くような錯覚に陥ったことは記憶に新しいところであります。しかしながら、その後我々は、過剰なまでの自信は転落の始まりであるという歴史の鉄則を痛いほど経験させられたのであります。
そういう中で、我が国経済はこれまでにない苦境を経験し、ともすれば将来に対する自信が揺らぎかねない状況にまで立ち至っております。しかし、悲観的にのみならずに、過去の反省の上に立って、これまでのしがらみや惰性にとらわれることなく、しっかりとした将来の目標に向かって進取の気性で立ち向かうならば、おのずと新たな発展の道は開けると確信いたします。また、日本経済はそれをなし遂げるに十分な活力を持っていることは言うまでもありません。
幸いにして、経済の一部には明るい兆しも見受けられるようになりましたが、さらにこれを順調な回復過程につなげることが重要であります。このようなときに平成六年度予算の成立が大幅におくれていることはゆゆしき事態であり、このことが景気回復の足を引っ張り、国民生活に重大な影響を与えかねません。新内閣としては、前内閣が提出した平成六年度予算を引き継ぎ、責任を持ってその実施に当たる考えであります。景気回復を一層確実なものにするために、既に国会に提出申し上げている法律案などとともに新年度予算の一日も早い成立にぜひとも御協力をいただきますようお願いを申し上げます。(拍手)
我が国経済を本格的な回復軌道に乗せ、将来の発展の芽をはぐくんでいくためには、民間の新たな挑戦や将来への投資を鼓舞《こぶ》していくことが必要であります。そのためには、政府が将来の展望を指し示し、みずから率先垂範《すいはん》して改革を確実なものにしていかなければなりません。私は、前内閣が提案し、まだ途中段階にある経済改革や行政改革、財政改革、税制改革、地方分権の推進などの諸改革を継承し、これらの着実な実施のために全力を尽くしてまいります。(拍手)
経済改革については、情報通信や環境調和型産業などの分野における新たな視点からの新産業の育成や、厳しいリストラの波に意欲を持って立ち向かい新事業の展開を図ろうとしている中小零細企業のさらなる活性化などを推進し、また、諸規制の緩和や廃止を進めることによって経済体質の転換を図り、民間の協力もいただき内外価格差の縮小に努めるとともに、市場の活性化や経済活動の国際協調を促進してまいります。私は、こうした努力が必ずや国民生活の向上にも資するものと信じます。

また、本格的な高齢化社会の到来に対応するため、雇用や年金、医療、介護等の福祉政策をより強力に推進するとともに、国民生活の重視の観点から、住宅、交通、下水道等の生活環境の整備を促進してまいりたいと思います。現在困難な状況に置かれております農業の問題につきましては、ウルグアイ・ラウンド農業合意による影響も踏まえ、早急に農業再生のための抜本的対策を確立するとともに、農山漁村地域の振興に全力を挙げたいと考えます。さらに、教育や科学技術を未来への先行投資として位置づけ、多様な個性が重んじられ、新しい文化や経済活動が生み出されるような社会の実現を目指してまいります。

とりわけ、女性が社会のあらゆる分野に男性と平等に参画する男女共同参画型社会の形成に総合的な取り組みを行ってまいりたいと考えます。

これらの対策の中でも、税制の抜本的な改革は、活力ある豊かな高齢化社会の実現を目指し、まことに深刻な状況にある財政の体質の改善に配慮しつつ、福祉政策等を積極的に展開していくためにも、また、減税措置に対する財源を確保するためにも、その実現を急がなければならない重要な課題であり、均衡のとれた税体系を構築していかなければなりません。政府としては、国民の皆様の御理解を得つつ、先般の各党間の確認事項をも尊重し、また、国会の議決に沿い、各会派の皆様の御理解と御協力をいただきながら、六月中に成案を得て、必ずや年内に税制改革が実現されるよう最大限努力してまいりたいと存じます。(拍手)

行政改革と地方分権の推進は、今や国民的課題であると承知しており、これを時代の要請に適合したものにするため、政治家として勇断を持って取り組んでまいる決意であります。行政改革については、規制・保護行政からの脱却、中央省庁の再編、縦割り行政の弊害除去、特殊法人の整理合理化、補助金制度や公務員制度の見直し、情報公開制度の確立、行政監察体制の強化などの検討を進め、行政の簡素化、効率化、透明化を目指してまいります。また、地方分権を推進するための法的措置を講じ、東京一極集中の是正を図るとともに、それぞれの地方特有の歴史や文化、風土を生かした、特色を持った魅力ある地域づくりを目指していきたいと思います。

来年は、太平洋戦争終結五十周年に当たりますが、我が国が過去に行った行為は、国民に多くの犠牲をもたらしたばかりではなく、近隣諸国の人々に今なお大きな傷跡を残しております。先般の閣僚発言が近隣諸国の方々に与えた悲しみと憤り（※４）は、このことを示すものであり、発言が撤回されたとはいえ、このような事態に至ったことはまことに残念であります。この機会に、我が国の侵略行為や植民地支配などが多くの人々に耐えがたい苦しみと悲しみをもたらしたとの認識を新たにし、これを後世に伝えるとともに、深い反省の上に立って、平和の創造とアジア・太平洋地域の輝かしい未来の建設に向かって力を尽くしていくことが、これからの日本の歩むべき道であると信じます。（拍手）私は、新内閣の政治の基本として、このことを常に念頭に置いて政治を進めていくことを改めて誓いたいと思います。

終戦からつい最近に至るまでの間、我が国は、米ソを両極とする堅固な冷戦構造に組み込まれていたがために、ともすれば国際社会の動きを傍観視する傾向にあったことは否めない事実であったと思います。しかしながら、外交や対外関係は、対人関係同様、数字や通り一遍の儀礼だけでは済まされない問題であり、まさに信頼関係の構築こそがその本質であり、また要諦《ようてい》であろうと思います。

冷戦構造が崩壊し、国際社会は今、新たな秩序を求めて死に物狂いの努力を行っております。この連休中に、私は、イタリア、フランス、ドイツ、ベルギー等を訪問いたしましたが、ＥＵに新たに四カ国の加入が認められた中で、ドロールＥＣ委員長を初め各国首脳が新たな平和と安定の枠組みの必要性を熱っぽく語り、さまざまな困難に直面しながらも、ともに手を携えてその実現に取り組んでいる真摯な姿勢に接しました。これら諸国の我が国に対する期待の大きさと国際協調の重要性を改めて痛感した次第です。特に、今次訪問中にユーロトンネルの開通式がありましたが、これはイギリスと大陸が一つになるという今世紀末を飾る一大事業であると同時に、国際社会の結びつきがますます強まっていることを象徴する出来事として感慨に浸ることができました。我が国としても、平和な歩みの中で蓄えてきた技術やノウハウなどをフルに活用して政府開発援助の推進や地球環境問題などグローバルな課題の解決に努力するとともに、みずから舞台に進み出て、世界の平和と繁栄に積極的な役割を果たし、国際社会の信頼をかち取っていくことが必要であります。そのためには、日本が掲げる理想や果たし得る役割について理解を得るべく粘り強く訴える一方で、国際社会の動きに協調しながら、時として痛みを伴う決断をすることや、あるいは毅然とした態度をとることも必要であろうと考えます。（拍手）

我が国は、これまで半世紀にわたり、一貫して平和主義、国連中心主義の理念を堅持してまいりました。昨今の国際情勢を見るにつけ、憲法に掲げられたこの理念は誤りでなかったばかりか、ますますその輝きを増してきております。私は、このような実績を有する我が国であるからこそ、地域紛争の解決や軍備管理・軍縮の推進などに取り組むとともに、国連の平和活動に積極的に参加し、また、安全保障理事会を初めとする国連の機能強化についてもみずから進んで関与し、なし得る限りの責任を果たしていくべきであると考えます。

また、日米安保条約に基づく同盟関係を維持し、それを基礎にして日米間の緊密な協力関係をさらに発展させ、また、アジア・太平洋の一員としてこの地域の安定と発展に寄与していくことは我が国外交の基本であると信じます。しかしながら、日米間で深刻な経済問題が未解決のままに（※5）なっているほか、朝鮮半島の情勢が不透明になっているなど、今我々は、ここで外交上の判断を誤ると、我が国の将来に大きな禍《か》根《こん》を残しかねない問題に直面しております。私は、この難局を乗り切るために、強い決意を持ってあらゆる外交努力を傾注してまいりたいと考えます。（拍手）

このところ諸外国との間で貿易摩擦の種が後を絶ちませんが、その背景には我が国が世界の中でも突出した経常収支黒字を抱えていることがあります。この経常収支黒字は国際的な自由貿易ルールのもとで国民のたゆまぬ努力の結果として生じているものではありますが、一つの国が大幅な黒字を続けることは、どうしても貿易相手国の反発を招くことになります。また、我が国市場の閉鎖性に対する批判が依然として引きも切らない状況にあることを考えるならば、経常収支黒字の段階的圧縮に向けて、国際社会と調和のとれた経済構造への転換を図っていくことが重要であります。この場合、諸外国に言われたから何かをやるというのではなく、発想を転換し、みずからのために行うという姿勢で、規制緩和を中心とする市場開放や内需主導型の経済運営の確立など、主体性を持って大胆に改革を進めていかなければなりません。このような観点に立って、先般取りまとめた対外経済改革要綱を実のあるものにしていく考えであります。また、こうした努力を通じて日米経済協議の再開を図り、一層強固な日米関係の構築に努めてまいりたいと思います。

また、自由貿易体制の発展に向けた国際社会の努力の結集であるウルグアイ・ラウンド合意は、来年一月一日には発効させることが目標となっており、我が国として、協定及び関連法案を本年中に国会に提出し、速やかな成立を図ることは当然の責務であります。さらに、今後、自由貿易体制を一層揺るぎないものにしていくために、「貿易と環境」、「貿易と投資」などの新たな分野の問題についても各国との間で議論を深めていかなければならないと考えております。

北朝鮮の核兵器開発疑惑をめぐる現在の問題は、国際社会の核不拡散努力に対する挑戦であり、核兵器の究極的な廃絶を目指す我が国の理念にも反するものであります。また、我が国を含む北東アジア地域の安全保障を損ないかねない危険をもはらんだ問題であります。我が国としては、北朝鮮を国際的に孤立させないよう、米国、中国、韓国など近隣諸国と共同して、粘り強く協議を行うとともに、朝鮮半島における核兵器開発の阻止と非核化が実現するよう最大限の努力を行ってまいりたいと思います。いずれにせよ、国連の方針が決定された場合にはその方針を尊重するのは当然であります。また、憲法のもとで緊急事態に備えるとともに、日米及び日韓の各国間で緊密に連携し、協調してこれに対応し、必要に応じアジアにおける関係各国と連携してまいりたいと考えます。

外交は生き物であり、筋を通した姿勢を保ちつつも、そのときどきの情勢に応じて、将来を見据えて最も適切な決断を下していかなければなりません。その意味で、まさに政治の指導力が問われるところであります。我が日本を国際社会の中で信頼され、愛される国とするために、私は、このことを肝に銘じて、今後の外交課題の解決に当たってまいる覚悟であります。（拍手）

今我々は、国際社会や国内社会にあっても、古い秩序が壊れ、しかし、まだ新しい秩序が見えない、大きな、激しい変革のうねりの中におります。

こうした中で、人々は不安や危機感を抱きますが、むしろ、私たちの心構えいかんによっては、よりよい世界、よりよい社会に向けて、新しい可能性を切り開く「創造」のときとすることができます。いたずらに流れに逆らっても実りはなく、また、いたずらに流れに身をゆだねているだけでは未来を見失ってしまいます。

このようなときであるからこそ、私たちは、将来への明確なビジョンを持ち、勇気を奮って行動していかなければなりません。平和な世界を築くため積極的に貢献していくこと、美しい環境を大切にしつつ本当の意味での豊かさを実感できる社会をつくり、我々の子どもたちに引き継いでいくこと、「簡素で賢明」な政府をつくり、活気ある経済を育て、弱い立場の人々を守っていくこと、これらの目標にはだれもが異論のないところだと信じます。二十一世紀に向けて、これらをどのように実現していくかについて、国民の皆様との間で、そして議会で議論を尽くし、ビジョンを具体的に煮詰め、実行に移していかなければならない時期であります。もう回り道をしているゆとりはありません。

私は、普通の言葉で政治を語り、国民の皆様とともに、だれもが安心して生活のできる国、そして世界に日本人であることを誇りに思える国づくりを目指してまいりたいと思います。

改めて、国民の皆様及び議員各位の御理解と御協力を心からお願い申し上げまして、所信といたします。（拍手）

※1：中華航空の事故　一九九四年四月二十六日、名古屋空港で起きた中華航空140便の墜落事故。同便の乗客乗員二七一名のうち、日本人一五四名を含む二六四名が犠牲となった。

※2：連立与党内で残念な経過　一九九四年四月、細川内閣退陣後、日本社会党、新生党、公明党、日本新党、民社党、新党さきがけ等で構成される連立内閣（羽田務首相）が発足するが、直後に新党さきがけは閣外に外れ距離を置き、日本社会党が離脱する。これによって、羽田政権は少数与党となり短命に終わる。その背景には、新生党代表幹事小沢一郎の強引な政権運営に対する反発があった。六月には、村山富市を首班とした自由民主党（河野洋平総裁）、日本社会党（村山富市委員長）、新党さきがけ（武村正義常任幹事会代表）による大連立政権、いわゆる自社さ連立政権が発足、一九九八年まで続く事になる。

※3：朝鮮半島情勢も不透明な状況　北朝鮮の核開発疑惑。一九九三年、北朝鮮は核拡散防止条約（ＮＰＴ）の脱退を表明、一九九四年には国際原子力機関（ＩＡＥＡ）の査察を拒否し、実験炉から燃料棒の抜き取りを行った。これに対して、米国のクリントン政権は北朝鮮の核施設に対する空爆を計画したが、北からの攻撃を恐れた韓国の金泳三大統領の要請により断念。カーター特使を派遣し、対話路線に切り替える。結局、北朝鮮は二〇〇三年に再度ＮＰＴ脱退を通告し事実上の核保有国となる。

※4：閣僚発言が近隣諸国の方々に与えた悲しみと憤り　羽田内閣で法務大臣に任命された永野茂門は、就任直後「南京事件はでっち上げだったと思う」と発言。わずか一一日で法相を辞任することになる。

※5：日米間で深刻な経済問題が未解決のままに　一九九三年に誕生したアメリカのクリントン政権は、膨らみ続ける対日貿易赤字を解消するため、日本政府に市場開放を求め、強力な圧力をかけた。特に自動車・自動車部品分野では、アメリカはスーパー301条を背景に外国製品の輸入・調達に関して数値目標を設定するように要求。管理貿易化に反対する日本と激しく対立、交渉は難航した。最終的に、この演説の翌年九五年、村山内閣時代に、橋本龍太郎通産相とカンター米通商代表部（ＵＳＴＲ）代表の閣僚協議により、自動車メーカーが数値目標を設定、日本政府は関与せず、アメリカ政府は自主計画を評価することで決着する。

イデオロギー論争から政策論争へ。進むべき方向は強い国よりも優しい国

社会党を連立与党に引き戻すことはできず、自民党は内閣不信任案を衆院に提出。行き詰まった羽田内閣は総辞職する。首班指名で自民党は社会党、さきがけと社会党委員長の村山富市を擁立。小沢一郎は自民党を離党した元首相の海部俊樹を立てて対抗するが、勝ったのは村山だった。こうして仇敵の自社が連立、しかも首相は大臣経験のない社会党の委員長という、かつては想像もできなかった政権が誕生する。政治が新たな枠組みを模索する中、経済は低迷、為替は一ドル一〇〇円を突破する円高、不況は戦後最長となっていた。

村山富市・所信表明演説

第百三十回国会　一九九四年（平成六年）七月十八日

私は、さきの国会において、内閣総理大臣に指名されました。歴史が大きな転換期を迎えているこの時期に国政のかじ取り役を引き受けることの責任の重さを自覚し、力の及ぶ限り、誠心誠意、職務に取り組んでまいります。（拍手）

冷戦の終結によって、思想やイデオロギーの対立が世界を支配するといった時代は終わりを告げ、旧来の資本主義対社会主義の図式を離れた平和と安定のための新たな秩序が模索されています。このような世界情勢に対応して、我が国も戦後政治を特色づけた保革対立の時代から、党派を超えて現実に即した政策論争を行う時代へと大きく変わろうとしています。（拍手）

この内閣は、こうした時代の変化を背景に、既存の枠組みを超えた新たな政治体制として誕生いたしまし

村山富市（むらやま・とみいち）
1924年〜。大分県生まれ。首相在任期間：1994年6月30日 〜 1996年1月11日（561日間）。明治大学専門部政治経済科卒業。戦前は学徒動員で陸軍に入営。戦後、市議会議員、県議会議員を経1972年の総選挙で社会党候補として当選。1991年、日本社会党委員長就任。1994年、自社さ連立政権が発足により首班指名を受ける。村山内閣では消費税引き上げのための税制改革関連法案、年金改革関連法案が成立。1995年の終戦記念日には、日本によるアジア諸国に対する侵略、植民地支配を公式に謝罪した（村山談話）。1996年、辞意を表明、自民党総裁橋本龍太郎首班の連立に合意。同年、党名を社会民主党に改称、党主に就任。2000年引退。なお、在任中の1995年には阪神淡路大震災、オウム真理教地下鉄サリン事件という戦後史上特筆される大事件が起きた。

写真提供：共同通信社

た。今求められているのは、イデオロギー論争ではなく、情勢の変化に対応して、闊達《かったつ》な政策論議が展開され、国民の多様な意見が反映される政治、さらにその政策の実行が確保される政治であります。これまで別の道を歩んできた三党派が、長く続いたいわゆる五五年体制に終止符を打ち、さらに、一年間の連立政権の経験を検証する中から、より国民の意思を反映し、より安定した政権を目指して、互いに自己変革を遂げる決意のもとに結集したのがこの内閣であります。（拍手）これによって、国民にとって何が最適の政策選択であるかを課題ごとに虚心《きょしん》に話し合い、合意を得た政策は責任を持って実行に移す体制が歩み始めました。私は、この内閣誕生の歴史的意義をしっかりと心に刻んで、国民の期待を裏切ることのないよう、懸命の努力を傾けたいと思います。（拍手）

我々が目指すべき政治は、まず国家あり、産業ありという発想ではなく、額に汗して働く人々や地道に生活している人々が、いかに平和に、安心して、豊かな暮らしを送ることができるかを発想の中心に置く政治、すなわち、「人にやさしい政治」、「安心できる政治」であります。
内にあっては、常に一庶民の目の高さで物事を見詰め直し、生活者の気持ちに軸足を置いた政策を心がけ、それをこの国の政治風土として根づかせていくことを第一に考えます。
世界に向かっては、さきの大戦の反省のもとに行った平和国家への誓いを忘れることなく、我が国こそが世界平和の先導役を担うとの気概と情熱を持って、人々の人権が守られ、平和で安定した生活を送ることができるような国際社会の建設のために積極的な役割を果たしてまいりたいと思います。我々の進むべき方向は、強い国よりも優しい国であると考えます。
このような政治の実現のためにも、世界に誇るべき日本国憲法の理念を尊重し、これを積極的に国民の間に定着させていくことが必要であります。また、年長者を敬う心や弱い立場の人々への思いやりなど、日本のよき伝統や美風も大事にしなければなりません。しかしながら、従来どおりの政策の維持発展だけでは真に国民の求める政治とはなりません。時代の変化に対応して、硬直化した社会制度を見直し、思い切った改革を行うことが不可欠であります。改革は、政治の安定があって初めて実効が上がります。逆に、勇気を持って改革に取り組んでこそ、国民の信頼と支持によって政治の安定を得ることができます。私はこの好ましい循環を信じて、たとえ苦しい作業であっても、改革の道を邁進したいと思います。(拍手)
時代は大きく揺れ動いており、このようなときには、政治が、進むべき道を明確に示し、強力な指導力を発揮することが求められます。同時に、こういうときであればこそ、国民の声が反映された政治でなければなりません。私は、国民とともに我が国の政治の進路を考える姿勢を持って、党派を超えて、さまざまな意見に耳を傾け、国民の前に開かれた形で議論をし合意を求めるという民主政治の基本を大事にしていきたいと思います。(拍手)
今後行うべき諸改革の出発点として、まず取り組むべきは政治改革であります。政治は国民に奉仕するもの、政治家は国民全体、人類全体の利益の視点に立って行動すべきものというごく当たり前のことが額面どおりに受け取られず、むしろ、政治はうさん臭いものと見られています。政治がその原点に立ち返り、国民の不信を払拭することが今ほど求められているときはありません。このためには、まず清潔な政治への自覚が求められます。「選挙で選ばれる人間は、選ぶ人間以上にしっかりとした道徳観がないと、選ばれる価値はない」というのが私の信念であります。(拍手)

同時に、制度面の改革について、今までの成果を推し進め、なお努力を重ねなければなりません。このため、今後の衆議院議員の総選挙が新制度で実施できるよう、審議会の勧告を得て、速やかに区割り法案を国会に提出するとともに、政治の浄化のため、さらなる政治腐敗防止への不断の取り組みを進め、より幅の広い政治改革を推進してまいります。政治の改革に終わりというものはありません。私は、今後とも政治改革に力を注いでいく決意であります。(拍手)

世界は今、歴史的変革期特有の不安定な状況に置かれています。冷戦の終結によって確実に一つの歴史は終わりましたが、次なる時代の展望はいまだ不透明であります。中東などで和平に向かっての進展が見られる反面、北朝鮮の核開発問題、旧ユーゴスラビアでの地域紛争等は、国際社会の平和と安定に対する深刻な懸念材料となっています。また、世界経済についても、全体として明るさを取り戻しつつあるものの、先進国における失業問題、開発途上国における貧困の問題、地球規模の環境問題等、深刻な問題が横たわっています。

このような国際情勢のもとで、我が国がどのように対応していくべきか。一言で申し上げれば、国際社会において平和国家として積極的な役割を果たしていくことであります。我が国は、軍備なき世界を人類の究極的な目標に置いて、二度と軍事大国化の道は歩まぬとの誓いを後世に伝えていかねばなりません。また、唯一の被爆国として、いかなることがあろうと核の惨禍は繰り返してはならないとの固い信念のもと、非核三原則を堅持するとともに、厳格に武器輸出管理を実施してまいります。もとより、国民の平和と安全の確保は重要です。私は、日米安全保障体制を堅持しつつ、自衛隊については、あくまで専守防衛に徹し、国際情勢の変化を踏まえてそのあり方を検討し、必要最小限の防衛力整備を心がけてまいります。（拍手）

平和国家とは、軍事大国でないとか、核兵器を保有しないといったことにとどまるものではありません。今日、国際社会が抱える諸問題の平和的解決や世界経済の発展と繁栄の面で、従来以上に我が国の積極的な役割が求められています。強大な軍事力を背景にした東西対立の時代が終わった今こそ、我が国が、その経済力、技術力をも生かしながら、紛争の原因となる国際間の相互不信や貧困等の問題の解消に向け、一層の貢献を果たすべきときであります。このような観点から、核兵器の最終的な廃絶を目指し、核兵器等の大量破壊兵器の不拡散体制の強化など国際的な軍縮に積極的に貢献してまいります。また、貧困と停滞から脱することができないでいる開発途上国や旧ソ連、中・東欧諸国に対し、引き続き経済支援を行っていきたいと思います。

先般のナポリ・サミットは、この内閣の基本姿勢について各国首脳の理解を得る格好の機会でありました。私は、各国首脳と個人的な関係を培うとともに、新政権の政策の基本方向や外交の継続性について率直に説明し、理解を得られたと確信をいたしております。（拍手）

国際的な政策協調を進めていく上で、日米欧の協力はその中核をなすものであり、今回のサミットでは、引き続きインフレなき持続的成長に向け政策協調を強化し、深刻な雇用問題について一致して取り組んでいくとの明確な意思表示を行いました。また、北朝鮮の核開発問題について、北朝鮮が国際社会との対話に応じ、核兵器開発疑惑の払拭に努力するよう求めるなど、当面する政治、経済両面の問題について、主要国首脳の間で忌憚《きたん》のない意見交換と明確な方向を打ち出せたことは有意義な成果であったと考えます。（拍手）

冷戦後の国際社会においては、世界の平和と安定のために、普遍的な国際機関である国連の果たす役割には非常に大きなものがあります。今後、我が国としても、国際社会の期待にこたえ、引き続き、国連の平和維持活動について、憲法の範囲内で積極的に協力していくとともに、国連の改革に努力しつつ、より責任ある役割を分担することが必要であります。常任理事国入りの問題は、それによって生ずる権利と責任について十分論議を尽くし、アジア近隣諸国を初め国際社会の支持と国民的理解を踏まえて取り組んでまいりたいと思います。

国連における国際貢献も、政治・安全保障の分野に限りません。人類への優しさを追求する意味でも、環境保全、人権、難民、人口、麻薬等の地球規模の問題への対応がますます重要になっています。我が国としても、これらの課題の解決に積極的に取り組み、軍事力によらない世界の平和と共存への貢献に力を注ぐ考えであります。（拍手）

世界貿易に目を転じますと、今年は、戦後の世界の自由経済体制の基軸となってきたブレトンウッズ体制発足五十周年に当たります。本体制のもと、自由貿易体制の利益を最も享受してきた我が国としては、ウルグアイ・ラウンド合意の来年一月一日の発効に向け、その責務として、早急に協定及び関連法案を国会に提出し、年内の成立を図るなど、自由貿易体制の維持発展への取り組みを強化してまいります。また、調和ある国際関係の維持のためにも、我が国の経済政策は公正な市場経済の堅持を大原則とし、新たな国際経済秩序の形成に進んで貢献する姿勢で臨むことが必要であります。このような観点から、今後とも、我が国市場の一層の開放と内需中心の経済運営に努め、経常収支黒字の十分意味のある縮小の中期的達成に向けて努力をしていく決意であります。

我が国の外交を考える場合、まず我が国自身がその身を置くアジア・太平洋地域との関係を語らねばなりません。戦後五十周年を目前に控え、私は、我が国の侵略行為や植民地支配などがこの地域の多くの人々に耐えがたい苦しみと悲しみをもたらしたことへの認識を新たにし、深い反省の上に立って、不戦の決意のもと、世界平和の創造に力を尽くしてまいります。このような見地から、アジア近隣諸国等との歴史を直視するとともに、次代を担う人々の交流や、歴史研究の分野も含む各種交流を拡充するなど、相互理解を一層深める施策を推進すべく、今後その具体化を急いでまいります。

同時に、アジア・太平洋地域は、世界でも最も躍動的な成長が続く活力ある地域であります。我が国としては、APECの一層の発展に努めるほか、政治・安全保障面では、米国の関与と存在を前提に、本年から開始される中国、ロシア等を含めたASEAN地域フォーラムの積極的な参画等を通じた努力を行ってまいります。

朝鮮半島においては、北朝鮮の金日成主席が逝去されましたが、私は、今回の事態が朝鮮半島の平和と安定に悪影響を与えることなく、米朝協議や南北首脳会談の早期開催など、対話による問題解決に向けた動きがさらに前進し、核兵器開発に対する国際社会の懸念が払拭されることを強く期待いたします。我が国としては、私が近く訪韓するなど、今後とも、米国、韓国、中国などと緊密に連携し、平和的解決を志向して最善の努力をしていく考えであります。（拍手）

我が国と米国との関係は、さきの日米首脳会談でクリントン大統領との間で再確認したとおり、相互にとって最も重要な二国間関係であり、我が国外交の基軸であることはもとより、アジアを含む世界の平和と安定維持にとっても極めて重要な関係であることは言うまでもありません。私は、日米包括経済協議の早期の成功を含め、日米間の協力関係のさらなる発展に全力を傾注してまいります。（拍手）

ロシアとの関係では、東京宣言（※1）を基礎として、領土問題を解決し、平和条約を締結して、関係の完全な正常化を達成するとともに、その改革に対し、国際協調のもと、適切な支援を行ってまいります。また、欧州統合の動きを歓迎するとともに、日欧間の政治対話を含めた包括的な協力関係を築くことに引き続き取り組んでまいります。

我が国は、世界第二位の経済大国でありながら、生活者の視点からは真の豊かさを実感できない状況にあります。加えて、人口構成上最も活力のある時代から最も困難な時代に急速に移行しつつあります。こうした情勢の中で、お年寄りや社会的に弱い立場にある人々をも含め、国民一人一人がゆとりと豊かさを実感し、安心して過ごせる社会を建設することが、私の言う「人にやさしい政治」、「安心できる政治」の最大の眼目であります。同時に、そうした社会を支える我が国経済が力強さを失わないよう、中長期的に我が国経済フロンティアの開拓に努めていくことも忘れてはなりません。このような経済社会の実現に向けての改革は、二十一世紀の本格的な高齢化社会を迎えてからの対応では間に合いません。今こそ、行財政、税制、経済構造の変革など内なる改革を勇気を持って断行すべき時期であります。（拍手）

まず、経済の現状を見ますと、依然、雇用情勢や中小企業など産業の状況には厳しいものがあるほか、急激な円高の進行など懸念すべき要因も見られますが、このところ、次第に明るい動きも広がっております。この動きを加速し、景気を本格的な回復軌道に乗せていくことが当面の重要な課題であります。このため、平成六年度予算の円滑な執行や為替相場の安定化など景気に最大限配慮した経済運営に努力し、雇用の安定確保など可能な限りの対策を講じてまいります。（拍手）

生活者の立場から、また、我が国の経済社会の活性化の見地から、行政と経済社会活動の接点ともいえる諸規制が果たして今日の実情に照らし適切なものであるかどうか、経済社会活動のあるべき姿をゆがめるものになってはいないかをいま一度徹底的に検証しなければなりません。先日取りまとめた規制緩和策を速やかに推進することは当然として、さらに、五年間の規制緩和推進計画を策定し、将来の新規産業分野への参入の促進や内外価格差の縮小による国民の購買力の向上などの視点も考慮しつつ、一層の規制緩和を実施していく決意であります。

また、国民本位の、簡素で公正かつ透明な政府の実現と、縦割り行政の弊害の排除に力を注ぎ、公務員制度の見直し、特殊法人の整理合理化、国家・地方公務員の適正な定員管理、行政改革委員会の設置による規

制緩和などの施策の実施状況の監視、情報公開に関する制度の検討など、強力な行政改革を展開してまいります。（拍手）

さらに、地方がその実情に沿った個性あふれる行政を展開するためにも、地方分権を推進することが不可欠であります。このため、その基本理念や取り組むべき課題と手順を明らかにした大綱方針を年内に策定し、これに基づいて、速やかに地方分権の推進に関する基本的な法律案を提案したいと考えています。（拍手）

本格的な高齢化社会を控え、国の財政も新たな時代のニーズに的確に対応していかなければなりません。そのためには、二百兆円を超える公債残高が見込まれるなど一段と深刻さを増した財政の健全化が必要であり、財政改革を推進して一層の財政の体質改善に努力してまいります。

また、税制面では、活力ある豊かな福祉社会の実現を目指し、国・地方を通じ厳しい状況にある財政の体質改善に配慮しつつ、所得、資産、消費のバランスのとれた税体系を構築することが不可欠であります。このため、行財政改革の推進や税負担の公平確保に努めるとともに、平成七年度以降の減税を含む税制改革について、総合的な改革の論議を進め、国民の理解を求めつつ、年内の税制改革の実現に努力してまいります。

同時に、今後、二十一世紀に向け、生活者重視の視点に立って、公共投資基本計画について、税制の具体的な検討作業を踏まえつつ、その配分の再検討と積み増しを含めた見直しを鋭意進めてまいります。

将来の経済の活力を維持し、新たな雇用を創出していくためには、創造性と技術力にあふれる新規産業を育成し、経済フロンティアを拡大していかなければなりません。特に、これまでの人や物の流れを変え、家庭の生活様式や企業活動を根底から変革する可能性のある情報化の推進が重要であります。世界情報インフラ整備等への国際的な取り組みを初め、国際協調のあり方も念頭に置きつつ、高度情報化社会の実現に向けて政府として総合的な取り組みを行ってまいります。

また、次の世代の我が国社会を真に創造的でダイナミックなものにするためには、将来を支える若者の教育や科学技術の振興が極めて重要であります。私は、これらを我々の未来への先行投資と位置づけるとともに、学術、文化、スポーツの振興にも力を入れ、新しい文化や経済活動が生み出されるような社会の実現を目指してまいります。（拍手）

農林水産業は、国民生活にとって必要不可欠な食糧の安定供給という重要な使命に加え、自然環境や国土の保全等の機能を持ち合わせております。また、農山村や漁村は、私自身にとってもそうであるように、多くの国民にとって、心のふるさとともいうべき存在となっているのではないでしょうか。現在、農林水産業は厳しい試練にさらされております。私は、その多面的な役割を念頭に置いて、ウルグアイ・ラウンド合意による影響を踏まえ、農林水産業に携わる人々が将来に希望と誇りを持って働けるよう、これらの地域の活性化を含め、総合的かつ具体的な対策を早急に検討、実施してまいります。（拍手）

私は、国づくりの真髄は、常に視点の基本を「人」に置き、人々の心が安らぎ、安心して暮らせる生活環境をつくっていくことにあると信じます。そのため、安定した年金制度の確立、介護対策の充実などにより、安心して老いることのできる社会にしていくこと、子育てへの支援の充実により次代を担う子どもたちが健やかに育つ環境を整備していくこと、また、体が弱くなっても、障害を持っていても、できる限り自立した個人として参加していける社会を築くことなど、人々が安心できる暮らしの実現に全力を挙げる決意であります。さらに、人々が落ちついて暮らしていける個性のある美しい景観や町並みを築き、緑豊かな国土と地球をつくり上げていくため、環境問題にも十分意を用いてまいります。

また、男性と女性が優しく支え合い、喜びも責任も分かち合う男女共同参画社会をつくらねばなりません。男女が、政治にも、仕事にも、家庭にも、地域にも、ともに参加し、生き生きと充実した人生を送れるよう最善を尽くしてまいります。（拍手）

内閣総理大臣を拝命して二十日足らずで、我が国に対する国際社会の大きな期待と、国民の皆様がこの内閣に寄せる熱い思いを肌で感じ、改めてその任務の重さにひしひしと身の引き締まる思いがいたします。（拍手）内外に難題が山積する今、私は、「常に国民とともに、国民に学ぶ」という自分の政治信条を大切にし、国民の知恵と創造力をおかりしながら、持てる限りの知力と勇気を持って政策の決定を行うとともに、決断したことは断固たる意志を持って実行するとの基本姿勢で、新しい時代の扉を開いてまいる決意であります。（拍手）

議員各位と国民の皆様の御理解と御協力を切にお願いする次第でございます。（拍手）

※1：**東京宣言**　一九九三年、東京において細川護熙首相とロシアのエリツィン大統領が署名した文書。日ロ間における北方領土交渉に関する初の包括的文書であり、北方四島の具体的な島名を列挙された。内容は、領土問題を解決し早期の平和条約締結を目指すというものであったが、日本側の四島一括返還に対してロシア側は二島返還を主張した。

戦後五十年。過去の五十年から未来の五十年へとつなぐ大きな転機の年に

戦後五十年の一九九五年一月十七日、阪神・淡路大震災が発生する。政府の危機管理体制が問われ、不安の一年が幕を開けた。この年は三月にオウム真理教の地下鉄サリン事件、九月には沖縄で米兵の小学生少女暴行事件が起きる。経済面では、急激な円高が日本経済を襲い、四月には一ドル八〇円を突破。バブル崩壊の傷もいまだ癒えず、九月には住宅金融専門会社に総額八兆四千億円の不良債権があることを大蔵省が発表した。この時代、村山はそれまでの政府の方針を踏襲し、従来の社会党の主張にこだわらない現実路線をとった。ただ、「戦後五十年」を迎える首相としての歴史的使命に対する思いは強かった。

村山富市・施政方針演説

第百三十二回国会　一九九五年（平成七年）一月二十日

第百三十二回国会の開会に当たりまして、まず、午前中御審議もいただきました関西地方を襲った兵庫県南部地震により亡くなられた方々とその御遺族に対し、深く哀悼の意を表し、また、負傷された方々や避難生活を続けておられる方々に心からお見舞いを申し上げます。

政府としては、私自身が先頭に立って、直ちに関係閣僚を現地に派遣し、実情把握に努めるとともに、地方公共団体と一体となって、警察、消防、自衛隊、海上保安庁などの各機関も最大限に動員をし、行政組織の総力を挙げて救援・復旧活動を行ってまいりました。昨日、私も現地に赴きまして、近代的大都市が初め

て経験した大地震による、想像を絶する惨状を目の当たりにいたしまして、言葉を失う思いがいたしました。そして、被災者の方々の苦しみと悲しみを痛いほど肌で感じ、改めて住民の方々の不安解消に全力を傾けるとの決意を強くいたしたところでございます。

まず、依然続く余震に厳重な警戒を行いつつ、いまだに行方が確認されていない方々の捜索、救助にあらゆる努力を行ってまいります。

また、負傷された方々等の医療体制を確保するとともに、厳しい寒さと空腹の中、不安な避難生活を強いられておられる被災者の方々の窮状を一刻も早く改善するため、飲料水や食料、毛布などの供給を初め、公共住宅の活用や仮設住宅の建設による住宅の確保、入浴施設の整備、電気、ガス、水道、電話等のいわゆるライフライン施設の復旧、道路、鉄道、港湾等の輸送手段と施設の確保などを早急に進める所存であります。

さらに、速やかに被災者の方々が正常な市民生活に戻り、また経済活動が復興するために、住宅再建のための融資措置、預貯金引き出しの便宜などのきめ細かい対策や中小企業の立ち上がりを助けるための緊急支援措置などを講じてまいります。

これらの急を要する復旧、復興対策が資金面や制度面の制約などにより遅延することがあってはなりません。復旧に取り組む地方公共団体の活動への財政支援を初め、時期を失することなく、補正予算の検討などあらゆる手段を尽くして万全の財政金融措置を講じてまいりたいと考えています。

今回の都市直下型地震がもたらした甚大な被害と犠牲を貴重な教訓として、また、先年来の北日本を中心とした地震被害や依然火山活動を続けている雲仙・普賢岳の状況も深刻に受けとめて、日本列島全体の災害対策を見直し、再構築していかなければなりません。予想外の被害を見た道路、建築物等についての科学的調査分析と地震に強い構築物や輸送システムの開発、大規模災害時の政府、自治体の対応の検討、予知・予報能力の向上のための体制の強化や研究開発の促進など、総合的な防災対策に万全を期してまいる所存でご

阪神大震災　神戸港のメリケンパーク付近。後方は神戸市長田区の火災で上がる黒煙（写真提供：毎日新聞社）

ざいます。

なお、全国から、さらには海外各国からも被災地や被害者の方々への温かいお見舞いと御支援をちょうだいしておりますことに対し、この場をおかりして、私からも厚く御礼を申し上げる次第でございます。（拍手）

平成七年、一九九五年は、戦後五十年の節目の年であります。私は、改めて、これまでの五十年を振り返り、来るべき五十年を展望して、世界の平和と繁栄に貢献し、国民に安心とゆとりを約束する国づくりに取り組む決意を新たにいたしております。この年を過去の五十年から未来の五十年へとつなぐ大きな転機の年としたい、年の初めに当たっての私の願いでもございます。

思えば、敗戦の混乱の中で、国民だれもが「二度とこのような戦争を繰り返してはならない」と胸に深く刻んだところから我が国の戦後は出発をいたしました。そして、あの焼け野が原から、今や一人当たり国内総生産が世界一となるまでの発展を遂げることができたのは、戦後の復興期から高度成長期、さらにはその後の数々の変動を乗り越えて、先輩たちが平和の維持と国民生活の向上のために、知恵を絞り、懸命に走り続けてきたからにほかなりません。その努力に深く感謝するとともに、改めて平和の大切さを痛感いたす次第でございます。（拍手）今後の五十年においても、我が国はまず平和国家として生きねばならないというのが私の信念であります。

戦後五十年を迎えたこのとき、世界では、東西両大国の対峙による戦後秩序は過去のものとなり、国内にあっても社会全体にわたって地殻変動ともいうべき構造変化が起こりつつあります。我々は、今こそ、戦後長く続いた政治、経済、社会諸制度を謙虚に見直し、新たな歩みを始めなければなりません。

昨年六月のこの政権の発足以来、私は、長年の懸案であった政治改革、税制改革、新たな世界貿易機関への積極的な参加、日米包括協議の前進や被爆者援護法を初めとする戦後処理などの困難な諸課題に全力を傾け、それぞれの問題に大きな区切りをつけることができました。

しかし、私が掲げる「人にやさしい政治」を実現するためには、時代の要請に応じ、勇気を持ってさらなる改革を行っていく必要があることは言うまでもありません。改革は新しい社会を創造するための産みの苦しみともいうべきものでございます。思い切った改革によって、「自由で活力のある経済社会」、「次の世代に引き継いでいける知的資産」、「安心して暮らせるやさしい社会」を創造していくこと、また、世界に向かっては、「我が国にふさわしい国際貢献による世界平和」の創造に取り組んでいくこと、この四つの目標が私の「人にやさしい政治」の目指すところでございます。（拍手）

私は、行政改革の断行を初めとする諸課題に全力を傾注し、「改革から創造へ」と飛躍を図ることにより、我が国の新たな地平を開くための「創造とやさしさの国づくり」に真正面から取り組んでまいります。

国民経済の成熟化、人口の急速な高齢化や価値観の多様化、さらには国際情勢の激変など内外情勢は大きく変化し、戦後の我が国の発展を支えてきた行政システムも今やさまざまなゆがみを生じ、従来どおりのあり方をそのまま踏襲していたのでは社会のニーズに対応できなくなってまいりました。二十一世紀の情勢の変化にも柔軟に対応できる行政の実現を図るためには、今こそ行政の民間の活動への関与のあり方や、行政における中央と地方との関係等を抜本的に見直さなければなりません。これによって、生活者の幸福に重きを置き、より自由で創造性にあふれた社会を実現するために全力を挙げることが、我々政府の未来への責務であると存じます。（拍手）

改革の方向を一言で言えば「官から民へ、国から地方へ」であります。すなわち、官と民との関係では規制緩和、国と地方との関係では地方分権、国民の信頼確保の観点からは行政情報の公開を進め、また、行政組織やそれを補う特殊法人等を改革して、簡素で効率的な、国民の信頼にこたえる行政を実現していかなければならないと存じます。

先般、行政改革の実施状況を監視するとともに、行政情報の公開に係る法律・制度についての検討などを行う行政改革委員会が発足をいたしました。この委員会の意見を国民の目、国民の声と心得て、行政改革の推進を図ることといたします。

さらに、政と官とが適切に役割を分担し、政治がより強力な指導力を持って改革を進めるためにも、新選挙制度の趣旨が生かされる政策本位の政治の実現と腐敗防止の徹底を図り、国民の政治への信頼を確保していかなければなりません。

規制緩和については、内外からの要望を踏まえ、本年度内に、今後五年を期間とする規制緩和推進計画を策定し、実施に移してまいります。その際、経済的規制は原則自由化の方向とし、社会的規制は本来の政策目的に沿った必要最小限のものとすることを見直しの基本といたします。

地方が実情に沿った個性あふれる行政を展開できるよう、その自主性を強化し、地方自治の充実を図っていくことは、民主政治の原点であります。住民に身近な行政はできる限り身近な地方公共団体が担っていくことを基本として、国と地方の役割分担を本格的に見直し、地方公共団体自身の改革をも期待をしながら、権限移譲、国の関与の廃止や緩和、地方税財源の充実強化を進めなければなりません。昨年末に決定をいたしました地方分権大綱に基づいて、地方分権推進の基本理念や地方分権の推進に関する委員会の設置などを定めた法律案を今国会に提案いたします。

本年は、内閣制度発足百十周年に当たります。政府としては、引き続き、行政組織の見直し、内閣機能の強化、省庁間人事交流の促進などに努めてまいります。

特殊法人については、情勢の変化によってその事業の役割が十分に果たし得なくなっているものはないか、改めて評価するとともに、行政の減量化と新たな時代の要請にこたえるため、年度内にすべての特殊法人の見直しを行い、政治的リーダーシップをもって統廃合を含めた整理合理化を推進する決意でございます。（拍手）

行政情報の公開は、主権者たる国民に対し行政が十分な説明を行い、その信頼を得なければならないという民主主義の基本に照らし、早急に取り組むべき課題でございます。このため、行政改革委員会から情報公開に係る法律・制度について二年以内に意見具申《ぐしん》をいただくことになっております。また、急速に進歩しつつある情報通信技術の成果を行政分野に積極的に導入し、効率的、効果的な行政の実現を図る行政の情報化に計画的に取り組んでまいりたいと考えています。

行政改革は本内閣の最重要課題であります。私は、言葉だけの改革に終わることのないよう、不退転の決意と勇気を持って実のある改革を断行する所存でございます。（拍手）

我が国財政は、公債残高が昨年末ついに二百兆円を超え、さらに増加する見込みであり、国債費も歳出予算の約二割を占め、政策的経費を圧迫するなど、構造的に一段と厳しさを増しております。財政が新たな時代のニーズに的確に対応し、豊かで活力ある経済社会の建設を進めていくため、制度・施策の根本までさかのぼって歳出の抜本的な見直しを行うなど、財政改革をさらに強力に推進してまいります。

また、活力ある福祉社会の実現を目指す視点に立った税制改革の関連法が昨年成立をいたしましたが、その法律に盛り込まれている消費税及び地方消費税の税率の見直し規定の趣旨を踏まえ、国・地方を通じた行政及び財政の改革の推進、そして社会保障の将来の姿の検討について一層積極的に取り組むとともに、今後ともあるべき税制に向けて不断に努力してまいる所存でございます。

我が国経済は、引き続き明るさが広がってきており、緩やかながら回復基調をたどっております。一方、雇用情勢が依然厳しい状態にあるほか、設備投資も総じて低迷が続いております。ようやくともった景気回復の明かりが今後とも着実にその明るさを増すように、引き続き、為替相場の動向を含め、内外の経済動向を注視しながら、機動的な経済運営に努めてまいります。

我が国経済の将来への展望を確かなものとするためには、構造的な変化へのしっかりとした対応がなされなければなりません。成長への信頼に陰りが見え、急速な円高の進展や内外価格差等による高コスト経済化、国際競争の激化等の内外環境のもとで、産業の空洞化やそれに伴う雇用への懸念など、先行きに対する不透明感が広がっております。一方、今や経済に国境のない時代となり、我が国産業も世界にその活動の場を拡大しております。このような状況のもと、我が国が世界の国々とともに繁栄の道を歩んでいくには、自由で柔軟な、活力と創造性にあふれた経済をつくり上げていくための構造改革がなされなければなりません。

具体的には、まず、内外価格差の是正・縮小であります。内外価格差は、豊かな国民生活の実現への妨げになっており、さらに、国内産業の競争力を低下させております。情報の提供等により消費者や産業界の意識改革を促し、政府規制の緩和や独禁法の厳正な運用、競争制限的な取引慣行の是正を進めることにより積極的に取り組んでまいりたいと考えております。

この関連で、公共料金につきましては、安易な改定が行われることがないよう、案件ごとに厳正な検討を加えるとともに、情報の一層の公開に努めてまいりたいと考えております。

次に、産業構造転換の円滑化であります。既存の産業がみずからの経営資源を有効活用して行う事業革新を積極的に支援していくとともに、構造的な雇用問題に対応して、労働移動ができるだけ失業を伴うことなく行われるための施策を幅広く展開してまいります。

かつてのように国の経済を将来に向かって牽引する産業の姿が明らかでない中にあって、経済の新たな地平を切り開く新規産業の育成もまた重要であります。資金調達環境の整備など総合的な支援策の推進に力を入れるとともに、円高等の厳しい環境の中で、中小企業がその持ち前の企業家精神を発揮することにより、構造改革を進展させていくため、中小企業者や創業者が行う研究開発及びその成果の事業化を促進してまいりたいと考えています。

以上のような観点から、昨年末には産業構造転換・雇用対策本部を設け、内閣一体となって経済構造改革の推進に取り組んでまいりたいと考えております。

次に、農林水産業は、食糧の安定供給という国民生活に欠かすことのできない重要な使命に加え、自然環境や国土の保全など多面的機能を有しております。また、農山漁村は、地域文化をはぐくみ、あの唱歌「故郷」に歌われているような、ゆとりと安らぎに満ちた空間を提供してくれます。我が国農業は、ウルグアイ・ラウンド農業合意の実施に伴い、新たな国際環境のもとに置かれることになりますが、この影響を極力緩和するとともに、我が国農業・農村の二十一世紀に向けた自立と発展を期して、効率的で安定的な農業経営の育成、農業生産基盤の整備、農山村地域の活性化などの施策を総合的に推進してまいります。また、林業、水産業につきましても、緑と水の源泉であり、美しい日本の象徴ともいうべき森林の整備保全に力を注ぐとともに、豊かな海の恵みを生かした水産業の振興、漁村の活性化などに努めてまいりたいと考えています。

二十一世紀に向け、創造性にあふれた社会を実現するためには、天然資源に恵まれない我が国にとって最大の資源である人的・知的資産をさらにつくり出し、次の世代に引き継いでいかなければなりません。尽きることのない知的資源である科学技術は、私たちの未来を創造し、知的でダイナミックな経済社会を構築するかぎでもあります。

私は、若者の科学技術離れに歯止めをかけ、人材の育成確保や研究者の研究環境の改善を図るため、大学や研究機関の教育研究活動の充実や産学官《さんがくかん》の連携の強化とともに、創造的、基礎的な研究の充実強化等に力を入れ、国民生活に密着をした分野や先端技術分野の研究開発の推進、国際的共同研究の促進など、我が国の研究開発活動を活性化し、科学技術創造立国を目指して全力を傾けてまいります。

生産性の向上や新規市場の創造に大きく寄与し、国民生活の充実にもつながる情報化の推進は、我が国が本腰を入れて取り組むべき重要な課題であります。産業の情報化や、学校、病院、図書館、官公庁など国民生活の情報化を推進、情報通信の高度化に向けた諸制度の見直しに総合的に取り組むと同時に、新たな低利融資制度等による光ファイバー網の整備や電線共同溝などの整備、情報通信関係技術開発等も積極的に進めてまいりたいと考えています。また、これらの施策を盛り込んだ基本方針を策定するとともに、来月に予定されている情報社会に関するG７閣僚会合に臨むなど、世界情報インフラ整備等の情報通信に関する国際的な展開にも積極的に対応してまいります。

国家は人によって栄え、人によって滅ぶと申します。教育を通じて、個性と創造性にあふれ、思いやりの心を持った人間を育てることは、国づくりの基本であります。いわゆる偏差値偏重による受験競争の過熱化を緩和するために、また、我が国の教育が、国際化、情報化、科学技術の革新といった変化に、より適切に対応し得るよう、いま一度教育上の課題を見直し、より魅力的な、そして心の通う教育を実現するために教育改革を推し進めていかなければなりません。

最近、児童生徒のいじめの問題が深刻になっております。まことに心が痛みます。子供や青少年の問題はいわば社会の縮図であります。教育界のみならず、社会全体が協力して解決すべき課題であり、子供たちがお互いを思いやりながら心健やかに育つよう、家庭、学校、地域社会が互いに手を携えて取り組んでいかなければなりません。政府としても、そのために真剣に努力をしてまいりたいと考えています。

これからの日本は、積極的な文化の創造と発信を通じて、人々が心にゆとりと潤いを持って人間らしく生きることができる真の文化国家を目指すべきであると考えます。私は、創造的な芸術活動や地域文化の振興、さらにスポーツの振興に努めてまいります。

教育、学術、文化、スポーツの分野における国際交流・協力は、国境を越えて互いの多様性を理解し合える環境を築く上で極めて重要であると思います。このため、「留学生受入れ十万人計画」の推進や、平和友好交流計画の一環として実施する青年招聘《しょうへい》事業、国際共同研究や研究者交流、海外の文化遺産の保存修復などを進めてまいりたいと存じます。

人の一生には日の当たる時期もあれば、つらく厳しいときもあり、また、心身の強健な人もあれば、病苦に悩む人もあります。いろいろな立場や状態にある人々が、社会全体の支え合いの中で、人権が守られ、差別のない、公正で充実した生活を送ることができる社会を建設することは、「人にやさしい政治」の中心をなすものであります。今、地方公共団体でも、お年寄りや障害者に配慮した町づくり条例の制定など、徐々に人に優しい社会づくりの輪が広がっております。私は、その先頭に立って、「やさしさ」を現実の政策に具体化していくため、最大限の力を注いでまいります。

まず、老後の最も大きな不安要因である介護問題に対処し、安心して老後を迎えることができる社会を築くために、高齢者介護サービスの整備目標を大幅に引き上げるなど、施策の基本的な枠組みを強化した新ゴールドプランを推進するとともに、新しい公的介護システムの検討を進めてまいります。

また、少子化の問題に対しては、次代を担う子供が健やかに生まれ育つ環境づくりを進めるため、子育て支援の総合的な施策を推進してまいりたいと存じます。

さらに、障害者基本法や新長期計画を踏まえ、障害者の自立と社会参加のため、福祉施策の充実や障害者雇用の促進など総合的施策の展開を図ってまいりたいと考えています。

豊かな人生を送るために何より大切なものは健康であります。看護職員を初めとする医療従事者の確保など医療体制の整備や医療保険制度の安定に努めるとともに、「がん克服新十か年戦略」などの疾病対策を推進してまいります。特に、全世界共通の課題であるエイズについては、国際協力を一層進めるとともに、治療体制の整備や啓発普及に積極的に取り組んでまいります。

社会全体の活力の低下が懸念される中、これまで社会的に能力発揮の場が限られていたお年寄りや女性にもっとその知恵やエネルギーを発揮していただかなければなりません。二十一世紀初頭までに、六十五歳まで現役として働ける社会を実現していくため、継続雇用の推進を初め、高齢者のニーズに応じた多様な形態の雇用機会の確保に努めてまいります。また、育児休業法の定着を図るとともに、介護休業制度の法制化に取り組むなど、職業生活と家庭生活の両立のための対策に力を注いでまいります。さらに、男女の雇用機会均等の確保など、女性の能力発揮の環境を一層整備してまいりたいと存じます。

雇用に限らず、社会のあらゆる分野に女性と男性がともに参画し、ともに社会を支える男女共同参画社会の形成は、今後我が国社会がその創造性と活力を高めていくためにもゆるがせにできない課題でございます。政府としては、政府審議会の委員に占める女性の比率を一五%に引き上げるとの目標を平成七年度中に達成するよう全力を挙げることを初めとして、社会の各分野においてさらに男女の共同参画を推進してまいります。また、本年は北京において第四回世界女性会議が開催される予定でもあり、国際的に平和や開発のための女性の行動を強く支援してまいる所存でございます。

地球規模で、また、将来世代にわたって広がりを持つ今日の環境問題は、人類共通の課題であります。我々は、経済社会活動や生活様式を問い直し、祖先から受け継いだ美しく恵み豊かな自然と環境を守り続けていかなければなりません。先般策定をいたしました環境基本計画に基づき、環境への負荷の少ない循環型経済社会の構築、自然と人間との共生、環境保全への国民的参加と国際的な取り組みの推進を長期的な目標として、人と環境との間に望ましい関係を築くため総合的施策の推進に全力を挙げてまいりたいと存じます。

特に、廃棄物の減量化や資源の有効利用の観点から、リサイクル関連の技術開発を推進するとともに、市町村、事業者及び消費者の協力を得て、リサイクルの推進のための仕組みを検討し、適切に対応してまいります。また、新エネルギーの積極的な開発や導入によるクリーンなエネルギー政策の推進も不可欠であると存じます。

環境を守ると同時に、国民生活をより充実するための積極的な環境整備がなされなければなりません。本格的な高齢化社会の到来を控え、豊かな国民生活を実現するためには、国民に身近な生活環境を整備し、同時に、国際化の進展にも配慮しつつ、国土の均衡と特色ある発展を図る必要がございます。大都市圏における通勤混雑の緩和や都心居住の推進など、住宅、生活環境の改善、地方圏への都市・産業機能の分散や活力に満ちた地域社会の形成、さらには、基幹交通網整備等を促進するとともに、北海道や沖縄の開発、振興にも積極的に取り組んでまいります。このため、昨年見直された公共投資基本計画を踏まえて、社会資本整備の着実な推進に努めてまいります。

国民生活の安全は、「安心できる政治」の実現の上で不可欠な要素であります。製造物責任法が本年七月に施行されますが、製品の安全性に関する消費者利益の増進を図る観点から、総合的な消費者被害防止・救済策の確立に努めてまいります。

最近、一般市民を対象とした凶悪な発砲事件や薬物をめぐる事件が多発しております。良好な治安は、世界に誇るべき我が国の最も貴重な財産ともいうべきものであります。これを守るために、国民の皆様とともに今後とも全力を尽くす所存でございます。

以上申し述べました「自由で活力のある経済社会の創造」、「次の世代に引き継いでいける知的資産の創造」、「安心して暮らせるやさしい社会の創造」という政策目標の達成のためには、相互に連関した各種の課題を総合的にとらえ、計画的に解決していかなければなりません。このため、政府といたしましては、二十一世紀に向け、新たな経済社会の創造や国土づくりの指針となる経済計画や全国総合開発計画を策定し、これらの「創造」のための施策を積極的に展開してまいりたいと考えているところでございます。

私は、戦後五十年という節目の年を迎えて、過去への反省を忘れることなく、世界平和の創造に力を尽くしていくことが我が国外交の原点であるということをいま一度強調したいと思います。我が国が目指すべき平和への道は、武力の行使による平和の実現ではなく、過去の痛ましい経験から得た知恵や世界に誇る技術の力、あるいは経済協力を通じた世界の平和と繁栄の実現であります。それは「人にやさしい政治」を国際社会に広げていく道でもあります。

我が国は、みずから非核三原則を堅持するとともに、核兵器を含む大量破壊兵器やミサイルの拡散防止、通常兵器の移転の抑制に努力してまいります。昨年我が国が国連総会において提案した核兵器の究極的廃絶に向けた核軍縮に関する決議は圧倒的多数によって採択をされましたが、今後とも核兵器不拡散条約の無期限延長の実現や全面核実験禁止条約の早期妥結など、唯一の被爆国として、核兵器の究極的廃絶と軍縮に向け、世界に積極的な働きかけを行う考えでございます。(拍手)

世界に向けて軍縮を唱える我が国が、みずからも節度ある対応をすることは当然であります。平和憲法の理念を遵守し、近隣諸国の信頼の醸成に力を入れつつ、国際情勢を踏まえた必要最小限の防衛力整備に努めていくことを改めて内外に申し上げます。

戦後処理の問題については、さきの大戦が我が国国民とアジア近隣諸国等の人々に多くの犠牲と傷跡を残していることを心に深くとどめ、昨年八月の私の談話で述べたとおり、平和友好交流計画や戦後処理の個別問題について誠意を持って対応してまいります。これは日本自身のけじめの問題であり、アジア諸国等との信頼を増す結果となると確信をいたしておるところでございます。（拍手）

本年は国連にとっても創設五十周年の記念すべき年に当たります。この歴史的契機に、世界の平和と安定の確保及び環境、貧困、難民といった地球的課題への対処などの分野での国連の機能を強化し、その改革を一層進展させていかなければなりません。我が国としても、安保理改革を初めとする国連改革の議論に積極的に参加をしてまいります。

世界には、冷戦後の今日にあっても引き続き未解決の問題や不安定要因が存在しております。モザンビークにおけるＰＫＯやルワンダ難民救援のための自衛隊部隊等の活動は国際的にも高く評価されましたが、我が国としては、地域紛争の予防と解決のために、外交努力や人道・復興援助等の面の協力に加え、平和維持活動など国連の活動に人的な面や財政面で引き続き積極的に貢献をしていく所存でございます。

アジア・太平洋地域には、目覚ましい経済発展等を背景に、域内各国間の相互依存関係を一層深化させることが必要であるという共通の認識が生まれてきております。我が国としても、この地域さらには世界全体の平和と繁栄を実現するべく、ＡＳＥＡＮ地域フォーラム等における政治・安全保障対話や、ＡＰＥＣ等での経済面の協議を通じ、協力の強化を図ってまいります。本年、我が国は、ＡＰＥＣの議長国として大阪で会議を開催いたしますが、この地域の成長が我が国の繁栄と密接に結びついていることを十分認識し、発展と調和のとれた貿易・投資の自由化の促進やこの地域の発展基盤の整備等の協力の前進のために尽力する所存でございます。

朝鮮半島に関しましては、昨年十月の米朝合意（※１）が緊張緩和の契機となることを願いますが、情勢は今後とも予断を許しません。まず重要なことは、北朝鮮が今次合意内容に沿い誠実に行動し、核兵器開発問題に対する国際社会の懸念を払拭することでございます。我が国としては、韓国、米国等々の関係諸国と緊密に連携をしながら、朝鮮半島の平和と安定のためにできる限りの貢献を行っていく所存でございます。

韓国との間では、友好と協力を基礎とし、未来に向けた両国関係の強化に努めてまいります。

また、日中関係につきましては、一層の発展を目指し、中国の改革・開放政策が着実に進むよう引き続き協力をし、国際社会が直面する諸問題についても中国とともに積極的に参加してまいりたいと考えているところでございます。

戦後五十年の年の初めに行ったクリントン大統領との首脳会談でも認識の一致を見たとおり、日米両国は、この五十年の間に、世界の平和と繁栄に対する責任を共有するところまでその関係を発展させてまいりました。今回の首脳会談では、これからの日米協力のあり方を十分話し合い、安全保障面での対話、ＡＰＥＣの成功のための協力、地球規模の問題の解決や開発途上国の女性支援等、多くの課題において将来に向けた相互の協力関係を一層発展させていくことを合意したところでございます。

また、このような協力関係の政治的基盤となっている日米安保体制を堅持していくことを改めて確認いたしました。沖縄の基地問題についても、米国側の協力を得て、今後さらなる努力を払っていく所存であります。日米協力関係は、両国にとってのみならず、国際社会全体にとって極めて重要な関係であり、今後ともその強化に努めていきたいと考えております。

日米関係においては、ともすれば経済面での摩擦に焦点が当てられがちですが、両国間の経済関係を円滑に運営していくことが双方の利益であることを改めて想起すべきだと考えます。昨年来、大きな前進を見ている包括協議についても、今回の首脳会談の成果も踏まえ、引き続き積極的に取り組んでいく所存でございます。

欧州におきましては、ＥＵの拡大に向けて着実な進展が見られております。一体性を強め、国際社会における発言力を増しつつある欧州との関係強化は極めて重要であります。最近、欧州側も我が国との対話と協調を重視する建設的姿勢をとっていることを踏まえ、経済、政治分野を含む広範な協力関係の構築に引き続き努めてまいります。

混迷するロシア情勢は注視していく必要がありますが、今後とも、政治、経済両面にわたり均衡のとれた日ロ関係を進展させる必要があります。特に両国間の最大の懸案である北方領土問題が、今日もなお未解決であることは大変残念なことであります。私としては、東京宣言に基づき、政治対話の推進等を通じこれを解決し、両国関係の完全な正常化を達成するために、さらなる努力を払ってまいる所存でございます。

中東地域については、昨年の和平に向けての画期的進展を一層発展させていくため、関係諸国首脳等との政治対話、多国間協議への参加、対パレスチナ人及びイスラエル周辺国支援などを通じ協力を進めてまいります。

今や国境線を越えて、各国や地域間の経済の相互依存関係がますます深化をし、国家は対立の中では互いの繁栄を実現できない状況にあります。このような中、我が国としても規制緩和や市場アクセスの一層の改善などにより、国際社会と調和のとれた経済社会の実現に努力してまいります。本年一月一日、WTOが発足をし、世界的な貿易の自由化の中核となる国際機関が誕生いたしました。WTOは、貿易の自由化と規律の強化を通じて世界経済に多大の利益をもたらします。これまで自由貿易の利益を最も享受してきた我が国としては、WTOにおいて積極的な役割を果たすこと等により多角的自由貿易体制の一層の強化に貢献してまいりたいと存じます。

世界には、いまだ貧困や停滞から脱することができないでいる諸国や人々が数多く存在しています。これらの諸国の経済的発展を積極的に支援していくことは、平和国家として、そして国際的にも「やさしい社会」の創造を目指す我が国が最も力を入れて取り組むべき分野であると考えています。我が国の地位にふさわしい貢献を図るため、政府開発援助大綱を踏まえ、環境と開発の両立や民間援助団体との連携も念頭に置いて、貧困に悩む開発途上国や市場経済への移行努力を続ける諸国などに対する支援を続けていきたいと考えています。また、環境問題や人口問題など地球規模の問題については、我が国の知識や経験をもって、引き続き国際社会の共通の認識や枠組みづくりに向けて積極的に取り組んでまいる所存でございます。

ことしは戦後五十年であると同時に、あと五年余りで新世紀を迎える年でもあります。二十一世紀が人類にとって希望に満ちた世紀となり得るかどうかは、残された期間における今の世代の取り組みがその成否を決すると言っても過言ではありません。

二十一世紀というまだ見ぬ未来への助走期間において政治に求められていることは、新たな時代に生きる我々の孫やひ孫のために今我々が何をなすべきかを虚心に話し合い、その答えを見出し、勇気を持って実行に移すことであります。今ほど真摯な政策論議とそれに基づく改革努力が求められているときはありません。私も、このことをしっかりと心に置いて、透明で開かれた政策論議を重ねながら「創造とやさしさの国づくり」に全力を傾けてまいりたいと決意をいたしております。

国民の皆様と議員各位の御理解と御協力を心からお願い申し上げます。(拍手)

※1：**米朝合意**　一九九四年十月、北朝鮮の核開発に関してアメリカと北朝鮮の間で取り交わされた合意(米朝枠組み合意)。その内容は、北朝鮮が進めてきた核開発を凍結し、軽水炉に置き換える。軽水炉が完成するまでの間、アメリカ、韓国、日本、その他の国々によって設立する朝鮮半島エネルギー開発機構(KEDO)が毎年重油を供給する。米朝関係の正常化を段階的に進めていく。といったものである。しかし、二〇〇三年、この合意は決裂する。

次の世代に日本の未来を託すため、今こそ政治、行政、経済の変革と創造を

一九九六年の年明け早々、村山は突然、退陣を表明する。自社さきがけ連立政権は続き、後継は自民党の橋本龍太郎。厚生、運輸、大蔵、通産大臣、自民党幹事長などを歴任し、経験不足とみられていた村山に対して本格派の登場だった。前年に表面化した住専の不良債権処理に対する公的資金の投入は社会の反発を招くが、これは金融機関が抱え込んだ不良債権問題の始まりに過ぎなかった。閉塞感が強まる中、橋本は「強靭な日本経済の再建」へ、規制緩和を徹底して従来のシステムを変革し、大競争時代に入った世界経済への対応を目指した。改革は広範囲に及び、その中には消費税の引き上げも含まれていた。

橋本龍太郎・施政方針演説

第百三十六回国会　一九九六年（平成八年）一月二十二日

私は、さきの国会におきまして、内閣総理大臣に指名されました。戦後五十年を経て、国内的にも国際的にも大きな転換点に差しかかっているこの時期に政権を預かることの重大さを痛感し、全力で国政に取り組んでまいります。

まず、昨年一月十七日の阪神・淡路大震災により亡くなられた犠牲者の方々とその御遺族に改めて深く哀悼の意を表するとともに、今なお不自由な生活を余儀なくされておられる方々に心からお見舞いを申し上げます。政府としては、一日も早い被災地の復興と被災者の方々の生活再建に最大限の取り組みを行い、この

橋本龍太郎（はしもと・りゅうたろう）
1937年～2006年。東京生まれ。首相在任期間：1996年1月11日～2006年7月1日(932日間)。慶応義塾大学法学部卒業。1963年の総選挙で自由民主党から出馬、初当選。党内では左藤派(後に田中派、竹下派)に所属。厚生大臣(大平内閣)、運輸大臣(中曽根内閣)、大蔵大臣(海部内閣)、通商産業大臣(村山内閣)等を歴任。村山首相の辞任を受けて自社さ連立政権の首班となる。在任中の主要実績は、沖縄普天間米軍基地返還の日米合意。2004年、日歯連闇献金事件の発覚により政界引退を余儀なくされる。腸管虚血による多臓器不全のため死去。

写真提供：毎日新聞社

教訓を踏まえ、今後の災害対策に全力を傾けてまいります。

私は、現在、この国に最も必要とされているものは「変革」だと思います。

私が国会に議席をいただきました昭和三十八年に百五十三人にすぎなかった百歳以上人口は今や六千人を超え、その間に出生数は百六十五万人から約百二十万人に大幅に減少しています。来世紀初頭には国民の五人に一人が、そして間もなく四人に一人が六十五歳以上となる高齢社会を迎えるのであります。こうした世界にもそして歴史上も類を見ない速度での高齢化の進展の中で、人生五十年を前提とした社会は、人生八十年を前提とした社会に大きく設計変更せざるを得ません。加えて、冷戦構造の崩壊と世界経済のボーダーレス化、国際社会における我が国の地位の上昇など国際環境の激変に対応するためにも、好むと好まざるとにかかわらず、我が国自身があらゆる面で大きな変革を遂げなければならないのであります。

私が目指すこの国の姿は、一人一人の国民が、みずからの将来に夢や目標を抱き、日本人に生まれたことに誇りと自信を持つことができ、そして世界の人々とともに分かち合える価値をつくり出すことのできる、そのような社会であり国家であります。

私に課せられた使命は、このような理想を胸に、次なる世紀を展望し、政治、行政、経済、社会の抜本的な変革を勇気を持って着実に実行し、二十一世紀にふさわしい新しいシステムを創出することにより、この国に活気と自信にあふれた社会を創造していくことであります。

私は、この内閣の使命を「変革」と「創造」とし、一層強固な三党連立の信頼関係のもとに、強靱な日本経済の再建、長生きしてよかったと思える長寿社会の建設、平和と繁栄の創造のための自立的な外交の展開、これらを実現するための行財政改革の推進の四点をこの内閣の最重要課題と位置づけてまいります。

両世紀のかけ橋とも言えるこの時代において政権を担う者の責任は重大であります。私は、ここに申し上げた政策課題について、「決断と責任」を政治信条に、みずからの政治生命をかけて全力で取り組んでまいる決意であります。（拍手）

この内閣に課せられた最も緊急の課題は「強靱な日本経済の再建」であります。この国の経済を覆う不透明感を払拭し、将来に向けた明るい展望を開くためには、二十一世紀までに残された五年間を三段階に分け、第一段階において本格的な景気回復の実現、第二段階において抜本的な経済構造改革、第三段階として創造的な二十一世紀型経済社会の基盤の整備を行うことが重要であります。これらの施策は、それぞれ一年後、三年後、五年後を目標としつつも、相互に密接に関連するものとして、直ちに着手、推進していかなければならないものであることは論をまちません。

我が国経済の最近の状況を見ますと、個人消費、設備投資等の回復に加え、生産にも明るい兆しが見えるなど、景気には緩やかながら足踏み状態を脱する動きが見られるものの、雇用や中小企業分野ではなお極めて厳しい状況が続いております。本年こそは、ようやく明るさの見え始めた景気の回復を確実なものとし、中長期的な我が国経済の持続的発展につなげていく景気回復の年としなければなりません。このため、来年度予算においては、研究開発や情報通信など経済社会の構造改革の基盤となる分野を重点的に整備することとしたほか、特別減税の来年度継続実施、土地税制の総合的見直しなど税制面でも格段の配慮を行うこととしたものであります。政府としては、引き続き為替動向を注視しつつ、切れ目のない適切な経済運営に努めてまいります。

我が国経済の再建と構造改革を行うに当たっては、金融機関の不良債権の問題の解決が必要不可欠であり、預金者保護、信用秩序の維持に最大限の努力を払いつつ、できるだけ早期に解決が図られるよう全力を傾けてまいります。

特に、いわゆる住専問題は、不良債権問題における象徴的かつ緊急の課題であり、政府としては、我が国金融システムの安定性と内外の信頼を確保し、預金者保護に資するとともに、経済を本格的な回復軌道に乗せるため、慎重の上にも慎重な検討を重ね、財政資金の導入を含む具体的な処理方策を決定いたしました。先般、住専各社の財務状況等について資料を提出いたしましたが、今後も、衆参両院の御理解、御協力をいただきながら、情報開示に最大限の努力を払ってまいります。

また、預金保険機構の指導のもと、住専処理機構が法律上認められているあらゆる債権回収手段を迅速的確に用いることにより債権回収を強力に行う体制を整備いたします。本件に関連する違法行為に対しては、既に検察、警察において協議会や対策室を設置しておりますが、今後とも、借り手、貸し手に限らず、その他の関係者についても厳正に対処してまいります。このように住専問題に係る透明性の確保と原因と責任の明確化を図りつつ、本処理方策についての国民の御理解を得るべく全力を尽くしてまいります。

また、過去の金融政策や金融検査・監督のあり方を総点検し、今後、金融機関における自己責任原則の徹底を図るとともに、市場規律が十分に発揮される、透明性の高い、新しい金融システムを早急に構築していくよう努めてまいる所存であります。

国境を越えた経済活動の一層の活発化、アジア諸国の経済的台頭などにより、世界経済はいわゆる大競争時代を迎え、企業が国を選ぶ時代となっている中で、内外価格差の存在など経済の高コスト構造を初めとする構造的課題が、経済活動の舞台としての日本の魅力を減退させつつあり、産業の空洞化の懸念が現実のものとなりつつあります。我が国経済の将来の展望を切り開くためにも、昨年決定した新経済計画に沿って大胆な構造改革に直ちに着手することが必要であります。

まず第一は、徹底的な規制の緩和であります。

経済的規制については原則自由・例外規制、社会的規制については本来の目的に照らした最小限のものとするという基本的な考え方に立ち、規制が時を経て自己目的化したり、利権保護のとりでとなっているような事態が存在しないか、抜本的にその見直しを行ってまいります。特に、高コスト構造を是正するとともに、新たな成長分野の発展を阻《はば》む要因を取り払い、経済の活性化を促進するため、住宅・土地、情報・通信、流通・運輸、金融・証券、雇用・労働分野など、消費者や企業の経済活動の基盤となる分野で重点的な規制緩和を断行いたします。

民間における公正かつ自由な競争は、ダイナミックな経済活動を促進するため、規制緩和とともに不可欠であります。公正取引委員会事務局の強化拡充により独占禁止法の厳正な運用など競争政策を積極的に展開するとともに、株式保有規制など企業関連法制の見直しや参入、転出の容易な労働市場の整備に努めてまいります。

さらに、我が国経済を活力あふれたものとしていくためには、ベンチャー企業群の創出が不可欠であり、こうした企業が持ち前の機動性、創意工夫を遺憾なく発揮していけるよう、資金調達面での支援を充実するなど、新規事業の展開への支援を行ってまいります。

経済、産業の改革に当たっては、農林水産業の果たす多面的役割や機能、農山漁村がもたらす安らぎや潤いを忘れてはならず、農林水産業と農山漁村の健全な発展は不可欠であります。ウルグアイ・ラウンド農業合意関連対策等の施策を総合的に実施し、農林水産業を誇りを持って携わることのできる魅力ある産業としてまいります。

二十一世紀にふさわしい、創造性あふれた経済社会をつくっていくためには、我が国の最大の資源である人間の頭脳、英知を十二分に活用し、未来を支える有為な人材の育成や知的資産の創造を行い、経済フロンティアの拡大を図ることが必要であります。

科学技術の振興は、人類共通の夢を実現する未来への先行投資であります。科学技術創造立国を目指して、政府研究開発投資の倍増を早期に達成するよう努めるとともに、産学官連携による独創的、基礎的研究開発の推進、若手研究者の支援・活用や若者の科学技術離れ対策といった科学技術系人材の養成確保など、科学技術の振興を積極的に図ってまいります。

この関連で、昨年十二月に発生した高速増殖原型炉「もんじゅ」の事故は我々に大きな教訓を与えました。先端技術の開発、実用化に際し、予期せぬ困難な事態が発生することは避けて通れません。重要なことは、そうした事態を直視し、国民や専門家の前にその事実を明らかにし、原因究明と徹底した安全対策、さらなる技術開発に真摯に取り組むことであります。今後、安全確保に力を注ぎ、積極的な情報開示を通じ、地元の方々を初めとする国民の皆様の御理解と信頼を得るよう全力を尽くしてまいります。

時間的・空間的制約を大幅に取り払い、情報や物の流れを一変させることにより生産性の向上や新規市場の創造に大きく寄与し、豊かな国民生活や高度な産業活動を創出する高度情報通信社会の建設も、この国が二十一世紀に向けてその取り組みを加速させるべき重要な課題であります。産業分野・公的分野の情報化、ハード・ソフト両面にわたる情報通信インフラの整備、情報通信技術の開発などを積極的に推進してまいります。

第二は、長生きしてよかったと思える長寿社会の建設です。

現在、我が国は世界一の長寿国家となっております。これは我々が長年目指してきた目標が達成されたものであり、大いに誇るべき成果でありますが、これからの課題は、いかに社会全体として長寿を支え、一人一人が長生きしてよかったと実感できる社会を創出していくかにあります。

二十一世紀の超高齢社会において、中高年人口がさらに増大し、若年人口が減少する中で、いかにこの国の活力を維持増進していくのか、女性や高齢者のより積極的な社会活動への参画をいかに実現するのか、そのためにもこれまで主として家庭で対応されてきた高齢者介護や子育ての問題をいかにして社会が支援していくのか、その費用負担のあり方をどのように考えるのか、子供たちに家庭にかかわるどのような環境を用意できるのか、こうした問題が大きな課題となり、これに対するシステムづくりが必要となっております。老若男女を問わず、社会のさまざまな構成員が、自立しつつ、相互に支え合い、助け合い、ともに充実した人生を送ることのできる長寿社会の建設に向け、福祉、教育、国民の社会参加のあり方を総合的にとらえ直すことが今まさに求められております。

特に、国民の老後生活の最大の不安要因である介護の問題については、高齢者や障害者が生きがいを持って幸せに暮らしていくことができるよう、新ゴールドプランや障害者プランを着実に推進し、介護サービスの基盤整備に努めるとともに、保健医療・福祉にわたる高齢者介護サービスを総合的、一体的に提供する社会保険方式による新たな高齢者介護システムの制度化に向けて全力で取り組んでまいります。あわせて、高齢社会にふさわしい良質かつ効果的な医療を供給できるよう医療保険制度の改革を進めるほか、エイズ問題（※1）については、和解による早期解決に全力を挙げるとともに、責任問題も含め、必要な調査を行い、医薬品による健康被害の再発防止に最大限の努力を尽くす所存です。

また、次代を担う子供が健やかに生まれ育つ環境づくりを進めるため、育児休業制度の定着や保育対策の充実など、エンゼルプランを着実に推進してまいります。

さらに、社会のあらゆる分野に女性と男性がともに参画し、ともに社会を支える男女共同参画社会の形成に向け国内行動計画を見直し、施策の一層の充実を図るとともに、人権教育のための行動計画を早急に策定し、総合的な施策を推進するなど、人権が守られ、差別のない公正な社会を建設してまいります。

個性と創造力にあふれ、責任感と思いやりを持ち、将来の夢を生き生きと語ることのできる子供たちはこれからの日本の宝であり、また、我が国が国際化、情報化、技術革新といった変化に的確かつ柔軟に対応する上でも教育の果たす役割は限りなく重要であります。最近問題となっている児童生徒のいじめの問題や、前途ある若者が社会的な役割を見出せず非道な行動に走ってしまったオウム真理教関連事件が投げかけた問題に対応するために、二十一世紀を展望した個性や創造性重視の方針を一層推し進め、与えられた問題の解答を見つける能力だけではなく、問題そのものを発見し、それを解決する能力を備えた人材を育てる教育を実践するために、教育改革を推進してまいります。

また、国民一人一人にとって生きるあかしや生きがいであるとともに、一国にとってもその最も重要な存立基盤の一つである文化や芸術、スポーツの振興も重要であります。これからの日本は、古来の伝統文化を継承しながら、すぐれた芸術文化の創造発展に取り組み、さらに世界への発信を図る新しい文化立国を目指してまいります。

我々は、大量生産・大量消費・大量廃棄型の経済社会活動や生活様式を問い直し、祖先から受け継いだ健全で恵み豊かな自然環境を将来に伝えていかなければなりません。このため、環境基本計画に基づき、人と環境との間に望ましい関係を築くための総合的施策の推進に全力を挙げるとともに、地球温暖化を初めとする地球環境問題について、我が国の国際的地位にふさわしい積極的な役割を果たしてまいります。

先般、村山内閣においてその解決を見ることができた水俣病問題（※2）については、誠意を持って必要な施策を推進するとともに、この悲劇を貴重な教訓として今後の環境行政に生かしていく所存です。

また、ふえ続ける廃棄物の処理対策については、消費者、事業者、市町村の御協力のもとに、ごみの減量化やリサイクルを推進することにより、リサイクル型社会の実現に向け総合的な支援措置を実施してまいります。

昨年の大震災やオウム真理教関連事件などの凶悪事件を契機に、我が国が誇る良好な治安に陰りが生じており、国民の安全を守る危機管理体制の強化が重要な課題となっております。危機自体の事前予測が困難である以上、危機管理にとって大切なことは危機が生じた際の人とシステムであるとの考え方に立ち、政府の安全対策、危機管理体制の強化に全力を傾けてまいります。

災害に強い国づくり、町づくりを進めることが、安全に暮らせる社会づくりの基本であります。阪神・淡路大震災から一年が経過いたしましたが、引き続き本格的な復興に向けて政府一体となって取り組んでまいります。政府は、この大震災を貴重な教訓に、災害の予防に加え、災害時の情報収集・伝達・意思決定体制の強化など総合的な災害対策の充実、危機管理体制の強化に取り組む決意であります。

また、最近の極めて厳しい治安情勢に対応するため、各国との連携強化などの国際協力を含め、政府を挙げてテロ対策を推進するとともに、国内の銃器摘発や海外からの流入阻止などの総合的銃器対策、さらには、覚せい剤、大麻等薬物対策に全力を挙げ、国民の不安解消と安全な社会環境づくりに努めてまいります。

多くの国民にとって現在最も切実な問題である住宅、通勤等の問題を早急に解決することも、ゆとりある国民生活を実現するために必要不可欠な課題であります。こうした問題の多くの根源となっている一極集中を是正し、国際化の進展や活力に満ちた地域社会の形成にも配慮しつつ、災害に強い国土づくりや国土の均衡ある発展を目指していかなければなりません。このため、住宅や交通基盤整備、職住《しょくじゅう》近接の都市構造の実現を初め、生活者重視の視点に立って各種社会資本整備に努めてまいります。また、今後、国民各層との意見交換も行いながら、複数の国土軸の形成を含めて新しい国土計画の策定に積極的に取り組むほか、北海道や沖縄の開発振興にも引き続き力を注いでまいります。(拍手)

外交面での私の基本方針は「自立」であります。かつてのように世界の政治経済情勢を与えられた前提として行動する国家としてではなく、今や我が国は、従来型の国際貢献からさらに歩を進め、国際社会に受け入れられる理念を打ち立て、世界の安定と発展のためにみずからのイニシアチブで行動する国家であるべきであります。このことが、国際的に相互依存関係が高まる中、我が国の安全と繁栄を確保するためにも最良の道だと確信をいたしております。

国際社会においては、依然として、地域紛争、大量破壊兵器の拡散、環境破壊や貧困など重要問題が山積しております。今年は我が国が国連に加盟して四十周年に当たりますが、これらの問題の解決に当たっては国連が重要な役割を果たしていく必要があります。我が国としては、財政改革、経済社会分野での改革及び安保理改革などについて、本年秋までにできる限り具体的な成果が得られるよう、他の国連加盟国と協力しつつ、引き続き努力してまいります。安保理常任理事国入りの問題については、我が国は、国連改革の進展状況やアジア近隣諸国を初め国際社会の支持と一層の国民的理解を踏まえて対処することとしております。

冷戦終結後の世界平和を脅かす脅威の一つに地域紛争があります。地域紛争は、その地域の問題であるのみならず、国際社会全体の枠組みの構築にかかわるグローバルな問題でもあります。我が国としては、その予防と解決のため、外交努力や人道・復興援助とともに、平和維持活動など国連の活動に人的な面や財政面で積極的に貢献してまいります。

特に、旧ユーゴにおける紛争は、新しい国際協力の実効性を問う試金石となっております。先般の包括和平合意による大きな進展を永続的な真の和平の確立につなげていくために、国際社会の和平・復興努力に積極的に参画してまいります。中東和平問題に関しては、昨年九月にイスラエルとPLOの間で暫定自治の拡大の合意が成立いたしました。ラビン首相の暗殺は我々に大きな衝撃を与えましたが、平和への潮流は確固たるものがあります。我が国は、さきのパレスチナ評議会選挙に協力するため、国際監視団への参加や物資供与を行いましたが、二月にはゴラン高原に展開している国連兵力引き離し監視隊に自衛隊部隊等を派遣するなど、今後とも積極的な貢献を行ってまいります。

核兵器を初めとする大量破壊兵器の軍縮と不拡散、通常兵器の移転抑制のための取り組みについても、その強化に努めてまいります。我が国は、唯一の被爆国として、核兵器の究極的な廃絶に向けて、すべての核兵器国が核軍縮に真剣に取り組むよう訴えてきており、昨年の国連総会では、我が国提出の核軍縮決議及び核実験停止決議が採択されました。いまだに一部の国により核実験が繰り返されていることは極めて遺憾であり、核実験の停止を強く求めていくとともに、全面核実験禁止条約交渉が本年春に妥結され、秋には署名ができるよう最大限の努力を払ってまいります。

我が国を含むアジア太平洋地域の安全保障の確保は、世界平和の大前提であります。政府としては、日本国憲法のもと、専守防衛に徹し、他国に脅威を与えるような軍事大国とならないとの基本理念に従い、日米安保体制を堅持するとともに、文民統制を確保し、非核三原則を守ってまいります。

また、昨年末に策定された新防衛大綱及び新中期防衛力整備計画に従い、現行の防衛力の合理化、効率化、コンパクト化を一層進めるとともに、必要な機能の充実と防衛力の質的な向上を図ることにより、多様な事態に対して有効に対応し得る防衛力の整備に努めてまいります。

我が国の国際社会における地位にかんがみ、特に重要であるのが世界経済の繁栄への新たな枠組みづくりであります。世界経済のさらなる発展のためには、ＷＴＯのもとで多角的自由貿易体制の一層の強化を通じて貿易・投資の拡大均衡を図っていくことが必要であります。本年末の第一回閣僚会議を念頭に置き、地域統合の問題や貿易政策と投資、環境、競争政策との関係に関して新しいルールづくりに取り組むとともに、紛争処理機能の強化に努めてまいります。途上国の開発への支援についても、我が国としては、国際社会の枠組みとなるべき新たな開発戦略の策定を国連等の場において提唱しており、引き続きこの作業に貢献してまいります。政府開発援助大綱を踏まえ、アジア地域を中心とする経済ダイナミズムの発展に貢献するため、援助と貿易・投資、マクロ経済政策等を有機的に連携させた包括的アプローチにより、総合的な経済協力を推進してまいります。また、市場経済化にどう取り組むかは世界的に重要な課題であります。途上国における民主化の促進、市場志向型経済導入の、努力に十分注意を払いつつ、各国の経済の発展段階に即した形で最適な支援を行っていくことも我が国の大きな役割であります。

環境、人口、食糧、エネルギー、人権、難民、エイズなど、地球規模の問題の重要性はますます増大しております。我が国が世界に誇る技術や過去の経験をもって、引き続き国際社会の共通の認識や枠組みづくりに向けて全力で取り組んでまいります。さらに、世界的に環境調和型の経済社会の発展を促すため、新エネルギーの開発導入、環境負荷の低減に資する研究開発、新産業創出などに精力的に取り組んでまいります。また、海洋の法的秩序に関し包括的に定めている国連海洋法条約の早期締結を目指し、あわせて我が国の海洋法制の整備を行うため、所要の準備を進めてまいります。

さらに、我が国の世界経済における役割を十分に自覚し、強靭な日本経済の再建に全力を尽くし、世界経済のさらなる活性化に貢献してまいります。また、内需を中心とした安定成長の確保や市場アクセスの改善などにより、引き続き経常収支黒字の意味のある縮小を図り、調和ある対外経済関係の形成に努めてまいります。

アジア太平洋地域は、我が国にとっても世界経済全体にとっても年々その重要性を増しており、協力関係の一層の緊密化を図ってまいります。我が国は、昨年、ＡＰＥＣ大阪会合を主催し、貿易・投資の自由化、円滑化、経済技術協力の推進のための包括的な道筋を示す行動指針を採択し、ＡＰＥＣはビジョンの段階から行動の段階へ移行しております。本年は、アジア太平洋協力にとって重要な試練の年であり、我が国としても、この協力の求心力を強めるような十分内容のある行動、計画を策定し、この地域のさらなる発展に大きな役割を果たしていかなければなりません。安全保障面においても、この地域の発展の基盤となっている平和と安定を維持していくため、ＡＳＥＡＮ地域フォーラム等における政治・安全保障対話への積極的な参画を通じ、域内の信頼の醸成に貢献してまいります。

各国との友好的な二国間協力関係の発展が外交の基本であることは言うまでもありません。私は、日米関係を基軸としつつ、地理的にも経済的にも密接な関係にあるアジア太平洋諸国を中核に、文明や文化の相違を衝突ととらえず、その共存を図るような心の通い合う外交を展開してまいります。

日米関係は、我が国にとっても世界にとっても最も重要な二国間関係であり、アジア太平洋地域、そして世界の平和と安定のかなめであることを再認識し、クリントン大統領の訪日の機会もとらえ、幅広い協力関係を一層強化していく決意であります。特に日米安保体制は、日米協力関係の政治的基盤をなし、アジア太平洋地域の平和と繁栄にとって不可欠の役割を果たしており、これを堅持してまいります。

沖縄の米軍施設・区域の問題については、日米の信頼のきずなを一層深いものとするためにも、また、長年にわたる沖縄の方々の苦しみ、悲しみに最大限心を配った解決を得るためにも、先般設置された特別行動委員会等を通じ、日米安保条約の目的達成との調和を図りつつ、沖縄の米軍施設・区域の整理統合・縮小を推進するとともに、騒音、安全、訓練などの問題の実質的な改善が図られるよう、誠心誠意努力を払っているまいる決意であります。

日米経済関係については、国際ルールにのっとり、日米包括経済協議の諸措置を日米双方において着実に実施することなどにより、引き続き適切な運営に努めてまいります。

日中関係については、安定した友好協力関係の発展に資するため、中国の改革・開放政策を引き続き支援していくとともに、核軍縮を含む国際社会の諸問題に関して対話を深めてまいります。

　朝鮮半島政策に関しましては、引き続き韓国との友好協力関係を基本とし、日朝関係については、朝鮮半島の平和と安定に資するとの観点を踏まえつつ、韓国等との緊密な連携のもとに取り組んでいく考えであります。北朝鮮の核兵器開発問題については、今後とも、米国、韓国を初めとする諸国とともに、米朝合意の着実な実施のため、朝鮮半島エネルギー開発機構への積極的な協力を行ってまいります。

　本年は日ソ共同宣言による国交回復後四十周年に当たりますが、日ロ関係については、ロシアの政治情勢を注視しつつ、東京宣言に基づき、北方領土問題を解決し、両国間の完全な正常化を達成するために一層努力を傾ける所存であり、ロシア政府もこの問題に真剣に取り組むことを強く希望いたします。

　我が国として、アジア太平洋のみならず、世界のすべての地域の国々との積極的な協力関係を促進していく必要があることは当然です。特に、ＥＵの拡大と深化により一体性を強め、国際社会における重みを増しつつある欧州との広範な協力関係の維持発展は重要な課題であります。三月にはタイにおいて初のアジア・欧州首脳会合が予定されており、この機会もとらえ、地域間の対話と協力の強化に貢献してまいります。

　以上申し上げた内外政上の課題の解決を図るためには、まず行政みずからが時代の潮流変化を踏まえ、大きな価値観の転換を遂げていかなければなりません。私は、二十一世紀にふさわしい政府とは、国民に対して開かれた民主的な存在であるとともに、緊急時には機敏に、強いリーダーシップを発揮し得る存在であり、また、市場原理を最大限発揮させ、住民に身近な行政は地方にゆだねる、簡素で効率的なものでありつつも、真に国民が必要とするような施策については十分な配慮を行い得るような存在でなければならないと考えております。

　こうした一見相反するような性格をあわせ持った政府、このような政府を目指した改革がその本質を見失わないためには、常に、何のための政府であるのか、だれのための改革であるのかを国民の視点に立って見直すことが必要であります。（拍手）このことこそが私が求める行政改革、すなわち、改革のための改革ではなく、根本的な問いかけにこたえる行政改革であります。

我々はいま一たび初心に立ち返り、主権在民、公務員は全体の奉仕者という基本的な理念を胸に、内外の社会情勢の変化を踏まえて行政の制度・運営を根本にさかのぼって見直し、各界の意見を謙虚に受けとめ、そして尊重しつつ、行政の改革を推進していかなければなりません。（拍手）行政の改革の第一は、規制の思い切った緩和であります。まず、規制緩和推進計画に沿って計画的な規制の緩和を推進するとともに、本年度末までに同計画の第一回目の改定を行います。改定に当たっては、さきの行政改革委員会の意見を最大限に尊重し、内外の要望を踏まえながら、新たな規制緩和方策を積極的に盛り込むとともに、その実行を強力なリーダーシップにより確保してまいります。

国と地方との関係においては、住民に身近な行政は住民が直接選んだ首長の責任のもと、地方公共団体がその事務を行うという地方自治の大原則を名実ともに実現しなければなりません。政府としては、本年三月の地方分権推進委員会の中間報告とその後の具体的な勧告を受け、直ちに地方分権推進計画の策定に取りかかり、権限移譲や国の関与の緩和や廃止、機関委任事務の抜本的な見直し、地方税財源の充実強化、分権の受け皿たる地方行政体制の整備など、地方分権の流れを思い切って加速化させてまいります。

行政改革の中核の一つは、中央官庁自身の改革であります。今後の規制緩和の進捗状況や地方分権推進計画に基づく行政事務の再配分のあり方も踏まえつつ、縦割り行政の弊害防止や抜本的な行政改革の実施の観点から、中央省庁のあり方についても真剣な検討を進めてまいります。また、内閣機能の強化の観点から、内閣総理大臣補佐官の設置等を内容とする内閣法改正案を今国会に提出いたします。

透明で効率的な行政の実現も、極めて重要な課題であります。情報公開法の早期の制定に向け、行政改革委員会の今年内の意見具申に向けての調査審議を促進するとともに、審議会等の透明化についても具体化を進めてまいります。行政の効率化、肥大化防止の観点からは、省庁間を結んだネットワークの計画的整備など行政の情報化を推進するとともに、国家公務員の定員の計画的削減を継続してまいります。特殊法人改革についても同様の考え方に立ち、九法人の統廃合、民営化等を行うほか、財務内容等の積極的公開を含め継続的な改革を推進してまいります。

首都機能の移転については、我が国の政治、行政、経済、社会の改革を進める上でも極めて重要な課題であります。昨年十二月には国会等移転調査会の報告が取りまとめられたところであり、今後は、この報告を踏まえ、首都機能の移転の一層の具体化に向け、内閣の重要課題の一つとして取り組んでまいります。行政改革の適切な実現のためには、今申し上げた規制緩和、地方分権、首都機能移転、中央省庁の改革などの諸課題が有機的に組み合わされ相乗効果を上げるよう調整を行うことが極めて重要であり、私としても、これらの取り組み相互の有機的な連携を図ることに意を払ってまいります。

行政改革と常に一体となって語られなければならないのが財政改革であります。

我が国財政は、公債残高が来年度末には約二百四十一兆円に増加する見込みであり、厳しい税収動向も相まって、もはや危機的状況と言っても過言ではありません。急速に進展する人口の高齢化や国際社会における我が国の責任の増大など、今後の社会経済情勢の変化に財政が弾力的に対応し、真に必要とされる政策分野に財政資金を投入していくためにも、できるだけ速やかに健全な財政体質をつくり上げていくことが緊急課題であります。言うまでもなく、国の財政は国民のものであり、その受益者も国民であり、負担者も国民であります。政治家一人一人が国民の代表としての自覚を持って、一刻も早い財政の規律の回復に努めなければなりません。

税制については、活力ある高齢社会を目指し、公平・中立・簡素という租税の基本原則に基づき、不断の改革が必要であります。五%とすることが法定されている消費税率については、社会保障等に要する財源の確保や行財政改革の推進状況等を踏まえつつ、本年九月という法律上の期限に向け鋭意検討を進めてまいります。
行政改革を推進する上でしばしば問題となるのは、政と官との関係であります。私は、政と官との関係を対立構造でとらえるのではなく、政治家の強い意思と責任で大きな改革の方向づけを行い、行政官は専門的知識によりこれを補完するという協力関係をつくり上げなければならないし、その最終責任は、行政の最高責任者である我々政治家が持たなければならないと考えております。（拍手）
昨年の参議院議員選挙や統一地方選挙で示された国民の政治不信や政治への無関心は極めて深刻であります。このような状況を打開し、国民の政治への信頼と関心の回復を図るには、政治の浄化への不断の取り組みに努めるとともに、国会等の場で真に国家や国民本位の政策論争を国民の目に見える形で行わなければなりません。このことこそが現在最も必要な政治改革であり、こうした政治の改革を通じてのみ真の行政の改革も実現できるものと私は考えております。（拍手）
平成八年は、戦後五十年を終え、二十一世紀の礎を築き、次なる百年の展望を切り開く新たな挑戦の年であるべきであります。来るべき世紀は、規制と保護に対して自由と責任という理念が、量的拡大に対して質的充足という価値観が、企業や組織に対して地域社会や家庭という存在が、それぞれその重みを増していく時代となりましょうし、またそうなさねばなりません。我々が目指す社会は、そこに息づく国民一人一人が心豊かに平和に暮らせる社会であり、そのことを通じて国民はこの国に対する自信や誇りを、将来に対する夢や目標を再び手にすることができるようになるものと私は確信しております。
しかし、これを実現することは言葉で語るほど容易なことではありません。我々は過去の重みからも未来への責任からも逃げるわけにはまいりません。改革は容易ではありませんし、痛みを伴います。しかし、我々の次の世代に希望と誇りのある日本の未来を託するためには、今こそ、勇気を持って、時代の要請にこたえ、

我が国の政治のあり方を、行政の成り立ちを、そして経済のシステムを変革し創造しなければなりません。（拍手）

私は、この変革のときに重要な国政を担う内閣総理大臣として、そして一人の政治家として、以上申し上げた課題に全力を傾けてまいる決意であります。

国民の皆様と議員各位の御理解と御協力を切にお願い申し上げます。（拍手）

※１：**エイズ問題**　一九八〇年代、血友病患者に対して投与された非加熱製剤にエイズウイルスが混入していたことから大量のエイズ患者が発生、一九九〇年代になって原因が明らかになる。いわゆる薬害エイズ事件。責任を問われたのは血友病の権威であった帝京大附属病院の安倍英医師、ミドリ十字社取締役三名、厚生省生物製剤課長松村明仁。いずれも業務上過失致死罪で逮捕・起訴される。その後、一九九六年に菅直人厚生大臣が陳謝、和解が成立する。

※２：**水俣病問題**　水俣病とは一九五六年に明らかになった熊本県水俣市で発生した水銀汚染による公害病。原因は大手化学会社チッソが水俣湾に流した廃液。他に昭和電工の廃液流出によって新潟県阿賀野川下流で発生した第二水俣病がある。一九九六年、村山首相は首相として初めて国としての原因究明、対応の遅れを陳謝した。患者たちは県、国、チッソ、昭和電工両社に対して提訴したが、裁判は長期にわたり二〇一〇年水俣病被害者の救済及び水俣病問題の解決に関する特別措置法の救済措置の方針を閣議決定。

金融システムは断固として守る。日本発の恐慌は決して起こさない

一九九七年十一月三日に準大手の三洋証券が経営破綻、十七日には北海道拓殖銀行が続く。さらに二十二日には四大証券のひとつ山一証券が自主廃業を発表する。不沈艦と思われていた都銀、証券大手の相次ぐ倒産に世界は震撼した。日本の金融機関の信用は低下、経営悪化は貸し渋りを生み、企業経営を直撃した。橋本は金融危機の沈静化へ巨額の公的資金を投入する。一方、アジアでは九七年七月のタイを皮切りにマレーシア、インドネシア、韓国などで各国通貨が暴落、通貨危機が発生していた。国内では四月の消費税引き上げが個人消費を冷え込ませ、九七年は石油危機以来のマイナス成長となった。

橋本龍太郎・金融システム安定化対策と経済運営に関する演説

第百四十二回国会　一九九八年（平成十年）一月十二日

第百四十二回国会の開会に当たり、金融システム安定化対策と当面の経済運営について、政府の基本的考え方を明らかにし、国民の皆様の御理解と御協力をいただきたいと思います。

私は、新たな時代を先取りする経済社会システムをつくり上げるために、行政、財政構造、社会保障、経済構造、金融システム、そして教育の六つの改革を一体的に断行したいと申し上げてまいりました。

さきの臨時国会においては、高齢者の介護を社会全体で支えるための介護保険法及び財政構造改革の推

進に関する特別措置法が成立しました。今国会においても、同特別措置法を踏まえた十年度予算はもちろん、中央省庁の再編等のための基本法案の成立を期するなど、六つの改革に全力で取り組む決意であります。

これら六つの改革を確実にかつ円滑に進めるためにも、金融システムに対する内外の信頼の低下に対して万全の対策を講じ、金融システムを断固として守ります。金融機関の破綻が信用秩序と経済の危機を招くことは絶対に避けなければなりません。日本発の金融恐慌また経済恐慌は決して起こさない、経済の動脈である金融システムを安定させ、経済の先行きに対する自信を取り戻す、これは私の強い決意であります。（拍手）

金融の根本は信頼であります。政府としては、金融システム安定化のための具体的な対策を内外に示し、預金者、投資家を初めとする市場の信認を回復するよう全力を挙げます。すなわち、第一に、預金者などの保護のための体制の整備と金融システム全体の危機管理、第二に、いわゆる貸し渋り対策であります。

預金者の保護は、金融システム安定の基本であります。国民の皆様に安心していただくために、預金の全額保護を徹底することとし、預金保険制度において、公的資金を投入する対象を信用組合から一般金融機関にまで広げます。また、破綻金融機関の受け皿となって不良債権の処理を行う整理回収銀行の機能を強化します。

これと並び、金融システム全体の危機管理として、金融機関の信頼の最後のよりどころである自己資本の充実のための優先株などの引き受けを行います。これは、対象となる金融機関の救済のためではなく、信用秩序と経済に重大な影響が懸念される場合に対処するためのものであります。優先株などの引き受けが公的資金による以上、国民の皆様から御理解をいただけるよう、その手続を公正かつ透明なものにすることは当然であります。

これらの緊急かつ時限的な措置のために、政府としては、十兆円の国債と二十兆円の政府保証、合わせて三十兆円の資金を活用できるようにいたします。また、証券投資家や保険契約者の保護のための法整備を行っていく考えであります。

次に、いわゆる貸し渋り対策であります。

政府は、透明かつ公正な金融行政を遂行するために、早期是正措置を導入することとしております。しかしながら、金融機関の自己資本比率の低下が懸念される中で、個々の金融機関が融資態度を必要以上に萎縮させ、健全な中小企業、中堅企業などへの資金供給に弊害が生じる事態は避けなければなりません。

政府としては、金融システム全体の円滑な資金供給機能を維持するために、政府系金融機関に新たな融資制度を創設することなどにより、信用保証分を合わせて総額約二十五兆円の資金を用意するとともに、自助努力によって経営改善を行う金融機関に対し、早期是正措置を弾力的に運用するなどの措置を講じます。国際的に活動する金融機関には、この四月から予定どおり早期是正措置を導入します。

これらの対策に関連して、金融機関の経営の問題に触れたいと思います。

今日の状況のもとで、我が国の金融機関には、その公共性と社会的責任の重さから、厳しい経営努力が求められます。政府としては、政府が講じようとする対策に国民の皆様の御理解と御協力をいただくためにも、金融機関が、国際的に通用する水準の経営情報の開示、そして、より徹底した経営合理化と責任ある経営体制の整備に取り組むよう強く要請いたします。また、破綻した金融機関の経営者の責任が厳しく問われることは当然であります。

我が国経済を回復軌道に乗せるためには、経済活動の根幹である金融システムを安定させることが不可欠です。同時に、景気の回復は、金融・資本市場の安定を図る上で極めて重要であります。そして、金融システムの安定と景気の回復は、財政の健全化のためにも必要であります。

政府は、消費者と企業が経済や暮らしの先行きに対する不安感を払拭できるよう、昨年十一月に大規模な規制緩和、土地対策を初めとする緊急経済対策を発表いたしました。また、私は、アジアの経済状況が予想していた以上に深刻であること、そして我が国が先頭となってカリの群れが飛ぶように成長してきたアジア経済の歴史と現実を踏まえ、我が国経済の力強い回復を実現するために、二兆円規模の特別減税を本年二月から実施することを決断いたしました。

これに加え、十年度税制改正においては、法人課税について、法人税の基本税率を三七・五%から三%引き下げて三四・五%とし、また、法人事業税の基本税率を一二%から一一%へと一%引き下げるなど、企業活動の行いやすい環境整備に踏み出しました。また、有価証券取引税の税率の半減、地価税の課税停止などの措置を講じます。これらにより、国と地方を合わせて八千四百億円の減税を行うこととしております。さらに、九年度補正予算においては、災害復旧事業など約一兆円規模の公共事業を追加するほか、一兆五千億円規模の国庫債務負担行為を確保しております。

これらの施策は、景気に最大限配慮したものであり、先ほど申し上げた金融システム安定化対策などと相乗的な効果を発揮し、我が国経済の力強い回復をもたらすものと確信しております。

同時に、我が国経済が民間需要主導による内需中心の成長をするためには、当面の対策に加え、構造改革を進めなければなりません。

私は、日本経済に未来がないかのような悲観論には決してくみしません。かつて、我が国が貿易と投資を自由化し、国際競争の荒波に船出したころ、私たちの先人は一丸となって努力し、自動車、電子・電気、機械など、国際競争力を持つ産業を育てました。

我が国は、有能な人材、豊富な資産、資金、そして新しい時代を創造する技術という世界に誇ることのできる財産を持っております。一九八〇年代に世界の羨望を集めた日本経済の力は、高い教育水準と高い勤労モラルを持つ国民に裏打ちされたものであります。資金の面では、千二百兆円規模の個人金融資産と八千億ドルの対外純資産、二千億ドルを超える世界一の外貨準備を有しております。技術の面においても、我が国の製造業は、長年はぐくんだ技術の蓄積を生かして、他国にはまねのできない多くの素材や製品を提供し、また、環境に優しい技術や製品などを生み出し、時代の新しいニーズに対応しております。

これからの時代、二十一世紀を展望すれば、情報通信、金融、環境、医療・福祉を初め、成長が期待できる産業分野は数多くあります。市場メカニズムを通じて、人、資金、そして技術がこうした成長分野に集まり、質の高い雇用の場をつくり出し、富を生み出すよう、経済構造改革と金融システム改革を強力に推進してまいります。

昨年成立した財政構造改革の推進に関する特別措置法は、危機的状況にある我が国の財政を健全化するとともに、安心で豊かな福祉社会、そして健全で活力ある経済の実現などの課題に十分対応できる財政構造を実現するためのものであります。その必要性は何ら変わるものではありません。同時に、経済金融情勢の変化に機敏に対応し、国際状況に応じて、財政、税制上必要な措置を講じていくことは当然であります。本日申し上げた金融システム安定化対策と経済対策は、財政構造改革との整合性を図りながら、断固たる対応をとるものであり、適切なものであると考えております。

政治の責任は、国民の暮らしの安寧をいかに確保するかであります。私は、全力を挙げて国民生活を守ります。国民の皆様にはどうぞ安心をしていただきたいと思います。（拍手）

政府が講じようとする対策が、我が国の金融システムの安定と景気の回復にとって必要不可欠なものであることを改めて申し上げ、御臨席の議員各位が九年度補正予算及び関連法案の一日も早い成立に御賛同くださることを強くお願いする次第であります。（拍手）

沖縄が背負ってきた負担を思い、沖縄の抱える問題の解決に全力を傾けたい

行政、財政、金融など六つの改革、沖縄の負担軽減のための普天間飛行場の代替へリポート案など橋本は政権の重点課題の実現に努めた。地球温暖化対策としては九七年十二月に京都議定書を締結するなど実績もあげた。しかし、アジア通貨危機、金融危機など経済環境は厳しさを増し、金融機関への公的資金投入、消費税の引き上げ、長期化したペルー大使公邸占拠事件への対応、第二次内閣にロッキード事件で逮捕された佐藤孝行を総務庁長官に据えた人事などで政権に対する逆風は強まった。六つの改革でも、郵政改革に対しては党内の反発が強く、強力に見えたリーダーシップにも次第に陰りが見え始める。

橋本龍太郎・施政方針演説

第百四十二回国会　一九九八年（平成十年）二月十六日

私は、将来の我が国を展望した上で、現在をいかなる時代と認識し、何を優先課題とすべきかを考え、冷戦後の国際社会に対応した外交、沖縄が抱える問題の解決、行政改革を初めとする六つの改革に全力を傾けてまいりました。内閣総理大臣就任以来の二年余を顧み、我が国の進むべき方向を見据え、今何をなすべきか、改めて率直に申し上げたいと思います。

まず第一は、この十年来の経済面の困難を克服し、また、制度疲労を起こしている我が国のシステム全体を改革することであります。

経済のボーダーレス化、人口の少子・高齢化など内外情勢が大きく変化する中で、我が国がより安定した発展を続けていくために改革を先送りすることは許されません。

私は、自立した個人が夢を実現するために創造性とチャレンジ精神を十分に発揮できる国、また、内外のさまざまな変動に機敏にかつ柔軟に対応できる国を築きたい、年長者を敬い、親から子へと心の大切さや生活の知恵を伝えていくことのできる社会、そして、豊かな自然や伝統、文化を大切に守り、伸ばしていけるような社会をつくり上げたい、心からそう思っております。私が進めている改革はこうした認識に基づくものであり、内閣の総力を挙げ、どのような困難があってもやり抜く決意です。

第二は、この国の将来を担う子供たちのことであります。

明治以来、教育は、親や地域だけではなく、国が積極的に関与すべき課題とされ、今や我が国の学校教育は平均的には世界最高の水準にあると言われます。しかしながら、暮らしが豊かになり、家庭の役割が変化し、進学率が上昇する中で、受験戦争やいじめ、登校拒否、さらには青少年の非行問題が極めて深刻になっております。

今、子供たちは本当に悩み、救いを求めていると思います。家庭にも学校にも居場所を見つけられず、進学や就職のこと、友達づき合いや男女交際のことで悩んでも、相談相手が得られない、解決を見出せないというのが厳しい現実でありましょう。

しかし、この問題を放置すれば将来に禍根を残すことは間違いありません。大変難しい課題でありますが、子供たちのために何をすればよいのか、皆様とともに考え、真正面から取り組んでまいります。

第三は、冷戦後の国際秩序を模索する世界の動きに的確に対応した外交であります。

第二次世界大戦後の世界を分断した東西対立は過去のものとなり、日ロ関係の抜本的な改善を初め、我が国の外交が広がりを持つとともに、アジア太平洋地域の平和と安定がますます重要になっている今日、こうした認識に立って主体的な外交を進めます。

この三点を念頭に置いて施政の方針を明らかにし、国民の皆様の御理解と御協力をいただきたいと思います。

我が国は、一九八〇年代半ば以降、急激な円高、その後のバブルの発生と崩壊という経済の大きな変動を経験しました。特に、バブル崩壊の過程では地価の下落、土地の需給の不均衡、不良債権問題の深刻化、企業の財務状況の悪化が進み、さらに昨年の夏以降、アジア各国においては通貨・金融面の混乱、国内においては金融機関の破綻などが相次ぎました。これらの問題を克服し、経済の停滞から一日も早く抜け出し、力強い日本経済を再建しなければなりません。

そのためには、まず、金融システムの安定と景気の回復が必要であり、同時に、経済構造改革を初めとする構造改革が不可欠であります。財政構造改革の必要性も何ら変わっておりません。そして、経済金融情勢の変化に応じ臨機応変の措置を講じ、景気の回復を図ることもまた当然であります。

今国会においては、金融システムの安定を図るとともに、一日も早く景気を回復するため、九年度補正予算と関連法案の成立に全力を挙げてまいりました。議員各位の御協力にお礼申し上げるとともに、既に実施している緊急経済対策、二兆円規模の特別減税、九年度補正予算に加え、金融システム安定化対策の迅速かつ的確な執行に努めます。

十年度予算においては、社会保障、環境、科学技術、情報通信など、国民生活の安定と経済構造改革に資する予算を確保するとともに、公共投資を重点化、効率化し、過去最大の五千七百五億円、一・三%の一般歳出の減額と一兆千五百億円の公債減額を行っております。

また、国鉄長期債務の処理、国有林野事業の債務の処理を含めた抜本的改革の実現を図ることとしております。

景気回復を確実なものとするためにも、十年度予算の一日も早い成立に御協力をお願いいたします。（拍手）

金融システムの信頼は、行政、金融機関、金融・資本市場の参加者が責任を全うすることによって得られます。行政の責任は、金融システム安定化対策を速やかに実施し、また、透明かつ公正な金融行政を遂行することであります。この重大な時期に、大蔵省職員、大蔵省出身の特殊法人役員が不祥事（※1）を起こし、金融行政のみならず、行政全体に対する信頼を著しく損ないました。事態を厳粛に受けとめ、大蔵大臣のもと、徹底した内部調査と関係者の厳正な処分を行い、綱紀を正し、不祥事を繰り返す土壌を根本から改めます。

さらに、いわゆる公務員倫理法の制定を期します。金融行政に関しては、客観的かつ公正なルールに基づく透明な行政に転換するとともに、民間専門家の登用、外部監査の活用などにより、厳正で実効性のある金融検査を確立します。

金融機関に対しては、経営の徹底した合理化を強く要請するとともに、国際的に通用する水準の経営情報の開示を求めてまいります。また、破綻した金融機関の経営者の責任が厳しく問われることは当然であります。

こうした取り組みを進めながら、働いて蓄えた資産を有利に運用することができ、また、事業のリスクに見合ったコストで必要な資金を調達することができる公正かつ効率的な金融システムを目指し、株式売買の委託手数料の完全自由化と証券デリバティブの全面解禁、公正な証券取引ルールの整備などを行います。

金融システムの改革の進展に合わせ、金融関係税制については、十年度に有価証券取引税の税率の半減などを行うとともに、十一年末までに見直し、株式等譲渡益課税の適正化とあわせて有価証券取引税を廃止することとしております。

次に、経済構造改革について申し上げます。

私が目指す力強い日本経済は、透明性の高い市場における活発な競争を通じて人と技術が磨かれ、資金が循環し、これら三つが将来性のある分野におのずと集まる経済、個人消費と民間投資が主役となって成長し質の高い雇用の場をつくり出す経済であります。これからの日本は、福祉、情報通信、環境などへのニーズがますます高まり、産業はこうした需要にこたえていかなければなりません。また、企業活動の場としての我が国の魅力を高めるために、物流、運輸や、電力、石油などのエネルギー、情報通信などの分野で、コストを含めたサービス水準が二〇〇一年までに国際的に遜色のないものとなるよう、徹底した規制の撤廃と緩和を行います。

十年度税制改正においては、法人税及び法人事業税の基本税率などを引き下げ、新規産業の創出を促し、国際競争力を持つ企業が活動しやすい環境の整備に踏み出しました。法人課税の水準を国際水準に近づけていくことが重要であり、このような観点も踏まえ、法人事業税における外形標準課税の問題についても検討を進めます。

産業構造が変化し、終身雇用と年功序列を基礎とした雇用慣行が見直される中で、労働形態の多様化を進めることは、人々が生きがいを持って働くためにも、国全体の生産性を高めていくためにも重要な課題であり、転職をより容易にし、転職に伴う不利をなくすための制度改革、労働基準法の改正、能力開発のため主体的に努力する方々への支援、高齢者の雇用促進に力を入れます。また、企業倒産により生ずる雇用問題には機動的に対策を講じます。

技術の面では、産学官の連携による研究開発とその成果の活用、適切な知的財産権の保護により新規事業の創出を図るとともに、我が国の競争力の源泉である物づくりを支える技術と技能、中小企業の人材の育成に努めます。

農林水産業と農山漁村の発展は、経済構造を改革する上でも、食糧の安定供給、自然環境や国土の保全のためにも極めて重要であります。昨年取りまとめた新たな米政策を推進するとともに、新しい農政の基本法の制定に向けた検討を進めるなど、農政の抜本的改革に取り組んでまいります。

冒頭申し上げましたように、ナイフを使用した殺傷事件、薬物の乱用、学校でのいじめ、性をめぐる問題など、子供たちが直面する問題は極めて深刻であり、現象面にのみ目を奪われることなく、根底にある問題を真剣に考えなければなりません。子供たちには、この世に生をうけて本当によかったと思ってほしい、みずからの目標に向かって邁進してほしい、成長してから社会が抱える問題に積極的にかかわってほしい、心からそう思います。

家庭と学校がお互いの責任を強調しても問題を解決することはできません。子供たちがなぜこうした行動に走るのか、家庭、学校、地域、さらにはマスメディアなどを含め、皆が手を携えて取り組むためにどうすればよいのか、それぞれの経験、意見を持ち寄り、幅広い観点から議論し、今こそ大人の責任で対策を考え、実行しなければなりません。

常識、知恵、知識を身につけるための教育が、いつの日からか、皆が同じようによい学校に入り、よい仕事につくための手段になり、私たちは、いわゆるよい子の型に子供たちをはめようとする親と教師になっていないでしょうか。偏差値より個性を大切にする教育、心の教育、現場の自主性を尊重した学校づくり、中高一貫教育など選択肢のある学校制度、子供たちの悩みを受けとめられる教師の養成など、教育改革を進める上でも、このような問題意識を十分反映させていかなければなりません。

六つの改革が前提とする個人は、自立した個人です。社会を明るくし未来を切り開く源はそうした個人の夢と希望であり、それをかなえるために努力する姿は本当にすばらしいものです。開催中の長野冬季オリンピックと、引き続き行われるパラリンピック、そして六月のワールドカップ・サッカー大会における日本選手の活躍を心から期待いたします。そして、子供たちがこうしたすばらしい活躍に胸を躍らせ、それぞれの地域でスポーツ、文化、ボランティアなど、好きなことに打ち込み、個性と能力を伸ばしていく、そのような社会をつくりたいと考えております。

個人の幸福と社会の活力をともにかなえるためには、個人が相互に支え合い、助け合う社会の連帯を大切にし、人権が守られ、差別のない公正な社会の実現に努力しなければなりません。

中でも、男は仕事、家事と育児は女性といった男女の固定的な役割意識を改め、女性と男性がともに参画し、喜びも責任も分かち合える社会を実現することは極めて重要であり、そのための基本となる法律案を来年の通常国会に提出いたします。労使の方々にも、働く女性が性により差別されることなくその能力を十分に発揮することができるよう、御理解と御協力をいただきたいと思います。（拍手）

社会保障、福祉政策はこれまで大きな役割を果たし、我が国は世界一の長寿国となりました。社会保障に係る負担の増大が見込まれる中で、国民皆年金・皆保険制度を守り、安心して給付を受けられる制度を維持していくためには、少子・高齢化や経済成長率の低下という環境の変化などに対応し、改革を進めなければなりません。年金については、来年の財政再計算に向けて、世代間の公平、公私の年金の適切な組み合わせを考えながら、将来にわたって安定した制度づくりを行います。

医療については、いつでも安心して医療を受けられるよう、医療費の適正化と負担の公平の観点から、薬価、診療報酬の見直しを初め抜本的な改革を段階的に行います。こうした改革を進める上では、国民の皆様の声を政策の立案過程から十分に伺い、議論を尽くし、結論を出します。

また、子育てや介護を担う方への支援を充実するとともに、介護保険制度の円滑な施行に向けて、施設の整備、人材の確保に努めます。ハンディキャップを克服し自立した生活を送ろうと努力する障害者の方々など、真に手を差し伸べるべき弱い立場にある方を支援することは当然であります。

かけがえのない環境、国土、伝統、文化を大切に守り、暮らしの安全と安心を確保することは国の果たすべき役割であり、中でも地球環境を守り子孫に引き継ぐことは最も重い責任の一つです。

昨年の十二月、世界は地球温暖化の防止に向けて大きな合意をいたしました。その合意を実現するために、省エネルギー法の強化などによる省エネルギーの徹底、原子力、新エネルギーの開発利用の促進、革新的な技術開発、途上国の支援などに取り組んでまいります。国民の皆様にも、ライフスタイルの見直しを初め、できる限りの御協力をお願いいします。

また、限られた資源を有効に活用し、廃棄物を減量するため、家電製品などの再商品化に関する法整備を初め廃棄物処理対策、とりわけリサイクルを一層強力に推進いたします。さらに、ダイオキシン類の排出抑制、いわゆる環境ホルモンの問題への対応、新型インフルエンザなどの感染症対策など、人の健康と自然環境を脅かす新たな問題や、科学技術の進歩に伴う生命倫理の問題に精力的に取り組みます。

二十一世紀は、時間や距離の制約なく、だれもが大量の情報をやりとりすることができる高度情報通信社会であり、その到来に向けた戦略的な対応が必要です。政府としては、電子商取引の本格的な普及、西暦二〇〇〇年問題（※2）、いわゆるハイテク犯罪など情報化をめぐる諸問題に適切に対応するとともに、ネットワーク・インフラの整備、教育、医療など公共分野の情報化、利用者本位の行政の情報化を推進いたします。

これからの国土政策の基本は多軸型の国土構造を形成していくことであり、新しい全国総合開発計画を策定し、首都機能移転問題への取り組みも含め実施してまいります。あわせて、ゆとりある国土空間と恵まれた自然環境を生かした北海道の総合開発計画を推進いたします。

社会資本整備については、国が関与する事業を重点化、効率化するとともに、民間の参加を期待することができる分野に新たな手法を導入してまいります。土地税制の見直し、不動産の証券化、大都市における容積率の見直しなどにより、民間部門の建てかえや再開発、そして不良債権の処理、経済の活性化にも資する土地の有効利用を促進し、職と住の両面における都市の利便性、快適性を高めます。

中心市街地の活性化対策、大型店と地域社会がともに栄えるために実効性のある政策を行い、地域コミュニティーの発展を支援します。さらに、国民共通のよりどころ、豊かな心をはぐくむ源である伝統、文化、芸術、工芸を大切に守り、育ててまいります。

危機管理、災害対策に関しては、在ペルー日本国大使公邸占拠事件、ナホトカ号重油流出事故などの教訓を踏まえ、初動体制の整備、内閣の体制の強化などを行い、万全を期します。阪神・淡路大震災の被災地の復興にも最大限の努力を続けます。また、市民生活を脅かす銃器犯罪や薬物の乱用、組織犯罪、さらには公正な金融・経済秩序の信頼を損なう行為に厳正に対処するとともに、暴力団やいわゆる総会屋などの反社会的勢力を根絶するよう断固として対処します。また、発生件数が五年連続して増加している交通事故の防止対策を推進します。

次に、外交であります。

まず、焦眉《しょうび》の急《きゅう》となっているイラクの大量破壊兵器の廃棄をめぐる問題に関しては、関連する国連安保理決議に基づき、国連特別委員会の査察が即時、無条件に実施されることが必要であります。外交努力を続けながら、米国を初め関係国と協調して対処する方針であります。

アジア太平洋地域の平和と安定は我が国外交の最大の課題でありますが、昨年夏以来のアジア各国の通貨・金融市場の混乱は、この地域の経済に深刻な影響を及ぼしているだけでなく、世界経済に不安定感を与えております。アジア各国が潜在的な力を発揮し、再び力強い経済成長を続けるには、透明な市場原理に基づいてみずから富を生み出すことのできる、すそ野の広い経済を目指した経済、産業構造改革を進めることが重要であり、ＩＭＦを中心とする国際的な枠組みを基本とし、関係国、関係国際機関と連携しながら対応してまいります。

アジア太平洋地域の平和と安定のためには、日本、米国、中国、ロシアの四カ国が、信頼と協調に基づく関係を構築していくことが重要であります。

そのような中で、私がまずもって重視するのは、ロシアとの関係の抜本的改善であります。四月にはエリツィン大統領の訪日が予定されています。大統領との間に生まれた信頼関係を一層強固なものとし、橋本・エリツィン・プラン（※3）を含め、昨年十一月のクラスノヤルスク首脳会談の成果を着実に具体化しながら、二〇〇〇年までに、東京宣言に基づいて平和条約を締結し、両国関係を完全に正常化するよう最大限努力いたします。

また、日中平和友好条約締結二十周年を迎え、江沢民国家主席の来日が予定されている中国との間では、さまざまなレベルにおいて対話を深め、日中友好関係をさらに発展させるとともに、中国と国際社会との一層の協調を促してまいります。

韓国との間では、漁業協定締結交渉など懸案を抱えておりますが、より広い視点から金大中次期大統領との信頼関係を確立し、さまざまな分野での交流、協力を進めてまいります。

北朝鮮に関しては、朝鮮半島の平和と安定に向け、韓国などと緊密に連携しながら、拉致疑惑や日本人配偶者の故郷訪問、国交正常化交渉の再開、ＫＥＤＯの問題などに真剣に取り組みます。

アジア太平洋地域の平和と安定のためにも、ユーラシア外交を進めていくためにも、基軸となるのは日米関係であり、安全保障、政治、経済にわたる幅広い関係をさらに発展させてまいります。特に、日米安保体制の信頼性の向上は、我が国の安全にとって不可欠であるとともに、アジア太平洋地域全体の平和と安定につながるものであり、新たな日米防衛協力のための指針の実効性を確保するための作業を着実に進めてまいります。

アジア太平洋地域における米軍のプレゼンスが地域の平和と安定に不可欠である状況のもとで、沖縄の方々が長年背負ってこられた負担に思いをいたし、沖縄が抱える問題の解決に全力を傾けたい、中でも普天間飛行場は市街地にあり、この危険な状況をほうってはおけない、だからこそ、私は、ＳＡＣＯ最終報告を取りまとめ、普天間飛行場の返還を可能にする最良の選択肢として代替へリポートの建設を提案いたしました。今でもそのような私の思いは同じです。米軍の施設・区域の整理、統合、縮小に引き続き全力を挙げ、代替へリポート建設に地元の御理解と御協力をいただけるよう粘り強く取り組みます。北部地域を含めた沖縄の振興にも最大限努力する決意であり、特別自由貿易地域制度の創設などを内容とする法案の成立を期します。

我が国の防衛については、日本国憲法のもと、専守防衛に徹し、他国に脅威を与えるような軍事大国にならないとの基本理念に従い、文民統制を確保し、非核三原則を守るとともに、防衛大綱及び昨年末に見直した中期防衛力整備計画に基づき、節度ある防衛力の整備に努めます。また、ＡＳＥＡＮ地域フォーラムなどの安全保障対話や防衛交流などにより、周辺諸国との信頼の醸成に努力してまいります。

また、人口が増大する中で、食糧、エネルギー、環境などの問題を克服し、持続可能な開発を実現していくことは極めて重要であります。我が国としては、これらの課題に積極的に取り組むとともに、途上国の自助努力を支援するため、貧困対策と社会開発、環境保全、人づくりなどを重点として、質の高い援助を効果的に実施してまいります。地域紛争、軍縮・不拡散、難民、テロなどの問題についても、国連平和維持活動への参加などにより積極的な役割を果たすとともに、我が国の安保理常任理事国入りの問題を含め、この分野において大きな役割を果たす国連が、全体として均衡のとれた形で改革されるよう努力いたします。

行政改革の目的は、国の権限と仕事を減量し、簡素で効率的な行政、機動的で効果的な政策遂行を実現すること、国民の皆様から信頼される開かれた行政を実現することであります。これは、同時に、住民に身近な行政をできる限り身近な地方公共団体が担えるようにすることであります。

地方分権に関しては、今国会中に政府の推進計画を作成し、確実に実施するとともに、市町村へのさらなる権限などの移譲、市町村の自主的な合併の積極的な支援、国と地方の役割分担に応じた地方税財源の充実確保、地方の課税自主権の拡大を図ります。地方公共団体に対しては、徹底した行財政改革に取り組むよう強く求めてまいります。

また、新たな規制緩和推進三カ年計画を作成し、一層の規制の撤廃と緩和を進めます。これらの取り組みにより、国の権限と仕事を絞り込み、二〇〇一年一月には、一府十二省庁体制への移行を開始することを目指し、内閣機能の強化と中央省庁改革のための基本法案の成立を期します。新体制に移行する過程においては、現業の改革、独立行政法人制度の導入、郵便貯金などの預託の廃止を含めた財政投融資制度の抜本的な改革などにより、公務員の定員を含め、行政を大幅にスリム化するとともに、公務員制度のあり方を検討し、必要な改革を行います。

今国会に提出する情報公開法案は、主権者である国民の皆様に、政策を評価、吟味し、御意見をいただき、政治と行政への関心を高めていただくために極めて重要であり、法案の早期成立をお願いいたします。また、開かれた行政への取り組みとして、動力炉・核燃料開発事業団の改革を行います。

最後に、行政改革によって不透明な規制を廃し、社会が事後監視・救済型へと転換していく中で、国家の基礎を支える司法の機能が充実することは欠くことのできない課題であり、内閣としても積極的に協力してまいります。

以上、私の所信を申し上げてまいりました。

本年は、バブル崩壊後の最終局面を乗り越え、改革に向けて力強い歩みを進める年、すなわち「明日への自信を持つ年」であります。私は、この国と国民の力を信じます。私たちは、敗戦後の廃墟《はいきょ》から立ち上がり、石油危機、円高などの国際情勢の激変や公害問題など、その時々の困難を乗り越えてきました。その熱意と知恵と努力があれば、解決できない問題はありません。(拍手)

我が国の将来像、進むべき方向を示し、それを実現するために政策を実行するのは政治の使命であります。政治が国民の信頼を回復し、国民の期待にこたえていくために、与党三党は、政治腐敗の防止のための方策、議員の兼職禁止に係る行為規範の見直しなど、政治倫理などに関する協議を精力的に進めており、その結論に従い、清潔で活力ある政治の実現を図ります。

私自身、政策を真剣に議論する政治を率先し、与党三党の協力関係を基本とし、政策によっては各党各会派の御協力をいただき、国民の皆様のために全力を尽くします。

御臨席の各党各会派の議員各位、国民の皆様の御支援と御協力を心からお願い申し上げます。（拍手）

※1：**大蔵省職員、大蔵省出身の特殊法人役員が不祥事**　一九九八年、東京地検特捜部による第一勧業銀行総会屋利益供与事件の捜査の過程で発覚した接待汚職事件。大蔵省（現財務省）官僚、大蔵省OBの日本道路公団理事、日銀課長ら7人が、都市銀行、大手証券会社の大蔵省折衝担当者（MOF担）から風俗サービスを伴うレストランで接待を受けた。「ノーパンしゃぶしゃぶ事件」とも呼ばれるこの事件は、大蔵省、日銀、金融界の癒着とエリートたちの実態を明るみに出したことで大きな話題となった。三塚博大蔵大臣と松下康雄日銀総裁は、引責辞任をする。

※2：**西暦二〇〇〇年問題**　コンピュータ西暦二〇〇〇年問題の略称。Y2Kとも表記される。これまでのコンピュータ・プログラムが西暦を下二桁で認識する様式を基本としていたために二〇〇〇年以降のデータを処理する場合にシステムの誤表示、誤作動あるいは停止等が発生するという問題。具体的には物流その他の社会運営上の不具合の発生などが予想され、国際経済が深刻な不況に陥る可能性が指摘されていた。二〇〇〇年元旦は世界中で二〇〇〇年問題が注目されたが、結果としては関係者の事前対応と危機管理により、生活に直結するほどの大きな混乱や深刻な事態は発生せず杞憂に終わった。

※3：**橋本・エリツィン・プラン**　一九九七（平成九）年十一月にロシアのクラスノヤルスクで行われた橋本首相とエリツィン大統領の首脳会談において、日本側が提示した対ロ経済協力案。その内容は、①投資協力イニシアチブ、②ロシアの国際経済体制への統合の促進、③改革支援の拡充、④企業経営者養成計画、⑤エネルギー対話の強化、⑥原子力の平和利用のための協力、というものである。また、この首脳会談では二〇〇〇年までに平和条約を締結することや両国の経済協力を促進することで合意した。

金融システムが健全に機能し、経済を再生することこそ、日本が世界に貢献する道

一九九八年七月の参議院議員選挙で自民党は惨敗、橋本は退陣する。総裁選では、小渕恵三が梶山静六、小泉純一郎を破り、首相の座を手にした。小渕は竹下内閣で「平成」の元号を発表した官房長官。橋本内閣では外務大臣を務めた。就任時、経済はなお低迷し、失業率は上昇。金融システムの安定も依然として大きな課題だった。戦後高度成長を成し遂げた日本経済に対する自信は失われつつあった。小渕は「経済再生内閣」を標榜し、「富国有徳国家《ふこくゆうとくこっか》」を目標に掲げた。穏やかな人柄から、個性の強い政治家が多いなかで「凡人」とも評されたが、内政、外交などの懸案に着実に取り組んでいく。

小渕恵三・所信表明演説

第百四十三回国会　一九九八年（平成十年）八月七日

このたび、私は、内閣総理大臣に任命をされました。重責を担う身として、我が国の直面する重大な事態を直視するとき、今日の勇気なくして明日の我が身はないとの感を強くいたしております。全身全霊を打ち込んで国政に取り組んでまいりたいと思っております。（拍手）

現下の最大の問題は、長期化する景気の停滞と金融システムに対する信頼の低下であります。さきの参議院議員通常選挙において示されたのは、国民が何よりもまず我が国の経済情勢を極めて深刻に感じ、その一日も早い回復を願っているということでありました。私は、こうした国民の声を真摯に受けとめ、この内閣を経済再生内閣と位置づけ、果断に取り組んでまいりたいと思います。日本の金融システムが健全に機能し、

小渕恵三（おぶち・けいぞう）
1937年～2000年。群馬県生まれ。首相在任期間：1998年7月30日～2000年4月5日（616日間）。早稲田大学第一文学部卒業。1963年の総選挙で自由民主党から出馬、26歳で初当選。内閣官房長官（竹下内閣）、外務大臣（橋本内閣）を歴任。1992年、経世会会長金丸信が東京佐川急便事件で辞職すると後継会長となる。首相在任中、金融再生法案、周辺事態法、住民票コード付加法（国民総背番号制）等重要法案を成立させる。2000年、脳梗塞により死去。

写真提供：毎日新聞社

日本経済が再生することこそ、アジアを初めとする世界に日本が貢献する最大の道であります。（拍手）

今日の我が国経済の危機的状況を乗り越えるためには、国民の英知を結集することが何より重要であります。このため、私に直属する経済戦略会議を本日設置し、民間の方々や経済専門家を中心に検討していただくことといたしました。その上で、最終的な政策は私自身が決断し、実行してまいりたいと思っております。また、私は、勤労者、中小企業の経営者の皆様などを初めとする国民の生の声に直接耳を傾け、私の考えをお話しする機会をできる限り設けてまいりたいと思っております。

今日、我が国は、急速な少子・高齢化、情報化、国際化などが進展する中で、大きな変革期に直面しております。国民の間に、我が国経済社会の将来に対する不安感が生まれています。政治は、国民の不安感を払拭し、国民に夢と希望を与え、そして国民から信頼されるものでなければなりません。私は、この難局を切り開き、豊かで安心のできる社会を築き上げるため、政治主導のもと、責任の所在を明確にしながら、スピー

ディーに政策を実行してまいりたいと思っております。国民の皆様並びに議員各位の御支援を心からお願い申し上げます。(拍手)

日本経済再生のためにまずなし遂げるべきことは、金融機関の不良債権問題の抜本的処理であります。金融再生トータルプランに基づき、いわゆるブリッジバンク制度を早急に具体化するとともに、不動産担保つき不良債権に係る債権債務関係を迅速、円滑に処理するための組織、手続の整備などを図ってまいります。

そのための所要の法案を既に今国会に提出し、関連する議員立法法案も提案をされております。私は、預金者保護に万全を期し、金融再生までの期間を可能な限り短くすることを基本に据え、金融機関の不良債権処理に当たります。法案の速やかな成立に御理解と御協力をお願いいたします。

資金は社会の血液であり、その循環をつかさどる金融機関は心臓の役割を担っております。このため、部分の破綻《はたん》が金融システム全体の危機を招くおそれがあります。私は、システム全体の危機的状況は絶対に起こしません。金融再生トータルプランの実行に伴い、金融システムの再生のために公的資金を活用することとなりますが、その必要性について国民の皆様の御理解をいただけるよう、内閣を挙げて責任を持って取り組みます。(拍手)

他方、金融機関は、国際的に通用する水準での情報開示を進め、みずから再編やリストラに果敢に取り組むことが必要であります。破綻した金融機関の経営者に対しては、経営責任、さらには民事、刑事上の厳格な責任が問われるべきであります。善意かつ健全な借り手に対しては十分に配慮する一方で、悪質な借り手についてはその責任が厳しく追及されることは当然であります。

私は、将来にわたり我が国社会が丈夫な心臓を持ち、隅々にまで血液が行き渡るよう、金融システムの再生を図るとともに、いわゆる貸し渋り対策にも引き続き積極的に取り組んでまいります。金融機関相互の垣根の解消を目指し、利用しやすく信頼できる市場、制度の整備を進めるための金融システム改革は、円の国際化の観点からも重要な取り組みであり、今後とも推進してまいります。

我が国の厳しい経済情勢を直視し、私は、財政構造改革法を当面凍結することとし、そのための法案を次の通常国会に提出をいたします。また、景気回復に向け、政治が主導して全力を尽くすことを内外に明らかにするため、平成十一年度予算案の概算要求の基本方針は、財政構造改革法の凍結を前提として設定をいたします。

他方、将来の世代のことを考えるとき、中長期的な財政構造改革の必要性が否定されるものではありません。国鉄長期債務の処理、国有林野事業の債務の処理を含めた抜本的改革は、もはや先送りの許されない状況にあり、継続審議となっております関連法案につきましても、速やかな成立に御協力をお願いいたします。

さらに、私は、一刻も早い景気回復を図るため、平成十一年度に向け切れ目なく施策を実行すべく、事業規模で十兆円を超える第二次補正予算を編成いたします。その際、公共投資のあり方につきまして、景気回復への効果を踏まえるとともに、従来の発想にとらわれることなく、二十一世紀を見据えた分野に重点化するなど、その見直しを行ってまいりたいと思います。(拍手)

また、経済構造改革の推進は、経済の供給サイドを強化し、産業の高コスト構造の是正を図りながら中長期的な成長を高めることとなり、極めて重要であります。米国や一部の欧州諸国の経済が八〇年代以降再生した過程も範《はん》としながら、規制緩和、行政改革、公的部門の民営化、税制改革等の施策を推進し、研究開発の振興を図り、すぐれたアイデアに人材、資金、技術が絶えず集まることを通じ、新たな産業が活発に生まれ、海外からも我が国の魅力的な事業環境を目指して企業が進出してくる社会をつくってまいりたいと思います。ベンチャー企業を初めとする新規事業の育成、振興につきましても強力に推進してまいります。

税制につきましては、我が国の将来を見据えた、より望ましい制度の構築に向け、抜本的な見直しを展望しつつ、景気に最大限配慮して、六兆円を相当程度上回る恒久的な減税を実施いたします。(拍手)

個人所得課税につきましては、国民の意欲を引き出せるような税制を目指し、所得税と住民税を合わせた税率の最高水準を五〇％に引き下げます。景気の現状に照らし、課税最低限は引き下げる環境にないと考えており、減税規模は四兆円を目途《めど》といたします。

法人課税につきましては、我が国企業が国際社会の中で十分競争力が発揮できますよう、総合的な検討を行い、実効税率を四〇％程度に引き下げます。（拍手）

所得課税の改正は来年一月以降、法人課税の改正は来年度以降、それぞれ実施することとし、関連法案を次の通常国会に提出するよう準備を進めます。

減税の財源としては、徹底した経費の節減、国有財産の処分などを進めながら、当面は赤字国債を充てることといたします。長期的には、今後の経済の活性化の状況、行財政改革の推進等と関連づけて検討すべき課題だと考えております。

現在の雇用情勢は極めて厳しい状況にあります。雇用の確保に万全を期するとともに、雇用の先行き不安を払拭するため、産業構造や雇用慣行の変化に対応した能力開発対策、雇用環境の整備を積極的に進め、国民が希望に応じ多様な働き方ができるようにいたしてまいります。

また、雇用の拡大、創出を目指し、今後成長が期待される情報通信、医療・福祉、環境等の分野における新規産業の創出に向け、信頼性の高い高速情報通信ネットワークの構築や利用技術の開発などに取り組んでまいります。あわせて、我が国雇用の約八割を占める中小企業の基盤強化、経営革新を強力に進めてまいります。

以上申し上げました政策を実行し、一両年のうちに我が国経済を回復軌道に乗せるよう、内閣の命運をかけて全力を尽くす覚悟であります。（拍手）

経済社会のグローバル化、少子・高齢化の急速な進展などを踏まえ、大量生産型近代工業社会に向かって整えられた我が国の社会システムを、二十一世紀における知恵の時代にふさわしいものに変革していくことも、私の使命であります。橋本内閣が推進してまいりました基本理念を踏まえ、諸改革を進めてまいりたいと考えております。

行政改革につきましては、さきの通常国会で成立をいたしました中央省庁等改革基本法に基づき、政治主導のもと、二〇〇一年一月の新体制への移行開始を目標として、来年四月にも所要の法案を国会に提出することを目指します。このスケジュールは決して後退させません。（拍手）

あわせて、独立行政法人化等や業務の徹底した見直し、事前規制型から事後チェック型への行政の転換を基本とする規制緩和、地方分権の推進を通じ、中央省庁のスリム化を図ります。以上の取り組みの結果として、十年の間に、国家公務員の定員は二〇％、コストは三〇％の削減を必ず実現するよう努力をいたします。（拍手）

また、地方分権推進計画を踏まえた関連法案を次の通常国会に提出するなど、国と地方の役割分担、費用負担のあり方を明確にしながら地方分権の一層の推進を図るとともに、地方公共団体の体制整備、行財政改革への取り組みを求めてまいります。これは、地域の活性化、均衡ある国土の発展のためにも極めて意義のあることであります。

国民に開かれた行政の実現を図ることも重要な課題であります。継続審議となっております情報公開法案につきまして、速やかな成立に御協力をお願いいたします。

また、行政、そしてリーダーシップを持って行政を指揮する立場にある政治のいずれもが、国民からの信頼を確保するため、さきの国会に議員立法として御提案いただいた政治改革関連法案や国家公務員倫理法案について、その早期成立を期待いたします。

安全な国民生活や公正な経済活動の基礎を支える司法制度につきましては、国民がより利用しやすいものとするため、制度全般の改革を進めていかなければならないと考えております。

また、現在のように急激に少子化が進むと、国力の源である人口の減少につながり、将来の社会経済に深刻な影響を与えます。子育ての経済的、肉体的、精神的負担、職業との両立困難、住宅問題など、さまざまな制約を取り除き、個人が望むような結婚や出産などが選択できる環境を整備することは、社会全体で取り組むべき課題であります。政府としても、子育てに携わっている若い世代など幅広い人々の参加のもとで、少子化への対応を考える有識者会議を設け、議論を既に始めたところであります。

結婚や出産に夢を持てる社会を築くことは、時代を超えた非常に難しい課題ではありますが、国民各層の知恵を合わせ、展望を切り開いていきたいと考えております。これは男女が共同して参画する社会をつくり上げていく上でも重要な課題であり、そうした社会を実現するための基本となる法律案を次の通常国会に提出いたします。

社会保障制度は、お年寄りを初めとするすべての国民の生活のよりどころとなるものであり、極めて重要なものであります。こうした機能を的確に果たしながら、少子・高齢化の進展等による国民負担の増加が見込まれる中で、効率的で安定した制度が構築できるよう、改革を進めてまいります。

とりわけ、医療、年金につきましては、将来にわたり国民皆保険、皆年金体制を維持していけますよう、具体案を提示して、国民的議論を十分尽くしながら、制度全体の抜本的な見直しを図ってまいります。また、民間活力も活用しながら、介護保険制度の円滑な実施も進めてまいりたいと思います。

次代を担う子供たちがたくましく心豊かに成長する、これは二十一世紀を確固たるものにするための基本であります。

このため、まず、子供たちが自分の個性を伸ばし、自信を持って人生を歩み、豊かな人間性をはぐくむよう、心の教育を充実させるとともに、多様な選択のできる学校制度を実現し、現場の自主性、自律性を尊重した学校づくりや、国際的に通用する大学を目指した大胆な大学改革を推進するなど、教育改革の推進に引き続き力を注いでまいります。家庭、特に父親や地域社会にも積極的な役割を果たしていただきたいと考えております。

また、都市政策に力を注ぐとともに、農林水産業と農山漁村の発展を確保するため、食料、農業、農村に係る新しい基本法の制定に向けた検討を進めるなど、農政の抜本的改革にも積極的に取り組んでまいりたいと思います。

国民的な関心事項でございます地球環境問題に関しては、六月に取りまとめた地球温暖化対策推進大綱の着実な実施などを図ってまいります。

身近な不安となっておりますダイオキシン問題につきましては、その排出削減や調査研究を進め、いわゆる環境ホルモンの問題につきましては、人の健康への影響等に対する科学的な解明を進めるとともに、化学物質の安全管理のための新たな法的枠組みの導入も検討いたします。

また、和歌山市で発生した毒物混入事件（※1）など、国民の日常生活に不安を与える治安問題には断固として対応するのはもちろんでありますが、組織犯罪、コンピューターへの不正アクセス等を手段とするハイテク犯罪などにも的確に対処するための対策も推進してまいります。

内政と外交は、表裏一体であります。現在我が国は困難な状況に直面をいたしておりますが、我が国に期待をされる責任を適切に果たすため、日本の安全と世界の平和の実現に向け、国際社会における地位にふさわしい役割を積極的かつ誠実に果たしてまいります。

日米関係は、引き続き我が国外交の基軸であり、安全保障、経済等広範な分野で良好にして強固な二国間関係を築くとともに、国際社会の諸問題に協力して取り組んでいくことが重要であります。私は、国会の御了承が得られますれば、九月にもクリントン大統領との会談の機会を持ちたいと考えております。

また、継続審議となっております日米防衛協力のための指針関連法案等の成立、承認、米軍の施設・区域が集中しております沖縄が抱える問題の解決は、新内閣におきましても引き続き重要課題であります。SACOの最終報告の内容の実現を図り、あわせて沖縄の振興を図るため、沖縄県の協力と理解のもと、政府として全力を挙げて取り組んでまいります。(拍手)

日ロ関係の改善につきましては、私は、橋本前総理が築かれた成果を踏まえ、さまざまな分野における関係を強化しながら、二〇〇〇年までに東京宣言に基づいて平和条約を締結し、日ロ関係を完全に正常化するよう全力を尽くしてまいります。できればこの秋に、私みずから訪ロし、エリツィン大統領と会談いたしたいと考えております。(拍手)

我が国外交の最大の課題であるアジア太平洋地域の平和と安定のため、この地域だけでなく、世界経済に不安定感を与えるアジア各国の通貨・金融市場の混乱に対しては、IMFを中心とする国際的枠組みを基本としながら、真剣に対応してまいりました。今後とも、アジア各国の経済回復のため、できる限りの支援を実行し、主導的な役割を担ってまいりたいと思っております。

本年は日中平和友好条約締結二十周年であり、九月には江沢民国家主席の訪日が予定されております。日本と中国は、アジア太平洋地域全体の安定と繁栄に責任を有する国家として、単なる二国間関係にとどまらず、国際社会にも目を向けた対話と交流の一層の発展を図らなければなりません。

また、韓国との関係では、この秋の金大中大統領の訪日を控え、二十一世紀に向けて新たな日韓パートナーシップの構築を目指すとともに、漁業協定締結に向けて努力を続けます。

北朝鮮につきましては、諸懸案の解決に努めつつ、朝鮮半島の平和と安定に資する形で日朝間の不正常な関係を正すよう、韓国等とも連携しながら真剣に取り組んでまいります。

国際社会の平和と安定への貢献も重要な課題であります。先日、私が外務大臣のときにタジキスタンに派遣をいたしました秋野豊さんを初めとする四名の方々が非業《ひごう》の死を遂げられました。言葉では言いあらわせないほど悲しい事件であり、改めて謹んでお悔やみを申し上げます。

この犠牲をむだにすることなく、国連平和維持活動に参加する方々の安全を確保するため、国連要員等安全条約の早期発効に向けて各国に積極的に働きかけてまいります。また、カンボジアにおける中田さん、高田さんの貴重な犠牲にも思いをいたしながら、国連職員の安全対策のため、国連に対し、いわば秋野ファンドとして、資金を拠出することといたしたいと思っております。（拍手）

先般、インドとパキスタンが核実験を強行いたしました。唯一の被爆国として非核三原則を堅持し、核軍縮・不拡散政策を推進してきた我が国としては、全く容認できない行為であります。

従来から機会あるごとに、国際社会に対し我が国の考え方を訴えてまいりましたが、今後とも、八月末に発足する核不拡散・核軍縮に関する緊急行動会議等を通じ、不拡散体制の堅持強化、核軍縮の促進、さらには核兵器のない世界を目指した現実的な取り組みにつき、世界に向けイニシアチブを発揮いたしてまいりたいと考えております。

いわゆる対人地雷禁止条約につきましては、できるだけ早い発効のため、我が国としても可能な限り早期の締結に努力をいたします。

また、国連が時代の要請に適合した役割を果たすため、我が国の安保理常任理事国入りの問題を含め、国連改革の実現が必要と考えます。

外交は、単に政府だけの取り組みではその実は上がりません。国民の皆さんの御理解と御支援をいただきながら、私のモットーである国民とともに歩む外交をさらに推進してまいりたいと思っております。（拍手）

我が国の経済と社会は、依然として力強い基礎的条件を有しておると思っております。近年、対外資産残高は対外負債残高を上回り、純資産残高はおよそ百二十兆円と高水準のプラスであります。高い貯蓄率に支えられた豊富な個人金融資産はおおむね一千二百兆円、また年間のＧＤＰは五百兆円を超え、いずれも世界第二位の規模であります。以上の数字から判断されるとおり、日本の経済的基礎条件は極めて強固であります。

他方、社会秩序は良好であり、国民の教育水準、勤労モラルは極めて高い水準にあります。日本は、社会的にも実に強固な基盤を有しております。国民の皆さんには、日本という国に自信と誇りを持っていただきたいのであります。（拍手）

こうした力強い基盤を持つ我が国は、現在の厳しい状況を乗り切れば、再び力強く前進するものと考えております。私は、この国に今日の信頼を確立することで、明日の安心を確実なものといたしたいと考えております。

二十一世紀を目前に控え、私は、この国のあるべき姿として、もちろん、経済的な繁栄にとどまらず、国際社会の中で信頼されるような国、いわば富国有徳《ふこくゆうとく》国家を目指すべきものと考えております。来るべき新しい時代が、私たちや私たちの子孫にとって明るく希望に満ちた世の中であるために、鬼手仏心《きしゅぶっしん》を信条として、国民の英知を結集して次の時代を築く決意であります。私は、日本を信頼と安心のできる国にするために、その先頭に立って死力を尽くしてまいりたいと思います。（拍手）

国民の皆様並びに議員各位の御支援と御協力を心からお願いいたします。（拍手）

※1：**毒物混入事件**　一九九八年七月二十五日、和歌山市で起きた毒物による無差別殺人事件。和歌山市の園部地区の夏祭りで住民たちが作ったカレーを食べた六十七人が腹痛・吐き気を訴え病院に搬送されたが、そのうち四人が死亡。マスコミにも連日取り上げられ、戦後史上大きな社会的反響を起こした事件のひとつ。被告林真須美に対して、和歌山地裁は死刑判決、大阪高裁の控訴審でも一審判決を支持、被告側は上告するも最高裁は上告棄却、二〇〇九年死刑が確定する。直接証拠がないこと、確たる動機がないこと、林被告が一貫して犯行を否認していることから、いまだに冤罪の可能性を指摘する声もある。

日本新生内閣

安心して夢を持って暮らせる、心の豊かな美しい国家に

小渕の時代、自民党は小沢一郎の自由党と連立政権を組む。その後、さらに公明党が加わり、自自公政権になり、さらに自由党が連立を解消と合従連衡が繰り返される。そうしたなか二〇〇〇年四月、小渕は脳梗塞に倒れた。後継は森喜朗。党幹部による密室の談合との批判も上がった。森は文部、通産、建設などの大臣を歴任、党では幹事長、政調会長、総務会長の三役を務めた。派閥としては福田赳夫、安倍晋太郎が率いてきた清和会の会長だった。バブル崩壊から「失われた十年」が過ぎ、自民、公明、そして自由党から分裂した保守党による自公保連立政権がスタートする。

森喜朗・所信表明演説

第百四十七回国会　二〇〇〇年（平成十二年）四月七日

日本経済の新生など五つの挑戦を掲げ、果断に政策に取り組んでこられた小渕前総理は、志半ばにして病に倒れ、退陣されました。

国内はもとより、海外からも各国首脳のお見舞いの言葉が相次いで寄せられているのを見るとき、内政から外交に至るまでの広範な分野において、前総理が取り組んでこられた政策の意義やそれに対する評価の大きさに、改めて思いをいたすものであります。

そして、それらの政策の成果を十分に見届けることなく病の床にある小渕前総理（※1）の心情を思い、私は痛惜《つうせき》の念を禁じ得ないのであります。一日も早く健康を回復されることを心からお祈り申し上げる次第

森喜朗（もり・よしろう）
1937年〜。石川県生まれ。首相在任期間：2000年4月5日　〜 2001年4月26日（387日間）。早稲田大学商学部卒業。産業経済新聞社（配属は日本工業新聞）記者、今松治郎衆議院議員の秘書を経て、1969年無所属で総選挙に立候補、トップ当選を果たし自由民主党に入党。党内では福田派に所属する。文部大臣（中曽根内閣）、通商産業大臣（宮沢内閣）、建設大臣（村山内閣）を歴任。小渕首相が脳梗塞で倒れると、森、青木幹雄、村上正邦、野中広務、亀井静香（五人組）が密室で談合し森の後継総裁が決まったとの疑惑がある。
在任中に、九州・沖縄サミットを開催。2001年、えひめ丸事件発生時にゴルフをしていたことが非難され、それをきっかけに辞任。2012年引退。

写真提供：共同通信社

です。（拍手）

こうした中にあって、私は、このたび、図らずも内閣総理大臣に任命されました。小渕前総理の後継者に私が選ばれたことは天命だと受けとめております。前総理の志を引き継ぎ、持てる力の限りを尽くし、身命を賭して国政に取り組んでまいります。

前内閣は、安定した政権基盤のもとで速やかに意思決定を行うことが国家の発展と国民生活の安定を図る上で肝要だとの認識に立ち、志を同じくする人たちとの政策協議を踏まえ、連立政権のもとで政策の立案、実施を進めてまいりました。

私は、こうした連立政権による今日までの成果を踏まえながら、強い信頼関係に立脚した安定した政局のもとで、二十一世紀への新しい日本の国づくりを目指した政策を積極的に実行するため、自由民主党、公明党・改革クラブ、保守党の三党派による連立内閣を発足させました。山積する諸課題に果敢に挑戦し、国民の皆様からの負託にこたえてまいる決意であります。（拍手）

先月末から活発な噴火活動を続ける有《う》珠《す》山《ざん》に関しましては、まず、不自由な避難生活を余儀なくされている地元住民の方々に心からお見舞いを申し上げます。既に、有珠山噴火非常災害対策本部を設置するなど、政府として総力を挙げて対応しているところでありますが、今後とも、地元関係者と密接な連携をとりながら警戒に万全を期すとともに、避難されている住民の方々の生活や、農林水産業や観光業など生業面での支援を初めとする各般の対策を強力に推進してまいります。

最近、相次いで公務員の不祥事が起きていることは、極めて遺憾であります。公務員諸君に対しては、先般施行された国家公務員倫理法をも踏まえ、綱紀の粛正と倫理の向上に取り組むよう強く求めます。また、治安の維持に重要な役割を果たす警察の制度や運営について、警察刷新会議における精力的な議論を踏まえ見直しを図るなど、抜本的な取り組みを進め、国民からの信頼の回復に全力を尽くしてまいります。

戦後五十余年を経て、我が国だけでなく世界の多くの国々が、グローバル化、情報技術革命、少子高齢化といった時代の大きなうねりの中にあります。こうした中、戦後の我が国の驚異的な発展を支えたシステムや物の考え方の多くが、時代に適合しないものとなっております。

次なる時代への改革をちゅうちょしてはなりません。私は、本内閣を日本新生内閣として、安心して夢を持って暮らせる国家、心の豊かな美しい国家、世界から信頼される国家、そのような国家の実現を目指してまいります。このため、前総理の施政方針を継承しながら施策の発展を図り、内政、外交の各分野にわたり果断に政策に取り組んでまいります。(拍手)

我が国が目指すべき第一の姿は、安心して夢を持って暮らせる国家であります。

我が国経済は、金融システムに対する信認の低下などを背景として、平成九年秋以降、五四半期連続のマイナス成長を続け、デフレスパイラルに陥るのではないかとの懸念すらありました。しかしながら、政府・与党が大胆かつ迅速に取り組んできた広範な政策の効果もあり、我が国経済は、雇用情勢などの面で厳しい状況をなお脱してはいないものの、緩やかな改善を続けております。設備投資を初めとする企業活動に積極性が見られるなど、自律的回復に向けた動きも徐々にあらわれ、経済は明るさを増しつつあります。この機を逃さず、公需から民需へのバトンタッチを円滑に行い、景気を本格的な回復軌道に乗せていくよう全力を尽くします。

雇用対策にも万全を期し、国民の雇用不安を払拭するよう努めてまいります。あわせて、二十一世紀型社会資本の戦略的な整備や、規制改革の一層の推進、科学技術の振興などの構造改革を強力に推進し、また、ＩＴ革命を起爆剤とした経済発展を目指すなど、二十一世紀における新たな躍進を目指した政策に取り組んでまいります。この関連で、インターネット博覧会（※２）を鋭意推進いたしたいと存じます。

また、経済の活力の源泉である中小企業、ベンチャー企業につきましては、意欲あふれる企業の自助努力を支援しながら、金融対策等を初めとするきめ細かな政策を実施してまいります。

財政構造改革が必ず実現しなければならない重要課題であることは、論をまちません。まずは我が国経済を本格的な回復軌道に乗せた上で、単に財政面のみの問題にとどまらず、税制や社会保障のあり方、さらには中央と地方との関係や経済社会のあり方まで視野に入れて取り組むべき課題であると考えております。

また、省庁ごとの縦割りを優先する予算配分がもたらす財政の硬直化を打破すべく、平成十三年度予算編成に際しては、来年一月の中央省庁再編の理念を踏まえ、経済財政諮問会議で経済財政政策の総合調整を図るとの考え方を先取りし、私みずからの主導で、二十一世紀のスタートにふさわしい予算編成を行ってまいりたいと考えます。

急速な少子高齢化の進展の中で、生涯を安心して暮らせる社会を築くため、意欲と能力に応じて生涯働くことができる社会の実現を目指すとともに、老後の安心を確保すべく社会保障構造改革を推進してまいります。

既に、世代間の負担の公平化を図るための年金制度改正法案が国会で成立し、また、この四月からは介護保険制度がスタートするなど、取り巻く環境の変化に対応した制度の整備を着実に進めているところであります。

今後さらに、さきに設置された社会保障構造の在り方について考える有識者会議における議論を踏まえ、私は、年金、医療、介護などの諸制度について横断的な観点から検討を加え、将来にわたり、持続的、安定的で効率的な社会保障制度の構築に全力を挙げてまいります。

我が国が目指すべき姿の第二は、心の豊かな美しい国家であります。

今国会冒頭の施政方針演説において、前総理は、内閣の最重要課題として教育改革に取り組むとの決意を述べられました。今まで一貫して教育問題、教育改革に取り組んできた私は、まさに同じ思いでその演説を聞いておりました。

戦後の我が国の教育を振り返れば、我が国経済の発展を支える人材の育成という観点からはすばらしい成果を上げてきたと言えます。他方、思いやりの心や奉仕の精神、日本の文化、伝統の尊重など、日本人として持つべき豊かな心や倫理観、道徳心をはぐくむという観点からは必ずしも十分でなく、こうしたことが、昨今の学級崩壊、校内暴力等の深刻な問題を引き起こし、さらには社会の風潮にさまざまな影響を及ぼしているとも考えられます。

教育の目標は、学力だけがすぐれた人間を育てることではなく、創造性豊かな立派な人間を育てることにあります。また、子供を取り巻く社会そのものが、子供の健全な育成を支えるものであるべきであります。発足したばかりの教育改革国民会議から、ことし夏ごろを目途に中間報告を提出していただき、その後、広く国民の皆様の御意見を伺いながら、教育改革を推進し、国民的な運動につなげていきたいと考えております。（拍手）

美しい国家を築くためには、環境問題への取り組みも重要な課題であります。

私たちが直面しているさまざまな環境問題の多くは、大量生産、大量消費、大量廃棄という経済社会のあり方に根差したものであり、その根本的な解決を図るためには、我が国社会のあり方や国民のライフスタイルを見直し、環境への負荷の少ない循環型社会を構築する必要があります。政府・与党一体となって検討を進め、今国会にその基本的な枠組みとなる法案を提出いたします。

美しい国土は、我が国にとってかけがえのない財産であります。各地の自然や伝統を生かしながら、地方公共団体の自主性や自立性を高め、個性的で魅力のある地域社会づくりを進めてまいります。

また、自然環境の保全など農業、農村の多面的機能の発揮に対する期待や食料の安定供給に対する要請が高まる中で、先月末に総理大臣を本部長として設置された食料・農業・農村政策推進本部のもと、食料自給率の目標の達成に向けた取り組みを初めとする各般の施策を推進してまいります。

第三に、我が国は世界から信頼される国家でなければなりません。そのためには、我が国が国際社会で求められている責任、役割を着実に果たしていくことが必要であります。

前総理が万感の思いを込めて開催を決断された九州・沖縄サミットが、いよいよ目前に迫っております。

このサミットでは、世界じゅうのすべての人々が二十一世紀に一層の平和と繁栄を享受し、心の安寧を得、より安定した世界に生きる上で、各国、そして国際社会は何をなすべきかとのテーマにつきまして、沖縄から力強いメッセージを発信したいと考えております。（拍手）

沖縄県民の皆様や地元名護市を初めとする各自治体の御協力をいただきながら、サミットの成功に万全を期してまいります。また、沖縄振興策の推進や普天間飛行場の移設、返還問題など、沖縄の抱える諸課題の解決に向けて全力を尽くしてまいります。

かつて安倍晋太郎外務大臣は、我が国のあるべき外交の姿として、創造的外交を掲げられました。これは、我が国の国益を守るため、創意を持って能動的に外交に取り組むべきとの精神をあらわしたものであります。

こうした観点に立つとき、日米関係を基軸としつつ、アジア、とりわけ北東アジアを中心とした平和の創造に向け、我が国として一層の外交努力を重ねることが求められます。私は、日中共同声明を踏まえ、中国との関係のさらなる発展に努めてまいります。また、前総理が金大中大統領とともに切り開いた未来志向の日韓関係を一層推進していく決意であります。

日朝関係につきましては、韓国、米国と引き続き密接に連携しつつ、七年半ぶりに再開した国交正常化交渉に粘り強く取り組んでまいります。その際、人道及び安全保障の問題を含む日朝間の諸懸案の解決に向けて全力を傾けてまいります。

日ロ関係に関しましては、平和条約交渉を含めたあらゆる分野における両国間の関係を発展させるとの方針は、本内閣においても不変であります。今月末には私みずから訪ロし、プーチン次期大統領と会談する予定であり、今後の両国関係の発展について胸襟《きょうきん》を開いた意見交換を行ってまいります。

私は、サミット前に、各国首脳との間に緊密な信頼関係を築く努力をしてまいりたいと考えております。

我が国みずからの安全保障基盤を強固なものとしながら国際的な安全保障の確立に貢献することも、世界から信頼される国家を形づくる上で重要な課題であります。国民の皆様の御理解をいただきながら、国連平和活動への一層の協力を進めてまいりたいと考えております。

また、有事法制につきましては、法制化を目指した検討を開始するよう政府に要請するとの先般の与党の考え方を十分に受けとめながら、今後、政府としての対応を考えてまいります。

日本新生の実現を目指す取り組みは、言いかえれば、このたびの三党連立政権合意の中にある「日本経済の新生と大胆な構造改革」に果敢に挑戦していくことであります。そしてこれは、輝かしい二十一世紀を切り開いていく上で避けて通れない課題であります。政治の強力なリーダーシップのもと、必ずやその実現を図ってまいります。また、政府におきましても、地方分権の推進や来年一月の中央省庁再編の実施を通じ、行政改革を徹底的に推進してまいります。

こうした構造改革は時として痛みを伴います。私は、国民と痛みを分かち合い、手を携えて進んでまいる覚悟であります。そして、国民とともに歩み、国民から信頼される政府を信条として、現下の難局に全力で取り組み、その結果生ずる責任については一身に担ってまいる決意であります。

国民の皆様並びに議員各位の御支援と御協力を心からお願い申し上げる次第です。（拍手）

※1：病の床にある小渕前総理　二〇〇〇年四月一日連立与党の自由党が離脱したことに関して、翌二日記者の質問になかなか言葉が出てこない等明らかに不自然な応答となった。当日意識混濁のまま病院に搬送されるが、後に脳梗塞の発症であることが発表された。小渕首相が昏睡状態のため、四月三日青木幹雄官房長官が首相臨時代理となる。当日、青木官房長官の他森喜朗幹事長、亀井静香政調会長、野中広務幹事長代理、村上正邦参院議員会長の五者が集まり善後策を話し合った結果、森幹事長の後継首相就任が決定される。四月五日内閣総辞職を受けて森喜朗総理総裁が誕生する。一連の決定が五人の実力者によって密室で行われたため「五人組による密室談合」と非難を受けた。小渕首相は、意識を回復することなく五月十四日に息を引き取る。

※2：インターネット博覧会　堺屋太一科学技術庁長官の発案によって、二〇〇〇年末から二〇〇一年末にかけて開催された国のミレニアム事業。リアルな博物館を模してインターネット上にコンテンツサイトを設置したもので、参加パビリオン（コンテンツサイト）数五〇七、年間アクセス数五億三三〇〇と発表された。しかし、官製イベントであることから制約も多く、アンケート調査によれば「失敗・どちらかというと失敗」という回答が八割にのぼった。

恐れず、ひるまず、とらわれず。構造改革なくして日本の再生と発展はない

森は「密室で選ばれた首相」というイメージに加え、「日本は神の国」発言もあり、支持率は低迷。自民党批判が強まる。内閣不信任案は否決されたものの、自民党元幹事長の加藤紘一が本会議を欠席する「加藤の乱」も起き、党内も混乱、森は退陣に追い込まれる。後任を決める自民党総裁選で圧勝したのは小泉純一郎だった。小泉は政治家三世で、福田赳夫の秘書を経て政界入り。厚生、郵政大臣などを務め、森と同じ清和会に属していた。政界では小渕の「凡人」に対し小泉は「変人」と称されたが、長期不況から抜け出せず、日本全体が閉塞感に沈む中、「聖域なき構造改革」を叫ぶ首相は期待を持って迎えられた。

小泉純一郎・所信表明演説

第百五十一回国会　二〇〇一年（平成十三年）五月七日

このたび、私は、皆様方の御支持を得、内閣総理大臣に就任いたしました。想像を超える重圧と緊張の中にありますが、大任を与えてくださった国民並びに議員各位の御支持と御期待にこたえるべく、国政の遂行に全力を傾ける決意であります。（拍手）

戦後、日本は、目覚ましい経済発展を遂げ、生活の水準も飛躍的に上昇しました。資源に恵まれないこの狭い国土で、一億二千七百万人もの国民が、これほど短期間に、ここまで高い生活水準を実現したことは我々の誇りです。

小泉純一郎（こいずみ・じゅんいちろう）
1942年～。神奈川県生まれ。首相在任期間：2001年4月26日　～ 2006年9月26日（1980日間）。慶應義塾大学経済学部卒業。福田赳夫の秘書を経て1972年の総選挙で初当選。厚生大臣（竹下内閣・宇野内閣・橋本内閣）、郵政大臣（宮沢内閣）を歴任。加藤紘一、山崎拓とともにYKKと呼ばれ、経世会支配の打倒を標榜する。2001年の総裁選に橋本龍太郎、麻生太郎、亀井静香とともに立候補。「自民党をぶっ壊す」などの扇情的な演説で党員・党友の支持を得て予備選で大勝、大方の予想を裏切り余勢を駆って本選挙でも圧勝する。一般大衆の圧倒的支持を背景に、小泉の政策に反対する議員を抵抗勢力と決めつけ、郵政民営化をはじめ、一連の「構造改革」を強行する。政治信条としては、アメリカの新自由主義と重なる部分が多い。小泉内閣では、道路公団の民営化、北朝鮮による拉致被害者の一部帰還を実現。その政治手法は、劇場型政治と呼ばれた。2006年、任期満了をもって退任。2009年引退。

写真提供：毎日新聞社

しかし、九〇年代以降、日本経済は長期にわたって低迷し、政治に対する信頼は失われ、社会には閉塞感が充満しています。これまでうまく機能してきた仕組みが、二十一世紀の社会に必ずしもふさわしくないことが明らかになっています。

このような状況において、私に課せられた最重要課題は、経済を立て直し、自信と誇りに満ちた日本社会を築くことです。同時に、地球社会の一員として、日本が建設的な責任を果たしていくことであります。私は、構造改革なくして日本の再生と発展はないという信念のもとで、経済、財政、行政、社会、政治の分野における構造改革を進めることにより、「新世紀維新」ともいうべき改革を断行したいと思います。（拍手）痛みを恐れず、既得権益《きとくけんえき》の壁にひるまず、過去の経験にとらわれず、恐れず、ひるまず、とらわれずの姿勢を貫き、二十一世紀にふさわしい経済社会システムを確立していきたいと考えております。（拍手）

「新世紀維新」実現のため、私は、自由民主党、公明党、保守党の確固たる信頼関係を大切にし、協力して「聖域なき構造改革」に取り組む改革断行内閣を組織しました。抜本的な改革を進めるに当たっては、さまざまな形で国民との対話を強化することを約束します。対話を通じて、政策検討の過程そのものを国民に明らかにし、広く理解と問題意識の共有を求めていく信頼の政治を実現してまいります。

相次ぐ不祥事は、国民の信頼を大きく損ねてしまいました。政治や行政に携わる一人一人が国民の批判を厳粛に受けとめ、職責を真摯《しんし》に果たす中で、信頼関係の再構築を図っていかなければなりません。

さらに、国民の政治参加の道を広げることが極めて重要であります。首相公選制について、早急に懇談会を立ち上げ、国民に具体案を提示します。

日本にとって、今、最も重要な課題は、経済を再生させることです。小泉内閣の第一の仕事として、森内閣のもとで取りまとめられた緊急経済対策を速やかに実行に移します。（拍手）この経済対策は、従来の需要追加型の政策から、不良債権処理や資本市場の構造改革を重視する政策へとかじ取りを行うものであります。

日本経済再生の処方せんに関しては、これまでさまざまな議論、提言が行われてきました。これらの提言は、地球的規模での競争時代にふさわしい、自立型の経済をつくることで幅広い意見の一致を見ており、私がかねてから主張してきた、構造改革なくして景気回復はないという考えと軌《き》を一《いつ》にするものであります。

処方せんは既に示されています。日本経済の再生を真に実現するために、今、私がなすべきことは、決断と実行であります。（拍手）

九〇年代以降の日本経済は、さまざまな要因が重なり合って生じる複合型病理に悩まされてきました。これを解決するための構造改革も、包括的なものでなければなりません。小泉内閣は、以下の三つの経済、財政の構造改革を断行します。

第一に、二年から三年以内に不良債権の最終処理を目指します。

このため、政府の働きかけのもとに、銀行を初めとする関係者が企業の再建について話し合うためのガイドラインを取りまとめるなど、不良債権の最終処理を促進するための枠組みを整えます。

銀行の株式保有制限と株式取得機構については、金融システムの安定化と市場メカニズムとの調和を念頭に、具体策を講じてまいります。

第二は、二十一世紀の環境にふさわしい競争的な経済システムをつくることです。これは、日本経済本来の発展力を高めるための構造改革です。

競争力ある産業社会を実現するために、新規産業や雇用の創出を促進するとともに、総合規制改革会議を有効に機能させ、経済、社会の全般にわたる徹底的な規制改革を推進します。さらに、市場の番人たる公正取引委員会の体制を強化し、二十一世紀にふさわしい競争政策を確立します。

証券市場の活性化のために、個人投資家の積極的な市場参加を促進するための税制措置を含む幅広い制度改革を短期間に行います。

ＩＴ革命の推進に関しては、周知のように、五年以内に世界最先端のＩＴ国家を実現するという野心的目標を設定しています。その実現を確かなものとするため、ｅ-Ｊａｐａｎ重点計画を着実に実行するとともに、中間目標を設定するＩＴ二〇〇二プログラムを作成したいと考えます。

さらに、私が主宰する総合科学技術会議を中心に、科学技術創造立国を目指し、産業競争力と質の高い国民生活の基盤となる科学技術分野への戦略的な研究開発投資を促進するとともに、研究開発システムを改革します。

都市の再生と土地の流動化を通じて都市の魅力と国際競争力を高めていきます。このため、私自身を本部長とする都市再生本部を速やかに設置します。

第三は、財政構造の改革です。

近年、経済が停滞する中で、政府は、公共投資や減税などの需要追加策を講じてまいりました。しかし、長期にわたりこの政策の繰り返しを余儀なくされ、我が国は巨額の財政赤字を抱えています。この状況を改善し、二十一世紀にふさわしい、簡素で効率的な政府をつくることが財政構造改革の目的です。

私は、この構造改革を二段階で実施します。まず、平成十四年度予算では、財政健全化の第一歩として、国債発行を三十兆円以下に抑えることを目標とします。また、歳出の徹底した見直しに努めてまいります。その後、持続可能な財政バランスを実現するため、例えば、過去の借金の元利払い以外の歳出は新たな借金に頼らないことを次の目標とするなど、本格的財政再建に取り組んでまいります。

こうした構造改革を実施する過程で、非効率な部門の淘汰《とうた》が生じ、社会の中に痛みを伴う事態が生じることもあります。私は、離職者の再就職を支援するなど、雇用面での不安を解消する施策を拡充するとともに、中小企業に対する金融面での対応や経営革新への支援に万全を期してまいります。

我々が目指す経済社会は、国民一人一人や企業、地域が持っている大きな潜在力を自由に発揮し、潜在力そのものをさらに高めていける社会です。そこには、真に豊かで誇りに満ちた、自立型の日本経済の姿があります。私が主宰する経済財政諮問《しもん》会議（※1）では、六月を目途に、今後の経済財政運営や経済社会の構造改革に関する基本方針を作成します。

本年実施された中央省庁再編は、行政改革の始まりにすぎません。行政すべてのあり方について、ゼロから見直し、改革を断行していく必要があります。国の事業について、その合理性、必要性を徹底的に検証し、民間にできることは民間にゆだね、地方にできることは地方にゆだねるとの原則に基づき、行政の構造改革を実現します。

特殊法人等について、ゼロベースから見直し、国からの財政支出の大胆な削減を目指します。また、公益法人の抜本的改革を行います。郵政三事業については、予定どおり平成十五年の公社化を実現し、その後のあり方については、早急に懇談会を立ち上げ、民営化問題を含めた検討を進め、国民に具体案を提示します。

そして、財源問題を含めて地方分権を積極的に推進するとともに、公務員制度改革に取り組んでいくほか、行政の透明性を向上させて国民の信頼を高めるため、特別会計などの公会計《こうかいけい》の見直し、改善、情報公開や政策評価に積極的に取り組んでまいります。

明確なルールと自己責任原則に貫かれた事後チェック・救済型社会への転換に不可欠な司法制度改革についても、重要課題として取り組みます。司法制度改革審議会から提出される最終意見を踏まえ、国民と国際社会から信頼される、新しい時代にふさわしい制度を目指した改革を進めます。

また、不祥事を契機に、報償費の適正な執行に対する国民の信頼が損なわれていることを重く受けとめております。内政、外交の円滑な遂行に役立てるという報償費の原点に立って抜本的に見直し、減額も含め平成十三年度予算を厳正に執行いたします。

生きがいを持って安心して暮らすことができる社会を実現するためには、教育、社会保障、環境問題等について、制度の改革と意識の転換が必要です。

日本人としての誇りと自覚を持ち、新たなる国づくりを担う人材を育てるための教育改革に取り組んでまいります。教育基本法の見直しについては、幅広く国民的な議論を深めてまいります。

社会保障制度は、国民の安心と生活の安定を支えるものであります。今世紀、我が国は、いまだ経験したことのない少子高齢社会を迎えます。これからは、給付は厚く、負担は軽くというわけにはいきません。社会保障の三本柱である年金、医療、介護については、「自助と自律」の精神を基本とし、世代間の給付と負担の均衡を図り、お互いが支え合う、将来にわたり持続可能な、安心できる制度を再構築する決意です。私は、国民に対して道筋を明快に語りかけ、理解と協力を得ながら改革を進める考えです。また、広く地域住民やＮＰＯ等のボランティアの参加を呼びかけ、介護や子育て等を皆で支え合う共助の社会を築いてまいります。

私は、内閣を組織するに当たり、五人の女性閣僚を起用しました。これは、男女共同参画を真に実のあるものにしたいという思いからです。女性と男性がともに社会に貢献し、社会を活性化するために、仕事と子育ての両立は不可欠の条件です。これを積極的に支援するため、明確な目標と実現時期を定め、保育所の待機児童ゼロ作戦を推進し、必要な地域すべてにおける放課後児童の受け入れ体制を整備します。（拍手）

私は、二十一世紀に生きる子孫へ恵み豊かな環境を確実に引き継ぎ、自然との共生が可能となる社会を実現したいと思います。

おいしい水、きれいな空気、安全な食べ物、心休まる住居、美しい自然の姿などは、我々が望む生活です。自然と共生するための努力を新たな成長要因に転換し、質の高い経済社会を実現してまいります。このため、環境の制約を克服する科学技術を開発普及したいと思います。

環境問題への取り組みは、まず身近なことから始めるという姿勢が大事です。政府は、原則としてすべての公用車を低公害車に切りかえてまいります。（拍手）

地球温暖化問題については、二〇〇二年までの京都議定書発効を目指して、最大限努力します。また、循環型社会の構築に向け、廃棄物の発生抑制、再生利用の促進、不法投棄の防止等に取り組みます。さらに、廃棄物を大幅に低減するために、私は、ごみゼロ作戦を提唱します。例えば、大量のごみの廃棄で処理の限界に至っている大都市圏を新しいごみゼロ型の都市に再構築する構想について、具体的検討を行います。

循環型社会の実現や食料自給率の向上に向け、農林水産業の構造改革を進め、農山漁村の新たなる可能性を切り開いてまいります。

社会の構造改革を進める上で、安心して暮らせる国家の実現は、その基礎となるものです。だれもが快適に生活できるようにするため、バリアフリーを進めます。多発する凶悪犯罪への対策や入国管理の体制を強化し、世界一安全な国、日本に対する国民の信頼を取り戻します。また、防災対策に取り組むとともに、災害による被災者の方々への支援や復旧復興対策に万全を期してまいります。

日本が平和のうちに繁栄するためには、国際協調を貫くことが重要です。二度と国際社会から孤立し、戦火を交えるようなことがあってはなりません。日本の繁栄は、有効に機能してきた日米関係の上に成り立っております。日米同盟関係を基礎にして、中国、韓国、ロシア等の近隣諸国との友好関係を維持発展させていくことが大切であります。

我が国は、国際社会を担う主要国の一つとして、二十一世紀にふさわしい国際的システムの構築に主導的役割を果たしてまいります。その一環として、国連改革の実現や、世界貿易機関を中心とする自由貿易体制の強化、さらには地球環境問題などに主体的に取り組みます。

日米関係については、日米安保体制がより有効に機能するよう努めます。さらに、経済・貿易分野での対話を強化するための新たな方策を見出し、政治・安全保障問題等に関する対話や協力も強化してまいります。また、沖縄の振興開発を推進するとともに、普天間飛行場の移設、返還を含め、沖縄に関する特別行動委員会最終報告の着実な実施に全力で取り組み、沖縄県民の負担を軽減する努力をしてまいります。

中国との関係は、我が国にとって最も重要な二国間関係の一つです。我が国としては、今秋に予定されているアジア太平洋経済協力首脳会議の上海開催の機会等を通じて、中国が国際社会の中で一層建設的な役割を果たしていくことを期待し、引き続き協力関係を深めてまいります。

我が国と民主的価値を共有し、最も地理的に近い国である韓国との関係の重要性は言うまでもありません。この関係を維持強化し、いよいよ来年に迫ったワールドカップサッカー大会の共催と日韓国民交流年を成功させるべく、韓国と手を携えて努力してまいります。

朝鮮半島をめぐっては、昨年、南北首脳会談など注目すべき動きが見られました。我が国としては、引き続き、日米韓の緊密な連携を維持しつつ、北東アジアの平和と安定に資する形で、日朝国交正常化交渉に粘り強く取り組んでまいります。また、北朝鮮との人道的問題及び安全保障上の問題については、対話を進める中で解決に向けて全力を傾けてまいります。
ロシアとの関係では、先般のイルクーツク首脳会談までに得られた成果をしっかりと引き継ぎます。北方四島の帰属の問題を解決して平和条約を締結するとの一貫した方針のもと、精力的に交渉に取り組み、同時に、経済分野や国際舞台における協力など、幅広い分野における関係の進展に努めてまいります。
「治《ち》にいて乱《らん》を忘れず」は政治の要諦であります。私は、一たん国家、国民に危機が迫った場合にどういう体制をとるべきか検討を進めることは政治の責任であると考えており、有事法制について、昨年の与党の考え方を十分に受けとめ、検討を進めてまいります。
私は、積極的な国民との対話を通じて、国民の協力と支援のもとに、新しい社会、新しい未来を創造していく作業に着手します。関係閣僚などが出席するタウンミーティングをすべての都道府県において半年以内に実施し、また、「小泉内閣メールマガジン」を発刊します。こうした対話を通じ、国民が政策形成に参加する機運を盛り上げていきたいと思います。（拍手）
明治初期、厳しい窮乏の中にあった長岡藩に、救援のための米百俵が届けられました。米百俵は、当座をしのぐために使ったのでは数日でなくなってしまいます。しかし、当時の指導者は、百俵を将来の千俵、万俵として生かすため、あすの人づくりのための学校設立資金に使いました。その結果、設立された国漢学校は、後に多くの人材を育て上げることとなったのであります。今の痛みに耐えてあすをよくしようという米百俵の精神こそ、改革を進めようとする今日の我々に必要ではないでしょうか。（拍手）
新世紀を迎え、日本が希望に満ちあふれた未来を創造できるか否かは、国民一人一人の改革に立ち向かう志と決意にかかっています。私は、この内閣において、「聖域なき構造改革」に取り組みます。私は、みずからを律し、一身を投げ出し、日本国総理大臣の職責を果たすべく全力を尽くす覚悟であります。
議員諸君も、変革の時代の風を真摯に受けとめ、信頼ある政治活動にともに邁進しようではありませんか。

国民並びに議員各位の御理解と御協力を心からお願い申し上げます。（拍手）

※1：**経済財政諮問会議**　橋本政権から行政改革の一環として構想された中央省庁再編に伴い、二〇〇一年に森内閣で創設された調査審議会。予算の基本方針および経済財政政策等について審議する機関。内閣府に設置され、議長は内閣総理大臣、議員は内閣官房長官、内閣府特命担当大臣（経済財政政策担当）、財務大臣、総務大臣、経済産業大臣、および日銀総裁、財界・学界の民間有識者からなるのが慣例となっている。小泉首相の下、二〇〇一年、諮問会議は「今後の経済財政運営及び経済社会の構造改革に関する基本方針」（骨太の方針）として、国債発行三〇兆円以下、不良債権処理の抜本的解決、郵政民営化の検討等を決議する。この諮問会議は小泉政権において首相の「聖域なき構造改革」を実施するため大いに活用され、またそれまで大蔵省主計局と与党（自民党）政務調査会が主導していた予算案策定に強い影響力を及ぼすようになる。なお、諮問会議は二〇〇九年九月、鳩山由紀夫内閣発足に伴い解散するが、二〇一二年に発足した第二次安倍内閣によって再開される。

9・11同時多発テロ。テロリズムとの闘いはわが国自身の問題である

二〇〇一年九月十一日、米国で同時多発テロ事件が発生する。ニューヨークの世界貿易センタービルが倒壊し、ワシントンの国防総省も攻撃を受ける。オサマ・ビンラディンとアルカイダの犯行とみた米国は報復のため、その本拠地とされたアフガニスタン攻撃へと動き始める。湾岸危機の時とは違い、政府の対応は迅速だった。九月十九日には、各国と足並みを合わせ、米軍を支援するために自衛隊を派遣することを決める。「聖域なき構造改革」を掲げる小泉に対する国民の期待は高く、森政権時代には不利とみられていた七月の参議院選挙で自民党は勝利を収め、「小泉改革」が動き出す。

小泉純一郎・所信表明演説

第百五十三回国会　二〇〇一年（平成十三年）九月二十七日

第百五十三回国会の開会に臨み、当面の緊急課題を中心に所信を申し述べ、国民の皆様の御理解と御協力を得たいと思います。

米国において発生した同時多発テロは、米国のみならず人類に対する卑劣な攻撃です。私は、このたび、米国を訪れ、テロのつめ跡を目の当たりにし、改めて、このような非道きわまりない行為に対し、強い憤りを覚えました。同時に、米国民及び被害者の方々に対して、心からお見舞い申し上げます。

米国は、今回のテロに対して断固たる行動をとることを宣言しています。私は、去る二十五日、ブッシュ大統領と会談し、世界の国々が力を合わせて、このようなテロリズムに対して毅然たる決意で闘っていかな

ければならないとの考えで一致しました。そして、我が国が米国を強く支持すること、この同時多発テロに対応するため、できる限りの措置を実行するつもりであることを伝えてまいりました。テロリズムとの闘いは、我が国自身の問題であります。我が国は、国際社会と協力して、主体的に、効果的な対策を講じてまいります。先週発表した七項目を実施に移すため、早急に必要な取り組みを行います。

今回のテロにより、世界経済への影響が懸念されます。政府は、細心の注意をもって状況を把握し、各国と協力して、金融システム、為替など経済の安定のため、適切な対応を図ります。

四月二十六日に小泉内閣が誕生してから五カ月になります。この間、私は、日本国総理大臣の職責を果たすべく、全力を尽くしてまいりました。山積する内外の諸課題に直面し、総理大臣として下さなければならない決断の重さを痛感しております。

私は、さきの通常国会における初めての所信表明演説において、「新世紀維新」ともいうべき改革の断行を国民に約束しました。恐れず、ひるまず、とらわれずの姿勢を貫いて改革を進めなければならないという私の考えは、さきの参議院議員通常選挙でも、国民各層から幅広い支持を得ることができました。（拍手）ジェノバ・サミットにおいて、各国首脳からも改革への強い期待が表明されました。私は、こうした力強い支持のもとで、これからの改革は必ず成功すると確信します。

何より必要なのは、改革断行に向けた強い意志です。私は、国民の支持を背景に、「聖域なき構造改革」を進めます。本番はこれからです。閉塞した日本に明るい将来を取り戻すために、断固たる決意で改革に取り組んでまいります。（拍手）

私は、この機会に、小泉構造改革五つの目標を提示します。第一は、努力が報われ、再挑戦できる社会、第二は、民間と地方の知恵が活力と豊かさを生み出す社会、第三は、人をいたわり、安全で安心に暮らせる社会、第四は、美しい環境に囲まれ、快適に過ごせる社会、第五は、子供たちの夢と希望をはぐくむ社会です。私は、このような社会が実現できるよう全力を尽くしてまいります。改革工程表として具体的な政策と実施時期を示しましたが、継続的に進捗状況を評価・点検し、構造改革を一層進めてまいります。

日本経済は、世界的な経済変動の荒波の真っただ中にあります。これを乗り切るためには、状況の変化に細心の注意を払いながらも、目先の動きに一喜一憂するような態度と決別しなければなりません。

私は、経済の基本的な成長力を高めるための構造改革に邁進してまいります。なお、経済情勢によっては、大胆かつ柔軟に対応します。

十月中には、改革先行プログラムを取りまとめます。公共投資に重点を置くのではなく、経済の活性化や新産業の創出につながる制度改革、雇用対策、中小企業対策、さらに、構造改革に直結する緊急性が高い施策に絞り込みます。

平成十三年度補正予算については、安易な国債増発によるべきではありません。平成十四年度予算における国債発行額三十兆円以下と同様の方針で取り組んでまいります。

改革の痛みを和らげることは政治の責任であります。国民の雇用不安に対する処方せんを明確に示してまいります。

先般、産業構造改革・雇用対策本部において、総合的な政策を取りまとめました。直ちに取り組むべき施策については、改革先行プログラムに盛り込み、補正予算を活用しつつ集中的に実施してまいります。

新しい市場や産業による雇用を創出するため、大学機能の強化、地域における産学官連携による科学技術の振興などを推進します。ＰＦＩ方式を活用した保育所やケアハウスの運営への民間企業の参入の促進を初め、医療、福祉・保育、労働などの分野の規制改革を早急に実施します。また、年間十八万社にとどまる開業、創業を五年間で倍増します。施策を進めるに当たっては、保育所の待機児童ゼロ作戦などにより平成十四年度に一万人の雇用を創出するといった具体的目標を定めて取り組みます。

厳しい雇用情勢の中にあっても、公共職業安定所には求職者を上回る年間七百万人もの求人があります。求人広告も年間三百万件を超えており、いずれもバブル期に匹敵する水準です。求人と求職のミスマッチを解消し、少しでも多くの人が職を見つけることができるようにするため、インターネットで求人情報を検索できるしごと情報ネットの充実を図るとともに、個人の選択を尊重した効果的な職業能力開発を強化します。

さらに、地方公共団体と協力し、教育や環境保全などの分野での公共サービスにおいて、人材を活用し、雇用を創出してまいります。小中学校で、社会人としての経験を教育に生かす補助教員を三年間で五万人を目標に採用します。また、森林保全に不可欠な間伐、下草刈りなどの作業や、放置された廃棄物の撤去を一層進めるためのごみマップの作成などに地域の人材を活用します。

再就職が特に困難な中高年齢者について、再就職の促進や生活の安定を図るため、職業訓練の受講者に対する雇用保険の給付を拡充してまいります。

雇用を拡大し、産業活力を創出していくために、全国各地で創業や中小企業の経営革新が行われるよう、適切な施策を講じてまいります。中小企業の資金調達手段を多様化するとともに、人づくりや技術開発などの支援策を強化します。同時に、やる気のある中小企業が連鎖的に破綻するのを回避するための対策を強化します。

改革はスピードを持って進めなければなりません。

経済、財政の分野における第一の課題である不良債権の最終処理については、まず、主要行に対して、通常の検査を抜本的に強化することとし、加えて、市場の評価に著しい変化が生じている債務者に着目した検査を導入するとともに、市場の評価に適時に対応した引き当てを確保します。次に、整理回収機構の機能を拡充するため、不良債権買い取りの価格決定方式を弾力化し、さらに、企業再建のための基金の設立を推進します。これらの新たな措置により、遅くとも集中調整期間が終了する三年後には、不良債権問題を正常化

します。（拍手）

金融システムの構造改革に向けて、銀行等の株式保有のリスクを限定するため、新たに株式保有制限を課します。これに伴う株式処分を円滑にするため、銀行等保有株式取得機構を来年一月を目標に設立します。このため、今国会に所要の法律案を提出します。

第二は、競争的な経済システムの構築です。競争や技術革新を促すことなどにより、消費者、生活者本位の経済社会システムの構築と経済の活性化を図ってまいります。医療、福祉・保育、労働など、国民生活に直結し、需要と雇用を拡大する余地の高い分野における規制改革について、早期かつ確実に実施します。

国民が安心して参加できる、透明性、公平性の高い証券市場を構築するため、市場の信頼向上のためのインフラ整備などを進めるとともに、証券税制についての改正法案を今国会に提出したいと考えております。

ＩＴに関しては、中間目標としてe-Ｊａｐａｎ二〇〇二プログラムを策定し、世界最先端のＩＴ国家の実現に向けて動きを加速しました。申請や届け出を自宅や事務所でできるような電子政府を実現するための施策などに集中的に取り組んでまいります。

科学技術創造立国を目指し、科学技術分野への戦略的な研究開発投資を促進します。

都市の魅力と国際競争力を高めるため、広域防災拠点の整備や大都市圏の物流機能の強化、ライフサイエンスの国際拠点形成、中央官庁施設や国立大学等のＰＦＩ方式による整備を初めとする都市再生プロジェクトを具体化します。また、都市と農山漁村の共生と交流を進め、それぞれの住民がお互いにその魅力を享受できるような施策を推進してまいります。

第三は、財政構造改革です。平成十四年度予算については、国債発行額三十兆円以下との目標のもと、五兆円を削減しつつ、重点分野に二兆円を再配分するとの方針で、歳出の思い切った見直しと重点的な配分に取り組みます。十一月を目途に、予算編成の基本方針を策定するなどにより、改革断行予算を実現します。

また、中期経済財政計画を策定し、財政の構造改革の具体的な道筋を示してまいります。

行政の構造改革については、厳しい闘いが既に始まっています。特殊法人等は、廃止・民営化を前提にゼロベースからの徹底した見直しを行い、年内に各法人の整理合理化計画を策定します。道路四公団、都市基盤整備公団、住宅金融公庫、石油公団の廃止、分割・民営化などについては、他の法人に先駆けて結論を出します。平成十四年度予算において、これらの見直し結果などを反映し、一般会計、特別会計を通じて、特殊法人等に対する財政支出の大胆な削減を目指します。

首相公選制及び郵政三事業のあり方については、既に懇談会を立ち上げ、一年程度を目標に、具体案を取りまとめる予定です。

市町村合併については、地方分権推進の観点から、先般策定した支援プランに基づき、強力に推進します。

新しい時代にふさわしい司法制度を実現するために、その基本となる理念や推進体制を定める法案を今国会に提出します。

相次ぐ不祥事によって外務省に対する信頼が大きく損なわれたことは大変残念です。一日も早く国民の信頼を回復するため、必要な改革を断行し、現下の重要な外交課題に全力で取り組める体制を整備します。

さきの参議院議員通常選挙に際し、現職の国家公務員が公職選挙法違反の容疑（※1）で逮捕され、議員の辞職という事態に至ったことは、まことに遺憾であります。今回の不祥事を重く受けとめ、綱紀の粛正に努めてまいります。

社会保障制度は、国民一人一人が、その能力を十分に発揮し、希望を持って、安心して生活していくために欠かせないものです。特に、医療制度については、将来にわたり持続可能な制度として再構築するため、本年末には改革案を取りまとめ、来年の通常国会に所要の法律案を提出すべく全力を尽くします。

仕事と子育ての両立を支援するために、私は、保育所の待機児童ゼロ作戦と放課後児童の受け入れ体制の整備を打ち出しました。既に、平成十六年度までに、保育所等の受け入れ児童数を十五万人増加し、放課後児童の受け入れ体制を一万五千カ所とする目標を決定したところであり、目標達成に向けて全力で取り組みます。

環境問題については、ごみゼロ型都市を構築するためのプロジェクトを都市再生本部で決定したところであり、東京湾臨海部において先行的に事業展開を図ります。

政府は、本年度、千台を超える低公害車を調達することとしました。三年後には、約七千台すべての一般公用車を低公害車に切りかえます。さらに、政府の率先した取り組みが地方公共団体や民間にも広がるよう、低公害車の開発・普及策に関する行動計画を策定しました。

政府は、身近なところからの環境問題への取り組みとして、食品リサイクルを進めます。農林水産省は、庁舎内の食堂から出る生ごみを肥料や飼料に再利用して農家に提供するリサイクル事業を始めることとしました。この動きを全府省《ふしょう》に広げるとともに、地方公共団体や民間に対して、同様の取り組みを行うよう働きかけます。

食料自給率の向上に向け、米の生産・流通システムの見直しを十一月を目途に具体化します。

世界一安全な国と言われた日本も、近時、池田小学校の事件（※2）、新宿ビル火災（※3）などにより、多くのとうとい人命が失われ、その神話は崩れつつあります。世界一安全な国、日本の復活に向けて、引き続き、凶悪犯罪防止や消防防災の対策を強化します。また、災害による被災者の方々への支援や復旧復興対策を初めとする防災対策に万全を期してまいります。入国管理体制については、職員の増強や鑑識機器の整備により、その一層の強化を図ってまいります。

今般、我が国で初めて狂牛病の感染が確認されました。感染した牛が食用にも飼料用にも供されることがないよう、緊急に体制を整えました。今後、情報開示を徹底し、万全の措置を講じてまいります。（拍手）

去る九月八日に、サンフランシスコ平和条約、そして日米安保条約署名から五十年を迎えました。これらの条約は、戦後における我が国の国際社会への復帰の第一歩であり、今日の我が国の平和と繁栄の出発点となるものです。二十一世紀においても、平和と繁栄を実現していくためには、基本的人権の尊重と民主主義、市場経済と自由貿易を基調とする国際秩序のさらなる発展に、我が国が主導的役割を果たしていくことが不可欠です。WTO新ラウンド立ち上げ、京都議定書の来年発効、安保理改革の早期実現など、現下の国際社会の主要課題に積極的に取り組んでまいります。

同盟国たる米国との関係は、我が国外交の基軸です。日米安保体制がより有効に機能するよう努めるとともに、協調と連帯の精神に基づいて、建設的な対話を行ってまいります。また、沖縄の振興開発を推進するとともに、普天間飛行場の移設、返還を含め、沖縄に関する特別行動委員会最終報告の着実な実施に全力で取り組み、沖縄県民の負担を軽減する努力を継続してまいります。

アジアの近隣諸国との友好・信頼関係を確立するため、私は全力を尽くしてまいります。韓国及び中国との間では、過去の歴史を直視し、戦争を排し平和を重んずるという我が国の基本的考え方を明確に示しつつ、未来志向の協力関係を構築していかなくてはなりません。両国の指導者の方々とできるだけ早い機会に、直接、真摯な対話を行いたいと考えます。

先般、私は、今回のテロに対応するため、東南アジア諸国訪問を見送りましたが、できるだけ近い将来に訪問を実現するつもりです。

二十一世紀の東アジアが、自由で、安定し、活力に満ちた地域として発展できるよう、各国と手を携えてまいります。

ロシアとの間では、経済分野や国際社会などにおける協力の推進に努めるとともに、北方四島の帰属の問題を解決して平和条約を締結するべく、引き続き全力を尽くします。ロシア政府との協議を通じ、北方四島周辺水域における第三国の操業問題の早期解決を目指します。

北朝鮮との関係については、今後とも、韓国及び米国と緊密に連携しつつ、日朝国交正常化交渉の進展に粘り強く取り組み、こうした対話を通じて、北朝鮮との人道的問題及び安全保障上の問題の解決に向け努力を重ねてまいります。

一たん国家、国民に危機が迫った場合に適切な対応をとり得る体制を平時から備えておくことは、政治の責任です。備えあれば憂いなし、この考え方に立って、有事法制について検討を進めてまいります。（拍手）

私は、改革に当たって、国民との対話を重視してきました。六月に始めたタウンミーティングでは、全国各地で多くの国民と活発な対話が行われています。十一月までにすべての都道府県を一巡し、その後も引き続き、対話の機会を設けてまいります。「小泉内閣メールマガジン」は二百三十万人もの国民にごらんいただいていますが、今後は、双方向での対話の場として活用していきたいと考えています。

いよいよ、改革は本番を迎えます。我が国は、黒船の到来から近代国家へ、戦後の荒廃から復興へと、見事に危機をチャンスに変えました。これは、変化を恐れず、果敢に国づくりに取り組んだ国民の努力のたまものであります。私は、変化を受け入れ、新しい時代に挑戦する勇気こそ、日本の発展の原動力であると確信しています。

進化論を唱えたダーウィンは、この世に生き残る生き物は最も力の強いものか、そうではない、最も頭のいいものか、そうでもない、それは変化に対応できる生き物だという考えを示したと言われています。

私たちは、今、戦後長く続いた経済発展の中では経験したことのないデフレなど、新しい形の経済現象に直面しています。日本経済の再生は、世界に対する我が国の責務でもあります。現在の厳しい状況を新たなる成長のチャンスととらえ、改革なくして成長なしの精神で、新しい未来を切り開いていこうではありませんか。（拍手）

卑劣きわまりないテロに対して、全世界がこれに屈することなく敢然《かんぜん》と闘おうとしています。我が国は、日本国憲法前文において、

「われらは、いづれの国家も、自国のことのみに専念して他国を無視してはならないのであつて、政治道徳の法則は、普遍的なものであり、この法則に従ふことは、自国の主権を維持し、他国と対等関係に立たうとする各国の責務であると信ずる。日本国民は、国家の名誉にかけ、全力をあげてこの崇高な理想と目的を達成することを誓ふ。」

との決意を世界に向かって明らかにしています。世界人類の平和と自由を守るため、国際協調の精神のもと、我が国としても、全力を挙げて、この難局に立ち向かおうではありませんか。（拍手）

国民並びに議員各位の御理解と御協力を心からお願い申し上げます。（拍手）

※**1：現職の国家公務員が公職選挙法違反の容疑で逮捕**　二〇〇一年の参議院議員通常選挙において自民党公認の元郵政省官僚高祖憲治が高得票で初当選（比例区）するが、高祖と親しい現役の近畿郵政局長をはじめとする郵政関係者十六人が公職選挙法違反容疑で逮捕される。連座制適用の可能性もあったため、高祖議員は議員辞職した。

※**2：池田小学校の事件**　二〇〇一年、大阪府池田市の大阪大学附属池田小学校で起きた無差別殺人事件。同年六月八日、出刃包丁を持った男（宅間守）が池田小に侵入。無差別に児童および職員を殺傷。死亡した児童八名、傷害を負った児童十三名、教員二名。二〇〇三年大阪地裁で死刑判決、弁護団の控訴を宅間被告自ら取り下げ死刑が確定。二〇〇四年死刑執行。多数の児童が犠牲となった戦後史で特筆される凶悪事件。

※**3：新宿ビル火災**　二〇〇一年九月一日に新宿の雑居ビルで起きた火災。同ビルのテナントであるゲーム店および風俗店の客を中心に死者四十四名を出す大惨事となった。放火が出火原因とみられるが、未だ解明されていない。

郵政民営化、北朝鮮問題。難問山積の中、改革を断行することは私の本懐

首相就任から四年。その間、米国は911同時多発テロからアフガニスタン戦争、イラク戦争へと突き進んだ。イラクの復興支援へ、政府は自衛隊をイラクに派遣。一方、外交面では二〇〇二年に北朝鮮を訪問、拉致被害者五人の帰国を実現する。完全な解決ではなかったものの、拉致問題は前進した。経済面では、懸案だった金融機関の不良債権処理を強力に進めた。構造改革の最後に残った「改革の本丸」は郵政民営化だった。これについては自民党内に反対が根強く、戦後六十年目の夏は「郵政」をめぐる戦いとなる。

小泉純一郎・施政方針演説

第百六十二回国会　二〇〇五年（平成十七年）一月二十一日

第百六十二回国会の開会に臨み、小泉内閣として国政に当たる基本方針を申し述べ、国民の皆様の御理解と御協力を得たいと思います。

先月、紀宮《のりのみや》清子《さやこ》内親王《ないしんのう》殿下の御婚約の内定という慶事を迎えました。国民とともに心からお祝い申し上げます。（拍手）

昨年は、豪雨や台風による災害が多発するとともに、新潟県中越地震により甚大な被害を受け、年末にはインドネシア・スマトラ島沖で大地震と津波が発生して、多くの国々が未曾有の災害に襲われました。被害に遭われた方々、そして今なお困難な生活を余儀なくされている方々に対し、心からお見舞いを申し上げます。

国内の被災地が迅速に復旧事業に取り組めるよう、激甚災害指定を行い、補正予算を編成しました。一日

も早く被災者の方々が安心して生活できるよう、復旧と復興に全力を尽くすとともに、阪神・淡路大震災の発生から十年目の本年、災害に強い国づくりを一層進めてまいります。

インド洋沿岸各国の被害に対しては、被災者の捜索や救援のため、医療や消防関係者、自衛隊などを国際緊急援助隊として派遣するとともに、当面、テント、食料、医薬品などの援助物資や資金を五億ドル無償で供与します。各国の被害状況を確認しながら、アジアの一員としてできる限りの復興支援をしてまいります。現在、神戸で開催中の国連防災世界会議の提言を踏まえ、インド洋地域における津波の早期警戒体制の構築に向け、日本の経験や技術を活用し、関係国や国連との協力を積極的に進めます。

私は就任以来、民間にできることは民間に、地方にできることは地方にとの改革を進める一方、国民の安全と安心を確保することこそ国家の重要な役割と考え、その実現に向け努力してまいりました。

ふえ続けてきた犯罪件数は二年連続して減少しましたが、なお凶悪犯罪は多発しており、市民が安心して暮らすことのできる社会を早急に取り戻さなくてはなりません。来年度、三千五百人の警察官を増員し、空き交番の解消に全力を挙げ、世界一安全な国の復活を目指します。

安全は与えられるものではなく、つくるものであります。新宿歌舞伎町を初めとする全国の繁華街から、暴力団や外国人犯罪組織を排除し健全な町に再生するため、地域挙げての住民の自主的な取り組みを支援してまいります。

重大な人権侵害である人身取引の防止は国際的な課題となっており、悪質なブローカーの取り締まりを強化し、罰則を整備するとともに、被害者の保護を徹底します。引き続き、人権救済に関する制度について検討を進めます。

さきの臨時国会で犯罪被害者等基本法が成立しました。犯罪の被害者や遺族が一日も早く立ち直り安心して生活できるよう、相談や情報提供などの支援を充実させてまいります。

テロの脅威が世界的に高まっている中、警察官が航空機に同乗するスカイマーシャルを導入するとともに、国際便の乗客名簿をもとに入国前に不審者を電子的に照合するシステムの運用を開始しました。本年四月からホテル業者による外国人宿泊客の本人確認を徹底するなど、テロの防止対策を強化します。

昨年、長年の懸案であった総合的な有事法制を整備しました。その円滑な実施に向け、有事の際の警報発令から住民の避難、救援など、国や地方自治体のとるべき措置の手順を定め、制度の運用に万全を期します。

東西の冷戦終結後、我が国を取り巻く環境が大きく変わる中、新たな防衛計画の大綱と中期防衛力整備計画を策定しました。いわゆる冷戦型の侵略に備えた装備や要員など既存の防衛体制を抜本的に見直し、テロや弾道ミサイルなど新たな脅威に対応するとともに、国際平和協力活動に主体的に取り組んでまいります。

我が国では、二〇〇七年から人口減少社会が到来すると言われております。約七百万人の団塊の世代が高齢期を迎えるなど、世界でも経験したことのない速さで少子高齢化が進みます。経済活力を維持しつつ、社会保障制度を将来にわたって持続可能なものとしていくためには、与野党が立場を超えて、公的年金制度の一元化を含め、社会保障の一体的見直しに早急に取り組まなければなりません。

介護保険制度の安定に向け、できるだけ介護が必要な状態にならないよう、予防を重視したシステムへ転換するとともに、在宅と施設介護の利用者負担の公平化と年金給付との調整を図るため、施設入所者に居住費用と食費を負担していただくなど、制度全般を見直します。

さまざまな障害を持つ方が地域で自立できるよう、市町村が一元的にサービスを提供する体制を整備するとともに、雇用対策を強化します。公共施設のみならず、制度や意識の面でも社会のバリアフリー化を引き続き推進いたします。

少ない患者負担でより多くの先進的な医療技術や医薬品を利用できるよう、安全面に十分配慮しながら、混合診療を解禁することにしました。約二千の医療機関で、百種類の最先端の治療が受けられるようになります。年間三十兆円を超える医療費を審議する中央社会保険医療協議会のあり方については、公正、中立、透明性を確保する観点から見直します。

長生きを喜べる社会を目指し、本年から実施する十カ年の健康フロンティア戦略に基づいて、がんや脳卒中などの生活習慣病対策を進めます。

明るく健やかな生活に欠かすことのできないスポーツの振興を図るため、トップレベルのスポーツ選手を育成するとともに、生涯を通じてスポーツに親しめる環境を整備します。

社会保険庁の信頼を回復しなければなりません。親切なサービスの提供、むだな予算執行の排除など緊急に実施すべき取り組みを開始しました。組織のあり方については、抜本的に見直してまいります。

少子化の流れを変えるため、新たに策定した子ども・子育て応援プランに基づき、待機児童ゼロ作戦を引き続き推進するとともに、現在六〇％の育児休業制度の普及率を五年後には一〇〇％にすることを目指します。安心して子供を生み育て、子育てに喜びを感じることのできる環境を整備してまいります。また、女性がその能力を発揮し、新しい事業の展開や地域づくりなど、あらゆる分野でチャレンジできるよう支援します。

国民に身近で頼りがいのある司法を実現するため、裁判の迅速化や刑事裁判に国民が参加する裁判員制度の導入など、我が国の司法制度のあり方を半世紀ぶりに改めました。今後は、制度の着実な実施を図ってまいります。

消費者保護を最優先に、科学的知見に基づき、正確でわかりやすい情報を国民に提供することで、食品の安全確保に取り組んでまいります。米国産牛肉の輸入再開については、日本と同等の措置を米国に求めることを基本に協議します。

私は、官から民へ、国から地方への改革は経済の再生や簡素で効率的な政府の実現につながると確信し、改革の具体化に全力を傾けてまいりました。

この方針を最も大胆かつ効果的に進めていくには、郵便局を通じて国民から集めた三百五十兆円もの膨大な資金を公的部門から民間部門に流し、効率的に使われるような仕組みをつくることが必要です。資金の入り口の郵便貯金と簡易保険、出口の特殊法人、この間をつないで資金を配分している財政投融資制度、これらを全体として改革し、資金の流れを官から民へ変えなければなりません。

私はこれまでこの構造にメスを入れてきましたが、残された大きな改革、すなわち改革の本丸が郵政民営化であります。昨年九月に決定した基本方針に基づいて、平成十九年四月に郵政公社を民営化する法案を今国会に提出し、成立を期します。

郵便、郵貯、簡保、いずれの分野でも、民間企業が同様のサービスを提供しています。公務員でなくてはできない事業ではありません。郵政民営化が実現すれば、郵政公社の職員が民間人となります。従来免除されていた税金が支払われ、政府の保有する株式が売却されれば、財政再建にも貢献します。郵政民営化は、まさに小さな政府を実現するために欠かせない行財政改革の断行そのものであります。

民間にできることは民間に、行財政改革を断行しろ、公務員を減らせと言いながら郵政民営化に反対というのは、手足を縛って泳げというようなものだと思います。

質の高い多様なサービスを提供するため、民営化においては、国の関与をできるだけ控え、民間企業と同一の条件で自由な経営を可能とします。国鉄や電電公社は民営化されて、むしろ従来よりサービスの質が向上しました。職員が意欲的に働くことができ、過疎地を含め身近にある郵便局が市町村の行政事務を代行したり、民間の商品を取り次いだり、ますます便利な存在になるようにします。障害者向けの郵便料金の軽減など、社会や地域への貢献にも配慮いたします。

民営化する以上、窓口サービス、郵便、郵貯、簡保といった郵政公社の各機能を自立させ、事業ごとの損益を明確化して経営する必要があります。

このため、持ち株会社のもとに機能ごとに四つの事業会社を設立するとともに、郵便貯金会社と郵便保険会社については、他の事業会社の経営状況に左右されないよう株式を売却して民有民営を実現します。それまでの移行期においては、民業圧迫とならないよう有識者による監視組織を活用しながら、段階的に業務を拡大します。既に契約した郵貯、簡保については、新しい契約と勘定を分離して引き続き政府保証をつけます。国債市場への影響を考慮した適切な資産運用を行います。

私は、こうした郵政民営化が新しい日本の扉を開くものと確信し、その実現に全力を傾注してまいります。（拍手）

道路関係四公団は、本年十月に、日本道路公団を地域分割した上で民営化します。各社がお互い競争しながら、利用者の要望に沿ったサービスを提供するとともに、債務は四十五年以内にすべて返済します。高速自動車国道の通行料金は、ＥＴＣを活用した割引制度により、昨年十一月から順次引き下げており、本年四月には予定どおり、平均一割以上の引き下げを実現します。

地方が知恵と工夫に富んだ施策を展開し、住民本位の地域づくりを行えるよう、地方自治体に権限と財源を移譲しなければなりません。

このため、私は、国の補助金の削減、国から地方への税源移譲、地方の歳出の合理化とあわせた地方交付税の見直しの三つを同時に進めることにし、三位一体の改革方針を指示しました。補助金改革の具体案は地方分権の主体となる地方が作成し、これを国と地方で協議する場を設け、地方の提案を真摯に受けとめて、改革案を取りまとめました。

今年度の一兆円に加え、来年度から二年間で三兆円程度の補助金を改革し、十六年度に措置した額を含めておおむね三兆円規模の税源移譲を目指します。十七年度は、一兆七千億円余の補助金の廃止・縮減等を行い、一兆一千億円余の税源を移譲すると同時に、地方自治体の安定的な財政運営に必要な交付税を確保しました。

義務教育のあり方と、費用負担に関する地方案を生かす方策については、国の責任を引き続き堅持する方針のもと、今年中に結論を出します。

引き続き市町村合併を推進するとともに、北海道が道州制に向けた先行的取り組みとなるよう支援いたします。

昨年末に決定した「今後の行政改革の方針」に従って、独立行政法人については、三十二法人を二十二法人に再編し、八千三百人余りの役職員を非公務員化することにいたしました。国の行政機関の定員は、来年度からの五年間で一割以上の削減を目指すとともに、治安などの分野に重点的に配置します。能力・実績主義の人事評価を試験的に実施するとともに、再就職管理を適正化するなど、公務員制度改革を進めます。

民間と競合する住宅金融公庫の直接融資の廃止や都市再生機構のニュータウン事業からの撤退など抜本的な見直しを実施し、最大時四十兆円あった財政投融資の規模は、来年度の計画では半分以下の十七兆円に抑えました。

市場化テストは、政府と民間とが対等な立場で競争することを通じて、行政の効率化と公共サービスの質の向上、受け皿となる民間企業の活性化を図るものです。十七年度は、ハローワークの中高年向け再就職支援、社会保険庁の保険料未納者に対する督促や年金の電話相談などを対象として開始するとともに、本格的導入に向けた検討を進めます。

私は、改革なくして成長なしの方針のもと、デフレの克服と経済の活性化を目指し、金融、税制、規制、歳出の改革を実行してきました。主要銀行の不良債権残高はこの二年半で十五兆円減少し、不良債権比率を目標実現に向け四％台に減らすことができました。バブル崩壊後の負の遺産の整理のめどがついた今、構造改革の取り組みをさらに加速しなければなりません。

ペイオフ解禁は予定どおり四月から実施いたします。健全な競争の促進と利用者保護を図り、多様な金融商品やサービスを国民が身近に利用できる金融サービス立国を目指します。

日本経済は、公共投資など政府の財政出動に頼ることなく、企業収益の改善、設備投資や個人消費の増加など民間主導で回復してきました。一方で、経済をめぐる情勢は依然として地域ごとにばらつきが見られます。あらわれてきた改革の芽を地域や中小企業にも広く浸透させ、大きな木に育てるとともに、日銀と一体となってデフレを克服してまいります。

二〇一〇年代初頭には、政策的な支出を新たな借金に頼らずにその年度の税収等で賄えるよう、歳出歳入の両面から財政構造改革を進めます。来年度予算は、一般歳出を三年ぶりに前年度以下に抑制し、新規国債発行額を四年ぶりに減額しました。増額したのは社会保障と科学技術振興の分野のみで、防衛費は三年連続、公共事業は四年連続でマイナスにするなど、重点的に予算を配分しました。

平成十一年に景気対策の一環として導入した定率減税は、経済情勢を踏まえ、来年の一月から所得税、六月から個人住民税について、それぞれ半減いたします。三位一体の改革や社会保障制度の見直しとあわせ、税制の抜本的改革の具体化に向けた取り組みを進めてまいります。

継続審査となっている独占禁止法改正法案の成立を期します。

東京や大阪など大都市が生まれ変わろうとしています。規制の緩和や金融支援により、民間が一体的な地区開発を進め、仕事と生活・文化機能の融合した町づくりの事業が立ち上がってきました。

地域再生計画は全国で二百五十件に上りました。下水道や浄化槽の整備のように、複数の省庁にまたがる同種の公共事業を地域再生のため実施する場合には、窓口を一本化して交付金を地方に配分する仕組みをつくります。構造改革特区は、この二年で四百七十五件誕生しました。そのうち二十六の規制緩和の特例については、特区だけではなく全国で行えるようにします。

外国人旅行者はこの一年間で九十万人ふえ、初めて六百万人を超えました。観光は地域や町の振興につながります。ビジット・ジャパン・キャンペーンの強化や姉妹都市交流の拡大により、二〇一〇年までに外国人訪問者を一千万人にする目標の達成を図ります。既に、中国、韓国からの修学旅行生の査証を免除するとともに、地下鉄の路線や駅名に番号をつけるなど、外国人の受け入れ環境の整備を進めています。美しい自然や景観、地場産業など、各地の個性を生かした観光地づくりを支援します。

外国からの投資は、日本にとって脅威ではなく、技術や経営に新しい刺激を与え、雇用の拡大につながるものです。一昨年五月に総合案内窓口を設置した結果、これまで約百四十社の誘致に成功しており、来年末までの五年間で対日直接投資残高を倍増させることを目指します。

海外では、ナシやリンゴなど日本の農産物が高級品として売れています。やる気と能力のある農業経営を重点的に支援するとともに、企業による農業経営への参入を進め、農産物の輸出増加を目指すなど、攻めの農政に転換いたします。

異なる業種の企業と連携しながら、新技術開発や販路開拓などに挑戦する中小企業を支援してまいります。

子供は社会の宝、国の宝です。学校や家庭、地域など社会全体で、新しい時代を切り開く心豊かでたくましい人材を守り育てていかなければなりません。

教育基本法の改正については、国民的な議論を踏まえ、積極的に取り組んでまいります。

我が国の学力が低下傾向にあることを深刻に受けとめ、学習指導要領全体を見直すなど学力の向上を図ります。

豊かな心と健やかな体の育成に、健全な食生活は欠かせません。大人も子供も食生活の大切さを認識するよう、食育を国民運動として展開してまいります。

若者の働く意欲と能力を高めるために、産業界や地域社会が一体となって、学校における職業教育の充実を図るとともに、生活訓練や労働体験を積ませる合宿を実施するなど、就労対策を進めます。

大学は、知の創造と継承の拠点であります。世界に誇れる研究を重点的に支援するとともに、大学運営に関する第三者評価制度により、質の向上を図ってまいります。世界一流の研究者を集めて、最高水準の教育研究を行う科学技術大学院大学を沖縄県につくるための法人を設立します。

本年は、世界最先端のＩＴ国家実現の目標年であります。今や、我が国のインターネット利用者は八千万人に達し、政府に対する一万三千件の申請や届け出のほぼすべてが家庭や会社のパソコンから行えるようになりました。ＩＴ化の加速に応じ、情報セキュリティー対策を強化してまいります。

日本のアニメは世界各地の子供たちに夢を与えています。映画、アニメなどのコンテンツを活用した事業を振興し、ファッションや食の分野で魅力ある日本ブランドの発信を強化するなど、文化芸術を生かした豊かな国づくりを進めてまいります。

知的財産立国の実現を目指し、深刻化している海外での模倣品・海賊版問題について対策を強化します。

美しい地球を次世代に引き継ぐことは我々の責務です。環境保護と経済発展の両立は可能であり、これを実現するのは科学技術であります。

新しい産業や雇用の創出、国民の健康や生活の質の向上、国の安全や災害の防止に寄与する研究開発を戦略的に推進し、科学技術創造立国を目指します。人の遺伝子情報の医療への応用など基幹技術の研究開発を重点的に支援します。大学発のベンチャー企業は、世界初のマグロの完全養殖に成功した事例など、既に九百社を超えました。産業界、学界との連携をさらに強化します。

三月二十五日から九月二十五日まで、二十一世紀最初の国際博覧会「愛・地球博」が愛知県で開催され、人間と自然とが共生していく未来への道を提示します。政府のパビリオンでは、竹のすだれや打ち水を利用した省エネ型の空調を実現するとともに、生ごみを使った燃料電池発電などのクリーンエネルギーで電力のすべてを賄います。植物からつくられ分解されて土に返る食器を使用するレストランが店を出します。

来月には、地球温暖化防止のための京都議定書が発効します。我が国にとって、温室効果ガスの削減目標を実現することは決して容易ではありません。新しい目標達成計画を早急に策定し、官民挙げてこれを確実に実施しなければなりません。二酸化炭素を吸収する森林の育成や保全に努めてまいります。安全確保を大前提に、原子力発電を推進します。

エネルギー消費量の伸びの著しい運輸分野では、新たに事業者に省エネルギー対策を義務づけるとともに、トラックの共同運送や海上輸送への転換を図るため、幹線道路や港湾での物流拠点の整備を支援します。

就任時に約束したとおり、この三月に政府の公用車をすべて低公害車に切りかえます。同様の取り組みが民間にも広がっており、ある企業グループでは、所有する約一万四千台すべての車を二〇一〇年度までに低公害車にする計画が進んでいます。

ごみゼロ社会の実現に向け、国と地方が一体となって、五年以内に大規模不法投棄を撲滅いたします。昨年の先進国首脳会議で、私は、ごみを減らし、使えるものは繰り返し使い、ごみになったら資源として再利用する社会づくりを提唱しました。

我が国には、工場排水をすべて循環利用するとともに、社内での分別回収の徹底とリサイクルの促進により廃棄物を限りなくゼロに近づけている先端技術メーカーがあります。エアコンなどの家電製品は年間一千万台が引き取られ、ペットボトルの回収率は六割を超え、欧米に比べて極めて高い水準となっています。今月からは自動車のリサイクルが新たに始まりました。地球規模で循環型社会の構築に向けて具体的な行動を起こすため、四月に日本で閣僚級の国際会議を開催します。

我が国は、戦後、世界第二位の経済大国となりましたが、決して軍事大国とはならず、平和主義を貫きながら、ODAや国連分担金などの資金面でも、国連平和維持活動などの人的貢献の面でも、世界の平和と繁栄に積極的な役割を果たしてきました。

創設六十年を迎える国連は、二十一世紀の国際的な諸問題に効果的に対処することが期待されていますが、安全保障理事会は第二次世界大戦直後の枠組みのままであります。これまでの我が国の国際貢献の実績は常任理事国にふさわしいものであり、国連改革の機運が高まっているこの機をとらえ、その一員となるよう外交に一層の力を注いでまいります。(拍手)

イラクの人たちがみずからの手で平和な民主国家をつくり上げることは、日本のみならず、世界の平和と安定に寄与するものであります。我が国は、人的貢献と資金援助を車の両輪として人道復興支援を行ってきました。この一年、サマワでは約六百人の自衛隊員が交代で、住民との交流に心を砕きながら、病院での医療技術支援、給水活動、学校や道路の補修を実施しました。自衛隊員の献身的な活動は、多くの住民から感謝と高い評価を受けています。(拍手)資金面の支援は、発電所や病院の復旧、港湾整備、学用品の支給など十四億ドルに上っており、水や衛生面で延べ二百万人に、教育面で六百万人の生徒に日本の支援の手が差し伸べられました。

これからイラク国土の復興と民主国家の建設が本格化していく中、今月三十日には国民議会選挙が行われる予定です。我が国は、先月、自衛隊の派遣期間を一年延長しました。現地の状況の変化に対して適切な措置を講じながら、隊員の安全確保に万全を期してまいります。イラクが一番苦しいときに日本はイラクの国づくりに協力してくれたと、将来にわたって評価を得られるような活動を継続していきたいと思います。(拍手)

アフガニスタンでは、初の民主選挙によりカルザイ政権が発足しました。アラファト議長逝去後のパレスチナでは、自治政府議長選挙が実施されるなど、平和と繁栄に向けた取り組みが進んでおります。引き続き、中東地域の安定と発展を支援してまいります。

米国との関係は日本外交のかなめであり、日米同盟は、我が国の安全と、世界の平和と安定の礎であります。

陸上自衛隊の仮宿営地に掲げられた日の丸とイラク国旗＝04年2月、サマワ市郊外（写真提供：共同通信社）

政治、経済など多岐にわたる分野において、緊密な連携と対話を続け、日米関係をより強固なものとします。

米軍再編については、米軍駐留による抑止力を維持し、かつ、沖縄等の地元の過重な負担を軽減する観点から、米国との協議を進めてまいります。今後とも、普天間飛行場の移設、返還を含め、沖縄に関する特別行動委員会最終報告の早期実施に努めてまいります。

北朝鮮による拉致問題は、国民の生命と安全にかかわる重大な事項であります。拉致被害者五名とその家族八名の帰国が実現しましたが、なお安否のわからない方々について、先般提出された再調査結果はまことに遺憾であり、北朝鮮に対し厳重に抗議し、一日も早い真相究明と生存者の帰国を強く求めています。対話と圧力の考え方に立って、米国、韓国、中国、ロシアと連携しつつ粘り強く交渉し、拉致、核、ミサイルの問題を包括的に解決し、両国関係の正常化を目指します。

日露修好《しゅうこう》百五十周年に当たる本年は、プーチン大統領の訪日が予定されています。両国で各分野の交流を拡大し、信頼関係を深めてまいります。北方四島の帰属の問題を解決して平和条約を締結するという基本姿勢に変わりありません。

中国は日本にとって、今や米国と並ぶ貿易相手国となるなど、両国関係はますます深まっています。さきの日中首脳会談では、二国間のみならず、国際社会全体にとっても両国関係は極めて重要であるとの認識を共有し、未来志向の日中関係を構築していくことで一致しました。個々の分野で意見の相違があっても、大局的な観点から幅広い分野における協力を強化してまいります。

韓国の盧武鉉大統領とは、昨年、相互に訪問し合い、友好関係を深めました。国交正常化後四十年を迎える今年は日韓友情年として、各分野の交流を一層拡大してまいります。

フィリピンとの経済連携協定の大筋合意を皮切りに、韓国、タイ、マレーシアなどアジア諸国との締結交渉に弾みをつけてまいります。多様性を包み込みながら経済的繁栄を共有する、開かれた東アジア共同体の構築に積極的な役割を果たしていきます。

世界貿易の自由化を進め、途上国を含めたすべての国が利益を得られる貿易体制を構築しなければなりません。ＷＴＯ新ラウンド交渉の最終合意に向けて、精力的に取り組みます。

日ＥＵ市民交流年である今年、拡大したＥＵ二十五カ国の人々と音楽、文化を通じて交流を深める行事を実施するなど、市民レベルの相互理解の強化に努めてまいります。

アフリカを初めとする途上国の開発や貧困の克服など国際的な課題に対処するため、ＯＤＡを戦略的に活用します。

海洋国家として、大陸棚を画定するための調査や周辺の海底資源を探査する船舶の建造など、海洋権益の保全に努めてまいります。

今後も日米同盟と国際協調の重要性をよく認識して、政治、経済の分野のみならず、我が国のすぐれた文化を生かしながら、激動する外交の諸課題に全力で取り組んでまいります。

政治は国民に支えられてこそ成り立つものであり、国民の政治への信頼なくして改革の達成は望めません。政治家一人一人が襟を正すとともに、政治活動の公正性と政治資金の透明性を確保するための法整備を行わなければなりません。

戦後六十年を迎える中、憲法の見直しに関する論議が与野党で行われております。新しい時代の憲法のあり方について、大いに議論を深める時期であると考えます。

このたび、皇室典範《こうしつてんぱん》に関する有識者会議を設置しました。皇位継承を安定的に維持する制度のあり方について検討してまいります。

小泉内閣が誕生して三年九カ月。構造改革を進めてきた結果、ようやく日本社会には、新しい時代に挑戦する意欲と、やればできるという自信が芽生えてきたように思います。私は、内閣総理大臣に就任して以来、日夜、緊張と重圧の中で、いかに総理大臣の職責を全うすべきか、全精力を傾けてまいりました。困難な課題に直面するたびに「天《てん》の将《まさ》に大任《たいにん》をこの人に降《くだ》さんとするや、必ずまずその心志《しんし》を苦しめ、その筋骨《きんこつ》を労《ろう》せしむ」という孟子《もうし》の言葉を胸に、改革の実現に邁進してまいりました。（拍手）

昭和の初期、厳しい経済財政政策を断行するとともにロンドン軍縮条約を結んだ浜口雄幸首相は、軍部や官僚、経済界の強い抵抗や介入の中、不退転の覚悟でみずからの責務を果たすことができれば、たとえ国家のために倒れても本懐《ほんがい》であるとの決意で難局に臨みました。

イラク人道復興支援や北朝鮮問題、郵政民営化など内外の困難な課題が山積する今、ためらうことなく改革を実行しなければ、先人たちが築き上げてきた繁栄の基盤を揺るがし、将来の発展の可能性を閉ざしてしまいます。恐れず、ひるまず、とらわれずの姿勢を貫いて改革を断行することは、まさに私の本懐とするところであります。（拍手）

改革の原動力は国民一人一人であり、改革が成功するか否かは、国民の断固たる意思と行動力にかかっています。日本の将来を信じ、勇気と希望を持って困難に立ち向かおうではありませんか。

国民並びに議員各位の御協力を心からお願い申し上げます。（拍手）

日本を再生し、自信と誇りを持てる社会を築くため、改革なくして成長なし

小泉は長期政権を実現し、絶頂期にあった。二〇〇五年八月、郵政民営化関連法案は参議院で否決されるが、これに対抗して小泉は衆議院の解散・総選挙に打って出る。しかも、党内の反対派を公認から外し、「刺客」と呼ばれた対立候補を擁立、争点を民営化に絞り込んだ「郵政選挙」によって、自民党は圧勝、同時に党内から反対派を排除した。国民の支持で政権を盤石のものとし、法案も成立した。小泉退陣後、郵政民営化の絵は描き変えられることになるが、このときは小泉の思い通りに進んでいた。小泉は首相にとどまるのは総裁任期の九月までと決めており、演説は「残された任期」を意識してのものだった。

小泉純一郎・施政方針演説

第百六十四回国会　二〇〇六年（平成十八年）一月二十日

内閣総理大臣に就任して四年九カ月、私は、日本を再生し、自信と誇りに満ちた社会を築くため、改革なくして成長なし、この一貫した方針のもと、構造改革に全力で取り組んでまいりました。

この間、改革を具体化しようとすると、逆に、成長なくして改革はできない、不良債権処理を進めれば経済が悪化する、財政出動なくして景気は回復しないという批判が噴出しました。道路公団民営化の考えを明らかにしたときは、そんなことはできるはずがない、郵政民営化に至っては暴論とまで言われました。

このような批判が相次ぐ中、揺らぐことなく改革の方針を貫いてきた結果、日本経済は、不良債権の処理

目標を達成し、政府の財政出動に頼ることなく、民間主導の景気回復の道を歩んでいます。道路公団の民営化の際には、初めて高速道路料金の値下げを実施しました。一たび国会で否決された郵政民営化法案は、正論であるとの国民の審判により成立を見ることになりました。（拍手）

改革を進める際には、総論賛成、各論反対に直面し、現状を維持したい勢力との摩擦、対立が起こります。政治は、一部の利益を優先するものであってはならず、国民全体の利益を目指すものでなければなりません。郵政民営化の是非を問うたさきの総選挙における国民の審判は、これを明確に示しました。これまで着実に改革を進めることができたのは、多くの国民の理解と支持があったからこそであります。（拍手）

今日、日本社会には、新しい時代に挑戦する意欲とやればできるという自信が芽生え、改革の芽が大きな木に育ちつつあります。ここで改革の手を緩めてはなりません。私は、自由民主党及び公明党による連立政権の安定した基盤に立って、郵政民営化の実現を弾みに改革を続行し、簡素で効率的な政府を実現します。（拍手）

政府の規模を大胆に縮減するには、国、地方を通じた公務員の総人件費削減、政府系金融機関や独立行政法人などの改革、政府の資産・債務管理の見直し、特別会計の整理合理化は避けて通れません。これらの改革の基本方針を定めた行政改革推進法案を今国会に提出し、成立を期します。

公務員の総人件費を削減いたします。現在六十九万人の国家公務員について、今後五年間で五％以上減らします。横並び、年功序列の給与体系を抜本的に改めるとともに、給与水準も民間の給与実態に合わせたものとなるよう見直します。

政府系金融機関の改革については、民業補完の原則を徹底します。残すべき機能は、中小零細企業や個人の資金調達支援、重要な海外資源の獲得や国際競争力の確保に不可欠な金融、円借款《えんしゃっかん》の三分野に限定し、八つの機関の統廃合や完全民営化を実現いたします。

庁舎、宿舎などの国有財産を有効に活用するため、民間への売却や貸し付けを進めてまいります。

道路特定財源については、現行の税率を維持しつつ、一般財源化を前提に見直しを行います。

公共的な仕事や公益の追求は、国だからできて民間では難しいというこれまでの考え方から脱却し、役所より民間に任せた方が効果的な分野については、官から民への流れを加速します。

官民の競争を通じてすぐれたサービスを提供する市場化テストを実施したところ、ハローワークの就職支援、社会保険庁の国民年金保険料の収納事業、刑務所の周辺警備の三分野で、百二十社を超える入札がありました。本格的導入を内容とする法案を提出し、住民票の写しや戸籍謄本の窓口業務、統計調査の業務など対象の拡大を図ります。

公益法人制度については、明治以来百年ぶりに抜本的な見直しを行い、役所の許可を廃止し登記による設立に改めることなどを内容とする法案を国会に提出します。

国から地方へ、この方針のもと、地方の意見を真摯に受けとめ、三兆円の税源移譲《ぜいげんいじょう》、地方交付税の見直し、四兆七千億円の補助金改革を実施いたします。

三千二百あった市町村が、今年度末には一千八百になります。これに伴い、市町村の議員数は一万八千人減ります。引き続き市町村合併を推進するとともに、北海道が道州制に向けた先行的取り組みとなるよう支援いたします。

来年度予算においては、一般歳出の水準を今年度以下にするとともに、新規国債発行額を削減し、三十兆円以下に抑えました。景気対策の一環として導入した定率減税は、経済情勢を踏まえ廃止します。本年六月を目途に、歳出歳入を一体とした財政構造改革の方向についての選択肢及び工程を明らかにし、改革路線を揺るぎないものといたします。公正で活力ある社会にふさわしい税制の実現に向け、国民的な議論を深めながら、消費税、所得税、法人税、資産税など税体系全体にわたって、あらゆる角度から見直しを行ってまいります。

主要銀行の不良債権残高はこの三年半で二十兆円減少し、金融システムの安定化が実現した今日、貯蓄から投資への流れを進め、国民が多様な金融商品やサービスを安心して利用できるよう、法制度を整備します。どの町も村も、独自の魅力を持っているはずです。地域や町の潜在力を引き出し、日本あるいは世界の中で一流の田舎や都市になろうとする意欲を支援してまいります。

既に七百件を超える構造改革特区が誕生しました。特区第一号に認定された姫路市では、廃棄されたタイヤを再資源化する事業に対し役所の許可を不要としました。今や姫路市は、環境・リサイクル産業の集積地に変貌しつつあります。このほか、幼稚園と保育所の一体的運用など、五十三の規制緩和の特例を全国に拡大しました。

三年前には五百万人だった外国人旅行者は、昨年、愛・地球博の開催や、韓国、台湾に対する査証免除措置などにより、七百万人に迫る勢いです。ビジット・ジャパン・キャンペーンなどにより、二〇一〇年までに外国人旅行者を一千万人にする目標の達成を目指します。

外国からの日本への投資を五年間で倍増させる計画は、着実に進展しています。北海道でスキー観光客向けのリゾート事業を始めたオーストラリアの企業、デジタル家電の研究開発拠点を設けたアメリカ企業など、外国からの投資は、地域の活性化や雇用の拡大につながるとともに、技術に新たな刺激を与え、我が国にとって歓迎すべきものであります。さらに大きな目標を掲げて、一層の投資促進を図ってまいります。

中心市街地の空洞化に歯どめをかけ、高齢者でも暮らしやすい、にぎわいのある町を再構築してまいります。

新産業の創造には、高い技術力により物づくり基盤を支えている中小企業の存在が欠かせません。東京・墨田区にある従業員六名の町工場は、針先をミクロン単位まで細くすることで痛くない注射針を開発するなど、不可能を可能にする物づくりの駆け込み寺と呼ばれています。独創的な技術を持っている人材の確保、育成、新事業への挑戦支援など、やる気のある中小企業を応援してまいります。また、国際競争力の強化、生産性の向上、地域経済の活性化などを目指した新たな成長戦略のあり方を夏までに示します。

世界的な日本食ブームやアジア諸国の生活水準の向上を背景に、リンゴやイチゴ、長芋、コシヒカリ、アワビなど日本の農水産物が海外で高級品として売れています。北海道と青森県のホタテ加工業者は、五年以上かけＥＵの厳しい衛生管理審査に合格して輸出を始め、昨今はアメリカ、韓国へ販路を拡大しています。意欲と能力のある経営に支援を重点化し、攻めの農政を進めます。

市場における公正な競争を確保するため、改正された独占禁止法に基づき、違反行為には厳正に対処します。

社会保障制度を将来にわたり揺るぎないものとしていくため、給付と負担のあり方などを含め制度全般を見直し、年金、介護に続き、本年は医療制度の改革を進めます。

国民皆保険を堅持しつつ、患者本位で持続可能な医療制度となるよう、予防を重視し、医療費の適正化に取り組むとともに、高齢者の患者負担の見直しや診療報酬の引き下げを行います。七十五歳以上の高齢者の医療費を世代間で公平に負担する新たな制度の創設、都道府県単位を軸とした保険者の再編統合を目指します。

年金制度に対する国民の信頼を確保するため、国民年金の未納、未加入対策を強力に推進するとともに、社会保険庁については、年金と医療保険の運営を分離し、それぞれ新たな組織を設置するなど解体的出直しを行います。また、厚生年金と共済年金の一元化に取り組みます。（拍手）

昨年は、出生数が百十万人を下回り、戦後初めて人口が減少すると見込まれます。少子化の流れを変えなくてはなりません。就任時に表明したとおり、昨年度末までに保育所の受け入れ児童を十五万人ふやしました。それでもまだ足りない現状を踏まえ、引き続き待機児童ゼロ作戦を推進いたします。昨年度末には、小学生が親の帰宅までの間、安心して過ごせる場としての放課後児童クラブを、目標どおり一万五千カ所整備しました。さらに、経験豊かな退職者や地域の力をかりて、多様な放課後児童対策を展開いたします。子育て期の経済的負担の軽減を図るために児童手当を拡充するとともに、育児休業制度の普及など企業や地域のきめ細かな子育て支援を進め、子育ての喜びを感じながら働き続けることができる環境を整備してまいります。（拍手）

本年度、審議会等における女性委員の割合を三割にするという目標を達成しました。二〇二〇年までに社会のあらゆる分野において、指導的立場に女性が占める割合が三割になることを目指し、一たん家庭に入った女性の再就職を支援するなど、昨年末に改めて策定した男女共同参画基本計画を推進します。

多くの健康被害が発生しているアスベスト問題に迅速に対処するため、既存の制度では補償を受けられない被害者を救済するための法案を提出するとともに、アスベストの早期かつ安全な除去など被害の拡大防止に取り組みます。（拍手）

鳥インフルエンザの脅威に対しては、資金協力や専門家派遣などの国際支援を行うとともに、治療薬の備蓄、ワクチンの開発と供給を進めてまいります。

昨年十二月、科学的知見を踏まえ、アメリカ産牛肉の輸入を再開しました。消費者の視点に立って、食の安全と安心を確保してまいります。

ことしの春に日本司法支援センターを設立し、秋には全国で業務を開始します。どこでも気軽に法律相談をできるよう、国民に身近で頼りがいのある司法を実現いたします。（拍手）

世界一安全な国日本の復活は、今後も内閣の最重要課題であります。

一昨年四月に二千カ所あった空き交番は、一年間で七百カ所解消しました。平成十九年春までの三年間に空き交番をゼロにします。犯罪を引き起こした者が再び罪を犯す例が後を絶ちません。再犯防止に向け、情報の共有化など関係機関のより緊密な協力体制を構築してまいります。

増加している外国人犯罪に対処するため、入国時に指紋による審査を導入するとともに、警察と入国管理当局の連携を強化して、二十五万人と推定される不法滞在者を平成二十年までに半減することを目指します。

テロの未然防止を図るため、情報の収集、分析、重要施設や公共交通機関の警戒警備等の対策を徹底いたします。

新宿歌舞伎町を初めとする繁華街や一般の住宅地においては、地域住民による防犯活動が活発化しており、二年前には三千だった防犯ボランティア団体が一万四千にふえ、八十万人が自主的にパトロールを行っております。小さな子供たちを犯罪から守るため、警察や学校だけでなく、ＰＴＡや地域住民とも連携して、登下校時の警戒強化、不審者情報の共有などを進めます。

昨年末に決定された基本計画により、犯罪被害者や遺族が一日も早く立ち直り、安心して生活できるよう支援いたします。

一時期一万七千人に及んだ交通事故死者数は、昨年、半世紀ぶりに六千人台に下がりました。五千人以下にすることを目指して交通安全対策を進めるとともに、公共輸送についても、安全管理体制の構築を推進します。

先月に入ってから、寒波や大雪により、各地で被害が発生しています。民家の雪おろしや雪崩の警戒強化、交通や電力の確保、食料品や石油製品の安定供給などの生活支援に万全を期してまいります。

耐震強度の偽装事件（※1）は、住まいという生活の基盤への信頼を土台から崩すものであります。マンションの居住者及び周辺住民の安全を最優先に、居住の安定確保に努めるとともに、国民の不安を解消するため、実態を把握し、書類の偽造を見抜けなかった検査制度を点検し、再発防止と耐震化の促進に全力を挙げます。（拍手）

今後の日本を支えていくのは人であります。物で栄えて心で滅ぶことのないよう、新しい時代を切り開く心豊かでたくましい人材を育てていかなければなりません。

教育基本法については、国民的な議論を踏まえ、速やかな改正を目指し、精力的に取り組んでまいります。社会の中で子供を健やかに育てるとの認識に立ち、学校だけでなく、家庭や地域と連携しながら、体験活動や触れ合い交流を通じて命のとうとさ、社会貢献の大切さを教え、道徳や規範意識を身につけることを促します。

豊かな心と健やかな体の育成に、健全な食生活は欠かせません。食育推進基本計画を策定し、食生活の改善に加え、我が国の食文化の普及、地元の食材を使った給食の推進など、食育を国民運動として展開してまいります。（拍手）

教育現場の創意工夫を促すとともに、習熟度別の指導、学校の外部評価、保護者や地域住民の学校運営への参画、学校選択制の普及を通じて、教育の質の向上を図ります。

国民に夢と感動を与えるトップレベルのスポーツ選手を育成するとともに、国民が生涯を通じてスポーツに親しめる環境を整備いたします。

定職につかず臨時的に仕事に従事しているフリーターや、学業、仕事、職業訓練いずれにもつかないニートと呼ばれる人が増加しています。民間の力を活用して研修を全国で実施するなど、若者の就業を支援します。

文化芸術は、国の魅力を世界に伝えるだけでなく、多様な価値観を有する世界各国の間をつなぐかけ橋になると信じます。伝統文化ばかりでなく、映画やアニメ、ファッションなど、我が国の文化芸術は世界で高く評価され、多くの人々を魅了しています。新進気鋭の人たちによる創作活動を支援したり、子供たちに我が国の文化芸術を体験させる活動を充実するとともに、日本ブランドを育成し、国内外に広く発信してまいります。模倣品、海賊版の取り締まり強化や特許審査の迅速化など、知的財産を創造し、保護、活用するための基盤を整備します。

科学技術の振興なくして我が国の発展はありません。科学技術創造立国の実現に向け、国全体の予算を減

らす中、科学技術の分野は増額し、第三期基本計画を策定して研究開発を戦略的に実施してまいります。（拍手）

大学発ベンチャー企業は一千百社を超え、地域と協力しながら、町づくりや地域再生の核となっている大学もあらわれています。沖縄に科学技術大学院大学を設立するため、法人を立ち上げました。世界最高水準を目指し、教員、学生の半分以上を外国から迎えるとともに、アジアなど海外の大学との連携を図ってまいります。

就任時に約束したとおり、政府の公用車をすべて低公害車に切りかえました。今や、ペットボトルの六割以上が回収され、その大半がシャツやふろしき、卵パックなどに生まれ変わっています。物を大切にするもったいないという心と科学技術の力を結びつけ、ごみを減らし、使えるものは繰り返し使い、ごみになったら資源として再利用する社会を実現し、環境保護と経済発展の両立を図ります。（拍手）

原油価格の高騰が続いていますが、今日の世界情勢を踏まえ、安全保障の観点から、石油や天然ガスの安定供給の確保、省エネルギーの一層の促進、新エネルギーの開発、安全を大前提とした原子力発電の推進に取り組んでまいります。

我が国にとって、京都議定書で約束した目標を達成することは容易ではありません。人類を脅かす気候変動問題の解決に向け、昨年策定した計画を官民挙げて着実に進めます。すべての国が行動を起こし、世界が一つになって温暖化対策を進めていくことができるよう、アメリカ、中国、インド等も参加する共通ルールの構築に向け、主導的な役割を果たしてまいります。（拍手）

我が国は、この四年半で、高速インターネットの加入者数が八十五万から二千二百万人へ、インターネットを使った株式取引の割合が六％から二九％へそれぞれ急成長し、世界で最も低い料金で素早く多くの情報に接することができる、世界最先端のＩＴ国家となりました。ＩＴ新改革戦略に基づき、診療報酬明細書の完全オンライン化や役所に対する電子申請の利用拡大などを進め、高い信頼性と安全性が確保され、国民一人一人がＩＴの恩恵を実感できる社会をつくってまいります。

「国際社会において、名誉ある地位を占めたいと思ふ。」この憲法前文の精神を体して、戦後、我が国は、自由と民主主義を守り、平和のうちに豊かな社会を築いてまいりました。今後も、日米同盟と国際協調を外交の基本方針として、いかなる問題も武力によらずに解決するとの立場を貫き、世界の平和と安定に貢献してまいります。（拍手）

在日米軍の兵力の構成見直しに当たっては、抑止力の維持と沖縄を初めとする地元の負担軽減の観点から、関係自治体や住民の理解と協力が得られるよう、全力を傾注いたします。

テロとの闘い、貧困の克服、感染症対策など国際社会が抱える問題に対して、ＯＤＡの戦略的活用や人的貢献により、日本も積極的に協力してまいります。国連が効果的に機能するよう、安全保障理事会を含めた国連の改革に取り組みます。

イラク国民は、みずからの手で平和な民主国家をつくり上げようと、テロに屈せず、懸命に努力しています。二年にわたるサマワでの自衛隊員の献身的な活動は、医療指導や住民への給水に加え、多くの学校や道路の改修など多岐にわたっており、我が国自衛隊は、日本国民の善意を実行する部隊として、現地から高い評価と信頼を得ております。現地情勢と国際社会の動向を注視しつつ、自衛隊員の安全確保に万全を期しながら、日本は国際社会の責任ある一員として、イラクの国づくりを支援してまいります。（拍手）

先月、国連総会で、北朝鮮の人権状況を非難する決議が初めて採択され、拉致問題の解決の必要性が国際社会において広く認識されました。北朝鮮との間では、平壌宣言を踏まえ、拉致、核、ミサイルの問題を包括的に解決するため、関係国と連携しながら粘り強く交渉してまいります。

ロシアとの間では、北方四島の帰属の問題を解決して平和条約を早期に締結するとの基本方針のもと、さまざまな分野における協力を拡大いたします。

中国、韓国とは、経済、文化、芸術、スポーツなど幅広い分野において、いまだかつてないほど交流が盛んになっています。中国はアメリカを抜いて我が国最大の貿易相手国となり、四十年前の国交正常化当時は年間一万人だった日韓の人の交流は、今や一日一万人を超えています。一部の問題で意見の相違や対立があっても、中国、韓国は我が国にとって大事な隣国であり、大局的な視点から協力を強化し、相互理解と信頼に基づいた未来志向の関係を築いてまいります。（拍手）

先月開催された東アジア首脳会議では、多様性を認め合いながら、自由と民主主義を尊重し、貿易の拡大、テロの根絶、鳥インフルエンザ対策などに協力して取り組み、開かれた東アジア共同体を目指すことで一致しました。ＡＳＥＡＮ諸国の地域統合を支援するとともに、アジア太平洋諸国との友好関係を増進してまいります。

ＷＴＯ新ラウンド交渉は成功させなければなりません。日本は、後発の開発途上国から輸入する産品の関税を原則撤廃するとともに、途上国が新たな市場を開拓できるよう支援いたします。

昨年十二月、マレーシアと経済連携協定に署名しました。さらに、アジアを初め各国との協定締結に向け、精力的に取り組みます。

我が国周辺の大陸棚及び海底資源の調査を進め、海洋権益の確保に万全を期してまいります。

テロや弾道ミサイル等の新たな脅威や緊急事態に対して、国や地方、国民が迅速かつ的確に行動できるよう、国民保護法に基づき、有事における態勢を整備します。

象徴天皇制度は、国民の間に定着しており、皇位が将来にわたり安定的に継承されるよう、有識者会議の報告に沿って、皇室典範の改正案を提出します。

戦後六十年を経て、憲法の見直しに関する議論が各党で進んでいます。新しい時代の憲法のあり方について、国民とともに大いに議論を深める時期であります。憲法改正のための国民投票の手続を定める法案については、憲法の定めに沿って整備されるべきものと考えます。

我が国は、明治維新以降、幾たびか国家存亡の危機に立たされました。戦後の平和な時期においても、二度の石油危機、円高ショック、あるいは阪神・淡路大震災を初めとする大災害など、経済と国民生活の根幹を揺るがす危機に見舞われました。しかしながら、先人たちはいずれの難局をも克服し、日本は今日まで発展を遂げてまいりました。

いつの時代においても、高い志を抱いて行動する人々が大きな役割を果たしています。さきの総選挙では、経歴や学歴にかかわらず、政治を変えたいという志ある人が何人も国会議員に当選しました。欧米諸国で日本食を広めている料理人、フランスでワイン醸造を始めた女性など、海外のさまざまな分野で日本人が活躍しています。また、外国人が日本に来て、廃業寸前の造り酒屋を再建し町おこしに貢献したり、しにせ旅館のおかみとなり地域の温泉地を国内外に広めるなど、生き生きと活動している例も多く見られます。国技である相撲では、朝青龍《あさしょうりゅう》や琴欧州《ことおうしゅう》の外国人力士が活躍する一方、野球の本場アメリカでは、野茂、イチロー、松井、井口選手など大リーガーとして立派な成績を上げています。皆、志を持って挑戦し、懸命に努力し、さまざまな試練を克服して、夢と希望を実現しています。(拍手)

我々には、難局に敢然と立ち向かい困難を乗り越える勇気と、危機を飛躍につなげる力があります。先人たちの築き上げた繁栄の基盤をさらに強固にし、新しい時代、激動する内外の環境変化に対応できる体制を構築しなければなりません。

幕末の時代、吉田松陰は、志士は溝壑《こうがく》にあるを忘れず、すなわち、志ある人は、その実現のためには溝や谷に落ちてしかばねをさらしても構わないと常に覚悟しているという孔子の言葉で、志を遂げるためにはいかなる困難をもいとわない心構えを説きました。

私は、改革をとめるなとの国民の声を真摯に受けとめ、あすの発展のため、残された任期、一身を投げ出し、内閣総理大臣の職責を果たすべく全力を尽くす決意であります。
国民並びに議員各位の御協力を心からお願い申し上げます。（拍手）

※1：**耐震強度の偽装事件**　構造計算書の偽造により建築基準法で定められた耐震基準を満たさない建築物件を建設・販売した事件。元一級建築士ヒューザー社長姉歯秀次、木村建設元社長木村盛好、指定確認検査機関イーホームズ社長藤田東吾ら各容疑者八人が逮捕された。「姉歯事件」ともいわれる。

活力とチャンスと優しさに満ち溢れ、世界に開かれた「美しい国、日本」を

五年五カ月続いた小泉政権を継いだのは安倍晋三。祖父は岸信介、父は次の首相といわれながら、その座をついに得なかった安倍晋太郎。安倍晋三は政界のプリンスであり、外務、財務（大蔵）などの重要閣僚経験はなかったものの、小泉内閣で官房長官、自民党幹事長などを務め、帝王学を学んだ。総裁選では麻生太郎、谷垣禎一に圧勝。このとき五十二歳。初めての戦後生まれの首相だった。小泉の「聖域なき構造改革」は日本経済を活性化させる一方、市場経済は厳しい競争社会を生み、「勝ち組」「負け組」に象徴される格差問題など「痛み」の部分も目立ち始めた。安倍は「美しい国」というビジョンを打ち出す。

安倍晋三・所信表明演説

第百六十五回国会　二〇〇六年（平成十八年）九月二十九日

このたび、私は、内閣総理大臣に任命されました。日本が厳しい時期を乗り越え、新世紀の発展に向けた出発点に立った今、初の戦後生まれの総理として、国政を預かる重責を与えられたことに身の引き締まる思いです。多くの国民の期待を正面から真摯に受けとめ、身命を賭して職務に取り組んでまいります。（拍手）

国政を遂行するに当たり、私は、まず、みずからの政治姿勢を、国民の皆様並びに議員各位に明らかにいたします。

私は、特定の団体や個人のための政治を行うつもりは一切ありません。額に汗して勤勉に働き、家族を愛

安倍晋三（あべ・しんぞう）

1954年～。東京都生まれ。首相在任期間：2006年9月26日～2007年9月26日（第一次安倍政権・2015年7月現在第二次安倍政権継続中）。成蹊大学法学部卒業。母方の祖父は岸信介。神戸製鋼勤務、父安倍晋太郎の秘書を経て1993年晋太郎の急死により総選挙に出馬、初当選。小泉内閣で内閣官房長官に就任。2006年の総裁選に立候補、圧勝する。首相在任中に閣僚の相次ぐ不祥事、年金記録問題、2007年参議院議員選挙での大敗、持病である潰瘍性大腸炎の悪化等が重なり同年9月総辞職、辞任する。病院を退院後、自宅療養に入るが2008年から政治活動を再開、2012年の総裁選に再度立候補し勝利する。祖父岸信介の影響を強く受け、典型的なタカ派の政治家。2015年現在、安定政権となり株高誘導の経済政策アベノミクス、憲法解釈変更による集団的自衛権行使を強力に推し進めている。

写真提供：毎日新聞社

し、自分の暮らす地域やふるさとをよくしたいと思い、日本の未来を信じたいと願っている人々、そして、すべての国民の期待にこたえる政治を行ってまいります。みんなが参加する、新しい時代を切り開く政治、だれに対しても開かれ、だれもがチャレンジできる社会を目指し、全力投球することを約束いたします。

我が国は、経済、社会全般にわたる構造改革と国民の自助努力の相乗効果により、長い停滞のトンネルを抜け出し、デフレからの脱却が視野に入るなど、改革の成果があらわれ、未来への明るい展望が開けてきました。

一方、人口減少が現実のものとなるとともに、都市と地方の間における不均衡や、勝ち組、負け組が固定化することへの懸念、厳しい財政事情など、我が国の今後の発展にとって解決すべき重要な課題が、我々の前に立ちはだかっています。家族の価値観、地域の温かさが失われたことによる痛ましい事件や、ルール意識を欠いた企業活動による不祥事が多発しています。さらに、北朝鮮のミサイル発射や、テロの頻発など、国際社会の平和と安全に対する新たな脅威も生じています。

このような状況にあって、今後のあるべき日本の方向を勇気を持って国民に指し示すことこそ、一国のトップリーダーの果たすべき使命であると考えます。（拍手）

私が目指すこの国の形は、活力とチャンスと優しさに満ちあふれ、自律の精神を大事にする、世界に開かれた「美しい国、日本」であります。この美しい国の姿を、私は次のように考えます。

一つ目は、文化、伝統、自然、歴史を大切にする国であります。

二つ目は、自由な社会を基本とし、規律を知る、凛とした国であります。

三つ目は、未来へ向かって成長するエネルギーを持ち続ける国であります。

四つ目は、世界に信頼され、尊敬され、愛される、リーダーシップのある国であります。

この美しい国の実現のため、私は、自由民主党及び公明党による連立政権の安定した基盤に立って、美しい国創り内閣を組織しました。世界のグローバル化が進む中で、時代の変化に迅速かつ的確に対応した政策決定を行うため、官邸で総理を支えるスタッフについて、各省からの順送り人事を排し、民間からの人材も含め、総理みずからが人選する枠組みを早急に構築するなど、官邸の機能を抜本的に強化し、政治のリーダーシップを確立します。未来は開かれているとの信念のもと、たじろぐことなく、改革の炎を燃やし続けてまいります。（拍手）

我が国が二十一世紀において美しい国として繁栄を続けていくためには、安定した経済成長が続くことが不可欠なことは言うまでもありません。人口減少の局面でも、経済成長は可能です。イノベーションの力とオープンな姿勢により、日本経済に新たな活力を取り入れます。

成長に貢献するイノベーションの創造に向け、医薬、工学、情報技術などの分野ごとに、二〇二五年までを視野に入れた長期の戦略指針「イノベーション25」を取りまとめ、実行します。自宅での仕事を可能にするテレワーク人口の倍増を目指すなど、世界最高水準の高速インターネット基盤を戦略的にフル活用し、生産性を大幅に向上させます。

アジアなど海外の成長や活力を日本に取り込むため、お互いに国を開く経済連携協定への取り組みを強化するとともに、WTOドーハ・ラウンド交渉（※1）の再開に尽力します。地方の活性化にも資する海外からの投資を二〇一〇年にGDP比で倍増する計画の早期達成を目指します。アニメや音楽などのコンテンツ、食文化や伝統文化などについて、国際競争力や世界への情報発信力を強化する日本文化産業戦略を策定します。今後五年以内に、主要な国際会議の開催件数を五割以上伸ばし、アジアにおける最大の開催国を目指します。その他、使い勝手も含めた日本の国際空港などの機能強化も早急に進め、人、物、金、文化、情報の流れにおいて、日本がアジアと世界のかけ橋となるアジア・ゲートウエー構想を推進します。

新たな日本が目指すべきは、努力した人が報われ、勝ち組と負け組が固定化せず、働き方、学び方、暮らし方が多様で複線化している社会、すなわち、チャンスにあふれ、だれでも再チャレンジ可能な社会です。格差を感じる人がいれば、その人に光を当てるのが政治の役割です。私は、内閣の重要課題として、総合的な再チャレンジ支援策を推進します。（拍手）

新卒一括採用システムの見直しや、パート労働者への社会保険の適用拡大などを進めます。再チャレンジ職場体験制度の創設や団塊世代などベテラン人材の再雇用の促進といった、再び仕事を始めるためのハードルを引き下げる取り組みも行います。二〇一〇年までにフリーターをピーク時の八割に減らすなど、女性や高齢者、ニートやフリーターの積極的な雇用を促進します。再チャレンジする起業家の資金調達を支援するとともに、個人保証に過度に依存しない融資制度を推進します。こうしたさまざまな再チャレンジを支援する民間や自治体の取り組みを応援するため、内閣総理大臣による表彰制度を新たに設けます。

地方の活力なくして国の活力はありません。やる気のある地方が自由に独自の施策を展開し、魅力ある地方に生まれ変わるよう、必要となる体制の整備を含め、地方分権を進めます。知恵と工夫にあふれた地方の実現に向け、支援も行います。地場産業の発掘・ブランド化や、少子化対策への取り組み、外国企業の誘致などについて、その地方独自のプロジェクトをみずから考え、前向きに取り組む自治体に対し、地方交付税の支援措置を新たに講ずる、頑張る地方応援プログラムを来年度からスタートさせます。（拍手）

活力に満ちた日本経済には、全国四百三十万の中小企業の元気が不可欠です。中小企業の知恵とやる気を生かし、地域資源などを活用した新商品、新サービスの開発や販売を促進します。

地方を支える農林水産業は、新世紀にふさわしい戦略産業としての可能性を秘めています。日本の農林水産物や食品は国内向けとの固定観念を打破するため、おいしく安全な日本産品の輸出を、平成二十五年までに一兆円規模とすることを目指します。人生二毛作の実現に向け、就業を促進する仕組みをつくります。

ＮＰＯなど公の担い手を支援し、官と民との新たなパートナーシップを確立します。

我が国財政は極めて厳しい状況にあり、人口減少や少子高齢化が進めば、将来の世代に一層重い負担がかかることは明らかです。歳出歳入の一体改革に正面から取り組みます。成長なくして財政再建なしの理念のもと、引き続き、経済財政諮問会議を活用して、経済成長を維持しつつ、国民負担の最小化を第一の目標に、歳出削減を徹底し、ゼロベースの見直しを行います。（拍手）

二〇一〇年代半ばに向け、債務残高の対ＧＤＰ比を安定的に引き下げるため、今後五年間に歳出改革を計画的に実施し、まずは二〇一一年度に国と地方の基礎的な財政収支、プライマリーバランスを確実に黒字化します。このため、来年度予算編成に当たっては、成長に資する分野への重点化とともに、効率化を徹底して、めり張りのきいた配分を行い、新規の国債発行額を今年度の二十九兆九千七百三十億円を下回るようにするなど、着実に黒字化に向けての第一歩を踏み出します。（拍手）

国や地方の無駄や非効率を放置したまま、国民に負担増を求めることはできません。抜本的な行政改革を強力に推進し、簡素で効率的な、筋肉質の政府を実現します。

国の行政機関の定員について、五年で約一万九千人以上の純減を行うなど、公務員の総人件費を徹底して削減します。公務員の労働基本権など、公務員制度全般について、国民の意見を十分に聞きながら見直しを進めます。平成二十年度から政策金融機関を一つに統合するとともに、国の資産の売却、圧縮を積極的に進め、平成二十七年度までに政府の資産規模のGDP比での半減を目指します。郵政民営化法の基本理念に沿って、平成十九年十月からの郵政民営化を確実に実施します。公共サービス改革法に基づく市場化テストの積極的な実施により、官業を広く民間に開放し、民間活力を最大限活用します。特別会計の大幅な見直しを実行に移すとともに、道路特定財源については、現行の税率を維持しつつ、一般財源化を前提に見直しを行い、納税者の理解を得ながら、年内に具体案を取りまとめます。公共事業については、これまでの改革努力を継続する中で、未来への投資となる、真に必要な社会資本の整備を、重点化や効率化を徹底しながら実施します。

地方の行財政改革を進め、自治体の再建法制の整備に向けた検討など、地方の自律を求めます。

このような改革を徹底して実施した上で、それでも対応し切れない社会保障や少子化などに伴う負担増に対しては、安定的な財源を確保するため、抜本的、一体的な税制改革を推進し、将来世代への負担の先送りを行わないようにします。消費税については、逃げず、逃げ込まずという姿勢で対応してまいります。（拍手）

さらに、二十一世紀にふさわしい行政機構の抜本的な改革、再編や、道州制の本格的な導入に向けた道州制ビジョンの策定など、行政全体の新たなグランドデザインを描いてまいります。

本格的な人口減少社会の到来に備え、老後や暮らしに心配なく、国民一人一人が豊かな生活を送ることができる、安心の社会を構築しなければなりません。年金、医療、介護を柱とする社会保障制度は、本来日本人が持っている助け合いの精神の延長上にあるもので、人生のリスクに対するセーフティーネットであります。自立の精神を大切にし、わかりやすく、親切で信頼できる、持続可能な日本型の社会保障制度を構築すべく、

制度の一体的な改革を進めます。（拍手）
公的年金制度は、国が責任を有しており、破綻したり、払い損になったりすることはありません。若い世代も安心できるよう、制度に対する信頼を取り戻さなければなりません。どれぐらいの期間幾ら払い、将来幾らもらえるかを若いときから定期的にお知らせするねんきん定期便の仕組みを一刻も早く整備するなど、親切で国民にわかりやすい年金制度を確立します。社会保険庁は、解体的出直しを行います。（拍手）厚生年金と共済年金の一元化を早急に実現し、官民の公平性を確保します。
医療や介護につきましては、政策の重点を予防へと移し、健康寿命を伸ばす新健康フロンティア戦略を推進します。レセプトの電子化などにより医療費適正化に取り組むとともに、小児科、産婦人科等の医師不足対策の推進など、地域医療の体制整備に努めてまいります。
我が国は、昨年初めて、総人口が減少に転じていく人口減少社会を迎え、合計特殊出生率も一・二五と、過去最低の水準になりました。直近の出生数は昨年を上回っていますが、第二次ベビーブーム世代がまだ三十歳代である残り五年程度のうちに、速やかに手を打たなければなりません。内閣の総力を挙げて少子化対策に取り組み、子育てフレンドリーな社会を構築します。出産前後や乳幼児期における経済的負担の軽減を含め、子育て家庭に対する総合的な支援を行うとともに、働き方についても、子育てを応援する観点から改革を進めていきます。子育てのすばらしさ、家族の価値を社会全体で共有できるよう、意識改革に取り組みます。
国民の安全を確保するのは、政府の基本的な責務です。子供が犠牲となっている凶悪事件や飲酒運転による悲惨な事故が相次いでいます。地域社会との連携の強化や取り締まりの徹底などにより、世界一安全な国日本の復活に全力を尽くします。（拍手）
最近、エレベーターの事故や、ガス瞬間湯沸かし器による一酸化炭素中毒といった、規律の緩みを思わせる事故が相次いでいます。事故リスク情報の公開や安全規制の強化など、再発防止に向けて取り組んでまいります。

　二〇〇八年から始まる京都議定書の約束を実行するため、京都議定書目標達成計画を着実に推進します。政府としても、地球温暖化防止の取り組みをまず身近なことから始めるとの考えのもと、地方支分部局も含め国の庁舎について、太陽光発電の導入や建物の緑化を進めます。自動車燃料にバイオエタノールを利用するなど、バイオマスの利用を加速化します。（拍手）

　私が目指す「美しい国、日本」を実現するためには、次代を背負って立つ子供や若者の育成が不可欠です。ところが、近年、子供のモラルや学ぶ意欲が低下しており、子供を取り巻く家庭や地域の教育力の低下も指摘されています。

　教育の目的は、志ある国民を育て、品格ある国家、社会をつくることです。吉田松陰は、わずか三年ほどの間に、若い長州藩士に志を持たせる教育を行い、有為な人材を多数輩出しました。小さな松下村塾が明治維新胎動の地となったのです。家族、地域、国、そして命を大切にする、豊かな人間性と創造性を備えた規律ある人間の育成に向け、教育再生に直ちに取り組みます。（拍手）

　まず、教育基本法案の早期成立を期します。

　すべての子供に高い学力と規範意識を身につける機会を保障するため、公教育を再生します。学力の向上については、必要な授業時間数を十分に確保するとともに、基礎学力強化プログラムを推進します。教員の質の向上に向けて、教員免許の更新制度の導入を図るとともに、学校同士が切磋琢磨して、質の高い教育を提供できるよう、外部評価を導入します。

　こうした施策を推進するため、我が国の英知を結集して、内閣に教育再生会議を早急に発足させます。

　去る七月の北朝鮮によるミサイル発射は、改めて、我が国が安全保障上の大きな問題に直面していることを浮き彫りにしました。これに対し、日本が主導して、国連安全保障理事会に北朝鮮に対する制裁決議案を提案し、米国との緊密な連携のもと、最終的に全会一致で決議が採択されました。我が国の外交が、新たな思考に基づく、主張する外交へと転換するときがやってきたのです。世界とアジアのための日米同盟をより明確にし、アジアの強固な連帯のために積極的に貢献する外交を進めてまいります。

外交と安全保障の国家戦略を、政治の強力なリーダーシップにより、迅速に決定できるよう、官邸における司令塔機能を再編、強化するとともに、情報収集機能の向上を図ります。

日米同盟については、その基盤である信頼関係をより強固にするため、総理官邸とホワイトハウスが常に意思疎通できる枠組みを整えます。在日米軍の再編については、抑止力を維持しつつ、負担を軽減するものであり、沖縄など地元の切実な声によく耳を傾け、地域の振興に全力を挙げて取り組むことにより、着実に進めてまいります。（拍手）

中国や韓国は、大事な隣国です。経済を初め、幅広い分野で過去に例がないほど緊密な関係となっています。両国との信頼関係の強化は、アジア地域や国際社会全体にとって極めて大切であり、未来志向で、率直に話し合えるようお互いに努めていくことが重要であると考えます。

拉致問題の解決なくして北朝鮮との国交正常化はあり得ません。拉致問題に関する総合的な対策を推進するため、私を本部長とする拉致問題対策本部を設置し、専任の事務局を置くことといたしました。対話と圧力の方針のもと、引き続き、拉致被害者が全員生存しているとの前提に立って、すべての拉致被害者の生還を強く求めていきます。（拍手）核・ミサイル問題については、日米の緊密な連携を図りつつ、六者会合を活用して解決を目指します。

ロシアも大事な隣国です。日ロ関係の発展が両国に恩恵をもたらす潜在的な可能性は大きく、そのためにも、領土問題の解決に向け、粘り強く取り組んでまいります。

ＡＳＥＡＮとの協力を一層進めるとともに、アジアに存在する民主国家として、自由な社会の輪をアジア、そして世界に広げていくため、オーストラリアやインドなど、基本的な価値を共有する国々との首脳レベルでの戦略的な対話を展開します。

イラクにおいて、陸上自衛隊が一人の犠牲者も出すことなく人道復興支援活動を遂行したことは、歴史に残る偉業であり、厳しい環境の中、汗を流した自衛隊員を心から誇りに思います。（拍手）引き続き、航空自衛隊の支援活動やＮＧＯとも連携した政府開発援助により、イラクの復興を支援してまいります。テロ対策特別措置法の期限の延長など、国際社会と協力してテロや国際組織犯罪の防止、根絶に取り組みます。

大量破壊兵器やミサイルの拡散、テロとの闘いといった国際情勢の変化や、武器技術の進歩、我が国の国際貢献に対する期待の高まりなどを踏まえ、日米同盟がより効果的に機能し、平和が維持されるようにするため、いかなる場合が憲法で禁止されている集団的自衛権の行使に該当するのか、個別具体的な例に即し、よく研究してまいります。

私が主宰する海外経済協力会議が主体となって、政府開発援助を戦略的に展開してまいります。原油など資源価格の高騰が続く中、安定的なエネルギー資源の確保にも努めます。

日本が国連に加盟して五十年。日本が安全保障理事会の常任理事国となって、しっかりとその責任を果たしていかなければならないと考えます。戦後つくられた国連を二十一世紀にふさわしい国連に変えていくため、我が国の常任理事国入りを目指し、国連改革に引き続き取り組んでまいります。（拍手）

私は、国民との対話を何よりも重視します。メールマガジンやタウンミーティングの充実に加え、国民に対する説明責任を十分に果たすため、新たに、政府インターネットテレビを通じて、みずからの考えを直接語りかけるライブトーク官邸を始めます。

「美しい国、日本」の魅力を世界にアピールすることも重要です。かつて、品質の悪い商品の代名詞であったメード・イン・ジャパンのイメージの刷新に取り組んだ故盛田昭夫氏は、日本製品の質の高さを米国で臆せず主張し、高品質のブランドとして世界に認知させました。未来に向けた新しい日本のカントリーアイデンティティー、すなわち、我が国の理念、目指すべき方向、日本らしさを世界に発信していくことが、これからの日本にとって極めて重要なことであります。国家としての対外広報を、我が国の英知を集めて、戦略的に実施します。(拍手)

国の理想、形を物語るのは憲法です。現行の憲法は、日本が占領されている時代に制定され、既に六十年近くがたちました。新しい時代にふさわしい憲法のあり方についての議論が積極的に行われています。与野党において議論が深められ、方向性がしっかりと出てくることを願っております。まずは、日本国憲法の改正手続に関する法律案の早期成立を期待します。(拍手)

私たちの国日本は、世界に誇り得る美しい自然に恵まれた長い歴史、文化、伝統を持つ国です。その静かな誇りを胸に、今、新たな国づくりに向けて歩み出すときがやってきました。

かつて、アインシュタインは、訪日した際、「日本人が本来持っていた、個人に必要な謙虚さと質素さ、日本人の純粋で静かな心、それらのすべてを純粋に保って、忘れずにいてほしい」と述べています。二十一世紀の日本を、アインシュタインが称賛した日本人の美徳を保ちながら、魅力あふれる、活力に満ちた国にすることは十分に可能である、日本人にはその力がある、私はそう信じています。

新しい国づくりにともにチャレンジしたいと願うすべての国民の皆様に参加していただきたいと思います。年齢、性別、障害の有無にかかわらず、だれもが参加できるような環境をつくることこそ、政治の責任であります。戦前戦中生まれの鍛えられた世代、国民や国家のために貢献したいとの熱意あふれる若い人たちとともに、日本を、世界の人々があこがれと尊敬を抱き、子供たちの世代が自信と誇りを持てる「美しい国、

日本」とするため、私は、先頭に立って、全身全霊を傾けて挑戦していく覚悟であります。（拍手）

国民の皆様並びに議員各位の御理解と御協力を心からお願い申し上げます。

ありがとうございました。（拍手）

※1：**WTOドーハ・ラウンド交渉**　世界貿易機関（WTO）はGATTを発展的に解消し、より強固な基盤を持つ国際機関として設立され、既存の貿易ルールの強化、新しい分野のルール策定、紛争解決手続の強化、諸協定の統一的な運用の確保を掲げた。ドーハ・ラウンドは、二〇〇一年カタールのドーハで開催、開始されたWTO初のラウンド（包括交渉）であり、加盟国は一五三カ国。ドーハ・ラウンドにおける最も重要な課題の一つは貿易を通じた途上国の開発とされた。

「自立と共生」を基本とした改革。その先に「安心と希望の国」がある

安倍内閣は、民主党が追及した「消えた年金」問題に加え、相次ぐ閣僚の不祥事、さらに問題への対応の遅れから、当初の期待は失望に変わる。この年七月の参議院議員選挙で自民党は大敗、参院では民主党に第一党の座を奪われ、与野党逆転。さらに健康状態が悪化、安倍は九月十二日に突然、退陣を表明する。後継を決める総裁選で麻生太郎を破って選ばれたのは福田康夫。与党が過半数の衆院では指名を得たが、参院は民主党の小沢一郎を指名した。衆院の議決が優先され、首相に選ばれる。衆参ねじれ国会のなか、「背水の陣内閣」がスタートする。福田赳夫を父に持つ史上初の親子首相だった。

福田康夫・所信表明演説

第百六十八回国会　二〇〇七年（平成十九年）十月一日

このたび、私は、内閣総理大臣に任命されました。時代が大きな転換期を迎えている現在、政権を担うことの重大さを痛感し、身の引き締まる思いであります。日本の将来の発展と国民生活の安定を最優先に、自由民主党と公明党の連立政権のもと、全力を傾けて職責を果たしてまいります。（拍手）

所信の一端を申し述べるに当たり、自由民主党総裁選挙の実施に伴い、国会運営に御迷惑をおかけしたことについて、議員各位、そして国民の皆様に対し、おわび申し上げるとともに、今後、誠実な国会対応に努めてまいります。

さきの参議院議員通常選挙の結果は、与野党が逆転するという、与党にとって大変厳しいものでありました。

福田康夫（ふくだ・やすお）
1936年〜。東京都生まれ。首相在任期間：2007年9月26日 〜 2008年9月24日（365日間）。早稲田大学第一政治経済学部卒業。丸善石油（現コスモ石油）勤務、父福田康夫の秘書官を経て、1990年の総選挙で当選。森、小泉両内閣で官房長官就任。手堅い実務・調整能力で評価される。党内では安倍のタカ派路線とは対局的なハト派と目される。2007年の総裁選に立候補し当選する。首相在任中に、洞爺湖サミットを開催。2008年、あっさりと辞任、投げ出しではないかとの批判もあった。

写真提供：毎日新聞社

この状況下においては、衆議院と参議院で議決が異なる場合、国として新しい政策を進めていくことが困難になります。国民生活を守り、国家の利益を守ることこそ政治の使命であり、私は、政権を預かる身として、野党の皆様と、重要な政策課題について誠意を持って話し合いながら、国政を進めてまいりたいと思います。

私は、政治と行政に対する国民の不信を率直に受けとめております。国民の皆様の信頼なくしては、どのような政策も必要な改革も実現することは不可能です。政治や行政に対する信頼を取り戻すことが喫緊《きっきん》の課題です。

国民の皆様から厳しい御批判をいただいた政治資金問題（※1）につきましては、与党において、政治資金の透明性をさらに高めるため、その改善に向けた考え方を取りまとめたところであります。今後、野党の皆様と十分に御議論させていただきたいと思います。まず閣僚から襟を正すべく、政治資金について、法に基づき厳正に管理を行い、問題を指摘された場合には説明責任を尽くすことができるようにするとともに、大臣規範に定められている事項の遵守《じゅんしゅ》はもとより、政治倫理にもとることなく、法令を遵守し、政治家の道義を守るよう、閣僚に徹底したところであります。特に、みずからについては厳しく戒めてまいります。

全体の奉仕者である公務員についても、公の立場にあることを自覚し、職務を忠実に遂行し、自己に恥じることのないようにしなければなりません。行政に対する信頼を取り戻すため、特に、各府省の幹部職員が、それぞれの職務全般を掌握し、国民の立場に立った行政を責任を持って遂行するよう徹底してまいります。同時に、公務員一人一人が高いモラルを維持し、能力を高め、誇りを持って職務に専念できるような総合的な制度となるように公務員制度改革を進めてまいります。

行政の無駄や非効率を放置したままでは、次世代に負担を先送りするだけでなく、国民の皆様からの信頼を取り戻すことはできません。安定した成長を図るとともに、行政経費の絞り込み等により、二〇一一年度には国と地方の基礎的財政収支の黒字化を確実に達成するなど、歳出歳入一体改革をさらに進めます。二十一世紀にふさわしい簡素で効率的な政府をつくるため、行政改革を今後とも強力に推し進めます。

歳出改革、行政改革を実施した上で、それでも対応し切れない社会保障や少子化などに伴う負担増に対しては、安定的な財源を確保し、将来世代への負担の先送りを行わないようにしなければなりません。今後、早急に、国民的な合意を目指して、本格的な議論を進め、消費税を含む税体系の抜本的改革を実現させるべく取り組んでまいります。

年金、医療、介護、福祉といった社会保障制度は、国民の立場に立ったものでなければなりません。大変厳しい財政状況にはありますが、自立と共生の理念に基づき、将来にわたり持続可能で、お年寄りにとっても、若者にとっても、皆が安心できるものとなることが必要です。

昨今の年金をめぐる問題（※2）も国民の立場を軽視したことに大きな原因がありました。一人一人の年金記録が点検され、正しく年金が支払われることが重要であり、年金を受け取る方々の立場に立って、組織や運用の見直しなど、年金をめぐる諸問題を着実に解決してまいります。

年金制度はすべての国民に関することであり、お年寄りの生活の基盤となっているため、将来にわたり年金が安定的に支払われていくよう、長期的な視野に立った制度設計が不可欠であります。国会における与野党の立場を超えた議論が再開され、透明で建設的な協議が行われるようお願いしたいと思います。（拍手）

地域にお住まいの方が必要な医療を受けられないとの不安をお持ちです。小児科や産婦人科などの医師不足の解消策や、救急患者の受け入れを確実に行うためのシステムづくりなど救急医療の充実を図ります。障害をお持ちの方やお年寄りなど、それぞれの方が置かれている状況に十分配慮しながら、高齢者医療制度のあり方についての検討を含め、きめ細かな対応に努めてまいります。

国民生活に大きな不安をもたらした耐震偽装問題の発生を受け、安全、安心な住生活への転換を図る法改正が行われました。成熟した先進国となった我が国においては、生産第一という思考から、国民の安全、安心が重視されなければならないという時代になったと認識すべきです。政治や行政のあり方のすべてを見直し、国民の皆様が日々安全で安心して暮らせるよう、真に消費者や生活者の視点に立った行政に発想を転換し、悪徳商法の根絶に向けた制度の整備など、消費者保護のための行政機能の強化に取り組みます。

毎日の食卓の安全、安心は暮らしの基本です。消費者の立場に立った行政により、食品の安全、安心を守るため、正しい食品表示を徹底するとともに、輸入食品の監視体制を強化します。

今なお頻発する災害による死者の発生は、国民生活に大きな不安をもたらしています。災害が発生した場合の犠牲者ゼロを目指し、対策の充実に意を用いてまいります。

教育は、家庭にとって極めて関心の高い問題です。学校のみならず、家庭、地域、行政が一体となって教育の再生に取り組んでまいります。

信頼できる公教育を確立することがまず必要です。授業時間の増加や教科書の充実などにより、子供たちの学力を高めるとともに、体験活動や徳育にも力を入れ、自立と思いやりの精神を養います。先生が子供たちと十分に向き合える時間をふやすとともに、めり張りのある教員給与体系の実現に取り組みます。

女性も男性も、すべての個人が喜びや責任を分かち合い、個性や能力を発揮できる男女共同参画社会の実現に向け、取り組みます。十分な育児休業をとり、その後も仕事を継続できるようにするなど、安心して子供を産み育てることのできる環境を整備します。長時間労働の是正に取り組むなど、社会全体で働き方の改革を進め、仕事と家庭生活の調和を推進します。

これまで我が国は、経済社会全般にわたる構造改革に取り組んでまいりました。景気は回復し、雇用は拡大するなど、一定の成果が上がってきています。しかし、我が国はなお、本格的な人口減少社会の到来、少子高齢化に伴う社会保障費の増大や、内外経済の構造的な変化、地球環境問題などの難題に直面しています。これを乗り切り、より成熟した社会をつくっていくためには、時代に適合しなくなった制度や組織を改めるなど、日本の将来を見据えた改革を進めていかなければなりません。

改革と安定した経済成長は車の両輪であり、ともに進めてまいります。国内経済の環境変化に対応し、海外の経済との相互依存は今後とも高まります。内外投資の促進を図るとともに、成長著しいアジアの中にある強みを生かすアジア・ゲートウェイ構想を具体化し、観光立国の推進や金融の競争力強化に取り組みます。科学技術の発展に向け、戦略分野への集中的な投資を促進し、人材育成を充実するとともに、世界最先端を目指す知的財産戦略を推進します。

構造改革を進める中で、格差と言われるさまざまな問題が生じています。私は、実態から決して目をそらさず、改革の方向性は変えずに、生じた問題には一つ一つきちんと処方せんを講じていくことに全力を注ぎます。（拍手）

地方は人口が減少し、その結果、学校、病院等、暮らしを支える施設の利用が不便になるなど、魅力が薄れ、さらに人口が減るという悪循環に陥っています。この構造を断ち切るには、それぞれの地方の状況に応じ、生活の維持や産業の活性化のためには何が必要かを考え、道筋をつけていかなければなりません。

内閣に置かれた地域再生などの実施体制を統合し、地方の再生に向けた戦略を一元的に立案し、実行する体制をつくり、有機的、総合的に政策を実施していきます。国と地方が定期的に意見交換を行うなど、地方の皆様の声に真剣に耳を傾け、地域力再生機構の創設等、決してばらまきではなく、政策に工夫を重ね、丁寧に対応する、地方再生への構造改革を進めてまいります。

都会だけで国民生活が成り立つわけではありません。地方と都会がともに支え合う共生の考え方のもと、地方がみずから考え、実行できる体制の整備に向け、地方自治体に対する一層の権限移譲を行うとともに、財政面からも地方が自立できるよう、地方税財政の改革に取り組みます。さらに、地方分権の総仕上げである道州制の実現に向け検討を加速します。

都市については、大災害時の安全確保など、安全、安心なまちづくりを目指します。

本日、郵政民営化がスタートしました。利用者の方に不便をおかけしないよう、着実に推進します。

食料の安定供給は、今も将来も極めて重要なことであり、安全、安心な食を生み出す日本の農林水産業が活力を持ち続けることが必要です。攻めの農政を基本に、担い手の頑張りにこたえる支援を行います。高齢者や小規模な農家も安心して農業に取り組める環境をつくり上げるなど、農山漁村に明るさを取り戻します。

我が国の経済成長の原動力である中小企業の多くが、景気回復の恩恵を受けられずにいます。下請取引の適正化や事業承継の円滑化、中小企業の生産性向上に向けた取り組みなどを強力に推進し、大企業と中小企業の調和のとれた成長を図ります。

若者の非正規雇用が増加してきた状況などを踏まえ、若者たちがみずからの能力を生かし、安定した仕事について、将来に希望を持って暮らせるよう、正規雇用への転換促進や職業能力の向上、労働条件の改善など、働く人を大切にする施策を進めてまいります。

地球環境問題への取り組みは待ったなしです。

従来の大量生産、大量消費をよしとする社会から決別し、つくったものを世代を超えて長もちさせて大事に使う持続可能社会へとかじを切りかえていかなければなりません。住宅の寿命を延ばす二百年住宅に向けた取り組みは、廃棄物を減量し、資源を節約し、国民の住宅に対する負担を軽減するという点で、持続可能社会の実現に向けた具体的な政策の第一歩です。地球環境に優しく、国民負担も軽減できる暮らしへの転換という発想をあらゆる部門で展開すべきです。

持続可能社会の実現に向け、京都議定書の目標を確実に達成するために全力を尽くすのはもちろんのこと、他国に対しても率先して温暖化の防止に向けた働きかけを行っていかなければなりません。我が国の環境・エネルギー分野における技術は世界最高水準であり、環境問題の解決に向けて世界をリードできる立場にあります。持続可能社会という新しい経済社会のあり方を世界に示していくためにも、来年開催される北海道洞爺湖サミットなどの場を通じ、美しい星50において示した、二〇五〇年までに温暖化ガスの排出量を半減させるとの目標を達成するため、主要な温暖化ガス排出国がすべて参加できる枠組みづくりに向け、具体的な取り組みを行ってまいります。

日米同盟の堅持と国際協調は、我が国外交の基本です。世界の平和は、国際社会が連帯して取り組まなければ実現できないものです。私は、激動する国際情勢の中で、今後の世界の行く末を見据え、我が国が国際社会の中でその国力にふさわしい責任を自覚し、国際的に信頼される国家となることを目指し、世界平和に貢献する外交を展開します。直面する喫緊の課題は、海上自衛隊のインド洋における支援活動の継続と北朝鮮問題の早急な解決です。

テロ特措法《とくそほう》に基づく支援活動は、テロリストの拡散を防ぐための国際社会の一致した行動であり、海上輸送に資源の多くを依存する我が国の国益に資するもので、日本が国際社会において果たすべき責任でもあります。国連を初め国際社会から高く評価され、具体的な継続の要望も各国からいただいています。引き続きこうした活動を継続することの必要性を国民や国会によく説明し、御理解をいただくよう全力を尽くします。(拍手)

朝鮮半島をめぐる問題の解決は、アジアの平和と安定に不可欠です。北朝鮮の非核化に向け、六者会合などの場を通じ、国際社会との連携を一層強化してまいります。拉致問題は重大な人権問題です。すべての拉致被害者の一刻も早い帰国を実現し、不幸な過去を清算して日朝国交正常化を図るべく、最大限の努力を行います。

日米同盟は我が国外交のかなめであり、信頼関係の一層の強化に努めていきます。在日米軍の再編についても、抑止力の維持と負担軽減という考え方を踏まえ、沖縄など地元の切実な声によく耳を傾けて、地域の振興に全力を挙げて取り組みながら、着実に進めてまいります。

情勢が悪化したミャンマーで邦人の方が亡くなられたことはまことに遺憾です。成長著しいアジアですが、このような脆弱《ぜいじゃく》性も抱えています。日米同盟の強化とアジア外交の推進が共鳴し、すべてのアジア諸国において安定と成長が根づくよう、積極的アジア外交を進めます。

中国とは、共通の戦略的利益に立脚した互恵関係を打ち立て、ともにアジアの平和と安定に貢献してまいります。韓国とも、未来志向の信頼関係を一層強化します。さらに、ASEAN諸国など各国とも、経済連携などさらなる関係強化に向けた取り組みを進めます。ロシアとは、領土問題の解決に向けて粘り強く取り組むとともに、両国の交流の発展に努めます。

国際社会における一層の貢献を行えるよう、国連安保理改革と我が国の常任理事国入りを目指すとともに、WTOドーハ・ラウンド交渉の早期妥結に努めてまいります。自立と共生の理念に基づき、地球環境や貧困といった問題に対する支援を、自助努力を基本としながら、政府開発援助などの活用により積極的に進めてまいります。

我が国は、今、一時の景気の停滞から抜け出したとはいえ、時代の大きな変化の中で、経済、社会、国際情勢、自然環境などさまざまな面で、先の見えない、不確実な状況の中にあります。自分や家族、子供の将来について、さまざまな不安を抱いておられる方も決して少なくないと思います。

こうした不安定な状況の中でこそ、次世代に思いをいたし、守るべきものは守り、育てるべきものは育て、引き継ぐべきものは引き継ぐという大きな方針を示し、かじ取りを行っていくことが私に課された責務であると考えます。（拍手）

将来のあるべき日本の姿を見据え、どのようにその姿に近づけるかを常に念頭に置きながら、国民の皆様の目線に立って改革を続行してまいります。

改革の続行に当たって、私は、自立と共生を基本に政策を実行してまいりたいと思います。老いも若きも、大企業も中小企業も、そして都市も地方も、自助努力を基本としながらも、お互いに尊重し合い、支え、助け合うことが必要であるとの考えのもと、ぬくもりのある政治を行ってまいります。その先に、若者があすに希望を持ち、お年寄りが安心できる、希望と安心の国があるものと私は信じます。激しい時代の潮流を国民の皆様方とともに乗り越え、あすへの道を一歩一歩着実に歩んでいるということを実感していただけるよう、持てる力のすべてを傾けて取り組んでまいる所存であります。

国民の皆様並びに議員各位の御理解と御協力を心からお願い申し上げます。（拍手）

※1：**政治資金問題**　二〇〇七年に発覚した安倍内閣（第一次）における松岡利勝農林水産大臣と後任の赤城徳彦大臣の事務所費水増し、不正政治資金等、政治資金規正法違反疑惑。松岡農相は自殺。赤城農相もわずか二カ月で辞任。安倍内閣支持率低下、同年の参院選敗北の

一因となったといわれる。

※2：年金をめぐる問題　二〇〇六年五月に発覚した国民年金不正免除問題と二〇〇七年六月に発覚した年金記録問題という社会保険庁による一連の不祥事。国民年金の不正免除とは、当然なされてしかるべきはずの本人確認を意図的に怠り保険料の免除を不正に行っていたこと（宙に浮いた年金記録問題）。背景には、安易な納付率達成目標と煩雑な実務を忌避したいという動機があった。年金記録問題とは、杜撰なデータ管理により基礎年金番号が整理されていなかったこと（厚生年金番号四〇〇〇万件、国民年金番号一〇〇〇万件）、納付記録がデータに反映されていなかったこと（消えた年金記録問題）、厚生年金の標準報酬等の記録が意図的に改竄されていたこと（消された年金記録問題）。これらの不祥事は、社会保険庁という組織全体に蔓延し半ば習慣化した労働倫理の欠落が原因となっている。これらの年金問題は国民の生活に直結することから社会に激しい怒りを喚起した。民主党への政権交代の遠因となったともいわれる。

私は悲観しない。日本は強く、明るくなければならない

衆参ねじれ国会に、福田政権は苦しめられる。二〇〇七年には小沢一郎の民主党と大連立を目指すが頓挫。法案は衆院では通っても、参院では進まない。二〇〇八年九月、福田は緊急記者会見を開き、辞意を表明する。安倍に続き一年で政権を投げ出す形となった。後を継いだのは、麻生太郎。麻生グループの一族で、祖父は吉田茂。小泉後の総裁有力候補のひとりで、総務、外務大臣などを歴任し、福田政権では党幹事長を務めた。就任最初の演説は、参院第一党となり、政権交代を目指して対決色を強める民主党への敵意をむき出しにしていた。一方、米国ではリーマン・ショックが発生、その衝撃は世界に広がりつつあった。

麻生太郎・所信表明演説

第百七十回国会　二〇〇八年（平成二十年）九月二十九日

演説に先立ち、申し上げさせていただきます。

まず、内閣が突然交代することとなり、国民の皆様に御迷惑をおかけしたことをおわびいたします。

また、中山国土交通大臣にかえ、金子国土交通大臣を任命しました。中山前大臣の一連の発言（※1）は閣僚としてまことに不適切であります。関係者の方々、国民の皆様に深くおわびを申し上げます。

私、麻生太郎は、このたび、国権の最高機関による指名、かしこくも御名御璽をいただき、第九十二代内閣総理大臣に就任をさせていただきました。

麻生太郎（あそう・たろう）
1940年〜。福岡県生まれ。首相在任期間：2008年9月24日 〜 2009年9月26日（358日間）。学習院大学政治経済学部卒業。母方の祖父は吉田茂。実妹は三笠宮信子妃。1979年の総選挙で初当選。総務大臣（小泉内閣）、外務大臣（小泉内閣・安倍内閣）、財務大臣（安倍内閣）等を歴任。2008年、総裁選に立候補し当選。2009年の総選挙で歴史的大敗を喫し、総理・総裁を辞任。民主党による政権交代を許す。その後、第二次安倍政権で副総理兼財務大臣兼金融担当大臣に就任。

写真提供：毎日新聞社

私の前に五十八人の総理が列しておいでです。百十八年になんなんとする憲政の大河があります。新総理の任命を憲法上の手続にのっとって続けてきた統治の伝統があり、日本人の苦難と幸福、悲しみと喜び、あたかもあざなえる縄のごとき連綿たる集積があるのであります。

その末端に連なる今このとき、私は、担わんとする責任の重さに、うたた厳粛たらざるを得ません。

この言葉よ届けと念じます。ともすれば元気を失いがちなお年寄り、若者、いや全国民の皆様のもとに。

申し上げます。日本は強くあらねばなりません。強い日本とは、難局に臨んで動じず、むしろこれを好機として一層の飛躍をなし遂げる国であります。

日本は明るくなければなりません。幕末、我が国を訪れた外国人が驚嘆とともに書きつけた記録の数々を通じて、私ども日本人とは、決して豊かでないにもかかわらず、実によく笑い、ほほ笑む国民だったことを知っております。この性質は今に脈々と受け継がれているはずであります。よみがえらせなくてはなりません。

日本国と日本国民の行く末に平和と安全を。人々の暮らしに落ちつきと希望を。そして、子供たちの未来に夢を。私は、これらをもたらし、盤石のものとすることに本務があると深く肝に銘じ、内閣総理大臣の職務に一身をなげうって邁進する所存であります。（拍手）

私は悲観しません。

私は、日本と日本人の底力に一点の疑念も抱いたことがありません。時代は、内外の政治と経済において、その変化に奔流の勢いを呈するがごとくであります。しかし、私は、変化を乗り切って大きく脱皮する日本人の力をどこまでも信じて疑いません。そして、私は決して逃げません。

私は、自由民主党と公明党の連立政権の基盤に立ち、責任と実行力ある政治を行うことを国民の皆様にお誓いします。

初めに、国会運営について申し上げます。

さきの国会で、民主党は、みずからが勢力を握る参議院において税制法案をたなざらしにしました。その結果、二カ月も意思決定がなされませんでした。政局を第一義とし、国民の生活を第二義、第三義とする姿勢に終始したのであります。

与野党の論戦と政策をめぐる攻防は、もとより議会制民主主義が前提とするところです。しかし、合意の形成をあらかじめ拒む議会は、およその名に値しません。

政治とは国民の生活を守るためにある、民主党の標語であります。議会人たるもの、何人も異を唱えぬでありましょう。ならば、今、まさしくその本旨を達成するため、合意形成のルールを打ち立てるべきであります。民主党にその用意はあるのか。それとも、国会での意思決定を否定し、再び国民の暮らしを第二義とすることで、みずからの信条をすら裏切ろうとするのか。国民はひとみを凝らして見ているでありましょう。

本所信において、私は、あえて喫緊の課題についてのみ主張を述べます。その上で、民主党との議論に臨もうとするものであります。

緊急な上にも緊急の課題は、日本経済の立て直しであります。これに三段階を踏んで臨みます。当面は景気回復、中期的には財政再建、中長期的には改革による経済成長。

第一段階は、景気対策であります。

政府・与党には、安心実現のための緊急総合対策があります。その名のとおり、物価高、景気後退の直撃を受けた人々や農林水産業、中小零細企業、雇用や医療に不安を感じる人々に安心をもたらすとともに、改革を通じて経済成長を実現するものです。

本年度内に定額減税を実施します。家計に対する緊急支援のためであります。米国経済と国際金融市場の行方から目を離さず、実体経済への影響を見定め、必要に応じ、さらなる対応も弾力的に行います。

民主党に要請します。

緊急総合対策実施の裏づけとなる補正予算、その成立こそはまさしく焦眉の急であります。検討の上、のめない点があるのなら、論拠とともに代表質問でお示しをいただきたい。独自の案を提示されるももちろん結構。ただし、財源を提示していただきます。双方の案を突き合わせ、国民の前で競いたいものであります。

あわせて、民主党の抵抗によって一カ月分穴があきました地方道路財源を補てんする関連法案をできるだけ速やかに成立させる必要があります。この法案についての賛否もお伺いします。

第二段階は、財政再建です。

我が国は巨額の借金を抱えており、経済や社会保障に悪い影響を与えないため、財政再建は当然の課題です。国、地方の基礎的財政収支を黒字にする、二〇一一年までに、目標を立てました。これを達成すべく努力します。しかし、目的と手段を混同してはなりません。財政再建は手段、目的は日本の繁栄です。経済成長なくして財政再建はない。あり得ません。麻生内閣の目的は、日本経済の持続的で安定した繁栄にこそある。我が内閣は、これを基本線として踏み外さず、財政再建に取り組みます。

第三段階として、改革による成長を追い求めます。

改革による成長とは何でありましょうか。それは、日本経済の王道を行くことです。すなわち、新たな産業や技術を生み出すこと、それによって新規の需要と雇用を生み出すことにほかなりません。新経済成長戦略を強力に推し進めます。

阻むものは何か、改革すべきものは何か。それは、規制にあり、税制にある。廃すべきは廃し、改めるべきものは改めます。

強みは何か。勤勉な国民であり、すぐれた科学と技術の力です。底力を解き放ちます。日本経済は、幾度となく厳しい試練に対して果敢に応じ、その都度、強くなってきました。再びそのときが来たのであります。

以上、三段階について申し上げました。めどをつけるのに大体三年、日本経済は全治三年と申し上げます。三年で日本経済は脱皮できる、せねばならぬと信じるものであります。（拍手）

暮らしの安心について申し上げます。

不満とは、行動のばねになる。しかし、不安とは、人をしてうつむかせ、立ちすくませる。実に忌むべきは不安であります。国民の暮らしから不安を取り除き、強く、明るい日本を再び我が物としなくてはなりません。

消えた年金や消された年金という不安があります。個人の記録、したがって年金給付の確実さが信用できなくなっております。ひたすら手間と暇を惜しまず、確かめ続けていくしか方法はありません。また、不祥事を行った職員に対しては、厳正なる処分を行います。私は、ここにこうべを垂れ、国民の御理解、御協力をこいねがうものであります。あわせて、年金などの社会保障の財源をどう安定させるか、その道筋を明確化すべく、検討を急ぎます。

医療に信をおけない場合、不安もまた募ることは言うまでもありません。私はまず、長寿医療制度が、説明不足もあり、国民をいたずらに混乱させた事実を虚心に認め、強く反省するものであります。しかし、この制度をなくせば解決するものではありません。高齢者に納得していただけるよう、一年を目途に必要な見直しを検討します。

救急医療のたらい回し、産科や小児科の医師不足、妊娠や出産費用の不安、介護の人手不足、保育所の不足。いつ自分を襲うやもしれぬ問題であります。日々不安を感じながら暮らさなくてはならないとすれば、こんな憂うつなことはありません。私は、これら不安を我が事として、一日も早く解消するよう努めます。

次代の日本を担う若者に希望を持ってもらわなくては、国の土台が揺らぎます。

困っている若者に自立を促し、そして手を差し伸べます。そのための、若者を支援する新法も検討します。最低賃金の引き上げと、労働者派遣制度の見直しも進めます。あわせて、中小零細企業の底上げを図ります。

学校への信頼が揺らいでいます。教育に不安が生じています。子供を通わせる学校を信頼できるようにしなければなりません。保護者が納得するに足る、質の高い教育を実現します。

子供の痛ましい事件が続いています。治安への信頼を取り戻します。

ここで、いわゆる事故米（※2）について述べます。

事故米と知りつつ流通させた企業の責任は、断固処断されるべきものとして、これを見逃した行政に対する国民の深い憤りは、当然至極と言わねばなりません。私は、行政の長として、幾重にも反省を誓います。再発を絶対に許さないため、全力を挙げます。

すべからく、消費者の立場に立ち、その利益を守る行政が必要なゆえんであります。既存の行政組織には、事業者を育てる仕組みがあり、そのため訓練された公務員がありました。全く逆の発想をし、消費者、生活者の味方をさせるためにつくるのが消費者庁であります。国民が泣き寝入りしなくて済むよう、身近な相談窓口を一元化するとともに、何か商品に重大な事故が起きた場合、その販売を禁止する権限も持たせます。悪質業者は市場から駆逐され、まじめな業者も救われます。

行政の発想そのものをめぐる改革であればあるだけ、甲論乙駁はもっともであります。しかし、国民の不安と怒りを思えば、悠長な議論はしておられません。消費者庁創設に御賛同いただけるのか否か。民主党にも問うものです。否とおっしゃるなら、成案を早く得るよう、話し合いに応じていただけるのか。問いを投げかけるものであります。

行政改革を進め、無駄を省き、政府規模を縮小することは当然です。

しかし、ここでも、目的と手段を履き違えてはなりません。政府の効率化は、国民の期待にこたえる政府とするためです。簡素にして国民に温かい政府を私はつくりたいと存じます。地方自治体にも、それを求めます。

私は、その実現のため、現場も含め、公務員諸君に粉骨砕身働いてもらいます。国家国民のために働くことを喜びとしてほしい。官僚とは、私と私の内閣にとって敵ではありません。しかし、信賞必罰で臨みます。

私が先頭に立って彼らを率います。彼らは、国民に奉仕する政府の経営資源であります。その活用をできぬものは、およそ政府経営の任にたえぬものであります。

目を、地域に転じます。

ここで目指すべきは、地域の活力を呼び覚ますことです。それぞれの地域が誇りと活力を持つことが必要です。

しかし、その処方せんは、地域によって一つずつ違うのが当たり前。中央で考えた一律の策は、むしろ有害ですらあります。だからこそ、知事や市町村長には、真の意味で地域の経営者となってもらわなければなりません。そのため、権限と責任を持てるようにします。それが地方分権の意味するところです。

進めるに際して、霞が関の抵抗があるかもしれません。私が決断します。

国の出先機関の多くには、二重行政の無駄があります。国民の目も届きません。これを地方自治体に移します。最終的には地域主権型道州制を目指すと申し上げておきます。

農林水産業については、食料自給の重要さを改めて見直すことが第一の課題となります。五〇％の自給率を目指します。農業を直ちに保護の対象ととらえる発想は、この過程で捨てていかねばなりません。攻めの農業へ、農政を転換するのであります。

十月一日に発足の運びとなる観光庁の任務に、観光を通じた地域の再生があることを申し添えておきます。沖縄の声に耳を傾け、沖縄の振興に引き続き取り組みます。

昨今は、集中豪雨や地震など、自然災害が相次いでおります。被災された方々に、心よりお見舞い申し上げます。復旧復興には、無論、万全を期してまいります。

環境問題、とりわけ地球温暖化問題の解決は、今を生きる我々の責任です。自然と共生できる循環型社会を次の世代へと引き継ぐことが求められております。資源高時代に対応した経済構造転換も求められます。なすべきは、第一に、成長と両立する低炭素社会を世界に先駆けて実現するということ。第二に、我が国が強みを持つ環境・エネルギー技術には新たな需要と雇用を生む力があることを踏まえ、これを育てていくこと。そして第三に、世界で先頭を行く環境・省エネ国家として、国際的なルールづくりを主導していくということです。

次に、外交について、私が原則とするところを申し述べます。

日米同盟の強化。これが常に第一であります。

以下、順序をつけにくいのをお断りした上で、隣国である中国、韓国やロシアを初めアジア太平洋諸国の国々とともに地域の安定と繁栄を築き、ともに伸びていく。これが第二です。

人類が直面する地球規模の課題、テロ、温暖化、貧困、水問題などに取り組む。第三です。

我が国が信奉するかけがえのない価値が若い民主主義諸国に根づいていくよう助力を惜しまない。第四です。

そして第五に、北朝鮮への対応です。朝鮮半島の安定化を心がけながら、拉致、核、ミサイル問題を包括的に解決し、不幸な過去を清算し、日朝国交正常化を図るべく、北朝鮮側の行動を求めてまいります。すべての拉致被害者の一刻も早い帰国の実現を図ります。

以上を踏まえて、民主党に伺います。

今後日本の外交は日米同盟から国連に軸足を移すといった発言が、民主党の幹部諸氏から聞こえてまいります。私は、日本国と日本国民の安寧にとって、日米同盟は今日いささかもその重要性を失わないと考えます。事が国家、世界の安全保障にかかわる場合、現在の国連は、少数国の方針で左右され得るなど、国運にそのままゆだね得る状況ではありません。

日米同盟と、国連と、両者をどう優先劣後させようとしているか。民主党には、日本国民と世界に対し、明確にする責任があると存じます。論拠とともに伺いたいと存じます。

第二に伺います。海上自衛隊によるインド洋での補給支援活動を、私は、我が国が我が国の国益をかけ、我が国自身のためにしてきたものと考えてきました。テロとの闘いは、まだ到底出口が見えてまいりません。とうとい犠牲を出しながら、幾多の国々はアフガニスタンへのかかわりをむしろふやそうとしております。このときに当たって、国際社会の一員たる日本が活動から手を引く選択はあり得ません。

民主党はそれでいいと考えるのでしょうか。見解を問うものであります。

私が本院に求めるのは、与野党の政策をめぐる協議であります。内外多事多難、時間を浪費することは、すなわち国民に対する責任の不履行を意味します。

今、景気後退の上に、米国発の金融不安（※3）が起きております。私が提案をしております緊急総合対策を裏づける補正予算、地方道路財源を補てんする関連法案を速やかに成立させることが、国民に対する政治の責任ではないでしょうか。

再び、民主党を初め野党の諸君に、国会運営への協力を強く要請します。当面の論点を以上に御提示をい

たしました。お考えをお聞かせ願いたく、私の所信表明を終えさせていただきます。（拍手）

※1：中山前大臣の一連の発言　中山成彬国土交通相による「成田空港の新滑走路建設に対する反対運動はゴネ得」、「日本人は単一民族」、「日本の教育のガンは日教組」という一連の発言が問題視された。中山大臣は、ほどなく辞任。

※2：事故米　農林水産省はベトナム産や中国産等外国産の米を政府米として輸入しているが、そのうち検査により有害物質が残留したり含まれていたりするものを「事故米穀」と呼んでいる。二〇〇八年、農水省が工業用（非食用）として売却した事故米を、三笠フーズが食用として転売した事件が発覚する。転売先は、全国の食品加工会社、酒造会社、菓子製造会社等多数にのぼり、三七五社の社名が公表された。ただ、「工業用」とは具体的にどのような用途であるかは発表されていない。この事件により、太田誠一農林水産大臣と当時の農林水産省事務次官が辞任している。

※3：米国発の金融不安　いわゆるリーマン・ショック。二〇〇八年九月十五日、アメリカの大手投資銀行リーマン・ブラザーズ（リ社）の倒産に端を発した世界的金融危機。リ社の負債総額は約六〇〇〇億ドル（約六四兆円）にのぼり、史上最大の負債額となった。リ社倒産の直接的な原因となったのはサブプライムローンと呼ばれる低所得層向けの住宅ローン債権。住宅ローン債権は証券化され、機関投資家向けに金融商品として販売された。証券化にあたっては格付けを高くするため、他の高格付け債権と組み合わせたものもあった。サブプライムローンは不動産融資を加速させ、不動産バブルを生み出すことになったが、バブルが崩壊すると、証券化された大量の金融商品が不良債権となって金融機関を襲った。高格付け商品の中にもサブプライムローンの債権が組み込まれているものがあり、混乱に拍車をかけた。加えて、大手金融機関の倒産は影響が大きいため、米国政府は救済に動くものとみられていたが、リ社の倒産を放置したことで、世界の金融市場に衝撃が走り、一気に不安心理が広がり、日本も含め各国の株式市場は暴落した。その後、米国をはじめ各国は公的資金を投入し、大手金融機関を救済、金融恐慌に拡大することを防いだ。しかし、バブル崩壊後の日本同様、米国の金融不安は世界的な信用の縮小を生み、世界は不況に落ち込む。日本にも、暗雲が迫っていた。

官僚依存の仕組みを排し、政治主導、国民主導の新しい政治へ一八〇度転換する

二〇〇九年八月三十日の総選挙で民主党は自民党に圧勝。衆参ともに第一党の座に就き、政権交代を実現する。前年秋、リーマン・ショックに端を発した国際金融危機は世界経済に打撃を与え、日本も不況に沈む。消えた年金問題、政治とカネ、一年ごとに交代する内閣と、自民党政治に対する不信は強まり、国民は変化を望んだ。民主党代表で首相となった鳩山由紀夫は、祖父の一郎は首相、父の威一郎は外務大臣を務め、弟の邦夫も自民党の閣僚経験者。母方はブリヂストンの石橋家という政財界の名門一族。変化に対する期待と興奮の中で鳩山は国会に臨んだ。

鳩山由紀夫・所信表明演説

第百七十三回国会　二〇〇九年（平成二十一年）十月二十六日

あの暑い夏の総選挙の日から、既に二カ月がたとうとしています。また、私が内閣総理大臣の指名を受け、民主党、社会民主党、国民新党の三党連立政策合意のもとに新たな内閣を発足させてから、四十日がたとうとしています。

総選挙において、国民の皆様は政権交代を選択されました。これは、日本に民主主義が定着してから、実質的に初めてのことであります。

長年続いた政治家と官僚のもたれ合いの関係、しがらみや既得権益《きとくけんえき》によって機能しなくなった政治、年金や医療への心配、そして将来への不安など、今の日本の政治を何とかしてくれないと困るという国民の声が、

鳩山由紀夫（はとやま・ゆきお）
1947年〜。東京都生まれ。首相在任期間：2009年9月16日　〜 2010年6月8日（266日間）。東京大学工学部卒業。祖父は鳩山一郎。実弟は鳩山邦夫衆議院議員。東京工業大学助手、専修大学助教授を経て、1986年の総選挙で初当選。自由民主党田中派に所属する。1993年、政治改革を掲げ武村正義らと自由民主党を離党、新党さきがけを結成。その後、細川連立内閣を経て1996年民主党（旧）を結成、菅直人とともに共同代表に就任。その後、2003年に小沢一郎の自由党と合併、党勢を拡大させる。2009年、代表選で勝利し続く総選挙で民主党が大勝し鳩山内閣が発足。しかし普天間基地移設問題をはじめとする失政、個人献金虚偽記載問題の発覚等により支持率が低下、2010年代表および首相を辞任。

写真提供：毎日新聞社

この政権交代をもたらしたのだと私は認識しております。その意味において、あの夏の総選挙の勝利者は国民の皆さん一人一人です。その一人一人の強い意思と熱い期待にこたえるべく、私たちは、今こそ日本の歴史を変える、この意気込みで国政の変革に取り組んでまいります。

この間、私たちは、新しい政権づくり、新しい政治の枠組みづくりに必死に取り組んでまいりました。その過程において、国民の皆様の変革への期待を感ずる一方、本当に変革なんてできるんだろうかという疑いや、政治なんて変わらない、政治が変わっても自分たちの生活は変わらないというあきらめの感情が、いまだ強く国民の中にあることを痛感させられました。

ここまでの政治不信、国民の間に広がるあきらめの感情の責任は、必ずしも従来の与党だけにあったとは思っておりません。野党であった私たち自身も、みずからの責任を自覚しながら問題の解決に取り組まなければならないと考えております。

ここに集まられた議員の皆さん、私たちが全力を振り絞ってお互いに戦ったあの暑い夏の日々を思い出してください。皆さんが全国の町や村、街頭や路地裏、山や海、学校や病院で国民の皆様から直接聞いた声を思い出してください。

議員の皆さん、皆さんが受けとめた国民一人一人の願いを、互いにかみしめ、しっかりと一緒に実現していこうではありませんか。政党や政治家のためではなく、選挙のためでももちろんなく、真に国民のためになる議論を、力の限りこの国会でぶつけ合っていこうではありませんか。変革の本番は、まさにこれからです。きょうをその新たな出発の日としようではありませんか。（拍手）

私は、政治と行政に対する国民の信頼を回復するために、行政の無駄や因習を改め、まずは政治家が率先して汗をかくことが重要だと考えております。

このために、鳩山内閣は、これまでの官僚依存の仕組みを排し、政治主導、国民主導の新しい政治へと百八十度転換させようとしています。

各省庁における政策の決定は、官僚を介さず、大臣、副大臣、大臣政務官から成る政務三役会議が担うとともに、政府としての意思決定を内閣に一元化させました。また、事務次官等会議を廃止し、国民の審判を受けた政治家がみずから率先して政策の調整や決定を行うようにいたしました。重要な政策については、各閣僚委員会において徹底的に議論を重ねた上で結論を出すことにいたしました。

この新たな体制のもと、まず行うべきは戦後行政の大掃除です。特に二つの点で、大きな変革を断行させなければなりません。

一つ目は、組織や事業の大掃除です。

私が主宰する行政刷新会議は、政府のすべての予算や事務事業、さらには規制のあり方を見直していきます。税金の無駄遣いを徹底して排除するとともに、行政内部の密約や省庁間の覚書も世の中に明らかにしてまいります。

既に、本年度補正予算を見直した結果、約三兆円にも相当する不要不急の事業を停止させることができました。この三兆円は、国民の皆様からお預かりした大事な予算として、国民の皆様の生活を支援し、景気回復に役立つ使い道へと振り向けさせていただきます。

今後も継続して、さらに徹底的に税金の無駄遣いを洗い出し、私たちから見て意味のわからない事業については、国民の皆様に率直にその旨をお伝えすることによって、行政の奥深くまで入り込んだしがらみや既得権益を一掃してまいります。また、右肩上がりの成長期につくられた中央集権、護送船団方式の法制度を見直し、地域主権型の法制度へと抜本的に変えてまいります。加えて、国家公務員の天下りやわたりのあっせんについても、これを全面的に禁止し、労働基本権のあり方を含めて、国家公務員制度の抜本的な改革を進めてまいります。

情報面におきましても、行政情報の公開、提供を積極的に進め、国民と情報を共有するとともに、国民からの政策提案を募り、国民の参加によるオープンな政策決定を推進します。

もう一つの大掃除は、税金の使い道と予算の編成のあり方を徹底的に見直すことであります。国民の利益の視点、さらには地球全体の利益の視点に立って、縦割り行政の垣根を排し、戦略的に税財政の骨格や経済運営の基本方針を立案していかなければなりません。

私たちは、国民に見える形で、複数年度を視野に入れたトップダウン型の予算編成を行うとともに、個々の予算事業がどのような政策目標を掲げ、また、それがどのように達成されたのかが納税者に十分に説明できるように事業を執行するよう、予算編成と執行のあり方を大きく改めてまいります。

既に、これまではつくることを前提に考えられてきたダムや道路、空港や港などの大規模な公共事業について、国民にとって本当に必要なものかどうかをもう一度見きわめることからやり直すという発想に転換いたしました。今後もまた、私と菅副総理のもと、国家戦略室において財政のあり方を根本から見直し、「コンクリートから人へ」の理念に沿った形で、硬直化した財政構造を転換してまいります。国民の暮らしを守るための財政のあるべき姿を明確にした上で、長く大きな視野に立った財政再建の道筋を検討してまいります。

政治もまた、国民の信頼を取り戻さなければなりません。政治資金をめぐる国民の皆様の御批判を真摯に受けとめ、政治家一人一人が襟を正し、透明性を確保することはもちろん、しがらみや既得権益といったものを根本から断ち切る政治を目指さなければなりません。

私の政治資金の問題（※1）によって、政治への不信を持たれ、国民の皆様に御迷惑をおかけしたことをまことに申しわけなく思っております。今後、政治への信頼を取り戻せるよう、捜査には全面的に協力をしてまいります。

私もまた、この夏の選挙戦では、日本列島を北から南まで訪ね、多くの国民の皆様の期待と悲痛な叫びを耳にしてまいりました。

青森県に遊説に参った際、大勢の方々と握手させていただいた中で、私の手を離そうとしない一人のおばあさんがいらっしゃいました。息子さんが職につけず、みずからの命を絶つしか道がなかった、その悲しみをそのおばあさんは私に対して切々と訴えられたのです。毎年三万人以上の方々の命が絶望の中で絶たれているのに、私も含め、政治にはその実感が乏しかったのではないか。おばあさんのその手の感触、その目の中の悲しみ、私には忘れることができませんし、断じて忘れるわけにはいきません。

社会の中にみずからのささやかな居場所すら見つけることができず、命を絶つ人が後を絶たない、しかも政治も行政もそのことに全く鈍感になっている、そのことの異常を正し、支え合いという日本の伝統を現代にふさわしい形で立て直すことが、私の第一の任務であります。

かつて、多くの政治家は、政治は弱者のためにあると断言してまいりました。大きな政府とか小さな政府とか申し上げるその前に、政治には弱い立場の人々、少数の人々の視点が尊重されなければならない。その

ことだけは、私の友愛政治の原点としてここに宣言させていただきます。(拍手)

今回の選挙の結果は、このような最も大切なことをおろそかにし続けてきた政治と行政に対する痛烈な批判であり、私どもは、その声に謙虚に耳を傾け、真摯に取り組まなければならないと決意を新たにしております。

本当の意味での国民主権の国づくりをするために必要なのは、まず何よりも、人の命を大切にし、国民の生活を守る政治です。

かつて、高度経済成長の原動力となったのは、貧困から抜け出し、みずからの生活や家族を守り、より安定した暮らしを実現したいという国民の切実な思いでした。ところが、国民皆年金や国民皆保険の導入から約五十年がたった今、生活の安心、そして将来への安心が再び大きく揺らいでいるのであります。これを早急に正さなければなりません。

年金については、今後二年間、国家プロジェクトとして年金記録問題について集中的な取り組みを行い、一日も早く国民の信頼を取り戻せるよう、最大限の努力を行ってまいります。そして、公平、透明で、かつ、将来にわたって安心できる新たな年金制度の創設に向けて着実に取り組んでまいります。もとより、制度としての正確性を求めることは重要ですが、国民の生活様式の多様化に基づいた、柔軟性のある、ミスが起こってもそれを隠さずに改めていける、新しい時代の制度改革を目指します。

医療、介護についても必死に取り組みます。

新型インフルエンザ対策について万全の準備と対応を尽くすことはもちろん、財政のみの視点から医療費や介護費をひたすら抑制してきたこれまでの方針を転換し、質の高い医療・介護サービスを効率的かつ安定的に供給できる体制づくりに着手いたします。すぐれた人材を確保するとともに、地域医療、さらに救急、産科、小児科などの医療提供体制を再建していかなければなりません。高齢者の方々を年齢で差別する後期高齢者医療制度については、廃止に向けて新たな制度の検討を進めてまいります。

子育てや教育は、もはや個人の問題ではなく、未来への投資として、社会全体が助け合い負担するという発想が必要です。

人間らしい社会とは、本来、子供やお年寄りなどの弱い立場の方々を社会全体で支え合うものでなければなりません。子供を産み育てることを経済的な理由であきらめることのない国、子育てや介護のために仕事をあきらめなくてもよい国、そして、すべての意志ある人が質の高い教育を受けられる国を目指していこうではありませんか。このために、財源をきちんと確保しながら、子ども手当の創設、高校の実質無償化、奨学金の大幅な拡充などを進めていきたいと思っています。

さらに、生活保護の母子加算を年内に復活させるとともに、障害者自立支援法については早期の廃止に向け、検討を進めます。また、職場や子育てなど、あらゆる面での男女共同参画を進め、すべての人々が偏見から解放され、分け隔てなく参加できる社会、先住民族であるアイヌの方々の歴史や文化を尊重するなど、多文化が共生をし、だれもが尊厳を持って生き生きと暮らせる社会を実現することが、私の進める友愛政治の目標となります。（拍手）

先日訪問させていただいた、あるチョーク工場のお話を申し上げます。

創業者である社長は、昭和三十四年の秋に、近所の養護学校の先生から頼まれて二人の卒業生を仮採用しました。毎日昼食のベルが鳴っても仕事をやめない二人に、女性工員たちは、彼女たちは私たちの娘みたいなもの、私たちが面倒見るから就職させてやってくださいと懇願したそうであります。そして、次の年も、また次の年も、養護学校からの採用が続きました。

ある年、とある会でお寺の御住職がその社長の隣に座られました。社長は御住職に質問しました。「文字も数も読めない子供たちです。施設にいた方がきっと幸せなのに、なぜ満員電車に揺られながら毎日おくれもせずに来て、一生懸命働くのでしょう。」

御住職はこうおっしゃったそうです。「物やお金があれば幸せだと思いますか。」続いて、「人間の究極の幸せは四つです。愛されること、褒められること、役に立つこと、必要とされること。働くことによって愛以外の三つの幸せが得られるのです。」

「その愛も一生懸命働くことによって得られるものだと思う」、これは社長の実体験を踏まえた感想です。

このチョーク工場は、従業員のうち七割が障害という試練を与えられたいわばチャレンジドの方々によって構成されていますが、粉の飛びにくい、いわゆるダストレスチョークでは、全国的に有名なリーディングカンパニーになっているそうです。障害を持った方たちも、あるいは高齢者も、難病の患者さんも、人間は、人に評価され、感謝され、必要とされてこそ幸せを感じるということをこの逸話は物語っているのではないでしょうか。

私が尊敬するアインシュタイン博士も次のように述べています。

人は他人のために存在する。何よりもまず、その人の笑顔や喜びがそのまま自分の幸せである人たちのために。そして、共感という絆で結ばれている無数にいる見知らぬ人たちのために。

ここ十年余り、日本の地域は急速に疲弊しつつあります。経済的な意味での疲弊や格差の拡大だけでなく、これまで日本の社会を支えてきた地域の絆が、今やずたずたに切り裂かれつつあるのです。しかし、昔を懐かしんでいるだけでは地域社会を再生することはできません。

かつての、だれもがだれもを知っているという地縁・血縁型の地域共同体は、もはや失われつつあります。そこで、次に私たちが目指すべきは、単純に昔ながらの共同体に戻るのではない、新しい共同体のあり方です。

スポーツや芸術文化活動、子育て、介護などのボランティア活動、環境保護運動、地域防災、そしてインターネットなどでのつながりなどを活用して、だれかがだれかを知っているという信頼の市民ネットワークを編み直すことであります。あのおじいさんは一見偏屈そうだけどボランティアになると笑顔がすてきなんだ、あのブラジル人は無口だけど本当は優しくて子供にサッカー教えるのもうまいんだよといった、それぞれの価値を共有することでつながっていく、新しい絆をつくり上げたいと思っています。

幸い、現在、全国各地で、子育て、介護、教育、まちづくりなど、自分たちに身近な問題をまずは自分たちの手で解決してみようという動きが、市民やＮＰＯなどを中心に広がっています。

子育ての不安を抱えて孤独になりがちな親たちを応援するために、地域で親子教室を開催し、本音で話せる居場所を提供している方々もいらっしゃいます。また、こうした活動を通じて支えられた親たちの中には、逆に、支援する側として活動に参加し、みずからの経験を生かした新たな出番を見出す方々もいらっしゃいます。

働くこと、生活の糧を得ることは容易なことではありません。しかし、同時に、働くことによって人を支え、人の役に立つことは、人間にとって大きな喜びとなります。

私が目指したいのは、人と人とが支え合い、役に立ち合う新しい公共の概念であります。

新しい公共とは、人を支えるという役割を、官と言われる人たちだけが担うのではなく、教育や子育て、まちづくり、防犯や防災、医療や福祉などに地域でかかわっておられる方々一人一人にも参加をしていただき、それを社会全体として応援しようという新しい価値観です。

国民生活の現場において、実は、政治の役割はそれほど大きくないのかもしれません。政治ができることは、市民の皆さんやＮＰＯが活発な活動を始めたときに、それを邪魔するような余分な規制、役所の仕事と予算をふやすためだけの規制を取り払うことだけかもしれません。しかし、そうやって市民やＮＰＯの活動を側面から支援していくことこそが、二十一世紀の政治の役割だと私は考えます。

新たな国づくりは、決してだれかに与えられるものではありません。政治や行政が予算をふやしさえすればすべての問題が解決するというものでもありません。国民一人一人が自立と共生の理念をはぐくみ発展させてこそ、社会の絆を再生し、人と人との信頼関係を取り戻すことができるのであります。

私は、国、地方、そして国民が一体となり、すべての人々が互いの存在をかけがえのないものだと感じ合える日本を実現するために、また、一人一人が居場所と出番を見出すことのできる、支え合って生きていく日本を実現するために、その先頭に立って、全力で取り組んでまいります。（拍手）

市場における自由な経済活動が、社会の活力を生み出し、国民生活を豊かにするのは自明のことです。しかし、市場にすべてを任せ、強い者だけが生き残ればよいという発想や、国民の暮らしを犠牲にしても経済合理性を追求するという発想が、もはや成り立たないことも明らかであります。

私は、人間のための経済への転換を提唱したいと思います。それは、経済合理性や経済成長率に偏った評価軸で経済をとらえるのをやめようということであります。

経済面での自由な競争は促しつつも、雇用や人材育成といった面でのセーフティーネットを整備し、食品の安全や治安の確保、消費者の視点を重視するといった、国民の暮らしの豊かさに力点を置いた経済、そして社会へ転換させなければなりません。

さきの金融経済危機は、経済や雇用に深刻な影響を及ぼし、今なお予断を許さない状況にあります。

私自身、全国各地で、地域の中小企業の方々とお会いし、地域経済の疲弊や経済危機の荒波の中で歯を食いしばって必死に努力されている中小企業主の皆さんの生の声をお伺いしてまいりました。まさに、こうした方々が日本経済の底力であり、その方々を応援するのが政治の責務にほかなりません。

経済の動向を注意深く見守りつつ、雇用情勢の一層の悪化や消費の腰折れ、地域経済や中小企業の資金繰りの厳しさなどの課題に対応して、日本経済を自律的な民需による回復軌道に乗せるとともに、国際的な政策協調にも留意しつつ持続的な成長を確保することは、鳩山内閣の最も重要な課題であります。

私たちは、今国会に、金融機関の中小企業への貸し渋り、貸しはがしを是正するための法案を提出いたします。

また、政府が一丸となって雇用対策に取り組むため、先般、緊急雇用対策本部を立ち上げ、職を失い生活に困窮されている方々への支援、新卒未就職の方々への対応、中小企業者への配慮、雇用創造への本格的な取り組みなど、細やかで機動的な緊急雇用対策を政府として決定したところであります。

このようなときにこそ、地方公共団体や企業、労働組合、ＮＰＯの方々を含め、社会全体が支え合いの精神で雇用確保に向けた努力を行っていくべきだと考えます。

年金、医療、介護など社会保障制度への不信感からくる将来への漠然とした不安をぬぐい去ると同時に、子ども手当の創設、ガソリン税の暫定税率の廃止、さらには高速道路の原則無料化など、家計を直接応援することによって、国民が安心して暮らせる、人間のための経済への転換を図っていきます。そして、物心両面から個人消費の拡大を目指してまいります。

同時に、内需を中心とした安定的な成長を実現することが極めて重要となります。

世界最高の低炭素型産業、緑の産業を成長の柱として育て上げ、国民生活のあらゆる場面における情報通信技術の利活用の促進や、先端分野における研究開発、人材育成の強化などにより、科学技術の力で世界をリードするとともに、いま一度規制のあり方を全面的に見直し、新たな需要サイクルを創出してまいります。また、公共事業依存型の産業構造を、「コンクリートから人へ」という基本方針に基づき、転換してまいります。

暮らしの安心を支える医療、介護、未来への投資である子育てや教育、地域を支える農業、林業、観光などの分野で、しっかりとした産業を育て、新しい雇用と需要を生み出してまいります。

さらに、我が国の空港や港を世界そしてアジアの国際拠点とするため、羽田の二十四時間国際拠点空港化など、真に必要なインフラ整備を戦略的に進めるとともに、環境分野を初めとする成長産業を通じて、アジアの成長を強力に後押しし、我が国を含めたアジア全体の活力ある発展を促してまいります。

人間のための経済を実現するために、私は、地域のことは地域に住む住民の皆さんが決める、活気に満ちた地域社会をつくるための地域主権改革を断行いたします。

いかなる政策にどれだけの予算を投入し、どのような地域を目指すのか、これは、本来、地域の住民自身が考え、決めるべきことです。中央集権の金太郎あめのような国家をつくるのではなく、国の縛りを極力少なくすることによって、地域で頑張っておられる住民が主役となり得る、そんな新しい国づくりに向けて全力で取り組んでまいります。そのための第一歩として、地方の自主財源の充実強化に努めます。

国と地方の関係も変えなければなりません。

国が地方に優越する上下関係から、対等の立場で対話していける新たなパートナーシップ関係への根本的な転換です。それと同時に、国と地方が対等に協議する場の法制化を実現しなければなりません。こうした改革の土台には、地域に住む住民の皆さんにみずからの暮らす町や村の未来に対する責任を持っていただくという、住民主体の新しい発想があります。

同時に、活気に満ちた地域社会をつくるため、国が担うべき役割は率先して果たしてまいります。戸別所得補償制度の創設を含めて農林漁業を立て直し、活力ある農山漁村を再生するとともに、生活の利便性を確保し、地域社会を活性化するため、郵便局ネットワークを地域の拠点として位置づけるなど、郵政事業の抜本的な見直しに向けて取り組んでまいります。(拍手)

日本は、経済だけでなく、環境、平和、文化、科学技術など、多くの面で経験と実力を兼ね備える国です。だからこそ、国連総会で申し上げたように、ほかでもない日本が、地球温暖化や核拡散問題、アフリカを初めとする貧困の問題など、地球規模の課題の克服に向けて立ち上がり、東洋と西洋、先進国と途上国、多様な文明の間の架け橋とならなければなりません。こうした役割を積極的に果たしていくことこそ、すべての国民が日本人であることに希望と誇りを持てる国になり、そして世界の架け橋として国際社会から信頼される国になる第一歩となるはずであります。

世界は今、地球温暖化という、人類の生存にかかわる脅威に直面しています。本年十二月のコペンハーゲンにおけるCOP15に向けて、地球温暖化という大きな脅威に対して立ち向かっていますが、このことは決して生易しいことではありません。

しかし、私は確信しております。資源小国日本が、これまで石油危機や公害問題を乗り越える中で培ってきた技術にさらに磨きをかけ、世界の先頭に立って走ることで、必ずや解決に向けた道筋を切り開くことができると。そして、同時にそれが日本経済にとっての大きなチャンスであることも、過去の歴史が示しております。

私は、すべての主要国による公平かつ実効性ある国際的枠組みの構築や意欲的な目標の合意を前提として、二〇二〇年に温室効果ガスを一九九〇年比で二五％削減するとの目標を掲げ、国際交渉を主導してまいります。また、途上国支援のための鳩山イニシアチブを実行することで、先進国と途上国との架け橋としての役割を積極的に果たし、世界規模での環境と経済の両立の実現、低炭素型社会への転換に貢献してまいります。そのため、地球と日本の環境を守り、未来の子供たちに引き継いでいくための行動をチャレンジ25と名づけ、国民の皆様と一緒に、私の政治的リーダーシップのもと、あらゆる政策を総動員し、推進してまいります。

人類の生存の上で、核兵器の存在や核の拡散ほど深刻な問題はありません。

私は、オバマ大統領が勇気を持って打ち出した核のない世界という提案に深く共感し、これを支持します。しかし、そのことは、米国のみが核廃絶に向けた責任を負うということではありません。むしろ、すべての国がその責任を自覚し、行動を起こすことが今求められているのであります。

唯一の被爆国として核廃絶を主張し、また、非核三原則を堅持してきた日本ほど、核のない世界の実現を説得力を持って世界に訴えることのできる国はありません。私は、世界の架け橋として、核軍縮や核不拡散に大きく貢献し、未来の子供たちに核のない世界を残す重要な一歩を踏み出せるよう、不退転の決意で取り組みを進めてまいります。

日本はまた、アジア太平洋地域に位置する海洋国家です。

古来、諸外国との交流や交易の中で、豊かな日本文化がはぐくまれてまいりました。二度と再び、日本を取り巻く海を争いの海にしてはなりません。友好と連帯の実りの海であり続けるための努力を続けることが大切です。このことは、日本のみならず、アジア太平洋地域、そして世界全体の利益だと考えます。

その基盤となるのは、緊密かつ対等な日米同盟であります。ここで言う対等とは、日米両国の同盟関係が世界の平和と安全に果たせる役割や具体的な行動指針を、日本の側からも積極的に提言し、協力していけるような関係であります。私は、日米の二国間関係はもとより、アジア太平洋地域の平和と繁栄、さらには、地球温暖化や核のない世界など、グローバルな課題の克服といった面でも、日本と米国とが連携し、協力し合う、重層的な日米同盟を深化させてまいります。

また、こうした信頼関係の中で、両国間の懸案についても率直に語り合ってまいります。とりわけ、在日米軍再編につきましては、安全保障上の観点も踏まえつつ、過去の日米合意などの経緯も慎重に検証した上で、沖縄の方々が背負ってこられた負担、苦しみや悲しみに十分に思いをいたし、地元の皆様の思いをしっかりと受けとめながら、真剣に取り組んでまいります。（拍手）

また、現在、国際社会全体が対処している最重要課題の一つが、アフガニスタン及びパキスタン支援の課題です。

とりわけ、アフガニスタンは今、テロの脅威に対処しつつ、国家を再建し、社会の平和と安定を目指しています。日本としては、本当に必要とされている支援のあり方について検討の上、農業支援、元兵士に対する職業訓練、警察機能の強化等の日本の得意とする分野や方法で積極的な支援を行ってまいります。

この関連では、インド洋における補給支援活動について、単純な延長は行わず、アフガニスタン支援の大きな文脈の中で対処していく所存です。

北朝鮮をめぐる問題に関しては、拉致、核、ミサイルといった諸懸案について包括的に解決し、その上で国交正常化を図るべく、関係国とも緊密に連携しつつ対処してまいります。

特に核問題については、累次の国連安全保障理事会決議に基づく措置を厳格に履行しつつ、六者会合を通じて非核化を実現する努力を続けます。拉致問題については、考え得るあらゆる方策を用い、一日も早い解決を目指してまいります。

日ロ関係については、政治と経済を車の両輪として進めつつ、最大の懸案である北方領土問題を最終的に解決して平和条約を締結すべく精力的に取り組んでまいります。また、ロシアをアジア太平洋地域におけるパートナーと位置づけて協力関係を強化してまいります。

先日来、私は、アジア各国の首脳と率直かつ真摯な意見交換を重ねてまいりました。韓国、中国、さらには東南アジアなどの近隣諸国との関係については、多様な価値観を相互に尊重しつつ、共通する点や協力できる点を積極的に見出していくことで、真の信頼関係を築き、協力を進めてまいります。

アジア太平洋地域は、その長い歴史の中で、地震や水害など多くの自然災害に悩まされ続けてまいりました。最近でも、スマトラ沖の地震災害において、日本の国際緊急援助隊が諸外国の先陣を切って被災地に到着し、救助や医療に貢献いたしました。世界最先端レベルと言われる日本の防災技術や、救援、復興についての知識、経験、さらには、非常に活発な防災・災害対策ボランティアのネットワークをこの地域全体に役立てることが、今後、より必要とされてくると思っております。

東アジア地域は、保健衛生面でいまだに大きな課題を抱えるとともに、新型インフルエンザを初めとした新たな感染症・疾病対策の充実が急務です。この分野でも、日本の医療技術や保健所を含めた社会システム全体の貢献など、日本が果たすべき役割は極めて重要です。

文化面での協力、交流関係の強化も重要です。

東アジアは、多様な文化が入りまじりながら、しかし、歴史的にも文化的にも共通点が多くあります。政治経済の分野で厳しい交渉をすることがあっても、またイデオロギーや政治体制の違いはあっても、民衆間で相互の文化への理解や共感を深め合っていくことがどれほど各国間の信頼関係の醸成につながっているか、改めて申すまでもありません。

今後、さらに国民の間での文化交流事業を活性化させ、次の世代の若者が国境を越えて教育、文化、ボランティアなどの面で交流を深めることは、東アジア地域の相互の信頼関係を深化させるためにも極めて有効なものと考えております。

このため、留学生の受け入れと派遣を大幅に拡充し、域内の各国言語・文化の専門家を飛躍的に増加させること、そして日中韓で大学同士の単位の互換制度を拡充することなどにより、三十年後の東アジアやアジア太平洋協力を支える人材の育成に長期的な視野で取り組んでまいります。

貿易や経済連携、経済協力や環境などの分野に加えて、以上申し述べましたとおり、人間のための経済の一環として、命と文化の領域で協力を充実させ、他の地域に開かれた透明性の高い協力体としての東アジア共同体構想を推進してまいりたいと考えています。(拍手)

地震列島、災害列島と言われる日本列島に私たちは暮らしています。大きな自然災害が日本を見舞うときのために、万全の備えをするのが政治の第一の役割であります。

また同時に、その際、世界の人々が、特にアジア近隣諸国の人々が、日本を何とか救おう、日本に暮らす人々を助けよう、日本の文化を守ろうと友愛の精神を持って日本に駆けつけてくれるような、そんな魅力にあふれる、諸国民から愛され、信頼される日本をつくりたい、これは私の偽らざる思いであります。

日本は、百四十年前、明治維新という一大変革をなし遂げた国であります。現在、鳩山内閣が取り組んでいることは、いわば無血の平成維新であります。今日の維新は、官僚依存から国民への大政奉還であり、中央集権から地域・現場主権へ、島国から開かれた海洋国家への、国の形の変革の試みであります。

新しい国づくりは、だれかに与えられるものではありません。現在の日本は、黒船という外圧もなければ、敗戦による焼け野原が眼前に広がるわけでもありません。そのような中で変革を断行することは、先人の苦労にまさるとも劣らない大きな挑戦であります。

つまずくこともあるでしょう。頭を打つこともあるやもしれません。しかし、後世の歴史家から、二十一世紀の最初の十年が過ぎようとしていたあの時期に、三十年後、五十年後の日本を見据えた改革が断行されたと評価されるような、強く大きな志を持った政権を目指したいと思います。

今なら間に合います。

これまで量的な成長を追い求めてきた日本が、従来の発想のまま成熟から衰退への道をたどるのか、それとも、新たな志と構想力をもって、成熟の先の新たなる飛躍と充実の道を見出していくのか、今その選択の岐路に立っているのであります。

私は、日本が正しい道を歩んでいけるよう、みずからが先頭に立ち、国民の暮らしを守るための新たな政策を推し進めてまいります。私は、国民の積極的な政治や行政への参加を得て、国民の皆さんとともに、本当の意味で歴史を変え、日本を飛躍へと導くために全力を尽くしてまいります。

国民の皆様、議員の皆様、私たちの変革の挑戦にぜひお力をかしてください。

ぜひとも一緒に新しい日本をつくっていこうではありませんか。（拍手）

※1：政治資金の問題　二〇〇九年六月、鳩山の資金管理団体「友愛政経懇話会」の政治資金収支報告書の中の個人献金について、故人、実在しない人物、実際には献金していない人物等が記載されていることが発覚した問題。また、政治資金規正法では五万円以下の献金については匿名記載が許されているが、この匿名による献金も多額にのぼることがわかった。

私の内閣の使命は、二十年の閉塞状況を打ち破り、元気な日本を復活させること

政権交代を果たした鳩山に対する期待は大きかっただけに失望も大きかった。沖縄の普天間飛行場移設問題に関する「最低でも県外」発言には根拠はなく、沖縄の県民感情は傷つき、事態は混乱。官僚を排した改革も、政権運営の未熟さが目立つことになる。さらに鳩山自身と民主党幹事長だった小沢一郎の「政治とカネ」をめぐる問題も浮上し、支持率は低迷する。鳩山は退陣を表明、後継の代表には菅直人が選出される。菅は市民運動の出身。自社さきがけが連立した橋本内閣で厚生大臣として薬害エイズ事件に対応した。鳩山内閣では財務大臣を務めていたが、まずは失われた信頼をどう取り戻すかが課題だった。

菅直人・所信表明演説

第百七十四回国会　二〇一〇（平成二十二年）年六月十一日

国民の皆様、国会議員の皆様、菅直人です。

このたび、国会の指名により、内閣総理大臣の重責を担うこととなりました。国民の皆様の期待にこたえるべく、力の限りを尽くして頑張る覚悟です。（拍手）

長きにわたる閉塞状況を打ち破ってほしい、多くの方々のこの強い思いにより、昨年夏、政権交代が実現をいたしました。

しかしながら、その後、政治と金の問題、さらに普天間基地移設をめぐる混乱などにより、当初いただい

菅直人（かん・なおと）

1946年〜。山口県生まれ。首相在任期間：2010年6月8日〜2011年9月2日（452日間）。東京工業大学理学部卒業。学生運動、卒業後は弁理士の傍ら市民運動に携わり市川房枝を参議院議員選挙で擁立（当選）、1980年の衆議院議員選挙に社会民主連合副代表として出馬、初当選。以後、新党さきがけ、旧民主党（結成時共同代表）、新民主党（初代代表）と所属政党が変わる。民主党代表として2003年小沢一郎の自由党と合併、さらにマニフェストを掲げ同年の総選挙で党勢を大きく伸ばす。厚生大臣（橋本内閣）、財務大臣（鳩山内閣）、副総理（鳩山内閣）等を歴任。厚相時代は薬害エイズ訴訟で公式に謝罪、和解する。首相在任時は、東日本大震災、福島第一原子力発電所事故の対応をめぐって批判を浴びる。また、党内でも小沢グループ、鳩山、と対立を深め、非小沢グループからも退陣を求められ孤立した結果、辞任。

写真提供：毎日新聞社

た政権への期待が大きく揺らいできました。私も、前政権の一員として、こうした状況を防げなかった責任を痛感いたしております。

鳩山前総理は、御自身と民主党の小沢前幹事長に関する政治と金の問題（※1）、そして普天間基地移設問題に対する責任（※2）を率直に認め、辞任という形でみずからけじめをつけられました。

（発言する者あり。議長「静粛に願います」）

前総理の勇断を受け、政権を引き継ぐ私に課せられた最大の責務、それは、歴史的な政権交代の原点に立ち返って、この挫折を乗り越え、国民の皆様の信頼を回復することだと考えております。

私の政治活動は、今をさかのぼること三十年余り、参議院議員選挙に立候補された故市川房枝先生の応援から始まりました。市民運動を母体とした選挙活動で、私は事務局長を務めました。ボランティアの青年がジープで全国を横断するキャラバンを組むなど、まさに草の根の選挙を展開しました。

そして、当選直後、市川先生は、青島幸男さんとともに経団連の土光《どこう》会長を訪ね、経団連による企業献金のあっせんを中止する約束を取りつけられたのです。この約束はその後骨抜きになってしまいましたが、まさに本年、経団連が企業献金への組織的関与の廃止を決めました。

一票の力が政治を変える、当時の強烈な体験が私の政治の原点となりました。政治は国民の力で変えられる、この信念を胸に、与えられた責任を全うしていきたいと考えております。（拍手）

私は、山口県宇部市に生まれ、高校生のとき、企業の技術者だった父の転勤で東京に移りました。東京では、サラリーマンが大きな借金をしないと家を買えない。父の苦労をかいま見たことが、後に、都市部の土地問題に取り組むきっかけとなりました。

大学を卒業後、特許事務所で働きながら市民運動に参加をいたしました。

市川先生の選挙を支援した二年後、いわゆるロッキード選挙で初めて国政に挑戦をいたしました。初出馬の際には、論文で、「否定論理からは何も生まれない　あきらめないで参加民主主義をめざす」と題して、参加型の民主主義により、国民の感覚、常識を政治に取り戻すことが必要だと訴えました。三度の落選を経て、一九八〇年に初当選しましたが、議員生活はミニ政党からのスタートでした。

民主党の国会議員の仲間にも、私と同様、若くして地盤も資金もない身一つで政治の世界に飛び込んだ人たちがたくさんおられます。志を持って努力すればだれでも政治に参加できる、そういう政治をつくろうじゃありませんか。

私の基本的な政治理念は、国民が政治に参加する真の民主主義の実現です。その原点は、政治学者である松下圭一先生に学んだ市民自治の思想であります。

従来、我が国では、行政を官僚が仕切る官僚内閣制の発想が支配してきました。しかし、我が国の憲法は、国民が国会議員を選び、そして、国会の指名を受けた内閣総理大臣が内閣を組織すると定めています。松下先生が説かれるように、本来は、官僚内閣制ではなくて、国会内閣制なのであります。

政治主導とは、より多数の国民に支持された政党が内閣と一体となって国政を担っていくことを意味します。これにより、官僚主導の行政を変革しなければなりません。広く開かれた政党を介して、国民が積極的に参加し、国民の統治による国政を実現する、この目標に向けて邁進いたします。（拍手）

私は、新内閣の政策課題として、戦後行政の大掃除の本格実施、経済、財政、社会保障の一体的立て直し及び責任感に立脚した外交・安全保障政策の三つを掲げさせていただきます。

第一の政策課題は、昨年の政権交代から始めた改革の続行です。

鳩山前内閣は、戦後行政の大掃除として、それまでの政権がなし得なかった事業仕分けや国家公務員制度の改革に果敢に挑みました。しかし、今はまだ道半ばです。新内閣は、国民に約束した改革を続行し、貫徹させなければなりません。

改革には、反発や抵抗がつきものです。気を緩めれば、改革は骨抜きになり、逆行しかねません。時計の針を決して戻すことなく、政治主導によって改革を推し進めてまいります。

まず、これまで推進してきた無駄遣いの根絶を一層徹底します。

前内閣のもとでは、昨年とことしの二回にわたって事業仕分けを実施しました。これまで国民に見えなかった予算編成の過程や独立行政法人等の政府関連法人の事業内容、これらを一つ一つ公開の場で確認し、行政の透明性を飛躍的に高めました。限られた人材、予算を有効に活用するため、この取り組みを続行します。

行政組織や国家公務員制度の見直しにも引き続き取り組みます。

省庁の縦割りを排除し、行政の機能向上を図るとともに、国家公務員の天下り禁止などの取り組みも本格化させてまいります。

行政の密室性の打破も進めます。

私は、一九九六年、厚生大臣として薬害エイズ問題に力を注ぎました。当時、厚生省の事務方は、関連資料は見つからないという態度に終始をいたしました。

（発言する者あり。議長「静粛に願います」）

これに対して、私は資料調査を厳命し、その結果、資料の存在が明らかになりました。この情報公開を契機に、問題の解明や患者の方々の救済が実現しました。

情報公開の重要性は、ほかのどなたよりも強く認識しているつもりであります。前内閣においては、財務大臣として、外務大臣とともに日米密約の存在を明らかにしてまいりました。情報公開法の改正を検討するなど、今後もこうした姿勢を貫いてまいります。

さらに、地域主権の確立を進めます。

中央集権型の画一的な行政では、多様な地域に沿った政策の実現に限界があります。住民参加による行政を実現するためには、地域主権の徹底が不可欠です。

総論の段階から各論の段階に進むときが来ています。地方の皆様とひざを突き合わせ、各地の要望を踏まえ、権限や財源の移譲を丁寧に進めていきます。その上で、特区制度も活用しつつ、各行政分野で、地域ごとに具体的な結論を出していきます。

郵政事業については、全国において郵便局の基本的なサービスを一体的に提供し、また、現在の経営形態を再編するため、民主党と国民新党の合意に基づき、郵政改革法案の速やかな成立を期してまいります。（拍手）

第二の政策課題として、国民が未来に対し希望を持てる社会を築くため、経済、財政、社会保障を一体的に立て直します。

九〇年代初頭のバブルの崩壊から約二十年、日本経済が低迷を続けた結果、国民は、かつての自信を失い、将来への漠然とした不安の中に萎縮をしています。国民の皆様の閉塞状況を打ち破ってほしいという期待にこたえるのが新内閣の任務です。この立て直しは、第三の道とも呼ぶべき新しい設計図によって進めたいと考えます。

過去二十年間の経済政策は、私が、第一の道、第二の道と呼ぶ考え方に沿って進められました。

第一の道とは、公共事業中心の経済政策です。

六〇年代から七〇年代にかけての高度経済成長の時代には、道路、港湾、空港などの整備が、生産性の向上をもたらし、経済成長の原動力となりました。しかし、基礎的なインフラが整備された八〇年代になると、この投資と経済効果の関係が崩壊し、九〇年代以降は様相が全く変わりました。バブル崩壊以降に行われた巨額の公共事業の多くは、結局、有効な効果を上げませんでした。

その後の十年間は、行き過ぎた市場原理主義に基づき、供給サイドに偏った生産性重視の経済政策が進められてきました。これが第二の道です。

この政策は、一企業の観点から見れば妥当とも言えます。企業では、大胆なリストラを断行して業績が回復すれば、立派な経営者として称賛されるでしょう。しかし、国全体として見れば、この政策によって、多くの人が失業する中で、国民生活はさらに厳しくなり、デフレが深刻化しました。企業は従業員をリストラできても、国は国民をリストラすることができないのです。

生産性を向上させる支援は必要ですが、それと同時に、需要や雇用を拡大することが一層重要なのです。それを怠った結果、二年前の日比谷公園の派遣村に象徴されるように、格差の拡大が強く意識され、社会全体の不安が急速に高まったのです。

産業構造、社会構造の変化に合わない政策を遂行した結果、経済は低迷し続けました。こうした過去の失敗に学び、現在の状況に適した政策として私たちが追求するのは、第三の道です。これは、経済社会が抱える課題の解決を新たな需要や雇用創出のきっかけとして、それを成長につなげようとする政策です。

現在まで続く閉塞感の主たる要因は、低迷する経済、拡大する財政赤字、そして、信頼感が低下した社会保障です。新内閣は、強い経済、強い財政、強い社会保障の一体的実現を、政治の強いリーダーシップで実現していく決意であります。（拍手）

まず、強い経済の実現です。

一昨年の金融危機は、外需に過度に依存していた我が国経済を直撃し、他の国以上に深刻なダメージを与えました。強い経済を実現するためには、安定した内需と外需を創造し、富が広く循環する経済構造を築く必要があります。

では、どのように需要をつくり出すのか。そのかぎが、課題解決型の国家戦略です。

現在の経済社会には、新たな課題が山積しています。それぞれの課題に正面から向き合い、その処方せんを提示することにより、新たな需要と雇用の創造を目指します。

この考え方に立ち、昨年来私が責任者となって検討を進めている新成長戦略では、グリーンイノベーション、ライフイノベーション、アジア経済、観光・地域を成長分野に掲げ、これらを支える基盤として科学・技術と雇用・人材に関する戦略を実施することといたしております。

第一のグリーンイノベーションには、鳩山前総理が積極的に取り組まれ、二〇二〇年における温室効果ガスの二五％削減目標を掲げた地球温暖化対策も含まれます。

そのほかにも、生物多様性の維持や、人間に不可欠な水にかかわる産業など、期待される分野は数多く存在し、その向こうには巨大な需要が広がっています。運輸部門や生活関連部門、原子力産業を含むエネルギー分野、さらには、まちづくりの分野で新技術の開発や新事業の展開が期待されます。

第二は、ライフイノベーションによる健康大国の実現です。

子育ての安心や老後の健康を願う思いに終着点はありません。こうした願いをかなえる処方せんを示すことが、新たな価値を生み、雇用をつくり出します。

第三は、アジア経済戦略です。

急速な成長を続けるアジアの多くの地域では、都市化や工業化、それに伴う環境問題の発生が課題となっています。少子化、高齢化も懸念されています。また、日本では充足されつつある鉄道、道路、電力、水道などは、今後整備が必要な社会資本です。

世界に先駆けて、これらのアジアの課題を解決するモデルを提示することで、アジア市場の新たな需要にこたえることができます。こうした需要をとらえるため、海外との人的交流の強化、ハブ機能を強化するインフラ整備や規制改革を進めます。

第四の観光立国・地域活性化戦略のうち、観光は、文化遺産や自然環境を生かして振興することにより、地域活性化の切り札になります。既に、中国からの観光客の拡大に向け、ビザの発行条件の大幅緩和などが鳩山前政権のもとで始められました。

農山漁村が生産、加工、流通まで一体的に担い、付加価値を創造することができれば、そこに雇用が生まれ、子供を生み育てる健全な地域社会がはぐくまれます。農林水産業を地域の中核産業として発展させることにより、食料自給率の向上も期待されます。特に、低炭素社会で新たな役割も期待される林業は、戦後植林された樹木が成長しており、路網《ろもう》整備等の支援により林業再生を期待できる好機にあります。戸別所得補償制度の導入を初めとする農林水産行政は、こうした観点に立って進めます。

また、今この瞬間も、宮崎県の畜産農家の方々は、我が子のように大切に育てた牛や豚を大きな不安を持って世話をしておられます。地元では、口蹄疫《こうていえき》の拡大をとめようと懸命な作業が続けられています。政府は、迅速な初動対応や感染拡大の阻止に総力を挙げるとともに、影響を受けた方々の生活支援・経営再建対策に万全を期してまいります。

さらに、地域の活性化に向け、真に必要な社会資本整備については、民間の知恵と資金を活用して戦略的に進めるとともに、意欲あふれる中小企業を応援します。

これらの成長分野を支えるため、第五の科学・技術立国戦略のもとで、我が国が培ってきた科学技術力を増強します。効果的、効率的な技術開発を促進するための規制改革や支援体制の見直しを進めます。我が国の未来を担う若者が夢を抱いて科学の道を選べるような教育環境を整備するとともに、世界じゅうからすぐれた研究者を引きつける研究環境の整備を進めます。イノベーション促進の基盤となる知的財産や情報通信技術の利活用も促進します。

第六の雇用・人材戦略により、成長分野を担う人材の育成を促進します。

少子高齢化に伴う労働力の減少という制約をはね返すため、若者や女性、高齢者の就業率の向上を目指します。さらに、非正規労働者の正規雇用化を含めた雇用の安定確保、産業構造の変化に対応した成長分野を中心とする実践的な能力育成の推進、ディーセントワーク、すなわち、人間らしい働きがいのある仕事の実現を目指します。女性の能力を発揮する機会をふやす環境を抜本的に整備し、男女共同参画社会の実現を推進します。

人材は成長の原動力です。教育、スポーツ、文化などさまざまな分野で、国民一人一人の能力を高めることにより、厚みのある人材層を形成します。

こうした具体策を盛り込んだ新成長戦略の最終的取りまとめを今月中に公表し、官民を挙げて強い経済の実現を図り、二〇二〇年度までの年平均で、名目三%、実質二%を上回る経済成長を目指します。また、当面は、デフレからの脱却を喫緊の課題と位置づけ、日本銀行と一体となって、強力かつ総合的な政策努力を行います。

次に、強い財政の実現です。

一般に、民間消費が低迷する経済状況のもとでは、国債発行を通じて貯蓄を吸い上げ、財政出動により需要を補う経済政策に一定の合理性はあります。しかしながら、我が国では、九〇年代に集中した巨額の公共事業や減税、高齢化の急速な進展による社会保障の急増などにより、財政は先進国で最悪という厳しい状況に陥っています。もはや、国債発行に過度に依存する財政は持続困難です。ギリシャに端を発したユーロ圏の混乱に見られるように、公的債務の増加を放置し、国債市場における信認が失われれば、財政破綻に陥るおそれがあります。

我が国の債務残高は巨額であり、その解消を一朝一夕に行うことは困難です。だからこそ、財政健全化に向けた抜本的な改革に今から着手する必要があります。具体的には、まず、無駄遣いの根絶を強力に進めます。次に、成長戦略を着実に推進します。予算編成に当たっては、経済成長や雇用創出への寄与度も基準とした優先順位づけを行います。これにより、目標の経済成長を実現し、税収増を通じた財政の健全化につなげます。

我が国財政の危機的状況を改善するためには、こうした無駄遣いの根絶と経済成長を実現する予算編成に加え、税制の抜本改革に着手することが不可避です。現状の新規国債の発行水準を継続すれば、数年のうちに債務残高はＧＤＰ比二〇〇％を超えることとなります。このような事態を避けるため、将来の税制の全体像を早急に描く必要があります。

以上の観点を踏まえ、前内閣のもとでは、私も参画し、経済の将来展望を見据えつつ、中期財政フレームと中長期の財政規律を明らかにする財政運営戦略を検討してきました。これを今月中に策定をいたします。

今国会、自由民主党から、財政健全化責任法案が国会に提出をされました。

そこで、提案が私からあります。我が国の将来を左右するこの重大な課題について、与党、野党の壁を越えた国民的な議論が必要ではないでしょうか。財政健全化の緊要性を認める超党派の議員により、財政健全化検討会議をつくり、建設的な議論をともに進めようではありませんか。（拍手）

以上述べたような強い経済、強い財政と同時に、強い社会保障の実現を目指します。

これまでの経済論議では、社会保障は、少子高齢化を背景に負担面ばかりが強調され、経済成長の足を引っ張るものとみなされる傾向がありました。私は、そのような立場には立ちません。医療・介護や年金、子育て支援などの社会保障に不安や不信を抱いていては、国民は、安心してお金を消費に回すことができません。

一方、社会保障には、雇用創出を通じて成長をもたらす分野が数多く含まれています。他国の経験は、社会保障の充実が雇用創出を通じ、同時に成長をもたらすことが可能だと教えているではありませんか。

経済、財政、社会保障を相互に対立するものととらえる考え方は、百八十度転換する必要があります。それぞれが互いに好影響を与え得るウイン・ウインの関係にあると認識すべきです。

この認識に基づき、新成長戦略においてライフイノベーションを重点分野に位置づけ、成長戦略の観点からも、強い社会保障を目指します。そして、財政健全化の取り組みは、財政の機能を通じて、社会保障の安定的な提供を確保し、国民に安心を約束することにより、持続的な成長を導くものなのです。

こうした強い社会保障を実現し、少子高齢社会を克服する日本モデルを提示するため、各制度の立て直しを進めます。

年金制度については、記録問題に全力を尽くすとともに、現在の社会に適合した制度を一刻も早く構築することが必要です。党派を超えた国民的議論を始めるため、新たな年金制度に関する基本原則を提示します。医療制度についても、立て直しを進め、医療の安心の確保に努めます。介護についても、安心して利用できるサービスの確保に努めます。子育て支援の充実は待ったなしの課題です。子ども手当に加え、待機児童の解消や幼保一体化による子育てサービスの充実に、政府を挙げて取り組みます。

さらに、社会保障分野などのサービス向上を図り、真に手を差し伸べるべき方々に重点的に社会保障を提供する観点からも、番号制度などの基盤整備が求められています。このため、社会保障や税の番号制度の導入に向け、国民の皆様に具体的な選択肢を近く提示いたします。

こうした施策に加え、私が今重視しているのは、孤立化という新たな社会リスクに対する取り組みです。

私は、一昨年から、反貧困ネットワーク事務局長の湯浅誠さんと一緒に、派遣村などの現場で貧困・困窮状態にある方々を支援してきました。

その活動の中で、ホームレスには二つの意味があることを再認識しました。一つの意味は、物理的に住む家がないということですが、もう一つのより重要な意味は、ある人がさまざまな苦難に遭遇したときに、そばで支援してくれる家族がいないということです。人はだれしもひとりでは生きていけません。悩み、くじけ、倒れたときに寄り添ってくれる人がいるからこそ再び立ち上がれるのです。

我が国では、かつて、家族や地域社会そして企業による支えがそうした機能を担ってきました。それが急速に失われる中で、社会的排除や格差が拡大しています。ネットカフェに寝泊まりする若者や地域との関係が断ち切られたひとり暮らしの高齢者など、老若男女を問わず、孤立化する人々が急増しています。従来のしがらみからの解放は、強者にとっては自由を拡大するものかもしれませんが、弱い立場の人にとっては孤独死で大切な人生を終えてしまうおそれがあるのです。

私は、湯浅さんたちが提唱するパーソナルサポートという考え方に深く共鳴しています。さまざまな要因で困窮している方々に対し、専門家であるパーソナルサポーターが随時相談に応じ、制度や仕組みの縦割りを超え、必要な支援を個別的、継続的に提供するものです。役所の窓口を物理的に一カ所に集めるワンストップサービスは、今後も行う必要がありますが、時間や場所などに限界があります。寄り添い・伴走型支援であるパーソナルサポートは、人によるワンストップサービスとしてこの限界を乗り越えることができます。

こうした取り組みにより、雇用に加え、障害者や高齢者などの福祉、人権擁護、さらに年間三万人を超える自殺対策の分野で、さまざまな関係機関や社会資源を結びつけ、支え合いのネットワークからだれ一人として排除されることのない社会、すなわち、一人一人を包摂する社会の実現を目指します。

鳩山前総理が最も力を入れられた新しい公共の取り組みも、こうした活動の可能性を支援するものです。

公共的な活動を行う機能は、従来の行政機関、公務員だけが担うわけではありません。地域の住民が、教育や子育て、まちづくり、防犯・防災、医療・福祉、消費者保護などに共助の精神で参加する活動を応援します。

第三の政策課題は、責任感に立脚した外交・安全保障政策です。

私は、若いころ、イデオロギーではなく、現実主義をベースに国際政治を論じ、「平和の代償」という名著を著された永井陽之助先生を中心に勉強会を重ねてまいりました。我が国が、憲法の前文にあるように、国際社会において名誉ある地位を占めるための外交とはどうあるべきか。永井先生との議論を通じ、相手国に受動的に対応するだけでは外交は築かれないと学びました。この国をどういう国にしたいのか、時には自国のために代償を払う覚悟ができるのか。国民一人一人がこうした責任を自覚し、それを背景に行われるのが外交であると考えます。

今日、国際社会は地殻変動ともいうべき大きな変化に直面しています。その変化は、経済のみならず、外交や軍事の面にも及んでいます。こうした状況の中、世界平和という理想を求めつつ、現実主義を基調とした外交を推進すべきだと考えております。(拍手)

我が国は、太平洋に面する海洋国家であると同時に、アジアの国でもあります。この二面性を踏まえた上で、我が国の外交を展開します。

具体的には、日米同盟を外交の基軸とし、同時にアジア諸国との連携を強化します。

日米同盟は、日本の防衛のみならず、アジア太平洋の安定と繁栄を支える国際的な共有財産だと考えます。今後も同盟関係を着実に深化させます。

アジアを中心とする近隣諸国とは、政治、経済、文化等のさまざまな面で関係を強化し、将来的には東アジア共同体を構想していきます。

中国とは戦略的互恵関係を深めます。韓国とは未来志向のパートナーシップを構築します。日ロ関係については、政治と経済を車の両輪として進めつつ、最大の懸案である北方領土問題を解決して平和条約を締結すべく、精力的に取り組みます。ＡＳＥＡＮ諸国やインド等との連携は、これをさらに充実させます。ことし開催されるＡＰＥＣにおいては、議長として積極的な役割を果たします。ＥＰＡ、広域経済連携については、国内制度改革と一体的に推進していきます。

我が国は、地球規模の課題にも積極的な役割を果たしていきます。

気候変動問題については、ＣＯＰ16に向けて、すべての主要国による、公平かつ実効的な国際的枠組みを構築するべく、米国、ＥＵ、国連などとともに連携しながら、国際交渉を主導します。この秋、愛知県名古屋市で開催されるＣＯＰ10では、生物の多様性を守る国際的な取り組みを前進させます。核のない世界に向け、我が国が先頭に立ってリーダーシップを発揮します。アフガニスタンの復興支援、ＴＩＣＡＤ４の公約を踏まえたアフリカ支援を継続するほか、ミレニアム開発目標の達成に向け、最大限努力します。

北朝鮮については、韓国哨戒艦《しょうかいかん》沈没事件（※３）は許しがたいものであり、韓国を全面的に支持しつつ、国際社会としてしっかりと対処する必要があります。拉致、核、ミサイルといった諸懸案の包括的解決を図り、不幸な過去を清算し、国交正常化を追求します。拉致問題については、国の責任において、すべての拉致被害者の一刻も早い帰国に向けて全力を尽くします。国連安保理決議の違反を重ねるイランに対し、我が国は平和的、外交的解決を求めていきます。

国際的な安全保障環境に対応する観点から、防衛力のあり方に見直しを加え、防衛大綱の見直しと中期防衛力の整備計画を年内に発表します。

沖縄には米軍基地が集中し、沖縄の方々に大きな負担を引き受けていただいています。普天間基地の移設、返還と一部海兵隊のグアム移転は、何としても実現しなければなりません。

普天間基地移設問題では、先月末の日米合意を踏まえつつ、同時に、閣議決定でも強調されたように、沖縄の負担軽減に尽力する覚悟です。

沖縄は、独自の文化をはぐくんできた、我が国が誇るべき地域です。その沖縄が、さきの大戦で最大規模の地上戦を経験し、多くの犠牲を強いられることとなりました。今月二十三日、沖縄全戦没者追悼式が行われます。私は、この式典に参加し、沖縄を襲った悲惨な過去に思いをいたすとともに、長年の過重な負担に対する感謝の念を深めることからこの沖縄問題についての仕事を始めたい、このように考えております。

これまで述べてきたように、私の内閣が果たすべき使命は、二十年近く続く閉塞状況を打ち破り、元気な日本を復活させることです。その道筋は、この所信表明演説で申し述べました。あとは、実行できるかどうかにかかっています。

これまで、日本において国家レベルの目標を掲げた改革が進まなかったのは、政治的リーダーシップの欠如に最大の原因があります。つまり、個々の団体や個別的地域の利益を代表する政治はあっても、国全体の将来を考え、改革を進める大きな政治的リーダーシップが欠如していたのではないでしょうか。こうしたリーダーシップは、個々の政治家や政党だけで生み出されるものではありません。国民の皆様にビジョンを示し、そして、国民の皆様が、よし、やってみろと私を信頼してくださるかどうかで、リーダーシップを持つことができるかどうかが決まります。

私は、本日の演説を皮切りに、順次、日本を元気にしていくためのビジョンを提案してまいりたいと思っております。私の提案するビジョンを御理解いただき、ぜひとも私を信頼していただきたいと思います。リーダーシップを持った内閣総理大臣になれるよう、国民の皆様の御支援を心からお願いを申し上げまして、私の所信表明演説とさせていただきます。

どうもありがとうございました。(拍手)

※1：小沢前幹事長に関する政治と金の問題　小沢一郎衆議院議員の政治資金管理団体「陸山会」が所有する不動産をめぐる政治資金問題。二〇〇九年十一月、市民団体により、陸山会の不動産購入に関して政治収支報告書に虚偽記載したとして、政治資金規正法違反容疑で小沢議員の側近である石川知裕衆議院議員および秘書が告発される。二〇一〇年には小沢議員も同法違反容疑により告発される。鳩山首相は自らの政治資金疑惑および普天間基地移設に関した混乱の責任をとって、二〇一〇年六月八日小沢一郎幹事長を道連れとして辞任。

※2：普天間基地移設問題に対する責任　一九九五年に起きた普天間米軍基地の海兵隊による少女暴行事件を契機に高まった沖縄県民の反基地運動を背景に、当時の橋本首相が主導して米軍の再編に絡め代替施設の建設を条件に普天間基地返還を日米間で合意する。代替施設の候補地は紆余曲折を経て名護市辺野古に決定した。しかし、民主党は政権交代にあたって鳩山首相が代替施設を「最低でも県外」と宣言する。だが、具体的な計画があったわけではなく、候補地は見つからず、前言を撤回、辺野古移設案に戻り「学べば学ぶほど海兵隊の抑止力への理解が浅かった」と発言。また、その間オバマ米大統領に対しては移設問題の解決について「トラスト・ミー（私を信じてくれ）」と語った、二〇〇九年内の決着を期待させたが、実現はできなかった。鳩山首相の一連の言動は、沖縄県民、国内、アメリカに不信を生み、事態を複雑化させ、問題は混迷の度を増した。その影響は、現在も続いている。

※3：韓国哨戒艦沈没事件　二〇一〇年三月、朝鮮半島西北沖で韓国海軍の哨戒艦『天安』が沈没した事件。乗組員一〇四名のうち四六名（六名の行方不明者含む）が犠牲となる。事故後組織された軍と民間の合同調査団（韓・英・米・豪・スウェーデン）は、北朝鮮による魚雷攻撃によって沈没したと断定する調査結果を発表。これに対して、北朝鮮は関与を否定し「謀略」であると韓国を批判。なお、沈没の原因について、韓国の一部では「韓国海軍が放置した機雷が爆発の原因である可能性が高い」との意見もある。

震災からの復興は最大・最優先課題。福島の再生なくして日本の信頼回復はない

二〇一一年三月十一日、東日本大震災が発生。地震、津波、さらに東京電力の福島第一原発事故が重なり、東北地方を中心に壊滅的な被害が発生する。震災は急激な円高をもたらし、日本経済を一段と悪化させた。菅政権は震災後の危機管理、とりわけ原発事故の対応で厳しい批判にさらされる。野党だけでなく、菅・小沢の間で亀裂が生じていた民主党内からも早期退陣論が高まる。四面楚歌の菅はついに退陣。後任を決める代表選では、菅内閣で財務大臣を務めていた野田佳彦が選出される。参院は既に前年、自民に破れ与野党逆転。野田はねじれ国会の中で危機に立ち向かわなければならなかった。

野田佳彦・所信表明演説

第百七十八回国会　二〇一一年（平成二十三年）九月十三日

第百七十八回国会の開会に当たり、東日本大震災、そして、その後も相次いだ集中豪雨や台風の災害によって亡くなられた方々の御冥福をお祈りします。また、被害に遭われ不自由な暮らしを余儀なくされている被災者の方々に、改めてお見舞い申し上げます。

このたび、私は、内閣総理大臣に任命されました。政治に求められるのは、いつの世も、正心誠意の四文字があるのみです。意を誠にして心を正す。私は、国民の皆様の声に耳を傾けながら、みずからの心を正し、政治家としての良心に忠実に、大震災がもたらした国難に立ち向かう重責を全力で果たしていく決意です。まずは、連立与党である国民新党初め各党各会派、そして国民の皆様の御理解と御協力を切にお願い申し上

野田佳彦（のだ・よしひこ）

1957年～。千葉県生まれ。首相在任期間：2011年9月2日 ～ 2012年12月26日（482日間）。早稲田大学政治経済学部卒業。松下政経塾、千葉県議会議員を経て日本新党結党に参加、1993年の総選挙で初当選。細川連立政権崩壊後、新進党結党に参加するが離党、民主党（新）に入党。菅内閣で財務大臣に就任。首相就任後は、自由民主党・公明党との三等合意による消費税増税法案を採血するが、小沢グループをはじめ民主党内に大量の離党届が出る。2012年、解散を打つが民主党は惨敗。総辞職する。なお、野田内閣で、尖閣諸島の国有化が行われた。

写真提供：毎日新聞社

げます。（拍手）

あの三月十一日から、はや半年の歳月を経ました。多くの命と穏やかな故郷での暮らしを奪った大震災のつめ跡は、いまだ深く被災地に刻まれたままです。そして、大震災と東京電力福島第一原子力発電所の事故は、被災地のみならず、日本全国に甚大な影響を与えています。日本の経済社会が長年抱えてきた課題は残されたまま、大震災により、新たに解決が迫られる課題が重くのしかかっています。

この国難のただ中を生きる私たちが、決して忘れてはならないものがあります。それは、大震災の絶望の中で示された日本人の気高き精神です。

南三陸町の防災職員として、住民に高台への避難を呼びかけ続けた遠藤未希さん。防災庁舎の無線機から流れる彼女の声に、勇気づけられ、救われた命が数多くありました。恐怖に声を震わせながらも最後まで呼びかけをやめなかった彼女は、津波にのまれ、帰らぬ人となりました。生きておられれば、今月結婚式を迎えるはずでした。

被災地の至るところで、みずからの命さえ顧みず、使命感を貫き、他者をいたわる人間同士の深いきずながありました。彼女たちが身をもって示した、危機の中で公に尽くす覚悟。そして、互いに助け合いながら、寡黙に困難を耐えた数多くの被災者の方々。日本人として生きていく誇りとあすへの希望が、ここに見出せるのではないでしょうか。

忘れてはならないものがあります。それは、原発事故や被災者支援の最前線で格闘する人々の姿です。

（発言する者あり。議長「静粛に願います」）

先週、私は、原子力災害対策本部長として、福島第一原発の敷地内に入りました。二千人を超える方々が、マスクと防護服に身を包み、被曝と熱中症の危険にさらされながら、事故収束のために黙々と作業を続けています。

そして、大震災や豪雨の被災地では、みずからが被災者の立場にありながらも、人命救助や復旧、除染活動の先頭に立ち、住民に向き合い続ける自治体職員の方々がいます。御家族を亡くされた痛みを抱きながら、豪雨対策の陣頭指揮をとり続ける那智勝浦町の寺本眞一町長も、その一人です。

今この瞬間にも、原発事故や災害との闘いは続いています。さまざまな現場の献身的な作業の積み重ねによって、日本の今と未来は支えられています。私たちは、激励と感謝の念とともに、こうした人々にもっと思いをいたす必要があるのではないでしょうか。

忘れてはならないものがあります。それは、被災者、とりわけ福島の方々の抱く故郷への思いです。

多くの被災地が復興に向けた歩みを始める中、依然として先行きが見えず、見えない放射線の不安と格闘している原発周辺地域の方々の思いを、福島の高校生たちが教えてくれています。

福島に生まれて、福島で育って、福島で働く。福島で結婚して、福島で子供を産んで、福島で子供を育てる。福島で孫を見て、福島でひ孫を見て、福島で最期を過ごす。それが私の夢です。これは、先月、福島で開催された全国高校総合文化祭で、福島の高校生たちが演じた創作劇の中の言葉です。

（発言する者あり。議長「静粛に願います」）

悲しみや怒り、不安やいら立ち、あきらめや無力感といった感情を乗り越えて、あすに向かって一歩を踏み出す力強さがあふれています。こうした若い情熱の中に、被災地と福島の復興を確信できるのではないでしょうか。

今般、被災者の心情に配慮を欠いた不適切な言動によって辞任した閣僚（※1）が出たことは、まことに残念でなりません。失われた信頼を取り戻すためにも、内閣が一丸となって、原発事故の収束と被災者支援に邁進することを改めてお誓いいたします。

大震災後も、世界は歩みをとめていません。そして、日本への視線も日に日に厳しく変化しています。日本人の気高い精神を賞賛する声は、この国の政治に向けられる厳しい見方にかき消されつつあります。政治が指導力を発揮せず物事を先送りすることを、日本化すると表現して、やゆする海外の論調があります。これまで積み上げてきた国家の信用が、今、危機に瀕しています。

私たちは、厳しい現実を受けとめなければなりません。そして、克服しなければなりません。目の前の危機を乗り越え、国民の生活を守り、希望と誇りある日本を再生するために、今こそ行政府も立法府も、それぞれの役割を果たすべきときです。

言うまでもなく、東日本大震災からの復旧復興は、この内閣が取り組むべき最大かつ最優先の課題です。

これまでにも政府は、地元自治体と協力をして、仮設住宅の建設、瓦れき撤去、被災者の生活支援などの復旧作業に全力を挙げてきました。発災当初から比べれば、かなり進展してきていることも事実ですが、迅速さに欠け、必要な方々に支援の手が行き届いていないという御指摘もいただいています。

この内閣がなすべきことは明らかです。復興基本方針に基づき、一つ一つの具体策を、着実に、確実に実行していくことです。

そのために、第三次補正予算の準備作業を速やかに進めます。自治体にとって使い勝手のよい交付金や復興特区制度なども早急に具体化してまいります。

復旧復興のための財源は、次の世代に負担を先送りすることなく、今を生きる世代全体で連帯し、負担を分かち合うことが基本です。

まずは、歳出の削減、国有財産の売却、公務員人件費の見直しなどで財源を捻出する努力を行います。その上で、時限的な税制措置について、現下の経済状況を十分に見きわめつつ、具体的な税目や期間、年度ごとの規模などについての複数の選択肢を多角的に検討します。

省庁の枠組みを超えて、被災自治体の要望にワンストップで対応する復興庁を設置するための法案を早急に国会に提出します。被災地の復興を加速するため、与野党が一致協力して対処いただくようお願いをいたします。

原発事故の収束は、国家の挑戦です。福島の再生なくして日本の信頼回復はありません。大気や土壌、海水への放射性物質の放出を確実に食いとめることに全力を注ぎ、作業員の方々の安全確保に最大限努めつつ、事故収束に向けた工程表の着実な実現を図ります。世界の英知を集め、技術的な課題も乗り越えます。原発事故が再発することのないよう、国際的な視点に立って事故原因を究明し、情報公開と予防策を徹底します。

被害者の方々への賠償と仮払いも急務です。

長期にわたって不自由な避難生活を余儀なくされている住民の方々、家畜を断腸の思いで処分された畜産業者の方々、農作物を廃棄しなければならなかった農家の方々、風評被害によって、ゆえなく廃業に追い込まれた中小企業の方々。厳しい状況に置かれた被害者の方々に対して、迅速、公平かつ適切な賠償や仮払いを進めます。

住民の方々の不安を取り除くとともに、復興の取り組みを加速するためにも、既に飛散してしまった放射性物質の除去や周辺住民の方々の健康管理の徹底が欠かせません。特に、子供や妊婦の方を対象とした健康管理に優先的に取り組みます。毎日の暮らしで口にする食品の安全、安心を確立するため、農作物や牛肉等の検査体制のさらなる充実を図ります。

福島第一原発の周辺地域を中心に、依然として放射線量の大変高い地域があります。先祖代々の土地を離れざるを得ない無念さと悲しみをしっかりと胸に刻み、生活空間にある放射性物質を取り除く大規模な除染を、自治体の協力も仰ぎつつ、国の責任として全力で取り組みます。

また、大規模な自然災害や事件、事故など国民の生命身体を脅かす危機への対応に万全を期すとともに、大震災の教訓も踏まえて、防災に関する政府の取り組みを再点検し、災害に強い持続可能な国土づくりを目指します。

大震災からの復旧復興に加え、この内閣が取り組むべきもう一つの最優先課題は、日本経済の立て直しです。大震災以降、急激な円高、電力需給の逼迫、国際金融市場の不安定化などが複合的に生じています。産業の空洞化と財政の悪化によって、国家の信用が大きく損なわれる瀬戸際にあります。

日本経済の立て直しの第一歩となるのは、エネルギー政策の再構築です。

原発事故を受けて、電力の需給が逼迫する状況が続いています。経済社会の血液ともいうべき電気の安定的な供給がなければ、豊かな国民生活の基盤が揺るぎ、国内での産業活動を支えることができません。

ことしの夏は、国民の皆様による節電のおかげで、計画停電を行う事態には至りませんでした。多大な御理解と御協力、ありがとうございました。（拍手）

我慢の節電を強いられる状況から脱却できるよう、ここ一、二年にかけての需給対策を実行します。同時に、二〇三〇年までをにらんだエネルギー基本計画を白紙から見直し、来年の夏を目途に、新しい戦略と計画を

事故を起こした東京電力福島第１原発の（手前から）4、3、2、1 号機（写真提供：共同通信社）

打ち出します。その際、エネルギー安全保障の観点や費用分析などを踏まえ、国民が安心できる中長期的なエネルギー構成のあり方を、幅広く国民各層の御意見をお伺いしながら、冷静に検討してまいります。

原子力発電について、脱原発と推進という二項対立でとらえるのは不毛です。中長期的には原発への依存度を可能な限り引き下げていくという方向性を目指すべきです。同時に、安全性を徹底的に検証、確認された原発については、地元自治体との信頼関係を構築することを大前提として、定期検査後の再稼働を進めます。

原子力安全規制の組織体制については、環境省の外局として原子力安全庁を創設して、規制体系の一元化を断行します。

人類の歴史は、新しいエネルギー開発に向けた挑戦の歴史でもあります。化石燃料に乏しい我が国は、世界に率先して、新たなエネルギー社会を築いていかなければなりません。我が国の誇る高い技術力を生かし、規制改革や普及促進策を組み合わせ、省エネルギーや再生可能エネルギーの最先端のモデルを世界に発信します。

歴史的な水準の円高は、新興国の追い上げなども相まって、空前の産業空洞化の危機を招いています。我が国の産業を牽引してきた輸出企業や中小企業がまさに悲鳴を上げています。このままでは、国内産業が衰退し、雇用の場が失われていくおそれがあります。そうなれば、デフレからの脱却も、被災地の復興も、ままなりません。

欧米やアジア各国は、国を挙げて自国に企業を誘致する立地競争を展開しています。我が国が、産業の空洞化を防ぎ、国内雇用を維持していくためには、金融政策を行う日本銀行と連携し、あらゆる政策手段を講じていく必要があります。

まずは、予備費や第三次補正予算を活用し、思い切って立地補助金を拡充するなどの緊急経済対策を実施します。さらに、円高メリットを活用して、日本企業による海外企業の買収や資源権益の獲得を支援します。

大震災前から、日本の財政は、国の歳入の半分を国債に依存し、国の総債務残高は一千兆円に迫る危機的な状況にありました。大震災の発生により、こうした財政の危機レベルはさらに高まり、主要先進国の中で最悪の水準にあります。

国家の信用が厳しく問われる今、雪だるまのように債務が債務を呼ぶ財政運営をいつまでも続けることはできません。声なき未来の世代にこれ以上の借金を押しつけてよいのでしょうか。今を生きる政治家の責任が問われています。

財政再建は、決して一直線に実現できるような単純な問題ではありません。政治と行政が襟を正す歳出削減の道、経済活性化と豊かな国民生活がもたらす増収の道、そうした努力を尽くすとともに、将来世代に迷惑をかけないためにさらなる国民負担をお願いする歳入改革の道、こうした三つの道を同時に展望しながら歩む、厳しい道のりです。

経済成長と財政健全化は、車の両輪として同時に進めていかなければなりません。そのため、昨年策定された新成長戦略の実現を加速するとともに、大震災後の状況を踏まえた戦略の再強化を行い、年内に日本再生の戦略をまとめます。

こうした戦略の具体化も含め、国家として重要な政策を統括する司令塔の機能を担うため、産官学の英知を集め、既存の会議体を集約して、私が主宰する新たな会議体を創設します。

経済成長を担うのは、中小企業を初めとする民間企業の活力です。

地球温暖化問題の解決にもつながる環境エネルギー分野、長寿社会で求められる医療関連の分野を中心に、新たな産業と雇用が次々と生み出されていく環境を整備します。また、海外の成長市場とのつながりを深めるため、経済連携の戦略的な推進、官民一体となった市場開拓を進めるとともに、海外からの知恵と資金の呼び込みも強化します。

農業は国のもとなりとの発想は今も生きています。

食は、命をつなぎ、命をはぐくみます。消費者から高い水準の安全、安心を求められるからこそ、農林漁業は、新たな時代を担う成長産業となり得ます。東北の被災地の基幹産業である農業の再生を図ることを突破口として、食と農林漁業の再生実現会議の中間提言に沿って、早急に農林漁業の再生のための具体策をまとめます。

農山漁村の地域社会を支える社会基盤の柱に、郵便局があります。地域のきずなを結ぶ拠点として郵便局が三事業の基本的なサービスを一体的に提供できるよう、郵政改革関連法案の早期成立を図ります。

また、地域主権改革を引き続き推進します。

東日本大震災と世界経済危機という二つの危機を克服することとあわせ、将来への希望にあふれ、国民一人一人が誇りを持ち、この国に生まれてよかったと実感できるよう、この国の未来に向けた投資を進めていかなければなりません。

かつて、我が国は、一億総中流の国と呼ばれ、世界に冠たる社会保障制度にも支えられながら、分厚い中間層の存在が経済発展と社会の安定の基礎となってきました。しかしながら、少子高齢化が急速に進み、これまでの雇用や家族のあり方が大きく変わり、人生の安全網であるべき社会保障制度にもほころびが見られるようになりました。かつて中間層にあって、今は生活に困窮している人たちも増加しています。あきらめはやがて失望に、そして怒りへと変わり、日本社会の安定が根底から崩れかねません。失望や怒りではなく、ぬくもりある日本を取り戻さなければ、希望と誇りは生まれません。

社会保障制度については、全世代対応型へと転換し、世代間の公平性を実感できるものにしなければなりません。

具体的には、民主党、自由民主党、公明党の三党が合意した子供に対する手当の支給や幼保一体化の仕組みづくりなど、総合的な子ども・子育て支援を進め、若者世代への支援策の強化を図ることが必要です。

医療や介護の制度面での不安を解消し、地域の実情に応じた質の高いサービスを効率的に提供することも大きな課題です。

さらに、労働力人口の減少が見込まれる中で、若者、女性、高齢者、障害者の就業率の向上を図り、意欲あるすべての人が働くことができる全員参加型社会の実現を進めるとともに、貧困の連鎖に陥る者が生まれないよう、確かな安全網を張らなければなりません。

本年六月に、政府・与党の社会保障・税一体改革成案が熟議の末にまとめられました。これを土台とし、真摯に与野党での協議を積み重ね、次期通常国会への関連法案の提出を目指します。

与野党が胸襟《きょうきん》を開いて話し合い、法案成立に向け合意形成できるよう、社会保障・税一体改革に関する政策協議に各党各会派の皆様に御参加いただきますよう、心よりお願いいたします。

日本人が希望と誇りを取り戻すために、もう一つ大事なことがあります。それは、決して内向きに陥らず、世界に雄飛する志を抱くことです。

明治維新以来、先人たちは、果敢に世界に挑戦することにより繁栄の道を切り開いてきました。国際社会の抱える課題を解決し、人類全体の未来に貢献するために、私たち日本人にしかできないことが必ずあるはずです。新たな時代の開拓者たらんという若者の大きな志を引き出すべく、グローバル人材の育成や、みずから学び考える力をはぐくむ教育など、人材の開発を進めます。

また、豊かなふるさとを目指した新たな地域発展モデルの構築や、海洋資源の宝庫と言われる周辺海域の開発、宇宙空間の開発利用の戦略的な推進体制の構築など、新しい日本のフロンティアを開拓するための方策を検討していきます。

国民の皆様の、政治、行政への信頼なくして国は成り立ちません。行政改革と政治改革の具体的な成果を出すことを通じて、信頼の回復に努めます。

既に、終戦直後の昭和二十一年、国民の信頼を高めるため、行政の運営を徹底的に刷新する旨の閣議決定がありました。六十年以上を経たにもかかわらず、行政刷新は道半ばです。行政に含まれる無駄や非効率を根絶し、真に必要な行政機能の強化に取り組む、こうした行政刷新は、不断に継続、強化しなければなりません。

政権交代後に取り組んできた仕分けの手法を深化させ、政府・与党が一体となって、国民の生活が第一の原点に立ち返り、既得権と闘い、あらゆる行政分野の改革に取り組みます。

真に国民の奉仕者として、能力を発揮し、効率的で質の高い行政サービスを実現できるよう、国家公務員制度改革関連法案の早期成立を図り、国家公務員の人件費削減とあわせて、公務員制度改革の具体化を進めます。

政治改革で最優先すべき課題は、憲法違反の状態となっている一票の格差の是正です。議員定数の問題を含めた選挙制度のあり方について、与野党で真剣な議論が行われることを期待します。

我が国を取り巻く世界の情勢は、大震災後も日々変動し続けています。新興国の存在感が増し、多極化が進行する新たな時代の呼びかけに対して、我が国の外交もしっかりとこたえていかなければなりません。

我が国を取り巻く安全保障環境も不透明性を増しています。そうした中で、地域の平和や安定を図り、国民の安全を確保すべく、平時からいかなる危機にも迅速に対応する体制をつくることは、国として当然に果たすべき責務です。

昨年末に策定した新防衛大綱《たいこう》に従い、即応性、機動性等を備えた動的防衛力を構築し、新たな安全保障環境に対応していきます。

日米同盟は、我が国の外交、安全保障の基軸であり、アジア太平洋地域のみならず、世界の安定と繁栄のための公共財であることに変わりはありません。

半世紀を超える長きにわたり深められてきた日米同盟関係は、大震災でのトモダチ作戦を初め、改めてその意義を確認することができました。首脳同士の信頼関係を早期に構築するとともに、安全保障、経済、文化、人材交流を中心にさまざまなレベルでの協力を強化し、二十一世紀にふさわしい同盟関係に深化、発展させていきます。

普天間飛行場の移設問題については、日米合意を踏まえつつ、普天間飛行場の固定化を回避し沖縄の負担軽減を図るべく、沖縄の皆様に誠実に説明し、理解を求めながら、全力で取り組みます。また、沖縄の振興についても積極的に取り組みます。

今後とも世界の成長センターとして期待できるアジア太平洋地域とは、引き続き政治経済面での関係を強化することはもちろん、文化面での交流も深め、同じ地域に生きる者同士として、信頼を醸成し、関係強化に努めます。

日中関係では、来年の国交正常化四十周年を見据えて、幅広い分野で具体的な協力を推進し、中国が国際社会の責任ある一員として、より一層の透明性を持って適切な役割を果たすよう求めながら、戦略的互恵関係を深めます。

日韓関係については、未来志向の新たな百年に向けて、一層の関係強化を図ります。

北朝鮮との関係では、関係国と連携しつつ、日朝平壌宣言に基づき、拉致、核、ミサイルといった諸懸案の包括的な解決を図り、不幸な過去を清算して、国交正常化を追求します。

拉致問題については、我が国の主権にかかわる重大な問題であり、国の責任において、すべての拉致被害者の一刻も早い帰国に向けて全力を尽くします。

日ロ関係については、最大の懸案である北方領土問題を解決すべく精力的に取り組むとともに、アジア太平洋地域のパートナーとしてふさわしい関係の構築に努めます。

多極化する世界において、各国との確かなきずなをはぐくんでいくためには、世界共通の課題の解決にともに挑戦する大きな志が必要です。こうした志あるきずなの輪を、官民のさまざまな主体が複層的に広げていかなければなりません。

大震災からの復旧復興も、そうした取り組みの一例です。被災地には、世界各国から温かい支援が数限りなく寄せられました。これは、戦後の我が国による国際社会への貢献と信頼の大きな果実とも言えるものです。

我が国は、唯一の被爆国であり、未曾有の大震災の被災国でもあります。各国の先頭に立って核軍縮、核不拡散を訴え続けるとともに、原子力安全や防災分野における教訓や知見を他国と共有し、世界への恩返しをしていかなければなりません。

国と国との結びつきを経済面で強化する取り組みが経済連携です。これは、世界経済の成長を取り込み、産業空洞化を防止していくためにも欠かせない課題です。

包括的経済連携に関する基本方針に基づき、高いレベルの経済連携協定の締結を戦略的に追求します。具体的には、日韓、日豪交渉を推進し、日・EU、日中韓の早期交渉開始を目指すとともに、TPP、環太平洋パートナーシップ協定への交渉参加について、しっかりと議論し、できるだけ早期に結論を出します。

資源、エネルギーや食料の安定供給の確保などの面でも、経済外交を積極的に進めます。また、途上国支援、気候変動に関する国際交渉への対応、中東、北アフリカ情勢への対応や脆弱国家対策といった諸課題にも、我が国として積極的に貢献していきます。

政治とは、相反する利害や価値観を調整しながら、粘り強く現実的な解決策を導き出す営みです。議会制民主主義の要諦は、対話と理解を丁寧に重ねた合意形成にあります。

私たちは、既に、前政権のもとで、対話の積み重ねによって解決策を見出してきました。ねじれ国会の制約は、議論を通じて合意を目指すという、立法府が本来あるべき姿に立ち返る好機でもあります。

ここにお集まりの国民を代表する国会議員の皆様、そして国民の皆様、改めて申し上げます。この歴史的な国難から日本を再生していくため、この国の持てる力のすべてを結集しようではありませんか。閣僚は一丸となって職責を果たす。官僚は専門家として持てる力を最大限に発揮する。与野党は徹底的な議論と対話によって懸命に一致点を見出す。政府も、企業も、個人も、すべての国民が心を合わせて、力を合わせて、この危機に立ち向かおうではありませんか。

私は、この内閣の先頭に立ち、一人一人の国民の声に、心の叫びに、真摯に耳を澄まします。正心誠意、行動します。ただ国民のためを思い、目の前の危機の克服と宿年の課題の解決のために、愚直に、一歩一歩、粘り強く、全力で取り組んでいく覚悟です。

皆様の御理解と御協力を改めてお願いして、私の所信の表明といたします。

御清聴ありがとうございました。（拍手）

※1：**不適切な言動によって辞任した閣僚**　二〇一一年九月、東日本大震災後に福島県を視察した鉢呂吉雄経済産業相は、視察後に原発付近の地域を「死のまち」、また記者に「放射能をつけちゃうぞ」などと発言し批判を受け辞任する。

消費税引き上げを決断。あしたの安心を生み、あすへの責任を果たしたい

東日本大震災、福島原発事故からの復興と並んで、野田にとっての最重要課題は財政の再建だった。野田は消費税増税を決断。ねじれ国会の中で野党である自民、公明の合意をとりつけ、社会保障・税一体改革関連法案を成立させる。自民党では二〇一二年九月、谷垣禎一の後任を決める総裁選で石破茂、石原伸晃を破り、安倍晋三が勝利し、党首に復活。政権奪還へ自民党は対決色を強める。この所信表明も、与野党が逆転し既に野田に対する問責決議をしていた参院では演説を拒否される。前代未聞の事態だった。この後、野田は安倍との党首討論で、一票の格差の是正を条件に衆院の解散を約束。総選挙へと突入する。

野田佳彦・所信表明演説

第百八十一回国会　二〇一二年（平成二十四年）十月二十九日

第百八十一回国会に当たり、謹んで所信を申し上げます。

内閣総理大臣を拝命してから一年余り、この間、私を突き動かしてきたものは、この国の将来を憂える危機感です。今何とかしなければならないという切迫した使命感です。

東日本大震災が我が国に突きつけた難題、そしてそれ以前から我が国が背負ってきた重荷の数々、いずれも、このまま放置すれば、五年後、十年後の将来に取り返しのつかない禍根を残してしまうでしょう。立ちどまっている時間はないのです。

二年目の厳しい冬を迎える被災地の復興、今も続く原発事故との戦い、事故に起因して再構築が求められるエネルギー・環境政策、不透明感を増す足元の経済情勢と安全保障環境、そして歴史に類を見ない超少子高齢化社会の到来、全ての課題は複雑に絡み合い、この国の将来を覆っています。

さきの国会で、私は、先送りを続ける決められない政治から脱却し、決断する政治の実現を訴えました。一体、何のための決断する政治なのか。今こそ、その原点を見定めなければなりません。

きょうよりあしたは必ずよくなる、私は、この国に生をうけ、目の前の今を懸命に生き抜こうとしている全ての日本人に、そう信じてもらえる社会をつくりたいのです。

年齢や男女の別、障害のあるなしなどにかかわらず、どこに住んでいようと、社会の中に自分の居場所と出番を見出して、ただ一度の人生をたくましく生きていってほしい。子供も、地方も、働く人も、元気を取り戻してほしいのです。

あしたの安心を生み出したい。

私は、雇用を守り、格差をなくし、分厚い中間層に支えられた公正な社会を取り戻したいのです。原発に依存しない、安心できるエネルギー・環境政策を確立したいのです。

あすへの責任を果たしたい。

私は、子や孫たち、そしてまだ見ぬ将来世代のために、今を生きる世代としての責任を果たしたいのです。決断する政治は、今を生きる私たちにあしたの安心をもたらし、未来を生きる者たちに向けたあすへの責任を果たすために存在しなければなりません。

さきの国会で、社会保障・税一体改革の関連法が成立しました。決断する政治への断固たる意思を示した画期的な成果です。ぬくもりあふれる社会を取り戻し、次の世代に引き継いでいくための大きな第一歩です。

しかし、まだ宿題が残ったままです。あすへの責任を果たすために、道半ばの仕事を投げ出すわけにはいきません。

誰もがやらなければならないことをいたずらに政局と結びつけ、権力闘争に果てしないエネルギーが注がれてしまうような政治を、いつまでも繰り返してよいはずがありません。やみくもに政治空白をつくって、政策に停滞をもたらすようなことがあってはなりません。

将来世代を含む全ての国民を代表する国会議員の皆さん、やるべきことをきちんとやり抜こうではありませんか。あすへの責任を堂々と果たすため、さきの国会で熟議の末に見出した初めの一歩の先に、確かな次の一歩をこの国会で力強く踏み出そうではありませんか。

あすへの責任を果たす。それは、将来不安の連鎖を招くデフレ経済と過度な円高から抜け出すことです。そして、日本経済の潜在力を覚醒させ、先行きに確かな自信を取り戻すことです。

日本経済の再生に道筋をつけ、雇用と暮らしに安心感をもたらすことは、野田内閣が取り組むべき現下の最大の課題です。

欧州の債務危機の余波や新興国経済の減速によって、世界経済の先行きは決して盤石とは言えません。かつてない規模での貿易赤字など、日本経済の足元にも不安は広がっています。

今、日本経済が失速してしまっては、雇用や暮らしに直結するだけではなく、将来に向けた改革の推進力までもが失われかねません。切れ目のない経済対策は、改革を断行するための将来投資でもあるのです。

内閣総理大臣に就任して以降、日本各地で、あすへの挑戦を続ける先駆者や、経済の現場を縁の下から支える偉人たちと出会いました。彼らの自信に満ちた笑顔を思い出すとき、私は、日本の潜在力に確信を持つことができます。

大田区の小さな町工場でミクロン単位の切削を難なく手作業でやり遂げる現代の名工、消費者とのきずなづくりに農業再生とふるさと群馬のあすを見出す若き農業者、万国津梁《しんりょう》、世界のかけ橋とならんとの使命をみずから体現すべく、沖縄でソフトウエア開発にいそしむ起業家たち、そして、挫折を繰り返しながらも挑戦を続け、感謝と責任感を胸に、知のフロンティアを切り開いた山中伸弥教授、こうした姿は、私たち日本人の底力を示すほんの一端にすぎません。

経済再生を推し進める第一の原動力は、フロンティアの開拓により力強い成長を目指す日本再生戦略にあります。これは、疲弊する地域経済の現場であすのために戦う人たちへの応援歌でもあります。戦略に描いた道筋を着実にたどっていけるよう、日本再生を担う人材の育成やイノベーションの創出に力を入れるとともに、グリーン、ライフ、農林漁業の重点三分野と中小企業の活用に政策資源を重点投入します。

その先駆けとなる新たな経済対策の策定を指示し、先般、その第一弾をまとめました。新たな成長のエンジンとなるグリーンエネルギー革命、画期的な治療法を待ち望んでいる人たちの心に光をともす再生医療の推進、情熱ある若者を担い手として呼び込む農林漁業の六次産業化、今般の経済対策によって、これらを初めとする将来への投資を前倒しして実施します。また、金融政策を行う日本銀行とは、さらに一層の緊密な連携を図ってまいります。

国民生活と経済の根幹を支えるエネルギー・環境政策は、大震災後の日本の現実に合わせて再構築しなければなりません。

東京電力福島第一原発の事故は、これまで進めてきたエネルギー政策のあり方に無数の反省をもたらしました。あたかも事故がなかったかのように原発推進を続けようという姿勢も、国民生活へのさまざまな影響を度外視して即座に原発をなくそうという主張も、あすへの責任を果たすことにはなりません。

今後のエネルギー・環境政策については、二〇三〇年代に原発稼働ゼロを可能とするよう、あらゆる政策資源を投入するとした革新的エネルギー・環境戦略を踏まえて遂行してまいります。その際、立地自治体との約束を守り、国際社会と責任ある議論を行うとともに、国民生活への深刻な打撃が生じないよう、柔軟性を持って、不断の検証と見直しを行いながら対処します。

戦後早くから長年続けられてきた原発推進政策を変えることは、決して容易なことではありません。それでも、困難な課題から目をそらしたり、逃げたり、諦めたりするのではなく、原発に依存しない社会の実現に向けて大きく政策を転換し、果敢に挑戦をしていこうとするものであります。

そして、この新たな挑戦は、経済再生を推し進める第二の原動力ともなります。原子力に依存しない社会を一日でも早く実現するためにはもちろんのこと、日本経済が元気を取り戻すためにも、徹底した省エネ社会の実現と再生可能エネルギーの導入拡大が鍵を握っています。

そのためには、市民の主体的な参画も欠かせません。グリーン政策大綱を年末までに策定し、経済対策とあわせて、日本から世界へと広がるグリーンエネルギー革命を思い切って加速させます。再生可能エネルギーの導入拡大に不可欠な電力系統の強化や安定化にも取り組みます。オール・ジャパンの力で、ともにこの革命をなし遂げようではありませんか。

世界の歴史の流れの大局を見据えたとき、通商国家たる日本がその繁栄を託すべきは、思慮深い経済外交にあります。経済外交は、中長期的な我が国の立ち位置を示すだけでなく、経済再生の第三の原動力ともなるものです。

約半世紀ぶりに東京で開催したＩＭＦ・世界銀行総会は、戦後も今も、世界とともにあってこそ日本の繁栄があることを再確認する機会でもありました。

通商国家の要諦は、国際環境の変化への即応です。アジアの片隅に浮かぶ、老いていく内向きな島国として衰退の道へと向かってしまうのか。それとも、世界の発展の中心にあるアジア太平洋地域の核として、二十一世紀の新たな繁栄の秩序づくりを主導し、活力に満ちた開かれた国を目指すのか。後者の道を果敢に選ばなければ、あすへの責任は果たせません。

アジア太平洋自由貿易圏（ＦＴＡＡＰ）の実現という目標は、既に内外で共有されています。高いレベルの経済連携を引き続き推進し、自由な貿易・投資が各国に豊かさをもたらし、地域の互恵関係を強化する新たなルールづくりを主導します。

そのため、国益の確保を大前提として、守るべきものは守りながら、環太平洋パートナーシップ（ＴＰＰ）協定と、日中韓ＦＴＡ、東アジア地域包括的経済連携（ＲＣＥＰ）を同時並行的に推進します。あわせて、日豪ＥＰＡなどの交渉を推進し、日・ＥＵの早期交渉開始を目指します。

また、アジア太平洋地域の玄関口として大きな潜在力を持つ沖縄については、その自立的な発展を引き続き力強く支援します。

さらに、エネルギー・環境政策の革新を図る過程において、資源国との関係を強化する資源外交を展開し、エネルギー安全保障に万全を期してまいります。

あすへの責任を果たす。それは、大震災のもたらした試練を乗り越えるための支援を一刻たりとも滞らせることなく、被災地の復興への歩みを確実に前へ進めることです。

発災から一年半以上の歳月が流れました。ふるさとを愛する住民たちの不屈の精神に支えられ、被災地の町の再生にさまざまな進捗が見られる一方で、政府の取り組みには、まだまだ不十分な点、至らぬ点があることも事実です。

私は、これまで何度も被災地を訪れ、仮設住宅で暮らされている方々の切実な声に接してきました。そうした声に応え、厳しい冬を乗り切るため、お風呂に追いだき機能をつけるなど、寒さへの備えに万全を期してきました。被災された方々のお住まいがなくなるとの懸念に応え、仮設住宅の二年の入居期限を延長しましたが、さらに災害公営住宅の整備や住宅の高台移転を精力的に進めます。

また、被災地からの御要望が特に強い中小企業グループ化補助金の拡充を初めとする予備費の機動的な投入も決めたところです。

これからも、復興庁が司令塔となり、改善すべきは改善しながら、継続的な人的支援、復興特区、復興交付金などの支援を進めます。瓦れきを処理し、活力あるふるさとをよみがえらせるために奮闘する住民と自治体の努力を、企業やＮＰＯなどとも連携しながら、政府一丸となって支えてまいります。

復興予算の使途にさまざまな批判が寄せられています。被災地の復興に最優先で使ってほしいという声に真摯に耳を傾けなければなりません。被災地が真に必要とする予算はしっかりと手当てしつつ、それ以外については厳しく絞り込んでまいります。

原発事故との戦いは、今もまだ続いています。私が先日訪問した福島第一原発の構内では、過酷な作業を続ける現場の作業員に向けて全国から送り届けられた応援と感謝の言葉が壁を埋め尽くしていました。風評被害を払拭しようとする地元の人たちの懸命な努力に応え、被災地の産品を食べて応援しようという動きも広がっています。福島を愛し、福島の再生に格闘する人たちの不屈の精神は、それを支えようとする心ある全国の人々とつながり、確かに響き合っているのです。

福島の再生なくして日本の再生なし。政府全体で共有しているこの強い決意が揺らぐことはありません。内外から寄せられる支援や励ましがやむこともありません。事故原発の廃炉に向けた作業を着実に進めるとともに、除染、賠償、インフラの復旧、産業の再建など、福島再生を具体化していくために、予備費による福島企業立地補助金の拡充を初めとする最大限の政策を実施してまいります。

さきの大震災は、国全体の防災対策にも大きな警鐘を鳴らしました。これまでに得た教訓を将来発生が懸念されている南海トラフの巨大地震や首都直下地震などの対策に生かしていくことも、私たちに託された、あすへの責任です。

平素から、大規模自然災害だけでなく、テロやサイバー攻撃なども含め、国民の生命財産を脅かすような事態への備えを徹底し、常に緊張感を持って危機管理に万全を期します。

あすへの責任を果たす。それは、私たちが日々の生活を送る上で感じている将来への不安を少しでも取り除いていくことであります。

あすに希望を持てない若者たちが数多くいます。あすを担う子供たちを育てる喜びを実感するよりも、その負担に押し潰されそうになっている親たちがいます。貧困や孤独にあえぎ、あるいはその瀬戸際にあって、あしたの生活さえ思い描けない人や、いじめにおびえる子供たちもいます。

そうした現実から目をそらさず、社会全体として手を差し伸べなければなりません。一人でも多くの人が、働くことを通じて社会とつながる実感を抱くことができるよう、経済全体の再生やミスマッチの解消を通じて、雇用への安心感を育みます。行政の手が行き届かないところにも社会のぬくもりを届ける新しい公共が社会に根づくための環境整備にも努めます。

国民生活の将来に不安が残るのは、年金、医療、介護といった社会保障の道行きに依然として不確かさがあるからです。

チルドレンファーストの理念に立脚した子ども・子育て支援については、歴史的な拡充に向けて、既に新たな扉が開かれています。

公党間の約束である三党合意を基礎に、社会保障の残された課題について、さらに議論を進めなければなりません。早急に国民会議を立ち上げ、年金や高齢者医療など、そのあるべき姿を見定め、社会保障の将来に、揺るぎない安心感を示していこうではありませんか。

消費税率引き上げの意義は理解できても、生活への影響に不安を感じるという声も聞こえます。

低所得者対策や価格転嫁《てんか》対策を具体化するとともに、きめ細やかな社会保障や税制の基盤となるマイナンバー制度を実現しなければなりません。また、所得税や相続税の累進構造を高めるなど、税制面から格差是正を推し進めなければなりません。積み残しとなっている関連法案の早期成立も含め、こうした社会保障・税一体改革の残された課題に、一つ一つ道筋をつけていこうではありませんか。

あすへの責任を果たす。それは、国家としての矜持《きょうじ》を保ち、アジア太平洋地域の平和と安定に力を尽くしていくことです。

我が国をめぐる安全保障環境は、かつてなく厳しさを増していることは間違いありません。領土や主権をめぐるさまざまな出来事も生じています。

我が国の平和と安全を守り、領土、領海を守るという国家としての当然の責務を、国際法に従って、不退転の決意で果たします。さきの国連総会において、私は、こうした我が国の立場を明快に申し述べました。憲法の基本理念である平和主義を堅持しながら、今後とも国際社会への発信を続けるとともに、周辺海域の警備体制の強化に努めます。

同時に、人と人との国境を越える交流は、かつてない深まりを見せています。大局観を持って、中国、韓国、ロシアを初めとする周辺諸国と安定した信頼関係を取り結ぶことは、我が国と地域全体が平和と繁栄を享受するための礎であり、国が果たすべき重大な責務の一つです。

あくまで基軸となるのは、日米同盟です。その基盤をより強固なものにしなければなりません。

そうであればこそ、先般沖縄で発生した許しがたい事件（※1）は、日本国民、特に沖縄県民の心を深く傷つける事件であり、決してあってはならないものです。事件、事故の再発防止はもちろん、普天間飛行場の移設を初めとする沖縄の基地負担の軽減に向け、全力で取り組んでいくことを改めて誓います。

北朝鮮との関係では、四年ぶりとなる政府間協議を再開すべく調整しています。日朝平壌宣言にのっとって、拉致、核、ミサイルの諸懸案を解決し、不幸な過去を清算して国交正常化を図る方針を堅持しつつ、拉致問題の全面的な解決に全力を尽くします。

さきの国会で述べたとおり、首脳間の信頼関係の強化に努め、周辺諸国との友好、互恵関係のさらなる充実に努めてまいります。

あすへの責任を果たす。それは、政治と行政への信頼を取り戻すことです。

最高裁判所から違憲状態との警告がなされている衆参両院における一票の格差の是正と、定数削減を含む選挙制度改革は、もはや一刻の猶予も許されません。必ず、この国会中に結論を見出してまいります。

いかなる政権であっても、特例公債なしで今の財政を運営することはできません。既に地方予算など、執行抑制が余儀なくされており、このままでは、身近な行政サービスなどが滞って、国民生活にも重大な支障が生じ、経済再生の足を引っ張りかねません。

ねじれ国会の制約のもとで、政局第一の不毛な党派対立の政治に逆戻りしてしまうのか。それとも、政策本位で論戦を闘わせ、やらなければならないことにきちんと結論を出すことができるのか。その最大の試金石となるのが、特例公債法案です。

一刻も早い法案の成立を図るとともに、予算の裏づけとなる法案のあり方に関して、与野党が胸襟を開いて議論を進め、解決策を見出さなければなりません。毎年の特例公債法案を政治的な駆け引きの材料にしてしまう悪弊《あくへい》をここで断ち切ろうではありませんか。

行政改革の歩みも、とめてはなりません。

地域主権改革は、民主党を中心とする政権にとって、改革の一丁目一番地です。関係者の意見を踏まえながら、義務づけ、枠づけのさらなる見直しや出先機関の原則廃止などを引き続き進めます。

また、独立行政法人・特別会計改革、国家公務員の総人件費の抑制、公務員制度改革を引き続き推進するとともに、退職給付の官民格差解消を図ります。

さらに、復興に向けた国民負担を軽減できるよう日本郵政の株式売却の準備を進めるとともに、郵政三事業の一体的な運営とユニバーサルサービスの義務づけを基本とする郵政事業改革も着実に進めます。

誰しも、十代さかのぼれば、そこには千二十四人の祖先がいます。私たちは、遠い昔から祖先たちが引き継いできた長い歴史のたすきを受け継ぎ、この国に生をうけました。戦乱や飢饉のさなかにも、明治の変革期や戦後の焼け野原においても、祖先たちが未来の世代を思い、額に汗して努力を重ね、将来への投資を怠らなかったからこそ、今の私たちの平和と繁栄があるのです。

子や孫たち、そして十代先のまだ見ぬ未来を生きる世代のために、私たちは何を残していけるのでしょうか。夕暮れどき、一日の仕事を終え、仰ぐ夕日の美しさに感動し、汗を流した充足感に包まれて、あしたを生きていく力が再び満ちていく瞬間です。十年先も、百年先も、夕日の美しさに素直に感動できる勤勉な日本人でありたい。社会にぬくもりがあふれる、平和で豊かな日本を次の世代に引き継いでいきたいのです。

私たちの目の前には、国論を二分するような、複雑で困難な課題が山積しています。余りに先行きが不透明で、閉塞感に包まれているがゆえに、ややもすると、単純明快でわかりやすい解決策にすがりたいという衝動に駆られてしまうかもしれません。しかし、極論の先に、真の解決はありません。

複雑に絡み合った糸を一つ一つ解きほぐし、今と未来、どちらにも誠実であるために、言葉を尽くして、進むべき道を見出していく。ともに見出した進むべき道を、一歩一歩、粘り強く、着実に進んでいく。私たちの背負うあすへの責任を果たす道は、中庸《ちゅうよう》を旨として、意見や利害の対立を乗り越えていく先にしか見出せません。

国会議員の皆さん、まずは、目の前にある課題に向き合わなければなりません。あくまで政策本位で、未来をおもんぱかり、あすへの責任をひたすらに果たしていく政治文化を確立しようではありませんか。

そして、この演説をお茶の間や職場でお聞きいただいている主権者たる一人一人の皆さん、今がよければそれでいいという発想では、国としてのあすへの責任は果たせません。主権者たる皆さんの力が必要です。

日本経済の再生の先頭に立つのも、グリーンエネルギー革命を担うのも、活力あるふるさとの町をよみがえらせるのも、皆さんです。国を守る姿勢を貫くのも、日本の将来への危機感を共有して負担を分かち合っていくのも、全て皆さんです。

皆さんが願うのは、党派対立が繰り返され、大局よりも政局ばかりを優先してしまう政治なのでしょうか。それとも、やるべきことを最後までやり抜き、あすへの責任を着実に果たしていく政治なのでしょうか。主権者たる皆さんには、政治の営みを厳しく監視し、あすへの責任を果たす方向へと政治の背中を押してほしいのです。

政権交代以降、民主党を中心とする政権のこれまでの取り組みは、皆さんの大きな期待に応える上ではいまだ道半ばでありますが、目指してきた社会の方向性は決して間違っていないと私は信じます。

それは、今を生きる仲間とあしたの安心を分かち合い、これからを生きていく子や孫たちにあすへの責任を果たしていくという強い意思です。中間層の厚みを取り戻し、格差のない公正な社会を取り戻していこうとする断固たる姿勢です。

暮らしや雇用の不安におびえる人たちは、今この瞬間にも、社会のぬくもりが届けられるのを待っています。未来を生きる声なき弱者たちは、常に私たちの責任ある行動を待っています。あしたの安心をもたらし、あすへの責任を果たすのは、今です。

今こそ、全ての日本人が手を携えて、分厚い中間層に支えられた、ぬくもりあふれる社会の実現に向けて、さらなる一歩を踏み出そうではありませんか。あらん限りの底力を発揮し、将来への自信を確かなものへと変えていこうではありませんか。そして、未来に向かって永遠の時間を生きていく将来の国民たちの声なき期待に応えていこうではありませんか。

この国会が、あしたの安心をもたらし、あすへの責任を果たす建設的な議論の場となることを強く期待して、私のこの国会に臨んでの所信といたします。

ありがとうございました。（拍手）

※1：沖縄で発生した許しがたい事件　二〇〇二年十月、沖縄県で県内の二十代女性が米海軍の兵士二人によって暴行を受けた事件。

大胆な金融政策、機動的な財政政策、成長戦略。三本の矢で日本経済を再生する

二〇一二年十二月、「日本を取り戻す」を掲げて総選挙を戦った自民党は圧勝する。自民・公明連立政権は、衆参ともに与党が多数を占め、ねじれ国会を解消、安定政権の座を取り戻した。安倍は就任すると、矢継ぎ早に政策を打ち出す。デフレ脱却へ、それまで日銀が消極的だった物価安定目標の導入など「大胆な金融政策」はマーケットを刺激し、株式相場は上昇、為替も輸出企業を苦しめてきた円高から円安へ動き始める。首相辞任から七年余り、復活した安倍が力説したのは「美しい国」ではなく、「経済再生、震災復興、危機管理」だった。経済政策の「三本の矢」はアベノミクスと呼ばれるようになる。

安倍晋三・所信表明演説

第百八十三回国会　二〇一三年（平成二十五年）一月二十八日

まず、アルジェリアで発生したテロ事件（※1）について、一言申し上げます。

事件発生以来、政府としては、総力を挙げて、情報収集と人命救出に取り組んでまいりました。

しかしながら、世界の最前線で活躍する、何の罪もない日本人が犠牲となったことは、痛恨のきわみです。残された御家族の方々のお気持ちを思うと、悲痛の念にたえません。

無辜《むこ》の市民を巻き込んだ卑劣なテロ行為は、決して許されるものではなく、断固として非難します。

私たちは、今般の事件の検証を行い、国民の生命財産を守り抜きます。国際社会と引き続き連携し、テロと闘い続けます。冒頭、その決意を申し上げます。

昨年末の総選挙による国民の審判を経て、自由民主党と公明党の連立政権を発足させ、第九十六代内閣総理大臣を拝命いたしました。

私は、かつて病のために職を辞し、大きな政治的挫折を経験した人間です。国家のかじ取りをつかさどる重責を改めてお引き受けするからには、過去の反省を教訓として心に刻み、丁寧な対話を心がけながら、真摯に国政運営に当たっていくことを誓います。

国家国民のために再び我が身をささげんとする私の決意の源は、深き憂国の念にあります。危機的な状況にある我が国の現状を正していくために、なさなければならない使命があると信じるからです。

デフレと円高の泥沼から抜け出せず、五十兆円とも言われる莫大な国民の所得と産業の競争力が失われ、どれだけ真面目に働いても暮らしがよくならない、日本経済の危機。三十二万人近くにも及ぶ方々が住みなれたふるさとに戻れないまま、遅々として進んでいない、東日本大震災からの復興の危機。外交政策の基軸が揺らぎ、その足元を見透かすかのように、我が国固有の領土、領海、領空や主権に対する挑発が続く、外交、安全保障の危機。そして、国の未来を担う子供たちの中で陰湿ないじめが相次ぎ、この国の歴史や伝統への誇りを失い、世界に伍していくべき学力の低下が危惧される、教育の危機。このまま手をこまねいているわけにはいきません。

皆さん、今こそ、額に汗して働けば必ず報われ、未来に夢と希望を抱くことができる、真っ当な社会を築いていこうではありませんか。

そのためには、日本の未来を脅かしている数々の危機を何としても突破していかなければなりません。

野党として過ごした三年余り、全国津々浦々で現場の声を丹念に拾い集め、政策のあるべき姿を考え抜いてまいりました。政権与党に復帰した今こそ、温めてきた政策を具体的に実現させ、国民とともに、現下の危機突破に邁進します。

内閣発足に当たって、私は、全ての閣僚に、経済再生、震災復興、危機管理に全力を挙げるよう、一斉に指示をいたしました。

危機の突破は、全閣僚が一丸となって取り組むべき仕事です。同時に、与野党の別を問わず、国政に携わる全ての国会議員が担うべき責任でもあるはずです。

この議場に集う全ての国会議員諸氏に訴えます。

危機を突破せんとする国家の確固たる意思を示すため、与野党の英知を結集させ、国力を最大限に発揮させようではありませんか。各党各会派の御理解と御協力を切に求めてやみません。

我が国にとって最大かつ喫緊の課題は、経済の再生です。

私がなぜ、数ある課題のうち経済の再生に最もこだわるのか。それは、長引くデフレや円高が、頑張る人は報われるという社会の信頼の基盤を根底から揺るがしていると考えるからであります。

政府がどれだけ所得の分配を繰り返しても、持続的な経済成長を通じて富を生み出すことができなければ、経済全体のパイは縮んでいってしまいます。そうなれば、一人一人がどんなに頑張ってみても、個人の手元に残る所得は減っていくばかりです。私たちの安心を支える社会保障の基盤も揺らぎかねません。

これまでの延長線上にある対応では、デフレや円高から抜け出すことはできません。だからこそ、私は、これまでとは次元の違う大胆な政策パッケージを提示します。断固たる決意を持って、強い経済を取り戻していこうではありませんか。

既に、経済再生の司令塔として日本経済再生本部を設置し、経済財政諮問会議も再起動させました。この布陣をフル回転させ、大胆な金融政策、機動的な財政政策、そして民間投資を喚起する成長戦略という三本の矢で、経済再生を推し進めます。

金融政策については、従来の政策枠組みを大胆に見直す共同声明を日本銀行との間で取りまとめました。

日本銀行において二％の物価安定目標をできるだけ早期に実現することを含め、政府と日本銀行が、それぞれの責任において、共同声明の内容をきちんと実行していくことが重要であり、政府と日本銀行の一層の緊密な連携を図ってまいります。

加えて、さきにまとめた緊急経済対策で、景気を下支えし、成長力を強化します。

これから提出する補正予算は、その裏づけとなるものです。復興・防災対策、成長による富の創出、暮しの安心・地域活性化という三つを重点分野として、大胆な予算措置を講じます。速やかに成立させ、実行に移せるよう、各党各会派の格別の御理解と御協力をお願い申し上げます。

他方、財政出動をいつまでも続けるわけにはいきません。民間の投資と消費が持続的に拡大する成長戦略を策定し、実行してまいります。

ｉＰＳ細胞という世紀の大発明は、新しい薬や治療法を開発するための臨床試験の段階が見えています。実用化されれば、健康で長生きできる社会の実現に貢献するのみならず、新たな富と雇用も生み出します。

イノベーションと制度改革は、社会的課題の解決に結びつくことによって、暮らしに新しい価値をもたらし、経済再生の原動力となります。

最も大切なのは、未知の領域に果敢に挑戦をしていく精神です。皆さん、今こそ、世界一を目指していこうではありませんか。

世界じゅうから投資や人材を引きつけ、若者もお年寄りも、年齢や障害の有無にかかわらず、全ての人々が生きがいを感じ、何度でもチャンスを与えられる社会。働く女性がみずからのキャリアを築き、男女がともに仕事と子育てを容易に両立できる社会。中小企業、小規模事業者が躍動し、農山漁村の豊かな資源が成長の糧となる、地域の魅力があふれる社会。そうしたあるべき社会像を確かな成長戦略に結びつけることによって、必ずや、強い経済を取り戻してまいります。

同時に、中長期の財政健全化に向けて、プライマリーバランスの黒字化を目指します。

東日本大震災の被災地は、二度目の厳しい冬を迎えています。

私は、昨年末に総理に就任した直後に、最初の訪問地として、迷うことなく福島を選びました。そして、先日は宮城を訪れ、これからも、可能な限り現地に足を運ぶつもりです。

被災地のことを思うとき、私は、ある少女とその家族の物語を思い出さずにはいられません。

東日本大震災で、小学校三年生だった彼女は、ひいおばあさんとお母さんを亡くしました。悲しみに暮れる家族のもとに、被災から二カ月後のある日、一通の手紙が届きます。それは、二年前、少女が小学校に入学した後に、お母さんが少女にないしょで書いた、未来へ宛てた手紙でした。

手紙には、入学当初の苦労話の後に、こうつづられていました。

「げんきに学校にいってくれるだけで、とてもあんしんしていました。このてがみを　みんなでよんでいるところを　たのしみにして、これから　おかあさんは　がんばっていきます」。

この手紙を受け取ったのは、私がかつて被災地で出会い、先般、再会を果たした少女です。その際、彼女は、私の目をじっと見詰め、小学校を建ててほしいと言いました。過去を振り返るのではなく、将来への希望を伝えてくれたことに、私は強く心を打たれました。

ふるさとの復興は、被災地の皆さんが生きる希望を取り戻す作業です。今を懸命に生きる人々の笑顔を取り戻す、それは、その笑顔をただ願いながら天国で私たちを見守っている犠牲者のみたまに報いる道でもあるはずです。

復興という言葉を唱えるだけでは、何も変わりません。

まずは、政府の体制を大転換します。これまでの行政の縦割りを排し、復興庁がワンストップで要望を吸い上げ、現場主義を貫きます。今般の補正予算においても思い切った予算措置を講じ、被災地の復興と福島の再生を必ずや加速してまいります。

外交、安全保障についても、抜本的な立て直しが急務です。

何よりも、その基軸となる日米同盟を一層強化して、日米のきずなを取り戻さなければなりません。

二月第三週に予定される日米首脳会談において、緊密な日米同盟の復活を内外に示していく決意です。同時に、普天間飛行場の移設を初めとする沖縄の負担の軽減に全力で取り組みます。

外交は、単に周辺諸国との二国間関係だけを見詰めるのではなく、地球儀を眺めるように世界全体を俯瞰《ふかん》して、自由、民主主義、基本的人権、法の支配といった基本的価値に立脚し、戦略的な外交を展開していくのが基本であります。

大きく成長していくアジア太平洋地域において、我が国は、経済のみならず、安全保障や文化・人的交流など、さまざまな分野で先導役として貢献を続けてまいります。

本年は、日・ASEAN友好協力四十周年に当たります。私は、先日、ベトナム、タイ、インドネシアの三カ国を訪問し、日本に対する期待の高さを改めて肌で感じることができました。

二〇一五年の共同体構築に向けて、成長センターとして発展を続けるASEAN諸国との関係を強化していくことは、地域の平和と繁栄にとって不可欠であり、日本の国益でもあります。この訪問を皮切りに、今後とも、世界情勢を広く視野に入れた戦略的な外交を展開してまいります。

我が国を取り巻く情勢は厳しさを増しています。国境離島の適切な振興、管理、警戒警備の強化に万全を尽くし、この内閣のもとでは、国民の生命財産と領土、領海、領空を断固として守り抜いていくことをここに宣言いたします。

あわせて、今般のアルジェリアでのテロ事件は、国家としての危機管理の重要性について改めて警鐘を鳴らすものでした。テロやサイバー攻撃、大規模災害、重大事故などの危機管理対応について、二十四時間三百六十五日体制で、さらなる緊張感を持って対処します。

そして、何よりも、拉致問題の解決です。

全ての拉致被害者の御家族が御自身の手で肉親を抱き締める日が訪れるまで、私の使命は終わりません。北朝鮮に対話と圧力の方針を貫き、全ての拉致被害者の安全確保及び即時帰国、拉致に関する真相究明、拉致実行犯の引き渡しの三点に向けて、全力を尽くします。

我が国が直面する最大の危機は、日本人が自信を失ってしまったことにあります。

確かに、日本経済の状況は深刻であり、きょう、あすで解決できるような簡単な問題ではありません。しかし、みずからの力で成長していこうという気概《きがい》を失ってしまっては、個人も国家も明るい将来を切り開いていくことはできません。

芦田元総理は、戦後の焼け野原の中で、将来はどうなるだろうかと思い悩む若者たちを諭《さと》して、こう言いました。どうなるだろうかと人に問いかけるのではなく、我々自身の手によって運命を開拓するほかに道はないと。

この演説をお聞きの一人一人の国民へ訴えます。

何よりも、みずからへの誇りと自信を取り戻そうではありませんか。私たちも、そして日本も、日々、みずからの中に眠っている新しい力を見出して、これからも成長していくことができるはずです。今ここにある危機を突破し、未来を切り開いていく覚悟をともに分かち合おうではありませんか。

強い日本をつくるのは、ほかの誰でもありません。私たち自身です。

御清聴ありがとうございました。（拍手）

※1：アルジェリアで発生したテロ事件　二〇一三年一月十六日、アルジェリアのイナメナスにある天然ガス精製プラントがアルカイダ系の武装勢力「イスラム聖戦士血盟団」によって襲撃された事件。武装勢力はプラント内のアルジェリア人一五〇人、日本人一〇人を含む四一人を人質として、政府に逮捕されたイスラム過激派メンバーの釈放などを要求。二十一日アルジェリア軍の特殊部隊が現場に突入し制圧した。この戦闘により、外国人の人質三七人（日本人一〇人）が死亡。日本人は、全員プラント建設に参加していた日揮および関連会社の社員。

積極的平和主義の旗を一層高く掲げ、戦後七十年にふさわしい一年に

アベノミクスは、円安、株高をもたらし、企業業績は好転、新卒採用など雇用も回復する。二〇二〇年の東京オリンピック開催も決まり、経済には明るさが出てくる。しかし、一四年四月の消費税引き上げは、ようやく動き出した個人消費に水をかけることになり、デフレからの脱却も遠のく。景気に対する先行き不安も漂う中、安倍は一五年九月に予定されていた消費税の引き上げを一七年四月まで延期することを決断、国民の信を問うとして一四年十二月に解散・総選挙に踏み切る。この作戦は成功し、自民党は再び圧勝する。政権基盤を盤石なものとして安倍は安保法制、憲法改正など政治的懸案の処理へと動き出す。

安倍晋三・施政方針演説

第百八十九回国会　二〇一五年（平成二十七年）二月十二日

まず、冒頭、シリアにおける邦人殺害テロ事件（※1）について、一言申し上げます。

事件発生以来、政府はあらゆる手段を尽くしてまいりましたが、日本人がテロの犠牲となったことは、痛恨のきわみであります。衷心《ちゅうしん》より哀悼の誠をささげるとともに、御家族に心からお悔やみを申し上げます。

非道かつ卑劣きわまりないテロ行為を断固非難します。

日本がテロに屈することは決してありません。水際対策の強化など、国内外の日本人の安全確保に万全を期してまいります。そして、食糧、医療などの人道支援、テロと闘う国際社会において、日本としての責任

を毅然として果たしてまいります。

日本を取り戻す、そのためには、この道しかない、こう訴え続け、私たちは、二年間、全力で走り続けてまいりました。

先般の総選挙の結果、衆参両院の指名を得て、引き続き、内閣総理大臣の重責を担うこととなりました。

安定した政治のもとで、この道をさらに力強く前進せよ、これが総選挙で示された国民の意思であります。

全身全霊を傾け、その負託に応えていくことを、この議場にいる自由民主党及び公明党の連立与党の諸君とともに、国民の皆様にお約束いたします。

経済再生、復興、社会保障改革、教育再生、地方創生、女性活躍、そして外交、安全保障の立て直し、いずれも困難な道のり、戦後以来の大改革であります。

しかし、私たちは、日本の将来をしっかりと見定めながら、ひるむことなく、改革を進めなければならない。逃れることはできません。

明治国家の礎を築いた岩倉具視は、近代化が進んだ欧米列強の姿を目の当たりにした後、このように述べています。日本は小さい国かもしれないが、国民みんなが心を一つにして、国力を盛んにするならば、世界で活躍する国になることも決して困難ではない。

明治の日本人にできて、今の日本人にできないわけはありません。今こそ、国民とともに、この道を前に向かって再び歩み出すときです。皆さん、戦後以来の大改革に、力強く踏み出そうではありませんか。

戦後一千六百万人を超えていた農業人口は、現在二百万人。この七十年で八分の一まで減り、平均年齢は六十六歳を超えました。もはや、農政の大改革は待ったなしであります。

何のための改革なのか。強い農業をつくるための改革、農家の所得をふやすための改革を進めるのであります。

六十年ぶりの農協改革を断行します。農協法に基づく現行の中央会制度を廃止し、全国中央会は一般社団法人に移行します。農協にも会計士による監査を義務づけます。意欲ある担い手と地域農協とが力を合わせ、ブランド化や海外展開など農業の未来を切り開く。そう。これからは、農家の皆さん、そして地域農協の皆さんが主役です。

農業委員会制度の抜本改革にも初めて踏み込みます。地域で頑張る担い手がリードする制度へと改め、耕作放棄地の解消、農地の集積を一層加速いたします。

農業生産法人の要件緩和を進め、多様な担い手による農業への参入を促します。いわゆる減反の廃止に向けた歩みをさらに進め、需要ある作物を振興し、農地のフル活用を図ります。市場を意識した競争力ある農業へと、構造改革を進めてまいります。

変化こそ唯一の永遠である。明治時代、日本画の伝統に新風を持ち込み、改革に挑んだ岡倉天心《おかくらてんしん》の言葉です。伝統の名のもとに、変化を恐れてはなりません。

農業は、日本の美しいふるさとを守ってきた、国の基であります。だからこそ、今、変化を起こさねばならない。必ずや改革をなし遂げ、若者がみずからの情熱で新たな地平を切り開くことができる、新しい日本農業の姿を描いてまいります。

目指すは世界のマーケット。林業、水産業にも大きな可能性があります。昨年、農林水産物の輸出は六千億円を超え、過去最高を更新いたしました。しかし、まだまだ少ない。世界には三百四十兆円規模の食市場が広がっています。内外一体の改革を進め、安全でおいしい日本の農水産物を世界に展開してまいります。

オープンな世界へと果敢に踏み出す。日本の国益を確保し、成長を確かなものとしてまいります。

最終局面のＴＰＰ交渉は、いよいよ出口が見えてまいりました。米国とともに交渉をリードし、早期の交渉妥結を目指します。欧州とのＥＰＡについても、本年中の大筋合意を目指し、交渉をさらに加速してまいります。

経済のグローバル化は一層進み、国際競争に打ちかつことができなければ、企業は生き残ることはできない。政府もまたしかり。オープンな世界を見据えた改革から逃れることはできません。

全ての上場企業が、世界標準にのっとった新たなコーポレートガバナンス・コードに従うか、従わない場合はその理由を説明する、その義務を負うことになります。

法人実効税率を二・五％引き下げます。三五％近い現行税率を数年で二〇％台まで引き下げ、国際的に遜色のない水準へと法人税改革を進めてまいります。

患者本位の新たな療養制度を創設します。世界最先端の医療を日本で受けられるようにする。困難な病気と闘う患者の皆さんの思いに応え、その申し出に基づいて、最先端医療と保険診療との併用を可能とします。さらに、安全性、有効性が確立すれば、国民皆保険のもとで保険適用としてまいります。

医療法人制度の改革も実施します。外部監査を導入するなど、経営の透明化を進めます。さらに、異なる機能を持つ複数の医療法人の連携を促す新たな仕組みを創設し、地域医療の充実に努めます。

電力システム改革も、いよいよ最終段階に入ります。電力市場の基盤インフラである送配電ネットワークを、発電、小売から分離し、誰もが公平にアクセスできるようにします。ガス事業でも小売を全面自由化し、あらゆる参入障壁を取り除いてまいります。競争的で、ダイナミックなエネルギー市場をつくり上げてまいります。

低廉《ていれん》で安定した電力供給は、日本経済の生命線であります。責任あるエネルギー政策を進めます。

燃料輸入の著しい増大による電気料金の上昇は、国民生活や中小・小規模事業の皆さんに大きな負担となっています。原子力規制委員会が新規制基準に適合すると認めた原発は、その科学的、技術的な判断を尊重し、再稼働を進めます。国が支援して、しっかりとした避難計画の整備を進めます。立地自治体を初め関係者の理解を得るよう、丁寧な説明を行ってまいります。

長期的に原発依存度を低減させていくとの方針は変わりません。あらゆる施策を総動員して、徹底した省エネルギーと、再生可能エネルギーの最大限の導入を進めてまいります。

安倍内閣の規制改革によって、昨年、夢の水素社会への幕があきました。全国に水素ステーションを整備し、燃料電池自動車の普及を加速させます。大規模な建築物に省エネ基準への適合義務を課すなど、省エネ対策を抜本的に強化してまいります。

安全性、安定供給、効率性、そして環境への適合、これらを十分に検証し、エネルギーのベストミックスをつくり上げます。そして、世界の温暖化対策をリードする。COP21に向け、温室効果ガスの排出について、新しい削減目標と具体的な行動計画をできるだけ早期に策定いたします。

各般の改革を進めるため、行政改革をあわせ断行いたします。

歴代内閣で肥大化の一途をたどってきた内閣官房、内閣府の事務の一部を各省に移管し、重要政策における内閣の総合調整機能が機動的に発揮できるような体制を整えます。

十七の独立行政法人を七法人へと統合します。私たちが進める改革は、単なる数合わせではありません。攻めの農業を初め、諸改革を強力に進めていくための統合であります。金融庁検査の導入など、法人ごとの業務の特性に応じたガバナンス体制を整備し、独立行政法人の政策実施機能を強化してまいります。

四月から日本医療研究開発機構が始動します。革新的ながん治療薬の開発やiPS細胞の臨床応用などに取り組み、日本から医療の世界にイノベーションを起こします。

日本を世界で最もイノベーションに適した国にする。世界じゅうから超一流の研究者を集めるため、世界最高の環境を整えた新たな研究開発法人制度をつくります。ITやロボット、海洋や宇宙、バイオなど、経済社会を一変させる挑戦的な研究を大胆に支援してまいります。

知と行は二つにして一つ。何よりも実践を重んじ、明治維新の原動力となる志士たちを育てた、吉田松陰先生の言葉であります。

成長戦略の実行。大胆な規制改革によって、生産性を押し上げ、国際競争力を高めていく。オープンな世界に踏み出し、世界の成長力を取り込んでいく。なすべきことは明らかです。要は、やるか、やらないか。

この国会に求められていることは、単なる批判の応酬ではありません。行動です。改革の断行であります。日本の将来を見据えながら、大胆な改革を、皆さん、実行しようではありませんか。

この二年間、全力で射込んできた三本の矢の経済政策は、確実に成果を上げています。

中小・小規模事業者の倒産件数は、昨年、二十四年ぶりの低い水準となりました。就職内定を得て新年を迎えた新卒予定者は、八割を超えました。大卒で六年ぶり、高卒で二十一年ぶりに高い内定率です。有効求人倍率は、一年以上にわたって一倍を超え、仕事を探す人よりも、人を求める仕事の数が多くなっています。正社員においても、十年前の調査開始以来、最高の水準となりました。

この機を生かし、正規雇用を望む派遣労働者の皆さんに、そのチャンスを広げます。派遣先企業への直接雇用の依頼など、正社員化への取り組みを派遣元に義務づけます。派遣先の労働者との均衡待遇の確保にも取り組み、一人一人の選択が実現できる環境を整えてまいります。

昨年、過去十五年間で最高の賃上げが実現しました。そして、この春も、企業収益の拡大を賃金の上昇につなげる。さらには、中小・小規模事業の皆さんが原材料コストを価格に転嫁しやすくし、経済の好循環を継続させていく。その認識で、政労使が一致いたしました。

デフレ脱却を確かなものとするため、消費税率一〇％への引き上げを十八カ月延期し、平成二十九年四月から実施します。そして、賃上げの流れを来年の春、再来年の春と続け、景気回復の温かい風を全国津々浦々にまで届けていく。そのことによって、経済再生と財政再建、社会保障改革の三つを同時に達成してまいります。

来年度予算は、新規の国債発行額が六年ぶりに四十兆円を下回り、基礎的財政収支の赤字半減目標を達成する予算としました。二〇二〇年度の財政健全化目標についても堅持し、夏までに、その達成に向けた具体的な計画を策定いたします。

消費増税が延期された中にあっても、アベノミクスの果実も生かし、社会保障を充実してまいります。

難病の皆さんへの医療費助成を大幅に広げます。先月から、小児慢性特定疾病について、新たに百七疾病を助成対象としました。難病についても、この七月を目指し、三百疾病へと広げてまいります。

先月から高額療養費制度を見直しました。所得の低い方々の療養費負担を軽減いたします。

認知症対策を推進します。早期の診断と対応に加え、認知症の皆さんができる限り住みなれた地域で暮らしていけるよう、環境を整えてまいります。

国民健康保険への財政支援を拡充することとあわせ、その財政運営を市町村から都道府県に移行することにより、国民皆保険の基盤を強化してまいります。

所得の低い高齢者世帯の皆さんの介護保険料を軽減いたします。介護職員の皆さんに月額一万二千円相当の処遇改善を行い、サービスの充実にも取り組みます。他方で、利用者の負担を軽減し、保険料の伸びを抑えるため、ふえ続ける介護費用全体を抑制します。

社会福祉法人について、経営組織の見直しや内部留保の明確化を進め、地域に貢献する福祉サービスの担い手へと改革してまいります。

子育て世帯の皆さんを応援します。

子ども・子育て支援新制度は、予定どおり四月から実施いたします。引き続き、待機児童ゼロの実現に全力投球してまいります。幼児教育や保育に携わる皆さんに三%相当の処遇改善を行い、小学校の教室を利用した放課後児童クラブの拡大や、休日・夜間保育、病児保育の充実など、多様な保育ニーズにもしっかりと

再び学ぶことができました。大きな勇気を得て、社会の偏見に悩みながらも、今は就職活動にチャレンジしているそうです。その手紙は、こう結ばれていました。

「子どもは大人の鏡です。大人の価値観が変わらない限りいじめは起こり、無くなることはないでしょう。多様な人、多様な学び、多様な生き方を受け入れ、認め合う社会を目指す日本であってほしいと切に願っております。ちっぽけな母親の願いです。」と。

いや、当然の願いであります。子供たちの誰もが、自信を持って、学び、成長できる環境をつくる。これは、私たち大人の責任です。

フリースクールなどでの多様な学びを、国として支援してまいります。義務教育における六・三の画一的な学制を改革します。小中一貫校の設立も含め、九年間の中で、学年の壁などにとらわれない、多様な教育を可能とします。

できないことへの諦めではなく、できることへの喜びを与える。地域の人たちの協力を得ながら、中学校で放課後などを利用して無償の学習支援を行う取り組みを、全国二千カ所に拡大します。

子供たちの未来が、家庭の経済事情によって左右されるようなことがあってはなりません。子供の貧困は、頑張れば報われるという真っ当な社会の根幹にかかわる深刻な問題です。

所得の低い世帯の幼児教育に係る負担を軽減し、無償化の実現に向け、一歩一歩進んでまいります。希望すれば、高校にも、専修学校、大学にも進学できる環境を整えます。高校生に対する奨学給付金を拡充します。大学生への奨学金も、有利子から無利子への流れを加速し、将来的に、必要とする全ての学生が無利子奨学金を受けられるようにしてまいります。

誰にでもチャンスがある、そしてみんなが夢に向かって進んでいける。そうした社会を、皆さん、ともにつくり上げようではありませんか。

地方で就職する学生には、奨学金の返済を免除する新たな仕組みをつくります。東京に住む十代、二十代の若者に尋ねると、その半分近くが地方への移住を望んでいる。大変勇気づけられる数字です。

地方にこそチャンスがある。

若者たちの挑戦を力強く後押しします。一度失敗すると全てを失う、個人保証偏重《へんちょう》の慣行を断ち切ります。全国の金融機関、中小・小規模事業の皆さんへの徹底を図ります。政府調達では、創業から十年未満の企業を優先するための枠組みをつくり、新たなビジネスに挑む中小・小規模事業の皆さんのチャンスを広げてまいります。

地方にチャンスを見出す企業も応援します。本社などの拠点を地方に移し、投資や雇用を拡大する企業を、税制により支援してまいります。地域ならではの資源を生かした、新たなふるさと名物の商品化、販路開拓も応援し、地方の仕事づくりを進めてまいります。

地方こそ成長の主役です。

外国人観光客は、この二年間で五百万人増加し、過去最高、一千三百万人を超えました。ビザ緩和などに戦略的に取り組み、さらなる高みを目指します。

日本を訪れる皆さんに、北から南まで、豊かな自然、文化や歴史、食など、地方の個性あふれる観光資源を満喫していただきたい。国内の税関や検疫、出入国管理の体制を拡充いたします。

全国各地と結ぶ玄関口、羽田空港の機能強化を進めます。地元の理解を得て飛行経路を見直し、国際線の発着枠を二〇二〇年までに年四万回ふやします。成田空港でも、管制機能を高度化し、同様に年四万回、発着枠を拡大します。アジアとのハブである沖縄では、那覇空港第二滑走路の建設を進めます。二〇二一年度まで毎年三千億円台の予算を確保するとした沖縄との約束を重んじ、その実施に最大限努めてまいります。

熱意ある地方の創意工夫を全力で応援する。それこそが、安倍内閣の地方創生であります。

地方の努力が報われる、地方目線の行財政改革を進めます。それぞれの地方が、特色を生かしながら、全国にファンをふやし、財源を確保する。ふるさと納税を拡大してまいります。手続も簡素化し、より多くの皆さんに地方の応援団になってほしいと思います。

地方分権でも、霞が関が主導する従来のスタイルを根本から改め、地方の発意による、地方のための改革を進めてまいります。地方からの積極的な提案を採用し、農地転用などの権限を移譲します。さらに、国家戦略特区制度を進化させ、地方の情熱に応えて規制改革を進める地方創生特区を設けてまいります。

伝統ある美しい日本を支えてきたのは、中山間地や離島にお住まいの皆さんです。医療や福祉、教育、買い物といった生活に必要なサービスを一定のエリアに集め、周辺の集落と公共交通を使って結ぶことで、小さくても便利なまちづくりを進めてまいります。

安全で安心な暮らしは、何よりも重要です。ストーカー、高齢者に対する詐欺など、弱い立場の人たちを狙った犯罪への対策を強化してまいります。児童虐待から子供たちを守るため、SOSの声を「いちはやく」キャッチする。児童相談所への全国共通ダイヤル一八九を、この七月から運用開始いたします。

御嶽山の噴火を教訓に、地元と一体となって、観光客や登山者の警戒避難体制を充実するなど、火山防災対策を強化してまいります。近年増加するゲリラ豪雨による水害や土砂災害などに対して、インフラの整備に加え、避難計画の策定や訓練の実施など、事前防災・減災対策に取り組み、国土強靱化を進めてまいります。

昨年は、各地で自然災害が相次ぎました。そのたびに、自衛隊、警察、消防などの諸君が、昼夜を分かたず、また危険も顧みず、懸命の救助活動に当たってくれました。

「たくさん雪が降っていて、とっても、こわかったです。」昨年十二月の大雪では、徳島県で幾つもの集落が孤立しました。災害派遣された自衛隊員に、地元の中学校の子供たちが手紙をくれました。

「そんなとき、自衛隊のみなさんが、来てくれて、助けてくれて、かんしゃの気持ちでいっぱいです。わたしたちも、みなさんに何かしなくては！と思い、手紙を書きました。」

私たちもまた、彼らの高い使命感と責任感に対し、今この場から、改めて感謝の意を表したいと思います。

昨年十月、海上自衛隊の練習艦隊が、五カ月間の遠洋航海から帰国しました。

「国のために戦った方は、国籍を超えて、敬意を表さなければならない。」ソロモン諸島リロ首相の心温まる御協力をいただき、今回の航海では、さきの大戦の激戦地ガダルカナル島で収容された百三十七柱の御遺骨に祖国へと御帰還いただく任務に当たりました。

今も異国の地に眠るたくさんの御遺骨に、一日も早く祖国へと御帰還いただきたい。それは、今を生きる私たちの責務であります。硫黄島でも、一万二千柱もの御遺骨の早期帰還に向け、来年度中に滑走路下百カ所の掘削を完了し、取り組みを加速してまいります。

祖国の行く末を案じ、家族の幸せを願いながらお亡くなりになった、こうしたとうとい犠牲の上に、私たちの現在の平和があります。

平和国家としての歩みは、これからも決して変わることはありません。国際情勢が激変する中で、その歩みをさらに力強いものとする。国民の命と幸せな暮らしは、断固として守り抜く。そのために、あらゆる事態に切れ目のない対応を可能とする安全保障法制の整備を進めてまいります。

本年は、戦後七十年の節目の年に当たります。

我が国は、さきの大戦の深い反省とともに、ひたすらに自由で民主的な国をつくり上げ、世界の平和と繁栄に貢献してまいりました。その誇りを胸に、私たちは、これまで以上に世界の平和と安定に貢献する国とならなければなりません。次なる八十年、九十年、そして百年に向けて、その強い意思を世界に向けて発信してまいります。

幾多の災害から得た教訓や経験を世界と共有する。三月、仙台で国連防災世界会議を開きます。島国ならではの課題にともに立ち向かう。五月、いわきで太平洋・島サミットを開催します。二十一世紀こそ、女性への人権侵害がない世紀とする。女性が輝く世界に向けて、昨年に引き続き、秋口には、世界じゅうから、活躍している女性の皆さんに日本にお集まりいただきたいと考えています。

本年はまた、被爆七十年の節目でもあります。唯一の戦争被爆国として、日本が世界の核軍縮・不拡散をリードしてまいります。

国連創設から七十年に当たる本年、日本は、安全保障理事会非常任理事国に立候補いたします。そして、国連を二十一世紀にふさわしい姿へと改革する、その大きな役割を果たす決意であります。

本年こそ、積極的平和主義の旗を一層高く掲げ、日本が世界から信頼される国となる、戦後七十年にふさわしい一年としていきたい、そう考えております。

今後も、豪州、ASEAN諸国、インド、欧州諸国など、自由や民主主義、基本的人権や法の支配といった基本的価値を共有する国々と連携しながら、地球儀を俯瞰する視点で、積極的な外交を展開してまいります。その基軸は日米同盟であります。この二年間で、日米同盟のきずなは復活し、揺るぎないものとなりました。日米ガイドラインの見直しを進め、その抑止力を一層高めてまいります。

現行の日米合意に従って、在日米軍再編を進めてまいります。三月末には、西普天間住宅地区の返還が実現いたします。学校や住宅に囲まれ、市街地の真ん中にある普天間飛行場の返還を必ずや実現する。そのために、引き続き、沖縄の方々の理解を得る努力を続けながら、名護市辺野古沖への移設を進めてまいります。

今後も、日米両国の強固な信頼関係のもとに、裏づけのない言葉ではなく実際の行動で、沖縄の基地負担の軽減に取り組んでまいります。

日本と中国は、地域の平和と繁栄に大きな責任を持つ、切っても切れない関係です。昨年十一月、習近平国家主席と首脳会談を行って、戦略的互恵関係の原則を確認し、関係改善に向けて大きな一歩を踏み出しました。今後、さまざまなレベルで対話を深めながら、大局的な観点から、安定的な友好関係を発展させ、国際社会の期待に応えてまいります。

韓国は、最も重要な隣国です。日韓国交正常化五十周年を迎え、関係改善に向けて話し合いを積み重ねてまいります。対話のドアは、常にオープンであります。

ロシアとは、戦後七十年たった現在も、いまだ平和条約が締結できていない現実があります。プーチン大統領とは、これまで十回にわたる首脳会談を行ってまいりました。大統領の訪日を、本年の適切な時期に実現したいと考えております。これまでの首脳会談の積み重ねを基礎に、経済、文化など幅広い分野で協力を深めながら、平和条約の締結に向けて、粘り強く交渉を続けてまいります。

北朝鮮には、拉致、核、ミサイルの諸懸案の包括的な解決を求めます。最重要課題である拉致問題について、北朝鮮は、迅速な調査を行い、一刻も早く全ての結果を正直に通報すべきであります。今後とも、対話と圧力、行動対行動の原則を貫き、拉致問題の解決に全力を尽くしてまいります。

昨年末、日本を飛び立った「はやぶさ2」、宇宙での挑戦を続けています。小惑星にクレーターをつくってサンプルを採取する、そのミッションを可能とした核心技術は、福島で生まれました。東日本大震災で一時は休業を強いられながらも、技術者の皆さんの熱意が、被災地から世界初の技術を生み出しました。

福島を世界最先端の研究、新産業が生まれる地へと再生する。原発事故によって被害を受けた浜通り地域に、ロボット関連産業などの集積を進めてまいります。

中間貯蔵施設の建設を進め、除染をさらに加速します。東京電力福島第一原発の廃炉・汚染水対策に、国も前面に立ち、全力で取り組みます。福島復興再生特別措置法を改正し、避難指示の解除に向けて、復興拠点が円滑に整備できるようにします。財政面での支援も拡充し、ふるさとに帰還する皆さんの生活再建を力強く後押ししてまいります。

三月には、東北の被災地を貫く常磐自動車道がいよいよ全線開通いたします。多くの観光客に東北を訪れていただきたい。被災地復興の起爆剤となることを期待しています。

高台移転は九割、災害公営住宅は八割の事業がスタートしています。住まいの再建を続けると同時に、孤立しがちな被災者への見守りなどの心の復興、農林水産業や中小企業などなりわいの復興にも、全力を挙げてまいります。

「はやぶさ2」は、福島生まれの技術がもたらした小惑星のサンプルとともに、二〇二〇年、日本に帰ってきます。そのときには、東北の姿は一変しているに違いありません。いや、一変させなければなりません。新たな可能性と創造の地としての東北を、皆さん、ともにつくり上げようではありませんか。

その同じ年に、私たちは、オリンピック・パラリンピックを開催いたします。必ずや成功させる、その決意で、専任の担当大臣のもと、インフラ整備からテロ対策まで、多岐にわたる準備を本格化してまいります。

スポーツ庁を新たに設置し、日本から世界へとスポーツの価値を広げます。子供もお年寄りも、そして障害や難病のある方も、誰もがスポーツをもっと楽しむことができる環境を整えてまいります。

私たち日本人に、二〇二〇年という共通の目標ができました。

昨年、日本海では、世界に先駆けて、表層型メタンハイドレート、いわゆる燃える氷の本格的なサンプル採取に成功しました。日本は資源に乏しい国である、そんな常識は、二〇二〇年にはもはや非常識になっているかもしれません。

日本は変えられる。全ては私たちの意思と行動にかかっています。

十五年近く続いたデフレ、その最大の問題は、日本人から自信を奪い去ったことではないでしょうか。しかし、悲観して立ちどまっていても何も変わらない。批判だけを繰り返しても何も生まれません。

日本国民よ、自信を持て。戦後復興の礎を築いた吉田茂元総理の言葉であります。昭和の日本人にできて、今の日本人にできないわけはありません。私は、この議場にいる全ての国会議員の皆さんに再度呼びかけたいと思います。

全ては国民のため、党派の違いを超えて、選挙制度改革、定数削減を実現させようではありませんか。憲法改正に向けた国民的な議論を深めていこうではありませんか。

そして、日本の未来を切り開く、そのために戦後以来の大改革を、この国会で必ずやなし遂げようではありませんか。

今や日本は、私たちの努力で再び成長することができる、世界の真ん中で輝くことができる、その自信を取り戻しつつあります。

さあ皆さん、今ここから、新たなスタートを切って、芽生えた自信を確信へと変えていこうではありませんか。

御清聴ありがとうございました。（拍手）

※**1：シリアにおける邦人殺害テロ事件**　二〇一四年、シリアのアレッポで民間軍事会社社長湯川遥菜さんとフリージャーナリスト後藤健二さんがイスラム国（ＩＳ）によって拘束・殺害された事件。イスラム国の要求は、ヨルダンで死刑囚として拘束されているイスラム国関係者の釈放と身代金であった。二〇一五年一月カイロで安倍首相がイスラム国対策として周辺国へ二億ドルの支援をするとの声明に反発、身代金二億ドルを七二時間以内に払わなければ二人を処刑すると動画投稿サイトで警告。結局二人は殺害されるが、イスラム国は湯川さんの遺体、後藤さんの殺害される光景をインターネットで公開した。

解説

田勢康弘

新聞の社説と政治家の「演説」は「床の間の天井」のようなものであると昔から言う。なければ格好がつかないが、普段はだれも見向きもしない。福沢諭吉が「ＳＰＥＥＣＨ」に「演説」という仏教語を充てたと言われているが、その福沢は一八七四年六月「日本が欧米と対等の立場に立つためには演説の力を附けることが必要」と述べた。慶応義塾の三田演説館で行われたこの福沢の演説が、日本最初の演説会であり、演説をした六月二七日はそれにちなんで「演説の日」となった。それから一四一年後の日本の演説、とりわけ政治家の演説は十分な力がついたと言えるか。やや独断で恐縮だが、人前で話す、ということにかけては、日本人のレベルは恥ずかしいほど低いと思う。政治家はむろん、経営者のスピーチをとってみても、説得力もなければウイットも乏しい。五分程度の挨拶でも部下が作成した原稿を読む。そういう文化の日本において内閣総理大臣の演説だからといって、それを読み返してみることに如何ほどの価値があるというのか。そう思いながら六四本の演説を読み返してみた。本音というものが微塵も感じられないもの、といったら、総理大臣の演説はその最たるものだろう。しかしながら、結論としては徒労ではなかった。そこにはそのときどきの「時代」が息づいていた。

まず、内閣総理大臣の演説がどのようにして、だれの手によって書かれるのかから考察してみよう。

伊藤博文から安倍晋三にいたるまで、自分で演説原稿を書いた総理はまずいないだろう。米国のホワイトハウスには大統領の演説を書くスピーチライターが最低一〇人はいる。大統領は議会の他に毎日のようにどこかで演説している。重要な演説からパーティーでの挨拶まで、ライターが書いている。わが国にはスピーチライターという職業はない。ではだれが総理の演説を書くのか。

総理の議会での演説には二つの種類がある。まず一月下旬の通常国会で、ことし一年の方針について述べる「施政方針演説」、もうひとつは総選挙のあとの特別国会で首班指名を受けたあと行うもの、また臨時国会冒頭に行うものがともに「所信表明演説」と呼ばれる。通常、施政方針演説のほうが所信表明演説よりも長い。一月下旬の施政方針演説の準備は十二月には始まる。まず、各省庁がことし一年の主要な施策について書き出す。どんなに長く書いても必ず削られる。すべて削除されることも珍しくない。各省庁が作成したものが内閣府の官房参事官室に集められる。官房参事官室はその内閣が掲げた重要政策に沿うようにして並べた上で削り込んで行く。霞ヶ関の役人の手を借りなければこの作業はできない。こうして演説の中身の部分ができあがる。次に登場するのがいわゆる黒衣。この黒衣はときの総理が指名するが、学者、新聞記者、作家、劇作家、哲学者、翻訳家などさまざまである。日本ではこの演説はだれが書いたか明らかになることはほとんどない。唯一例外は鳩山由紀夫総理の演説は著名な劇作家が書いたということが公然の秘密になっている。読んでみると、たしかに平易な言葉でわかりやすい。米国では大統領の就任演説などはだれが書いたか発表される。筆者が印象に残っているのはレーガン大統領がスペースシャトル「チャレンジャー」の打ち上げ失敗事故のあと行ったテレビ演説。「この悲しみから力強く立ち上がろう」国民に呼びかけた演説は米国民の心を打った。テレビの前で泣いている人たちもいた。この演説を書いたのはペギー・ヌーナンという三〇代（当時）の女性であることを知りながらも感動しているのである。

そのヌーナン女史がジョージ・ブッシュ大統領（父親ブッシュ）の就任演説を書くプロセスの一部を取材したことがあるが、大統領選の最中から、どこへ行くときも同行し、大統領候補としてのブッシュをずっと観察しているという。演説を書き始める時にはすでにジョージ・ブッシュになりきっているのである。わが国には残念ながらそのような専門のスピーチライターはいない。草稿段階までは官僚が行う事が多いが、官僚の書くものは無難ではあるが聴く人の心をつかむような文章にはなかなかならない。官僚の仕事は訴える事よりは弁解することのほうが慣れているからだ。

国会で演説を行う前日か前々日に演説者である総理は新聞・通信社の論説委員、テレビ・ラジオ局の解説委員らが集まる席で、自らの演説について説明することが慣例になっている。自ら行う演説といっても書いたのは別の人だから、ときどき不思議な事も起こる。質問された総理が「まだよく読んでいないので」と答えたかと思うと、ときには答えに窮し、目の前にいる新聞社の論説委員に総理が助けを求めるサインを目で送るなどということもある。その論説委員がライターであることは二人以外にはだれも知らないが、ライターも助けようがなくて困ったという笑い話のような話をのちに聞いたことがある。

三三人の戦後の総理の演説に目を通して、まず感じるのは、戦後二〇年ほどの間の総理演説には、危機意識や国を背負っているという気概のようなものが感じられたが、しだいにそういうものが薄れて行っているように思える。また全体に演説が長くなってきており、その分、冗漫な印象は拭えない。日本人の全体の知的水準はかなり落ちて来ているのではないかと思うが、その傾向が総理演説にも現れている。かなり以前には著名な漢学者や哲学者のアドバイスなどもあったようだが、最近の演説になればなるほどからはそのような工夫の跡はあまり感じ取れない。演説の内容は国会の議事録から採録しているため、ところどころに野次についての記載がある。これが臨場感を高めており、面白い。

とりわけ注意を払って読んだのが、外交と安全保障のくだりである。この部分はいかなるスピーチライターも自分の考えに浸りきるわけにはいかず、あきらかに政府担当部局の専門家の目がすみずみまで届いているはずだ。にもかかわらず、というか、だからこそ、というべきなのか、微妙な変化が読み取れるのである。微妙な変化ではあるが、三三人の演説全体で見ると、変化の振幅はかなりのものになる。警察予備隊創設のころから、安倍政権の集団的自衛権容認に至る変化は、かなりの幅がある。また、外交に関していえば、旧ソ連（ロシア）との国交正常化をはじめ、韓国、中国との国交、米国との間の日米安保問題、沖縄返還、ＰＫＯでの自衛隊派遣などをめぐるそれぞれの時代絵を見るがごとき思いである。

と同時に戦争放棄の憲法九条の狭い解釈の幅を、まるで満員電車でやっと乗り込んだ空間を腰を左右に揺すりながら幅を広げていくがごとくしてきたことがよくわかる。それでも、これよりは幅を広げようもないと判断して閣議で憲法解釈を変えたのが安倍内閣だ。六四本の演説を読み直してみて、政治を観察することを半世紀の間生業にしてきた筆者でさえ、その演説の内容をほとんど記憶していないことに改めて驚かされた。総理大臣の演説は覚えていなくとも、アメリカの大統領、たとえばリンカーンのゲティスバーグ演説（人民の人民による人民のための政治）とか、ケネディ大統領の就任演説（国があなたに何をしてくれるかではなくあなたが国のために何ができるかを考えよう）などはほとんどの日本人が知っている。それはなぜなのだろうか。政治は言葉である。そのことをしっかりと認識し、今後、総理大臣ばかりでなく政治家の演説に注目が集まるようになれば、政治はきっと変わる。

【監修者略歴】

田勢康弘（たせ・やすひろ）

政治ジャーナリスト。一九四四年中国黒龍江省生まれ。早稲田大学第一政治経済学部政治学科卒。日本経済新聞社入社。記者歴の大半を政治記者として送り、佐藤栄作以降の歴代首相を取材してきた。ワシントン支局長、論説副主幹、コラムニストなどを歴任。テレビ東京「田勢康弘の週刊ニュース新書」キャスター。一九九六年度日本記者クラブ賞受賞。著書は『政治ジャーナリズムの罪と罰』『指導者論』『国家と政治　激動の時代の指導者像』など多数。

1945～2015　総理の演説

――所信表明・施政方針演説の中の戦後史

2015年8月5日　初版第1刷発行

監修・解説　**田勢康弘**

装丁　**河野宗平**

組版　**山口良二**

発行人　**長廻健太郎**

発行所　**バジリコ株式会社**

〒130-0022
東京都墨田区江東橋3-1-3
電話　03-5625-4420
ファックス　03-5625-4427
http://www.basilico.co.jp

印刷・製本　**株式会社光邦**

ISBN978-4-86238-220-7